Klaus J. Puzicha, Hans-Dieter Hansen, Wolfgang W. Weber (Herausgeber).
Psychologie für Einsatz und Notfall

Herausgeber:
Klaus J. Puzicha,
Dieter Hansen und
Wolfgang W. Weber

Psychologie für Einsatz und Notfall

Internationale truppenpsychologische Erfahrungen mit Auslandseinsätzen, Unglücksfällen, Katastrophen

Bernard & Graefe Verlag

Bildnachweise:

Wiltraud Pilz (1)
Zentrum Innere Führung (2)
Bundesministerium der Verteidigung, Presse- und Informationsstab (17)
Jörg Ruk (2)
Gottfried Hoinig (1)
Reinhard Erös (2)
Bernhard Penz (2)
Flugmedizinisches Institut der Luftwaffe (1)
Heerespsychologischer Dienst, Österreich (1)
Schiffahrtmedizinisches Institut der Marine (1)
Flugbereitschaft Bundesministerium der Verteidigung (1)

Der Verlag bedankt sich beim Deutschen Bundeswehr-Verband e.V.
für die Unterstützung

Satz: Mönch Typesetting Centre, Bonn
Druck und Bindung: Konkordia Druck GmbH, Bühl
Printed in Germany

ISBN 3-7637-**6216**-7

Inhaltsverzeichnis

Vorwort

Oberst Bernhard Gertz
Bundesvorsitzender des Deutschen Bundeswehr-Verbandes

Die psychologische Vorbereitung, Begleitung und Nachbereitung des Auftrags unserer Soldaten auf dem Balkan gehört zu den Themen der Verbandspolitik des Deutschen Bundeswehr-Verbandes, die wir seit Beginn dieser Einsätze mit großem Interesse verfolgen und, soweit es in unserer Macht steht, unterstützen. Ich freue mich, dass mit dem vorliegenden Sammelband der Truppe ein außerordentlich umfassendes und hochaktuelles Kompendium einer "Psychologie für Einsatz und Notfall" zur Verfügung steht.

Klaus Puzicha und seinen beiden Mit-Herausgebern ist es gelungen, die truppenpsychologischen Erfahrungen der Bundeswehr mit den Auslandseinsätzen unserer Streitkräfte seit Somalia so aufzubereiten, dass sich daraus ein umfassendes Bild der bedeutsamen Handlungsfelder in Zusammenhang mit solchen Einsätzen ergibt. Entstanden ist ein Buch, das die Beschreibung unverzichtbarer Trainingsinhalte für eine sinnvolle Einsatzvorbereitung mit einer Darstellung der Einsatz-Belastungen und der aus diesen Belastungen resultierenden Gesundheits-Risiken verbindet.

Fast alle der insgesamt 47 Autoren, ausnahmslos ausgewiesene Fachleute auf dem Feld der "Psychischen Gesundheit", argumentieren eindringlich für die präventive Nutzung psychosozialer Maßnahmen zur Vorbereitung unserer Soldaten auf mögliche Extrembelastungen solcher Einsätze einerseits, für eine umfassende psychologisch-medizinische Versorgung nach solchen Extrembelastungen andererseits. Das Plädoyer der Psychologen, Ärzte, Pädagogen, Militärpfarrer und Offiziere kommt an und überzeugt.

Klaus J. Puzicha, Dieter Hansen und Wolfgang W. Weber:

Truppenpsychologie: eine Grundorientierung

1 Truppenpsychologie: die Wurzeln

"Wenn auch schon Friedrich Schiller als Regimentsmedikus seine Dissertation über die damals sogenannte "Soldatenkrankheit" geschrieben hat, womit das Heimweh gemeint war, so treten doch eigentlich erst mit dem Ersten Weltkrieg bei Soldaten Erschöpfungszustände auf, die nicht mehr durch körperliche, sondern durch psychische Belastung begründet sind. Man sprach damals vom "Kriegszittern", von "psychischer Blindheit und Taubheit", vom "shell-shock" im anglo-amerikanischen Bereich, und meinte damit Soldaten, die unter Umständen nicht die geringste körperliche Verletzung aufwiesen, dennoch aber in ihrem Verhalten und in ihrer Leistungsfähigkeit aufs Schwerste geschädigt waren und für den weiteren Einsatz vollständig ausfielen.

Es gibt zwei Möglichkeiten, mit diesem Problem fertig zu werden. Man kann sich dafür entscheiden, diese Ausfälle als Feigheit vor dem Feind einzustufen und die betroffenen Soldaten entsprechend zu maßregeln. Das hat den Vorteil, dass man behaupten konnte, psychische Probleme nicht zu kennen. Man kann aber auch diese Soldaten wie psychisch Verwundete behandeln und sie hospitalisieren, eine Methode, für die sich vor allem die Amerikaner entschieden haben. Der Ausfall aus psychischen Gründen war bei den amerikanischen Truppen teilweise enorm. An Brennpunkten eingesetzte Einheiten verloren bis zu 50 Prozent ihrer Soldaten wegen "battle-fatigue", wobei es sich wohlgemerkt um Soldaten handelte, die nicht einen Kratzer davongetragen hatten.

Der Umstand, nicht genug Soldaten zu haben und der Zwang mit den wenigen, die man hat, pfleglich umzugehen, hat die Israelis veranlasst, dem Problem mehr als nur disziplinare und sanitätsdienstliche Aufmerksamkeit zu schenken. Sie stellten fest:

- "Battle-fatigue" ist eine normale psychische Erschöpfungsreaktion, die jeden Soldaten treffen kann.
- Wenn man einen Soldaten wegen "battle-fatiguc" hospitalisiert, wird er unweigerlich zu einem Fall mit chronischen psychischen Problemen, die, vom individuellen Elend abgesehen, den Soldaten für einen weiteren Einsatz untauglich machen und zu entsprechenden Langzeitkosten für das Gesundheitswesen führen.
- Werden Soldaten mit "battle-fatigue" mit geeigneten Methoden so nahe wie möglich an der Front, aber auf alle Fälle noch im rückwärtigen Bereich der eigenen Einheit stabilisiert, so dass sie ihre Einheit im Grunde nie verlassen haben, und werden sie innerhalb von ein bis maximal zwei Tagen wieder zu ihren Kameraden zurückgeschickt, wird in den meisten Fällen eine vollständige Wiederherstellung erzielt, ohne dass psychische Spätfolgen auftreten.

- Um diese psychische Soforthilfe leisten zu können, ist ein truppenpsychologischer Dienst bis auf Bataillonsebene erforderlich.

Die Israelis haben drei Grundsätze aufgestellt, nach denen die truppenpsychologische Hilfe zu erfolgen hat:
- *Immediacy:* Die psychologische Intervention muss, wenn sie gebraucht wird, sofort erfolgen.
- *Proximity:* Der betreffende Soldat muss in unmittelbarer Nähe seiner Einheit betreut werden.
- *Expectancy:* Der Soldat muss wissen, was mit ihm geschieht, wie die Intervention aussieht und was ihr Ziel ist.

Die Erfolge der israelischen Truppenpsychologie haben andere Staaten veranlasst, ähnliche Einrichtungen zu begründen. Vor allem im Golfkrieg haben die amerikanischen Streitkräfte die verschiedensten truppenpsychologischen Maßnahmen im großen Stil durchgeführt, nachdem sich schon bei den Rückkehrern aus Vietnam die Notwendigkeit zu einer entsprechenden Betreuung dringend ergeben hatte.
Neben diesen militärischen Maßnahmen war noch auf einem anderen Gebiet psychologische Krisenintervention notwendig. Der zunehmende Einsatz von Hilfsteams in Katastrophengebieten und bei großen Unglücksfällen führt auch hier zu psychischen Symptomen und Spätfolgen, die in bestimmten Bereichen den bei Soldaten beobachteten entsprechen. Es treten hier weniger psychische Ausfälle aufgrund momentaner Schockerlebnisse auf, obwohl auch das natürlich vorkommt. Beobachtet werden vielmehr psychische Spätfolgen, die sich nach einer teilweise langen Latenzphase von mehreren Wochen bis Monaten nach dem traumatischen Erlebnis zeigen. Hierfür hat sich der Begriff Post Traumatic Stress Disorder (PTSD) eingebürgert. Es wird darunter ein ganzes Bündel von Symptomen verstanden, die von plötzlichen bedrängenden Erinnerungen, über Schlafstörungen, innere Unruhe bis zu paradoxen Schuldgefühlen (überlebt zu haben, wo andere umgekommen sind) und depressiven Verstimmungen reichen können. Ähnliches ist auch bei Soldaten beobachtet worden und besonders bei solchen, die Kampfhandlungen mit Auszeichnung und vor allem mit scheinbarer psychischer Stabilität hinter sich gebracht haben.
Der Friedenserhaltung dienende VN-Einsätze schließlich sind für die Soldaten der verschiedensten Nationen offensichtlich besonders belastend, denn es werden in der Literatur bis zu 15 Prozent psychische Ausfälle genannt, wobei Suizid und Suizidversuche ein besonderes Thema sind. Wesentliche Einflussfaktoren sind zum einen die Einsatzart (bloße Beobachtungsmissionen in einsamen Gegenden scheinen besonders belastend zu sein) und zum anderen die Trennung vom heimischen Umfeld, was wieder auf die Schillersche Soldatenkrankheit hindeutet, womit sich der Kreis schließt."

Mit diesen Worten beschreibt Frank Fehler, einer der Bundeswehr-Truppenpsychologen der ersten Stunde, 1996 die internationalen militärhistorischen Wurzeln dessen, was wir heute unter Truppenpsychologie verstehen.

2 Der Rahmen: Wehrpsychologie[1]

Truppenpsychologie ist ein Teilgebiet der Wehrpsychologie, damit ein Teilgebiet der Arbeits-, Betriebs- und Organisations- (ABO-) sowie der Klinischen Psychologie in militärischen Organisationen.

Eine wissenschaftlich fundierte Wehrpsychologie hat ihre Wurzeln im Ersten Weltkrieg. Das Instrumentarium der Wehrpsychologie reichte vom ersten Intelligenztest der Psychologiegeschichte ("Army-Alpha", ab 1915 in den amerikanischen Streitkräften) über eine differenzierte Apparate-Technik zur Prognose der (u.a.) Eignung zum Kraftfahrer, Funker, Piloten (Deutsche Heerespsychophysik, 1914 -1918) bis zum Vorläufer moderner Assessment-Center-Verfahren im Rahmen der Offizierauswahl der Deutschen Reichswehr und der Wehrmacht (ab 1927).

Mit Aufbau der Bundeswehr wurde 1956 auch deren Psychologischer Dienst (PsychDstBw) konzipiert und schrittweise realisiert. Nach dem Zweiten Weltkrieg hat sich die Wehrpsychologie in den Armeen der westlichen Welt vergleichsweise ähnlich entwickelt; die Nutzung von Psychologie in den ehemaligen Ostblockarmeen gleicht sich seit 1990 kontinuierlich an deren Vorbild an. Aufgabenstruktur, organisatorischer Aufbau und Personalstruktur der deutschen Wehrpsychologie haben ihre Entsprechungen in den wehrpsychologischen Strukturen anderer moderner Armeen. Aus diesem Grund beschränken wir uns im folgenden auf eine Darstellung des PsychDstBw.

Organisatorischer und personeller Rahmen des PsychDstBw: Die knapp 450 Dienstposten des PsychDstBw sind Teil der militärischen Organisation und der Wehrverwaltung. Die wehrpsychologischen Einsatzorte orientieren sich –wie die gesamte Territoriale Wehrverwaltung– am Grundsatz der Nähe zum wehrpflichtigen Bürger einerseits und zur Truppe andererseits. Folgerichtig finden sie sich flächendeckend in allen Bundesländern. Alle Mitarbeiterinnen und Mitarbeiter des PsychDstBw haben einen zivilen Status. Dies gilt für die ca. 160 Psychologinnen und Psychologen wie für das fachliche Assistenzpersonal. Ein großer Teil der Männer hat militärische Vorerfahrungen, erworben durch Ableistung des Grundwehrdienstes oder als Zeitsoldat. Die meisten der Psychologen haben den Status eines Reserveoffiziers.

Berufliches Selbstverständnis (vergl. hierzu Rauch und Steege, 1995): Wehrpsychologie unterliegt dem klassischen Dilemma der ABO-Psychologie: Sie steht im Spannungsfeld der Interessen von Individuum, Organisation und Gesellschaft. Im Zusammenhang mit der Allgemeinen Wehrpflicht ist die Wehrpsychologie zwar Teil des staatlichen Verwaltungshandelns, in ihrem Selbstverständnis dient sie aber dem Ausgleich der Interessen zwischen dem wehrpflichtigen Bürger und der militärischen Organisation. Gleiches gilt für andere Klientengruppen, etwa für Freiwilligenbewerber. Der große Umfang personalpsychologischer Aufgaben des PsychDstBw (pro Jahr knapp 300.000 psychologische Eignungsuntersuchungen) macht es notwendig, die fachliche und die wissenschaftliche Arbeit deutscher Wehrpsychologen an allgemein anerkannten Standards auszurichten. Regelmäßig sind dabei zwei Aspekte zu beachten:

1) Vergleiche zu diesem Abschnitt: Puzicha und Pilz (2000)

- Der Bundeswehr gegenüber besteht die Verpflichtung zu einer gewissenhaften und dem Stand der psychologischen Wissenschaft entsprechenden Fachexpertise. Aus diesem Grund ist die Anwendung wehrpsychologischer Methoden verbindlich an ein kontinuierlich begleitendes Qualitätsmanagement gebunden.
- Die personalpsychologische Tätigkeit berührt besonders schutzbedürftige Persönlichkeitsbereiche der Probanden. Deswegen sind die Psychologen in der Bundeswehr besonders verpflichtet, die Würde ihrer Klientel, deren Unversehrtheit und informationelle Selbstbestimmung zu achten.

Im PsychDstBw dürfen deshalb nur solche Instrumente und Verfahren eingesetzt werden, die für den Probanden fair, zumutbar, unschädlich und transparent sind.
Der PsychDstBw hat den *Auftrag*, psychologische Fachexpertise in den Streitkräften und der Wehrverwaltung überall dort einzusetzen, wo dies für die Erfüllung des Auftrags der Bundeswehr notwendig ist. Diese Fachexpertise umfasst die *Aufgabenfelder* psychologische Diagnostik und Prognostik, Beratung und Intervention, Unterricht und Training, Methodenentwicklung und Evaluation in den *Bereichen*
- *Personalpsychologie:* Psychologische Unterstützung bei Personalgewinnung und Personalentwicklung;
- *Klinische Psychologie:* Diagnose bei und Therapie von Soldaten mit psychischen oder psychosomatischen Erkrankungen;
- *Psychologische Ergonomie:* Psychologische Beiträge zu und Beratung bei der Planung, Entwicklung, Beschaffung, Einführung und Nutzung von Wehrmaterial und Datenverarbeitungsvorhaben;
- *Wehrpsychologische Qualitätssicherung:* Entwicklung und anwendungsbegleitende Optimierung wehrpsychologischer Methoden, Bewährungskontrollen, Unterstützung, Supervision und Controlling der Wehrpsychologen;
- *Truppenpsychologie:* Psychologie in den Streitkräften.

Aufgabenbereiche: Die Zuordnung von Aufgabenfeldern und Aufgabenbereichen ist in Tabelle 1 dargestellt.

Felder **Bereiche**	Diagnostik & Prognostik	Beratung & Intervention	Unterricht & Training	Methodenent- wicklung & Evaluation
Personal-psychologie: Personal-gewinnung & Personal-entwicklung	Eignungs-feststellung Personal-auswahl Spezialisten-auslese Assessment-Center	z.B. Berufs-eignungs-untersuchungen	z.B. Aus-bildung des fachlichen Assistenz-personals AC-Training	Erfolgskontrollen Anwendungs-begleitende Optimierung
Truppen-psychologie	Personal-auswahl	Einsatzbegleitung Krisenintervention Organisations- und Führungsberatung Individuelle Beratung	Einsatzvorbe-reitung: z.B. Stresstraining Training in Interkultureller Kompetenz	Einsatznach-bereitung: Erfahrungsgelei-tete Optimierung der truppen-psychologischen Methoden
Klinische Psychologie	Klinische Diagnostik	Verhaltenstraining Krisenintervention Therapie	Aus- und Fortbildung von Truppen-psychologen	Erfolgskontrollen
Psycho-logische Ergonomie	/	Beratung bei der Entwicklung, Bewertung und Beschaffung von Wehrmaterial	Aus- und Fortbildung z.B. von Technikern	Erfahrungsgelei-tete Optimierung der ergonomischen Methodik
Wehr-psycholo-gische Qualitäts-sicherung	Support Supervision Controlling	Support Supervision Controlling	Aus- und Fortbildung von Personal- und Truppen-psychologen Support Supervision Controlling	Methodenent-wicklung Methoden- und Bewährungs-kontrollen Computer Assistiertes-Testen (CAT)

Tabelle 1: Aufgabenbereiche und -felder im PsychDstBw

Der größte Anteil der wehrpsychologischen Mitarbeiter arbeitet im traditionellen Bereich der *Personalgewinnung und -entwicklung*, ist also personalpsychologisch tätig.

3 Truppenpsychologie in der Bundeswehr: Arbeitsfelder, Arbeitsinhalte, Personaleinsatz

Die deutsche Truppenpsychologie arbeitet derzeit in den folgenden *Arbeitsfeldern*[2]:
- Einsatzvorbereitung,
- Einsatzbegleitung,
- Einsatznachbereitung,
- Familienbetreuung,
- Psychologische Krisenintervention.

Training/Einsatzvorbereitung umfasst dabei alle truppenpsychologischen Beiträge zum allgemeinen und einsatzspezifischen Training von Soldaten aller Laufbahngruppen sowie zur Eignungsfeststellung in Zusammenhang mit konkreten Einsätzen.
Einsatzbegleitung beinhaltet alle truppenpsychologischen Beiträge während eines Einsatzes, die zum Erhalt bzw. zur Wiederherstellung der psychischen Gesundheit und/oder der Einsatzfähigkeit der Soldaten notwendig sind. Ereignisbezogen erfolgt die Beratung der militärischen Führer auf der Grundlage einer psychologischen Lagefeststellung.
Einsatznachbereitung umfasst alle truppen- und klinisch-psychologischen Beiträge zur Bewältigung der Einsatzerlebnisse und -belastungen, die zum Erhalt bzw. der Wiederherstellung der psychischen Gesundheit und/oder der Einsatzfähigkeit der Soldaten notwendig sind.
Familienbetreuung beinhaltet alle truppenpsychologischen Beiträge zur Beratung und Unterstützung von Familienangehörigen und sonstigen Bezugspersonen, die durch den (bevorstehenden, laufenden, abgeschlossenen) Einsatz eines Soldaten belastet sind. Dieses umfasst auch die psychologische Betreuung von Angehörigen nach Verwundung, Geiselnahme oder Tod des Soldaten.
Psychologische Krisenintervention beinhaltet die truppen- und klinisch-psychologischen Maßnahmen, die nach psychotraumatisierenden Ereignissen in der Bundeswehr und in Zusammenhang mit Katastropheneinsätzen der Bundeswehr erforderlich sind, um akute Belastungsreaktionen zu erkennen und posttraumatische Belastungsstörungen zu verhindern. Weiterhin kann auf der Grundlage einer ereignisbezogenen psychologischen Lagefeststellung die Beratung der militärischen Führer erfolgen.

In Tabelle 2 werden die Arbeitsfelder der Truppenpsychologie nach *Inhalten* spezifiziert.

2) Der Aufbau unseres Buches orientiert sich weitgehend an diesen Arbeitsfeldern.

Arbeitsfelder **Inhalte**	Training/ Einsatz-vorbereitung	Einsatz-begleitung	Einsatz-nach-bereitung	Familien-betreuung	Psychologische Krisenintervention
Stressmanagement	Haupt-aufgabe	nach-rangig	/	nach-rangig	/
Training: Handeln (Führen) unter Belastung/ Einsatzbedingungen	Haupt-aufgabe	nach-rangig	/	/	/
Training: Umgang mit Verwundung, Geiselnahme, Tod	Haupt-aufgabe	nach-rangig	/	nach-rangig	/
Peer-Ausbildung	Haupt-aufgabe	nach-rangig	/	/	/
Prävention von psychotraumatischen Belastungsstörungen (PTBS)	Haupt-aufgabe	Haupt-aufgabe	Haupt-aufgabe	nach-rangig	Haupt-aufgabe
Individualberatung	/	Haupt-aufgabe	Haupt-aufgabe	Haupt-aufgabe	Haupt-aufgabe
Psychotherapie	/	/	Haupt-aufgabe	/	Haupt-aufgabe
Verarbeitung der Einsatzerfahrungen	/	/	Haupt-aufgabe	/	/
Führungstraining	Haupt-aufgabe	/	/	/	/
Training: Interkulturelle Kompetenz, Handlungs-/ Verhandlungskompetenz im Umgang mit Ausländern	Haupt-aufgabe	nach-rangig	/	/	/
Führungsberatung	/	Haupt-aufgabe	/	/	Haupt-aufgabe
psychologische Lagefeststellung	/	Haupt-aufgabe	/	/	Haupt-aufgabe
Eignungsfeststellung	Haupt-aufgabe	nach-rangig	/	/	/
Anwendungsbegleitende Optimierung der truppenpsychologischen Instrumentarien	nach-rangig	Haupt-aufgabe	Haupt-aufgabe	Haupt-aufgabe	Haupt-aufgabe

Tabelle 2: Truppenpsychologische Aufgabenfelder und -inhalte.

Das aktuelle Konzept des truppenpsychologischen *Personaleinsatzes* sieht vor, dass besonders dafür ausgebildete Psychologen und Psychologinnen truppenpsychologische Aufgaben

- hauptamtlich (auf dafür eingerichteten Dienstposten) oder
- in Teilfunktion (auf einem im Schwerpunkt mit anderen Aufgaben definierten Dienstposten) oder
- in Zweitfunktion (ohne Festschreibung auf dem jeweiligen Dienstposten)

wahrnehmen.

Bezogen auf die einzelnen truppenpsychologischen Arbeitsfelder heißt dieses:

- Training und *Einsatzvorbereitung* werden überwiegend durch hauptamtliche Truppenpsychologen durchgeführt. Nur bei qualitativem und/oder quantitativem Zusatzbedarf können dafür geeignete und ausgebildete Psychologen in Zweitfunktion herangezogen werden.
- Allgemeine Voraussetzung für die *Einsatzbegleitung* ist derzeitig die Bereitschaft, den Auslandseinsatz im Rahmen einer freiwilligen Wehrübung im Soldatenstatus abzuleisten. Weiteres Einsatzkriterium ist in der Regel eine mindestens 24-monatige Pause zwischen zwei Einsätzen. Einsatzbegleitung wird durch hauptamtliche Truppenpsychologen durchgeführt. Sollten darüber hinaus Psychologen zur Einsatzbegleitung benötigt werden, sind hierzu dafür geeignete und ausgebildete Psychologen in Zweitfunktion heranzuziehen. Hauptamtliche Truppenpsychologen begleiten ihr Kontingent über die gesamte Einsatzdauer; Truppenpsychologen in Zweitfunktion begleiten maximal drei Monate. Als Rekrutierungsbasis sollen zehn hauptamtlich tätige Truppenpsychologen und 25 Truppenpsychologen in Zweitfunktion vorgehalten werden.
- Psychologen in Zweitfunktion unterstützen nach Anforderung die von der Truppe durchgeführten Reintegrationsseminare für die Einsatzteilnehmer und ihre Angehörigen (*Einsatznachbereitung*). Klinische Psychologen unterstützen die Maßnahmen sogenannter Einsatznachbereitungsgruppen, die an den Bundeswehrkrankenhäusern eingerichtet sind.
- Der Aufgabenbereich der truppenpsychologischen *Qualitätssicherung* (Kontrolle und Verbesserung der truppenpsychologischen Instrumentarien) wird ebenfalls hauptamtlich wahrgenommen.
- Die Aufgaben im Bereich der *Familienbetreuung* werden in Zweitfunktion durch dafür geeignete und ausgebildete Psychologen abgedeckt, wobei in der Regel nach dem Prinzip der regionalen Nähe verfahren wird. Die Rekrutierungsbasis hierfür besteht aus 28 Psychologinnen und Psychologen in Zweitfunktion.
- *Psychologische Krisenintervention* wird in Zweitfunktion durch dafür geeignete und ausgebildete Psychologen wahrgenommen. Die Zuordnung zu einem Kriseninterventionsteam erfolgt in der Regel nach dem Prinzip der regionalen Nähe. Hierfür stehen 28 Psychologen und Psychologinnen zur Verfügung. Der hauptsächliche Aufwand für diese Aufgabe liegt in der Ausbildung und der Inübunghaltung der Psychologen.

4 Truppenpsychologische Einsatzbegleitung in der Bundeswehr: die Erfahrungen seit UNOSOM.

Nach Anforderung und Genehmigung einer truppenpsychologischen Begleitung beim Somalia-Einsatz der Bundeswehr wurden 1993 im Rahmen des Ersten Kontingents UNOSOM zwei Truppenpsychologen für die Dauer von jeweils zehn Wochen als Wehrübende zum Deutschen Unterstützungsverband SOMALIA einberufen. Von 1993 bis heute (September 2000) wurden die Auslandseinsätze der Bundeswehr insgesamt 50 mal von insgesamt 31 Truppenpsychologen[3] begleitet. Es handelte sich hierbei um die Einsätze in

- Somalia (UNOSOM),
- Ex-Jugoslawien (IFOR, SFOR, Allied Force),
- Georgien (UNOMIG),
- Mazedonien (KVM) und im
- Kosovo (KFOR).

In den letzten sieben Jahren war Einsatzbegleitung durch Psychologen des PsychDstBw die wesentliche truppenpsychologische Serviceleistung für die Streitkräfte, wobei die anderen Arbeitsfelder –hier insbesondere die Einsatzvor- und -nachbereitung– ihren "Marktanteil" zunehmend verbessert haben.

Von Anfang an wurden alle eingesetzten Truppenpsychologen lehrgangsgebunden intensiv (fachpsychologisch und militärisch) auf ihre Mission vorbereitet. Hierzu Frank Fehler (1996):

"Erstes Ziel war es, so früh wie möglich dem Deutschen Unterstützungsverband in Somalia ausgebildete Truppenpsychologen mitzugeben, um sie Einsatzerfahrungen sammeln zu lassen.

Eine Abfrage der Teilnahmebereitschaft im Psychologischen Dienst im Hinblick auf Auslandseinsätze führte mit 30 Prozent Bereitwilligen zu einem durchaus erfreulichen Ergebnis. ... Da auch aus dem internationalen Bereich nur wenige Informationen über die Ausbildung wie über die praktische Arbeitsweise von Psychologen in der Truppe vorlagen, war man bei der eigenen Ausbildung auf bloße Arbeitshypothesen angewiesen. Abgesehen von individueller Vorbereitung lag der Schwerpunkt bei drei inzwischen bewährten Lehrgängen. Es wurden Techniken der psychischen Krisenintervention aufgefrischt. Es wurde in einer Nachtübung nach vorausgegangener umfangreicher militärischer Einweisung die physische Belastbarkeit überprüft und man wurde einer Befragung durch Frontnachrichtentrupps unterzogen, um Erkenntnisse über die eigene psychische Belastbarkeit zu gewinnen. Schließlich erfolgte eine Erprobung der Anwendung psychischer Kriseninterventionstechniken unter extremen klimatischen Bedingungen. ... Wie jeder Soldat, der für einen Auslandseinsatz vorgesehen ist, durchliefen auch die angehenden Truppenpsychologen das einwöchige Ausbildungslager an der Infanterieschule. ... Schon hier bekamen die Truppenpsychologen eine Vorstellung

3) Im genannten Zeitraum haben fünf Psychologen freiwillig drei oder mehr Einsätze begleitet, weitere sechs haben immerhin zwei Einsatzbegleitungen aufzuweisen.

davon, wie Situationen entstehen, aus denen heraus sich psychische "Verletzungen" entwickeln können. Überfälle auf Konvois, das Überwinden von Minenfeldern, der Umgang mit zur Aggression bereiten Menschenmengen, um nur einige zu nennen, sind Situationen, die man wenigstens rollenspielartig erlebt haben muss, um ihrer Schockwirkung nicht schon bei der ersten Begegnung zu erliegen."

Eine anfänglich eher improvisierte *Ausbildung* für unsere Truppenpsychologen wurde zunehmend dadurch verbessert, dass die im Einsatz gewonnenen konkreten Erfahrungen kontinuierlich und direkt für die Ausbildung und die Einweisung in den konkreten truppenpsychologischen Arbeitsplatz genutzt werden. Alle kurz vor einem Einsatz stehenden Truppenpsychologen werden durch die vier, fünf Kollegen mit den aktuellsten Erfahrungen im Rahmen eines Einweisungs-Seminars umfassend informiert. Diese erfahrenen "Experten" stehen jederzeit auch den dann im Einsatz befindlichen Kollegen für eine fachliche Beratung zur Verfügung.

In den Anfangsjahren wurden alle zur Verfügung stehenden Ressourcen fast ausschließlich auf die Ausbildung der Einsatz-Psychologen konzentriert. Inzwischen hat die systematische Ausbildung der Psychologinnen und Psychologen für alle truppenpsychologischen Tätigkeitsfelder begonnen.[4]

Der *Aufgabenkatalog* für Truppenpsychologen ist typisch für das Tätigkeitsfeldes eines ABO-Psychologen[5]:

- Beratung des nationalen Befehlshabers im Einsatzland und der Diziplinarvorgesetzten in allen psychologisch bedeutsamen Fragen des Einsatzes, insbesondere der Menschenführung und der Fürsorge;
- Beratung der Führung in den Bereichen spezielle Belastungen, Disziplinarfälle, Repatriierungen, Unfallverhütung, Umgang mit der einheimischen Bevölkerung;
- Einzelfallberatung (psychologische Stabilisierung) von Soldaten bei persönlichen, familiären oder dienstlichen Problemen (z.B. Motivationsverlust, Partnerschaftsproblemen, Verhaltensauffälligkeiten);
- Vorbereitung auf belastende Einsatzbedingungen;
- Unterstützung der Soldaten bei der Bewältigung besonderer Belastungen und/oder besonders belastender Einzel-Ereignisse;
- psychologische Präventivmaßnahmen zur Verhinderung von psychotraumatischen Belastungsstörungen (z.B. durch Critical Incident Stress Debriefings);
- Fachbeiträge (Unterrichte, Faltblätter etc.) zu einsatzspezifischen Problemen (z.B. Stress, Alkohol, Drogen, Sexualität, Prostitution, Risikobewusstsein, Rückkehrprobleme, Unfallverhütung, Umgang mit Einheimischen);
- systematische Erfassung der "psychologischen Lage" (Beobachtung und systematische psychologische Bewertung der Einsatzbedingungen: Motivation, Stimmung,

4) Ein "Aus- und Fortbildungskonzept Truppenpsychologie" definiert die Ausbildungsmodule für alle truppenpsychologischen Tätigkeitsfelder (Glücksmann, 1999)

5) ABO = Arbeits-, Betriebs- und Organisationspsychologie

Probleme, Belastungen der Soldaten) auf der Grundlage von Gruppen- und Einzelgesprächen sowie von standardisierten Befragungen[6];
- Zusammenarbeit mit den Führungsgrundgebieten 1, 3, 5 sowie mit dem Rechtsberater;
- Zusammenarbeit mit Militärgeistlichen und Wehrpsychiatern;
- Zusammenarbeit mit den Truppenpsychologen anderer am Einsatz beteiligter Nationen.

Die konkrete "Zusammensetzung" der Aufgaben eines im Einsatz befindlichen Truppenpsychologen hängt
- von der Art des Einsatzes,
- den zu erwartenden oder –noch mehr– den unerwarteten Einzel-Ereignissen,
- von den Erwartungen der militärischen Führer,
- aber auch vom Truppenpsychologen selber, seinen psychologischen und militärischen Vorerfahrungen und seinen Erwartungen,

ab.

Zur *Konkretisierung* des oben aufgeführten *Aufgabenspektrums* wird im folgenden die "truppenpsychologische Bilanz" einer vor nicht allzu langen Zeit abgeschlossenen truppenpsychologischen Einsatzbegleitung dargestellt.

6) Seit Herbst 2000 findet für jedes Kontingent eine "Befragung einsatzerfahrener Soldaten" (BES) bei gerade aus dem Einsatz zurückgekehrten Soldaten statt. Die Ergebnisse dienen u.a. zur truppenpsychologischen Lagebeurteilung.

Oberst der Reserve Horst Schuh war vom 28. September bis zum 23. Dezember 1999 im Kosovo stationiert. In dieser Zeit hat er

- 50 *Soldaten persönlich beraten* wegen
  - Trennungsproblematik, häuslichen Problemen — 28 Fälle
  - Alkoholproblemen — 12 Fälle
  - Überforderung, Burnout — 11 Fälle
  - Konflikten mit Vorgesetzten — 10 Fälle
  - Disziplinproblemen — 7 Fälle
  - Suizidgefährdung — 7 Fälle
  - Berufsfindungsfragen — 7 Fälle
  - unbeabsichtigte Schussabgabe — 4 Fälle
- 23 *Stress-Management-Maßnahmen* durchgeführt; im einzelnen
  - Debriefings bei 43 Personen wegen Konfrontation mit Sterben und Tod (Verkehrs- und Minenunfall);
  - Defusings mit 18 Personen wegen des Absturzes einer UN-Maschine, wegen eines Verkehrsunfalls mit Todesfolge bzw. wegen eines Todesfalls in der Familie;
  - Beratung von drei Zivilpersonen wegen Kriegstraumata;
- *Führungsberatung* in 30 Fällen geleistet zu den Themen
  - Menschenführung, Fürsorge,
  - Arbeitsorganisation, Zusammenarbeit,
  - abweichendes Verhalten, Alkohol, Diziplin,
  - Schussabgabe,
  - Burnout,
  - Tod im Einsatzland,
  - extreme Belastung,
  - Einsatzstress-Nachsorge,
  - Trennungsprobleme,
  - Suizidverdacht;
- Maßnahmen zur *Einsatzstress-Nachsorge* durchgeführt, davon
  - vier jeweils zweitägige Veranstaltungen mit 26 Soldaten aus Anlass von chronischem Einsatzstress, Burnout, Konfrontation mit Sterben und Tod, Rückkehrproblematik;
- *Informationsgespräche* für 260 *Rückkehrer* geleitet zu den Themen
  - Stressentlastung und
  - Verhalten nach Rückkehr;
- *Ausbildung* für zwei Gruppen zum Thema "Gesprächsführung mit Volksgruppen im Einsatzland" durchgeführt;
- *sonstige Projekte* bearbeitet; im einzelnen
  - einen "Code of Conduct" zum Verhalten im Umgang mit der Zivilbevölkerung;
  - einen Leitfaden zur Gesprächsführung mit Einheimischen;
  - ein Vorbeugungsprogramm "Alkohol" (gemeinsam mit dem Sanitätsdienst);
  - Koordinierung der Zusammenarbeit mit niederländischen, österreichischen und russischen Truppenpsychologen.

Abschließend die Kurzdarstellung einer Einzelaufgabe, für deren Wahrnehmung unser Truppenpsychologe an die Vereinten Nationen "ausgeliehen" worden war:

> *Oberstleutnant der Reserve Klaus Arndt war vom 20. November 1999 bis zum 15. März 2000 im Rahmen von SFOR in Bosnien stationiert. Er berichtet[7] über die Wahrnehmung der "Amtshilfe" für die International Police Task Force (IPTF) der Vereinten Nationen:*
> "Der Aufbau staatlicher Strukturen in Bosnien und Herzegowina erfolgt mit Unterstützung der Vereinten Nationen. Dazu gehört die Aufstellung einer Grenzschutzpolizei (SBS) zum Schutz der Staatsgrenze sowie der Kontrolle des Personen- und Güterverkehrs an der Grenze. ... Die politisch ernannte Führung des SBS besteht aus einer Triple-Präsidentschaft ..., in der die Ethnien der Bosniaken, der Serben und der Kroaten vertreten sind. In der Ebene des oberen Managements waren die Positionen Commissioner, Chief of Staff, Chief of Operation und Chief of Administration zu besetzen. Die Auswahl und Ausbildung der Mitglieder der SBS findet unter Leitung der UN-Sektion IPTF statt. Auf deren Initiative unterstützte der Truppenpsychologe GECON(L) SFOR die Planung und Durchführung der Personalauswahl für die obere Managementebene des SBS.
> Das Auswahlverfahren für die Positionen des oberen Managements orientierte sich an den Standards eines Assessment-Centers, wobei aufgrund der sprachliche Barrieren interaktive, gruppendynamische Untersuchungsstationen nicht realisiert werden konnten. Zur Durchführung kam ein gestuftes Auswahlverfahren mit einer sequentiellen Entscheidungsstrategie. Die Auswahlentscheidung basierte auf Bewerberdaten der Biografie, des Selbstkonzepts und der Kontrollüberzeugungen, der Intelligenz, der Computerkenntnisse, der Managementfähigkeit sowie der Selbstpräsentation. Als Methoden kamen psychometrische Tests, standardisierte Fragebogen und Interviews sowie Arbeitsproben zur Anwendung."

5 Der vorliegende Reader: Zielsetzungen, Aufbau, "Leerstellen"

Mit dem vorliegenden Reader beabsichtigen wir,

- den aktuellen *Sachstand* der deutschsprachigen Truppenpsychologie in den wichtigsten Facetten darzustellen, wie sich diese in Zusammenhang mit der Teilnahme der Streitkräfte an Auslandseinsätzen sowie bei Notfällen und Katastrophen entwickelt haben;

7) Vergleiche Arndt (2000)

- dabei das *truppenpsychologische "Serviceangebot"* (das Leistungsspektrum) genauso darzustellen, wie
- auf mögliche *"Lücken im Angebot"* hinzuweisen, d.h. die Grenzen truppenpsychologischer Leistungsfähigkeit zu markieren. Darüber hinaus ist es uns wichtig,
- den Truppenpsychologen, aber auch der Gruppe der "Mental Health Professionals" (Ärzte, Geistliche, Sozialarbeiter und -pädagogen, militärische Vorgesetzte) konkrete *Handlungsanweisungen* zur Einsatzvor- und -nachbereitung bzw. zum psychologisch sinnvollen Verhalten in typischen Einsatzsituationen zu geben.

Der Reader ist –wie oben schon angedeutet– nach truppenpsychologischen Aufgaben in der Einsatzvorbereitung, im Einsatz selbst und in der Einsatznachbereitung gegliedert. Eigene Abschnitte sind den Bereichen 'Familie', 'Notfall/Kritisches Ereignis' und den Besonderheiten militärischen Spezialpersonals gewidmet.

Die jeweilige thematische Bearbeitung folgt einem –wie wir hoffen– überzeugenden Schema: In einem *Stichwort* wird das aktuelle Begriffsverständnis von einem dafür ausgewiesenen Experten erläutert. Das Stichwort bildet den Rahmen für *Konkretisierungen* und *Fallbeispiele*, die in der Regel eine Darstellung und Auswertung aktueller Ereignisse und Fragestellungen beinhalten. Hier werden die jeweiligen Handlungsgrundlagen und -alternativen aufgezeigt und diskutiert. Dieser –wie wir glauben– praxisnahe Ansatz erlaubt es dem interessierten Leser, selbst Stellung zu beziehen und die jeweils gewählten Lösungen und Handlungen auf seinem Ausbildungs- und kulturellen Hintergrund kritisch zu bewerten. Nur in seltenen Fällen wird die geschilderte Problemlösung den Rang einer Musterlösung erreichen. Wir hoffen, dass damit dem Leser eine eigene, auf den konkreten Fall bezogene Lösungsfindung erleichtert wird. Nicht zuletzt ist aber auch beabsichtigt, die Leistungsfähigkeit geeigneter Theorien, Methoden und Verfahren der Arbeits-, Betriebs- und Organisationspsychologie sowie die Fachkompetenz ihrer Vertreter praxisnah herauszustellen.

Der Themenauswahl ist zwischen den Herausgebern eine langwierige und manchmal kontrovers geführte Diskussion vorausgegangen. Dabei wurde deutlich, dass eine Reihe fachlich bedeutsamer Themenbereiche zurückgestellt werden musste, um die angestrebte Fokussierung auf die Stressproblematik einerseits und die für die Wehrpsychologie relativ neue Herausforderung der Beteiligung an Auslandseinsätzen andererseits zu erhalten.

Zwangsläufig *vernachlässigt wurden Themen* wie:
- der Einfluss von *Veränderungen im politischen und gesellschaftlichen Gefüge* im wiedervereinigten Deutschland auf das Selbstverständnis der Bundeswehr und ihre Angehörigen, die Soldaten. Hierzu gehören inbesondere die Auswirkungen von Änderungen gesellschaftlicher Wertorientierungen (Stichworte: freizeit-orientierte Gesellschaft, hohe Ich-Bezogenheit allen Handelns und Bewertens) auf klassische militärische Tugenden wie "Dienen", Disziplin, Leidensfähigkeit, Tapferkeit usw.;
- das truppenpsychologische "Serviceangebot" zur Unterstützung des militärischen Kernauftrags von Streitkräften, die *Landesverteidigung*;
- den Aspekt *"Frauen in Streitkräften"*, der in dem Maße, wie die Allgemeine Wehrpflicht für die westlichen Streitkräfte an Bedeutung verloren hat, bedeutsam gewor-

den ist. Eine fachliche Diskussion unter Rückgriff auf Erfahrungen anderer Nationen und eine kulturspezifische Diskussion im Hinblick auf erforderliche Entwicklungen des jeweiligen Selbstverständnisses männlicher und weiblicher Soldaten in der Bundeswehr wird noch zu führen sein.

- Zugunsten der Einbeziehung konkreter Erfahrungen ist sicherlich auch die systematische Aus- und Bewertung internationaler *wissenschaftlicher Forschungsergebnisse* im Hinblick auf ihre Bedeutung für die truppenpsychologischen Aufgabenfelder vernachlässigt worden: Der Bedarf an fachlichen Beiträgen wurde vielmehr durch die Geschehnisse der aktuellen Einsätze bestimmt. Zu den relevanten Forschungsergebnissen zählen z.B. die Fortschritte in der Leadership-Forschung, der Motivationspsychologie, der Psychophysiologie, der Psychologie des Erfahrungs- und Wissensmanagements. Diese in den Rahmen des vorliegenden Readers einzubeziehen, hätte den gesetzten Rahmen gesprengt.
- Ebenso blieben die Auswirkungen der zunehmenden Computerisierung (auch des "Gefechtsfeldes") auf den Soldaten völlig unberücksichtigt.

6 Die Artikel und ihre Autoren

Wie bereits erwähnt, haben wir uns für eine Strukturierung des vorliegenden Readers entschieden, wie diese sich aus den an die Truppenpsychologie herangetragenen Aufgaben entwickelt haben:

- Die truppenpsychologische Beiträge bei der *Einsatzvorbereitung* umfassen die Bereiche Personalauswahl und Ausbildung. Das thematische Spektrum orientiert sich an zwei Schwerpunkten: *einsatzbezogene Belastung* (einschließlich der sehr heiklen Bereiche Tod, Verwundung, Geisel- und Gefangennahme, Verhör und Folter) und *interkulturelle Kompetenz*.
- Im Teil *Einsatzbegleitung* wird ebenfalls Belastung thematisiert. Psychotraumatisierende Ereignisse, aber auch die einsatzbedingten Belastungen im familiären Bereich sind die inhaltlichen Facetten. Das Risikoverhalten im Einsatz und der Umgang mit der Bevölkerung im Einsatzland bilden weitere Schwerpunkte. Den Abschluss dieses Teiles bildet die "Vorbereitung auf die Rückkehr".
- Psychologische *Einsatznachbereitung* beinhaltet die Reintegration der Soldaten in die heimatliche Berufs- und in die familiäre Umgebung, im schlimmsten Fall die klinisch-psychologische Intervention zur Behandlung posttraumatischer Belastungsstörungen. Einsatznachbereitung beinhaltet aber auch ein Erfahrungsmanagement, das die im Einsatz gemachten Erfahrungen sofort nutzbar macht.
- Die Belastungen von *Familie* und Partnerschaft in der Heimat durch den Einsatz sowie die vom Dienstherrn angebotene Unterstützung (durch die deutsche Familienbetreuungsorganisation und den österreichische HELP-Line-Service) werden aus unterschiedlichen Perspektiven beleuchtet.
- Das Kapitel *Notfallpsychologie* verdeutlicht am Beispiel ziviler Katastrophen der letzten Jahre, welchen Belastungen (militärische) Helfer ausgesetzt sind und wie die Psychologie hier helfen kann.

- Den Abschluss bildet ein Kapitel, welches wiederum dem Thema Stressmanagement gewidmet ist, hier unter dem Blickwinkel militärischer Spezialverwendungen bei Heer, Luftwaffe und Marine.

Es ist uns gelungen, Autoren zu gewinnen, die ein außerordentlich großes fachliches Spektrum repräsentieren. Die Fachexpertise von Hochschul-Professoren und Mitarbeitern renommierter wissenschaftlicher Institute ist genauso vertreten wie die von Praktikern aus den Streitkräften. In unseren Beiträgen kommen Psychologen, Ärzte, Theologen, Offiziere zu Wort. Mit Vertretern aus Österreich, der Schweiz und Deutschland ist der gesamte deutschsprachige Raum vertreten.

Alle unsere Autoren sind in ihren jeweiligen Fachgebieten anerkannte Experten, die über große Erfahrungen verfügen. Als Herausgeber sind wir ihnen zu großem Dank verpflichtet. Der Dank bezieht bezieht sich auch auf die selbstverständliche Bereitschaft aller Beteiligten, auf Honorar zu verzichten. Nur dadurch konnte sicher gestellt werden, dass dieses Buch überhaupt erscheinen konnte.

Literatur:

Arndt, K. (2000). Management Selection for the State Border Service for Bosnia and Herzegovina. Vortrag beim 36th International Applied Military Psychology Symposium (IAMPS), Split.

Fehler, F. (1996). Am Schlimmsten ist das Heimweh. In: Z Truppenpraxis/Wehrausbildung 5,1996, S. 313-318.

Glücksmann, C. (1999). Aus- und Fortbildungskonzept Truppenpsychologie. In: Arbeitsberichte PsychDstBw, 1-1/99.

Puzicha, K. & Pilz, W. (2000). Wehrpsychologie. Artikel vorgesehen für: *Wenninger, W.* (Hrsg.) Lexikon der Psychologie. Heidelberg: Spektrum Akademischer Verlag.

Rauch, M. & Steege, F.W. (1995). Der PsychDstBw. In: von *Rosenstiel, L., Hockel, S.M. & Molt, W.* (Hrsg.) Handbuch der Angewandten Psychologie. Landsberg, Lech: Ecomed-Verlag.

Psychologische Einsatzvorbereitung durch Personalauswahl

Horst Burghardt:

Grundlagen der Personalauswahl: Anforderungsprofile für den Auslandseinsatz

1 Vorbemerkungen

Seit Anfang der 90-er Jahre beteiligt sich die Bundeswehr im Rahmen des erweiterten Aufgabenspektrums an Auslandseinsätzen. Diese politisch gewollte Erweiterung der Zuständigkeit der Streitkräfte bedeutete für alle Soldaten eine strukturell und inhaltlich neue Ausrichtung in der Aus- und Fortbildung. Verlangt wird innerhalb kürzester Zeit die Bereitstellung von einsatzfähigen, aufgabenorientierten Truppenkontingenten für internationale Interventionen.
Die Soldaten stehen in diesen Einsätzen unter vielfältigen, dauerhaften und teilweise intensiven Belastungen. Sie müssen Aufgaben wahrnehmen, die zum Teil außerhalb ihrer bisherigen Ausbildung und Erfahrung liegen und sind mit Herausforderungen und Verhältnissen konfrontiert, die auch durch spezifische Trainings-Szenarien nicht wirklich realitätsgerecht vermittelt werden können. Dabei kann nicht verschwiegen werden, dass das Spektrum der Einsätze von der Unterstützung humanitärer Aktionen bis zum Führen von regionalen und begrenzten Kampfeinsätzen gehen kann. Damit ist das Führen von Gefechten, die Abwehr von Angriffen, das Töten von Menschen, das Erleben eigener Opfer und Verluste eingeschlossen. Zur Bewältigung dieser höchst umfangreichen, differenzierten Anforderungen benötigt die Armee den körperlich robusten, psychisch stabilen, fachlich qualifizierten, menschlich profilierten Soldaten, der zudem noch medienwirksam und politisch korrekt seinen Dienst tut – und das uneingeschränkt 24 Stunden am Tag, sieben Tage in der Woche, über einen Zeitraum von früher vier, heute sechs Monaten, getrennt von seinen Angehörigen und der Heimat.
Diesen Soldaten gibt es nicht. Aber es sind alle Anstrengungen zu unternehmen, geeignete Soldaten zu finden, die unter Einbeziehung individueller Stärken und Schwächen hinsichtlich der geschilderten Einsatzbedingungen über ein angemessenes Handlungs- und Verarbeitungsrepertoire verfügen. Dieses wird durch Ausbildung und Motivation gefestigt, durch Erfahrung erweitert, um möglichst vielen Anforderungen gewachsen zu sein.
Einsatznahe Ausbildung, soldatisch-handwerkliches Können, Sicherheit im Umgang mit Waffen, Gerät und Fahrzeugen, Vertrauen in die Führung und Unterstützung durch die Heimat sind entscheidende Faktoren, um die Soldaten für den Einsatz vorzubereiten. Aber all diese Anstrengungen, Vorbereitungen und Überzeugungen helfen nicht, wenn nicht von vornherein durch eine zielgerichtet Personalauswahl ungeeignete Soldaten ausgeschlossen und geeignete identifiziert werden.

Eine derartige Eignungsfeststellung dient in erster Linie der Optimierung der Einsatzbereitschaft der Truppe. Sie schützt gleichzeitig den weniger qualifizierten und eingeschränkt belastbaren Soldaten vor physischer und vor allem psychischer Überforderung. An realen Erfahrungen deutscher Soldaten aus verschiedenen Einsatzgebieten soll zunächst exemplarisch aufgezeigt werden, welche belastenden Situationen, Konflikte und Erlebnisse besonders auf die psychische Verfassung wirken können. Dabei wird sehr deutlich, dass jede Art von Stress immer eine individuell und subjektiv erlebte Belastung darstellt, die zunächst nur diesen einen Soldaten in dieser einen Situation getroffen hat.

2 Individuelle Belastungen

Vorangestellt sei eine Pressemeldung vom 13. April 2000: *Weil ihn immer noch die grauenvollen Bilder des Völkermords in Ruanda verfolgen, hat der ehemalige UN-Kommandeur in dem ostafrikanischen Land, der kanadische General Romeo Dallaire, jetzt seinen Rücktritt eingereicht. Dallaire stand 1994 in Ruanda an der Spitze einer UN-Friedenstruppe, die dem Völkermord an mehr als einer halben Million Menschen des Tutsi-Volkes tatenlos mit ansehen musste. Der General hat später den Gewissenskonflikt zwischen dem Wunsch, Menschenleben zu retten und dem Befehl des New Yorker UN-Hauptquatiers, nicht einzugreifen, als den schlimmsten Alptraum seines Lebens bezeichnet. Er werde nie die Hilfeschreie und die Bilder tausender hingemetzelter Menschen loswerden können.*
Dallaire sagte im kanadischen Rundfunk, er wolle sich künftig als Privatmann dafür einsetzen, dass solche Soldaten psychologisch nachbetreut werden, die bei Missionen im Ausland Szenen des Grauens erlebt hätten. Seine eigenen Erfahrungen zeigen, dass die Spätfolgen solcher Einsätze noch nach Jahren nicht ohne weiteres überwunden seien.
Weitere Beispiele aus meiner eigenen truppenpsychologischen Einsatzerfahrung sollen derartige Einsatzbelastungen verdeutlichen:

- Prizren, Kosovo, August 1999: Der Hauptgefreite M. ist seit zwei Monaten im Kosovo. Es ist sein erster Auslandseinsatz; er wird als Kraftfahrer verwendet. M. wurde mit einem anderen Soldaten einem Transportbataillon zugeteilt, das aus einem entfernten Standort kommt, so dass er kaum einen der Kameraden kennt. Freiwillig macht er zusätzlichen Dienst in der Betreuungseinrichtung, was aber die Integration in dem ihm fremden Verband kaum fördert. Seit ca. einem Monat leidet er unter Schlafstörungen, Appetitlosigkeit, ist oft unkonzentriert und niedergeschlagen. Man merkt ihm deutlich seine depressive Stimmungslage an; er hat aber niemanden, dem er sich anvertrauen möchte. Seine Gedanken kreisen unaufhörlich um seine Verlobte in der Heimat. Die Trennung und die Sorge um sie halten ihn seit Beginn des Einsatzes gefangen. Die Verlobte hat innerhalb von sieben Wochen acht Kilogramm an Körpergewicht verloren, ist in ärztlicher Behandlung, aber die Medikamente zeigen keine Wirkung. Nur mit Mühe kann sie zeitweilig ihren Beruf ausüben. Der Soldat selbst hat es als seine Pflicht angesehen, in den Einsatz zu gehen, er ist anpassungsbemüht und unterordnungswillig. Seine eigentliche Aufgabe im Einsatz als Kraftfahrer kann er nicht in erforderlichem Umfang erfüllen.

- Unteroffizier F. gehört einem verstärkten Jägerbataillon an. Mit einigen seiner Kameraden hat er im Kosovo Sicherungsaufgaben an Massengräbern durchzuführen. Über eine Reihe von Wochen sahen sie von ihren Fahrzeugen aus zu, wie täglich Leichen ausgegraben wurden, die vor etwa fünf Monaten verscharrt worden waren. Er hat mit angesehen, wie versucht wurde, an den teilweise schon in Verwesung befindlichen Leichen die Todesursache festzustellen, indem, soweit erforderlich, mit einem Skalpell Schnitte an der Leiche vorgenommen wurden, mit Fingern Teile der Leichen abgetastet und Fotografien zur Dokumentation gemacht wurden. Oft schwebte unerträglicher Leichengeruch über dem gesamten Gebiet. Zu den Aufgaben der Sicherungssoldaten gehörte es auch, Einheimische von den Gräbern fernzuhalten, die auf der Suche nach ihren vermissten Angehörigen zum Teil mit Fotos der Vermissten vor der Absperrung standen. Der Unteroffizier musste diese manchmal weinenden Mütter, Väter, Geschwister von den Ausgrabungen fernhalten. In den ersten Tagen hatte er –neugierig wie seine Kameraden– die eine oder andere Ausgrabung und Untersuchung verfolgt. Die gesamte Situation war ihm schon nahe gegangen, aber tiefgreifende Störungen seiner psychischen Verfassung bekam er erst, als in einem Grab die Leichen eines Mannes und einer Frau freigelegt wurden und plötzlich quer liegend der kleine Körper eines etwa sechs bis acht Monate alten Kindes langsam zum Vorschein kam. Diese Anblick verfestigte sich in seinem Gedächtnis, er konnte kaum noch schlafen, die Bilder tauchten immer wieder in ihm auf, er konnte kaum noch essen. Obwohl er mit Kameraden über diese quälenden Eindrücke sprach, fand er keine Erleichterung. Selbst übermäßiger Alkoholkonsum brachte nicht die erhoffte Ruhe. Der Anblick des toten Kindes erinnerte ihn immer wieder an seinen eigenen Sohn in der Heimat, der etwa gleich alt war – und er stellte sich mit Grauen immer wieder vor, dass es sein Kind hätte sein können.
- Rajlovac, Januar 1999: Im Rahmen von Betreuungsfahrten hatten Soldaten die Gelegenheit, Teile der Stadt und der Umgebung zu sehen, sich einen Eindruck von den Folgen des Krieges, der Kämpfe, der Zerstörungen zu verschaffen, erhielten auch vor Ort Informationen über Gräueltaten, unmenschliche Übergriffe und Massaker. Sie sahen auch die Schönheiten der Stadt, der Landschaft und die erkennbaren Aufbauarbeiten. Der Obergefreite S. stieg anschließend im Camp aus dem Bus und schwor sich, nie wieder das Camp zu verlassen. Von den Zerstörungen, den Ruinen, den Berichten über Gräueltaten wollte er nichts mehr hören, das würde ihn zu stark belasten.
- Der UN-Beobachter A. fährt Patrouille in einem von einer bestimmten Konfliktpartei beherrschten Gebiet. Über Funk wird ein Zwischenfall gemeldet, am Ort des Geschehens, einer befahrenen Straße, ist offenbar ein Fahrzeug beschossen worden; auf den ersten Blick ein Toter, zwei Verletzte, blutend und schreiend, offenbar Angehörige der anderen Konfliktpartei. Der UN-Beobachter registriert die Situation, versucht ärztliche Hilfe herbeizuholen, er selbst darf unmittelbar keine medizinische Erstversorgung leisten, um nicht bei den Umherstehenden, von denen der eine oder andere durchaus mit den Attentätern in Verbindung stehen kann, als parteiisch angesehen zu werden und damit sich und die ganze Mission zu gefährden.
- Der junge Familienvater L. (Kinder) hat sich freiwillig für den Einsatz gemeldet. Seine Ausbildung und Einweisung verlaufen unauffällig. Seinen Aufträgen im Einsatz-

land kommt er willig nach. Bald fällt jedoch auf, dass er durch Kontakte zur Bevölkerung, die zunächst dienstlich geboten waren, eine persönliche Beziehung zu einer jungen einheimischen Frau aufgebaut hat und diese in den Zeiten, die ihm zur Regeneration und als Urlaub zur Verfügung stehen, fortführt und vertieft. Mehrfach wird er von Kameraden und Vorgesetzten auf die Problematik dieses Verhaltens hingewiesen, dienstliche Vorhaltungen lassen ihn nur noch uneinsichtiger werden. Nach der Rückkehr aus dem Einsatz, in seinen Standort, setzt er alles daran, in das Einsatzland zurückzukehren. Er verlässt seine Familie.

- Reserveoffizier B. hat bereits an zwei Auslandseinsätzen teilgenommen. In jeder dieser Reserveübungen wurde er mit einem für ihn recht belastenden Ereignis konfrontiert. Beim ersten Einsatz starb seine Mutter in der Heimat. Beim zweiten Einsatz erlebte er wiederholt, dass seine unzureichenden Sprachkenntnisse die von ihm geforderten Leistungen wesentlich einschränkten. Bei der Vorbereitung auf seinen dritten Einsatz konnte er mit anderen Soldaten durch einen kurzen Einweisungsbesuch im Einsatzland seinen zukünftigen Dienstposten kennenlernen und musste erkennen, dass er eigentlich nur unzureichend über die notwendigen Sprach- und DV-Kenntnisse verfügte. Diese Defizite wurden aber nicht thematisiert, so dass er kurze Zeit später seinen Dienst im Kontingent aufnahm. Auf Dauer war seine begrenzte Leistungskapazität nicht zu übersehen; es kam zu Spannungen und Auseinandersetzungen mit Kameraden und Vorgesetzten. Wie in den Einsätzen zuvor, litt er zudem unter der Trennung von seiner Familie, was unter den aktuellen dienstliche Belastungen zu erheblichen Stress-Symptomen führte. Seine Einsicht in diese kritische Situation wurde durch seine Vorstellung beeinträchtigt, dass er sich unbedingt bewähren und selbst bestätigen wollte. Außerdem war eine finanzielle Motivation mit ausschlaggebend für seine Freiwilligenmeldung gewesen. Psychosomatische Beschwerden traten auf, die aber als solche zunächst nicht erkannt wurden. Der Soldat wurde erst nach einer doch recht langen Stehzeit im Ausland in die Heimat zurückverlegt, wobei es erforderlich war, ihn intensiv zu betreuen, damit sich keine psychischen Störungen verfestigen konnten.
- M. hatte seinem Dienstgrad und seiner Funktion entsprechend eine ausgesprochen verantwortungsvolle und gefährliche Tätigkeit wahrzunehmen, die er auch zur vollen Zufriedenheit seiner Vorgesetzten erfüllte. Bei der Kontrolle zurückgeschickten Materials in die Heimat wurden versteckte Handfeuerwaffen und Waffenteile entdeckt. Als Verantwortlicher wurde der Soldat festgestellt, der angeblich zu Unterrichtszwecken die Waffen verpackt hatte, aber offenkundig auch die Gelegenheit nutzen wollte, seiner Leidenschaft als Waffensammler zu frönen.
- W. führt in der Heimat eine Gruppe von Soldaten, die im Schichtdienst eingesetzt werden und routinemäßig mit wenig Abwechslung ihren Dienst versehen. Im Einsatz ändert sich das Aufgabenspektrum schlagartig und in dieser Vielfalt und Herausforderung auch unerwartet. Innerhalb von sechs Stunden waren beispielsweise folgende Einsätze durchzuführen:
  - Mit Unterstützung einer Sicherungsgruppe Durchsuchen eines Restaurants wegen des Verdachts auf Menschenhandel, Entführung und Erzwingung von Pros-

tition, Befragung der dort befindlichen Personen;
- Übernahme eines Festgenommenen an einem Check-Point und Verbringen in die Polizei-Station, Sicherstellung von Waffen und Munition;
- Durchführung einer KFZ-Streife;
- Einsatz anlässlich der Bedrohung eines Zivilisten, Festnahme eines Verdächtigen, Befragung von Augenzeugen;
- Festnahme von drei Fahrzeug-Insassen wegen Mitführens einer Handgranate;
- Durchsuchung eines mehrstöckigen Miethauses und der Umgebung anlässlich der gemeldeten Bedrohung einer älteren Frau.

Neben solchen einsatzbedingten Belastungen und dem hohen Maß an Verantwortung erleben die Soldaten bei diesen Aufträgen immer wieder die Grenzen ihrer Möglichkeiten. Angewiesen auf unpräzise Angaben und widersprüchliche Aussagen bleiben trotz des fast idealistischen Engagements der Soldaten viele Ermittlungen ergebnislos und Fälle ungeklärt. Einheimische Strukturen sind in der Regel nicht durchschaubar, Gewalttätigkeiten, Brandstiftungen, ethnische Säuberungen können nicht verhindert werden. Diese permanenten Erfahrungen sind starke Stress-Faktoren, die sich über einen längeren Zeitraum aufaddieren und selbst hochmotivierte und erfahrene Soldaten an die Grenze der Belastungsfähigkeit führen.

Diese Beispiele aus Einsätzen zeigen, wenn auch in unterschiedlicher Intensität und Tiefe, wie Erlebnisse auf Soldaten höchst individuell wirken können und wie schwer es sein kann, diese Erfahrungen zu verarbeiten. Sie zeigen aber auch, dass nicht nur geeignete Soldaten in Auslandseinsätze befohlen werden oder sich als Freiwillige gemeldet haben. Auf viele mögliche Einsatz-Szenarien kann der Soldat vorbereitet werden, militärische Kompetenz kann durch eine vielseitige, möglichst einsatznahe Ausbildung mit erforderlichem Drill, mit hohen Anforderungen an Körper, Intellekt und Psyche eingeübt werden. Die abgestufte Intervention, deeskalierend, nach "rules of engagement" kann und wird durch intensives Training zusätzlich ausgebildet und bildet die Grundlage angemessenen professionellen militärischen Verhaltens bei friedensschaffenden und -bewahrenden Einsätzen.

Doch notwendige Bedingung zur Erlangung von militärischer Handlungssicherheit, zuverlässiger Selbstkontrolle und eines adäquaten Stress-Managements ist immer eine entsprechende Persönlichkeitsstruktur. Sie ist Voraussetzung für Bewährung im Einsatz, nach Rückkehr aus dem Einsatz auch für eine folgenlose Verarbeitung der Erlebnisse. Nur derart geeignete Soldaten sollten in die Einsätze gehen. Unabdingbare Voraussetzung hierfür ist eine anforderungsorientierte und einsatznahe Personalauswahl.

3 Allgemeine Anforderungen, Belastungen und Einsatzbedingungen bei Auslandseinsätzen

In den bisherigen Einsätzen stand die Gefahr für Leib und Leben für die große Mehrzahl der deutschen Soldaten nicht im Mittelpunkt der Belastungen. Die Anforderungen an die Soldaten umfassten vielmehr überwiegend Faktoren wie
- *hohe Arbeitsbelastung* über einen längeren Zeitraum mit Sieben-Tage-Wochen, Ar-

beitszeit fast rund um die Uhr, Schichtdienst, ständige Verfügungsbereitschaft, Arbeiten unter hohem Zeitdruck, Monotonie des Tagesablaufs, geringe Entspannungs- und Regenerationsmöglichkeiten;

- *Trennung vom gewohnten Umfeld* über einen längeren Zeitraum, dabei insbesondere
- *Trennung von der Familie*, der Partnerin/dem Partner, Trennung von der Heimat mit allen gewachsenen sozialen Bindungen, Sorge um den Bestand der Beziehungen, Ertragen von Unstimmigkeiten, Missverständnissen, Differenzen mit den Angehörigen in der Heimat, geringe Einwirkungsmöglichkeiten, manchmal mit dem Gefühl des Abgeschnittenseins und der Hilflosigkeit bei akuten Problemen, eingeschränkte Kommunikationsmöglichkeiten;
- sehr *geringe Privatsphäre* mit Leben auf engstem Raum, ständig "unter Beobachtung", zum Teil eingeschränkte Hygiene und Sauberkeit, Lärm- und Abgasexposition, kaum persönliche Freiräume, kaum individuelle Gestaltungsmöglichkeiten, hohe Anforderungen an Toleranz und Selbstdisziplin;
- *stark eingeschränkte Sexualität*;
- *hohe militärische Anforderungen* bei der Auftragserfüllung mit einsatz- und auftragsbedingtem Stress, ungewohnte Aufgaben, dabei Situationsunsicherheit und begrenzte Handlungskompetenz, hohe Anforderungen an die Vorbildfunktion als Vorgesetzter, erhöhte Anforderungen an den Umgang mit Ausrüstung, Waffen, Gerät, Fahrzeugen, Belastungen durch Konsequenzen bei falscher oder zu später Befehlsgebung und Auftragserteilung, begrenzte Beweglichkeit im Einsatzland, begrenzte und exakt vorgeschriebene Einsatzkriterien von Waffen (rules of engagement);
- *erhöhte Gefährdungslage* durch latente Bedrohung durch Minen und Sprengfallen, Gefahr von Hinterhalten und Heckenschützen, kriminelle Machenschaften wie Diebstähle, Drogenhandel, Brandstiftung, Bedrohungen, Mord, zum Teil offen und aggressiv betriebene Prostitution, Auseinandersetzungen rivalisierender einheimischer Gruppierungen, erhöhte Unfallgefahr im Straßenverkehr, schlecht ausgebaute Verkehrswege, Verbreitung und Gebrauch von Waffen bei den Einheimischen, Gewaltbereitschaft bei den Einheimischen;
- *Erleben von Kriegsfolgen* mit Eindrücken von Zerstörungen, von menschlicher Not, Leid, Vergewaltigungen, Hass, Grausamkeiten, Gefühle von Sinnlosigkeit, Ohnmacht und Hilflosigkeit angesichts der Probleme im Einsatzland und der Verhaltensweisen der Einheimischen, Erleben von Ablehnung und Hass auf UN und NATO;
- Erleben einer *fremden Kultur* mit ungewohnten Sitten und Gebräuchen, Gefahr von missverständlichem Verhalten, unterschiedliche Auffassungen von angemessenem Rollenverhalten, beständige Verantwortung als Repräsentant von NATO oder UN, hohe Anforderung an interkulturelle Kompetenz;
- Anpassung an die *klimatischen Verhältnisse* im Einsatzland mit der Notwendigkeit auch unter Hitze und Kälte, Nässe und Trockenheit ein Optimum an Auftragserfüllung zu gewährleisten.

Diese Belastungsfaktoren, Anforderungen und Einsatzbedingungen wirken über den gesamten Zeitraum des Einsatzes auf die physische und die psychische Verfassung der Soldaten, je länger der Einsatz dauert, um so stärker.

4 Besondere Anforderungen an OSZE-Beobachter[1]

Die Tätigkeitsfelder und damit die Anforderungen an OSZE-Mitarbeiter sind nicht ganz deckungsgleich mit denen der UN-Beobachter. OSZE-Mitarbeiter nehmen überwiegend politische und diplomatische Aufgaben wahr, weniger militärische. Dazu gehören:

- Aufbau und Pflege von Kontakten, Führen von Gesprächen mit Politikern und Militärs der verschiedenen Konfliktparteien, mit Vertretern politischer und gesellschaftlicher Organisationen, mit Clan-Chefs, Ältesten, Geistlichen verschiedener Religionen und Glaubensrichtungen, jeweils auf unterschiedlichen Ebenen;
- Vermittlung und Organisation von Treffen zwischen Führern der Konfliktparteien;
- Besuche in Regionen und Ortschaften, Informationsgewinnung, Überprüfung von angeblichen Sachverhalten und Ereignissen, Befragung von Beteiligten und Augenzeugen;
- Aufbau und Aufrechterhaltung logistischer Rahmenbedingungen zur Unterstützung der eigenen Aufgabe;
- Sicherheitsmanagement;
- Finanzmanagement.

Auch auf juristischem Gebiet ist Kompetenz verlangt, so zum Beispiel in Form verfassungsrechtlicher und strafrechtlicher Grundkenntnisse. Die fundierte Untersuchung von Menschenrechtsverletzungen setzt Kenntnisse des humanitären Völkerrechts voraus.

Dabei sind die *Ziele der OSZE* zu beachten:

- Förderung der Menschenrechte und Grundfreiheiten,
- Unterstützung der humanitären Hilfe durch die Non-Governmental Organisations (NGOs),
- friedliche Lösung von Konflikten,
- Stabilisierung nach Waffenstillstandsgesprächen,
- Beseitigung von Spannungsquellen sowie
- Hilfestellung bei der Entwicklung demokratischer Institutionen und Strukturen.

Die aus diesen Anforderungen resultierenden spezifischen Belastungen haben ihre Ursachen in der Konfrontation mit Gewalt und deren Folgen, Plünderungen, Raub, Erpressungen, Geiselnahme, Grausamkeiten gegen die Zivilbevölkerung, Provokationen, aber auch in der oft wenig nachvollziehbaren politischen Handlungsweise der Führer der Konfliktparteien, deren Intoleranz, Unnachgiebigkeit und fehlenden Kompromissbereitschaft.

OSZE-Beobachter müssen zudem die stark belastenden Rahmenbedingungen des Einsatzes ertragen wie

- sehr geringer Lebensstandard,
- eigene Gefährdung,
- Sprachprobleme,
- sehr eingeschränkte hygienische Verhältnisse,

1) OSZE: Organisation für Sicherheit und Zusammenarbeit in Europa

- monatelange Dienstzeitbelastung und
- begrenzte Kommunikationsmöglichkeiten mit der Heimat.
- Sie leiden zeitweilig unter dem Gefühl der Hilflosigkeit, der Ohnmacht, nicht helfen zu können oder manchmal nicht helfen zu dürfen, um die Unparteilichkeit nicht zu gefährden,
- sie fühlen sich belastet durch unzureichende politische, ökonomische und soziale Fortschritte bei übertrieben hohen Erwartungen der betroffenen Bevölkerung.

Vor dem Hintergrund dieser komplexen Anforderungen und den daraus resultierenden Stress-Faktoren ist bei der Auswahl geeigneter Personen für OSZE-Missionen vorrangig die stabile, kommunikative Persönlichkeit mit erheblicher Frustrationstoleranz sowie der Fähigkeit zu Neutralität und einem bewährtem Stress-Management gefragt.

5 Besondere Anforderungen an Soldaten des Kommandos Spezialkräfte (KSK)

Über das KSK-Anforderungsprofil informiert der Artikel von Kreim in diesem Buch (Seiten 48ff.).

6 Besondere Anforderungen an UN-Beobachter

Gerade in ausdrücklichen "Blauhelm-Einsätzen" unter UN-Mandat, bei den UN-Observer Missionen und auch bei ausdrücklich humanitär definierten Kontingent-Einsätzen werden vorrangig Verhaltensweisen verlangt, die zunächst nicht mit den Prinzipien von militärischen Interventionen in Einklang stehen. Friedenssichernde und -konsolidierende Maßnahmen umfassen Entwaffnung der Konfliktparteien, Minenräumen, Überwachungen, Schutz von Menschenrechten, Abwehr von kriminellen Übergriffen, Hilfe für Flüchtlinge oder Unterstützung humanitärer Organisationen. Die täglichen Auseinandersetzungen mit Angehörigen der Konfliktparteien im Einsatzland schärfen bald den Blick für feindliche Absichten, die verhindert werden müssen und für feindliche Handlungen, denen man konsequent und entschieden, aber ohne Waffen entgegentreten muß, gestützt allein auf die persönliche Autorität und das Ansehen bei den Konfliktparteien.

Dieses Aufgabenspektrum verlangt keinen "neuen" Soldatentyp, sondern den umfassend und kompetent ausgebildeten, konfliktlösenden Beobachter. Nach wie vor ist jedoch auch bei diesen "Observer Missions" ein gewisses Maß an militärischem Schutz erforderlich oder bei kritischen Entwicklungen der Rückzug aus der Mission oder Teilen davon.

Realitätsfremd sind hingegen Forderungen wie "im Idealfall ist die einzige Waffe des UN-Soldaten das treffende Argument".

Die Grenze der psychischen Belastbarkeit und Verarbeitungsfähigkeit ist dann eindeutig überschritten, wenn Soldaten erleben müssen, dass militärische Mittel nicht eingesetzt werden dürfen, um Menschenrechtsverletzungen zu verhindern. Derartige Erfahrungen sind traumatisierend.

Militärisch und politisch Verantwortliche sollten sich bewusst sein, dass derartige Szenarien, zumal wenn sie sich auch noch wiederholen, psychologisch kaum zumutbar sind und jede Art von moralischen und humanitären Vorstellungen untergraben. Sie verursachen psychische Verletzungen mit Krankheitscharakter (posttraumatische Belastungsstörungen) und schaffen Verhaltensmuster, die als Abwehrmechanismen zu Zynismus, Verrohung, Abstumpfung und Pietätlosigkeit führen können.

Unter den gegenwärtigen Einsätzen der Bundeswehr können die waffenlosen UN- und OSZE-Beobachter mit derartigen Erlebnissen konfrontiert werden, so dass gerade in diesem Bereich die Personalauswahl der Stresstoleranz besondere Beachtung schenken muss.

Bei deutschen Soldaten, die für UN-Observer-Missions vorgesehen sind, wird derzeit noch kein Auswahlverfahren im eigentlichen Sinne durchgeführt. Nur ein einwöchiges Orientierungsseminar ermöglicht erste Hinweise über eine mögliche Einsatzbewährung. Weitere Informationen können bei den internationalen UN-Beobachter-Lehrgängen gesammelt werden, die aber nicht im Sinne einer Eignungsfeststellung durchgeführt werden.

Waffenlose Einsätze durch Beobachter (und dazugehöriges Sanitätspersonal) unterscheiden sich von den Kontingenteinsätzen der Bundeswehr durch gänzlich andere Rahmenbedingungen und Aufträge. Im Einsatzland werden keinerlei aus der Heimat bekannte Strukturen vorgefunden, es fehlen gewohnte Vorgesetzte und informelle Führer. Es gibt kaum Betreuungseinrichtungen. Diese Besonderheiten können so zusammengefasst werden:

- Arbeit in multinationalen Teams mit erhöhter Anforderung an Selbstdisziplin und Toleranz;
- hohe Arbeitsbelastung mit Englisch als Arbeitssprache;
- eingeschränkte Entspannungsmöglichkeiten;
- unbewaffneter Einsatz ohne persönlichen Eigenschutz;
- Einsatzdauer sechs Monate;
- eingeschränkte Hygiene und Sauberkeit;
- ungewohntes Klima;
- Unterbringung bei lokaler Bevölkerung mit eingeschränkter Strom- und Wasserversorgung, Selbstversorgung;
- Monotonie des Tagesablaufs, geringer persönlicher Freiraum;
- Hilflosigkeit gegenüber Gräueltaten, Gewalt, Armut, Menschenverachtung;
- eingeschränkte Kommunikationsmöglichkeiten mit der Heimat;
- Leben im Anblick von Tod, Verwundung, Krankheiten, Gräueltaten;
- permanente Bedrohung durch kriminelle Elemente;
- Minenbedrohung;
- Frustrationen wegen geringer Fortschritte auf allen Gebieten.

Nach den bisherigen Erfahrungen sind bisher überwiegend gut motivierte, gut ausgebildete, sozial und interkulturell kompetente Soldaten im Einsatz gewesen. Sie mussten sich mit folgenden Problemfeldern auseinandersetzen:

- Zweifel an der Sinnhaftigkeit und Erfolgssicherheit der Mission,
- Verärgerung über die fatalistische Einstellung der Einheimischen,
- zunehmende Schwierigkeit, die Wertvorstellungen, Ziele, Arbeitshaltung, Prinzipien der Einheimischen tolerieren zu können,
- zunehmende Neigung, mit bestimmten Teilen der Konfliktparteien zu fraternisieren,
- zunehmende Neigung, im Einsatzland persönliche Beziehungen bis hin zu sexuellen Kontakten aufzunehmen,
- Unverständnis gegenüber einer unqualifizierten Besetzung von Posten in den internationalen Missionen sowie gegenüber ungerechtfertigter Bevorzugung nationaler Interessen,
- Unverständnis gegenüber Verwaltungswegen und Entscheidungen der UN,
- nachlassende Toleranz und Teamfähigkeit.

Offenbar haben Angehörige des Sanitätsdienstes bei den Beobachter-Missionen geringere Anpassungsprobleme im Einsatzland als die Militärbeobachter. Ihr fachliches Aufgabenspektrum ist auch im Ausland weitgehend unverändert. Die Akzeptanz ihrer fachlichen Tätigkeit ist durchweg von Anfang an gegeben. Dies gilt sowohl für die UN-Beobachter wie für die Soldaten der militärischen Begleitkontingente und für die Einheimischen.

7 Interkulturelle Kompetenz

Grundsätzlich sind bei aller Art von Entsendung, Verlegung ins Ausland, besonders wenn es in den Bereich eines relativ unbekannten Kulturkreises geht, eine Reihe von Reaktionsweisen möglich, die als "Kulturschock" definiert werden können und den einen oder anderen Soldaten, der besonders intensiv mit Vertretern des Einsatzlandes befasst ist, befallen können :

- Verärgerung und Misstrauen gegenüber Vertretern des Einsatzlandes,
- Befürchtungen, ausgenutzt zu werden,
- Frustration im Hinblick auf unüberwindlich scheinende Probleme und fehlende Fortschritte,
- Verunsicherung im Hinblick auf die Gültigkeit eigener Normen, Werte und Lebenseinstellungen,
- Neigung, die fremde Lebensführung, Eigenschaften und Werte gegenüber der eigenen Kultur als unterlegen zu betrachten,
- zunehmende Neigung, verdeckt, zum Teil auch offen, abwertende Bemerkungen gegenüber dem Einsatzland und dessen Bewohner zu äußern.

Vor diesem Hintergrund wird deutlich, dass die Personalauswahl von Soldaten, die überwiegend allein in fremden Ländern mit Vertretern dieser Länder, mit Angehörigen anderer Nationen, mit Mitarbeitern von Non-Governmental Organisations zu tun haben werden, eine bestimmte Zielsetzung haben muß. Vor allem im Bereich sozialer Kompetenz sind Verhaltenseigenschaften (social communication skills) wie

- Wertschätzung anderer -auch fremdkultureller- Menschen,
- Einfühlungsvermögen und -bereitschaft,

- Offenheit,
- Teamfähigkeit,
- Flexibilität,
- umfangreiche Erfahrung im Umgang mit anderen Menschen,
- Selbstbeherrschung,
- Toleranz

notwendig. Hinzu kommen weitere Persönlichkeitsmerkmale wie

- Eigeninitiative,
- Flexibilität im Denken und Handeln,
- Aufgeschlossenheit und Selbstvertrauen, aber auch
- Ausdauer,
- Hartnäckigkeit,
- Frustrationstoleranz und
- Durchsetzungsvermögen.

Eine derart ausgerichtete Eignungsfestellung muß durch ein interkulturelles Training unterstützt werden, in dem die für die fremde Kultur erforderlichen situationsadäquaten Verhaltensweisen eingeübt werden, fremde Rituale, Gewohnheiten und Gebräuche erlernt werden.

8 Der Stellenwert der Familie

Ein stabiler familiärer/partnerschaftlicher Rückhalt in der Heimat ist Voraussetzung für die Bewährung im Einsatz.
Nach den vorliegenden Erfahrungen sind die meisten während des Auslandsaufenthalts auftretenden Partnerschaftskonflikte schon vor dem Einsatz vorhanden gewesen. Der endgültige Bruch aufgrund der Trennung erfolgt dann weitgehend zwangsläufig. Derartige Konstellationen sind möglichst in der Truppe schon im Vorfeld, bei der Benennung der für den Einsatz in Frage kommenden Soldaten von den unmittelbaren Vorgesetzten entsprechend abzuschätzen und konsequent in Entscheidungen umzusetzen. Eine Stabilisierung von brüchigen Beziehungen ist durch einen Einsatz nicht zu erwarten. Ebenso wäre es falsch, auffällig gewordenen Soldaten (Straffälligkeit, Disziplinarverfahren) durch den Einsatz eine Bewährungsmöglichkeit geben zu wollen. Der Misserfolg in solchen Fällen ist fast immer vorprogrammiert.

9 Erfahrungen anderer Nationen bei der Personalauswahl

Untersuchungen anderer Nationen zeigen, dass es sicher keinen bestimmten Personentyp gibt, der für Auslandseinsätze besonders geeignet ist. Es gibt aber Hinweise und Tendenzen, die sich immer wieder als Kriterien herauskristallisieren:
So zog Schweden die Schlussfolgerung, dass Soldaten mindestens 21 Jahre alt sein sollten, da sich bei Jüngeren Stress-Symptomatiken erheblich häufiger entwickeln.
Es sollte anamnestisch der bisherige Lebensweg des Soldaten hinsichtlich möglicher *Risikofaktoren* abgeklärt werden. Es sind dies:

- partnerschaftliche Probleme,
- Drogenkonsum (einschließlich Alkohol),
- Straftaten,
- Verstöße gegen Rechtsvorschriften und gegen allgemein anerkannte Normen,
- Dienstvergehen.

Auffälligkeiten dieser Art geben im Hinblick auf Eignung für einen Auslandseinsatz immer Anlass zu Bedenken.

Ebenfalls kritisch zu betrachten sind auch außergewöhnlich belastende Erlebnisse im Leben des Soldaten, wie
- Verlust eines Elternteils,
- Scheidung,
- Miterleben einer schweren Krankheit,
- Miterleben von schweren Unfällen und ähnlichen Ereignissen.

Hierbei ist stets abzuklären, ob eine angemessene Verarbeitung erfolgt ist oder noch immer eine Rest-Traumatisierung vorhanden ist, da stark introvertierte Menschen wegen ihrer Versagensängste und Misserfolgsempfindlichkeit nur beim Vorliegen guter Kompensationsmöglichkeiten eine hinreichende Bewährungswahrscheinlichkeit haben.

Bei der Eignungsfeststellung von Soldaten muss berücksichtigt werden, dass gerade diese Personengruppe häufig dazu neigt, eigene Probleme, Risikofaktoren oder Belastungen zu verschweigen, weil diese nicht in ihr soldatisches Selbstverständnis passen. Soldaten sind oft auf das klassische Rollenstereotyp fixiert, welches durch Stärke, unerschütterliche Selbstsicherheit, Macht, hohes Leistungsvermögen auf allen Gebieten, Stärke, Selbständigkeit, "Coolness" und Erfolgssicherheit charakterisiert ist. Solche Selbsteinschätzungen sind fast immer kritisch zu bewerten.

10 Spezielle Auswahl für Extrembelastungen

Im Einsatz kann es vorkommen, dass Soldaten mit der Versorgung von Schwerverwundeten oder Schwerverletzten oder im Extremfall mit der Bergung von Leichen konfrontiert sind. Besonders belastend sind solche Szenarien, wenn
- Leichen von Kameraden zu bergen sind,
- menschliche Überreste, Leichenteile zu bergen sind,
- sich unter den Toten persönliche Freunde befinden,
- Frauen, Kinder unter den Toten sind,
- Leichen schon ganz oder teilweise in Verwesung übergegangen sind,
- die Leichen deutliche Zeichen von brutaler Gewalteinwirkung zeigen oder
- die Leichen absichtlich verstümmelt wurden.

Die Zusammenstellung eines Leichenbergungsteams verlangt von den Führern vor Ort eine besonders verantwortungsbewusste Personalauswahl. Allein auf das Prinzip der Freiwilligkeit zu bauen, wird den Umständen nicht gerecht. Bei jedem der in Frage kommenden Soldaten muss der Führer über einen umfassenden und gründlichen Informationsstand vom bisherigen Lebensweg verfügen, dessen Erfahrungen und Be-

währungen kennen sowie dessen Fähigkeit zum individuellen Stress-Management einschätzen können. In erster Linie sind ältere, lebenserfahrene Soldaten auszuwählen, die über ein erkennbares Maß persönlicher Reife und Stabilität verfügen und offen genug sind, in den Einsatznachbesprechungen über die unvermeidlichen Belastungen ehrlich zu sprechen.
Unumgänglich ist neben der Personalauswahl eine sehr weitgehende Vorbereitung auf die speziellen Anforderungen und die möglichen Reaktionen. Eine distanzierte Einstellung zu den Leichen und Leichenteilen muss bei der Beschäftigung mit den möglichen Szenarien allmählich aufgebaut und internalisiert werden.

11 Eignungsdagnostische Untersuchung

Das Hauptziel psychologischer Eignungsfeststellungen bei der Auswahl für Auslandseinsätze liegt einerseits ganz eindeutig in der Auslese und Plazierung von Soldaten, andererseits aber ebenso in der individuellen Beratung des Soldaten hinsichtlich seines Eignungsspektrums. Die Eignungsbewertung in Form eines Gesamturteils oder differenziert nach Kenntnissen, Fähigkeiten und Persönlichkeitsfaktoren, nach Stärken und Schwächen, nach Kompensationsmöglichkeiten ist immer als Wahrscheinlichkeitsaussage anzusehen und zwar über das Maß der Übereinstimmung der Eignungsmerkmale eines Soldaten mit den Anforderungen der angestrebten Tätigkeit.
Eine fachgerechte psychodiagnostische Eignungsfeststellung minimiert das Risiko der Übertragung von Aufgaben an dafür ungeeignete Soldaten. Gleichzeitig bewahrt sie aber auch den Soldaten vor unzumutbarer Überforderung und ist damit die wichtigste Maßnahme zur Prävention akuter Belastungsreaktionen oder posttraumatischer Belastungsstörungen.
Krasse Auffälligkeiten, manche unangepassten Verhaltensweisen, Drogenprobleme, Schwierigkeiten im Umgang mit Gesetz und Ordnung bei einem Bewerber eröffnen sich häufig auch dem Nicht-Psychologen. Bei Merkmalsbereichen wie soziale Anpassungsstörungen, Gewaltbereitschaft oder Einschränkungen der Steuerungs- und Handlungsfähigkeit dagegen, ist die Fachexpertise des Truppenpsychologen unverzichtbar. Sie kann nicht ersetzt werden durch die für jeden Soldaten obligatorischen prüfpsychologischen Stationen im Eignungsfeststellungsverfahren für Freiwilligenbewerber noch "vor dem Kasernentor" oder im Rahmen der Eignungsuntersuchungen von Grundwehrdienstpflichtigen oder Bewerbern für einen freiwillig längeren Wehrdienst. Auch hier werden schon Eignungsmerkmale wie Verhaltensstabilität, Frustrationstoleranz, Sozialkompetenz überprüft. Wenn für einen Soldaten ein Auslandseinsatz heransteht, liegt diese Eignungsfeststellung häufig schon Jahre, wenn nicht Jahrzehnte zurück. Der Soldat hat sich inzwischen verändert und die Anforderungen haben sich verändert.

Helmut Slop:

Eignungsfeststellung für Auslandseinsätze des österreichischen Bundesheeres

1 Die Rahmenbedingungen

Die Anforderungen an die Heerespsychologie auf dem Gebiet der Auslandseinsätze des österreichischen Bundesheeres haben sich in den letzten Jahren nicht nur quantitativ sondern auch qualitativ erhöht. So beinhaltet dieses Feld neben der seit Anfang der 80er Jahre bestehenden psychologischen Personalauswahl und einer adäquaten psychologischen Einsatzvorbereitung insbesondere die begleitende psychologische Betreuung der Soldaten, sowohl im Einsatzraum als auch nach Beendigung des Auslandseinsatzes, erforderlichenfalls auch in Form einer klinisch-psychologischen Behandlung bei posttraumatischen Belastungsstörungen.

Nicht zuletzt bestätigen die zahlreichen Forschungsergebnisse und Erfahrungen der internationalen Bosnien-Friedenstruppe seit Beginn der damaligen UNPROFOR-Mission die enorme Wichtigkeit einer adäquaten psychologischen Auswahl, Vorbereitung und (Nach-)Betreuung auch für die österreichischen Blauhelme.

Das Österreichische Bundesheer verfügt über ein eigenes Kommando für Internationale Einsätze, das für alle Belange im Zusammenhang mit Auslandseinsätzen verantwortlich ist. Diesem ist auch ein eigenes Referat Psychologie eingegliedert, das aus einem Team von drei Psychologen und einem Hilfsreferenten besteht. Der leitende Psychologe mit seinem Hilfsreferenten ist mit der psychologischen Ausbildung und Betreuung von Auslandseinsatz-Personal betraut. Die beiden anderen Psychologen sind hauptamtlich mit der Durchführung der psychologischen Eignungstestung beauftragt.

2 Zur Entstehung der psychologischen Eignungsfeststellung

Die Forderung nach einer psychologischen Eignungsfeststellung von Auslandseinsatz-Personal resultiert aus den ersten Erfahrungen des Bundesheeres mit "Problempersönlichkeiten" im Auslandseinsatz in den späten 70er Jahren.

So ereignete sich am 10. Oktober 1978 ein folgenschwerer Zwischenfall beim österreichischen UN-Bataillon am GOLAN, der den Ausschlag für die Einführung einer psychologischen Eignungsfeststellung im Vorfeld von Auslandseinsätzen gab.

In der "Wiener Zeitung" vom 12. Oktober 1978 war damals folgender Artikel zu lesen:

Steirischer UNO-Soldat erschoss zwei Kameraden
Vermutlich in einem Anfall geistiger Verwirrung löste der aus der Steiermark stammende österreichische UNO-Soldat Helmut Aldrian (21) am Dienstag gegen 23.25 Uhr Ortszeit beim UN-Bataillon in Syrien ein Blutbad aus: Der als Posten eingeteilte Korporal drang plötzlich in die Unterkunft des Stützpunktes "Hotel" am Gipfel des Berges Hermon in 2814 m Höhe ein und erschoss mit seinem Sturmgewehr den Zugführer Werner See (27) aus Salzburg und den Wehrmann Rudolf Hinteregger (26) aus der Steiermark, während diese in ihren Betten schliefen. Durch einen weiteren Schuss wurde der ebenfalls schon schlafende Gefreite Anton Fahrnleitner (21), auch aus der Steiermark stammend, schwer verletzt. Anschließend wollte Helmut Aldrian Selbstmord begehen, als er sich in die Brust schoss. Durch die sofortige Hilfeleistung von herbeigeeilten Kameraden konnte Aldrian gerettet werden. Er befindet sich gegenwärtig gemeinsam mit Anton Fahrnleitner in einem Spital in Haifa in Israel, konnte aber noch nicht einvernommen werden. Das zuständige UN-Kommando hat die Ermittlungen in diesem Fall aufgenommen. Wie vorerst festgestellt werden konnte, gab es keine auffällige Veränderung im Verhalten des Amokschützen.

Als Reaktion auf diesen Vorfall wurde der Heerespsychologische Dienst des Bundesheeres mit der Erstellung eines psychologischen Auswahlverfahrens für Auslandseinsatz-Personal beauftragt. Ziel und Zweck dieses Auswahlverfahrens war und ist es, mit größtmöglicher Wahrscheinlichkeit eine Selbst- und/oder Fremdgefährdung von Soldaten im Auslandseinsatz, insbesondere aufgrund mangelnder psychischer Belastbarkeit auszuschließen.
Seither werden alle österreichischen Berufs- und Milizsoldaten, die sich freiwillig zu einem Auslandseinsatz gemeldet haben, im Rahmen eines dreitägigen Auswahlverfahrens neben einer umfassenden medizinischen und körperliche Überprüfung auch einer psychologischen Eignungsfeststellung unterzogen.

3 Die Belastungen des Auslandseinsatzes

Der militärische Einsatz im Ausland verlangt vom Soldaten Dienst rund um die Uhr, fern von vertrauten Personen und vertrauter Umgebung, oftmals unter sehr belastenden Lebens- und Arbeitsbedingungen und all dies im Bewusstsein, für längere Zeit (d.h. für mehrere Monate) nicht nach Hause fahren zu können.
Das Zusammenleben während des Auslandseinsatzes, speziell in kleinen Gemeinschaften, wie z.B. auf den Beobachtungs- und Kontroll-Positionen, erfordert von den Soldaten neben besonderen militärischen Kenntnissen und Fähigkeiten in besonderem Maße persönliche Lebensreife und Toleranz.

Im Rahmen der psychologischen Eignungsfeststellung wird daher überprüft, ob die Bewerber den folgenden Anforderungen eines Auslandseinsatzes entsprechen:
- die Fähigkeit, Aufträge auch unter den Belastungen des Auslandseinsatzes zu erfüllen;
- die Fähigkeit, sich in eine militärische Gemeinschaft einzuordnen;
- der Bewerber darf kein Sicherheitsrisiko für sich oder andere Soldaten darstellen.

4 Auswahlkriterien und verwendete Verfahren

Jeder Bewerber wird nach folgenden vier psychologischen Auswahlkriterien beurteilt:
- Intelligenz (einschließlich ihrer sozialen Dimension),
- Konzentrationsfähigkeit (neutral und unter Belastung),
- psychische Belastbarkeit (insbesondere Aggressions- und Angsttendenzen),
- soziale Kompetenz (Integrations- und Teamfähigkeit, Motivation).

Dazu werden folgende psychologische Verfahren verwendet:
- Intelligenz-, Leistungs- und Konzentrationstests,
- Fragebogen zu kritischen Lebensereignissen,
- Persönlichkeitsfragebögen,
- Projektive Verfahren,
- Schutzraumtestung während der Nacht,
- Testvorgabe unter Belastung,
- Verhaltensbeobachtung,
- Psychologisches Abschlussgespräch.

5 Aufbau und Ablauf der psychologischen Eignungsfeststellung

Das psychologische Auswahlverfahren erstreckt sich durchgehend über 16 Stunden und umfasst folgende drei Abschnitte:
- die Lehrsaaltestung, bestehend aus Leistungs- und Persönlichkeitstests,
- die sogenannte "Schutzraumtestung" während der Nachtstunden, bestehend aus gruppendynamischen Aufgabenstellungen unter erschwerenden Belastungsbedingungen (z.B. Schlafentzug, Rauchverbot, etc.) und
- das abschließende Einzelgespräch mit dem Psychologen.

5.1 Die Lehrsaaltestung

Die Eignungsfeststellung beginnt für die maximal 36 Kandidaten am Nachmittag des ersten Tages mit einer mehrstündige Gruppentestung im Lehrsaal. Dabei haben die Bewerber verschiedene Intelligenztests, Konzentrationstests, Persönlichkeitsinventare etc. zu bearbeiten.

- Unter anderem wird den Soldaten auch ein sogenannter *Life-Event-Fragebogen* über kritische, lebensverändernde Ereignisse vorgegeben. Diesem liegt die Annahme zugrunde, dass massive Veränderungen im Leben eines Menschen eine Anpassung an die neue Situation erforderlich machen und dies auch psychische Auswirkungen auf den Betroffenen haben kann. Mit dem Fragebogen werden u.a. folgende *gravierende Lebensereignisse* erhoben: Tod des (Ehe-)Partners, von Angehörigen oder nahen Freunden, Scheidung bzw. Trennung vom (Ehe-)Partner, psychologische bzw. psychiatrische Behandlung, vergangene bzw. bestehende Alkohol- bzw. Drogenprobleme, Selbstmordgedanken bzw. Selbstmordversuche, verbüßte Haftstrafen, laufende Straf- und Zivilverfahren, Führerscheinentzüge, häufige längere Trennung vom (Ehe-)Partner bzw. der Familie, Schwangerschaft der (Ehe-)Partnerin bzw. Familienzuwachs, abgebrochene Ausbildungen, oftmaliger Firmenwechsel, Verlust des Arbeitsplatzes, Ärger mit Arbeitgebern, Mitarbeitern oder Arbeitsbedingungen, hohe Kredite, massive finanzielle Verschuldung, gravierende Änderung der Schlafgewohnheiten. Die Punkte berühren in besonderer Weise das persönliche und das Familienleben und stehen daher, wie alle Ergebnisse der Auswahltestung, unter besonderem Datenschutz. Für den Auslandseinsatz haben sie jedoch wesentliche psychohygienische, psychologische, aber auch rechtliche Bedeutung und sind daher wahrheitsgetreu anzugeben. Der Bewerber erklärt dies mit seiner Unterschrift, wodurch falsche Angaben auch rechtlich verfolgbar werden. Alle vom Bewerber angekreuzten Punkte werden beim später folgenden Einzelgespräch vom Psychologen angesprochen und möglicherweise bestehende Auswirkungen auf die Eignung entsprechend berücksichtigt.
- Bei den *Persönlichkeitstests* geht es u.a. um die Ausprägung verschiedener individueller Persönlichkeitsmerkmale des Kandidaten, wie z.B. Aggressivität, Dominanz, Ausdauer, Bedürfnis nach Beachtung, Risikobereitschaft, Impulsivität, Bedürfnis nach Anerkennung, Anlehnungsbedürfnis, etc.. Als problematisch erwies sich in der Praxis z.B. der Zusammenfall von extrem hoher Risikobereitschaft mit extrem hoher Impulsivität. Diese Kombination war vermehrt bei Soldaten feststellbar, die im Auslandseinsatz auffällig geworden waren und z.B. vorzeitig repatriiert werden mussten.

5.2 Die Schutzraumtestung

Ziel der Schutzraumtestung ist es, durch eine möglichst belastende Gruppensituation und die dadurch ausgelösten gruppendynamischen Prozesse mehr Informationen über die psychische Belastbarkeit und soziale Integrationsfähigkeit jedes Bewerbers zu gewinnen, als dies unter neutralen Testbedingungen möglich wäre.

- *Anforderungen an die Bewerber:* Diese psychischen Belastungen und gruppendynamischen Prozesse werden dadurch erzeugt, dass die Kandidaten in Gruppen eingeteilt und vom Abend des ersten Tages bis zum Vormittag des Folgetages für 13 Stunden in einem verplombten Schutzraum eingeschlossen werden. Dazu stehen beim Kommando für Internationale Einsätze mehrere Schutzräume mit einem Fassungsvermögen von jeweils 50 Personen zur Verfügung. Für die Auswahltestung wird die Gruppengröße auf zwölf Personen pro Schutzraum beschränkt. Von jedem Bewerber wird erwartet, dass er sich im Laufe der Schutzraumtestung zunehmend in die Kameradengruppe integriert und den neuen und ungewohnten Bedingungen und Belastungen anpasst.

- *Aufgaben im Schutzraum:* Für jeden Schutzraum wird vom leitenden Testpsychologen ein Bewerber als Gruppenkommandant eingeteilt, der für die Einhaltung des vorgegebenen Zeitplanes und für die Disziplin im Schutzraum verantwortlich ist. Zusätzlich wird vom Psychologen in jedem Schutzraum derjenige Bewerber, der über den höchsten Dienstgrad, langjährige militärische Erfahrung und insbesondere über Auslandseinsatzerfahrung verfügt, als "Beobachter" eingesetzt. Während der ganzen Nacht werden in Einstundenintervallen gruppendynamische "Spiele" als Einzel- und Gruppenaufgaben vorgegeben, die jeder Bewerber ausarbeiten und anschließend vor der Gruppe präsentieren muss. Jedes Gruppenmitglied fungiert einmal als Spielleiter, wobei ihn, falls erforderlich, der Schutzraumkommandant zu unterstützen hat. Zu den "Spielen" gehören neben Denksportaufgaben und Übungen zum gegenseitigen Kennenlernen auch ein im Laufe der Nachtstunden zu verfassender Lebenslauf, ein Bewerbungsschreiben und ein Aufsatz über die Beweggründe des Bewerbers, in den Auslandseinsatz zu gehen, seine Vorstellungen vom Einsatz, seine Erwartungen und mögliche Befürchtungen.
- *Aufgabe des Beobachters:* Der "Beobachter" protokolliert die Spieldurchführung sowie den gesamten Verlauf der Nachttestung (Gespräche, Vorfälle, Verhalten der einzelnen Gruppenmitglieder, etc.) und überträgt seine Aufzeichnungen in ein standardisiertes Beobachterprotokoll. Vor Beginn der Schutzraumtestung werden die eingeteilten Beobachter vom Psychologen ausführlich in den Aufbau und die Handhabung dieses Protokolls eingewiesen bzw. mit ihrer letztendlichen Aufgabe, nämlich einer Beurteilung jedes Gruppenmitgliedes, vertraut gemacht. Diese Beurteilung soll aufgrund ihrer persönlichen Erfahrung und ihrer Sicht als ausgebildete und auslandserfahrene militärische Kommandanten erfolgen, die u.a. in der Lage sein müssen, ihre Untergebenen zu beurteilen, im konkreten Fall hinsichtlich ihres Verhaltens und ihrer Motivation im Schutzraum.
- *Belastungen im Schutzraum:* Während des gesamten Schutzraumtests ist es den Probanden strikt verboten zu rauchen, zu schlafen, zu trinken (ausgenommen Wasser), zu essen (ausgenommen das Frühstück im Schutzraum) oder den Schutzraum zu verlassen. Wird gegen eine dieser Regeln verstoßen, bedeutet dies das Ausscheiden für den Bewerber. Im Falle einer außergewöhnlichen Situation im Schutzraum, z.B. Erkrankung eines Kandidaten, zu große psychische Belastung, grobes Fehlverhalten, Wunsch die Testung abzubrechen und den Schutzraum zu verlassen, hat der Beobachter all dies im Protokoll zu vermerken, dem Bewerber das Verlassen des Schutzraumes zu ermöglichen (Aufbrechen der Verplombung) und, wenn erforderlich, Hilfe zu holen bzw. den leitenden Testpsychologen zu verständigen.

5.3 Die Re-Testung im Lehrsaal

In den frühen Morgenstunden verlassen die Gruppen kurz die Schutzräume für eine zweite Vorgabe der Leistungs- und Konzentrationstests im Lehrsaal, um auch die Leistungsfähigkeit der Bewerber unter Belastung (Schlafentzug) beurteilen und vergleichen zu können. Im Anschluss werden die Schutzräume ohne weitere Unterbrechung wieder bezogen und es wird bis zum frühen Vormittag mit den Gruppenaufgaben fortgefahren.

5.4 Die Rückmeldung der Beobachter

Nach Beendigung der Schutzraumtestung und dem Verlassen der Schutzräume am frühen Vormittag des zweiten Testtages bereiten sich alle Kandidaten auf das anschließende Einzelgespräch mit dem Psychologen vor, während die eingeteilten Beobachter dem Psychologen über ihre Aufzeichnungen während der Schutzraumtestung berichten. Ihre Beobachtungen und Beurteilungen der einzelnen Gruppenmitglieder ergeben für den Psychologen eine hilfreiche Zusatzinformation und fließen mosaikartig, wie alle übrigen Teilergebnisse des Bewerbers, in die psychologische Befundung mit ein. Zusätzlich stellt aber für den Psychologen auch die Art und Weise, wie gewissenhaft und engagiert der eingeteilte Beobachter seine Aufgabe erfüllt hat, eine zusätzliche Beurteilungsgrundlage hinsichtlich der Kommandantenfähigkeiten des Beobachters dar.

5.5 Das psychologische Abschlussgespräch

Abschließend findet für jeden Bewerber das Einzelgespräch mit dem Psychologen statt. Dieser verfügt inzwischen über alle ausgewerteten Testergebnisse und Unterlagen des Bewerbers, so dass er im Gespräch auf mögliche Detailfragen oder Auffälligkeiten in den Testergebnissen genauer eingehen kann.
Ein wesentlicher Punkt im Einzelgespräch ist u.a. die aktuelle familiäre und berufliche Situation des Bewerbers. Da erfahrungsgemäß viele psychische Auffälligkeiten von Soldaten während ihres Auslandseinsatzes aus familiären bzw. Beziehungsproblemen resultieren, ist eine Abklärung der familiären und beruflichen Rahmenbedingungen aus psychologischer Sicht eine unabdingbare Grundvoraussetzung für die Stabilität der psychischen Belastbarkeit des Soldaten im Auslandseinsatz und somit auch für seine psychologische Eignung.
Am Ende des Gespräches entscheidet jeder Psychologe eigenverantwortlich oder, in besonders schwierigen Fällen, nach kommissioneller Beratung mit seinen Kollegen, über die psychologische Eignung des Bewerbers für den Auslandseinsatz.

5.6 Die Eignung für den Auslandseinsatz

Die Entscheidung des Psychologen entweder hinsichtlich einer "uneingeschränkten Eignung" für den Auslandseinsatz, einer "vorübergehenden Nichteignung" (Sperre für 6, 12, 18, 24 Monate) oder aber einer "Nichteignung auf Dauer" basiert auf der Gesamtheit aller Ergebnisse aus den Papier-Bleistift-Tests im Lehrsaal, der Verhaltensbeobachtung, dem Verhalten des Bewerbers im Schutzraum sowie dem persönlichen Eindruck des Psychologen während des psychologischen Einzelgesprächs.
Gründe für eine mögliche Nichteignung sind z.B. sehr schlechte Testergebnisse in den Leistungstests (falls der Bewerber zu den schlechtesten fünf Prozent aller Getesteten gehört), Umstände, die einen Einsatz zur Zeit nicht empfehlenswert erscheinen lassen (z.B.: aktuelle Schwangerschaft der Partnerin bei nicht vorhandenem sozialen Netz) oder Konflikte mit dem Gesetz bzw. gröbere Regelverstöße (z.B.: laufende Verfahren, Führerscheinentzüge, etc.). Bei sehr jungen Bewerbern kann noch ein Mangel an persönlicher Reife als Grund für eine vorübergehende Nichteignung hinzukommen.

6 Zusammenfassung

Durch die Einführung der psychologischen Eignungsfeststellung von freiwilligen Bewerbern für Auslandseinsätze des Österreichischen Bundesheeres wird ein wesentlicher Beitrag geleistet, die Anzahl besonderer Vorfälle und massiver Auffälligkeiten von Soldaten im Auslandseinsatz im Promillebereich zu halten. Dies ist bemerkenswert angesichts der Tatsache, dass in den vergangenen Jahrzehnten bereits über 40.000 österreichische Soldaten an friedenserhaltenden Einsätzen in aller Welt teilgenommen haben. Somit stellt die psychologische Eignungsfeststellung im Vorfeld von Auslandseinsätzen ein hilfreiches und unverzichtbares Instrument der Personalselektion dar, insbesondere, da bei den österreichischen Auslandskontingenten eigene Truppenpsychologen, im Sinne einer präventiven und kurativen psychologischen Begleitung und Betreuung bei auftretenden Problemen, bis vor kurzem nicht vorgesehen waren. Einen ersten positiven Ansatz bildet hier das österreichische KFOR-Bataillon, wo seit Jahresende 1999 zwei Psychologen permanent im Einsatzraum tätig sind.

Günter R. Kreim:

Eignungsfeststellung für Kommandosoldaten der Bundeswehr[1]

1 Vorbemerkung

Die ersten Auslandseinsätze der Bundeswehr zeigten die Grenzen einer Strategie auf, die auf die Gegebenheiten des Eisernen Vorhangs hin entwickelt wurde. Sicherheit und Unversehrtheit von im Ausland eingesetzten deutschen Staatsbürgern und Soldaten waren mit der vorhandenen Personal- und Materialstruktur nicht zu gewährleisten. Eine Vorsorge für derartige Fälle war nicht getroffen. Man musste umdenken und so führten die neuen Planungen zur Einrichtung des Kommandos Spezialkräfte (KSK), welches u.a. den Auftrag hat, deutsche Soldaten und Bürger im Ausland vor Übergriffen oder deren Folgen zu schützen. Diesen heiklen Auftrag sollten nur Soldaten erhalten, deren Eignung in einem speziellen Verfahren, dem Eignungsfeststellungsverfahren (EFV) für Kommandosoldaten, festgestellt worden ist.

2 Entwicklung/Entstehung

Im Sommer 1995 gab das Verteidigungsministerium eine Studie mit dem Ziel in Auftrag, den derzeitigen Kenntnisstand an notwendigen und erwünschten Fähigkeiten potenzieller Kommandosoldaten festzustellen und Information über mögliche Verfahren der Eignungsbewertung zu erhalten. Datenbank- und Literaturrecherchen wurden durchgeführt, Experten von Spezialeinheiten der Polizei des Bundes (GSG 9) und der Länder (SEK) sowie Spezialkräfte befreundeter Nationen befragt. Soldaten der Luftlandebrigade 25 mit qualifizierter Vorausbildung brachten ihre Erfahrungen ein.
Im nächsten Schritt wurde auf der Grundlage des Fragebogens zur Arbeitsanalyse (FAA; Frieling und Hoyos, 1978) das genaue Anforderungsprofil abgeleitet. Dieses Profil ergab 32 Dimensionen, die von einem Expertenteam auf einer siebenstufigen Beurteilungsskala hinsichtlich ihrer Bedeutsamkeit für den Kommandosoldaten eingestuft wurden. Die Autoren gaben eine Empfehlung zur Messung dieser Dimensionen und erarbeiteten Vorschläge für psychologische Testverfahren, die am ehesten geeignet schienen, diese Dimensionen adäquat zu erfassen. Parallel dazu wurde im Psychologischen Dienst der Bundeswehr (PsychDstBw) eine Arbeitsgruppe eingerichtet, die den Auftrag hatte, das ideale Eignungsprofil für Kommandosoldaten und eine darauf basierende Testbatterie zu entwickeln.
Die erste Eignungsfeststellung wurde Ende 1995 als Pilotprojekt durchgeführt und bildete die Grundlage für das spätere EFV. Diese Konzeption wurde bis heute im Grundsatz beibehalten. Sie besteht aus der *psychologischen Vorprüfung* (Intelligenz- und all-

1) Vergleiche hierzu Bild 1 im Fototeil

gemeine Leistungstests), einem *ersten Prüfungsteil* mit der Überprüfung der körperlichen Leistungsfähigkeit und ausgewiesener Persönlichkeitsmerkmale sowie einer *fünftägigen Geländeübung* mit eingeschlossener Überprüfung definierter Leistungs- und Persönlichkeitsmerkmale nach Belastung. Zwischen dem zweiten und dritten Prüfungsteil wurde eine Woche Training und Ausbildung aufgenommen, um den Bewerbern aus unterschiedlichsten Bereichen die Möglichkeit zur Wiederholung und Festigung der Kenntnisse hinsichtlich der militärischen Grundfertigkeiten (Leben im Felde, Orientieren, Marsch mit schwerem Gepäck) zu ermöglichen.

3 Anforderungsprofil

Die festzustellenden 32 Eignungsmerkmale lassen sich in zwei Grobkategorien einteilen,
- 18 *Fähigkeitsdimensionen*, z.B. Wahrnehmung, Informationsverarbeitung oder Rechenfertigkeit und
- 14 *Persönlichkeitseigenschaften* oder auch Verhaltensstile, wie beispielsweise Zuverlässigkeit, Belastbarkeit oder Soziale Kompetenz.

Die Fähigkeiten werden durch psychologische Tests operationalisiert. Beispiele solcher Merkmale sind Hörsensibilität (Funktest), Reaktionsfähigkeit (Reaktionsprobe), räumliches Vorstellungsvermögen (Schlauchfiguren) oder Konzentration (Konzentrationstest). Verhaltensstile und Persönlichkeitseigenschaften hingegen müssen in der Regel mit erheblich mehr Aufwand, in der Regel mit mehreren Parallelmethoden, erfasst werden.

4 Methoden

Die psychologische Datenerhebung geschieht in einem sorgfältig konzipierten methodisch variablen Assessment-Center-Verfahren (Jeserich, 1981): Tests, Fragebogen und Verhaltensbeobachtung, jeweils in Situationen mit und ohne Belastung, Selbstauskunft in freier Form und im teilstandardisierten Interview. Den ersten Arbeitstakt bilden die computergestützten Testverfahren zur Intelligenz- und allgemeinen Leistungsmessung. Paper-pencil Tests kommen nur noch dort zum Einsatz, wo keine Computerform vorliegt oder wo die Umgebungsbedingungen derzeit ein ambulantes computergestütztes Assessment noch nicht zulassen, insbesondere bei der Prüfung nach besonders belastenden Ereignissen (beispielsweise nach einem Eilmarsch mit Ausrüstung). Im zweiten Takt ist ein umfangreiches Persönlichkeitsinventar aus handelsüblichen Fragebogen einschließlich eigener Entwicklungen zu bearbeiten. In Teil drei wird der biografische Fragebogen ausgefüllt. Er enthält detaillierte Fragen zum beruflichen und militärischen Werdegang, zu Hobbies und Interessen, aber auch die Aufforderung zur Selbsteinschätzung bezüglich eigener Stärken und Schwächen, von Situationen mit hoher psychischer und physischer Ich-Beteiligung sowie zu den eigenen Erfolgsaussichten im Bewerbungsverfahren.
Der Schwerpunkt der Eignungsfeststellung durch die Psychologen liegt auf der Verhaltensbeobachtung in gruppendynamischen Prüfverfahren: Rollenspiel, Organisationsaufgabe in der Gruppe, Gruppendiskussion mit Selbstpräsentationsanteilen und Einigungszwang sowie dem abschließenden, etwa einstündigen Interview.

5 Bewerber

Der ideale Bewerber ist Feldwebel oder Offizier, in stabiler sozialer Beziehung, mit vielseitigen Interessen und gradliniger Lebensplanung. Er sollte notwendige Lehrgänge bereits absolviert haben. Bewerber, gleich welcher Truppengattung, können sich mit bestandenem Unteroffizierlehrgang bewerben, Unteroffiziere bis zum Alter von 32 Jahren, Offiziere bis 30 Jahre. Es ist eine Verwendungsdauer von mindestens sechs Jahren vorgesehen. Folgende *Kerneigenschaften* müssen sich zeigen:
- Lernbereitschaft,
- Teamfähigkeit,
- körperliche Leistungsfähigkeit,
- psychische Belastbarkeit und Willensstärke,
- geistige Beweglichkeit,
- Verantwortungsbewusstsein und Verschwiegenheit.

Die Bewerber müssen sich dienstlich bereits bewährt haben und in geordneten sozialen Verhältnissen leben.

Einen recht guten Überblick über die Motive der Bewerber erhält man in Tabelle 1 (alle Angaben in Prozent).

Bewerbungsgründe	**Anteile**
Freude am Beruf durch neue und sinnvolle Aufträge	25%
Interessante Ausbildung mit modernsten Waffen	18%
Soldat aus Überzeugung, Traumverwendung	17%
Mit Profis zusammenarbeiten	12%
Herausforderung	6%
Beitrag zur Friedenssicherung	5%
Fitness	5%
Kameradschaft	4%
Abenteuer	3%
Helfen wollen	1%
Andere Angaben	4%

Tabelle 1: Bewerbungsgründe

Bewerber können grob in zwei Gruppen eingeteilt werden:
- Bewerber mit der Absicht, in ihrem einmal eingeschlagenen Weg die höchste Stufe zu erreichen, die sie in der Ausbildung beim KSK sehen, und
- solche Bewerber, die nach oder wegen Veränderungen in ihrem bisherigen Lebensvollzug eine neue Orientierung suchen und/oder "es noch einmal wissen wollen".

6 Beobachter

Der Truppenpsychologe KSK und sein psychologischer Assistent leiten den psychologischen Teil der Eignungsfeststellung. Psychologen anderer Bundeswehrdienststellen werden von Fall zu Fall abgeordnet. Psychologen aus Industrie und Verwaltung sowie selbständige Psychologen, die einen Reservedienstgrad haben, können im Rahmen einer Wehrübung unterstützen. Psychologische Assistenten aus der Wehrverwaltung werden zugezogen. Sie sollen eine entsprechende Ausbildungsqualifikation erworben haben. Erfahrene Offiziere und Unteroffiziere des Kommandos sind im Ausbildungs- und Versuchszentrum mit der Eignungsfeststellung betraut oder werden zugezogen. Alle Beobachter werden regelmäßig in Verhaltensbeobachtung geschult. Sie werden insbesondere in der Vermeidung von Beobachtungsfehlern unterwiesen. Das jeweilige Team in einem EFV wird anhand von Beispielen ausführlich eingewiesen. Die erste Beobachtungssituation wird zu Eichzwecken detailliert bewertet und ausführlich durchgesprochen. Neue Beobachter hospitieren als teilnehmende und mitarbeitende Beobachter und Beurteiler ohne Wertung in einem EFV, bevor sie selbständig eingesetzt werden. Sie nehmen an ausgesuchten Phasen der Härte- und Durchschlageübung teil.

7 Verfahren

7.1 Konzeption

Das Eignungsfeststellungsverfahren im Kommando Spezialkräfte ist ein transparentes Untersuchungsverfahren, bei dessen Zusammenstellung großer Wert auf unabhängige, psychologisch-wissenschaftliche Personalauswahl gelegt wurde. Qualitätssicherung wird für das Personal und die Methoden kontinuierlich durchgeführt. Bewährungsdaten (bis hin zur differenzierten Vorgesetztenbewertung nach drei Jahren "training on the job") helfen, die Gültigkeit der Eignungsprognose abzusichern.

7.2 Bewerbung

Bewerber werden durch die Arbeit des Personalwerbetrupps KSK über das KSK informiert, durch Medien und Zeitschriften, über Kameraden oder durch Abfragen im Internet. Die Bewerbungsunterlagen können direkt beim KSK, dem Personalwerbetrupp, der in den Ausbildungseinrichtungen und Einheiten des Heeres unterwegs ist oder bei der Stammdienststelle des Heeres angefordert werden. Nach Eingang erhält der Bewerber eine schriftliche Bestätigung mit den Regularien und Bestimmungen des EFV sowie einen Trainingsplan des Sportlehrers, um bis zum Prüfungstermin die notwendige körperliche Fitness erreichen zu können. Rechtzeitig wird ihm der Termin der Vorauswahl beim Psychologischen Dienst mitgeteilt, der gewöhnlich zwei bis drei Wochen vor dem EFV liegt.

7.3 Durchführung

Der Bewerber nimmt an der CAT-Vorauswahl KSK teil. In dieser *Vorauswahl* wird ein differenziertes kognitives Leistungsprofil des Bewerbers erhoben. Sie dauert ca. sechs Stunden.

Erfolgreiche Bewerber werden zum Eignungsfeststellungsverfahren abkommandiert. Die *erste Prüfwoche*: Anreisetag ist der Montag mit Überprüfung der geforderten Nachweise und Bestätigungen. Am Dienstag werden die Teilnehmer begrüßt und absolvieren den ersten sportlichen Test. Das psychologische Assessment dauert insgesamt bis Freitag und orientiert sich im Ablauf an den weiteren körperlichen Leistungsabnahmen. Mittwoch und Donnerstag folgen Rollenspiele und Gruppensituationsverfahren. Ab Donnerstag steht das Interview auf dem Plan, parallel dazu Fragebogen und Paper-pencil Tests. Ab Freitag erstellt jeder Psychologe die Gutachten seiner Kandidaten. Abschließend werden alle Bewerber gemeinsam besprochen und bewertet. Dabei fließen die Ergebnisse der Gruppenverfahren und des Interviews ein. Erfüllt ein Bewerber die definierten Mindeststandards nicht, scheidet er aus.
Die *zweite Prüfwoche*: Die verbliebenen Bewerber gehen in die Ausbildungs- und Trainingswoche. Der Umgang mit Karte und Kompass, das Arbeiten mit Skizzen, Marschieren, Orientieren, Leben im Felde sind ebenso Themen wie Schießen mit ausgewählten Waffen des KSK. Eine systematische Beobachtung der Teilnehmer findet in dieser Phase nicht statt.

Die *dritte Prüfwoche*: Die Bewerber erhalten eine Startnummer und beginnen mit der Vorbereitung auf die Härte- und Durchschlageübung, zu der sie Montagabend starten. Es gilt, bis Freitagabend –überwiegend nachts bei zahlreichen Teamaufgaben und einer Marschleistung von über 100 km– unter Beweis zu stellen, dass die mentale und körperliche Vorbereitung umfangreich und vielseitig war und der Wille dabei zu sein über die mit Sicherheit aufkommenden Zweifel siegt. Die militärischen Ausbilder beobachten während dieser Woche die Bewerber bei unterschiedlichen Aufgabenstellungen und Leistungsanforderungen. Sie protokollieren ihre Beobachtungen auf Band, verhalten sich aber weitgehend passiv. Der Psychologe nimmt an definierten Aufgabenstellungen als Beobachter teil und vervollständigt seine Beobachtungsdaten insbesondere bei Kandidaten mit nicht eindeutiger Datenstruktur. Die Leistungsergebnisse und Beobachtungsprotokolle der militärischen und psychologischen Beobachter werden getrennt aufbereitet, abgestimmt, und jeweils eine eigene Bewertung für jeden Bewerber erstellt.

Die *Auswahlkonferenz*: In der Auswahlkonferenz sind der Kommandeur KSK, der Leiter des Ausbildungs- und Versuchszentrums (AVZ) und der Psychologe KSK stimmberechtigt. Für jeden Bewerber wird nun auf der Grundlage der Bewertungen aus dem AVZ und aus dem Psychogischen Dienst ein Votum hinsichtlich der Eignung des Bewerbers herbeigeführt. Im Zweifel entscheidet der Komandeur. Dem Bewerber wird der Eignungsgrad "Geeignet" oder "Nicht geeignet" zuerkannt. Geeignete Bewerber werden einer von vier Eignungsgruppen zugewiesen. Auf der Basis der Prüfergebnisse werden Verwendungsschwerpunkte und gezielte Förder- und Entwicklungsmaßnahmen entwickelt. In diesem Fall wird dem zukünftigen Vorgesetzten ein Curriculum vorgeschlagen. Der Leiter der Auswahlkonferenz eröffnet im Anschluss dem Bewerber den Eignungsgrad sowie den festgestellten Förder- und Entwicklungsbedarf.

7.4 Rücknehmer

Bewerber, die nach dem Beginn der Härte- und Durchschlageübung aus gesundheitlichen Gründen ausscheiden oder ihre Bewerbung zurücknehmen, werden in einem Gruppengespräch betreut. Der Leiter des Personalwerbetrupps befragt, informiert und motiviert. Mittels Fragebogen werden Befindlichkeit und generelle Einschätzung der Rücknehmer erhoben, es wird über Wiederholungsmöglichkeiten informiert (erfolgt die Rücknahme aus eigenem Entschluss, ist eine Wiederholung ausgeschlossen). Gegebenenfalls wird mit dem Sportlehrer KSK ein auf den Bewerber zugeschnittener Trainingsplan ausgearbeitet, um Defizite bis zur nächsten Vorstellung zu beheben. Bewerber, die nach bestandener Härte- und Durchschlageübung in der Auswahlkonferenz ausgeschlossen werden, erhalten generell keine Möglichkeit zur Wiederholung. Sie werden in groben Zügen über die Ablehnungsgründe in Kenntnis gesetzt. Mit dem Bewerber werden seine weiteren Perspektiven erörtert.

7.5 Verfahrensökonomie

Die Verschränkung von psychologischer und militärischer Prüfkomponente ist geglückt und liefert verlässliche Ergebnisse. Die Verhaltensbeobachtung und Testdurchführung nach der Durchschlageübung zeigen deutlich die Möglichkeiten und Grenzen der Bewerber auf. Das Eignungsfeststellungsverfahren hat sich nach zwei Modifikationen in seiner jetzigen Form sowohl von der zeitlichen Belastung der Prüfer und Teilnehmer als auch von der Personalauslastung her als eine günstige Form herausgestellt. Vor dem Hintergrund der verantwortlichen Tätigkeit und der umfangreichen Ausbildung sind die Länge und Intensität des EFV gerechtfertigt. Derzeit sind noch einige zusätzliche Methoden für wissenschaftlichen Untersuchungen Teil des Prüfspektrums.

8 Qualitätssicherung

Die eingesetzten Prüfverfahren unterliegen einer kontinuierlichen Qualitätskontrolle. Die Beobachter werden regelmäßig geschult, die Einzelbewertungen diskutiert und harmonisiert. Ausbildungsleistungen, Einsatzbewertungen und Vorgesetztenbeurteilungen werden für Bewährungskontrollen herangezogen.

9 Problembereiche

9.1 Bewerber

Aus den vorhandenen Interessenten werden zu wenig ernsthafte Bewerber gewonnen. Dies liegt zum einen an einer unzureichenden körperlichen Leistungsbereitschaft und Willensstärke, zum anderen aber an der geringen Attraktivität der angestrebten Verwendung. Die weiteren beruflichen Perspektiven für Kommandosoldaten sind noch nicht klar genug ausgearbeitet, auch fehlt ein durchgängiges Karrierekonzept. Die Ausbildungs- und Auftragsdichte im KSK steht einem geordneten Familienleben entgegen. Es ist deshalb nicht verwunderlich, dass die Trennung vom Lebenspartner häufig als Reaktion auf die außerordentliche dienstliche Belastung festzustellen ist. Häufig entscheiden sich geeignete Bewerber für ihre Beziehung und nehmen die Bewerbung zurück. Um diesen sehr ernst zu nehmenden Problemen entgegenzuwirken, sind Betreuungskonzepte in der Entwicklung.

9.2 Verfahren

Das Prüfverfahren ist in seiner Struktur transparent und hinsichtlich der erwarteten Leistung klar definiert. Dennoch kommt es individuell zu Interpretationsunterschieden, die insbesondere im sportlichen Bereich zu unerwarteten und unnötigen Ausfällen führen.
Fragebogendaten sind wegen der bekannten Antworttendenzen insbesondere der sozialen Erwünschtheit nur eingeschränkt verwendbar. Die Datengüte und damit die Interpretationssicherheit nehmen mit der Aufgabenvielfalt und -dauer zu.
Handelsübliche Prüfverfahren bilden die Leistungshöhe und -dichte der Bewerber kaum ab. Zu geringe Varianz der Testwerte macht diese Verfahren für unser Assessment unbrauchbar.

9.3 Entscheidung

Besondere Aufgaben erfordern besondere Charaktere. Spezialisten sind nicht von der Stange zu haben. Gelegentlich bedeutet fachliche Spezialisierung auch eine allgemeine Verengung der Wahrnehmungs- und Interessenlage. Solche einseitigen persönlichen Schieflagen zu erkennen und zu analysieren, ist die heikelste Aufgabe der Selektion und führt oft zu unbefriedigenden Urteilen. Dabei befinden wir uns in dem Dilemma, manche geeigneten Bewerber fälschlicherweise abzulehnen, um die Wahrscheinlichkeit zu minimieren, ungeeignete Bewerber einzustellen.

10 Weiterentwicklung

Aus den Anfängen haben wir eine umfangreiche Testbatterie übernommen, die teilweise redundante Prüfungen enthält. Aus methodischen und praktischen Gründen werden manche Eignungsmerkmale sowohl durch herkömmliche wie durch Computer-Tests abdeckt.

Im interdisziplinären Vergleich öffnen sich neue testpsychologische Perspektiven. Von der Sportmedizin erfahren wir den Nutzen physiologischer Messwerte. Die Laktatwertbestimmung ist bedeutsam für optimierte Trainingsprogramme und motiviert den Sportler. Neue Ansätze der Testpsychologie erlauben es, ein zutreffenderes Leistungsbild durch wiederholte Messungen über einen längeren Zeitraum hinweg aus einem Kriteriumsbereich zu erhalten. Pawlik und Buse setzen ein mobiles etwa handy-großes Testgerät ein, das sog. AMBU (Ambulatory Assessment; vgl. hierzu Fahrenberg und Myrtek 1996), welches es erlaubt, parallel zu herkömmlichen, kurzen psychologischen Testverfahren physiologische Messreihen aufzuzeichnen. Neue Biofeedbackprogramme ermöglichen eine Verbesserung der Qualität der diagnostischen und therapeutischen Arbeit.
Leistungsfähige, hochspezialisierte Menschen, die sich für außergewöhnliche Tätigkeiten eignen, sind nur begrenzt vorhanden. So stellt sich regelmäßig die Frage, ob nicht über der "Jagd" nach dem Besten, die Pflege des Nachwuchses vergessen wird. Es ist sicher kein verkehrter Ansatz, wenn man vor dem Eintritt in das KSK rechtzeitig mit der Ausbildung und Qualifikation möglicherweise geeigneter Soldaten beginnt und der Ausbildungsprozess selbst eine Vorstufe der Selektion ist.

11 Schlussbemerkung

Jede Auswahl zielt auf die jeweils Besten. In der vorgesehenen Funktion sollen optimale Leistungen erbracht werden. Jede Testsituation ist künstlich, die daraus gewonnene Prognose bleibt immer hinter der Realität zurück. Wie in jedem anderen risikoreichen Beruf, gefährdet unkontrolliertes Handeln den Auftrag und Menschen. Ziel muss also sein, mit der Vorhersage die Verhaltensmuster der Realität so nahe wie möglich zu erreichen, ohne dabei ethische Grenzen zu verletzen oder wissenschaftliche Standards zu missachten. Die Prüfung muss einerseits fordernd und realitätsnah stattfinden, andererseits aber –bei größtmöglicher Rückmeldung– fair und transparent für den Bewerber sein. Wir hoffen, dass unser Bemühen, das Eignungsfeststellungsverfahren im Kommando Spezialkräfte an diesen Kriterien auszurichten, deutlich wurde.

Literatur:

Bittner, A. (1996). Psychologische Aspekte der Vorbereitung und des Trainings von Fach- und Führungskräften auf einen Auslandseinsatz. In: A. Thomas (Hrsg.), Psychologie interkulturellen Handelns. Göttingen: Hogrefe. S. 317-338.

Eder, G. (1996). "Soziale Handlungskompetenz" als Bedingung und Wirkung interkultureller Begegnung. In: A. Thomas (Hrsg.). Psychologie interkulturellen Handelns. Göttingen: Hogrefe. S. 411-421.

Fahrenberg, J., Myrtek, M. (Hrsg.). (1996). Ambulatory Assessment: computer-assisted psychological and psychophysiological methods in monitoring and field studies. Göttingen: Hogrefe & Huber Publishers.

Frieling, E. & Hoyos, C.G. (1978). Fragebogen zur Arbeitsanalyse (FAA). Bern, Stuttgart, Wien: Hans Huber.

Geilhardt, T., Mühlbradt, T. (Hrsg.). (1995). Planspiele im Personal- und Organisationsmanagement. Göttingen: Verlag für Angewandte Psychologie.

Groffmann, K. J., Michel, L. (Hrsg.). (1983). Psychologische Diagnostik. Göttingen: Hogrefe.

Herrmann, T. (1984). Lehrbuch der empirischen Persönlichkeitsforschung. Göttingen: Hogrefe.

Jeserich, W. (1981). Mitarbeiter auswählen und fördern. Assessment-Center-Verfahren. München: Hanser.

Kleinmann, M. (1997). Assessment-Center: Stand der Forschung – Konsequenzen für die Praxis. Göttingen: Verlag für Angewandte Psychologie.

Kühlmann, T. M. (Hrsg.). (1995). Mitarbeiterentsendung ins Ausland. Göttingen: Verlag für Angewandte Psychologie.

Moser, K. (1996). Commitment in Organisationen. Bern: Huber.

Pawlik, K. (1976). Diagnose der Diagnostik. Stuttgart: Klett.

Sarges, W. (Hrsg.). (1996). Weiterentwicklungen der Assessment Center Methode. Göttingen: Verlag für Angewandte Psychologie.

Schuler, H., Funke, U. (Hrsg.). (1991). Eignungsdiagnostik in Forschung und Praxis. Stuttgart: Verlag für Angewandte Psychologie.

Schuler, H., Stehle, W. (1986). Biographische Fragebogen als Methode der Personalauswahl. Stuttgart: Verlag für Angewandte Psychologie.

Wottawa, H. (1983). Neuere Methoden der Analyse und Bewertung der diagnostischen Urteilsfindung und deren Anwendung auf Ausleseverfahren der Bundeswehr. Wehrpsychologische Untersuchungen Nr. 3/83. Bonn: BMVg.

Zentralstelle für Psychologische Information und Dokumentation (Ed),1995. Personalauslese - Supplement 1: eine Spezialbibliografie deutschsprachiger psychologischer Literatur.

Psychologische Einsatzvorbereitung durch Ausbildung: Schwerpunkt “Einsatzbelastung”

Dieter Hansen:

Belastung, Beanspruchung; Stress, Stressoren

1 Belastung und Beanspruchung

In den deutschsprachigen Arbeitswissenschaften (Arbeitsmedizin, Arbeitspsychologie, Ergonomie) hat sich in den siebziger Jahren eine klare Trennung zwischen den Begriffen *"Belastung"* und *"Beanspruchung"* durchgesetzt. Im *Belastungs-/Beanspruchungskonzept* (Rohmert, 1984, Rohmert und Rutenfranz, 1975) wird Belastung analog zur Terminologie in der Mechanik als die Summe der auf den Menschen von außen einwirkenden Größen und Faktoren definiert. Rohmert (1973) unterscheidet weiter zwischen *"Belastungsgrößen"* und *"Belastungsfaktoren"*. *Belastungsgrößen* sind im naturwissenschaftlichen Sinne exakt messbare Einflüsse (Strahlen, Schall, Schwingungen, mechanische Kräfte etc.), während *Belastungsfaktoren* als Einwirkungen aus dem psychosozialen Umfeld des Menschen verstanden werden (Zeitdruck, Arbeitsorganisation, Zwang zur Kooperation etc.), die sich einer streng naturwissenschaftlichen Messung entziehen.

Belastungen jeglicher Art werden durch ihre *Belastungshöhe* (Intensität) und ihre *Belastungsdauer* (Zeit) determiniert.

Beanspruchung beschreibt demgegenüber die Auswirkungen der *Belastung* auf den menschlichen Organismus und das Verhalten. Damit wird die Verarbeitung der Belastungsfaktoren bzw. der "energetische Aufwand angesprochen, der erbracht werden muss, um die Belastungen zu bewältigen" (Braun et al., 1999).

Die *Beanspruchung* eines Menschen ist abhängig von der Quantität der einwirkenden *Belastungen*, ihrer Qualität (Zeitdauer und Intensität) sowie von den individuellen Eigenschaften des Menschen (Anlagen, Fähigkeiten, Fertigkeiten, Alter, Geschlecht, Trainingszustand) und seiner temporären Befindlichkeit (psychophysische Fitness, Motivation, Stimmung etc.). Demnach kann die gleiche *Belastung* bei verschiedenen Menschen zu einer völlig unterschiedlichen *Beanspruchung* führen (interindividuelle Betrachtung). Aber auch intraindividuell ist die *Beanspruchung* des Menschen durch die gleiche *Belastung* zu unterschiedlichen Zeitpunkten und/oder unter verschiedenen Rahmenbedingungen keineswegs konstant.

Bei der Auswahl von Personen für einen Arbeitsplatz ("Eignungsfeststellung") wird deshalb versucht, die individuellen arbeitsplatzrelevanten Eigenschaften (Eignungsmerkmale) eines Bewerbers zu ermitteln und seine Beanspruchung in verschiedenen anforderungsbezogenen Situationen (Tests, Arbeitsproben) zu beobachten.

In der Betrachtungsweise des Menschen als Teil eines "Mensch-Maschine-Systems" wird *Belastung* zusammenfassend als die anforderungsbezogene und damit "objektive" Seite und *Beanspruchung* als die personenbezogene, "subjektive" Seite des Systems verstanden.

Der begrifflichen Klarheit im deutschsprachigen Raum hinsichtlich der Unterscheidung von Belastung und Beanspruchung stehen im englischsprachigen Bereich relativ widersprüchliche Definitionen gegenüber. Der Begriff *"workload"* wird bei verschiedenen Autoren sowohl im Sinne von Belastung als auch von Beanspruchung definiert. Für den Begriff Beanspruchung gibt es in den englischsprachigen Arbeitswissenschaften keine eindeutige Entsprechung. Hingegen wird *"strain"* in der Mechanik eindeutig im Sinne von Beanspruchung verwendet.

2 Stress, Stressreaktion

Der Begriff *Stress* hat nicht nur Eingang in die Arbeitswissenschaften gefunden, sondern er ist auch eines jener Modewörter geworden, die in der Umgangssprache besonders häufig verwendet werden. Viele Menschen fühlen sich heutzutage "gestresst" oder klagen über den "Stress" in der Familie, in Schule bzw. Ausbildung, am Arbeitsplatz oder durch die Umweltbedingungen. Über Stress gibt es unzählige seriöse und weniger seriöse Publikationen und nahezu ebenso viele Theorien. Einigkeit über die Definition von Stress besteht bei den Wissenschaftlern nicht. Im folgenden soll deshalb nur auf die bekanntesten Ergebnisse der Stressforschung eingegangen werden. Nach Selye (1974) wird Stress als (unspezifische) Reaktion des Menschen auf beliebige Belastungen (Stressoren) verstanden. Die Stressreaktion ist das Bindeglied zwischen dem Stressor und stressbedingten Störungen (Erkrankungen in individuell unterschiedlichen Körperbereichen (Zielorgan)).

Stressor ➡ ***Stressreaktion*** ➡ ***stressbedingte Störung***

Stress ist nicht in jedem Fall als unerwünscht oder gefährlich zu betrachten. Vielmehr führt eine zunehmende stressbedingte Erregung zur maximalen Leistungsfähigkeit des Menschen. Ein derartiger Zustand wird z.B. von Sportlern bewusst angestrebt. Dieser positive (motivierende) Stress wird als "Eustress" bezeichnet. Bei weiterer Erregung sinkt die Leistungsfähigkeit bis zur Funktionsstörung/Krankheit wieder ab. Dieser (negative) Anteil des stressbedingten Erregungsverlaufs heißt "Distress". Der Zusammenhang zwischen Erregung und Leistungsfähigkeit ist in Abbildung 1 dargestellt.

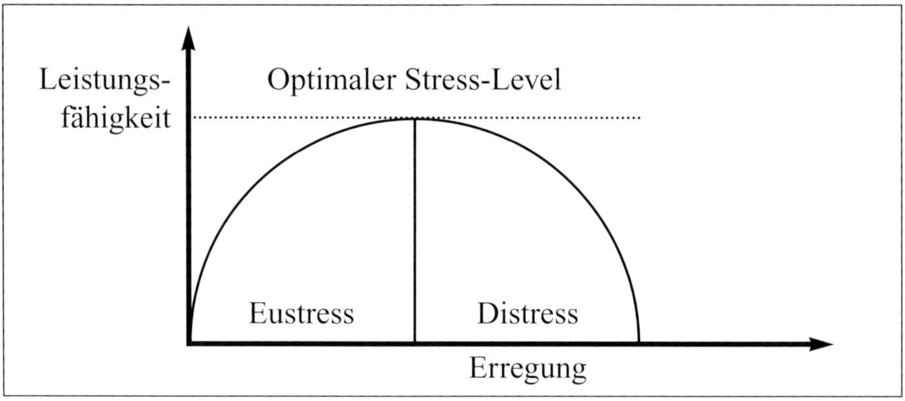

Abbildung 1: Eustress und Distress

2.1 Allgemeines Anpassungssyndrom

Als Student der Medizin beobachtete Hans Selye bei Patienten mit unterschiedlichen Krankheiten ein stereotyp auftretendes Symptombild, das er als "Syndrome of just being sick" beschrieb. Später wurde dieses Phänomen als "General Adaptation Syndrome (GAS)" beschrieben. Demnach läuft die Stressreaktion immer in drei Stufen ab:

- *Stufe 1:* In der Alarmphase (Alarm Stage) mobilisiert der Organismus seine Reserven ("call to arms"), um sich gegen den Stressor zu verteidigen.
- *Stufe 2:* In der Widerstandsphase (Stage of Resistance) versucht der Körper, sich an die Belastungen anzupassen und sein Gleichgewicht (Homöostase) wiederzufinden.
- *Stufe 3:* Bei exzessiver oder länger andauernder Belastung brechen die Bewältigungsmechanismen des Körpers zusammen und es kommt zur Erschöpfung (Exhaustion Stage), im Extremfall sogar zum Tod.

2.2 Stressoren

Stressoren können physikalischer (Temperatur, Lärm, Vibrationen, mechanische Einwirkungen etc.) bzw. physiologischer (Einwirkung von biochemischen Substanzen) Natur sein.

Daneben gibt es "psychosoziale Stressoren". Sie bewirken im Gegensatz zu den oben erwähnten Stressoren keine direkte Stressreaktion. Vielmehr liegt es an der individuellen Bewertung durch den Menschen, welcher Reiz für ihn zum Stressor wird. Selye beschrieb dies wie folgt: "It is not what happens to you that matters, but how you take it".

Psychosoziale Stressoren, denen wir ständig ausgesetzt sind, bewirken erst dann eine Stressreaktion, wenn sie subjektiv als bedeutungsvoll und potenziell herausfordernd, belastend oder aversiv bewertet bzw. interpretiert wurden. Dabei hängt die Bewertung/

Interpretation von den Persönlichkeitseigenschaften und der individuellen Lerngeschichte des Menschen ab.
Nach Interpretation eines Reizes als Stressor kommt es zu einer Aktivierung von Emotionen, die dann die eigentliche Stressreaktion auslösen. Auf die physiologischen Abläufe der Stressreaktion kann hier aufgrund ihrer Komplexität nicht eingegangen werden.
Abbildung 2 zeigt ein einfaches Modell der Zusammenhänge zwischen Ereignis (Stressor) und den daraus resultierenden Folgen.

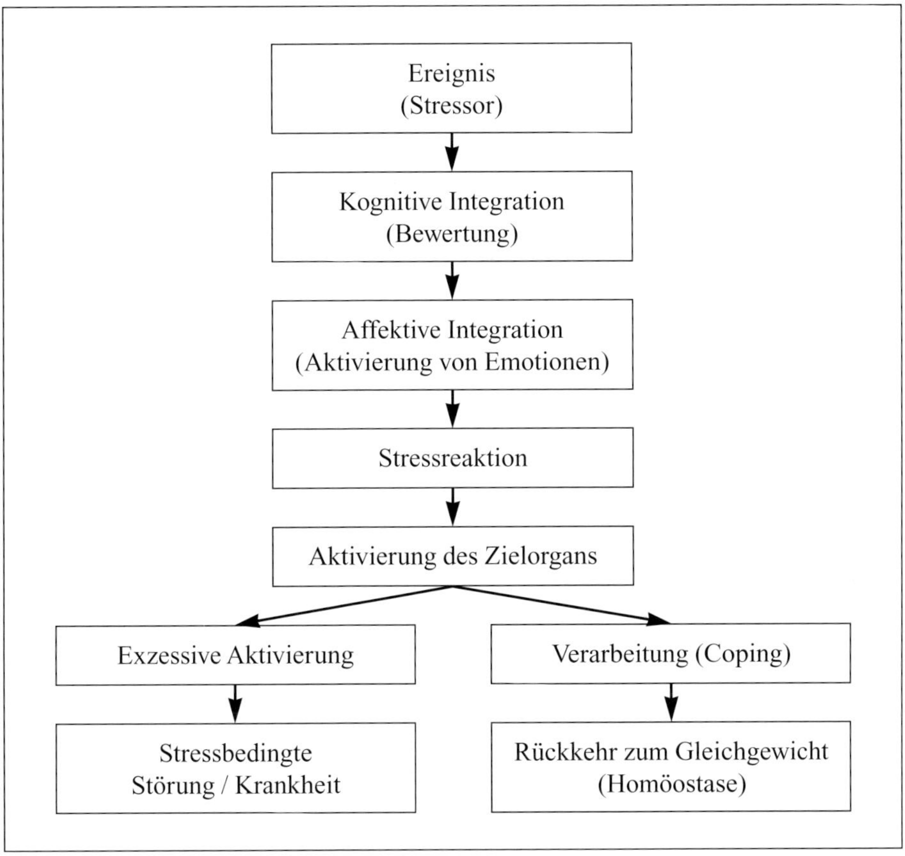

Abbildung 2: Ein Modell der Stressreaktion (nach Mitchell und Everly, 1993)

2.3 Individuelle Unterschiede bei der Reaktion auf Stress

Zumindest bei einem Teil der Stressforscher besteht Einigkeit darüber, dass das Vermögen, Stress zu ertragen bzw. zu bewältigen, bei Menschen unterschiedlich ausgeprägt ist. Dieses Verhaltensmerkmal wird als "Stressresistenz", "Stresstoleranz", "Stressanfälligkeit" oder "Belastbarkeit" bezeichnet. Ob es sich dabei um ein habituelles Persönlichkeitsmerkmal handelt, d.h. ob dieses Merkmal in verschiedenen Situationen gleiches oder ähnliches Verhalten bewirkt, ist umstritten. Es scheint vielmehr wahrscheinlicher, dass das Ausmaß der individuellen Stressreaktion in starkem Masse von der jeweiligen Situation abhängt. Beispiele dafür kennt jeder: Jemand, der sich bei einer freien Rede vor Zuhörern derart belastet fühlt, dass er seinen Redetext vergisst, ist vielleicht ein mutiger Bergsteiger oder ein umsichtiger Katastrophenhelfer, der selbst unter hohen Belastungen ruhig und effektiv arbeitet. Und mancher von uns hat sich schon über einen Mitmenschen gewundert, den er eher für ängstlich und wenig belastbar hielt, als dieser plötzlich in einer "echten" Belastungssituation über sich hinauswuchs.

Festzuhalten ist, dass das individuelle Verhalten in Stresssituationen von einer Vielzahl von Faktoren bestimmt wird, die sowohl in den Rahmenbedingungen der Situation als auch in der Person und Situation liegen.

2.4 Stressbewältigung: das "Coping-Konzept"

Das Coping-Konzept befasst sich mit der Bewältigung von Anforderungen, die vom Individuum als belastend oder als überfordernd angesehen werden (z.B. Bedrohung, Schädigung, Herausforderung).

Nach Folkman und Lazarus (1980) kann man die Copingmechanismen in problemorientierte und emotionsorientierte Vorgehensweisen einteilen. Beim problemorientierten Coping versucht der Mensch, Belastungen aktiv durch Veränderungen bei sich und/oder in seinem Umfeld zu bewältigen und impulsive und voreilige Handlungen zu vermeiden. Als Beispiel für eine derartige Strategie kann die Technik des "Mentalen Trainings" angeführt werden. Dabei geht es darum, den Handlungsablauf einer bevorstehenden Anforderung (z.B. sportlicher Wettkampf oder fliegerisches Manöver) in der Vorstellung –ggf. unter Einbeziehung motorischer Bewegungsabläufe– derart einzuüben, dass eine positive Transferwirkung auf die reale Anforderungssituation eintritt.

Emotionsorientiertes Coping zielt auf die Reduzierung der emotionalen Beanspruchung ab, die aus nicht beeinflussbaren Stressbedingungen resultiert. Durch dieses Vorgehen werden zwar die stressauslösenden Bedingungen nicht beseitigt oder verändert, aber das Individuum fühlt sich besser (Monat und Lazarus, 1991). Das Verdrängen oder Negieren einer drohenden Gefahr zählt beispielweise zu den emotionsorientierten Coping-Strategien. Die Ähnlichkeit zu den Abwehrmechanismen der Tiefenpsychologie liegt auf der Hand. Das von Meichenbaum (1991) entwickelte Stressimpfungstraining zielt auf die Vermittlung von Bewältigungsstrategien ab, die den Menschen vor allem in die Lage versetzen sollen, eine Stresssituation neu zu bewerten. Dabei ist es nach Meichenbaum in manchen unkontrollierbaren Situationen durchaus sinnvoll, die Belastung hinzunehmen oder gar zu verleugnen.

Es ist nicht verwunderlich, dass sich die Wissenschaft intensiv mit der Frage beschäftigt hat, ob sich die Menschen hinsichtlich ihrer Vorgehensweise bei der Bewältigung von Stress (Copingstrategien) unterscheiden. Ein Teil der Forscher geht davon aus, dass es ebenso wie vererbte bzw. erworbene Persönlichkeitsmerkmale individuelle Verhaltensmuster bei der Belastungsbewältigung gibt (Coping-Stile). Coping-Stile lassen sich durch geeignete Testverfahren "messen". Dadurch wird es nach Ansicht der Testautoren möglich, das Verhalten eines Individuums in Belastungssituationen zu prognostizieren. Die bislang nachgewiesenen Zusammenhänge zwischen Testverhalten und Verhalten in realen Situationen sind allerdings eher unbefriedigend.

Andere Forscher (Folkman und Lazarus, 1980, 1985, 1988a) betonen mehr den situativen Aspekt sowie den Prozesscharakter der Belastungsbewältigung. Demnach setzt der Mensch in Belastungssituationen keineswegs ein festes Verhaltensmuster ein; vielmehr hängt es von der Vielzahl interner und externer Bedingungen ab, wie ein Mensch in einer konkreten Situation tatsächlich reagiert.

Während der Versuch, individuelle Copingstrategien durch Testverfahren zu erfassen, bislang wenig erfolgreich verlief, erhofft sich die Wissenschaft durch "in vivo" Beobachtung von Verhaltensabläufen in Belastungssituationen differenziertere Aufschlüsse über Copingstrategien.

Literatur:

Braun, P. (1999). Belastungen fliegendes Personal. Bonn: Studie im Auftrag des BMVg.

Folkman, S., Lazarus, R.S. (1980). An analysis of coping in a middle-aged community sample. Journal of Health and Social Behavior 21: 219-239.

Folkman, S., Lazarus, R.S. (1985). If it changes it must be a process: Study of emotion and coping during the three stages of a college examination. Journal of Personality and Social Psychology 48: 150-170.

Folkman, S., Lazarus, R.S. (1988a). Coping as mediator of emotion. Journal of Personality and Social Psychology 54: 466-475.

Frieling, E., Sonntag, K. (1999). Lehrbuch der Arbeitspsychologie. Bern, Göttingen, Toronto, Seattle: Verlag Huber.

Gerbert, K. (1979). Gutachterliche Stellungnahme zum Problem der Belastung. Fürstenfeldbruck: Flugmedizinisches Institut der Luftwaffe.

Knobloch, M. (1999). Stressbewältigung unter psychomotorischer Belastung am Beispiel von Piloten. Heidelberg: wissenschaftliche Arbeit.

Meichenbaum, D. (1991). Intervention bei Stress. Bern: Verlag Huber.

Mitchell, J.T., Everly, G.S. (1993). Critical Incident Stress Debriefing (CISD). Ellicot City: Chevron Publishing Corporation.

Monat, A., Lazarus, R.S. (1991). Stress and Coping. New York: Columbia University Press.

Rohmert, W. (1973). Arbeitswissenschaft I. Darmstadt.

Rohmert, W. (1984). Das Belastungs-Beanspruchungs-Konzept. Zeitschrift für Arbeitswissenschaft, 38: 193-200.

Rohmert, W., Rutenfranz, J. (1975). Arbeitswissenschaftliche Beurteilung der Belastung und Beanspruchung an unterschiedlichen Industriearbeitsplätzen. Bonn: Bundesministerium für Arbeit und Sozialordnung.

Schmidtke, H. (1981). Lehrbuch der Ergonomie. München, Wien: Verlag Carl Hanser.

Schönpflug, W. (1987). Beanspruchung und Belastung bei der Arbeit – Konzepte und Theorien. In: Enzyklopädie der Psychologie – Band Arbeitspsychologie. Göttingen, Toronto, Zürich: Verlag Hogrefe.

Seifert, R. (1980). Leistungsmessung und Arbeitsbelastung in Mensch-Maschine-Systemen. In: Handbuch der Angewandten Psychologie, Bd 1. München: Verlag Moderne Industrie.

Selye, H. (1974). Stress without Distress. Philadelphia: Lippincott.

Klaus Wothe:

Belastungsfaktoren im Einsatz[1]

1 Einsatzbelastung

Werden militärische Einsatzsituationen mit Blick auf ihren Belastungsgehalt untersucht, so kann man sie häufig mit folgenden Merkmalen, Kennzeichen und psychischen Reaktionsformen beschreiben:

Merkmal	*Kennzeichen*	*Psychische Reaktion*
Chaos	Zeitdruck; unzureichende und/oder widersprüchliche Informationen; schnell wechselnde Lagen	Gefühl von Desorientierung
Gefahr	Persönliche Gefährdung von Gesundheit, Leib und Leben; Gefahr des Scheiterns	Angst
Mangel	Unzureichend: Versorgung, Unterstützung, Ausbildung, Ausrüstung, Hygiene, Entscheidungen, Zuständigkeiten	Gefühl der Überforderung
Gefühlsdruck	Aufwühlende Erlebnisse: Verletzte; Tote; trauernde, hilflose, geschockte, hektische, rücksichtslose Menschen	Gefühl der Hilflosigkeit, des Ausgeliefertseins
Ungewissheit	Dauer; welche Belastung; Ende; Heimat	Sorge; depressive Stimmung

Für alle militärischen Einsatzformen sind übergreifend eine Reihe von "universalen" Belastungsfaktoren empirisch nachgewiesen (Jones et al., 1985). Belastungsfaktoren lösen in Abhängigkeit von ihrer Stärke, Anzahl, Dauer und in Abhängigkeit von Charakteristiken der Person, auf die sie wirken, unterschiedliche Reaktionen aus. So können biologische-, situative-, inter- und intrapersonale Faktoren die militärische Leistungsfähigkeit eines Soldaten positiv oder negativ beeinflussen. Der empirische Nachweis derartiger Belastungsfaktoren, ein spezielles Aufgabengebiet der Wehrpsychologie, stellt einen erheblichen Fortschritt für die Voraussage und angemessene Bewertung von soldatischen Reaktionen in und nach Einsatzsituationen dar. Häufig

1) Vergleiche hierzu die Bilder 2 bis 11 im Fototeil.

lassen sich zunächst unerklärliche soldatische Verhaltensweisen erst durch Einbeziehung und Berücksichtigung der vorausgegangenen Belastungssituation verstehen. Die unten aufgelisteten Belastungsfaktoren sind in Abhängigkeit von Person und Situation mehr oder weniger wirksam, sie können sich zum Teil überlappen, sie können zusammenwirken, sich in ihrer Wirkung gegenseitig aufheben oder sich gegenseitig verstärken.

2 "Universale" Belastungsfaktoren militärischer Einsätze

Biologische Faktoren:
- Ermüdung,
- Hunger, Durst,
- Schlaf-, sensorische Deprivation,
- unterbrochener circadianer Rhythmus,
- Infektionen, Entzündungen, metabolische Störungen.

Situative Faktoren
- Militärische Situation (z.B.: Angriff, Verteidigung),
- indirektes Feuer (Artillerie, Bomben),
- Einsatz unerwarteter Waffen,
- überraschende Angriffe.

Intrapersonale Faktoren:
- Angst vor Verwundung oder Tod,
- Angst, Feigheit zu zeigen,
- kein Glaube an die Legitimation des Einsatzes,
- Zweifel am Sieg, Angst vor Niederlage,
- Verlust des Gefühls eigener Unverwundbarkeit,
- Verlust des Gefühls sozialer Sicherheit,
- kein Glaube an eine höhere Ordnung.

Interpersonale Faktoren:
- unzureichende soziale Unterstützung,
- niedrige Gruppenkohäsion,
- fehlerhaftes Führungsverhalten.

Ohne Anspruch auf Vollständigkeit lassen sich aus Sicht des einzelnen Soldaten ergänzend zu diesen "universalen" Belastungsfaktoren folgende individuellen psychologisch bedeutsamen Belastungsfaktoren beschreiben:

3 Individuelle Belastungsfaktoren militärischer Einsätze

- Trennung von der Heimat, der Familie, von den vertrauten sozialen Bindungen und dem gewohnten Umfeld über eine lange Zeit;
- Sorge um das Wohlergehen der Familie, der Angehörigen, Partner oder Partnerin;
- Ertragen von zwischenzeitlichen Problemen, Unstimmigkeiten, Differenzen mit den Angehörigen in der Heimat bei eingeschränkter Steuerungsmöglichkeit;

- Sorge um den Bestand der Beziehungen;
- eingeschränkte Kommunikationsmöglichkeiten mit der Heimat;
- erschwerte Lebensbedingungen mit Einschränkungen bei Hygiene und Sauberkeit;
- enges Zusammenleben, Verzicht auf Intimsphäre;
- erhöhte Anforderungen an Selbstdisziplin und Toleranz;
- starke Einschränkung im Sexualverhalten;
- zeitlich und inhaltlich eingeschränkte Freizeitaktivitäten;
- eingeschränkte Regenerationsmöglichkeiten;
- wesentlich erhöhte Dienstzeitbelastung mit eingeschränkter Urlaubsregelung;
- zum Teil ungewohnte, wenig abwechslungsreiche Ernährung;
- Hitze-, Kälteexposition ohne ausreichende Kompensationsmöglichkeit, Ertragen ungewohnter klimatischer Bedingungen;
- ständige Lärm-, erhöhte Abgasexposition;
- häufige Staubexposition mit erhöhter Gefahr von Atemweginfektionen;
- Bedrohung durch erhöhte Unfallgefahr;
- unverzügliches und fehlerfreies Befolgen von Befehlen und Ausführen von Aufträgen;
- permanenter Zeitdruck;
- hohe Situationsunsicherheit, Informationsdefizite, Gerüchte;
- erhöhte Anforderungen an die Vorbildfunktion von Vorgesetzten;
- Furcht vor Versagen, dem Einsatz nicht gewachsen zu sein, die in einen gesetzten Erwartungen nicht zu erfüllen;
- Konfrontation mit einer fremden Kultur (Sprache, Traditionen, Religionen), dabei Gefühle von Unsicherheit;
- Erleben von direkter oder indirekter Gewalt, Hass, Grausamkeiten unter der Zivilbevölkerung;
- Anblick von schwersten Zerstörungen, Not und Leid;
- Gefühle von auftragsbedingter Ohnmacht und Hilflosigkeit;
- Bedrohung durch Minengefahr und potenziell aggressive Aktionen feindlich gesinnter Bevölkerung.

4 Verhaltenswirksame Folgen militärischer Belastungssituationen

Die Wahrscheinlichkeit, dass Soldaten während ihres militärischen Einsatzes Belastungsfaktoren mit bedeutsamen Auswirkungen auf ihr Verhalten ausgesetzt sind, ist sehr hoch. Als Folge der physischen und psychischen Belastungen kann sich sowohl ein an die militärische Situation angepasstes, adaptives Verhalten, als auch ein Verhalten entwickeln, das nicht situationsangemessen ist oder nicht zur Bewältigung der militärischen Aufgaben beiträgt. Abbildung 1 stellt ein Modell sowohl der potenziellen akuten Wirkungen von militärischen Belastungen auf das Verhalten von Soldaten, als auch der möglichen mittel- und langfristigen psychopathologischen Folgen dar.

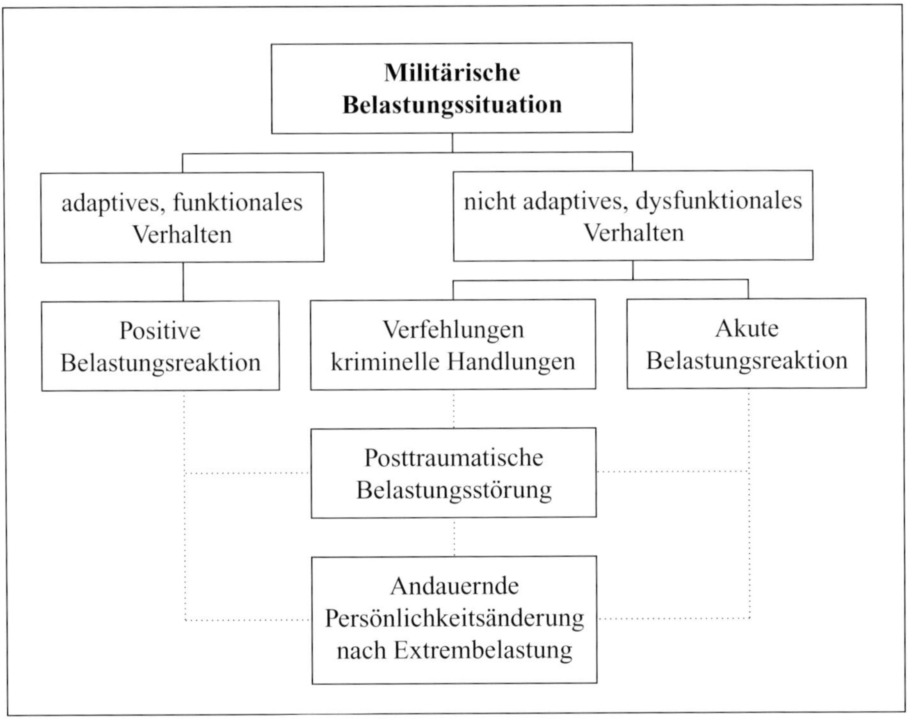

Abbildung 1: Potenzielle kurz-, mittel- und langfristige Verhaltensreaktionen in und nach militärischen Belastungssituationen. Adaptiert von: Leaders' Manual for Combat Stress Control, 1994

4.1 Positive Belastungsreaktion

Die meisten Soldaten entwickeln in militärischen Belastungssituationen ein an die äußeren Bedingungen angepasstes, funktionales Bewältigungsverhalten. Obwohl die positive Belastungsreaktion (positiv im Sinne militärischer Aufgabenbewältigung) das am häufigsten gezeigte Reaktionsmuster in militärischen Belastungssituationen darstellt, ist sie in der wissenschaftlichen Literatur eher unterrepräsentiert beschrieben. So wie es wichtig ist zu untersuchen, welche Soldaten unter welchen Bedingungen den Belastungen nicht standhalten können, wäre es ebenso bedeutsam herauszuarbeiten, welche Faktoren zur Entwicklung einer erfolgreichen Copingstrategie beitragen.
Beispiele für positive Belastungsreaktionen im militärischen Kontext sind:
- Zusammenhalt in der Einheit, Kameradschaft,
- Loyalität gegenüber Führern,
- Entwicklung eines Traditions-, Elitebewusstseins,
- Konzentration auf die Auftragserfüllung,
- erhöhte Aufmerksamkeit, Vigilanz,

- Entwicklung von Stärke und Durchhaltevermögen,
- zunehmende Toleranz gegenüber Belastungen, Schmerzen, Verletzungen,
- Vertrauen in die eigene Stärke,
- Mut, heldenhaftes Verhalten, Selbstaufopferung.

4.2 Verfehlungen, kriminelle Handlungen

Soldatisches Fehlverhalten bis hin zu kriminellen Handlungen stellen als Reaktion auf militärische Belastungssituationen wegen ihrer schwerwiegenden Folgen eine besondere Herausforderung an die verantwortlichen Führer dar. Ein Beispiel aus dem Vietnamkrieg für eine Straftat dieser Art ist das Massaker von My Lai. Weitere Ausprägungen dieser Reaktionsform sind:
- Rücksichtslosigkeit, Undiszipliniertheit, sprachliche Verrohung,
- häufiges Krankmelden, Simulation von Erkrankungen, Selbstverstümmelung,
- Angriff auf Vorgesetzte,
- Feigheit,
- Gehorsamsverweigerung, eigenmächtige Abwesenheit, Fahnenflucht,
- Alkohol-, Drogenmissbrauch,
- Plünderungen, Diebstahl, Raub,
- Brutalität, Folterungen,
- Vergewaltigungen
- Töten von Nichtkombattanten, Gefangenen,
- Verstümmelungen toter Feinde.

4.3 Akute Belastungsreaktion

Gebräuchliche militärische Synonyme für die akute Belastungsreaktion sind neben anderen: Kampfneurose, Kampfermüdung, Kampfstressreaktion, psychische Kampfreaktion, Gefechtsreaktion, Gefechtsschock. Alle diese Begriffe beschreiben ein dysfunktionales Verhalten im Verlauf oder als Folge von militärischen Belastungssituationen. Gekennzeichnet ist die akute Belastungsreaktion durch eine sehr weite Spanne menschlicher Emotionen und Verhaltensweisen wie:
- Furcht, Angst,
- Irritierbarkeit, Zorn, Wut,
- Trauer, Selbstzweifel, Schuldgefühle, Depressionen, Schlaflosigkeit,
- Unaufmerksamkeit, Sorglosigkeit,
- Verlust von Vertrauen, Hoffnung, Glaube,
- unberechenbares Verhalten, Gefühlsausbrüche,
- Unbeweglichkeit, "Einfrieren",
- Panik, kopfloses Verhalten,
- völlige Erschöpfung, Aphatie,
- Verlust von Fertigkeiten, Gedächtnis,
- Beeinträchtigung von Sprache, Stimmverlust,

- visuelle, taktile, auditive Beeinträchtigungen,
- Schwäche, Lähmungen,
- Halluzinationen, Wahnvorstellungen.

Das Auftreten von Fällen mit akuter Belastungsreaktion ist in erster Linie an die *Intensität der Belastung* gekoppelt: Je stärker, heftiger, intensiver oder unvermittelt eintretender die Belastung ist, desto höher liegt die Zahl der Ausfälle mit der Diagnose "akute Belastungsreaktion".

Die akute Belastungsreaktion wird im militärischen Bereich als "normale Reaktion auf eine anormale Situation" beurteilt und im Rahmen der medizinischen und psychologischen Erstversorgung nach folgenden *Grundsätzen* behandelt:

- *Nähe:* Behandlung möglichst nah am Einsatzort;
- *Unmittelbarkeit:* Behandlung sofort nach Auftreten der ersten Symptome;
- *Einfachheit:* auf Primärbedürfnisse eingehen (Zuwendung, Schlaf, Ruhe, Essen, Trinken, Erholung);
- *Erwartung:* erklärtes Behandlungsziel ist die Rückkehr des Soldaten in seine Einheit.

Bei Berücksichtigung dieser Behandlungsgrundsätze ist davon auszugehen, dass die Symptome in den meisten Fällen nach kurzer Zeit abklingen.

4.4 Posttraumatische Belastungsstörung

Als Folge psychischer Überlastungen im Einsatz kann sich unmittelbar oder mit verzögertem Beginn eine Posttraumatische Belastungsstörung (PTBS) entwickeln und zwar unabhängig davon, ob der Soldat in der Belastungssituation selbst adaptive oder nicht adaptive Verhaltensweisen entwickelt hat. Kennzeichen dieser Störung sind:

- ständiges Wiedererleben der traumatischen Situation durch sich aufdrängende Gedanken, Vorstellungen, Bilder, Träume, Schuldgefühle;
- Vermeidung von Reizen, die mit dem Ereignis zusammenhängen; sozialer Rückzug; Entfremdung;
- eingeschränkter Affekt; Gefühl der Betäubung;
- erhöhtes Erregungsniveau; Schlafstörungen; Konzentrationsschwierigkeiten; erhöhte Reaktionsbereitschaft.

4.5 Andauernde Persönlichkeitsänderung nach Extrembelastung

Langanhaltende, extreme militärische Belastungssituationen können bei den betroffenen Soldaten eine andauernde Persönlichkeitsänderung zur Folge haben. Eine Posttraumatische Belastungsstörung kann, muss aber nicht dieser Form der Persönlichkeitsänderung vorangehen. Diagnostische Kennzeichen der Störung, die fremdanamnestisch bestätigt sein sollten, sind:

- Dauer länger als zwei Jahre;
- unflexibles, unangepasstes Verhalten;
- häufige Konflikte in den zwischenmenschlichen, sozialen, beruflichen Beziehungen;
- sozialer Rückzug, Entfremdung;
- feindliche oder misstrauische Haltung gegenüber anderen Menschen;
- chronisches Gefühl ständiger Bedrohung;
- Gefühle von Leere oder Hoffnungslosigkeit.

Literatur:

Jones F.D, Crocq L, Adelaja O, et al. (1985). Psychiatric casualties in modern warfare: Evolution of treatment. In: *Pichot P, Berner P, Wolf R, Thau K, eds.* Psychiatry, The State of the Art. Vol. 6 New York: Plenum.

Leaders' Manual for Combat Stress Control (1994). US Department of the Army. Washington, DC: DA. Field Manual 22-51: 2-12.

Uwe Drews und Dieter Hansen:

Verhalten bei Geisel- und Gefangennahme, Verhör und Folter

1 Vorbemerkungen

Im Januar 1991 meldete Radio Bagdad, dass mehr als zwanzig gefangengenommene amerikanische, britische und kuwaitische Soldaten als menschliche Schutzschilde gegen Luftangriffe in "strategisch wichtige Einrichtungen" gebracht worden seien. Kurz darauf wurden einige abgeschossene Piloten sogar zu Interviews vor laufender Kamera gezwungen, in denen sie ihre eigenen Taten als "aggressive Handlungen gegen das friedliebende irakische Volk" beschreiben mussten. Damit wurde deutlich, dass die Regierung des Irak sich nicht an die Abkommen der Genfer Konventionen zum Schutz der Kriegsgefangenen hielt. Wie sich später herausstellte, waren diese Soldaten zuvor physischer und psychischer Folter ausgesetzt. Aber dennoch machten sich einige von ihnen hinterher Vorwürfe, gegen die militärische Disziplin verstoßen, ihr Vaterland verraten und ihre Kameraden im Stich gelassen zu haben.
Das wirft die Frage auf, was von einem Soldaten erwartet werden kann (und muss), wenn er als Geisel genommen wird oder in Gefangenschaft gerät und subtilen Verhörmethoden oder gar brutalen Folterungen ausgesetzt wird.
Die Gefangennahme von "Blauhelmsoldaten" in Bosnien-Herzegowina und Serbien wie auch die mehrfache Geiselnahme von UNO-Beobachtern[1] machen deutlich, dass für die Bundeswehr mit ihrem veränderten Einsatzspektrum die Notwendigkeit besteht, Verhaltensmaßnahmen bei Geiselnahme und Gefangenschaft in die militärische Ausbildung und Einsatzvorbereitung einzubeziehen, um so die Voraussetzungen zum Durchstehen und Überleben in derartigen Extremsituationen zu schaffen bzw. zu verbessern.

2 Geiselnahme und Gefangenschaft

Jede Form von Geiselnahme stellt für alle Beteiligten, unabhängig von ihrer Dauer, eine Extremsituation mit nicht nur physischer sondern auch enormer psychischer Belastung dar. Bei allen noch so unterschiedlichen Szenarien der Ausgangssituation zeigen sich bestimmte gleichverlaufende Entwicklungen: In der sog. *Zugriffsphase* reagieren die Täter für gewöhnlich hektisch und nervös, während bei Geiseln mit Schock zu rechnen ist, den es möglichst schnell zu überwinden gilt. Es ist besonders wichtig, dass das Opfer nicht die Fassung verliert, sondern –so gut es eben geht– versucht, die Ruhe und Übersicht zu bewahren. Um zusätzliche Aggressionen zu vermeiden, sollte zunächst auf die Forderungen der Geiselnehmer eingegangen werden.

1) Vergleiche hierzu den Artikel von Hoinig in diesem Buch (Seiten 234 ff)

Die Erfahrungen haben gezeigt, dass isolierte Geiseln besonders gefährdet sind, sowohl was ihre eigene psychische Konstitution angeht, wie auch hinsichtlich der Möglichkeit körperlicher Misshandlung durch die Täter. Daher gilt, dass räumlich wie menschlich die Nähe gesucht werden sollte und ein Opfer sich möglichst nicht von den anderen absondert. Fluchtversuche und Gegenwehr haben sich oft als äußerst riskant erwiesen, denn sie lassen die Aggressivität der Täter sprunghaft ansteigen: Zum Teil wird darauf mit Panik reagiert. Unkontrolliertes Handeln gefährdet das Leben der Person, die einen Fluchtversuch unternommen hat bzw. das der zurückgebliebenen Geiseln. Daher sollte eine Flucht nur dann erwogen werden, wenn das Gelingen sicher ist. Für ein Opfer ist es während des gesamten Verlaufs einer Geiselnahme sinnvoll, die Umgebung und die handelnden Personen genau zu beobachten und sich möglichst viele Details einzuprägen. Damit lenkt man sich ab: Lange, quälende Stunden oder gar Tage lassen sich so besser ertragen. Eine derartige Beschäftigung führt zudem zu Stressreduktion, auch können die Beobachtungen der Geiseln später den Strafverfolgungsbehörden wichtige Hinweise geben.
Wenn Täter feststellen, dass sich die Entführung/Geiselnahme in ihrem Sinn entwickelt, baut sich für gewöhnlich die Spannung etwas ab. Die Geiselnehmer werden ruhiger, sie zeigen sich eher gesprächsbereit. Die Initiative für weitergehende Kommunikation sollte wiederum den Tätern überlassen werden, damit sie das Gefühl haben, auch weiterhin die Lage im Griff zu haben. Es hat sich immer wieder gezeigt, dass eine Diskussion mit den Geiselnehmern über die Unrechtmäßigkeit ihrer Tat wenig Sinn hat. Sie zu beschimpfen oder ihnen gar zu drohen, macht die Täter nervöser und reizt sie unnötig. Besser ist es für eine Geisel, über persönliche Dinge zu sprechen, sich in Geduld zu üben und Ruhe zu bewahren.
In der *Phase des Festhaltens*, die sich insbesondere bei Kriegsgefangenschaft über einen längeren Zeitraum bis zu mehreren Jahren hinziehen kann, gilt es vor allem durchzuhalten. Eine sinnvolle Beschäftigung zu finden, kann für einen Gefangenen bzw. eine Geisel lebenserhaltend sein. Da die jeweiligen äußeren Umstände sehr unterschiedlich sein können (es ist z.B. von großer Bedeutung, ob ein Gefangener misshandelt oder gefoltert wird; das Erlebnis von Einzelhaft oder Isolierung von anderen hat ebenfalls einen entscheidenden Einfluss auf die Befindlichkeit der Betroffenen), lassen sich nur ganz allgemeine Verhaltensregeln, die sich bewährt haben, nennen: Angelehnt an Fixpunkte wie die Mahlzeiten oder Wachwechsel sollte eine feste Tageseinteilung vorgenommen werden, die sich der Gefangene zur Routine macht. Hierzu gehören Körperhygiene (je nach den Möglichkeiten) und körperliche Fitnessübungen. Eine Beschäftigung mit geistigen Themen ist ebenfalls wichtig: z.B. Schachspiel, Lesen, das Erlernen einer Fremdsprache, Auswendiglernen von Gedichten, das Schreiben der eigenen Biografie, Erinnerungen an frühere Erlebnisse (Landschaften, Urlaube, Familienereignisse usw.). Zudem sollte ein Kalender, zumindest behelfsmäßig, geführt werden.
In der Situation einer längeren Geiselhaft oder Gefangenschaft können leicht Gefühle wie Zorn, Hass und ohnmächtige Wut gegenüber den Tätern aber auch den eigenen –scheinbar untätigen– Kameraden entstehen. Gerade solche Emotionen gilt es unter

Kontrolle zu halten, um nicht sich selbst und mögliche Mitgefangene durch unüberlegte Handlungen zu gefährden. Wann immer möglich, sollte der Kontakt zu Kameraden bzw. Mitgefangenen gesucht werden, denn in der Gemeinschaft lässt sich eine Gefangenschaft leichter ertragen als in der Isolation. In der Gruppe fällt es leichter, sich zu disziplinieren, sich nicht aufzugeben.
Bestehende militärische Befehls- und Kommandostrukturen sind auch unter Gefangenen aufrecht zu erhalten, wobei dem Beispiel des Führers eine besonders große Bedeutung zukommt. Er kann die Verhandlungen führen, trägt aber auch dafür Sorge, dass besonders belastete Kameraden Hilfe erhalten und die Verwundeten und Kranken versorgt werden. Durch das beispielgebende Verhalten von Vorgesetzten lassen sich Disziplin und Ordnung leichter aufrecht erhalten bzw. durchsetzen und psychische Schäden können, wenn nicht verhindert, so doch zumindest minimiert werden.
Die während einer Geiselhaft und Gefangenschaft auftretenden *psychischen Reaktionen* sind oftmals Regression, Resignation und Apathie. Unter Regression versteht man die Rückkehr zu früheren Phasen der Persönlichkeitsentwicklung bis hin zu infantilen Verhaltensweisen. Hierunter fällt (unmotiviertes) Kichern, hemmungsloses Weinen, die Unfähigkeit, sich klar und verständlich auszudrücken, möglicherweise auch Stottern, in Extremfällen sogar Kontrollverlust über Stuhlgang und Wasserlassen. Je weniger Hoffnung ein Gefangener hat, je mehr er seine Situation als ausweglos empfindet oder aber auch durch Anwendung von Folter das Gefühl absoluter Hilflosigkeit erlebt, desto eher besteht die Gefahr zu resignieren. Eine Steigerung der Resignation ist die Apathie, wenn die betroffene Person Gefühls- und Teilnahmslosigkeit zeigt, z.T. auch in tiefe Depression verfällt. Völlige Passivität und motorische Inaktivität –körperliche Unversehrtheit vorausgesetzt– können im Extremfall sogar zum psychogenen Tod führen.
Das Beherrschen von Entspannungstechniken wie z.B. dem autogenen Training, der progressiven Relaxation (progressive Muskelentspannung nach Jacobson) oder auch von besonderen Atemtechniken sowie ganz allgemein der Anwendung von Meditationspraktiken kann sich gerade in der Situation einer Gefangenschaft als besonders hilfreich erweisen.
Der unbedingte Wille durchzuhalten, kann von entscheidender Bedeutung sein, die Zeit größter Bedrängnis zu überstehen, insbesondere wenn der Zeitpunkt der Beendigung der Geiselhaft oder der Gefangenschaft nicht absehbar ist. Dem Festhalten an der Gewissheit, dass durch die militärische Führung alles getan wird, um eine Freilassung bzw. Befreiung zu erreichen, kommt dabei eine zentrale Bedeutung zu – ebenso wie der Gewissheit, dass die eigene Familie gut versorgt ist.
Eine besondere emotionale Reaktion auf das Trauma, ein Opfer zu sein, wurde erstmals im August 1973 während einer insgesamt 131 Stunden dauernden Geiselnahme in der schwedischen Hauptstadt beschrieben, als ein mehrfach vorbestrafter Täter in einer Bank vier Geiseln nahm und die Freilassung eines ehemaligen Mithäftlings erwirkte. Dieses Phänomen, das später vielfach (auch bei Soldaten) beobachtet wurde, wird seitdem als *"Stockholm-Syndrom"* bezeichnet. Die Angst der Geiseln war mehr

auf Aktionen der Polizei gerichtet denn auf die der Geiselnehmer. Noch Wochen nach den Ereignissen und unter Nachsorge von professionellen Helfern hatten einige der Opfer paradoxerweise Albträume über die Flucht der Straftäter und zeigten nach wie vor ihnen gegenüber keine Hassgefühle. Im Gegenteil waren sie der Meinung, dass die Täter ihnen ihr Leben zurückgegeben hatten und waren ihnen für diese Großzügigkeit dankbar. Die gefühlsmäßige Verbindung bei oder vielleicht auch wegen der Belagerungssituation durch Polizei und Sicherheitskräfte vereint bei derartigen Reaktionen, die allerdings nicht zwangsläufig entstehen, Geiselnehmer und ihre Opfer gegen "Außenseiter". Zudem wird der Täter als Mitmensch, der Probleme hat, gesehen. Interessanterweise werden derartige positive Gefühle der Geiseln gegenüber ihren Geiselnehmern oft auch von den Tätern erwidert.

Wenn Geiselnehmer ihre Opfer nicht misshandeln und auch nicht isoliert unterbringen, entsteht durch die positiven Interaktionen in den gemeinsam verbrachten Stunden mit hoher Wahrscheinlichkeit eine Art von Identifikation, die aber nicht als bewusste Sympathieentscheidung der Geiseln für die Täter bewertet werden darf, sondern vielmehr als eine Form der Angstreaktion zu deuten ist. Für den Fall der gewaltsamen Beendigung einer Geiselnahme kann es in solch einer Situation durchaus dazu kommen, dass Geiseln einen Täter zu schützen versuchen, womit eine klare Trennung zwischen Opfern und Geiselnehmern dann nur schwer möglich ist.

3 Verhör und Folter

Das III. Genfer Abkommen gesteht Kriegsgefangenen einen allgemeinen Schutz zu, u.a. Behandlung mit Menschlichkeit, Unterlassung jedweder rechtswidriger Handlungen seitens des Gewahrsamstaats, die Tod oder schwere Gefährdung der Gesundheit eines Kriegsgefangenen zur Folge hat, ausreichende Versorgung mit Kleidung und Verpflegung, geregelter Arbeitseinsatz. Dasselbe Abkommen enthält im Artikel 17 auch Bestimmungen über das Verhör von Kriegsgefangenen. Darin ist festgelegt, dass weder körperliche noch seelische Folterungen noch irgend ein anderer Zwang ausgeübt werden dürfe. Andererseits ist jeder Kriegsgefangene verpflichtet, auf Befragen seinen Namen, Vornamen, Dienstgrad, Geburtsdatum und Matrikelnummer (Personenkennziffer) zu nennen.

Erfahrene Befrager sind durchaus in der Lage, viele Informationen zu gewinnen. Nur wer absolut nichts sagt und keine Körperreaktionen erkennen lässt, gibt auch nichts an Informationen preis. Durch die Möglichkeit der Anwendung pharmakologischer Präparate (Fischer, 1999) lassen sich allerdings auch gegen den Willen des Soldaten Informationen gewinnen. Hinzu kommt, dass in der Realität leider nicht selbstverständlich davon ausgegangen werden kann, dass sich alle Staaten an die Genfer Abkommen zum Schutz von Kriegsgefangenen halten. Erbarmungswürdige Internierungsbedingungen und schlechte Behandlung durch einen grausamen und menschenverachtenden Gegner sind immer in die Lagebeurteilung einzubeziehen. Ob, in welchem Umfang und ggf. wie lange ein Soldat bei Anwendung von Folter Widerstand gegen Befragungen zu leisten vermag, kann nicht allgemein verbindlich beantwortet

werden. Die jeweiligen Umstände, die Persönlichkeit sowie die körperliche und psychische Verfassung des Befragten sind hierbei von großem Einfluss.
Nach Erkenntnissen der US-Streitkräfte ließen sich drei Typen von Soldaten nicht durch nordkoreanische Gehirnwäsche "umdrehen": *"Die christlich-gläubigen Soldaten, die gebildeten Soldaten und die 'real soldiers', d.h. jene Soldaten, die von einer sittlichen Position her, getreu ihrem Eid und aus patriotischer Gesinnung heraus, jedes Zusammengehen mit dem Feind von vornherein verweigerten."* (Zwygart, 1988)
Es müssen nicht unbedingt körperliche Misshandlungen angewendet werden, um einen Soldaten dazu zu bringen, Informationen zu liefern. Schlafentzug, Verweigerung von Nahrung, sensorische Deprivation –systematischer Reizentzug– haben eine verheerende Wirkung auf Entkräftung und Demoralisierung der Persönlichkeit. Langanhaltende Vernehmungen (50 Prozent aller Vernehmungen durch die Chinesen während des Koreakrieges dauerten länger als 24 Stunden), aber auch Drohungen, Beleidigungen, Unterstellungen, Erpressung und Nötigung und sogar einschmeichelnde Sympathiebekundungen seitens der Befrager zeigen für gewöhnlich recht schnell Wirkung. Auch der systematische Einsatz von "Double-bind-Methoden", wie z.B. der Einsatz eines Komplizen des Folterers, der als vorgebliche Schutzperson des Gefangenen auftritt, um diesen in Sicherheit zu wiegen und ein Vertrauensverhältnis aufzubauen, dem er seine Geheimnisse dann aber um so sicherer verrät, sind hier zu nennen.
Bestimmte Formen von Folter können zwar mehr physische Schmerzen bewirken, aber weniger Stress bzw. psychische Auswirkungen hervorrufen, wenn sie kontrollierbar und vorhersagbar sind. Folterungen mit unvorhersagbarem und unkontrollierbarem Charakter, die z.B. eine reale oder so empfundene Bedrohung des Lebens aufweisen (Schlagen mit Gegenständen, elektrische Folter, Todesdrohungen, Scheinexekutionen oder auch Restriktionen in der Bewegung wie permanente Fesselungen) sowie demütigende Verfahren mit wahrgenommenem Kontrollverlust und erlebter Hilflosigkeit (sexuelle Folter, erzwungene Nacktheit, Verabreichung verdorbenen Essens) erweisen sich in ihren Auswirkungen als hochgradig belastend.
Unter Berücksichtigung der Tatsache, dass in über 90 Prozent der Fälle militärische Informationen nach 24 Stunden, spätestens aber nach 48 Stunden für den Gegner uninteressant geworden sind, erscheint es sinnlos, über solch einen Zeitpunkt hinaus durch Erdulden von Qualen und Torturen eigene Informationen zurückzuhalten, die für den Gegner mittlerweile wertlos geworden sind – und das unter der realistischen Gefahr, dauerhafte Schäden zu erleiden. Vielmehr kommt es darauf an, diesen Zeitraum möglichst geschickt zu überbrücken. Hierbei kann möglicherweise eine Verweigerungstaktik hilfreich sein. Weitaus schwieriger ist es, mit einer erfundenen Geschichte gezielte Falschinformationen zu geben. Solch ein Vorgehen ist nur schwer über einen längeren Zeitraum durchzuhalten. Eine Falschaussage bedingt die nächste Lüge und setzt selbst unter besten Bedingungen ein sehr gutes Gedächtnis voraus. Nach einigen Stunden Befragung oder bei eintretender Müdigkeit bricht das Lügengebäude zusammen. Daher ist es sinnvoller, die Wahrheit mit der Unwahrheit zu vermischen, d.h. mit den eigenen Aussagen so nahe wie möglich an der Wahrheit zu blei-

ben, diese aber doch nicht vollends zu offenbaren. "Etwas an der Wahrheit vorbei" könnte man als Motto für dieses Vorgehen wählen.
In vielen Fällen ist die Angst vor Anwendung körperlicher und/oder psychischer Repressalien von größerer Bedeutung als die Anwendung von Foltermaßnahmen selbst. Widerstand gegenüber subtilen und offensiven Befragungsweisen und auch bei Folter ist nicht nur für die nachrichtendienstliche Sicherheit von großer Bedeutung, sondern hat auch einen nicht zu unterschätzenden Einfluss auf die psychische Befindlichkeit des Soldaten. Ein Soldat, der schnell nachgibt, kann leicht die Achtung vor sich selbst verlieren und innerlich zusammenbrechen. Die Gewissheit, dem Gegner nicht die volle Wahrheit gesagt zu haben, gibt ein subjektives Gefühl der Überlegenheit und hilft, Kräfte für das Überstehen der Gefangenschaft zu mobilisieren.
Zwischen Gefangennahme und Entlassung aus der Kriegsgefangenschaft liegt für die meisten Soldaten die Phase eines Kampfes ums pure Überleben. Während dieser Zeit durchlaufen Werte und Normen, Loyalität, Identifikationen, psychische Stärke und Durchhaltevermögen, aber auch Gottvertrauen eine Feuerprobe. Viele Soldaten klammern sich allein an die Hoffnung, irgendwann aus der Kriegsgefangenschaft entlassen zu werden und nach Hause zu kommen.
In diesem Überlebenskampf liegt etwas Paradoxes: Das Überlebenwollen gibt Kraft zum Durchhalten, ist aber auch gleichzeitig eine lockende Versuchung, die eigenen Lebensbedingungen (oder Überlebenschancen) zu verbessern, indem Zugeständnisse an die Peiniger gemacht werden. Viel zu oft hat sich allerdings auch gezeigt, dass Vorteile für einen einzelnen Soldaten zugleich eine Verschlechterung der Situation der Gruppe der Mitgefangenen darstellen. Eine Zusammenarbeit mit den Geiselnehmern nur so weit zuzulassen, wie es für das eigene Überleben nötig ist, lässt sich außerordentlich schwer realisieren.
Der amerikanische Generalmajor William F. Dean überraschte die militärische Führung und Öffentlichkeit nach seiner Rückkehr aus nordkoreanischer Kriegsgefangenschaft mit einem offenen Bekenntnis: *"Auf der Flucht und als Gefangener habe ich mich nur in höchster Erregung und wenn ich einen klaren Gedanken fassen konnte anders als normal verhalten."* (Berens, 1992)
Diese Aussage widersprach dem Mythos, der einen Kriegsgefangenen mit dem Status "Held" gleichsetzte – allerdings nicht ganz so deutlich wie die "Bekenntnisse" amerikanischer Kriegsgefangener, die als Auswirkung von Gehirnwäsche die Beteiligung der USA am Koreakrieg verurteilten und von "amerikanischen Kriegsverbrechen" sprachen. Untersuchungen nach dem Koreakrieg zeigten, dass lediglich zwölf Prozent der US-Kriegsgefangenen aktiv und konsequent Widerstand leisteten, die Mehrheit allerdings bei der Indoktrinierung durch Gehirnwäsche sowie bei Befragungen passiv kooperierten – allerdings mit der Tendenz, keinen offensichtlichen Verrat zu begehen.

4 Präventionsmöglichkeiten

Colonel Thompson, der neun Jahre Kriegsgefangenschaft in Vietnam überlebt hat, führte nach seiner Versetzung in den Ruhestand im Jahr 1982 aus: *"Das größte Pro-*

blem der Kriegsgefangenen war die Furcht vor dem Unbekannten. Diese Furcht lässt sich durch eine Ausbildung abbauen, ... bei der die Wirklichkeit des Kampfes ungeschminkt beim Namen genannt und die Bedingungen auf dem Gefechtsfeld realistisch simuliert werden." (Berens, 1992)
Kaum eine Armee kann so weit gehen, wie es die Israelis in der Ausbildung ihrer Spezialeinheit für Terrorismusbekämpfung praktizieren: *„Mindestens einmal während der Anfangsausbildung werden sie entführt –manchmal auf offener Straße in Zivilkleidung– und gefangengenommen. Auf diese Weise wird festgestellt, ob sie dem Druck bei Verhören standhalten können, denn sie werden in dem Glauben belassen, daß ihre Peiniger wirklich Araber sind."* (Betser, 1996)
Ein möglichst realistisches Überlebenstraining ist ein "Muss" im Ausbildungsangebot der Bundeswehr geworden. Das Standardisierungsabkommen STANAG Nr. 2074, "Behandlung von Übungskriegsgefangenen im Rahmen von NATO-Übungen" liefert hierfür einen sinnvollen Rahmen, was auch bereits sachkundig und sehr effektiv –zumindest in einigen Bereichen der Bundeswehr– praktiziert wird.

Literatur:

Berens, R.J. (1992). POWs: Quiet Heroism in Ambiguity. Army, 42, 34-39.

Betser, M. & Rosenberg, R. (1996). Soldat in geheimem Auftrag: Israels führender Antiterror-Spezialist berichtet über seine spektakulärsten Einsätze. Hamburg: Hoffmann und Campe.

Fischer, G. & Riedesser P. (1999). Lehrbuch der Psychotraumatologie. München: Ernst Reinhardt.

Harnischmacher, R. & Müther, J. (1987). Das Stockholm-Syndrom: Zur psychischen Reaktion von Geiseln und Geiselnehmern. *Archiv für Kriminologie, 180, 1-12.*

Mullings, P. J. (1988). Resistance to Interrogation. *Infantry, 78, 36-38.*

NATO Military Agency for Standardization (1998). Standardisierungsabkommen - Thema: Behandlung von Übungskriegsgefangenen im Rahmen von NATO-Übungen. (STANAG 2074).

Peltzer, K. (1996). Psychische Folterwirkungen. *Zeitschrift für politische Psychologie, 4, 135-154.*

Watson, P. (1980). War on the Mind: The Military Uses and Abuses of Psychology. New York: Penguin.

Zentrum Innere Führung (1997). Geiselhaft und Gefangenschaft. Koblenz (Arbeitspapier 4/96, erste überarbeitete Auflage).

Zwygart, U. (1988). Menschenführung im Spiegel von Kriegserfahrungen. Frauenfeld: Huber.

Ludwig W. Uhlmann:

Verwundung und Tod[1]

Verwundung und Tod, ein düsteres Thema? Lange Zeit geradezu ein Tabu in unseren Streitkräften! Aber was sind das für Leute, die zu diesem Thema etwas sagen können? Sind das Geistliche, Ärzte, Psychologen, Sozialarbeiter, also Experten, die es wissen müssen, wie damit umzugehen ist? Viele wünschen sich diese "allwissenden" Helfer. Aber gibt es diese wirklich? Eine kleine Geschichte soll zum Nachdenken anregen:

<<Der Hakim weiß alles>> (Persische Geschichte)
"Ein Mann lag schwer krank danieder, und es schien, als sei sein Tod nicht fern. Seine Frau holte in ihrer Angst einen Hakim, den Arzt des Dorfes. Der Hakim klopfte und horchte über eine halbe Stunde lang an dem Kranken herum, fühlte den Puls, legte seinen Kopf auf die Brust des Patienten, drehte ihn in die Bauch- und Seitenlage und wieder zurück, hob die Beine des Kranken an und dann den Oberkörper, öffnete dessen Augen, schaute in seinen Mund und sagte dann ganz überzeugt und sicher: »Liebe Frau, ich muß Ihnen leider die traurige Mitteilung machen, Ihr Mann ist seit zwei Tagen tot.« In diesem Augenblick hob der Schwerkranke erschreckt seinen Kopf und wimmerte ängstlich: »Nein, meine Liebste, ich lebe noch!« Energisch schlug da die Frau mit der Faust auf den Kopf des Kranken und rief zornig: »Sei du still! Der Hakim, der Arzt, ist Fachmann, und der muss es ja wissen.«"

Wohlfeile Rezepte, Tipps und Tricks für alle Fälle wird niemand bieten können, der es ehrlich meint. Es geht darum, aus der eigenen, persönlichen Auseinandersetzung mit Verwundung und Tod sowie dem Austausch darüber mit anderen Menschen aus dem dienstlichen und privaten Umfeld tragfähige Einsichten und Einstellungen sowie gefühlsmäßige Stabilisierung zu gewinnen, die für den Einzelnen als auch für die jeweilige Gemeinschaft hilfreich sein können. Durch Mitleid und Anteilnahme extremes Leid anderen abzunehmen, ist allerdings nicht möglich. Karl Jaspers sagt dazu:
"Es ist der Weg der Vernünftigkeit, auf dem der Mensch mit etwas fertig wird, nicht dadurch, dass er resigniert, durch Gewohnheit sich abstumpft oder aus vitaler Stärke erträgt, vergisst und sich in die Isolierung begibt, sondern dadurch, dass er ganz erleidet, erfährt und zur Klarheit bringt."
Das ist sicher nicht einfach! Lassen wir uns dennoch ein auf die Auseinandersetzung mit dieser schwierigen Thematik, der Konfrontation mit Verwundung und Tod, dem Bruch mit einem Tabu.

1) Vergleiche hierzu Bild 12 im Fototeil

1 Fragen und Betroffenheit

Ihn, den Tod, negieren? Ihn verdrängen oder wie ihn einbauen in mein Leben? Kann der TOD überhaupt einen Platz finden in meinem LEBEN? Muss er das überhaupt? Warum? Geht es mir dann besser? Bin ich dann ein besserer Kämpfer, ein besserer Mensch? Was habe ich davon, was haben andere davon, wenn ich über diese Dinge nachdenke? Ist das nicht privat, intim, geht nur mich etwas an? *Andere* müssen doch nichts wissen von *meinem* Arrangement mit meinem Tod, von meinen Vorstellungen über das Sterben, von meinen Ängsten, meinen Hoffnungen, meinem Bollwerk gegen meine Endlichkeit. "Über diese Dinge rede ich nicht einmal mit meiner Frau, warum sollte ich das mit Kameraden tun?"
Und dennoch, dieser Auftrag gilt:
Der Generalinspekteur der Bundeswehr formulierte während der 33. Kommandeurtagung 1992 wie folgt:
"Die letzte Konsequenz soldatischen Dienens, nämlich die Anwendung von Gewalt und damit höchste physische und psychische Anforderungen sowie Gefahr für Leib und Leben, dürfen wir nicht länger verdrängen oder tabuisieren. Wir müssen in Ausbildung und Erziehung darauf eingehen, alles andere wäre ein Verstoß gegen unsere Pflichten als Vorgesetzte zur Fürsorge und Kameradschaft."
Auch der Wehrbeauftragte des Deutschen Bundestages forderte im Jahresbericht 1994, dass die Soldaten mit der Thematik "Tod und Verwundung" konfrontiert werden und dass dieses Thema in Ausbildung umgesetzt wird.
Also stellen wir uns und nehmen die Herausforderung an, denn jenseits von Tabu und Verdrängung gelingt vielleicht eine Standortbestimmung, vielleicht sogar neue oder alte Sinnfindung!

2 Psychologische Aspekte

Der Mensch weiß um die Endlichkeit seines Daseins, er kann sich auch Gedanken machen über seine Zukunft und dieses schließt seine Verwundbarkeit, sein Sterben und den Tod mit ein; ja sogar Vorstellungen über ein neues Leben nach dem Tod beschäftigen viele Menschen.
Wann der Tod eintritt und wie das Sterben sein wird, ist jedoch nicht vorhersagbar, wie auch die Frage, was nach dem Tod sein wird, unterschiedliche und nicht von allen Menschen gleichermaßen akzeptierte Antworten hervorgebracht hat.
Erfahrungswissenschaftlich gesicherte, universell gültige Erkenntnisse sind hier wohl auch prinzipiell nicht zu gewinnen. Diese Situation konfrontiert den Menschen mit der Erfahrung eines unaufhebbaren Informationsmangels. Diese zutiefst unbehagliche Situation –im Verbund mit der bedrohlichen Erinnerung an das existenzielle Ende– motiviert den Menschen sozusagen zu psychischen Gegenmaßnahmen, die u.a. zum Ziel haben, die gedanklichen Dissonanzen, das gefühlsmäßige Unbehagen zu verringern, sich in bestimmter Art und Weise mit der Situation zu arrangieren.
Das Erleben und Verhalten gegenüber Verwundung, Sterben und Tod ist damit von individuell ganz unterschiedlichen Arrangements gekennzeichnet. Es ist mitbeeinflusst

von den kulturellen Zeitströmungen bis hin zu den Einflüssen des unmittelbaren sozialen Umfeldes mit den hier maßgebenden Subkulturen.
Häufig setzt der einzelne einer Öffentlichmachung seiner privaten Arrangements mit Verwundung, Sterben, Tod und Töten bewusst, manchmal unbewusst Widerstand entgegen. Auf der anderen Seite möchte er gerne erfahren, wie andere Menschen damit umgehen, um über den sozialen Vergleich festzustellen, wo Gemeinsamkeiten und/oder Unterschiede bestehen. Sich mit anderen auf eine gemeinsame Linie hin zu "einigen", kann durchaus ein Zuwachs an persönlichem Sicherheitsempfinden bedeuten. Wenn ich weiß, dass viele Menschen, die für mich etwas bedeuten, die Dinge ähnlich bewerten und sich ähnlich verhalten wie ich mich verhalte, dann kann das, was ich empfinde und tue, so falsch nicht sein. Ein persönlicher Sicherheitsgewinn über die Erfahrung der Selbstbestätigung durch andere ist also ziemlich wahrscheinlich.
Gelingt es, die Hemmschwelle des Widerstandes gegen ein sich Öffnen zu senken und miteinander ins Gespräch, in den Gedankenaustausch zu kommen, gemeinsame Betroffenheit herzustellen und die Gewissheit zu vermitteln, "ich bin nicht allein", dann gibt es eine echte Chance zu einer vielleicht notwendigen Einstellungsänderung, zu Verhaltenskorrekturen zu gelangen, die im Sinne von Bewältigungsmöglichkeiten dem im Zusammenhang mit der Problematik von Verwundung und Tod, Sterben und Töten-müssens aufkommenden Unbehagen, der Angst und den möglicherweise psychischen Verletzungen (Traumata) entgegenzuwirken.
Dazu ist das Wissen um die Formen der möglichen Belastungsauswirkungen auf die eigene Psyche schon vor dem unmittelbaren Erleben der konkreten Belastungen äußerst wichtig, um sich durch schrittweises Aussetzen der vorweggedachten und vorgestellten –quasi simulierten– Bedrohungen psychisch zu impfen gegen die Angriffe auf die Psyche in der Ernstfallsituation.
Gleichfalls gehören allgemeine Kenntnisse über Stress und Stressauswirkungen in das geistige Marschgepäck der Soldaten, genauso wie einige Fertigkeiten konkreter Bewältigungsmöglichkeiten aus dem Arsenal des Stressmanagements, insbesondere Möglichkeiten zur Angstkontrolle.
Zu den psychologischen Aspekten gehört weiter die Frage nach Möglichkeiten der Prävention im Hinblick auf Reaktionen nach Extrembelastungen. In diesem Zusammenhang wird das sogenannte Post-Traumatic Stress Disorder (PTSD) bzw. die Posttraumatische Belastungsstörung PTBS (PTBS)[2] anzusprechen sein. Damit sind die möglicherweise durch und auch nach einer extremen Belastung langdauernden oder erst verspätet auftretenden massiven psychischen Beschwerden und Verhaltensstörungen gemeint.
Auch Fragen nach Möglichkeiten zur Selbst- und Kameradenhilfe sowie nach den Wirkungen von Einsatznachbesprechungen (Debriefings) und Nachbereitung besonders kritischer Ereignisse (Critical Incident Stress Debriefings, CISD) gehören zu diesen Aspekten, ebenso die Nachsorge nach Rückkehr aus dem Einsatz.[3]

2) Im folgenden wird PTSD (Post-Traumatic Stress Disorder) mit PTBS gleichgesetzt
3) Vergleiche hierzu den Artikel von Willkomm in diesem Buch (Seiten 99 ff)

Daher müssen wir uns auch den schockierend schrecklichen Bildern stellen, um aus der bewussten Wahrnehmung und Auseinandersetzung mit den angedeuteten Realitäten heraus, realitätsnahe Vorstellungen zu entwickeln und vor uns selbst zuzulassen, um nicht in der echten Situation dem Realitätsschock völlig unvorbereitet und damit hilflos ausgeliefert zu sein. Insbesondere zur Vorbeugung von möglichen Traumatisierungen ist diese Vorarbeit unverzichtbar. Selbstverständlich ist auch hierbei zu beachten, dass nicht der Showeffekt, die Sensationsgier, sondern die gemeinsame Aufarbeitung der Betroffenheit, der ausgelösten Gefühle und Gedanken herausgestellt und sichergestellt wird.
Im Zusammenhang mit der hier angesprochenen Problematik von Verwundung, Sterben, Tod und Töten ist es –wie sonst natürlich auch– wichtig zu wissen, mit welchen situationstypischen Stressoren zu rechnen ist. Es geht darum, eine Vorstellung von Stressoren zu haben, die für die meisten Betroffenen typisch sind, von solchen, die nur ganz vereinzelt auftreten und dann als ungewöhnlich bis bizarr bewertet werden.
Dieses ungewöhnliche, bizarre Verhalten kann wiederum –weil außergewöhnlich– auch für den Beobachter stresserzeugend wirken. Es gilt, möglichst alle Gefährdungen zu erkennen, um ihnen angemessen begegnen zu können. "Gefahr erkannt - Gefahr gebannt" stimmt anfangs vielleicht nicht immer, aber immer öfter, wenn die Signale beachtet werden und richtig ausgebildet wird.

3 Extrembelastungen

Der Begriff zeigt auf, dass hier im Zusammenhang mit Tod und Verwundung durch die existenzielle Bedrohung und die mögliche Beeinträchtigung der körperlichen Unversehrtheit, ein vielleicht sonst nicht immer bewusster Schutzmechanismus versagt: Die persönliche Überzeugung, dass solches eigentlich nur anderen zustoßen kann, weil man selbst bislang nichts anderes erfahren hat und man sich selbst *psycho*-logisch für unverwundbar hält, wird ernstlich in Frage gestellt.
Die Aufmerksamkeit, die bewusste Gedankenarbeit wird auf dieses ungeliebte Thema gerichtet, die Verdrängung, Vermeidung, das Tabu werden aufgehoben. Plötzlich ist der Mensch in seiner ganzen Verletzbarkeit und Sterblichkeit dem Bewusstsein ausgeliefert, schon das kann als eine extreme Belastung erlebt werden.
Auch hier gilt, dass Menschen anscheinend gleiche Situationen völlig unterschiedlich bewerten und auch die Eigenschaft "extrem" nicht von allen Menschen ein und derselben Situation zugeschrieben wird. Dennoch kann davon ausgegangen werden, dass große Naturkatastrophen, Kriege und vergleichbare Ereignisse, die die menschliche Existenz plötzlich und wahllos oder gezielt angreifen, von den meisten Menschen als Extrembelastung erlebt werden.
Die unter Extrembelastungen auftretenden starken Gefühle sind allerdings qualitativ verschieden von z.B. "normaler" Angst und Wut, sie liegen außerhalb der gewöhnlichen Erfahrungsmöglichkeiten und übersteigen die normale Fähigkeit, Gefühle auszuhalten.

Kennzeichnend für solche extremen Belastungen oder Grenzsituationen ist die unmittelbare Erfahrung der persönlichen Ohnmacht gegenüber der Bedrohung. Gefühle der Hilflosigkeit, der Ausweglosigkeit, des Ausgeliefertsein, der Sinnlosigkeit, der Vereinsamung, des Bruchs mit der bisherigen Realität sind überwältigend, überfordernd. Alles, was bisher gültig schien, das über die lange Zeit der Sozialisation herausmodellierte Weltbild, das Vertrauen in die Menschen, die Ordnung der Dinge und Lebensabläufe, in die Gerechtigkeit und der Glaube an die Grundüberzeugungen gehen verloren. Die Welt stimmt nicht mehr, ist aus den Fugen geraten, das Opfer fühlt sich über die Maßen verraten und verlassen.
Erfahrungen solcher Grenzsituationen können zusätzlich begleitet sein von körperlichen Verletzungen, unerträglichen Schmerzen und der anhaltenden Bedrohung des Lebens. Aber auch bei körperlicher Unversehrtheit kann eine unsichtbare Verletzung der Psyche, ein Trauma, erfolgen, das den Grundstein legen kann für mitunter wesentlich später auftretende Krankheiten der Seele, den schon erwähnten posttraumatischen Belastungsstörungen (PTBS).
Diese unsichtbaren psychischen Verletzungen nisten in der Seele wie eine Zeitbombe, die irgendwann detoniert, um erst dann hartnäckige und massive Störungen von Krankheitswert hervortreten zu lassen, die für die Betroffenen, das eigentliche Opfer und die Kontaktpersonen im engeren sozialen Umfeld äußerst negative Auswirkungen hervorrufen, z.B.

Beziehungsprobleme:
- Vereinsamung und Rückzug,
- gestörte Intimbeziehungen,
- anhaltendes Misstrauen,
- Unfähigkeit zum Selbstschutz.

Bewusstseinsveränderungen:
- ständige, überhöhte Alarmbereitschaft, Überreaktionen,
- Gedächtnisstörungen/-verlust,
- zwanghafte gedankliche Wiederholungen des Traumas,
- Zwangsgrübeln,
- Depersonalisation/Derealisation.

Gestörte Selbstwahrnehmung:
- Ohnmachtgefühle,
- Lähmung jeglicher Initiative,
- Scham- und Schuldgefühle, Selbstbezichtigungen.

Störungen der Gefühlsregulierung:
- aufbrausende oder extrem unterdrückte Wut,
- zwanghafte oder extrem gehemmte Sexualität, Impotenz,
- chronische Selbstmordgedanken.

Veränderung des Wertesystems:
- Verlust fester Glaubensinhalte,
- Hoffnungslosigkeit, Verzweiflung.

Die Auftretenswahrscheinlichkeiten von PTBS nach Extrembelastungen wie Katastrophen, Kriege, Gewaltkriminalität werden in der Fachliteratur wie folgt angegeben:

- 10 Prozent - 30 Prozent der Opfer (Zivilisten und Soldaten) entwickeln ernste und langanhaltende Störungen,
- etwa 80 Prozent der Opfer sind in der Lage, mit traumatischen Ereignissen selbst zurechtzukommen (Kleber und Brom, 1989).

4 Bewältigungsmöglichkeiten

Waffenpflege wird als unverzichtbar und selbstverständlich angesehen, wer aber denkt an die Pflege der Seele?!

Wir sprechen ganz bewusst von Bewältigungs*möglichkeiten*, die sich individuell als mehr oder weniger brauchbar oder hilfreich zur günstigen Beeinflussung von Belastungsstörungen, psychischen Traumata und Kampfstressreaktionen erweisen können, wenn sie den Umständen entsprechend angewendet werden.

Dabei gilt: Auch eine unvollkommene, banal anmutende Technik ist besser als nichts. Aber das, was auf den ersten Blick simpel erscheint, muss nicht wirkungslos sein. Häufig wird gerade das vermeintlich Selbstverständliche, Banale und Einfache schlicht übersehen oder vergessen, ungewöhnliche, neue Methoden werden abgelehnt oder belächelt, weil man sich seiner selbst so sicher ist, sich überlegen fühlt. Das kann schlimme Folgen haben. Auch für das Stressmanagement muss von vornherein planvoll und systematisch Zeit und Gelegenheit gegeben werden: in der Ausbildung und im Einsatz. Die zu ergreifenden Maßnahmen müssen eingefordert und, wo nötig, durchgesetzt werden!

Erfolgreiche Stressbewältigung ist eine Kombination aus

- der Aneignung von Wissen über das Stressgeschehen,
- der Beherrschung von verhaltens- und einstellungsbezogenen Techniken,
- der Veränderung eines nicht-optimalen Lebensstils,
- der Anwendung von Entspannungstechniken.

Voraussetzung für die Hilfeleistung für andere (Kameradenhilfe) ist zunächst die Selbsthilfe, denn ich muss doch erst einmal selber wieder einigermaßen klar kommen und mich gefangen haben, meine Sinne wieder beieinander haben, ehe ich meinem vielleicht schlimmer betroffenen Kameraden Unterstützung oder Hilfe sein kann.

Daher gilt für die meisten Maßnahmen: Hilfe zur Selbsthilfe zu leisten, dem Betroffenen die Überzeugung zu lassen, er habe sein Schicksal weitgehend selbst in der Hand. Es muss die Einsicht erzielt werden, dass selbst die bizarrsten Belastungsreaktionen normale Reaktionen in ungewöhnlichen Situationen sind und nicht etwa als Zeichen des Versagens, Ausdruck von Feigheit gedeutet werden dürfen.

Auf keinen Fall soll –bei den milderen Ausprägungen von Belastungsreaktionen– der Eindruck entstehen, der Betroffene sei im klinischen Sinne krank. Ziel der Selbst- und Kameradenhilfe, jeglichen Eingreifens überhaupt, ist:

- Die möglichst rasche Wiedereingliederung in die eigene Truppe und
- die Übernahme der bisherigen Aufgaben/Tätigkeiten nach dem Motto "ich brauche meine Einheit, und meine Einheit braucht mich".

Daher muss die Hilfeleistung
- möglichst schnell einsetzen,
- einsatznah,
- unter Anwendung möglichst einfacher, wiederherstellender Methoden und
- eines befristeten Behandlungsprogramms sowie
- im Vertrauen auf eine günstige Prognose, d.h. rasche Wiederherstellung,

erfolgen.

Alle Maßnahmen sollen deutlich erkennbar werden lassen, dass alle Beteiligten von einer völligen Erholung und schnellen Wiedereingliederung der Betroffenen ausgehen. Die Bindung an die Einheit, die Unterstützung, der Zusammenhalt und das Verständnis und Vertrauen der Kameraden sind seelische Kraftspender, die ein Betroffener anderswo nicht findet.

Nun zu einigen *Bewältigungsmöglichkeiten* im engeren Sinne:
Die geistige, vorweggenommene Auseinandersetzung schließt eine Analyse der zu erwartenden Stressoren und die Zulassung von damit zusammenhängenden Emotionen ein. Ein Sicheingestehen der Angst ist der erste Schritt:
- Was sind meine eigenen ganz konkreten Ängste?
- Welche Situationen rufen sie hervor?
- Wovor fürchte ich mich eigentlich?
- Was kann ich dagegen tun?

Die Analyse der Einsatzrahmenbedingungen, der faktischen Gegebenheiten, muss auch aufzeigen, mit welchen für mich angstbesetzten Situationen zu rechnen ist. Nur so entsteht ein realistisches Erwartungsbild mit der Möglichkeit, den hochdramatischen Eindruck eines allgemeinen, allumfassenden, nicht greifbaren, unkontrollierten, ständigen Angstzustandes in Teilängste aufzulösen, die eben darum beherrschbarer werden, weil sie bestimmten voneinander abgrenzbaren und nicht notwendigerweise zugleich vorhandenen Situationen zuzuschreiben sind. Soweit diese Situationen ihrerseits manipulierbar sind, sind meist auch die damit verbundenen Ängste manipulierbar.

Ein Beispiel: Der Tod kann an Schrecken verlieren, wenn das Individuum den festen Glauben an ein Weiterleben nach dem Tod hat oder davon überzeugt ist, durch sein Opfer für das Erreichen eines großen Zieles beizutragen, also Rationalisierungsmöglichkeiten als Bewältigungstechnik einzusetzen lernt.
Wo immer möglich sind Techniken der wechselseitigen sozialen Beeinflussung zur Bewältigung von Beanspruchungen einzusetzen:
- die Betroffenen müssen u.U. unmittelbar durch körperliche Berührung (Umarmung, Hand halten, Hände auf die Schulter legen) erleben, dass sie nicht allein gelassen werden,

- sie müssen überzeugt sein, als hinreichend wertvoll beurteilt zu werden, trotz ihres Zustandes,
- sie sollten durch Vorbildverhalten anderer mitvollziehen können, dass z.B. Angst in den Griff zu bekommen ist.

Die Beobachtung real handelnder Personen in riskanten Situationen, Lernen am Modell, hat sich als eine der wirksamsten Methoden zur Angstbewältigung herausgestellt: "Was andere können, das kann ich auch!"

Solche Techniken der Selbstaufmunterung über innere Monologe
- reden mit sich selber,
- in Verbindung mit Selbstverstärkung,
- sich selbst auf die Schulter klopfen

für die eigene Bewältigungsleistung, tragen zu einer neuen Bewertung der Situationen bei. Sie sind geeignet, das Selbstvertrauen zu stärken und führen zu einer verstandesmäßig begründeten Verhaltensänderung im Umgang mit den Stressoren.

Auch Kooperation und Teamarbeit bei der Bewältigung von Anforderungen entlastet, reduziert Aktiviertheit und kann das Gruppenklima verbessern.

Kommunikation im Sinne von gemeinsamen Aussprachen, verbalen Abreaktionen von Gefühlen und belastenden Gedanken ist ebenfalls eine enorm wichtige Bewältigungstechnik.

Die körperliche Fitness zur Unterstützung der geistig-psychischen Fitness als günstige Ausgangsbedingung bei der Bewältigung von Beanspruchungen ist zu steigern.

Entspannungsübungen wie die Progressive Muskelrelaxation oder das Autogene Training bzw. andere Meditationstechniken gewinnen zunehmende Bedeutung.

Alle Bewältigungstechniken zielen auf eine Verminderung der Stressreaktionen ab. Zusammenfassend lässt sich feststellen:

Langfristige bis kurzfristige Maßnahmen zur Unterstützung der Bewältigungsmöglichkeiten vor, während und nach Einsätzen müssen
- eine zutreffende Risikoeinschätzung zulassen,
- überhaupt ausreichende Zeit für Vorbereitungen zur Verfügung stellen,
- eine gute Gruppenkohäsion aufbauen,
- im Einsatzplan auch das Stressmanagement berücksichtigen,
- einen Plan für Maßnahmen zur psychischen Wiederherstellung aufstellen,
- Möglichkeiten schaffen zu exakter Rekonstruktion von kritischen Ereignissen und
- insgesamt Rücksicht nehmen auf die emotionalen Bedürfnisse der Soldaten.

Dabei darf die "Heimatfront" nicht vergessen werden! Maßnahmen zur Unterstützung der Angehörigen zu Hause, z.B. Familienbetreuungszentren, sind für ein stabiles und günstiges psycho-soziales Klima unerlässlich.

Wird für den Soldaten sichtbar, dass eben auch die psychischen Bedürfnisse ernst genommen werden und zwar auch die seiner Angehörigen, dann schafft das Vertrauen in die Führung, in die Organisation Bundeswehr. Und genau dieses Vertrauen ist wichtig für die Bereitschaft und den Willen, sich überhaupt Gefahren für Leib, Psyche und Leben auszusetzen.

5 Prävention

Die Bewältigungsmöglichkeiten in der Ernstfallsituation können besser greifen, wenn schon im Vorfeld durch Verhütung bestimmte Stressoren minimiert oder ausgeschaltet werden können oder die Situation so gestaltet werden kann, dass unvermeidliche Stressoren günstig beeinflusst werden können.

Das kann dadurch geschehen, dass

a) die individuelle Wahrnehmung/Bewertung der Situation beeinflusst wird (nicht: *"Es ist alles verloren"* sondern: *"Es ist noch lange nicht alles vorbei"),*

b) die Situation selbst aktiv verändert wird (Randbedingungen verbessern: günstigere Ausgangsbedingungen schaffen, Ausbildung intensivieren, bessere Ausrüstung, stärkere Bewaffnung etc.),

c) eine Kombination von a) und b) realisiert wird.

Besonders wichtig sind alle Maßnahmen zur Erzeugung eines positiven psychologischen Klimas in den Einheiten wie im Verband. Dazu gehören alle Anstrengungen zur Kontrolle von Gerüchten durch eine Informationspolitik, die umfassend und rechtzeitig auch den letzten Soldaten und dessen Angehörige erreicht.

Es kommt darauf an, Desinformation, Dramatisierung und unangemessenen Erwartungen gezielt, nachhaltig und vor allem glaubhaft entgegenzuwirken.

Die den Einsatz mittragende Unterstützung breiter Bevölkerungsteile ist ebenfalls als sehr günstiger präventiver Faktor zu werten. Allerdings sollte das Fähnlein nicht nur nach den jeweiligen populistischen Meinungswinden flattern. Das als im wesentlichen richtig erkannte und gerechtfertigte Handeln lässt sich durchaus erfolgreich weiterführen –auch gegen Widerstände, auch bei eigenen Verlusten–, wenn zu den inneren Überzeugungen äußere Festigkeit bis hin zu Sanktionen, Klarheit und folgerichtige Kontinuität treten.

Andernfalls wird sich eine Stimmung "unsere Opfer waren alle umsonst" als äußerst destruktiv auf die "Moral der Truppe" auswirken und vor allem auf die Psyche destabilisierend wirken.

Für alle Soldaten muss sichtbar werden, dass ihre Führer sowohl sie, als auch den Auftrag ernst nehmen, ihrer Führungsverantwortung tatsächlich nachkommen, Fürsorge praktizieren, keine besonderen Privilegien beanspruchen, Vorbild sind und *deswegen* ihrerseits Anspruch auf Gehorsam erheben und durchsetzen, weil auch Untergebene Verantwortung im Sinne des Ganzen haben. Disziplin als Selbstdisziplin und Gruppendisziplin –sofern sie nicht nur formal begründet und stur und blind eingefordert wird– ist eine ganz wichtige Grundlage zur Stabilisierung von Emotionen unter besonderen Belastungen: Disziplin ist besonders in Situationen mit hohen Anteilen an Unsicherheit als "Korsett für die Seele" hilfreich.

Wenn dazu das Zusammengehörigkeitsgefühl gefördert wird, das Vertrauen in die kollektive Kraft der Gruppe, der Einheit, des Verbandes wachsen kann und unnötige Belastungen von der Truppe durch präventive Führungsmaßnahmen auf taktischer Ebene vermieden werden können, dann ist sicher dafür gesorgt, dass Anforderungen insgesamt besser bewältigt werden, Verletzungen seltener und weniger gravierend auftreten.

6 Selbst- und Kameradenhilfe

Nur der kann anderen eine Hilfe sein, der sich zunächst selbst zu helfen weiß, um sich psychisch zu behaupten, wenn besondere Beanspruchungen durchzustehen sind. Danach ist denjenigen psychische Erste Hilfe zu leisten, die aus eigener Kraft nicht mehr dazu in der Lage sind.

Unter psychischem Schock stehende Soldaten sind hilflose Personen und werden ohne Betreuung häufig Opfer der natürlichen, z.B. klimatische Einwirkungen oder anderer Gefahren wie Feindeinwirkung.

Hilfe ist jede Einflussnahme auf die eigene oder eine fremde Person, die geeignet ist, den Erfolg bei der Erfüllung einer Anforderung leichter oder wahrscheinlicher zu machen. Hilfe hat also eine Unterstützungsfunktion, die der eigenen oder fremden Aufgaben-/Auftragserfüllungsfunktion dient oder überhaupt erst (wieder) ermöglicht. Hilfe hat die Konsequenz, sich den Anforderungen trotz Schwierigkeiten weiter zu stellen. Es geht also nicht darum, sich selbst oder andere von Anforderungen zu befreien, sondern darum, sich selbst und andere dazu zu befähigen, sich kompetent selbst helfen zu können, wenn Schwierigkeiten auftreten: Hilfe zur Selbsthilfe.

Das bedeutet, dass psychologische Unterstützung genauso wie Sofortmaßnahmen bzw. Erste Hilfe bei körperlichen Verletzungen/Verwundungen in der Ausbildung unterrichtet und geübt werden müssen. Dabei ist unbedingt darauf zu achten, dass von vornherein der Eindruck vermieden wird, als seien psychische Belastungsreaktionen etwas, was die Betroffenen zu Versagern, zu Feiglingen, zu Verrückten, zu Patienten oder zu Kranken machen würden.

Im Gegenteil, jeden kann es erwischen, jeder hat seine Bruchstelle, irgendwann ist "das Fass voll" und läuft über. Für die meisten Fälle leichter bis mittlerer Belastungsreaktionen ist davon auszugehen, dass eine rasche Wiederherstellung erfolgt, wenn sofort, am Ort bzw. im nahen, bekannten Umfeld ("frontnah"), durch die nächsten Kameraden psychologische Unterstützung erfolgt, mit dem Vertrauen auf den Erfolg dieser Maßnahmen, flankiert durch die Möglichkeit zur Erholung und zum Wiederaufbau der psychischen und körperlichen Kräfte im Verbund mit der Durchführung einfacher, sinnvoller Aufgaben, zunächst noch unter Aufsicht, dann die Anforderungen steigernd und selbständig. *Richtlinie* ist:

- Entlasten,
- Beruhigen,
- Festigen,
- Aufbauen.

Maßnahmen der *Selbsthilfe* können sein:

- Selbstbeobachtung,
- gedankliche Ablenkung,
- Selbstinstruierung (Selbstmotivation),
- Atemregulierung,
- mentales Training,
- systematische Desensibilisierung,

- Entspannung/autogenes Training,
- Ruhe-/Erholungspausen mit Rückbesinnung auf positive Erlebnisse,
- Abreaktion (Spannungsabfuhr) durch körperliche Bewegung,
- Zulassen von Trauerreaktionen wie Weinen und Trauerrituale.

Maßnahmen der *Kameradenhilfe*:
- Schockbekämpfung,
- Zureden,
- Körperkontaktspende,
- Ablenkung,
- Bagatellisierung,
- moralische Unterstützung,
- Vorbild geben,
- Freisprechen/Abreaktion von Gefühlen (Ventilation),
- Vertrauensmobilisierung.

Beispiele für *Selbstinstruierung*:
- "Oh Gott, was ist das?"
- "Ich fühle Unruhe, Spannung, Angst", "das ist ein normales Warnsignal, ich muss jetzt Stressbewältigung machen".
- "Weg von der Angst".
- "Ruhe bewahren, ich bleibe cool".
- "Ich atme tief durch die Nase ein, halte den Atem, zähle langsam bis fünf, atme langsam", "Ich bin o.k.".
- "Ich kann vernünftig denken und handeln".
- "Ich tue jetzt das Notwendige".
- "Ich konzentriere mich voll auf meine Tätigkeit".
- "Ich will das schaffen".
- "Ich packe das".
- "Es klappt".
- "Gut gemacht!", bzw. "Immerhin nicht alles falsch gemacht".
- "Hätte fast geklappt".
- "Das nächste Mal wird es noch besser laufen".

7 Einsatznachbesprechung

Die jüngsten Einsatzerfahrungen zeigen, dass gerade Angehörige von Friedenssicherungskräften vielfach mit ernsten, verletzenden und sogar lebensbedrohlichen Situationen konfrontiert werden, die schwere und lang anhaltende psychische Störungen hervorrufen können. Hier geht es nicht nur um die Angst vor der eigenen Verwundung oder dem Tod, sondern um das passive Ertragen solcher Situationen der Zivilbevölkerung im Einsatzland. Die Regeln für die Anwendung von Gewalt im Einsatz (Rules of Engagement) gewähren die eigene Sicherheit und die der Kameraden, sie können die Bevölkerung aber nur in beschränktem Umfang schützen. Solange keine greifbare Leibes- und Lebensbedrohung wie Mord, Vergewaltigung und lebensgefährdende Körperverletzung stattfinden, darf der Soldat nicht einschreiten. Dies belastet ihn. Belastend ist aber auch die Anwendung rechtmäßiger Gewalt, denn dadurch wird der Soldat selbst zum Verursacher von Tod und Verwundung. Deshalb ist es nötig, vorbeugend in der Ausbildung auf die zu erwartenden Belastungsfaktoren einzugehen und Möglichkeiten der Stressbewältigung aufzuzeigen. Der für die Ausbildung verantwortliche Vorgesetzte leistet damit einen Beitrag, seine Soldaten geistig und seelisch auf die teils widrigen Umstände des Einsatzes vorzubereiten. Es ist wichtig, dass die am Einsatz beteiligten Soldaten in der Lage sind, verwirrende oder negative Gedanken und Gefühle bei sich und anderen wahrzunehmen, auszusprechen und gemeinsam zu verarbeiten.

Klaus J. Puzicha:

Soldatentod: Ergebnisse einer Befragung bei Bundeswehrsoldaten

1 Vorbemerkungen

“Die letzte Konsequenz soldatischen Dienens, nämlich die Anwendung von Gewalt und damit höchste physische und psychische Anforderungen sowie Gefahr für Leib und Leben, dürfen wir nicht länger verdrängen oder tabuisieren. Wir müssen in Ausbildung und Erziehung darauf eingehen, alles andere wäre ein Verstoß gegen unsere Pflichten als Vorgesetzte zur Fürsorge und Kameradschaft”, so der Generalinspekteur anlässlich seiner Rede während der 33. Kommandeurtagung der Bundeswehr (vergleiche Zentrum Innere Führung, 1996, S. 7).
Damit stellt der oberste militärische Führer der deutschen Streitkräfte auch für die Bundeswehr fest, was unzweifelhaft für die gesamte deutsche Gesellschaft gilt: Tod und Sterben allgemein, Töten und eigener Tod im militärischen Kontext, unterliegen einem Tabu. Dieses Tabu wird in dem Zitat zwar angedeutet, wirkt aber möglicherweise auch –und hier ist die Sprache verräterisch– beim Generalinspekteur: Den Gegner im Kampf zu töten wird relativ weich mit “Anwendung von Gewalt” umschrieben, der eigene Soldatentod wird abgeschwächt als “Gefahr für Leib und Leben” dargestellt.
Gar nicht angesprochen wird ein dritter Aspekt des “Soldatentodes”, wie er zumindest für militärische Vorgesetzte bedeutsam ist. Der militärische Führer muss außer der Möglichkeit seines eigenen Todes und dem von ihm verursachten Tod eines Gegners auch den Tod des Untergebenen als Folge eines von ihm erteilten Befehls im Auge haben. Er muss alle drei Facetten des militärischen Todes “emotional und kognitiv verarbeiten” (Ramachers, 1995, S. 7)
Ursprünglich als große repräsentative Untersuchung in der Bundeswehr geplant, ist das Projekt einer sozialwissenschaftlichen Analyse aller drei für Soldaten bedeutsamen Todesaspekte aus organisatorischen Gründen über das Stadium einer Vorstudie nicht hinausgekommen. (Ramachers, 1995, 2000). Umfang und Auswahl der Stichprobe lassen eine Generalisierung der Ergebnisse dieser Vorstudie nicht zu. Wir sind aber trotzdem der Auffassung, dass die Ergebnisse wichtige Hinweise zur Orientierung in einem weitgehend unbekannten Terrain geben können.

2 Untersuchungsdesign

Ramachers hat mit Unterstützung des deutschen Verteidigungsministeriums zur Jahreswende 1995/96 422 Bundeswehrsoldaten –187 Offiziere, 73 Unteroffiziere und 162 Mannschaften– mit einem vorgetesteten Erhebungsbogen befragt. Als Vergleichsgruppe dienten ihm 115 Studenten ziviler Hochschulen. Die Befragung erfolgte zum Teil in Einzelinterviews, zum anderen in Form einer Gruppenbefragung.

3 Ergebnisse

Schon die Antworten auf die beiden ersten Fragen lassen –im Rahmen der gebotenen Vorsicht– eine Einschätzung der "Tabustärke" zu. Mehr als zwei Drittel der befragten

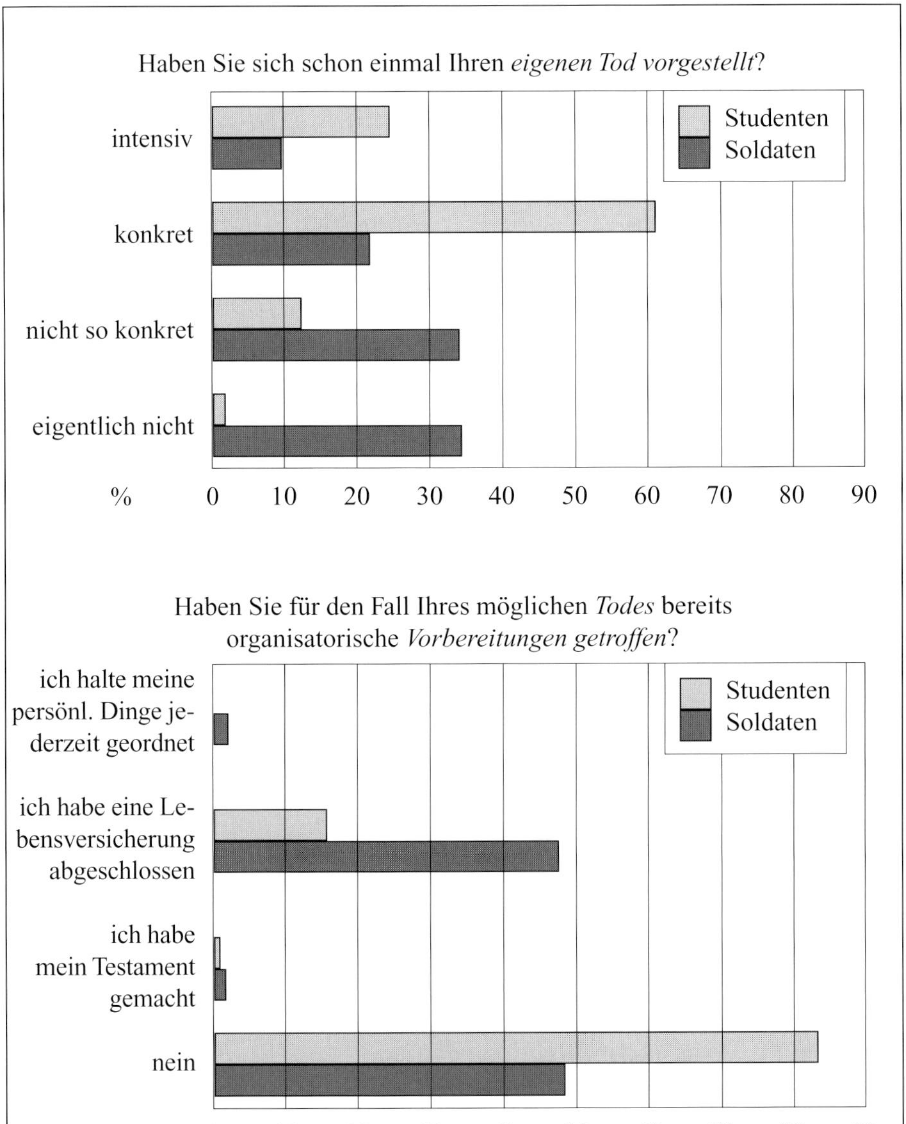

Abbildung 1

Soldaten haben sich ihren eigenen Tod noch "nicht so konkret" oder "eigentlich nicht" vorgestellt, wobei offen bleibt, ob dieser Tod im beruflichen oder im privaten Kontext vorgestellt wird. Nur eine Minderheit hat konkrete Vorbereitungen für den Fall des eigenen Todes getroffen.

Auf den ersten Blick fallen deutliche Unterschiede zwischen den befragten Soldaten und den Studenten ins Auge. Dass Letztere eine Lebensversicherung erheblich seltener abschließen, erscheint uns eher banal weil selbstverständlich. Warum allerdings fast 85 Prozent der Studenten sich schon konkrete Vorstellungen über ihren eigenen Tod gemacht haben, und sie hiermit in auffälligem Gegensatz zu den Soldaten stehen, ist schwieriger zu verstehen. Ob die Soldaten gerade wegen der besonderen Bedeutung des Todes für ihren Beruf hier ein besonders wirksames Tabu beachten?

Der Befund für die Gruppe der Soldaten insgesamt jedenfalls ist eindeutig: Für sie ist die Möglichkeit ihres eigenen Todes fast immer unbestimmt, häufig ohne Konsequenzen für das aktuelle Leben, tabubesetzt.

Die folgenden Ergebnisdarstellungen beziehen sich ausschließlich auf die soldatische Stichprobe. Die drei oben beschriebenen Aspekte des militärischen Todes werden –jeweils unterschieden für die Laufbahngruppen der Offiziere, Unteroffiziere und Mannschaften– sowohl auf der kognitiven wie auf der emotionalen Ebene analysiert.

Der erste Aspekt betrifft den *eigenen Tod*, dieses Mal im konkreten Zusammenhang mit einem militärischen Einsatz. Die Ergebnisse für die *kognitiv-rationale Betrachtungsebene* lassen sich aus Abbildung 2 herauslesen:

Haben Sie sich schon einmal vorgestellt, dass *Sie* bei Kampfhandlungen *getötet werden* könnten?

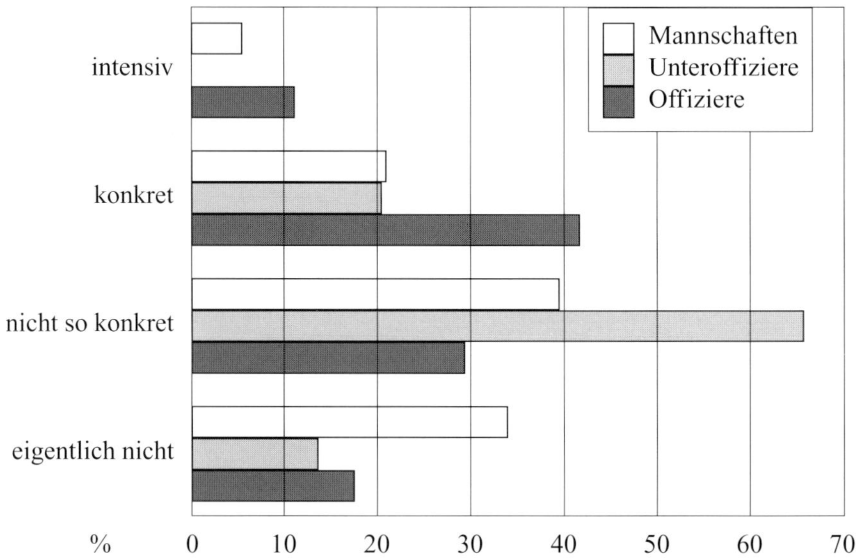

Wie ausgeprägt berührt diese Frage *Ihre Gefühle*?

Antwort	Offiziere %	Unteroffiziere %	Mannschaften %
überhaupt nicht	18	21	22
weniger	36	11	40
sie berührt mich	34	48	29
sie berührt mich stark	12	21	10

Abbildung 2

Erstens: Ein deutlicher Anteil der Befragten (37 Prozent) hat sich bereits konkreter, zum kleineren Teil sogar intensiv mit der Möglichkeit des eigenen Todes in Zusammenhang mit Kampfhandlungen auseinandergesetzt. Zweitens: Es gibt deutliche Unterschiede zwischen den Statusgruppen. Für Offiziere (53 Prozent) gilt dieser Befund häufiger als für Mannschaften (27 Prozent) als für Unteroffiziere (21 Prozent). Die *emotionale* Betroffenheit wurde direkt abgefragt (Tabelle): Von der Frage nach dem eigenen Soldatentod gefühlsmäßig relativ häufig berührt sind die Unteroffiziere (69 Prozent); sie liegen damit deutlich vor ihren Offizier- (46 Prozent) und den Mannschafts-Kameraden (39 Prozent).

Eventuell im Rahmen von Kampfhandlungen *selber Menschen töten* zu müssen haben schon die meisten der Soldaten konkret bedacht, Unteroffiziere (93 Prozent) häufiger als

Haben Sie sich schon einmal vorgestellt, dass *Sie* bei Kampfhandlungen einen Angreifer *töteten*?

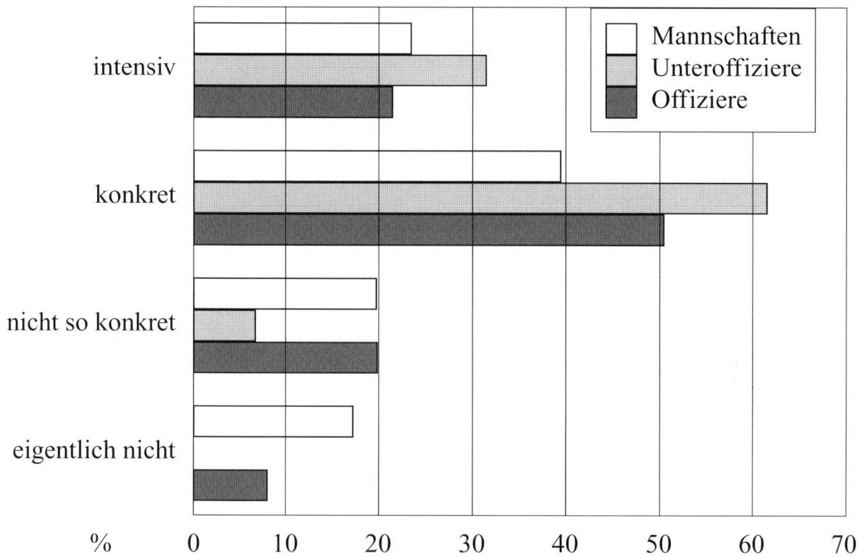

Wie ausgeprägt berührt diese Frage *Ihre Gefühle*?

Antwort	Offiziere %	Unteroffiziere %	Mannschaften %
überhaupt nicht	32	1	24
weniger	38	43	31
sie berührt mich	18	41	27
sie berührt mich stark	12	15	19

Abbildung 3

Offiziere (72 Prozent), diese häufiger als Mannschaften (63 Prozent). Die *emotionale Betroffenheit* bei der Frage des Tötens ist geringer als bei der Betrachtung des eigenen Todes. Unteroffiziere (56 Prozent) sind häufiger gefühlsmäßig berührt als Mannschaften (46 Prozent) und als Offiziere (30 Prozent).

Jeder militärische Führer kann sich Einsatz-Szenarien vorstellen, in denen er die Gefährdung –im Extremfall: den *Tod– der* ihm *Unterstellten* billigend in Kauf nehmen muss. Dies beginnt mit dem Befehl, sich in minengefährdetem Gelände zu bewegen und endet beim Angriffsbefehl auf feindliche Stellungen. Die eigenen "Mitarbeiter" bewusst in extrem lebensgefährdende Situationen bringen zu müssen, unterscheidet den Soldatenberuf von fast allen anderen.

Haben Sie sich schon einmal vorgestellt, dass aufgrund Ihres Befehls *Untergebene* von Ihnen bei Kampfhandlungen *getötet werden* können?

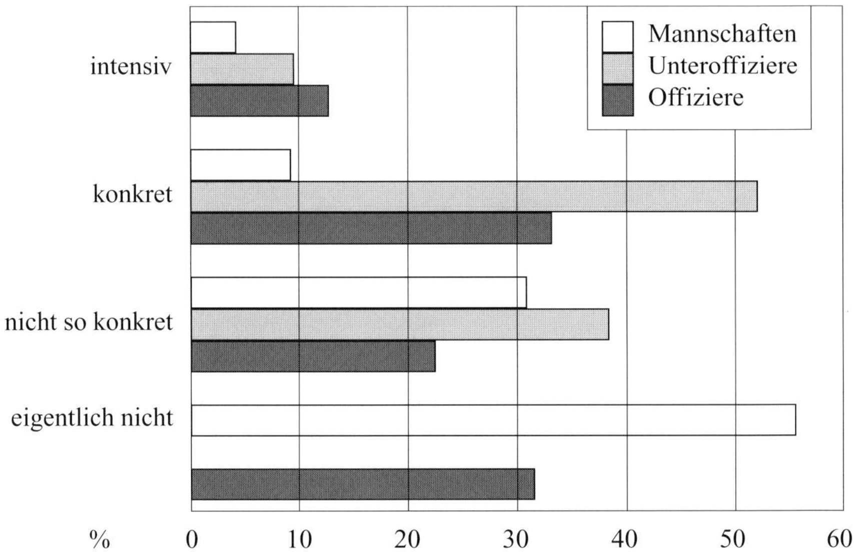

Wie ausgeprägt berührt diese Frage *Ihre Gefühle*?

Antwort	Offiziere %	Unteroffiziere %	Mannschaften %
überhaupt nicht	54	0	29
weniger	15	0	41
sie berührt mich	17	74	23
sie berührt mich stark	15	26	7

Abbildung 4

Die Verteilung der Antworten auf die hierfür einschlägige Frage ist etwas überraschend: (Nur) 46 Prozent der Offiziere haben sich schon einmal konkret die Folgen derartiger Extrembefehle vor Augen geführt, wohingehend immerhin 62 Prozent der Unteroffiziere entsprechend antworten. Mannschaftsdienstgrade sehen realistisch, dass sie wohl nur geringe Aussichten haben, in eine derartige Situation zu kommen: Nur 14 Prozent von ihnen haben sich das Szenario konkret vorgestellt.
Noch überraschender sind die Unterschiede zwischen Offizieren und Unteroffizieren bei der Betrachtung der gefühlsmäßigen Betroffenheit: Nur ein Drittel der Offiziere aber alle (!) Unteroffiziere geben an, von dieser Frage e*motional berührt* zu sein.

4 Zusammenfassende Bewertung

Verteidigungspolitisch war das Jahr 1995 durch die öffentliche Diskussion um eine deutsche Beteiligung an der internationalen Befriedungsaktion in Bosnien geprägt. Von den Gegnern einer solchen Teilnahme wurden insbesondere die Risiken für Leib und Leben der deutschen Soldaten in die politische Auseinandersetzung eingeführt. Zum Zeitpunkt der Befragung 1995 hatte diese außerordentlich medienwirksame Diskussion gerade ihren Abschluss gefunden: Deutscher Bundestag und Bundesverfassungsgericht hatten sich für eine deutsche Teilnahme entschieden. Unter diesen Rahmenbedingungen sollte man die Befragungsergebnisse bewerten.

Erstens: Wenn also nur etwa ein Drittel aller befragten Soldaten konkret die Möglichkeit des eigenen Todes in Zusammenhang mit einem Kampfeinsatz erwogen haben, heißt dieses, dass zwei Drittel von ihnen sich –trotz der realistischen Aussicht auf Teilnahme am Bosnieneinsatz– darüber noch keine Gedanken gemacht haben. Annähernd die Hälfte der Befragten wird von dieser Frage (vermeintlich) gar nicht berührt. Es fällt nicht schwer, hier einen Verdrängungsprozess zu erkennen oder –in anderem theoretischen Zusammenhang– von einem außerordentlich wirksamen Tabu zu sprechen.

Vergleichbare Tabus lassen sich in Zusammenhang mit dem "Töten eines Gegners" sowie dem "Tod auf Befehl" erkennen. Jeweils etwa 60 Prozent der Soldaten –so jedenfalls glauben sie– werden davon gefühlsmäßig nicht berührt.

Zweitens: Vergleicht man die Laufbahngruppen miteinander, so erkennt man erstaunliche Unterschiede zwischen den befragten Unteroffizieren und den Offizieren. Während den Unteroffizieren die Komplexe "Töten eines Gegners" und "Tod auf Befehl" relativ häufig deutlich vor Augen stehen und sie –noch häufiger– gefühlsmäßig davon belastet sind, zeigen die Offiziere rational wie emotional deutlich geringere Betroffenheitswerte. Lediglich bei der rationalen Beschäftigung mit der Möglichkeit des eigenen Todes liegen die Offiziere mit 53 Prozent vor den Unteroffizieren (21 Prozent).

Alle berichteten Befunde werden dadurch relativiert, dass eine nicht repräsentative Stichprobe von Soldaten befragt worden ist. Trotzdem kann festgestellt werden, dass der "Soldatentod" für Angehörige aller Laufbahngruppen einem Tabu unterliegt, dass Offiziere diesem Tabu besonders häufig ausgesetzt sind, dass also Offiziere diesen Aspekt ihres Berufes besonders häufig verdrängen. Diese Verdrängungstendenz ist sicherlich ein Akt der Psychohygiene im Sinne einer Abwehr von angsterregenden Vorstellungen. Wir stimmen aber mit der eingangs zitierten Auffassung des Generalinspekteurs überein, dass dieser begreiflichen Verdrängungstendenz gerade für militärische Vorgesetzte eine Verpflichtung zur realistischen Einschätzung aller Einsatzrisiken gegenüber steht. Die Vorgesetztenpflichten zur Fürsorge und Kameradschaft gebieten einen verantwortlichen Umgang mit der Thematik des einsatzbedingten Todes von Soldaten. Eine vorsichtige Enttabuisierung scheint notwendig, wenn auch außerordentlich schwierig in einem gesellschaftlichen Umfeld, für das Sterben und Tod sehr stark tabubelastet sind und wohl auch bleiben.

Literatur:
Arbeitsbericht PsychDstBw vom 25.02.98. Ergebnisse einer Vorstudie zu Lebensperspektive und Tod von Soldaten
Ramachers, G. (1995). Vorstudie zur Synthese von Lebenszeitperspektive und Tod bei Soldaten. (unveröffentlichtes Manuskript).
Ders. (2000). Das intrapersonale Todeskonzept als Teil sozialer Wirklichkeit. Frankfurt/Main: Peter Lang Europäischer Verlag der Wissenschaften.
Zentrum Innere Führung (1996). Umgang mit Verwundung und Tod im Einsatz. Arbeitsbericht ZInFü 2/96.

Bernd Willkomm:

Critical Incident Stress Management (CISM)

1 Einführung

Von Soldaten, Angehörigen von Polizei, Feuerwehr und Rettungsdiensten und vergleichbaren Personengruppen wird allgemein und mit größter Selbstverständlichkeit erwartet, dass sie aufgrund ihrer Zugehörigkeit zu einer dieser Gruppen mit außergewöhnlichen Situationen besser umgehen und diese besser bewältigen können als Menschen, die nicht Angehörige einer dieser Gruppen sind. In der Regel ist dieser Personenkreis aufgrund seiner besonderen Persönlichkeitsstruktur, seiner Ausbildung und Erfahrung und eines bewusst oder unbewusst veränderten normativen Bezugssystems auch in der Lage, dieser Erwartungshaltung gerecht zu werden.
Aus dem gewohnten Einsatzspektrum herausragende Ereignisse *(Critical Incidents)*, wie zum Beispiel Ereignisse mit vielen Toten oder Schwerstverletzten, Tod oder schwere Verletzung von Kindern oder Kollegen, Schusswaffengebrauch mit Verletzungs- oder Todesfolge, Bedrohung von Leib und Leben oder die Erfahrung von Geiselnahme oder Gefangenschaft, beinhalten aber selbst für diesen Personenkreis ein erheblich traumatisierendes Potenzial. Massive posttraumatische Stressreaktionen bis hin zur Entwicklung einer Post-Traumatic-Stress-Disorder (PTSD) sind nicht selten die Folge solcher Ereignisse oder Einsätze.
Ziele der verschiedenen, abgestuften *Maßnahmen* des CISM-Modells von Mitchell sind:
- einer solchen Entwicklung durch rechtzeitige Intervention von Seiten psychologisch geschulten Personals entgegenzuwirken, damit
- die Wiederherstellung der seelischen Gesundheit zu ermöglichen und
- die Betroffenen möglichst schnell wieder ihrer eigentlichen Aufgabenerfüllung zuzuführen.

Zur Beantwortung der Frage, wodurch sich Ereignisse aus dem *normalen* Einsatzspektrum von *potenziell traumatisierenden* Ereignissen unterscheiden, müssen wir uns zunächst unser Wissen über *Stress und Stressverarbeitung im allgemeinen* in Erinnerung rufen. Nach Selye ist Stress die individuelle, unspezifische (psycho-physiologische) Reaktion auf Ereignisse und Faktoren, die uns und unser Leben in irgendeiner Weise beeinträchtigen. Dem begegnen wir normalerweise durch bewusst oder unbewusst ablaufende Bewertungen beziehungsweise Neubewertungen der potenziellen Stressauslöser und unserer individuellen Bewältigungskompetenz. Gelingt es uns aber nicht, trotz Veränderung unseres normativen Bezugsrahmens (i.e. Einstellungen, Werthaltungen, Normen und Motivation) und auf Wissen, Erfahrung, Selbstvertrauen und unserem aktuellen psycho-physischen Zustand basierender Erweiterung unserer Bewältigungsstrategien und -mechanismen Stressoren und/oder unsere Reaktionen darauf zu normalisieren, wird unser Sicherheit und Geborgenheit bietendes *"Weltbild"* nachhaltig gestört. Daraus resultieren, häufig unbewusst, Gefühle der Unsicherheit, Angst und Bedrohung, die in der Regel zu einer *Traumatisierung* führen.

Kriterien, die eine erfolgreiche Stressbewältigung generell beeinträchtigen oder verhindern und somit immer ein erhebliches traumatisierendes Potenzial in sich bergen, sind

- das Gefühl der Hilflosigkeit/Machtlosigkeit der Situation und den eigenen Reaktionen gegenüber,
- berechtigte oder irrationale Schuldgefühle,
- außergewöhnliche Dimension und/oder Intensität von Ereignissen,
- hoher Grad der Identifikation und/oder der persönlichen Betroffenheit,
- Bedrohung von Leib und Leben (des eigenen und anderer).

Wegen der Abhängigkeit von der konkreten Situation, von früheren Erfahrungen und der aktuellen psycho-physischen Verfassung der Betroffenen ist eine Prognose der individuellen Reaktionen und Reaktionsverläufe auf Situationen, die eines oder mehrere der oben genannten Kriterien erfüllen, unmöglich. Hinzu kommt, dass insbesondere die genannten Personengruppen aufgrund eines in solchen Situationen unangemessenen beruflichen Selbstverständnisses mehr oder weniger erfolgreich alles versuchen, ihre natürlichen Reaktionen zu unterdrücken, zu verbergen oder abzuleugnen. Daher reichen die unterschiedlichen Reaktionsverläufe von sofortigen und heftigen affektiv-emotionalen Reaktionen über verzögerte Reaktionen mit unterschiedlicher Intensität und Vielfalt bis hin zu überhaupt nicht beobachtbaren Reaktionen. Die Erfahrung und eine Vielzahl von Berichten belegen jedoch, dass unabhängig vom vorherigen Reaktionsverlauf und ohne rechtzeitige Krisenintervention bei durchschnittlich etwa einem Drittel (zwischen 15 Prozent und 65 Prozent) der Betroffenen nach Wochen, Monaten oder gar Jahren psychische und/oder psychosomatische/somatoforme Spätfolgen aus dem Symptomkreis der posttraumatischen Belastungsstörung auftreten können. Ohne entsprechende Intervention führt dies bei etwa einem Viertel der hiervon Betroffenen zur Entwicklung einer voll ausgeprägten PTSD.

2 Post-Traumatic-Stress-Disorder

Bei der *Post-Traumatic-Stress-Disorder* handelt es sich um die schwerste und lähmendste aller menschlichen Stressreaktionen. Sie äußert sich als deutliche Erregbarkeitsstörung in Form einer *pathologischen Unfähigkeit zur Erregungsmodulation* und kann letztlich bis hin zur Berufs- oder Erwerbsunfähigkeit führen. Die in der Regel massive Symptomatik zeigt sich in auffälligen physischen/physiologischen, kognitiven, emotionalen und verhaltensmäßigen Veränderungen. Nach neuesten Forschungsergebnissen wurden in der Folge auch strukturelle (z.B. Schrumpfung des Hippokampus) und funktionelle neuronale Veränderungen nachgewiesen.

3 Critical Incident Stress Management

Die von Mitchell entwickelten mehrstufigen und integrativen Methoden und Techniken des *Critical Incident Stress Management* wirken einer solchen Entwicklung durch unmittelbare, akute Krisenintervention entgegen. Dabei handelt es sich mit Ausnahme der vorbeugenden Unterrichts- und Trainingsmaßnahmen durchweg um Maßnahmen der Sekundärprävention. Durch nachsorgende Betreuung nach besonders belastenden Ereignissen in strukturierten Einzel- oder Gruppengesprächen wird gleichzeitig der Entwicklung möglicher Spätfolgen vorgebeugt. Betont werden muss aber, dass es sich bei keiner der Techniken um therapeutische Interventionen handelt. Im einzelnen umfasst das CISM - Modell folgende *Maßnahmen*:

Vorbeugende Unterrichts- und Trainingmaßnahmen:
- je nach Zielgruppe unterschiedlich umfangreiche Module,
- je nach Umfang und Zielgruppe Durchführung durch entsprechend geschulte Angehörige von Einsatzkräften *("Peers")* oder Psychologen/Ärzte mit CISM-Ausbildung.

Individuelle Krisenintervention:
- psychologische Selbst- und Kameradenhilfe vor Ort oder unmittelbar nach Einsatzende für einzelne Traumatisierte durch entsprechend geschultes Personal ("Peers") oder später durch Psychologen/Ärzte mit CISM-Ausbildung.

Critical Incident Stress Defusing:
- strukturiertes Gruppengespräch mit kleinen Gruppen (ca. fünf bis acht Teilnehmer),
- Durchführung möglichst innerhalb von 12 bis 24 Stunden nach Ende des Einsatzes/Ereignisses,
- Dauer ca. 30 bis 60 Minuten,
- Durchführung durch "Peers" oder, falls verfügbar, Psychologen/Ärzte mit entsprechender Ausbildung.

Critical Incident Stress Debriefing (CISD)
- strukturiertes Gruppengespräch mit in der Regel ca. 4 - 20 Teilnehmern,
- Durchführung frühestens 72 Stunden und spätestens ca. vier Wochen nach Ende des Einsatzes/Ereignisses,
- Dauer ca. drei Stunden,
- Durchführung ausschließlich unter Leitung eines CISM-geschulten Psychologen oder Arztes unter obligatorischer Mitwirkung von "Peers".

Demobilisierung/(Groß-)Gruppen-Information:
- Großgruppen-Briefing unmittelbar nach Ende eines Einsatzes/Ereignisses zur Information über mögliche Reaktionen und Folgen sowie über Möglichkeiten/Angebote für weitere Unterstützung,
- psychologisches Briefing eines erweiterten Personenkreises (z.B. ganzer Organisationen/Einheiten) vor der Durchführung von Critical Incident Stress-Debriefings mit den potenziell Traumatisierten,
- Durchführung durch CISM-geschulte "Peers" , Psychologen oder Ärzte.

Familien-/Organisations-Unterstützung:
- Unterstützung, Beratung und Schulung der Familien von besonders gefährdeten Personengruppen oder Betroffenen,
- Unterstützung, Beratung und Schulung von besonders gefährdeten Organisationen/Einheiten,
- Durchführung durch CISM-geschultes Personal oder Psychologen/Ärzte.

Nachsorge / Überweisung (Follow-up):
- falls erforderlich weitere Kontakte bzw. Angebot, Vermittlung und Durchführung weiterführender Maßnahmen (z.B. Therapie),
- bei Fortbestehen deutlicher Symptome nach Durchführung einzelner oder mehrerer der o.g. Maßnahmen: Durchführung durch Fachärzte und/oder klinische Psychologen.

4 Defusing und Debriefing

Der aus dieser kurzen Beschreibung der Maßnahmen nicht ersichtliche Unterschied zwischen *Defusing* und *Debriefing* besteht neben Gruppengröße und Dauer der Durchführung vor allem darin, dass das (dreiphasige) Defusing nur die erwünschte Wirkung zeigt, solange affektiv-emotionale Reaktionen überwiegen.

CISM
Critical Incident Stress *Defusing*

➯ **3 Phasen**

1. EINFÜHRUNG (introduction)

2. EXPLORATION (exploration)

3. INFORMATION (information)

Abbildung 1

Sobald kognitive Abwehrmechanismen zu greifen beginnen oder überwiegen, ist die Durchführung des siebenphasigen Debriefings angezeigt.

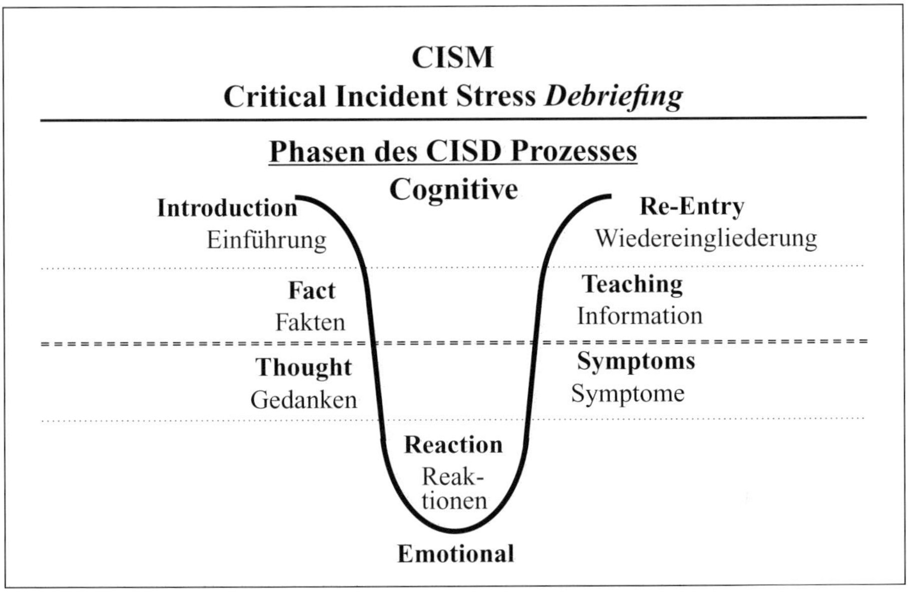

Abbildung 2

Wegen der fast ausschließlich beim Debriefing vorkommenden psychischen Dekompensation einzelner Teilnehmer, des nicht ganz einfachen Umgangs mit zum Teil sehr heftigen emotionalen Reaktionen von bis zu 20 Betroffenen und der enormen Bedeutung einer adäquaten und fachlich fundierten Informationsvermittlung, ist die Leitung eines Debriefings einem entsprechend geschulten Arzt oder Psychologen vorbehalten. Die dabei assistierenden "Peers" sollten möglichst aus den gleichen oder ähnlichen Tätigkeitsbereichen wie die Betroffenen kommen. Dadurch wird verhindert, dass aufgrund mangelnder Sachkompetenz des Leitenden das Debriefing durch dauerndes Nachfragen gestört oder unterbrochen wird. Nach Mitchell ist ein CISD *"MHP (Mental Health Professional) - guided, but peer - driven"*. Zudem zeigt die Erfahrung, dass Betroffene "Ihresgleichen" gegenüber viel eher bereit sind, sich auch emotional zu öffnen.

5 Gemeinsame Ziele aller CISM - Maßnahmen

sind

- schnelle Reduktion der sich aufschaukelnden, heftigen affektiv-emotionalen Reaktionen,
- allen Betroffenen das häufig empfundene Gefühl der "Einzigartigkeit" ihrer Situation ("uniqueness") zu nehmen,
- "Normalisierung" der als außergewöhnlich ("nicht normal") empfundenen Erfahrung, Empfindungen und Reaktionen,

- Herstellung des gleichen, möglichst vollständigen Informations- und Wissensstandes bei allen Beteiligten,
- Reaktivierung durch das Ereignis beeinträchtigter kognitiver Funktionen und Prozesse,
- Informationsvermittlung über Maßnahmen zur Stressbewältigung und über möglicherweise noch zu erwartende Reaktionen und Symptome,
- Einschätzung der Notwendigkeit weiterer Unterstützung/Maßnahmen,
- Herstellung persönlicher Kontakte zu geschultem Personal und der Bereitschaft zur Inanspruchnahme weiterer Unterstützung,
- schnellstmögliche Wiederherstellung der Einsatz- und Funktionsfähigkeit.

Generell gilt für die Durchführung aller Maßnahmen (mit Ausnahme der individuellen Krisenintervention vor Ort), dass als Leiter einer Maßnahme oder "Peer" nur eingesetzt werden kann, wer nicht selbst zu den unmittelbar Betroffenen gehört. Darüber hinaus ist für eine erfolgreiche Durchführung aller Maßnahmen die Einhaltung der bewährten Standards und Regeln unabdingbar. Hierzu gehören insbesondere bei der Durchführung des Critical Incident Stress Debriefings

- die Wahl des richtigen Zeitpunkts (z.B. wegen einer möglichen Retraumatisierung frühestens zwei bis drei Tage nach einer Trauerfeier bzw. Beerdigung);
- die Überprüfung, ob die Kriterien für eine potenzielle Traumatisierung bei allen Teilnehmern erfüllt sind;
- Leitung eines Debriefings ausschließlich durch einen entsprechend ausgebildeten Psychologen oder Arzt unter obligatorischer Mitwirkung von "Peers" (optimales Verhältnis Teammitglieder/"Betroffene": 1 zu 3, mindestens aber 1 zu 5),
- Gruppengröße in der Regel zwischen 4 und maximal 20 Betroffenen,
- Gruppenzusammensetzung möglichst homogen (nach unterschiedlichen Kriterien),
- Durchführung ohne Unterbrechung und niemals unter Zeitdruck (Zeitansatz für ein Debriefing mit Vor- und Nachbereitung ca. fünf Stunden),
- im Anschluss an ein Debriefing unbedingt Möglichkeit zu informellen Gesprächen anbieten (z.B. bei Imbiss und Getränken),
- allen Betroffenen Telefonnummern bzw. Kontaktadressen für Fragen oder weitere Hilfe aushändigen.

Seit Anfang 1996 wurden in der Bundeswehr CISM-Maßnahmen mit allen aus dem Einsatz zurückkehrenden UN-Beobachtern und nach fast allen Dienstunfällen mit Todesfolge (Flugunfälle, Schießunfälle usw.) im In- und Ausland erfolgreich durchgeführt. Auch die meisten der bei der ICE-Katastrophe von Eschede eingesetzten Soldaten wurden nach dem Einsatz durch mehrere *Kriseninterventionsteams* betreut.[1] Die bisherigen Erfahrungen zeigen, dass nach rechtzeitiger und fachgerechter Durchführung dieser Maßnahmen der Anteil derjenigen, die weiterer Nachsorge/Therapie bedürfen, deutlich niedriger (ca. ein bis zwei Prozent aller Betroffenen) liegt, als vor deren Einführung (nach Berichten aus Streitkräften anderer Nationen erfahrungsgemäß ca. acht bis fünfzehn Prozent aller Betroffenen).

1) Vergleiche hierzu den Artikel von Kowalski in diesem Buch (Seiten 215 ff).

Literatur:
Everly, G.S. & Mitchell, J.T. (1999). Critical Incident Stress Management – CISM. A New Era and Standard of Care in Crisis Intervention. Ellicott City, MD, USA: Chevron Publishing Corporation.
Mitchell, J.T. & Everly, G.S. (1997). Critical Incident Stress Debriefing. An Operations Manual for the Prevention of Traumatic Stress Among Emergency Services and Disaster Workers. Ellicott City, MD, USA: Chevron Publishing Corporation.

Arthur Matyschock:

Stressimpfungsprogramme in der Bundeswehr

1 Zusammenarbeit von Laien und "Profis"

Seit 1992 befasse ich mich mit der Vorbereitung von Soldaten für besondere Auslandseinsätze[1], ihrer Begleitung in diesen Einsätzen sowie mit der Nachbereitung. Als psychologischer Laie habe ich dabei viele und enge Berührungspunkte mit der Psychologie und der Medizin erfahren. Nicht immer sind Laien und Professionelle einer Meinung, nicht immer ist in der Arbeit für die Menschen, die Soldaten, Konsens zu erzielen, nicht immer erfährt der Laie die Anerkennung der "Profis", die er sich wünscht. Manchmal stellt sich dem medizinisch-psychologischen Laien mit militärischem Hintergrund, mit Truppenerfahrung, auch der "Profi" als Träumer im medizinisch–psychologischen Elfenbeinturm dar. Das mag die unterschiedlichsten Gründe haben – Brotneid, Arroganz, Wahrung von Pfründen? Dennoch steht für mich, dem Laien, der hier schreibt, fest: Ohne die jahrelange letzten Endes doch immer wieder gute und deshalb auch für die Soldaten der Bundeswehr fruchtbare Zusammenarbeit mit dem Psychologischen Dienst und dem Sanitätsdienst wären wir in der Bundeswehr nicht so weit, wie wir sind. Der Stand unserer Arbeit wird von verbündeten und befreundeten Streitkräften, von Landespolizeien und Feuerwehrverantwortlichen, vom Roten Kreuz und anderen Hilfsorganisationen anerkannt. Und dass ein "Laienhelfer" gebeten wurde, über die Erfahrung der Arbeit und ihre Entwicklung in einem Reader wie dem vorliegenden, einen Artikel zu schreiben, spricht ein deutliches Wort. Dafür sei an dieser Stelle mein Dank an die Herausgeber ausgesprochen. Der angesprochene Umstand jedoch –die unterschiedlichen Ansichten, Meinungen, Wege– können dazu führen, dass in diesem Artikel andere, aus der Erfahrung gewonnene Standpunkte vertreten werden, die den Herausgebern widersprechen, ihnen gar missfallen. Dieses Risiko gehe ich ein.

1.1 War der Kalte Krieg ohne Gefahren?

Bei allen Maßnahmen, die seit etwa zehn Jahren in der Bundeswehr ergriffen werden, um die Belastungen von Soldaten im Dienst, die sich im erweiterten Aufgabenspektrum der Bundeswehr in Teilbereichen erheblich vom Ausbildungsdienst in Zeiten des Status Quo des Kalten Krieges unterscheiden, nicht zu einem lebensbestimmenden Trauma werden zu lassen, geht es in erster Linie um den Menschen und sein Wohlbefinden und in zweiter Linie um den Erhalt bzw. das Wiederherstellen seiner Einsatz-

1) Als "besondere Auslandseinsätze" bezeichne ich Einsätze im "erweiterten Aufgabenspektrum der Bundeswehr"

bereitschaft. Wir schauten uns um und stellten fest, dass wir in diesem Status Quo in einer friedlichen (Schein-)Welt gelebt hatten, in der es anscheinend nicht erforderlich gewesen war, sich mit den Folgen von Verwundung, Sterben und Tod, Geiselhaft und Gefangennahme, gar mit Kampfstress auseinanderzusetzen. Es war kein Ausbildungsziel in der immer kürzer gewordenen Grundwehrdienstzeit, Soldaten auf solche Ausnahmesituationen vorzubereiten, obwohl doch der Alltag auch vor 1990 Anlässe genug gegeben hatte, sich mit der Thematik Stress und Stressprävention auseinander zu setzen. Verkehrsunfälle in und außer Dienst trafen alle Betroffenen unvorbereitet, Schießunfälle mit Schwerverletzten und Toten wurden eher aus rechtlicher Sicht und als "Besonderes Vorkommnis"[2], als aus Sorge um die Beteiligten betrachtet; und zur Geisel konnte, eher noch als Soldat, der Zivilbürger, in einer Bank oder gar Zahnarztpraxis werden. So gesehen müssen wir möglicherweise denjenigen dankbar sein, die Anstöße zu den Auslandseinsätzen gaben, weil erst seit der Kurdenhilfe (1991) die auch vorher schon in der Bundeswehr vorhandenen Warner und Rufer vor den gesundheitlichen Folgen von Stress zunehmend gehört wurden. 1993 gab das Zentrum Innere Führung die Ausbildungshilfe "Menschenführung unter Belastung" heraus, was ohne die jahrelange verdienstvolle Arbeit jener bis dahin Ungehörten zu diesem Zeitpunkt nicht möglich gewesen wäre.

1.2 Stress – Stressfolgen

Die Beanspruchungen eines Menschen im Alltag sind vielfältig. So wird ja Stress in Publikationen und Medien häufig auch als Zivilisationserscheinung beschrieben. Wenn die Beanspruchungen zu Belastungen werden, die auch noch über einen längeren Zeitraum andauern, ist es angebracht, aufmerksam zu werden. Stressoren und ihre Folgen, der Stress, können sich auf das Wohlbefinden und die Gesundheit des Individuums und damit für die Organisation, ja, für die Gesellschaft verheerend auswirken.

1.2.1 Beanspruchungen

Der militärische Alltag ist, nicht erst seit Soldaten sich im Auslandseinsatz befinden, gefüllt mit Aufgaben, Ereignissen, aber auch "Nicht-Ereignissen", die das Wohlbefinden des Soldaten beeinträchtigen. Das Wohl- oder Unwohlsein von Soldaten wird durch viele Faktoren beeinflusst: Kameraden, Vorgesetzte, Dienstzeit, Lehrgänge, Übungen und das soziale Umfeld sind nur einige Beispiele für diese unter Umständen stressauslösenden Faktoren. Ganz abgesehen von Sondervorhaben, die schon im Garnisonsdienst besonderer Kraftanstrengungen aller Beteiligten bedurften, um sie zu bewältigen. Großer Zapfenstreich, Tag der Offenen Tür, Ball, Ministerbesuch haben schon immer einerseits den möglicherweise öden Alltag angenehm unterbrochen, aber andererseits ein besonders großes Maß an persönlichen Kräften und zusätzlicher Zeit

2) Zentrale Dienstvorschrift (ZDv) 10/10 "Besondere Vorkommnisse"

erfordert. Und schon immer war der verantwortliche Vorgesetzte gut beraten, der sich und seine Soldaten auf solche Sondervorhaben intensiv auch psychisch vorbereitet hatte. Selten besaß er die Intuition, selten war er wissend, höchstens wenn er Psychologie studiert hatte. Natürlich gibt es physisch stärkere und physisch schwächere Soldaten. Nur: Der Soldat, der weiß, warum er wie lange vor dem eigentlichen feierlichen Ereignis bereits stehen muss, der die Notwendigkeit dieses langen Stehens vor dem Appell einsieht, der wird weniger gefährdet sein, umzufallen, als der, der nichts weiß, deshalb nichts versteht und allein deshalb schon Ärger (Stress!) entwickelt.

1.2.2 Belastungen

Die besonderen Beanspruchungen des herkömmlichen militärischen Alltags mögen als Belastungen einerseits nicht anerkannt (von Vorgesetzten z. B. oder von längst ausgeschiedenen Soldaten, die es "noch viel schwerer" hatten), andererseits von den Betroffenen nicht erkannt, nicht wahrgenommen und wenn doch, dann verdrängt werden. Wenn jedoch die Kaserne gegen ein Feldlager, der Übungsplatz gegen ein Minenfeld, das Heimatland gegen ein fremdes Land ausgewechselt werden und der Aufenthalt darin nicht mehr nur Tage oder Wochen, sondern Monate andauert, dann kann die Belastung entstehen. Wir haben uns gelöst, losgesagt von der Meinung, die Bundeswehr habe doch noch keinen "Einsatz" erlebt. Wir überlassen diese Meinung getrost den ewig Gestrigen, den vermeintlich Harten, den Unbelehrbaren, die allerdings leider allzuoft auch noch bei höheren Dienstgraden zu finden sind. Das Problem ist, dass diese Führer zu den Gefährdetsten gehören, da sie das Phänomen Stress leugnen und daher am ehesten von ihm getroffen werden können. Sie haben dann kein Handwerkszeug zur Verfügung, weil sie gemeint haben, sie seien stark. Mag sein, dass die Leidensfähigkeit bei solchen Soldaten größer ist, als bei anderen. Aber besser ist es, ich weiß um die Dinge, ich kenne meine Grenzen, vor allem aber die Anzeichen für Belastungen bei mir selbst und bei anderen. Und darum geht es in der Einsatzvorbereitung, im Einsatz und in der Nachbereitung, das ist das Ziel der Stressprävention: Kampf der Verblüffung!

1.2.3 Stressdefinition

In der Ausbildunghilfe "Menschenführung unter Belastung" wird der Begriff definiert: "Stress ist die Reaktion eines Organismus auf eine als außergewöhnlich bewertete Situation." Das ist einfach, das ist klar und das kann jeder verstehen. Vor allem ist bekannt, dass von jedem jede Situation anders bewertet wird. Was für den Soldaten in der "Schlammzone" als ganz und gar außergewöhnlich wahrgenommen, bewertet und empfunden wird, gar Belastung sein kann, empfindet der General in seiner Führungsposition möglicherweise gar nicht so – Stress ist individuell. Und selbstverständlich ist die sechsmonatige Abwesenheit von daheim, Dienst in einem anderen Kulturkreis, in einem Land mit extremen klimatischen Bedingungen, mit Tausenden von Minen und anderen Bedrohungen für den in Freiheit, Frieden, Sicherheit und Wohlstand sozialisierten Menschen (das sind unsere Soldaten, vom Mannschaftsdienstgrad bis zum General), eine außergewöhnliche Situation. Es können nur wenige sein, die diese Tatsache nicht so bewerten.

H. Feser (1998) schreibt in einem Forschungsbericht: "...besitzt die psychologische Stress- und Krisentheorie auch für die Ausbildung, Vorbereitung und Begleitung von Soldaten große Bedeutung, sollen sie nicht selbst hilflose Helfer werden." Sein Adressat sind die deutschen Streitkräfte, nicht irgendwelche Expeditions- oder Interventionskräfte. Und er empfiehlt dazu an anderer Stelle: "Krisen- und Katastropheneinsätze verlangen eine vorbereitende Planung von Krisenmanagementstrukturen und Trainingsprogrammen sowie die begleitende Koordination aller Beteiligten, aber auch die geeignete Unterstützung von einzelnen, Gruppen und Soldatenfamilien." Des weiteren zitiert er Dreßing und Berger mit der Forderung "Psychiater und Psychotherapeuten sollten zunächst im Hintergrund stehen ... da viele Opfer sich primär nicht als psychiatrische Patienten sehen" und Caplan: "Nach seiner Erfahrung sind die wichtigsten Helfer nicht die Professionellen, sondern es können Familienangehörige, Freunde, Nachbarn, informelle und natürliche Helfer sein" (Feser, 1998). Wenn selbst –nach Meinung von Dreßing und Berger– sich Opfer von "Critical Incidents" nicht als Patienten sehen, ist die Frage zu stellen, wie sich Soldaten sehen, die in einen Einsatz gehen, der zwar außerhalb ihrer bisherigen Erfahrungswelt liegt, jedoch nicht zwangsweise ein Critical Incident umfassen muss. Wer bereitet sie vor ("impft" sie), wenn –nach Meinung von Caplan– die wichtigsten Helfer nicht die Professionellen sind? Die Frage ist auch, was in der Bundeswehr getan wird und wer es tut, um Soldaten optimal auf Einsätze vorzubereiten. Ich greife bewusst die Anfangsdiskussion dieses Aufsatzes noch einmal auf: Wer kann es und wer darf es tun? Nur "Mental Health Professionals"? Oder nicht doch auch und in der Prävention vor allem Kameraden? Obwohl ich Antworten auf diese Fragen habe, möchte ich sie zunächst noch unbeantwortet lassen, da ich hoffe, dass der Leser seine Antwort selbst findet – wenn er weiterliest.

1.2.4 Reintegrationsseminare

Reintegrationsseminare sind Bestandteil der Sekundärprävention – also Teil des Einsatzes. Obwohl sie helfen, das Erlebte durch Gespräche, durch Sprechen zu verarbeiten, obwohl sie das Wohlbefinden der Rückkehrer und damit auch die Bereitschaft, sich einem erneuten Einsatz zu stellen, fördern, stoßen sie weithin auf Unverständnis, ja Ablehnung.[3] Cora Stephan, die Autorin des viel beachteten Buches "Das Handwerk

3) Der Begriff ist umstritten. Viele Soldaten wissen nichts mit ihm anzufangen und stehen ihm ratlos und daher auch ihrer Teilnahme an einem solchen Seminar ablehnend gegenüber. Jedoch: Er ist eingeführt und inzwischen Tausenden von aus einem Einsatz zurückgekehrten Soldaten als nichts Ungewöhnliches oder gar Unheimliches ("Psycho-Seminar", Teilnehmerjargon) bekannt. Ich plädiere für eine Beibehaltung dieses Begriffes auch deshalb, weil mir die diskutierten Alternativen "Nachbereitungsseminar", "Nachsorgeseminar", "Aufarbeitungsseminar", oder "Rückkehrseminar" nicht besser geeignet scheinen, die Akzeptanz der Seminare zu erhöhen.

des Krieges" (1998), schreibt in einem Essay für das "Kursbuch": "Wenn sie also nicht notwendigerweise alle traumatisiert waren, die Teilnehmer am Großen Krieg – warum haben die dann geschwiegen, wo es doch womöglich gar nicht so viel zu verschweigen gab? Zu einer überraschend alltäglichen Antwort neigen mittlerweile einige britische Historiker: Die Soldaten des Ersten Weltkrieges haben geschwiegen, weil sie vergessen wollten. Nicht, wie wir heute zu glauben geneigt sind, weil sie etwas unaussprechlich Grauenhaftes verdrängten. Sondern weil sie sich nach Jahren der Entfernung aus der zivilen Welt endlich wieder einem Alltag hingeben wollten, der Frauen, Kinder, halbwegs unbeschädigte Natur, befriedigende Arbeit, gutes Essen, Freunde, Freizeit –kurz: das Leben– vorsah. Sie wollten endlich heimkehren und noch nicht einmal mehr in Gedanken im Schlamm der Schlachtfelder stecken. Ohne Erinnerung gibt es keine Zivilisation" (Stephan, 2000). Ersetzen wir in diesem Text "Erster Weltkrieg" mit "Einsatz", "Jahre" durch "Monate" (sechs Monate sind für Soldaten unserer Zeit eine ungewohnt lange Zeit der Abwesenheit) und streichen "Schlachtfelder" ersatzlos, dann haben wir die Situation unserer Soldaten auf dem Balkan. Wenn wir ihnen nicht die Gelegenheit geben, über ihre Erlebnisse und Empfindungen zu reden, werden nicht sie alleine damit ein Problem haben, sondern unsere Gegenwartsgesellschaft – wie wir es mit unseren Vätern und Großvätern hatten oder haben.
Nicht ohne Grund wird für die Durchführung von Reintegrationsseminaren, die der Entlastung nach dem Einsatz im Gespräch dienen sollen, empfohlen mit der Themenstellung "Im Einsatz hat mich besonders geärgert..." (Matyschock und Folkerts, 1997) zu beginnen. Nirgends wird deutlicher als in dieser Gesprächsrunde, dass Ärger Stress ist. Fehlerhaftes Führungsverhalten, fehlende soziale Unterstützung, ununterbrochener Dienst ("jeder Tag ist Mittwoch"), Angst, Enge, Hitze, Kälte, Staub, Schlamm, hygienische Verhältnisse, Zweifel am Sinn des Einsatzes sind einige ganz wenige Ärgernisse, resp. Stressoren, die immer wieder in solchen Seminaren genannt werden. Das Ziel einer Prävention, einer Einsatzvorbereitung also, muss es sein, möglichst viele der Stressoren bereits in ihrer Entstehung zu verhindern (Handelnde können sie vielleicht auch vermeiden) oder in ihrer Wirkung zu verringern. Reintegrationsseminare dienen auch der Vorbereitung auf einen (erneuten) Einsatz.

2 Stressimpfung

Der Titel des Artikels impliziert, dass es in der oder für die Bundeswehr "Stressimpfungsprogramme" gibt. Da ich mich bereit erklärt habe, zu diesem Thema zu schreiben, muss es wohl auch so sein. Doch gibt es wirklich Stressimpfungsprogramme in der Bundeswehr? Oder wird ein definierter Begriff –also "Impfung"– für etwas verwendet, das wir besser anders bezeichnen sollten? Was unter Stress zu verstehen ist, braucht nicht noch einmal erörtert zu werden – doch was ist Impfung? Ein Terminus, der herkömmlich biologisch-medizinisch, für eine Maßnahme benutzt wurde, die –stark vereinfacht– nach oraler oder intramuskulärer Eingabe eines Krankheitserregers den Menschen befähigen sollte, durch die Mikroentwicklung des Krankheitsbildes Abwehrkräfte gegen diese Krankheit zu entwickeln und so das Immunsystem zu stärken,

d. h. zu verhindern, dass die Krankheit ausbrechen kann. Lebhafte Erinnerungen meiner Generation bestehen an die Pockenschutzimpfung (intramuskulär) und die Kinderlähmungsschluckimpfung (oral). Beide scheinen Epidemien in früheren Zeiten verhindert zu haben; zu ihrer Zeit in unserem Kulturkreis beim derzeitigen Stand der medizinischen Wissenschaft. Wenn der Erfolg solcher medizinisch-biologischer Maßnahmen feststeht, vielfach geäußerte Kritik, ob berechtigt oder unberechtigt, an der "Impfitis" unserer Tage soll hier nicht näher betrachtet werden– dann hieße "Stressimpfungsprogramm": Gib dem Menschen ein wenig Stress (oral? intramuskulär?) und du kannst sicher sein, dass er gegen Stress immun ist. Da jedoch von einem "Programm" die Rede ist, wird es wohl auch Programmpunkte geben. Ein Impfprogramm umfasst in aller Regel mehrere Einzelmaßnahmen, immer eine nach der anderen, zwischenzeitliche Evaluierungen, ob denn die Maßnahme auch "angeschlagen" hat, bevor am Ende des Programms festgestellt werden kann: Erfolg. Der *Patient* ist immun. Gegen Pocken, Keuchhusten, die Folgen von Zeckenbiss oder was auch immer.
Der *Patient*. Ein Arzt spricht immer von Patienten. Ob arm oder reich, ob Frau oder Mann, ob Zivilbürger oder Soldat, ob krank oder gesund.

2.1 Stressimpfungsprogramme: Begriffskritik

Wenn wir uns in der Bundeswehr in den vergangenen Jahren zunehmend mehr der Stressprävention angenommen haben, insbesondere auch in der Arbeit des Bereichs 2[4], dann haben wir, gestützt auf die Erkenntnisse der internationalen Psychologie, uns immer darauf konzentriert, Posttraumatische Belastungsstörungen (PTBS), das Ausbrechen einer Krankheit zu verhindern. Bis dahin ist der Unterschied zur Medizin, die durch Impfung das Ausbrechen einer Krankheit verhindern will, nicht groß, wenn überhaupt zu erkennen. Dennoch "behandelt" der Mediziner einen "Patienten". Für einen Arzt ist jeder, der krank werden könnte, ein *Patient* (s. o.). Da ich nicht bereit bin anzunehmen, dass jeder Soldat, der besondere Beanspruchungen oder gar Belastungen erlebt, Stressoren als Stressauslöser empfindet oder gar am PTBS erkrankt, bin ich auch nicht bereit, von "Patienten" zu sprechen, die "behandelt" werden müssen. Es ist bekannt: Die Zahlen schwanken. Wie viele Menschen tatsächlich nach besonders belastenden Ereignissen an PTBS erkranken, wie viele Soldaten das Krankheitsbild (nach DSM–III–R[5] und ICD-10[6]) des PTBS zeigen, ist –zumindest was die aus Einsätzen zurückgekehrten Bundeswehrangehörigen seit 1991 betrifft– nicht wirklich

4) Bereich 2: eine "Abteilung" des Zentrum Innere Führung der Bundeswehr mit der Bezeichnung "Menschenführung, Betreuung und Fürsorge"
5) DSM, **D**iagnostic and **S**tatistical **M**anual od Mental Disorders (American Psychiatric Association)
6) ICD-10, **I**nternational **C**lassification of **D**iseases (Diagnoseschlüssel der Weltgesundheitsorganisation)

bekannt. Das Bundesministerium der Verteidigung gibt in diesen Tagen eine Zahl von 290 in Behandlung befindlichen Soldaten bekannt[7], aber wie "hart" sind diese Zahlen? Und wo sind sie im internationalen Vergleich anzusiedeln?
Wie dem auch sei: Wir haben es vor Beginn eines Einsatzes mit gesunden Soldaten zu tun, die weder von Vorgesetzten noch von Ärzten oder Truppenpsychologen als Patienten bezeichnet werden. Patienten sind kranke oder sich krank fühlende Menschen (Soldaten), die von einem Arzt "behandelt" werden. Soldaten, die ausgebildet in einen Einsatz gehen, sind gesunde Menschen, sollten es zumindest sein, die vor Erkrankung an einer nicht neuen, jedoch relativ jungen als Krankheit bezeichneten Erscheinung (PTBS sind erst 1980 von der Weltgesundheitsorganisation (WHO) in die Liste der Krankheiten aufgenommen worden) bewahrt werden sollen. Das kann durch viele Maßnahmen geschehen, über die in diesem Artikel berichtet werden soll. Jedoch nicht durch ein Impfungsprogramm.
"Es entspricht der Achtung der Würde des Menschen, bei der Einsatzvorbereitung die Soldaten auf vorgenannte, mögliche Situationen vorzubereiten, die alle auf eine Schwächung/Vernichtung des selbstbewussten Ich abzielen (Primärprävention)" (Feser, 1998).
Es kann nicht bezweifelt werden, dass es gilt, Soldaten, die wir entsenden, auf denkbare (und vielleicht sogar auf undenkbare) Situationen vorzubereiten. Ob wir diese Vorbereitung letztendlich "Stressimpfung" nennen, ob wir dafür ein "Programm" erstellen müssen oder schon erstellt haben, müssen der Leser oder die verantwortlichen Vorgesetzten und Politiker entscheiden.

2.2 Stressimpfungstraining

In seinem Standardwerk "Intervention bei Stress" schreibt Donald Meichenbaum (1991) nicht von "Patienten", sondern von "Klienten". Das hat Folgen, vor allem dann, wenn er in der einleuchtenden Erläuterung seines Verfahrens und seiner Methoden das Stressimpfungstraining immer wieder auch in der Therapie angewendet sehen will. Hier sehe ich einen Widerspruch: Biologisch/medizinisch wird ein Mensch geimpft, um Krankheiten zu verhindern; ein Mensch (Soldat) jedoch, der therapiert wird, ist bereits erkrankt – kann also nicht mehr geimpft werden. Ich bin mir nicht sicher, ob diese Vermengung von immunisierender Prävention auf mögliche Krankheitserreger und Behandlung bereits von dem Erreger befallener Menschen bei Meichenbaum selbst, oder beim Übersetzer zu suchen ist. Dem interessierten Leser bleibt es überlassen, Meichenbaum im amerikanischen Original zu lesen. Dennoch sind der deutschen Übersetzung für die Arbeit der Bundeswehr in der Prävention zahlreiche wertvolle Hinweise zu entnehmen, so dass auf Meichenbaum in diesem Artikel immer wieder verwiesen wird.

7) Bisher (Juli 2000) waren etwa 70 000 Bundeswehrangehörige im Auslandseinsatz, davon nicht wenige allerdings auch mehrfach.

An dieser Stelle kann es wertvoll sein, mit einem Bild zu verdeutlichen, worum es uns in der Bundeswehr, insbesondere unter Beteiligung von "Laienhelfern" (Vorgesetzten, Kameraden) geht *(siehe Tabelle 1 nächste Seite)*. Verantwortlich für die Gesundheit, die körperliche und geistige Unversehrtheit, das Wohlbefinden von Soldaten sind die Vorgesetzten (Grundsätze der Inneren Führung, aber auch gesetzlich gem. Vorgesetztenverordnung), Kameraden (Grundsätze der Inneren Führung, aber auch Soldatengesetz) und der Soldat selbst. Das setzt keine Grenzen in der Auswahl der Personen, die in der Vorbereitung, in der Ausbildung, also in der Primärprävention eingesetzt werden. Wenn sie qualifiziert sind. Bei vorliegender Qualifikation der Personen, die in der Sekundärprävention dem Soldaten helfend zur Seite stehen, können auch sie aus dem Kameraden- und Vorgesetztenkreis kommen, denn selbst Ärzte, Psychologen und andere Mental Health Professionals können, ja dürfen *ein Critical Incident Stress Debriefing* erst nach einer Ausbildung im *Critical Incident Stress Management* durchführen.[8] Die Tertiärprävention schließlich, die Behandlung, Therapie, Rehabilitation hat ausschließlich durch Fachärzte zu geschehen. In diesen Fällen ist der Soldat tatsächlich zum Patienten geworden. Meichenbaum zweifelt selbst für das von ihm so favorisierte Stressimpfungstraining die Fähigkeiten von "Laienhelfern" nicht an, wenn er schreibt: "Es ist auch von großem Interesse, dass das SIT von Trainern aus den unterschiedlichsten Berufsgruppen durchgeführt wird. ... Eine Anzahl von Forschern [haben] auch Mediatoren ausgebildet wie Bewährungshelfer, Polizeibeamte, Soldaten, Krankenpflegepersonal, Patienten und Lehrer, die das SIT im jeweiligen Berufsfeld angewandt haben." (Meichenbaum, 1991)

2.3 Stressprävention

Feser (1998) stellt in den "Methoden im Truppenalltag zur Prävention von akuten Angst- und Anpassungsstörungen, Posttraumatischen Belastungsstörungen sowie Suizid" fest, dass das "primärpräventiv angelegte Stressimpfungstraining (SIT) von Meichenbaum..., sich für die Prävention und die Psychotherapie" eignet. Im weiteren Verlauf dieses Abschnittes seines für unsere Arbeit außerordentlich wertvollen Forschungsberichtes informiert Feser über Meichenbaums Ansatz und heißt ihn gut – ohne allerdings seinerseits auf den fehlenden Unterschied zwischen Prävention und Behandlung besonders hinzuweisen. Darüber hinaus stellt er fest, dass "...helfende Po-

8) *Anmerkung der Herausgeber:* Die Argumentation des Autors verstärkend, weisen wir darauf hin, dass fachlich indizierte Maßnahmen wie z.B. das CISD in der Bundeswehr in der Regel durch besonders qualifizierte Ärzte und Psychologen mit einer Ausbildung in CISM-Verfahren und psychodiagnostischer Erfahrung als Leiter von Kriseninterventionsteams angewendet werden. Dies geschieht zum Schutze der psychischen Gesundheit betroffener Soldaten und zur Wahrung eines hohen fachlichen Standards, unter anderem durch Rückgriff auf das während des Studiums der Medizin bzw. Psychologie erworbenen Wissens, sicherlich nicht aus "Brotneid, Arroganz, Wahrung von Pfründen", wie es Matyschock in seinem einleitenden Abschnitt vermutet.

lizeikollegen [...] dem Kollegen das Gefühl [geben], dass man sich um ihn sorgt. All dies kann den Polizisten in seiner Belastungsbewältigung unterstützen."
An dieser Stelle kann es sinnvoll sein, die Unterschiede und Inhalte sowie die Zuordnung der unterschiedlichen Begriffe mit Hilfe der nachfolgenden Tabelle zu verdeutlichen:

Primär-prävention	➲ *Einsatz* ➲ *Belastendes Ereignis* ➲ *Critical Incident*	**Sekundär-prävention**	**Tertiär-prävention**
vor dem Einsatz **vor** möglichen Critical Incidents		**nach** dem Einsatz **nach** einem Critical Incident **jedoch** auch: **vor** dem (nächsten) Einsatz	**nach** dem Einsatz **nach** einem Critical Incident **jedoch** auch: **vor** dem (nächsten Einsatz)
durch: - Ausbildung (militärisch-fachlich, psychologisch) - Personalauswahl		**durch:** - Einsatznach-besprechung - Defusing - Selbst- und Kameradenhilfe - Critical Incident Stress Debriefing - Screening - Reintegrations-seminare	**durch:** - Behandlung - Therapie - Rehabilitation
Zuständig: - Vorgesetzte		**Zuständig:** - Vorgesetzte - Kameraden - Truppen-psychologen	**Zuständig:** - Fachärzte/Thera-peuten (klinische Psychologen, Psychiater)
Ziel in allen Fällen: Erhalt und Wiederherstellen des **Wohlbefindens** und dadurch Erhalt und Wiederherstellen der **Einsatzbereitschaft !**			

Tabelle 1

2.4 Primärprävention: ein Programmpunkt in der Einsatzvorbereitung

Soldaten werden vorsorglich vor Auslandsaufenthalten gegen alle denkbaren Infektionskrankheiten geimpft, niemand aber injiziert ihnen, auf welche Art auch immer, Stress in kleinen Dosen. Dennoch kann ich mich dazu verstehen, die Vorbereitung, wie sie in der Bundeswehr für die Auslandseinsätze betrieben wird, besser: betrieben werden sollte, denn nicht überall werden Vorschriften, Befehle, Ausbildungshinweise und gut gemeinte Ratschläge befolgt, als eine Art Impfung zu bezeichnen. Keineswegs jedoch werden Patienten behandelt, bevor sie in den Einsatz gehen (Ausnahme: Wer physisch erkrankt, wird vor einem Einsatz behandelt, seine Gesundheit wiederhergestellt). Sollte in der Personalauswahl, der die vorbereitende Ausbildung auch dient, festgestellt werden, dass ein Soldat psychisch krank, also ein Patient ist, wird er ganz sicher nicht in den Einsatz entsandt werden. Dass es schwieriger ist, eine psychische als eine physische Erkrankung festzustellen, ist unbestritten. Um so wichtiger ist es, Soldaten nur gut ausgebildet in einen Einsatz zu entsenden, und dazu gehört auch die mentale Vorbereitung auf die möglichen Beanspruchungen, ja Belastungen. Jonathan Shay (1998) schreibt "So wie die Fliegerjacke viele körperliche Verletzungen verhindert hat, können wir auch viele psychische Versehrungen verhindern." Außergewöhnliche Ereignisse, Critical Incidents, die in diesen Einsätzen mit einer bisher nicht gemessenen, aber sichtbar größeren Wahrscheinlichkeit eintreten können, müssen Bestandteil der Ausbildung sein, und sie sind es auch. Meichenbaum meint, "das Training sollte auf jeden Fall zukunftsorientiert sein, indem es Misserfolge und kritische Lebensereignisse antizipiert" (Meichenbaum, 1991). Sowohl in der Zentralen Führerausbildung für die Auslandseinsätze (am Zentrum Innere Führung), als auch in der Truppenausbildung werden die Soldaten intensiv, oft mit einem "Worst Case Szenario" bekannt gemacht, häufig auch konfrontiert. Dieses ist ein Ausbildungsprogramm zur Vorbereitung auf besondere Auslandseinsätze. Wenn wir den Terminus großzügig auslegen, oder wenn Meichenbaum der vorbereitenden Ausbildung für besondere Auslandseinsätze der Bundeswehr einen Namen geben sollte, würde es wohl "Stressimpfungsprogramm" oder "Stressimpfungstraining" genannt werden.

2.5 Begriffsklarheit

Das Ergebnis der Diskussion sollte sein, in der Prävention von Soldaten auf belastende Ereignisse den Begriff "Stressimpfungsprogramm" nicht zu verwenden. Er ist unklar, schreckt ab, wie es bei dem Begriff "Reintegrationsseminare" auch der Fall zu sein scheint. Dieser Terminus ist bereits seit Jahren eingeführt und den Soldaten bekannt. Es ist auch in anderen Bereichen der Einsatzvorbereitung, der Einsatzbegleitung und der Einsatznachbereitung dringend erforderlich, eine Eindeutigkeit und eine Einheitlichkeit der Terminologie herzustellen und dieses nicht nur national, sondern auch international. Diese Forderung geht über die Verantwortlichkeiten der psychologischen Laien hinaus. Louis Crocq (1997) widmet in seinem Aufsatz "Stress und Psychotraumatologie in Frankreich" dieser Problematik ein ganzes Kapitel. Lassen wir das Impfen da, wo es eindeutig hingehört – bei der medizinisch–biologischen Immunisierung gegen die Gefahren einer physischen Erkrankung und nennen wir die Ausbildung unserer Soldaten in der Vorbereitung auf besondere Einsätze beim Namen. "Zuvörderst benötigt der Soldat möglichst realistische Vorstellungen von Bedingungen und Belastungen, die ihm im Einsatz begegnen können." und "Zu diesem einsatzorientierten soldatischen Selbstverständnis mit stabilen, an der Menschenwürde orientierten Wertvorstellungen und Verhaltensnormen gehört ebenso unverzichtbar ein Grundwissen über das Verhalten von Menschen in Extremsituationen und den dabei ablaufenden Stressreaktionen. Dieses Grundwissen bedarf einer Ergänzung um die Erfahrung eigener Stressreaktionen in außergewöhnlichen Situationen." Diese Feststellungen von Weismor (einem verdienten Wegbereiter dieser Thematik in der Ausbildung und den Veröffentlichungen des Zentrum Innere Führung) bezeichnen umfassend die Inhalte der vorbereitenden Ausbildung, ergänzt um die Mahnung: "Leben, Gesundheit und die Menschenwürde setzen bei diesen Übungen aber nicht zu überschreitende Grenzen." Dieses sei jenen Vorgesetzten, Ausbildern und Führern ins Stammbuch geschrieben, die fordern, dass Härte in der Ausbildung heißt: Grenzen dürfen, ja müssen überschritten werden. Es gibt sie immer noch.

2.6 Das Rahmenkonzept

Das Rahmenkonzept zur Bewältigung psychischer Belastungen bei Soldaten (BMVg, 2000), erstmals erlassen 1997, beschreibt umfassend, was in der Vorbereitung, der Durchführung und der Nachbereitung von besonderen Auslandseinsätzen bisher geschehen ist, geschieht und zukünftig zu geschehen hat. Es beschreibt u. a. zusammenfassend Grundsätze der psychischen Betreuung von Soldaten, informiert über bisherige Aktivitäten und Maßnahmen der verschiedenen Organisationsbereiche und ist offen für eine Fortschreibung nach Auswertung weiterer einsatzspezifischer Erfahrungen. Es scheint nur einen Mangel zu haben, dessen Beseitigung jedoch kein großes Problem darstellen dürfte: Es ist ein ministerieller Erlass, deshalb nicht an alle für die vorbereitende Ausbildung verantwortlichen Vorgesetzten verteilt (was bei der Bedeutung und Qualität des Inhaltes wünschenswert wäre) und einem Großteil, der mit der Ausbildung Befassten, nicht bekannt. Es ist durch Fach-/Teilkonzepte, Erlasse und Durchführungsbestimmungen auszudifferenzieren und inhaltlich zu konkretisieren, was bisher erst teilweise geschehen ist. Am weitesten in der Umsetzung und Ausdifferenzierung geht bisher ein Befehl des Heeresführungskommandos vom März 2000. Eine Anlage dieses Befehls ist die "Ausbildungshilfe zur Information der Soldaten zur Bewältigung psychischer Belastungen vor/in/nach Auslandseinsätzen". In ihr wird dem Soldaten angekündigt: "Im Rahmen der Einsatzvorbereitung werden Sie in Ausbildungen und Gesprächsrunden zunächst über die zu erwartenden Belastungen eingewiesen. Durch ein intensives Stresstraining (sic!) werden Sie so auf Ihren Einsatz vorbereitet, dass Sie Stresssymptome bei sich selbst und Kameraden erkennen, Stressbewältigungsmethoden als Selbst- und Kameradenhilfe erlernen und in Belastungssituationen erfolgreich anwenden können. Viele Vorgesetzte von Ihnen werden darüber hinaus in besonderen Lehrgängen durch Fachpersonal psychologisch geschult." Das ist eine umfassende Umsetzung der im Rahmenkonzept zusammenfassend beschriebenen Grundsätze der psychischen Betreuung von Soldaten, ein Hinweis darauf, dass Vorgesetzte besonders ausgebildet werden. Im Rahmenkonzept wird darauf verwiesen, dass der Vorgesetzte die Aufgabe, psychische Belastungsreaktionen bei den unterstellten Soldaten zu minimieren oder zu vermeiden nur dann bewältigen kann, wenn er

- Stresssymptome bei sich und den ihm unterstellten Soldaten erkennt,
- Methoden der Gesprächsführung mit belasteten Soldaten beherrscht,
- einfache Stressbewältigungsmethoden erlernt und anwenden kann,
- weiß, wo er weiterführende, professionelle Hilfe erhalten kann.

Im Rahmenkonzept wird ein Dreiphasenmodell vorgestellt, das, ähnlich wie in der oben abgedruckten Grafik beschrieben, allen *drei Phasen*

- Einsatzvorbereitung (Phase I),
- Einsatzdurchführung (Phase II) und
- Einsatznachbereitung (Phase III)

unterschiedliche Verantwortlichkeiten zuordnet. Konsequent wird *Einsatzvorbereitung* unterteilt in Auseinandersetzung mit zu erwartenden Belastungen und Maßnahmen zur Stärkung des inneren Gleichgewichts. Ausgeführt und besonders hingewiesen wird auf die Personalauswahl und die gründliche Vorbereitung, um einsatzbedingte Stressoren zu verringern. "Demzufolge liegt der Schwerpunkt in der Phase I bei den präventiven Maßnahmen." und "Die Ausbildung für die unmittelbare Einsatzvorbereitung wird durchgeführt als

- Führer- und Truppenausbildung in Einheiten und Ausbildungseinrichtungen der Teilstreitkräfte sowie für Sanitätspersonal durch die Sanitätsakademie in München,
- Führerausbildung mit den Themenschwerpunkten 'Menschenführung unter Belastung, Umgang mit Verwundung, Tod, Geiselnahme, Kriegsgefangenschaft' durch das Zentrum Innere Führung in Koblenz."

Das Rahmenkonzept zeigt damit alle zusammenhängenden Konsequenzen für Auswahl, Führung, Ausbildung und Erziehung auf und legt die Grundlagen für die Führer- und Truppenausbildung fest. Es folgt dem Menschenbild unserer Streitkräfte und konsequent den bisherigen Ausbildungsgrundsätzen, in denen Prävention vor Rehabilitation geht. Es ist offen für eine Weiterentwicklung, obwohl es bindende Grundlage für die weitergehende Arbeit auf ministerieller und Ämterebene ist mit dem Ziel, Inhalte der Truppen- und Führerausbildung sowie der Führer-, Personal- und Verwendungsauswahl zu beeinflussen.

2.7 Erfahrungen mit der Primärprävention

Die Erfahrungen mit allen Maßnahmen der Primärprävention, also der vorbereitenden Ausbildung von Soldaten der Bundeswehr für besondere Auslandseinsätze sind vielfältig und doch nicht zu fassen. Was lässt sich schließen aus einer Zahl von 290 zurückgekehrten Soldaten, die in *Behandlung* sind, bei etwa 70 000, die bereits im Einsatz waren? Heißt das wirklich, dass die Prävention so erfolgreich war, dass bei nur 0,4 Prozent unserer im Einsatz gewesenen Soldaten Symptome der PTBS oder partielle Erscheinungen diagnostiziert wurden? Ich glaube nicht, dass daran unsere Erfahrungen mit der Umsetzung des Rahmenkonzepts zu messen sind, denke vielmehr, dass wir aus den zahlreichen Interviews, Gesprächen, Erfahrungsberichten, Reintegrationsseminaren den Schluss ziehen können, dass die Bundeswehr mit ihrer Art von Stressprävention auf dem richtigen Weg ist. Bestätigt wird das durch Interesse von ausländischen (z. B. den norwegischen und schwedischen) Streitkräften an diesem Konzept sowie durch die Anerkennung, die unsere Arbeit bei vielen mit dieser Thematik befassten Fachleuten im In- und Ausland finden. Der Weg muss dennoch ausgebaut, verbreitert und befestigt werden, d. h., die Inhalte des Rahmenkonzepts müssen, wie es in ihm ja auch gefordert wird, ständig überprüft und, wenn erforderlich, geändert und ergänzt werden, die Inhalte müssen einer breiten (Bundeswehr-)Öffentlichkeit bekannt gemacht werden und sie müssen zum ständig präsenten und vertretenen Allgemeinwissen militärischer Führer werden.

2.8 Defizite

Es gibt Defizite in der Umsetzung. Nicht alle Führer im Einsatz haben vorher an der Zentralen Führerausbildung teilgenommen, nicht alle Führer, die teilgenommen hatten, fanden die Zeit, das Gelernte noch vor dem Einsatz umzusetzen, und nicht alle Teilnehmer sind nach einer Woche Lehre über ein ihnen bis dahin unbekanntes, vielleicht sogar unheimliches Ausbildungsthema in der Lage, die Inhalte umzusetzen. Die zwar nicht größte aber schwerwiegendste Lücke ist die fehlende Einsicht in die Notwendigkeit, sich mit Belastungen bei anhaltenden, vielleicht sogar zunehmenden Auslandseinsätzen zu befassen. Diese Lücken können, müssen und werden geschlossen werden.

2.9 Zukunftsaufgaben

Für die Weiterentwicklung der Prävention, die Fortschreibung des Rahmenkonzepts, die Verbesserung der vorbereitenden Ausbildung (und nicht zuletzt auch zur Überzeugung der Uneinsichtigen) sind nun Zahlen erforderlich, "harte" Zahlen über psychisch verletzt aus dem Einsatz zurückgekehrte deutsche Soldaten, Zahlen über die Teilnahme an der vorbereitenden Ausbildung genauso wie an einsatzbegleitenden Maßnahmen und der Teilnahme an Maßnahmen nach Rückkehr (z. B. Reintegrationsseminaren). Die Erhebung solcher Zahlen ist eine Zukunftsaufgabe, die nur von Fachleuten zu leisten ist. Die Fachleute, die diese Aufgabe übernehmen werden, müssen mit Fingerspitzengefühl und wahrscheinlich "kriminalistisch" vorgehen; denn vor der Erhebung der Zahlen, hat der Gesetzgeber den Datenschutz gesetzt, der in diesem Fall zunächst einmal kontraproduktiv wirken könnte. Der Einzelne muss geschützt werden. Das ist die eine Seite. Die andere: Er muss auch mit einer psychischen Verwundung, die zwar geheilt ist, aber Narben oder sogar Behinderungen hinterläßt, auch zukünftig ge- und befördert werden. Das jedoch ist nahezu unmöglich, wenn über eine solche Erkrankung (Verwundung) nicht berichtet wird. Die Ausbildung selbst muss evaluiert werden. Die bisher von einigen Lehrern des Zentrum Innere Führung geübte Praxis, sich im Einsatzland von den Folgen der Führerausbildung ein Bild zu machen, muss ausgeweitet und verstärkt werden mit dem Ziel, dass zukünftig ausschließlich Einsatzerfahrene in der vorbereitenden Ausbildung eingesetzt werden, die regelmäßig die Aktualität ihrer Erfahrungen überprüfen. Perfekt, wie wir schon im jahrzehntelangen Friedensdienst nicht nur aus den jährlichen Berichten des Wehrbeauftragten bezüglich der praktizierten Menschenführung nachlesen konnten, wird es nicht werden. Dann könnten wir ja auch das Zentrum Innere Führung abschaffen und unsere Bemühungen um die Verbesserung der Ausbildung für den Einsatz einstellen.

3 Fazit

Stressimpfungsprogramme[9] existieren in der Bundeswehr nicht, Ausbildungsprogramme mit dem Ziel auf Ereignisse außerhalb bisheriger persönlicher Erfahrungen vorzubereiten und ihre möglicherweise traumatischen Folgen zu verhindern, sehr wohl. Da wir auch zukünftig unsere Soldaten bestens vorbereitet in Einsätze entsenden wollen, brauchen wir die Einsicht in die Notwendigkeit einer psychischen Vorbereitung, die ohne Begleitung und Nachbereitung allerdings obsolet wäre. Da Primärprävention, Sekundärprävention und Tertiärprävention bei Betroffenen ineinander greifen, ist vielleicht auch im deutschen Sprachgebrauch, unter Umständen sogar dann, wenn zunächst psychologische “Laien” die Ausführenden sind, der Begriff “Stressimpfung” zulässig. Denn auch ärztliches Hilfspersonal, wie Krankenschwestern, Krankenpfleger und Sprechstundenhilfen verabreichen in der (physischen) Gesundheitsprävention Spritzen, impfen. Unter ärztlicher Aufsicht, natürlich. Warum sollten dann nicht auch –unter fachlicher Aufsicht, natürlich– Stressimpfungen durch dazu ausgebildete und befähigte Soldaten gegeben werden? Nun, ich denke, das ist eine Diskussion von Begriffen. Ob wir es nun Stressimpfungsprogramm oder Präventivmaßnahme, vorbereitende Ausbildung oder Einsatzvorbereitung nennen: Die Maßnahmen des Rahmenkonzepts zur Bewältigung psychischer Belastungen bei Soldaten gehen weit über die herkömmlichen Ausbildungsziele hinaus und sind zwingend erforderlich, um viele Soldaten, möglichst alle, nicht nur psychisch, sondern auch physisch gesund aus dem Einsatz zurück zu erhalten, ihnen auch danach die psychische Gesundheit zu sichern und sie, wenn es erforderlich ist, erneut in den Einsatz zu entsenden.

---

9) *Zweite Anmerkung der Herausgeber:* Der Autor hat es dankenswerterweise übernommen, auf die Unvollkommenheit des Begriffs der “Stressimpfung” hinzuweisen. Er irrt allerdings in seiner Annahme, dass es sich hierbei um einen im Sanitätsdienst oder im Psychologischen Dienst der Bundeswehr fest eingeführten Begriff handelt. Seit Feser (1998) hat sich im Verantwortungsbereich des PsychDstBw der Begriff *Primärprävention von Belastungsstörungen* durchgesetzt.

Literatur:
Aufgabenverbund Innere Führung. (1993). Menschenführung unter Belastung, Ausbildungshilfe für die Führerausbildung in den Streitkräften, RegNr. 1 001 0001 60009, DSK FF 147520411, Koblenz.
BMVg, Fü S I 3. (2000). Rahmenkonzept zur Bewältigung psychischer Belastungen bei Soldaten, Bonn.
Crocq, L. (1997). Stress und Psychotraumatologie in Frankreich; in: "Stressbewältigung und Psychotraumatologie im humanitären Hilfseinsatz", Beiträge Wehrmedizin und Wehrpharmazie, Band 10, Thomas Sporner, (Hrsg.) beta verlag, Bonn, S. 41 ff.
Feser, H. (1998). Methoden im Truppenalltag zur Prävention von akuten Angst- und Anpassungsstörungen, Posttraumatischen Belastungsstörungen sowie Suizid. In: Arbeitsberichte Psychologischer Dienst der Bundeswehr; Nr. 1/98, Bonn, S. 21-24
Matyschock, A. & Folkerts, H.-J. (1997). Nicht jeder kommt psychisch gesund zurück. In: Truppenpraxis/Wehrausbildung, S. 718.
Meichenbaum, D. (1991). Intervention bei Stress, Anwendung und Wirkung des Stressimpfungstrainings Verlag Hans Huber, Bern, Stuttgart, Toronto, 1. Auflage der deutschen Übersetzung.
Shay, J. (1998). Achill in Vietnam, Kampftrauma und Persönlichkeitsverlust. Hamburger Edition, Hamburg, S. 29.
Stephan, C. (1998). Das Handwerk des Krieges, Rowohlt, Berlin.
Stephan, C. (2000). Das Schweigen der Männer in: Kursbuch Heft 140, "Die Väter", S. 109, Rowohlt, Berlin.
Weismor, H. (1997). Menschenführung unter Belastung, Aufgaben der Truppenführung, S. 201.

Uwe Drews:

Ausbildung von militärischen Helfern ("Peers") zur Unterstützung bei der Bewältigung von Belastungen

Die personelle Zusammensetzung von Kriseninterventionsteams, die im Rahmen der Notfallpsychologie innerhalb der Bundeswehr eingesetzt werden, umfasst keinen festen Personenkreis, sondern variiert von Einsatz zu Einsatz – angepasst an die jeweiligen spezifischen Erfordernisse der zu betreuenden Personengruppen und die Gegebenheiten vor Ort (siehe den Artikel von Weber Seiten 449 ff).
Der Leiter eines Kriseninterventionsteams, für gewöhnlich ein Diplom-Psychologe oder ein Mediziner, muss über eine spezielle Zusatzausbildung im Rahmen des "Critical Incident Stress Management" (siehe den Artikel von Willkomm Seiten 99 ff) verfügen. Dieser trägt die Gesamtverantwortung für die Durchführung der Krisenintervention.
Die weiteren Mitglieder eines Kriseninterventionsteams werden als "Peers" bezeichnet. Die deutschen Begriffe "Helfer" oder "Assistent" geben nur unzureichend die Aufgaben wieder, wie sie der amerikanische Originalbegriff umfasst: *"A companion, fellow; a person who has equal standing with another, as in rank, class, or age."*
Die Peers als Mitglieder eines Kriseninterventionsteams sollten möglichst aus dem gleichen oder zumindest einem ähnlichen Verwendungsbereich kommen wie die zu betreuenden Personen. Dieses trifft auch auf das Lebensalter zu, und hinsichtlich des Dienstgrads sollte ein nicht zu großes Gefälle vorhanden sein, um so eine hinderliche Distanz zu vermeiden.
Innerhalb der Bundeswehr wird bei psychologischen Kriseninterventionen das Verfahren des "Critical Incident Stress Management" (CISM) der International Critical Incident Stress Foundation angewendet. Das CISM ist auch unter der früher gebräuchlichen Bezeichnung "Mitchell-Modell" bekannt.
Ende Februar 2000 fand in Fürstenfeldbruck eine Arbeitstagung statt, an der Angehörige aller Einrichtungen der Bundeswehr teilnahmen, die bereits Peers ausbilden bzw. in absehbarer Zeit diese Ausbildung durchführen werden: das Zentrum Innere Führung, das Flugmedizinische Institut der Luftwaffe, das Schiffahrtmedizinische Institut der Marine und das Kommando Spezialkräfte des Deutschen Heeres. Zudem waren das Sanitätsamt der Bundeswehr und die Dienststelle des Generalarztes der Luftwaffe vertreten.
Das Ziel dieser Tagung war neben dem Erfahrungsaustausch vor allem die gegenseitige Abstimmung der Lernziele und der Stoffgliederung, um so eine möglichst einheitliche Ausbildung innerhalb der Bundeswehr zu erreichen.
Die bei Einsätzen von Kriseninterventionsteams im In- und Ausland gewonnenen Erfahrungen zeigen, dass eine möglichst weitgehende Standardisierung des Ausbildungsverfahrens unbedingt notwendig ist, denn für gewöhnlich haben Teamleiter und

Peers nicht die Zeit, sich intensiv aufeinander abzustimmen. Oft genug kommt es sogar vor, dass sich die Mitglieder eines Kriseninterventionsteams (KIT) erst am Einsatzort, unmittelbar vor Durchführung z.B. eines Debriefings, treffen. Es kann auch nicht davon ausgegangen werden, dass der Leiter eines KIT die eingesetzten Peers bereits persönlich kennt. Diese Rahmenbedingungen erfordern, dass bei allen Beteiligten ein gleichartiger Wissensstand vorausgesetzt werden muss, was sich insbesondere bei der Aufgabenteilung und Kooperation von Teamleiter und Peers, der Übernahme bestimmter Funktionen und Aufgaben in einem Debriefing, aber auch dem Umgang mit Dekompensierenden (um nur einige Aspekte zu nennen) auswirkt.
Bei den Teilnehmern an der genannten Arbeitstagung konnte schnell Übereinstimmung in allen grundsätzlichen Fragen der Peer-Ausbildung erzielt werden. So wurde, unter Einbeziehung des "Medizinisch-psychologischen Stresskonzepts der Bundeswehr", das im Entwurf vorlag, der *Lehrgangszweck* definiert: *"Der/die Teilnehmer(in) soll seine/ihre Fähigkeiten und Fertigkeiten im Bereich der psychosozialen Kompetenz so entwickeln und steigern, dass er/sie im Rahmen von Maßnahmen des Critical Incident Stress Management (CISM) in Kleingruppen und Einzelgesprächen sowie bei vorbereitenden Ausbildungen im Rahmen des Stresskonzepts der Bundeswehr erfolgreich eingesetzt werden kann."*
Die Vorgaben des Verteidigungsministeriums sehen eine zehntägige Lehrgangsdauer und die Zuerkennung einer Ausbildungs- und Tätigkeitsnummer (ATN) mit der Bezeichnung "Helfer bei Belastungsbewältigungen (Peer)" vor.
Da Peers für alle Dienstgradgruppen ausgebildet werden müssen und aus möglichst vielen Verwendungsbereichen kommen sollen, weisen die *Lehrgangsteilnehmer* am Peer-Lehrgang somit eine für die Bundeswehr bisher kaum bekannte große Heterogenität auf. Zudem sollen nicht nur Soldaten, sondern auch Sozialarbeiter(innen), medizinisches und psychologisches Assistenzpersonal sowie Angehörige der Militärseelsorge der Bundeswehr zum Peer ausgebildet werden.
Die *Teilnahmevoraussetzungen* sind bewusst global gehalten und werden nicht unnötig eingeengt:

Teilnahmevoraussetzungen:
Soziale Kompetenz **Freiwilligkeit** **Belastbarkeit**

Abbildung1

"Belastbarkeit" soll ganz allgemein verstanden werden und nicht nur den Bereich der psychischen Stabilität umfassen. Damit ist den Vorgesetzten, die Teilnehmer für einen Peer-Lehrgang vorschlagen, ein großer Ermessensspielraum für ihre Entscheidung gelassen worden.

Die *Ausbildungsinhalte* müssen sich an der Forderung orientieren, dass ein ausgebildeter Peer nicht nur Kenntnisse über die Entstehung und Wirkung von Stress und die grundlegenden Mechanismen der Stressbewältigung haben muss, sondern zudem auch über hinreichendes Wissen zum Themenbereich des posttraumatischen Stress verfügen soll. Hinzu kommt die Beherrschung von Methoden der psychologischen Selbst- und Kameradenhilfe sowie die selbständige und eigenverantwortliche Anwendung von CISM-Maßnahmen bis hin zum Defusing. Und letztlich soll ein Peer dem Leiter eines Kriseninterventionsteams auch bei der Durchführung eines Debriefings assistieren können.

Ausbildungsinhalte:
Stress und Stressverarbeitung **Entspannungstechniken in Theorie und Praxis** **Soziale Wahrnehmung, Kommunikation und Gruppendynamik** **Besonders belastende Ereignisse (Critical Incidents)** **Posttraumatic Stressdisorder (PTSD)** **Critical Incident Stress Management** **Vorbereitende präventive Unterrichts- u. Trainingsmaßnahmen** **Individuelle Krisenintervention** **Critical Incident Stress Defusing** **Critical Incident Stress Debriefing (CISD)** **Follow up-/Nachsorgemaßnahmen** **Demobilisierung und Familienunterstützung** **Standards u. Fehler bei der Durchführung von CISM-Maßnahmen** **Rolle, Rechte und Pflichten des Peers**

Abbildung 2

Bei der Peer-Ausbildung innerhalb der Bundeswehr handelt es sich um einen Lehrgang mit *Bewertung*, aber ohne Prüfung. Da es für einen erfolgreichen Einsatz als Peer nicht ausreicht, über bloßes Faktenwissen zu verfügen, sondern zudem auch die Bereitschaft vorhanden sein muss, sich den Anforderungen eines Einsatzes im Rahmen eines Kriseninterventionsteams (oder sogar auf sich allein gestellt bei Defusings und individuellen Kriseninterventionen) zu stellen und ihnen gerecht zu werden, ist es unbedingt notwendig, dass der Lehrgangsteilnehmer sich einen (möglichen) Einsatz als Peer auch selbst zutrauen muss. Als ein Kriterium soll eine Selbstauslese für die Bewertung zur Zuerkennung der ATN erfolgen, d.h. wer sich einen Einsatz als Peer gegen Ende der Ausbildung nicht zutraut, wird auch keine ATN erhalten. Als ein zweites Kriterium für die Zuerkennung der ATN gilt das Urteil der maßgeblich beteiligten Ausbilder: Mit ei-

nem zum Peer nicht geeignet erscheinenden Lehrgangsteilnehmer wird nach gegenseitiger Abstimmung der Bewertung das persönliche Gespräch gesucht, um die Defizite aufzuzeigen und die Entscheidung zu begründen.
Die Ausbildung zum Peer enthält somit nicht nur kognitive, sondern auch einen großen Anteil an affektiven Lernzielen. Neben der Heterogenität bei der Zusammensetzung der Lehrgangsteilnehmer ist dieses ein weiteres bedeutsames Element, das bei den Überlegungen zur methodischen und didaktischen Konzeption eines Peer-Lehrgangs zu berücksichtigen ist.
Die Erfahrungen zeigen, dass die *Heterogenität* des Lehrgangs zu Beginn befremdlich auf die Lehrgangsteilnehmer wirkt. Die Gegenüberstellung vermittelt einen Eindruck davon, wie vielfältig die Zusammensetzung der Teilnehmer an einem Peer-Lehrgang sein kann:

Heterogenität der Teilnehmer an einem Peer-Lehrgang:	
Lebensalter:	Anfang 20 bis über 50
Dienstgrad:	Unteroffizier bis Oberstarzt
Verwendung in der Bw:	die Vielfalt des gesamten Spektrums abdeckend
Status:	Berufs- und Zeitsoldaten, Beamte und Angestellte, Militärpfarrer
Geschlecht:	männlich - weiblich
Vorwissen:	"Interessierte" ohne Vorkenntnisse - Psychiater
Vorerfahrung:	"Unbedarfte" - ehemals Traumatisierte, die an CISM-Maßnahmen teilgenommen haben

Abbildung 3

Aber bereits im Verlauf der ersten zwei, drei Tage lösen sich die Vorbehalte und es zeigt sich, dass gerade diese Vielfalt einen großen Nutzen für die Ausbildung mit sich bringt, indem die unterschiedlichen Erfahrungen gewinnbringend in den Lehrgang integriert werden können. Bisher haben sich auch die Dienstgradunterschiede nicht negativ ausgewirkt: Es vermittelt den angehenden Peers ein Stück der auf sie (möglicherweise) zukommenden Realität eines Einsatzes, wenn Offiziere und Unteroffiziere, Soldaten und Zivilisten Seite an Seite als gleichberechtigte Peers –im wahrsten Sinne des Wortes "partnerschaftlich"– zusammenarbeiten und der Dienstgrad nur eine untergeordnete Rolle spielt.
Die Lehrgangsvoraussetzung "soziale Kompetenz" wird hier in der Praxis erlebt!

Praktische Einsatzerfahrung kann nur schwer simuliert werden – erst recht in einem Hörsaal. Wie das bloße Lesen einer Partitur nicht das Erlebnis eines Konzerts wiedergeben kann, so ist es kaum möglich, Einsatzerfahrungen durch Folien und Filme zu vermitteln. Da die Ausbildung zum Peer einen erheblichen Anteil affektiver Lernziele umfasst und zudem auch stark praxisorientiert sein muss, kommt somit der Auswahl geeigneter *Rollenspiele* eine große Bedeutung zu.

Erfahrungsgemäß reagieren die meisten Lehrgangsteilnehmer eher zögerlich, was die Beteiligung an Rollenspielen angeht. Hier gilt es die Rahmenbedingungen so zu gestalten, dass die Hürde schnell überwunden werden kann, indem verdeutlicht wird, dass es bei diesem Lehrgang nicht darauf ankommt, etwas vorzuspielen, bzw. dass schauspielerisches Talent gefordert wird, sondern dass hier eine Möglichkeit der Selbsterfahrung geboten wird. Jeder hat die Chance, etwas über sich selbst zu erfahren und für sich einzuüben – und das in einem (weitgehend) stressfreien Raum. Insbesondere ist zu verdeutlichen, dass keiner "vorgeführt" wird, dass auch niemand einen anderen der Lächerlichkeit oder der vernichtenden, ins Persönliche gehenden Kritik aussetzen soll – dennoch aber muss ein Feedback in Form konstruktiver Kritik erfolgen.

Da jeder einzelne Lehrgangsteilnehmer für gewöhnlich schnell realisiert, dass keiner eine Sonderrolle einnimmt, beginnt das Prinzip der Solidarisierung schnell zu wirken. Die Erfahrung hat zudem gezeigt, dass insbesondere bei den ersten Rollenspielen zum Thema "individuelle Krisenintervention" ein Wechsel in allen drei Rollen notwendig ist: Jeder nimmt abwechselnd die Rolle als "Opfer", als Intervenierender und als neutraler Beobachter ein. Dieses hat zwar einen hohen Zeitaufwand zur Folge, fördert aber nicht nur einen großen Lernzuwachs als Ergebnis, sondern hat auch eine enorm positive Wirkung auf das Zusammengehörigkeitsgefühl im Hörsaal. Die Lernatmosphäre wird spürbar gelöster und freier, die Distanz zwischen den Dienstgraden beginnt zu schwinden, Vertrauen unter den Lehrgangsteilnehmern wächst.

Häufig vermitteln die ersten Rollenspiele den angehenden Peers ein Gefühl der Hilflosigkeit, bei konsequenter Anwendung der vermittelten Hilfen aber zeigt sich nach und nach ein gesteigertes Zutrauen in die gewachsenen eigenen Fertigkeiten. Dieses Erfahren eigener Hilflosigkeit ist zwar nicht gewollt, wirkt sich aber gewinnbringend auf den Fortgang der Ausbildung aus: Das Bewusstsein, in Extremsituationen der psychologischen Krisenintervention (fast) nie "völlig richtig" handeln zu können, ist eine wichtige Erfahrung für die Praxis. Andererseits steigt das Gefühl, wirklich helfen zu können.

Es ist nicht gänzlich zu verhindern, dass bei einigen Teilnehmern an der Peer-Ausbildung bei Rollenspielen eine emotional aufwühlende Identifikation mit einer "Opfer-Rolle" erfolgt (durchaus auch bei denjenigen, die als Intervenierende agieren!). Hier kann es plötzlich zu einer ungewollten Konfrontation mit z.T. lange zurückliegenden eigenen Traumatisierungen kommen.

Daher sollten als Lehrkräfte unbedingt nur ganz erfahrene Teamleiter, möglichst mit klinischem Hintergrund, eingesetzt werden. Bei den Rollenspielen ist die Präsenz von mehreren Teamleitern/Ausbildern zwingend notwendig! So zeigt sich bei diesem Lehrgang deutlich, dass auch eine Simulation bzw. ein Rollenspiel unter gewissen Umständen zum "Ernstfall" werden kann, so dass für die Teilnehmer daraus ein "Einsatz" wird. Die Wirksamkeit der Methodik des CISM kann so nicht nur demonstriert, sondern selbst erfahren werden.

Ein derartiges Vorgehen mag grundsätzliche Fragen der Verantwortungsethik aufwerfen und möglicherweise auch zum Widerspruch bei Außenstehenden führen, wenn bei einem Lehrgang diejenigen, die lernen wollen, anderen zu helfen, plötzlich selbst zum Objekt der Hilfe werden. Dabei ist aber zu bedenken, dass ein psychisches Dekompensieren von Lehrgangsteilnehmern kein Ziel, auch nicht als ein "hidden objective", dieser Ausbildung ist; zum zweiten ist ein derartiges Verhalten bei einer auch nur ansatzweisen realistischen Simulation nie auszuschließen, da psychische Stabilität nicht zwangsläufig bewusstseinspflichtig ist. Zudem ist es irreal anzunehmen, dass ein Peer jederzeit und in jeder Situation frei von belastenden eigenen Erfahrungen und Problemen ist. Im Gegenteil: Ein angehender Peer, der seine eigenen Grenzen kennt (und erfahren hat) ist sicherlich besser geeignet als jemand, der sich selbst überschätzt und dann im Einsatz zu einer zusätzlichen Bürde für alle Beteiligten wird. Andererseits hat die Erfahrung immer wieder gezeigt, dass gerade diejenigen Personen, die selbst mit derartigen Problemen konfrontiert waren und die Hilfe durch CISM-Maßnahmen erfahren haben, weitaus mehr Empathievermögen zeigen als andere und damit auch als Peer zu überzeugen verstehen.

Wollte man derartige Reaktionen völlig zu unterbinden versuchen, so kann dieses nur zu Lasten der Praxisnähe realisiert werden, was wiederum zu starken Einbußen in der Qualitätssicherung des Ausbildungserfolges führen würde. Die Folge wären schlechter ausgebildete und damit weniger qualifizierte Peers. Der bloße Besitz einer Brille allein verleiht dem Analphabeten noch nicht die Fähigkeit zum Lesen!

Es hat sich zudem bewährt, wenn erfahrene Peers –zumindest während der zweiten Woche– an dem Lehrgang teilnehmen. Dieses muss nicht unbedingt in der Rolle einer Lehrkraft sein, sondern kann sich in der einfachen Präsenz und Ansprechbarkeit bzgl. der Einsatzerfahrungen positiv auswirken. Mit der Schilderung der Eigenerlebnisse wird jede Ausbildung bereichert und gewinnt zudem an Authentizität.

Überhaupt ist im methodischen Bereich ganz generell einer induktiven Unterrichtung der Vorzug zu geben: Die Orientierung am Beispiel ist in der Peer-Ausbildung nicht wegzudenken!

Dieses hat wiederum Auswirkungen auf die Qualität der *Ausbilder*: Der Peer-Lehrgang erfordert nicht nur die nahezu ständige Präsenz von mindestens zwei, besser noch drei Lehrkräften, sondern diese müssen unbedingt über ein großes Erfahrungsspektrum in der Anwendung von CISM-Maßnahmen verfügen. Mindestens einer der Ausbilder muss zudem Erfahrung in der Anwendung und der Vermittlung von Entspannungsverfahren wie dem Autogenen Training und/oder der Progressiven Muskelentspannung haben.

Der Peer-Lehrgang bietet für zwar bereits ausgebildete aber noch wenig Einsatzerfahrung besitzende Teamleiter die Möglichkeit, Praxis zu erleben, indem sie als Teamleiter bei den (Rollenspiel-)Debriefings im Rahmen der Peer-Ausbildung fungieren. Dieses entlastet zudem die Ausbilder, die sich dann noch intensiver der Beobachtung der agierenden Peers widmen können.

Die Auswertung der Lehrgangskritiken zeigt, dass die hohen Erwartungshaltungen mit einer umfassenden, stark praxisorientierten Ausbildung erfüllt werden können, so dass die neu ausgebildeten Peers sich einen Einsatz im Rahmen eines Kriseninterventionsteams zutrauen. Zudem ist deren Bewährung in der vorbereitenden Ausbildung in ihrer Einheit sowie in einem Einsatz der beste Beweis für eine gute Ausbildung.

Hans-Jürgen Folkerts:

Die VN-Ausbildung in HAMMELBURG

1 Entwicklung

Parallel zu den politischen Entwicklungen anfangs der 90er Jahre zeichnete sich für die Bundeswehr das neue Aufgabenspektrum ab. "Out of Area" war das Reizwort der Zeit.

Mit der Grundsatzentscheidung des Bundesverfassungsgerichtes vom 12.07.94 war entsprechende Rechtssicherheit gegeben. Startschuss für die Einrichtung des VN-Ausbildungszentrums der Bundeswehr (VNAusbZ Bw) an der Infanterieschule war die vorbereitende Ausbildung der Heereskontingente für den Einsatz in SOMALIA (UNOSOM II) im Herbst 1993. Gleichzeitig wurden Lehrgänge für militärische Führer und für Militärbeobachter konzipiert und zunächst als Modell durchgeführt.

Zwischenzeitlich haben knapp 50.000 Soldaten, die Masse davon im Rahmen der Kontingente inzwischen mit Schwerpunkt BALKAN, eine Ausbildung am VNAusbZ Bw durchlaufen.

Auftrag und Gliederung wurden kontinuierlich an die jeweiligen Entwicklungen und Erfordernisse angepasst.

2 Derzeitiger Auftrag

- Ausbildung der deutschen Kontingente für SFOR und KFOR; dabei Ausbildung der Einsatzverbände in Form von Truppenausbildung und Ausbildung der Ausbilder (AdA) der Einsatzunterstützungskräfte;
- Weiterentwicklung dieser Kontingentausbildung in konzeptioneller Hinsicht;
- Ausbildungsberatung im Coachingprinzip;
- Ausbildung von Militärbeobachtern und militärischen Führern für Einsätze im erweiterten Aufgabenspektrum in Lehrgangsform;
- Erarbeitung und Weiterführung von Konzepten zum Schutz und Kampf gegen irreguläre Kräfte in den Feldern Raum-, Objekt-, Konvoischutz und Schutz anvertrauter Personen;
- Einweisung zivilen Personals des Auswärtigen Amtes und von Journalisten in Kurzlehrgängen;
- Ausbildung für die Teilnahme an Übungen im Rahmen des NATO-Programms "Partnerschaft für den Frieden".

3 Gliederung

Angesichts der eingangs bereits erwähnten bisherigen Entwicklung der organisatorischen Strukturen des VNAusbZ Bw und dessen Eingliederung in die Infanterieschule –die letzte Organisations-Änderung erfolgte zu Beginn des Jahres 2000– und der bevorstehenden Reform der Bundeswehr insgesamt, kann der Blick auf die derzeitige Gliederung tatsächlich nur eine "Momentaufnahme" (September 2000) sein.

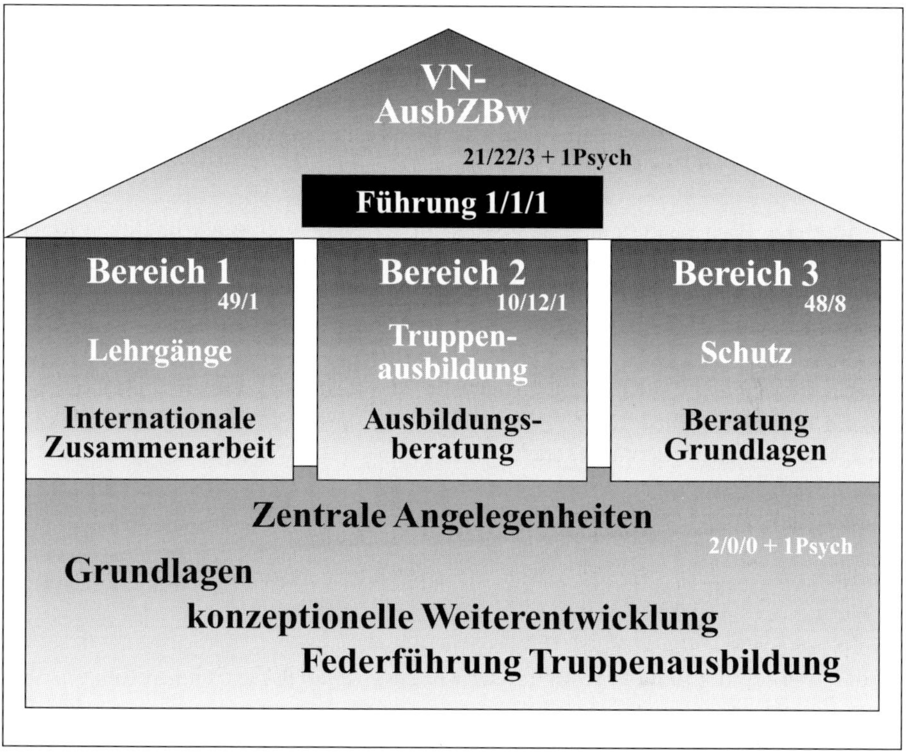

Abbildung 1: Gliederung des VNAusbZ Bw an der Infanterieschule im Jahr 2000

4 Ausbildungsziel

Ausführung des Auftrages und möglichst unbeschadete Rückkehr ist kurz und bündig das Ziel aller Ausbildungsanstrengung.

Daran hat sich trotz aller *variablen* Einflüsse wie z. B.:

- Nationale Gesetze des jeweiligen Kontingent stellenden Staates,
- Gesetze, oder "Gesetzmäßigkeiten" des Aufnahmelandes bzw. des Aufnahmegebietes,
- Völkerrecht,
- Bestimmungen, die sich aus dem Vertragskatalog ergeben, wie etwa Stationierungsabkommen, Militärtechnisches Abkommen, usw.,
- Gesetzmäßigkeiten, unter denen Angehörige anderer beteiligter Nationen stehen (Das erfordert u. a. Interoperability: Die Fähigkeit, mit Angehörigen anderer Nationen innerhalb und inzwischen auch außerhalb der NATO zusammen arbeiten zu können, ist gefragt, auch ein Teil des umfassenden Begriffes interkulturelle Kompetenz),

nichts geändert.

Von entscheidendem Gewicht sind die Regeln für den Einsatz (ROE's[1]). Sie werden auf der Grundlage des jeweiligen Mandats für jeden Einsatz speziell entwickelt und erlassen und sind Teil des rechtlichen Rahmens für den bestimmten Einsatz. Damit sind sie eine wesentliche Grundlage für die Ausbildung, besonders für die vorbereitende Ausbildung in einem bestimmten Kontingent; aber eben immer unterschiedlich.
Ein Beispiel: Der Rechtsrahmen und damit Rechte und Pflichten in der Umsetzung des Auftrages des Soldaten der Bundeswehr im Einsatz in Somalia unterscheidet sich erheblich von dem im Einsatz im Kosovo.

Die Tatsache, dass für Soldaten unterschiedlicher Nationen unterschiedliche ROE's gelten, macht dieses Regelwerk noch komplizierter, soll aber hier nicht weiter betrachtet werden.

Weitere Variable sind:
- Zusammensetzung der Kontingente, sowohl national als auch international, gemeint ist die Task Force Gliederung,
- Stärke der deutschen Kontingente,
- Einsatzaufträge,
- Einsatzgebiete und damit Kulturkreise, kurz: Land und Leute.

Neben diesen, mehr oder weniger auf der Hand liegenden Einflussgrößen, bildeten sich im Verlauf der insgesamt doch recht kurzen Zeit weitere heraus:
- Kohäsion als wichtiger Faktor für das Stressmanagement,
- didaktisch-methodische Entwicklungen wie etwa KOFTRA[2] und Dialogisches Prinzip,
- Erkenntnisse aus den Einsätzen,
- Organisatorische Rahmenbedingungen und nicht zuletzt:
- Personalwechsel in Führungspositionen.

Konstante Einflüsse auf das Ausbildungsziel sind:
- Handlungskompetenz und
- Unversehrtheit.

5 Zielfelder des Gesamtspektrums der Ausbildung

5.1 Schutz

Der Schutzgedanke gilt der Abwehr aller Gefährdungen im Einsatz, z. B.:
- latente Minengefahr,
- Heckenschützen,

1) Rules of Engagement
2) KOFTRA: Kombinierte Führer- und Truppenausbildung, siehe Abschnitt 6

- verdeckt agierende Gruppierungen,
- kriminelles Potenzial,
- Klimaeinflüsse,
- Landesgesetze und Gepflogenheiten.

Schutz ist nicht nur physisch sondern auch psychisch zu begreifen. Die Bedeutung der physischen und psychischen Selbst- und Kameradenhilfe hat hier ihren festen Platz.

5.2 Internationalität

Unter diesem Stichwort sollen zunächst die "selbstgemachten" Eigentümlichkeiten des Einsatzes zusammengefasst werden, z. B.
- teilstreitkraft-, truppen- und waffengattungsübergreifende Zusammenarbeit und
- internationale Zusammenarbeit im eigenen Bereich.

Auch unterschiedlichste Ansprechpartner im Einsatz (reguläre Truppen, Milizen unterschiedlicher Legitimation, zivile Organisationen, nationale und internationale Regierungsorganisationen und Nichtregierungsorganisationen (GO's und NGO's[3]) erfordern eine neue Flexibilität und Vielseitigkeit. *"Interkulturelle Kompetenz"* ist auch hier das entscheidende Stichwort.

5.3 Mandat

Sowohl die politische, ethische, rechtliche Legitimation des Einsatzes, die sicher für den Einsatzwillen entscheidende Bedeutung hat, als auch die rechtlichen Rahmenbedingungen während des Einsatzes sind Teil des Mandates. Politische Bildung erhält somit eine umfassendere, für viele eine neue Dimension. Sie ist in die Ausbildung am VNAusbZ Bw integriert.

Militärisches Handeln –vor allem unter Beachtung der Rules of Engagement– ist einzuüben, weil hierin die wesentliche Unterscheidung zum herkömmlichen, militärischen Einsatz begründet ist.

5.4 Stressmanagement

Belastungen, hervorgerufen durch Einzelsituationen und die Belastungen durch den Einsatz insgesamt sind zeitgerecht zu erkennen und zu verarbeiten, wenn eine unbeschadete Rückkehr gewährleistet werden soll. Da nur das funktioniert, was geübt wurde, gehört als integraler Bestandteil die praktische Anwendung von schnell wirkenden Entspannungstechniken wie
- Atemtechniken,
- isometrische Übungen und
- positives Denken

3) GO: Governmental Organizations; NGO: Non Governmental Organizations

aber auch psychische Selbst- und Kameradenhilfe zur Ausbildung in der einsatzvorbereitenden Ausbildung (EVA) und den Lehrgängen.
Regelmäßig finden Einsatznachbesprechungen statt. Standard bei der EVA: Kein Tag endet ohne Einsatznachbesprechung.
Nicht nur in Planübungen sondern auch in praktischer Ausbildung werden geübt:

- Herauslösen von Kräften und Umgliederung auf Grund erhöhter psychischer Belastungen,
- Einsatz von Kriseninterventionsteams (KIT),
- Debriefings.

Der organisatorische Rahmen der EVA ist aus dem folgenden Schaubild zu ersehen.

Abbildung 2: Aktuelle Konzeption der EVA für KFOR. (Deutlich wird die Bedeutung des praktischen Dienstes. Dieser ist auch in den Lehrgängen Schwerpunkt.)
Beim Herausbilden von Handlungskompetenz auf den Führungsebenen Zug bis Bataillon haben sich eine Reihe von methodischen Prinzipien als erfolgreich herausgestellt.

6 Methodik der Ausbildung
6.1 KOFTRA

Die kombinierte Führer- und Truppenausbildung fördert das gegenseitige Vertrauen und damit die Gruppenkohäsion. Sie wird dadurch auch zu einem wesentlichen Element der Stressbewältigung.

6.2 Dialogisches Prinzip

Die ständige Begleitung der jeweiligen Ausbildungsgänge durch den Dialog zwischen Ausbildern und Auszubildenden untereinander und miteinander fördert die geistige Durchdringung und gefühlsmäßige Verarbeitung der jeweiligen Ausbildungsabsichten.

6.3 Bilder im Gelände

Schwerpunkt aller Ausbildung am VNAusbZ Bw ist der praktische Dienst. An Hand von Lagen, die als Bilder ins Gelände gestellt werden, durchlaufen Führer und Truppe ihr Handlungstraining.

Das gemeinsame Stellen von Bildern im Gelände und die Ausbildung an Hand dieser Bilder vermittelt Handlungsanleitungen auf verschiedenen Ebenen. Diese Bilder werden von Rollenspielern, sogenannten Role Players dargestellt. Ihre Aussagekraft hängt davon ab, wie realistisch diese Darsteller eine Lage zum Leben bringen. Die Vorbereitung erfordert besondere Sorgfalt und ist zeitaufwendig.[4]

6.4 Wiederholung

Ständiges Wiederholen, variantenreiches Handlungstraining, oder, um im militärischen Sprachgebrauch zu bleiben: Drill –Wiederholung bis zur Unwiderstehlichkeit– führt zur Handlungssicherheit.

Die Sicherheit, vor Überraschungen weitgehend gefeit zu sein, für Aufträge die nötige Handlungskompetenz zu besitzen, ist ein weiteres wesentliches Element der Stressbewältigung.

Insgesamt kommt es darauf an, die Ausbildungsstationen so festzulegen, dass sich Einzelelemente aus den Zielfeldern immer wieder erkennen lassen. Insofern ist sicherzustellen, dass auch einsatzbedingte Stressoren in die zu stellenden Bilder eingebaut sind, um ihre Bewältigung auszubilden.

Können + Wissen + Selbstüberzeugtheit = Handlungskompetenz

7 Einsatzbereitschaft

Folgt man der Argumentation, dass zur Einsatzbereitschaft neben der Einsatzfähigkeit auch der Einsatzwille gehört, muss an dieser Stelle auch wenigstens kurz auf den Einsatzwillen eingegangen werden.

4) Vergleiche hierzu den Artikel von Bucher in diesem Buch (Seiten 135 ff)

Die Begündung des Einsatzes und seine Legitimation muss Gegenstand der politischen Bildung sein und gehört damit im weitesten Sinn zur Ausbildung. Letzlich geht es um die Frage, welche Interessen der Bundesrepublik Deutschland es wert sind, dass Soldaten mit allen bekannten Konsequenzen eingesetzt werden.
Die Stressoren, die sich nicht unmittelbar aus dem Einsatz ergeben, sondern mehr im persönlichen Bereich des Einzelnen und dessen Umfeld liegen, und deren Verarbeitung sollen an dieser Stelle der Vollständigkeit halber nicht unerwähnt bleiben, weil sie mindestens bei den informellen Pausengesprächen zum Gegenstand werden.

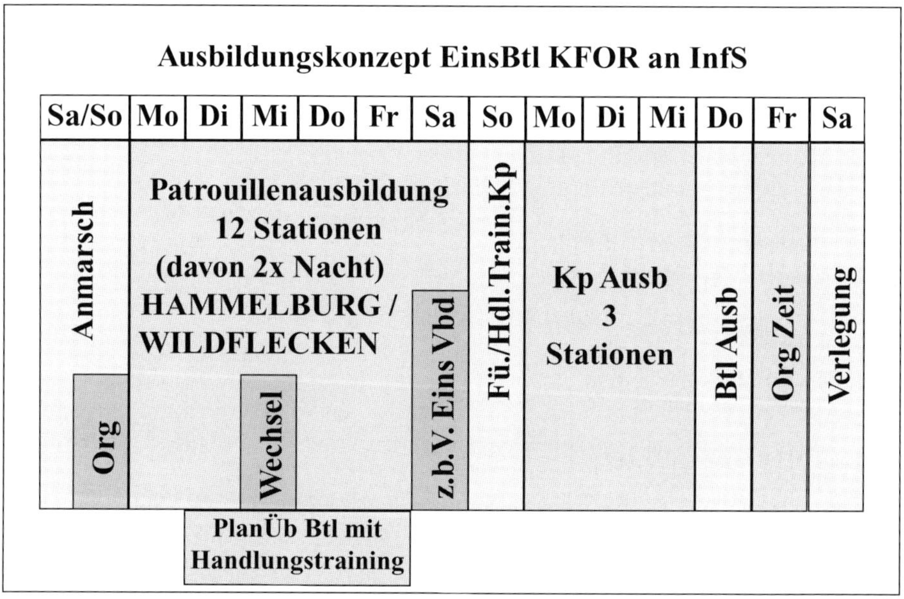

Abbildung 3: Kompetenz im Einsatz ist der Schlüssel zum Erfolg

8 Schlussbetrachtung

Die Aktualität dieser Ausbildung lebt von den Rückmeldungen aus dem Einsatzland. Die Verhältnisse dort, besser noch deren Wandel, führen zur ständigen Nachsteuerung des Ausbildungsgeschehens. Manchmal sind das nur Nuancen in einzelnen Bildern, manchmal werden ganze Stationen neu gestaltet oder gar ausgetauscht. Es war auch schon notwendig, Lehrgänge und Truppenausbildung neu zu konzipieren. Routine oder gar Stillstand verbieten sich von selbst.
Die Qualität und Attraktivität ist inzwischen weltweit anerkannt; zahlreiche Besuche von Politikern und ranghohen Militärs aus allen Erdteilen belegen dies in eindrucksvoller Weise.
Die Herausbildung von Handlungs-, sozialer, Werte- und mentaler Kompetenz ist und bleibt unser zentrales Anliegen.

Eckhard Bucher:

Truppenpsychologische Aspekte der Kontingentausbildung am VN-Ausbildungszentrum der Bundeswehr

1 Fallbeispiel

Szenario: Ein Bus, besetzt mit deutschen VN-Soldaten in Uniform, befindet sich im Einsatzgebiet auf der Rückfahrt von einer Betreuungsmaßnahme zurück ins Feldlager. Die Stimmung der Soldaten ist locker und gelöst. Ein Soldat ist mit einer Pistole bewaffnet. Die Waffe ist teilgeladen und gesichert. In einer Ortsdurchfahrt wird der Bus plötzlich von zwei Fahrzeugen blockiert; ein Fahrzeug prescht vor den Bus, das andere blockiert ihn von hinten Es geht weder vor noch zurück. Von den beiden Fahrzeugen springen einige vermummte Gestalten und stürzen auf den Bus zu. Sie sind bewaffnet. Einer von ihnen bedroht den Busfahrer mit einer Panzerfaust und bedeutet ihm unmissverständlich, unverzüglich die Bustür zu öffnen. Mit lautem Geschrei dringen die Bewaffneten in den Bus ein und bedrohen die Insassen.

2 Ausbildungsziele

Ein typisches Bild auf dem Übungsplatz in Hammelburg. Nach nur kurzer Einweisung (“Worauf kommt es hier an?”) werden die Kontingentsoldaten in eine realistische Handlungssituation versetzt, in der sie sich bewähren müssen. Nicht die Anhäufung bloßen Wissens wird angestrebt, sondern die Vermittlung von Handlungssicherheit in Lagen, die eine Lernübertragung (“Transfer”) in strukturell ähnliche Situationen ermöglichen. Diese Handlungssicherheit fördert indessen solides, auf Können beruhendes Selbstbewusstsein. Dieses wiederum begünstigt die Handlungssicherheit. Ein derartiger Kreisprozess steigert die Bereitschaft der Soldaten, Handlungsverantwortung zu übernehmen, indem sich alle an auf dem Übungsplatz gestellten “Bildern” orientieren können, in denen sie sich bereits als Handelnde bewährt haben (“Für mich nichts Neues!”). Diese Bilder können für das künftige Einsatzland typisch sein, manchmal aber auch ein “worst case scenario” darstellen.
Man erkennt leicht, dass das gerade erwähnte Bus-Szenario nichts anderes darstellt als in die Praxis umgesetzte Psychologie: Bewährte Theorien und Grundprinzipien werden handlungsleitend auf alltägliche oder auch gefährliche Situationen übertragen. Wichtig bei unserem Fallbeispiel ist, dass der Führer im Bus (entweder der durch Dienstgrad oder Dienststellung legitimierte Vorgesetzte oder aber auch der “informelle Führer”, der plötzlich die Initiative übernimmt) erkennt, dass es in dieser lebensbedrohlichen Situation mit hohem Eskalationspotential darauf ankommt, alle seine Män-

ner möglichst heil und gesund aus dieser Lage herauszubringen und unter allen Umständen ein drohendes Blutbad zu vermeiden. Deeskalation und Konfliktentschärfung ist hier die Devise! Wie setzt man nun aber die hier geforderte Verbindung von "Entschlossenheit" und "Besonnenheit" in die Praxis um?

3 Das Rollenspiel als Methode der militärischen Ausbildungspraxis

Das militärische Rollenspiel ist die Methode der Wahl im Verhaltenstraining bei der Vorbereitung der Kontingentsoldaten für Auslandseinsätze. Unbestritten ist, dass das Rollenspiel eine sehr bewährte Methode darstellt, auch komplexe Handlungs- und Verhaltensmuster unter realistischen Bedingungen zu simulieren. Insbesondere bei der Ausbildung bzw. Verbesserung der *Sozialen Kompetenz*, der *Führungskompetenz*, der *Interkulturellen Handlungskompetenz* ist das Rollenspiel eine herausragende Ausbildungsmethode. Auch wenn es darum geht, kritische Selbsteinsicht in die Motivierung eigenen Handelns zu vermitteln, hat sich das Rollenspiel sehr bewährt.
Wird das Rollenspiel zudem noch mit *videogestützter Rückmeldung* gekoppelt, ist es als handlungsorientierte Ausbildungsmethode beinahe "unschlagbar". Dies gilt aber nur dann, wenn bei dieser Methode einige Spielregeln, um nicht zu sagen: Sicherheitsbestimmungen, strikt eingehalten werden. Geschieht dies nicht, entwickeln sich "Aktionismus", "Bauerntheater", "geschmacklose Verrohungsszenen" bis hin zu traumatischen Persönlichkeitsstörungen der Beteiligten.

4 Ausbildungsinhalte

Wesentliche truppenpsychologische Ausbildungsbereiche bei der Kontingentausbildung sind insbesondere:
- Führung unter Belastung, Dimensionen von Führung;
- Verhalten bei Geiselnahme und Gefangenschaft;
- Umgang mit Verwundung und Tod;
- Wirksames Stress-Management ("Coping-Strategien");
- Interkulturelle Handlungskompetenz;
- Methoden der Deeskalation, der Konfliktentschärfung;
- Umgang mit demonstrierender, gewaltbereiter Bevölkerung;
- Verhandlungsführung, Gesprächsführung, Gesprächsaufklärung;
- Wirksame Faktoren der Reintegration nach einem Einsatz.

Immer wird angestrebt, diese Ausbildungsfelder handlungsorientiert zu vermitteln. Worte belehren nur, Beispiele und Bilder besitzen jedoch handlungsleitenden Aufforderungscharakter.
Dabei werden wichtige Aspekte der genannten Ausbildungsfelder in Form einer Stationsausbildung exemplarisch thematisiert und die Möglichkeiten von Lernübertragungen auf strukturell ähnliche Situationen dargestellt.
Beim oben geschilderten Bus-Szenario erkennt der Kontingentsoldat, dass es psycho-

logisch durchaus wirksame und auch erlernbare Methoden gibt, die es ermöglichen, einen Konflikt mit großem Eskalationspotenzial zu managen, d. h. ihn zu einem unblutigen Ende zu bringen. Ferner wird ihm die Wirksamkeit auch kurzfristig einsetzbarer und wirksamer Entspannungstechniken hautnah deutlich.
Da dieses Szenario für alle Beteiligten –für die Businsassen wie auch für die in die Funktion der "Milizionäre" geschlüpften Rollenspieler– emotional ungemein belastend wirkt, wird die Bedeutsamkeit eines entlastenden "Debriefings" auch weiterhin deutlich, eines Debriefings, das in der Form einer ausführlichen Übungsnachbesprechung durchgeführt wird.

5 Wechselwirkung zwischen Ausbildungsinhalt und -methode

An dieser Stelle wird deutlich: Die truppenpsychologischen Anteile und Aspekte der Kontingentausbildung am VN-Ausbildungszentrum müssen sowohl auf die auszubildenden Kontingentsoldaten als auch auf die Rollenspieler abzielen. Nur durch die *"Rollenspieler"* wird eine effiziente Ausbildung möglich. Damit sind die Rollenspieler Leitungspersonal und keineswegs bloße "Theatertruppe"! Dieser Aspekt muss fortwährend im Auge behalten werden und soll im folgenden vertieft werden.
Häufig taucht am Ende einer Rollenspielepisode die Frage auf, wer denn nun "gewonnen" habe, die in Funktionsrollen eingesetzten Rollenspieler oder die Auszubildenden. Diese Fragestellung spiegelt die Vorstellung wider, dass es bei jeder Interaktion zweier Parteien zwangsläufig einen "Gewinner" und einen "Verlierer" geben müsse. Bei einem militärischen Rollenspiel ist dies naturgemäß nicht immer der Fall. Die Rollenspieler stellen –möglichst gut und möglichst realistisch– ein bestimmtes Szenario dar, und dieses Szenario wird zu einer Aufgabe für die übenden Kontingentsoldaten, die sie zu lösen haben. Gelingt dies, ist der Auftrag beider Gruppen erfüllt und beide haben "gewonnen", nämlich im Sinne des übergeordneten Auftrages, die Kompetenz zu situationsangemessener Handlungssicherheit zu trainieren.
Bei der Ausbildung ist jederzeit sicher zu stellen, dass die militärischen Rollenspieler *kritische Rollendistanz* wahren können: Sie schlüpfen zwar zeitweilig in eine Funktionsrolle ("Heckenschütze", "Bürgermeister", "Demonstrant" etc.), dürfen jedoch niemals in ihrer wahrgenommenen personalen Identität mit dieser Rolle verschmelzen. Wird ein Mensch identisch mit seiner Rolle, wäre dies eine Beschädigung seiner Person, die mit unserem Menschenbild nicht in Einklang steht. Deshalb einige Hinweise, wie unter psychologischer Perspektive in der Ausbildung zu verfahren ist, damit jederzeit kritische Rollendistanz gewahrt bleibt.

6 Rollen-Management

Bedeutsam ist, dass die künftigen Rollenspieler unter sachkundiger Anleitung einmal einfühlsam *in die Rolle hineingeführt*, sie dann sorgsam *in der Rolle geführt* und sie schließlich wirksam *aus der Rolle herausgeführt* werden.

6.1 In die Rolle hineinführen

Wichtig ist zunächst die Auswahl des Personals, insbesondere müssen die Schlüsselrollen (die "key role players") mit Sorgfalt besetzt werden. Gewiss, jeder Rollenspieler ist in seiner noch so simplen Rolle für den Gesamtzusammenhang bedeutsam. Es gibt aber auch Rollen, die zum Angelpunkt der Ereignisse werden, etwa so, wie sich eine schwere Stahltür in einem winzigen Edelsteinlager dreht. Als Beispiel diene der "Milizenführer" der Ausgangslage. Wohl niemand würde diese Rolle mit einem als schüchtern eingeschätzten Soldaten besetzen. Eher käme man wohl auf die Idee, einen im Kameradenkreis als "Rambo" titulierten Mann in dieser Rolle einzusetzen. Aber weit gefehlt! Die Rolle des Milizenführers darf nur von einem gereiften, in sich selbst ruhenden Menschen besetzt werden, der sich nicht andauernd vor sich selbst und den Kameraden "beweisen" muss. Besetzt man die Rolle mit dem "Rambo", können schwere Persönlichkeitsstörungen insbesondere dann auftreten, wenn diese Rolle über einen längeren Zeitraum mit vielen Durchgängen zu übernehmen ist.

Das Prinzip der Freiwilligkeit sollte stets gewahrt bleiben. Freiwilligkeit bewirkt Engagement in der Rolle. Die auszubildenden Soldaten entdecken schnell die Lustlosigkeit eines in seine Rolle gepressten Mannes; die Ausbildung leidet Schaden.

Rollenwechsel bzw. Rollentausch müssen jederzeit auch ohne Gesichtsverlust möglich sein. Bei längeren Durchgängen empfiehlt es sich immer, insbesondere die Schlüsselrollen mehrfach zu besetzen. Ein möglicher Ausfall wegen Krankheit ist ein ganz trivialer Grund. Zum anderen kommt noch der Faktor der "psychischen Sättigung" hinzu, der Lustlosigkeit begünstigt.

Ebenfalls mag auch mancher Rollenspieler bei kritischer Selbsteinsicht feststellen, dass er mit seiner ursprünglich favorisierten Lieblingsrolle nicht zurechtkommt und lieber eine andere Rolle übernehmen möchte. Wenn dann aus einem Milizenführer ein einfacher Milizionär wird, darf dies nicht als sozialer Abstieg gewertet werden.

Bei den meisten komplexen Interaktionsmustern gibt es bisweilen "Knackpunkte", an denen sich Erfolg oder Misserfolg eines Handlungsgefüges anbahnen. (Wenn etwa im Busbeispiel auf die laut gestellte Frage des Milizenführers "Who is the leader of you?" niemand der Businsassen die Initiative ergreift, alle wie die Ölgötzen vor sich hin starren und schweigend verharren...). Diese "Knackpunkte" müssen in Theorie und Praxis sorgsam erkannt werden, weil an diesen Punkten Handlungsalternativen, ja auch Hilfen(!) für die Auszubildenden angeboten werden müssen. Es darf nicht der Eindruck erweckt werden, als sollten die Auszubildenden "vorgeführt" werden. An diesen "Knackpunkten" stellt sich insbesondere für die "key role players" die pädagogisch-didaktisch wichtige Aufgabe, den Auszubildenden auch manchmal "auf die Sprünge" zu helfen.

6.2 In der Rolle führen

Besonders in Ausbildungsgängen, bei denen viele Auszubildende stationsweise über den Ausbildungsparcours geführt werden und die Rollenspieler auf ihrer jeweiligen Station verbleiben, stellt sich häufig das Problem, dass die Rollenspieler immer "besser" bzw. routinierter werden und die Auszubildenden stets mit einem jeweils konstanten Ausbildungsniveau an der Station erscheinen. Dies führt dann dazu, dass die zu bewältigende Ausbildungsaufgabe für die Auszubildenden immer schwieriger wird. Auch neigen die Rollenspieler –mehr oder weniger bewusst– dazu, immer noch "einen drauf zu setzen", um die Ausbildung noch spektakulärer zu gestalten. Hier ist Dienstaufsicht dringend geboten; einmal, um einen konstanten Ausbildungserfolg sicher zu stellen, zum anderen, um zu gewährleisten, dass das komplexe Rollenspiel nicht aus dem Ruder läuft. Die Rollenspieler müssen sorgsam und auch konsequent in ihrer Rolle geführt werden.

6.3 Aus der Rolle herausführen

Im Showgeschäft gilt der überaus wichtige Grundsatz: Nach dem Theater wird abgeschminkt! Hamlet geht als Herr Meier nach Hause, und Ophelia trägt in ihrer Freizeit kein Theatergewand. Das "Abschminken" als bewusstes Ausklinken aus der Rolle ist wichtig, damit jederzeit kritische Rollendistanz gewährleistet bleibt.

Zwingend erforderlich ist es, dass Rollenspiel, übriger soldatischer Dienst und Freizeit institutionell getrennt werden ("Dienst ist Dienst und Schnaps ist Schnaps"). Dies bezieht sich auch auf Uniform, Gruß und Anrede. Die Rollenspieler erscheinen zum Dienst in Uniform und ziehen sich entsprechend ihrer Rolle um, nach Dienst umgekehrt. Es darf nicht geschehen, dass Rollenspieler aus welchen Gründen auch immer sich nach Dienst noch in ihrer Rollenspielermontur bewegen. Außerhalb des Rollenspiels ist die Anrede ebenfalls nicht "Hey, bodyguard!" sondern der soldatischen Gepflogenheit entsprechend. Militärische Rituale wie eben Uniform, Gruß und Anrede dienen auch dazu, kritische Rollendistanz einzuhalten bzw. wiederherzustellen.

Nach jedem Durchgang, besonders aber zum Dienstschluss ist eine Nachbesprechung des tagsüber Erlebten ("Debriefing") durchzuführen. Bereits die Verbalisierung emotionaler Erlebnisinhalte bewirkt eine Distanzierung von der übernommenen Rolle.

Zwischen den einzelnen Durchgängen ist den Rollenspielern freie Zeit, auch frei für sie selbst verfügbare Zeit einzuräumen, damit das Erlebte gedanklich verarbeitet werden kann. Gemeinsamer Sport, gemeinsame Spiele und Entspannungsübungen zwischen den einzelnen Rollendurchgängen bewirken, dass man auch "mal auf andere Gedanken" kommt. Militärische Fort- und Weiterbildung der Rollenspieler ist wichtig. Ein als "Heckenschütze" über längeren Zeitraum eingesetzter Rollenspieler versieht tage- oder sogar wochenlang die ihm übertragene Rolle z.B. eines Verbrechers(!). Er wird seine Rolle in einem anderen Licht sehen, wenn er z. B. grundlegende Dinge über den Stellenwert des Partisanenkrieges im letzten Weltkrieg erfährt. Vermehrtes Wissen schafft immer Rollendistanz.

Nach jedem Rollendurchgang ist es sinnvoll, Rollenspieler und Auszubildende zusammenzubringen und vorzustellen. Jeder berichtet, wie er sich selbst und die anderen in ihrer jeweiligen Rolle erlebt hat. Angemessenes wechselseitiges Lob fördert die Motivation beider Gruppen. Auf jeden Fall ist sicherzustellen, dass Rollenspieler und Auszubildende nicht im Streit und Frust auseinandergehen sondern in dem Bewusstsein, im Rahmen eines übergeordneten Auftrages und Ausbildungszieles gemeinsam gehandelt zu haben. Dies verbindet beide Gruppen.

Dietegen Guggenbühl:

Die Vorbereitung von Feuerwehrleuten und Rettungskräften auf belastende Erlebnisse[1]

1 Einleitung

1996 kamen in der Schweiz beim Brand einer Papierfabrik alle drei Männer einer Atemschutzgruppe einer freiwilligen Feuerwehr ums Leben. Die betroffene Bevölkerung war bestürzt und in den Feuerwehren und anderen Rettungsorganisationen zeigte sich Rat- und Hilflosigkeit.
Auf eine Anregung aus dem schweizerischen Roten Kreuz hin versammelten wir Männer und Frauen aus Rettungsorganisationen, um gemeinsam die Ausbildung von Laien als Debriefer zu besprechen. Das Echo war positiv, und wir beschlossen, eine derartige Ausbildung im Juni 1997 als Versuch zu wagen.
Unser damaliges Ziel war es, die 20 Teilnehmer in einem dreitägigen Kurs so weit mit dem Debriefing nach MITCHELL vertraut zu machen, dass sie entscheiden könnten, ob sie im Bedarfsfalle ein Debriefing mit ihren Berufskolleginnen und -kollegen selbst durchführen oder dafür Fachleute zuziehen möchten.
Der Kurs fand Anklang: Die Teilnehmer schätzten es, dass die psychischen Reaktionen bei außerordentlichen Ereignissen ohne zu werten besprochen wurden und dass sie auch lernten, auf welche Art das Leiden der Betroffenen gemildert werden kann. Wir sahen den Erfolg des Versuches vor allem darin, dass es uns gelungen war, eine Atmosphäre zu gestalten, die es den Teilnehmern ermöglicht hatte, recht frei von ihren Gefühlen zu sprechen.
Als Organisatoren fanden wir, dass der Versuch grundsätzlich gelungen war und beschlossen, vorerst jährlich zwei bis drei solcher Kurse auszuschreiben.
Auf Grund der gemachten Erfahrungen modifizierten wir schon für den nächsten Kurs den Aufbau des Unterrichtes, was wir seither fast nach jedem Kurs erneut taten.
Ich will darlegen, wie wir heute den Kurs über "Umgang mit schweren Belastungen" für Laien gestalten. Doch auch diese gegenwärtige Form ist für uns nur der aktuelle "Stand 2000."

2 Der äußere Rahmen

Wir führen die Kurse mit rund 20 Teilnehmern durch. Es sind Feuerwehrleute –aus freiwilligen und Berufsfeuerwehren–, Rettungssanitäter, Krankenschwestern und Pfleger,

1) Manuskript zu einem Referat, das am 15.09.2000 am Berliner Seminar über Großschadensereignisse gehalten wurde.

Pfarrer, Katastrophenhelfer, Mitglieder von Sicherheitsdiensten sowie –zu selten– auch Polizisten und Stabsangehörige von Rettungsorganisationen.
Die Kurse sind also stark gemischt. Das ermöglicht jeder und jedem auch die Belastungen und Ängste der anderen Hilfsberufe kennen zu lernen. Dabei stellen sie fest, dass die anderen "auch nur mit Wasser kochen".
Die Kursorganisation liegt in den Händen einer Erwachsenenbildnerin mit einer Basisausbildung in Krankenpflege. Den fachlichen Teil bestreiten zwei aufeinander eingespielte Psychiater. Für die Kurse bevorzugen wir Orte, wo wir für uns und komfortabel untergebracht sind und wo wir abends zusammenzusitzen können. Wir beginnen die Kurse am Donnerstagmorgen und lassen sie mit dem gemeinsamen Mittagessen am Samstag enden.

3 Die Zielsetzung

Für diesen Kurs mit Helfern aus professionellen und Miliz-Organisationen haben wir uns folgende *Kursziele* gesetzt:
Die Teilnehmerinnen und Teilnehmer
- kennen die normalen menschlichen Reaktionen auf Gewalt, ausgehend von Natur, Menschen und Technik;
- begreifen, dass es die Verarbeitung der Erlebnisse erleichtert, wenn wir für solche Reaktionen Verständnis haben und ihr Auftreten akzeptieren;
- verstehen, dass Prävention, Unterstützung im Einsatz und Betreuung danach zusammenhängen und Teil der Unternehmenskultur sind;
- haben aktives und verständnisvolles Zuhören als Mittel zur Hilfeleistung kennen gelernt.

4 Wie versuchen wir diese Ziele zu erreichen?

Nach der Begrüßung der Teilnehmenden und dem gegenseitigen Vorstellen formulieren wir unsere Absicht folgendermaßen:
"Wir wollen Ihnen jenes Wissen und Können vermitteln, damit Sie erkennen können,
- wann psychisch traumatisierte Menschen Hilfe nötig haben;
- wann Sie selbst diese Hilfe leisten können und wollen;
- wann Sie für Ihre Hilfeleistung Unterstützung brauchen;
- wann Sie für sich selbst oder für Ihnen anvertraute Menschen spezielle Hilfe benötigen".

Dann bitten wir die Teilnehmerinnen und Teilnehmer um ihre Mitarbeit im Kurs. Dazu halten wir fest:
"Denken Sie daran:
- Es gibt keine dummen Fragen, höchstens dumme Antworten. Fragen Sie immer, wenn Ihnen etwas unklar, unverständlich oder falsch erscheint oder ist.
- Störende Gefühle haben Vorrang. Die Gefühle, die von psychischen Traumen ausgehen, sind sehr ansteckend, selbst dann, wenn die Ereignisse weit zurückliegen oder

Sie nur durch Drittpersonen davon erfahren. Solche Gefühle können das Mitdenken und das Mitarbeiten stören, deshalb müssen wir darum wissen. Sagen Sie uns bitte, wenn so etwas auftritt. Wir werden darauf eingehen und es berücksichtigen, jedoch nicht in Sie dringen.

- Was wir in diesem Kurs an Persönlichem preisgeben und besprechen, bleibt das Geheimnis unserer Gruppe. Nichts davon darf nach außen getragen oder sonstwie verwendet werden.

Damit dies alles möglich ist, haben wir kein im Voraus festgelegtes Programm, nur die Essenszeiten stehen notwendigerweise fest".

Im ersten Referat erhalten die Teilnehmenden –ausgehend von einer Darstellung der Spätschäden nach psychischen Traumen– Einblick in den Mechanismus der traumatischen Einwirkungen auf den Menschen.

Nach dem Mittagessen zeigen wir eine Sendung des ZDF aus dem Jahre 1991 über psychische Spätfolgen der Katastrophen von Herborn, Ramstein und Borken. Dieses Video zeigt eindrücklich die Auswirkungen von Katastrophen auf die Angehörigen der Opfer.

Um den Teilnehmenden die Möglichkeit zu geben, sich vom Gesehenen zu entlasten, fragen wir danach, welche Maßnahmen nach ihrer Erfahrung zur Verfügung stehen, um psychisch Traumatisierten zu helfen. Die Diskussion bleibt begreiflicherweise nicht bei der einleitenden Frage stehen. Sie führt bereits tief ins Thema hinein und ergibt eine gewünschte Nähe unter den Kursteilnehmern.

In einem Vortrag geben wir eine eingehende Darstellung der Psychotraumatologie. Verschiedene normale menschliche Reaktionen auf außerordentlich belastende Erlebnisse und Situationen werden anhand einer eingängigen Systematik behandelt. Die Teilnehmer erhalten so zuverlässige Informationen, die es ihnen ermöglichen, die verschiedenen Formen zu erkennen. Die Schilderungen werden durch entsprechende Zeitungsmeldungen verdeutlicht. Durch das Beiziehen der ihnen vertrauten Medien wird eine größere Nähe erreicht, als durch lange Erzählungen. In der Sprache bleiben wir einfach und benützen gerne sprichwörtliche Redensarten, um die Normalität der Reaktionen zu betonen.

Neben den akuten Reaktionen, wie wir sie während des eigentlichen Geschehens beobachten können, gehen wir auch auf verzögerte Reaktionen sowie auf die Spätfolgen, wie die posttraumatische Belastungsstörung, ein. Dabei unterstreichen wir den dynamischen Aspekt dieser Reaktionen.

Das nächste Thema ist das Debriefing nach Mitchell. Obwohl wir längst nicht mehr glauben, dass wir in diesen Kursen alle Teilnehmenden zu Debriefern ausbilden können, halten wir an diesem Stoff fest: Er ist nach unserer Meinung, neben seinem eigenen Wert, auch eine gute Schulung im Umgang mit frisch psychisch traumatisierten Menschen ganz allgemein.

Mitchell hat einen Weg aufgezeigt, wie solchen Menschen im Gruppengespräch durch einen geführten Prozess die Verarbeitung ihrer traumatischen Erlebnisse erleichtert werden kann: Nach einleitenden Schritten, in denen sie das Geschehen besser erfassen und ihre Gedanken dazu aussprechen können, erreichen sie ein Phase, in der es ihnen möglich ist, belastende Gefühle leichter und aus eigenem Antrieb zu äußern. Mit den nächsten Schritten des Debriefings werden sie dann –und das ist für mich essenziell– wieder aus dieser speziellen Gruppensituation hinausgeführt.[2]

Im Kurs lassen wir, nach einer umfassenden theoretischen Einführung, das Leiten des Debriefings in Rollenspielen üben. So weit wie möglich verwenden wir dazu Erlebnisse, die die Gruppenmitglieder selbst gehabt haben. Das lässt sehr viel mehr Gefühle und Realitätsnähe aufkommen, als erfundene Beispiele, in denen andererseits Elemente eingefügt werden können, die speziell geschult werden sollen.

Nach dem Ende solcher Übungen wird der Verlauf besprochen. Erst danach wird das Rollenspiel sorgfältig aufgelöst.

Bei dieser Art der Schulung lernen die Teilnehmenden auch, offene Fragen zu stellen, Deutungen und Wertungen zu unterlassen und keinerlei Zwang zum Reden auszuüben: Im Debriefing sollen die Traumatisierten eben nur so viel von sich berichten, wie sie preisgeben wollen; auch Schweigen ist erlaubt. Berichten sie aber von belastenden Gedanken und Gefühlen, so danken wir ihnen dafür, dass sie diese mit uns geteilt haben.

Ein weiterer Grundsatz lautet: Keine Schuld zuweisen und nie moralisieren, denn mit dem Moralisieren legen wir einen, zumeist fragwürdigen, allgemeinen Maßstab an; im Debriefing aber geht es um das individuelle Erleben und die davon ausgelösten Reaktionen.

Besonderen Wert legen wir auf das fortlaufende 'Normalisieren'. Was meinen wir damit?

Psychisch traumatisierte Menschen empfinden ihre heftigen Gefühle, ihre körperlichen Reaktionen und ihr unangepasstes Verhalten im Ereignis zumeist als abnormal. Häufig schämen sie sich deswegen und fühlen sich oft auch schuldig. Sie können für sich nicht akzeptieren, dass heftige Angst, Zorn, Hilflosigkeit, Störungen der Wahrnehmung usw. normale menschliche Reaktionen auf abnormale Erlebnisse sind.

Berichten im Debriefing z. B. Menschen von Gefühlen oder Störungen, die sie als beschämend, demütigend oder schuldhaft empfinden, so ist es die Aufgabe des Debriefers, darauf unmittelbar eine Antwort zu geben, mit der er klar macht und spüren lässt, dass die geschilderten Erscheinungen unter extremen Belastungen normale Reaktionen sind.

Klagt jemand: "Ich war anfänglich hilflos und wusste nicht was tun, als wir unvermutet auf verbrannte Opfer stießen", so normalisieren wir z. B. in dem wir feststellen: "Rat- und Hilflosigkeit gehören zu einer solch belastenden Begegnung; sie sind eine normale Antwort auf derartige Erlebnisse."

Wenn jemand berichtet: "Ich war wie gelähmt und brachte kein Wort heraus; ich konnte bloß noch auf das abgestürzte Unfallauto zeigen", so könnte die Normalisierung lauten: "Ja, wir können in solchen Situationen vor Schreck erstarren, und es kann uns auch die Sprache verschlagen."

Derartiges Normalisieren ist nicht nur im Debriefing wichtig, sondern ganz allgemein im Umgang mit psychisch traumatisierten Menschen: Sie müssen hören und spüren,

2) Vergleiche hierzu den Artikel von Willkomm in diesem Buch (Seiten 99 ff)

dass ihre Gefühle und ihr Verhalten unter der extremen Belastung normal und verständlich sind. Nur wenn sie dies auch für sich selbst annehmen können, verringert sich ihre menschliche Neigung, solche Erlebnisse zu verdrängen. Und nur unverdrängte Gefühle und Gedanken können verarbeitet werden.
Wir machen den Teilnehmenden auch klar, dass das Debriefing kein "Allerwelts-Heilmittel" ist. Das Debriefing hat Indikationen und Kontraindikationen. Es ist nur *ein* Mittel unter mehreren im Kampf gegen die Überforderung und deren Folgen.
Bereits in der Ausbildung von Helfern und der Stabsangehörigen müssen die Kenntnisse über belastende Ereignisse und Situationen sowie über die dabei möglicherweise auftretenden Reaktionen vermittelt werden; ebenso das Wissen darüber, wie Überforderungen bekämpft und ihren Folgen begegnet werden kann.
Präventiv wirken Einsatzvorbereitungen wie eine möglichst umfassende Einweisung in die Situation und die Erläuterung von Auftrag und Mitteln.
Während des Einsatzes mindern u. a. kräfteschonendes Vorgehen, Pflicht-Pausen, mit der Möglichkeit sich auszusprechen und rechtzeitige Ablösungen die Belastung. Auch der hörbar ausgesprochene Dank für die erbrachte Leistung wirkt präventiv.
Nach dem Einsatz sind die Möglichkeiten des Debriefings, der Einzelbetreuung und der Begleitung in den Tagen danach auszunützen.
Alle diese Maßnahmen der Ausbildung, der Prävention und der Nachsorge sind aber nur dann möglich und erfolgreich, wenn eine entsprechende Unternehmenskultur vorhanden ist. Diese zeichnet sich durch eine positive Haltung und positive Äußerungen zur psychischen Belastung und deren emotionale Folgen aus.

Psychologische Einsatzvorbereitung durch Ausbildung: Schwerpunkt "Interkulturelle Kompetenz"

Alexander Thomas:

Interkulturelle Kompetenz: eine Schlüsselqualifikation für Fach- und Führungskräfte der Bundeswehr[1]

1 Einleitung

Wenn eine Armee, wie die Bundeswehr, die ein halbes Jahrhundert lang als nationale Verteidigungsarmee organisiert und geführt wurde, aufgrund außenpolitischer, bündnispolitischer, militärpolitischer und nicht zuletzt weltpolitischer Entwicklungen aktiv und erfolgreich an Friedenseinsätzen teilnehmen soll, dann muss sie den damit verbundenen Herausforderungen gewachsen sein.
Die interkulturellen Anforderungen in friedenserhaltenden militärischen Einsätzen haben sehr spezifische Anforderungsdimensionen. Militärtechnisch, strategisch und taktisch unterscheidet sich ein Bundeswehreinsatz im Ausland, ob in Kambodscha, Somalia, Bosnien oder dem Kosovo, möglicherweise nicht wesentlich von dem eines Manövereinsatzes, womöglich mit befreundeten Truppen auf deutschem Boden. Einen Panzer in Schussbereitschaft zu bringen, Nachschub heranzuführen und eine militärische Einheit gefechtsbereit zu machen, sind für einen Kompanieführer Routineaufgaben. Im Kontrast dazu kann er aber auch plötzlich und unerwartet einer aufgebrachten Menschenmenge von 100 bis 200 Personen gegenüberstehen, die sich möglicherweise sogar zurecht von einer mit ihr verfeindeten ethnischen Gruppe ungerecht behandelt und bedroht fühlt und es denen "endlich einmal heimzahlen will". Wenn er diese Menschenmasse nun davon zu überzeugen versucht, dass nur eine friedliche und gewaltfreie Demonstration nützlich ist und ihrem eigenen Wohl dient, dann stellen sich ihm damit völlig neuartige Anforderungen. Hier ist der Truppenführer in einer Weise herausgefordert, situationsangemessen, sensibel und interkulturell kompetent zu handeln, die seine in der Bundeswehr gelernten und entwickelten Fähigkeiten und Fertigkeiten als "Staatsbürger in Uniform" bei weitem übersteigen. Was er benötigt, ist ein hohes Maß an interkultureller Handlungskompetenz.

2 Probleme interkultureller Begegnung

Aus dem Vergleich der Menschen, mit denen wir täglich zu tun haben, ist uns bekannt, dass kein Menschen mit einem anderen Menschen völlig identisch ist. Andererseits wissen und erfahren wir es täglich, dass wir bei aller Unterschiedlichkeit durchaus in

1) Vergleiche hierzu die Bilder 13 und 14 im Fototeil

der Lage sind, uns mit unseren Mitmenschen zu unterhalten, sie zu verstehen, uns in sie einzufühlen und mit ihnen zusammenzuarbeiten, was ein hohes Maß an gegenseitiger Abstimmung verlangt. Offensichtlich, so lässt sich schlussfolgern, verfügen Menschen bei aller individuellen Einmaligkeit über ein Repertoire an Gemeinsamkeiten, das diese sozialen Leistungen ermöglicht.
Probleme entstehen für den Menschen erst dann, wenn er auf Personen trifft, die über ein verbindliches Symbol- und Zeichensystem verfügen, das von dem seinen so bedeutsam abweicht, dass es gehäuft zu unerwarteten Reaktionen kommt. Dies ist besonders dann der Fall, wenn er es mit Menschen zu tun hat, die einer fremden sozialen Gemeinschaft (Nation und Kultur) angehören, die völlig andere, ihm nicht vertraute Symbole zur gegenseitigen Verständigkeit nutzen oder die ihm bereits vertrauten Symbole anders bewerten. In diesen Fällen kommt es gehäuft und auch zwangsläufig zu Fehlwahrnehmungen, Fehlinterpretationen, Missverständnissen und Konflikten bei der Beobachtung, Interpretation und Bewertung des Partnerverhaltens.

So unterscheiden sich Selbst- und Fremdbild

Ein zentrales Bedürfnis des Menschen besteht darin, sich in seiner Welt zurechtzufinden, sich orientieren zu können und die lebenswichtigen Bereiche zu kontrollieren, d.h. zutreffende Vorhersagen machen zu können, Ursachenzusammenhänge zu erfassen und unerwartete, unangenehme Ereignisse so zu beeinflussen, dass sie gut enden. Nur den wenigsten ist allerdings bewusst, dass diese "unsere" Welt keineswegs eine Welt ist, die für jeden Menschen auf dieser Welt in gleicher Weise so funktioniert wie für uns Deutsche. Wir wissen zwar und haben eine gewisse Vorstellung davon, dass z.B. Chinesen oder Franzosen eine andere Sprache sprechen, dass sie andere Speisen bevorzugen, anderen Sitten, Gebräuchen, Religionen und Traditionen folgen als wir. Das führt aber keineswegs dazu, dass wir fest davon überzeugt sind, erst ein Dutzend Bücher über chinesische Kulturtradition studieren zu müssen, bevor wir das erste Wort mit einem chinesischen oder französischen Partner wechseln. Irgendwie gehen wir meist unreflektiert davon aus, dass Chinesen und Deutsche als Spezies Mensch über gemeinsame Grundlagen verfügen, die es uns erlauben, mit ihnen genauso zu reden, uns ihnen gegenüber genauso zu verhalten und sie nach den gleichen Maßstäben zu beurteilen zu können wie wir das innerhalb unserer Kultur gelernt haben. Die für eine Kulturgrenzen überschreitende, interkulturelle Begegnung, z.B. zwischen Deutschen und Chinesen resp. Franzosen, wünschenswerte Sensibilität und interkulturelle Kompetenz wird also durch zwei in der Natur des Menschen angelegte Mechanismen behindert:

1. Die in unserer Kultur von uns im Laufe des Sozialisationsprozesses gelernten und für unser Verhalten bestimmenden Regelvorschriften sind nicht mehr bewusstseinspflichtig, wir denken nicht mehr über sie nach, sie sind uns eigentlich auch nicht mehr bekannt, sondern gehören zur Verhaltensroutine. Nicht anders ergeht es uns mit dem vollautomatisierten und routinemäßigen Einsatz unserer kulturspezifischen Regelwerke.
2. Da jeder unter normalen Bedingungen in eine spezifische Kultur hineingeboren wird, dort aufwächst, die sozial relevanten Werte, Normen und Verhaltensregeln erlernt und für die kulturadäquate Ausführung dieser Regeln sozial verstärkt und belohnt wird, bis er schließlich als erwachsener Mensch weiß, was er zu tun und zu lassen hat, was richtig und was falsch ist, jeder also sein kulturspezifisches Orientierungssystem aufgebaut hat, das ihm erlaubt, die Welt zu verstehen und sich in ihr zu orientieren, geht er wie selbstverständlich davon aus, dass so, wie er die Welt sieht, andere Menschen sie auch sehen. Dieser Generalisierungseffekt kulturspezifischer Orientierungssysteme erschwert ebenfalls in erheblichem Maße die Entwicklung interkultureller Sensibilität und interkultureller Kompetenz.

Die so innerhalb der eigenen Kultur aufgrund des durchlaufenen Sozialisationsprozesses erworbenen Qualifikationen versagen aber ihren Dienst in dem Augenblick, in dem wir mit Menschen zu tun haben, die eine völlig andere und von uns deutlich unterschiedene Sozialisation durchlaufen haben. Sie haben andere sozial relevante Einstellungen, Normen, Werte und Verhaltensweisen kennensgelernt und andere Werkzeuge zur Innovation in die Hand bekommen, also eine andere Kultur und damit andere Orientierungssysteme entwickelt. Sie gehen außerdem auch davon aus, dass ihr

Orientierungssystem das einzig Richtige ist, generelle Gültigkeit zu beanspruchen hat. Selbstverständlich sind auch für sie die Details dieses Orientierungssystems nicht mehr bewusstseinspflichtig, sondern in die Verhaltensroutine übergegangen.
Kulturell bedingte Missverständnisse in der Interaktion und Kooperation zwischen Menschen aus unterschiedlichen Kulturen werden durch die Wirksamkeit dreier Faktoren bestimmt und gefördert:

1. *Kulturelle Unterschiede:* Beide Partner besitzen unterschiedliche Orientierungssysteme, die ihnen in ihrer Kultur und für ihren Lebenskontext die natürliche und soziale Umwelt verstehbar, kontrollierbar, beeinflussbar und beherrschbar werden lassen, die sich aber von den Orientierungssystemen anderer Menschen deutlich unterscheiden.
2. *Generalisierung:* Beide Partner glauben, dass ihr Orientierungssystem für alle anderen Menschen in gleicher Weise gültig ist resp. zu sein hat.
3. *Routinisierung:* Beiden Partnern ist ihr kulturspezifisches Orientierungssystem zur Selbstverständlichkeit geworden und bedarf keiner Reflexion oder kritischen Kontrolle (mehr).

3 Das Spezifische der *inter*kulturellen Begegnung

Wenn Menschen aus verschiedenen Kulturen einander begegnen und diese Begegnung für beide Partner so bedeutsam wird, dass sie sich miteinander beschäftigen, miteinander sprechen, Vereinbarungen treffen, Verhandlungen führen etc., dann wird in diesem Kontext von *inter*kultureller Begegnung gesprochen. Diese interkulturelle Begegnung ist nicht einfach nur ein Aufeinandertreffen von zwei unterschiedlichen Menschen mit ihren unterschiedlichen kulturspezifischen Orientierungssystemen, sondern schafft für beide eine neue, sehr spezifische, eben interkulturelle Situation. Insbesondere in einer militärisch relevanten interkulturellen Begegnungssituation reicht es nicht mehr aus, das Eigene zu reflektieren und das Fremde zur Kenntnis zu nehmen.
Zweifelsohne wird das eigenkulturelle Orientierungssystem, das so sehr der Verhaltensroutine unterliegt und –ohne darüber näher nachzudenken– als allgemein gültig generalisiert worden ist, in der interkulturellen Begegnungssituation herausgefordert und auf den Prüfstand gestellt. Es wird, ob die Partner es wollen oder nicht, einer außerordentlich kritischen Überprüfung auf seine Brauchbarkeit, Verlässlichkeit und seine Nützlichkeit unterzogen. Erschwert wird der Prozess des Sichtzurechtfindens und des produktiven Umgangs mit dieser neuartigen interkulturellen Situation dadurch, dass jeder der beteiligten Partner mit zum Teil sehr spezifischen oder diffusen Bildern von sich und dem Partner in die Begegnungssituation eintritt. Bei der Begegnung zwischen zwei Menschen aus unterschiedlichen Kulturen sind allein sechs verschiedene Vorstellungsbilder von zentraler Bedeutung für das Denken, Urteilen und Handeln:

1. *Fremdbilder:* Jeder der beiden Partner hat bzw. macht sich eine Vorstellung vom Anderen. Niemand geht in eine solche Begegnungssituation "unvorbereitet" hinein, also ohne all das an Kenntnissen, Vermutungen, ohne vom Hörensagen Erfahrenes,

Phantasiertes, Sichzurechtgelegtes etc. zusammenzutragen, was er über den Anderen mehr oder weniger gesichert zu wissen glaubt bzw. weiß.

2. *Selbstbilder:* Jeder der beteiligten Partner verfügt über ein mehr oder weniger genau konturiertes Selbstbild, d.h. einer Vorstellung davon, was er selbst in der Begegnungssituation darstellt bzw. darstellen möchte. Das Selbstbild des deutschen Soldaten in einer fremdkulturellen Begegnungssituation und das Fremdbild, das der ausländische Partner von ihm hat, müssen keineswegs übereinstimmen. Im Gegenteil, unter normalen Umständen werden Fremdbild und Selbstbild in erheblichem Maße auseinanderfallen, und eine Annäherung ist möglicherweise erst durch die zwischenpartnerschaftliche Kommunikation und Kooperation möglich. Um hier eine Annäherung oder ein wechselseitiges Verständnis für bestehende Unterschiede zu erreichen, ist ein hohes Maß an zwischenmenschlicher, aber auch an interkultureller Sensibilität erforderlich, da im anderen Falle die Unterschiede kommunikative Missverständnisse und Kooperationsprobleme verursachen können.
3. *Vermutete Fremdbilder:* Jede der beteiligten Personen entwickelt eine Vorstellung davon, was der jeweilige Partner von ihm selbst denkt. Ob diese Vorstellung realistisch ist und auch nur annähernd den Tatsachen entspricht, ist zunächst einmal nicht von Bedeutung. Entscheidend ist, dass zur Herstellung eines Höchstmaßes an Orientierungssicherheit solche Vorstellungen gleichsam automatisch aus der "Not geboren" heraus entwickelt werden. Diese Vorstellungen darüber, was der Partner von einem selbst denkt, bestehen meist aus einer Bündelung von Wünschen, Hoffnungen und Projektionen. Ziel ist es, sicherzustellen, dass der Partner die Meinung über einen selbst tatsächlich aufbaut, die man bei ihm gerne verankert sehen möchte. Zwischen dem Selbstbild und dem vermuteten Fremdbild können erhebliche Diskrepanzen bestehen, ohne dass die Partner die Möglichkeit haben, sich ihrer Bedeutung, zumindest zu Beginn der Begegnung, bewusst zu werden. Allenfalls im Verlauf einer länger dauernden interpersonalen Begegnung können solche Diskrepanzen erkannt und unter günstigen Umständen, wenn z.B. auf beiden Seiten ein hohes Maß an interkultureller Kompetenz vorliegt, aufgelöst werden.

Wenn man davon ausgeht, dass die interkulturelle Begegnungssituation eine sehr spezifische und von einer monokulturellen Begegnungssituation, in der sich nur Angehörige der deutschen Kultur oder der chinesischen Kultur treffen und miteinander interagieren, unterscheidet, dann lassen sich noch einige weitere Besonderheiten nennen, die zeigen, wie bedeutsam die Entwicklung der Schlüsselkompetenz interkultureller Kompetenz ist und was im einzelnen an *Qualifikationen* dabei entwickelt werden muss:

1. Die einander begegnenden Partner machen möglicherweise zum ersten Mal die Erfahrung, dass all das, was sie in ihrer eigenen Kultur gelernt haben, was die Richtigkeit und Funktionalität ihres eigenkulturellen Orientierungssystems ausmacht, in dieser interkulturellen Begegnungssituation keine Gültigkeit mehr besitzt. Es kommt konsequenterweise zum Orientierungsverlust, zur Wahrnehmung erwartungswidrigen Verhaltens, zu Versuchen, Erklärungen für diese neue Situation zu finden bzw. zu konstruieren und Neuorientierungen aufzubauen. Gerade in dieser Anfangssi-

tuation interkultureller Begegnung besteht die Gefahr, dass die Ursachen für die erlebten Konflikte und den erfahrenen Orientierungsverlust dem mangelnden Wissen, der mangelnden Einsichtsfähigkeit, dem Unvermögen oder der Unwilligkeit des Partners zugeschoben werden. Falsche Ursachenzuschreibungen für auftretende Probleme und stark negative Gefühlsreaktionen sind aber der beste Nährboden für nachhaltig wirksame gegenseitige Ablehnungen, für den Aufbau von Vorurteilen und interpersonale Distanzierung.

2. Die soeben angesprochenen kognitiven und emotionalen Prozesse finden nicht selten in einer Atmosphäre des von beiden Seiten angestrebten und wahrgenommenen höflichen und vorsichtigen Umgangs miteinander statt. Jeder bemüht sich nach Kräften, dem anderen zu gefallen, Wohltaten zu erweisen, seine Wünsche zu erfüllen, sich ihm gegenüber in einem guten Licht darzustellen *(impression management)* und ihm seine Hochachtung und Wertschätzung zu vermitteln. Provokationen, Aggressionen, Irritationen und ähnliche negative Reaktionen werden vermieden, um keinen unnötigen Konfliktstoff in die sowieso schon schwierige Annäherungssituation zu bringen.
3. Da auch die hier geschilderten Prozesse in der Regel nicht bewusstseinspflichtig sind, sondern gleichsam automatisch ablaufen, entsteht bei den sich begegnenden Partnern gerade zu Beginn ein euphorisches Gefühl des Verstandenwerdens, der interpersonalen Zuwendung und Nähe, verbunden mit dem Bewusstsein, dass alles nicht so schwierig und kompliziert ist, wie man es sich vorgestellt hat oder von anderen auch durchaus kulturerfahrenen Experten erfahren hat. Diese aus einer Mischung von Unkenntnis und Naivität gespeiste Erstbegegnungserfahrung kontrastiert dann nicht selten mit diesem Eindruck entgegengesetzten Beobachtungen des Begegnungsverhaltens der fremdkulturellen Partner untereinander und nachfolgenden Erfahrungen im Alltagsverhalten. Die Enttäuschung über das angeblich so widersprüchliche Verhalten der Partner hat oft weitreichende Folgen, sowohl für die Einstellungsbildung wie die emotionale Bewertung gegenüber dem einzelnen Partner und darüber hinaus gegenüber der gesamten Nation und Kultur, da der Partner in der Regel als authentisches prototypisches Beispiel für alle zu dieser Kultur gehörenden Personen betrachtet wird.

Aus den hier thematisierten Schwierigkeiten in der interkulturellen Begegnung lassen sich *zentrale Konsequenzen* ableiten:

1. Vorsicht vor vorschnellen und unüberlegten Urteilen. In der interkulturellen Begegnung ist es angebracht, vor der Fällung eines Urteils und vor Ausführung einer partnerbezogenen Reaktion und Aktion angebracht, erst einmal innezuhalten und zu überlegen, ob nicht andere als die augenscheinlich so klaren und eindeutigen Begründungen und Verhaltensreaktionen angebracht und nützlich sind.
2. Vorsicht vor Schuldzuweisungen und vorschnellen Erklärungsversuchen, die dem Partner Unfähigkeit und mangelnde Bereitschaft unterstellen. Wer weiß, dass jede Kultur eigene Orientierungssysteme zum Verstehen der Umwelt und menschlichen Mitwelt und zum adäquaten Umgang mit ihr entwickelt hat, ist in der Lage zu erkennen, dass manches angeblich so Widersprüchliche im Partnerverhalten nicht an-

ders zu erklären ist, als aus der korrekten Befolgung der Regeln des kulturspezifischen Orientierungssystems des Partners.

3. Eine interkulturelle Begegnungssituation weist eigenständige Charakteristiken auf und ist nicht ohne weiteres vergleichbar mit dem, wie Partner ein und derselben Kultur untereinander kommunizieren und interagieren. Eine bewusste und aufmerksame Beobachtung des eigenen und fremden Verhaltens, ein "distanzierter" und möglichst wertungsfreier Vergleich des eigenen Verhaltens mit dem erwarteten und erlebten Partnerverhalten birgt die Chance, neue und bisher unbekannte Formen der Situationsgestaltung und Problembewältigung kennen und schätzen zu lernen. Genau an dieser Stelle setzt der erste Schritt zum interkulturellen Lernen als Voraussetzung zur Entwicklung interkultureller Handlungskompetenz an. Was daraus folgen kann, sind Qualitäten, wie interkulturelle Sensibilität, interkulturelle Empathie, Perspektivenübernahme in interkulturellen Interaktionssituationen und interkulturelle Wertschätzung; alles Voraussetzungen zur Entwicklung interkultureller Kompetenz.
4. Oft begegnen sich Menschen, zwischen denen von vornherein feststeht, dass einer über- und der andere Partner unterlegen ist. Ein Partner verfügt über einen höheren sozialen Status, über höhere Macht, weitreichendere Fähigkeiten und Einflussmöglichkeiten oder über ein höheres Maß an fachlicher oder sozialer Kompetenz bzw. wirkt als Gesamtpersönlichkeit dominierend auf den anderen. Eher in seltenen Fällen gelingt spontan eine Begegnung so, dass das Machtgefälle zwischen beiden Partnern ausgeglichen ist. Dies trifft nicht nur für Personenbegegnungen innerhalb einer spezifischen Kultur zu, sondern in besonderem Maße auch für interkulturelle Begegnungen. Schon alleine die bekannte Zugehörigkeit zu einer bestimmten Nation und Kultur, Ethnie und Rasse fordert und fördert ein ungleiches Machtverhältnis zwischen den Partnern. Ein deutscher Truppenführer, der mit seiner Mannschaft im Rahmen eines Friedenseinsatzes einen für die Dorfbewohner lebenswichtigen Brunnen anlegt, der über das nötige technische Gerät und Knowhow zum Bau dieses Brunnens verfügt, Zeit, Geld und Material in den Bau investiert, wird bei der Planung und den Verhandlungen über die Ausstattung und Nutzung des Brunnenprojekts mit den Dorfältesten immer aus einer Position der Stärke verhandeln. Alleine durch die ihm verfügbaren Ressourcen ist er der Geber und sind die Partner die Nehmer, ist er in einer Vorrangposition und die einheimischen Partner in einer untergeordneten Position. Er wird sich außerdem als Abgesandter eines hochentwickelten Industriestaates gegenüber einem Dorfvorsteher in einem Entwicklungsland schon per se als überlegen einschätzen und erwarten, das sein Gesprächspartner dieses "gerechtfertigte" Ungleichgewicht kennt und akzeptiert. Solche asymmetrichen Beziehungsverhältnisse (Kontingenzen) beeinträchtigen nicht nur die interkulturelle Kommunikation und Kooperation, sondern verhindern interkulturelles Lernen und erschweren interkulturelles Verstehen. Der Überlegene wird keine Veranlassung sehen, sich sensibel und verständnisvoll auf den Partner einzustellen, da er weiß und erfährt, dass –ganz gleich, wie er sich verhält– der Unterlegene ihm folgen wird, um an die begehrten und eventuell lebensnotwendigen Ressourcen heranzukommen.

4 Interkulturelle Kompetenz als Schlüsselqualifikation

Aus den bisherigen Ausführungen lässt sich zusammenfassend feststellen, dass *interkulturelle Kompetenz* folgendermaßen *definiert* werden kann:
Interkulturelle Kompetenz zeigt sich in der Fähigkeit, kulturelle Bedingungen und Einflussfaktoren im Wahrnehmen, Urteilen, Empfinden und Handeln bei sich selbst und bei fremden Personen zu erfassen, zu respektieren, zu würdigen und produktiv zu nutzen im Sinne einer

- wechselseitigen Anpassung,
- Toleranz gegenüber nicht miteinander zu vereinbarenden kulturell bedingten Gegensätzen (Inkompatibilitäten) und
- Entwicklung synergetischer Formen des Zusammenlebens, der Weltorientierung und der Situationsgestaltung.

Im Rahmen eines vom Bundesministerium der Verteidigung in Auftrag gegebenen Forschungsprojekts zum Thema "Interkulturelle Kompetenz in der Bundeswehr" wurde wissenschaftlich untersucht, welche Bedeutung interkulturelle Kompetenz für internationale Einsätze der Bundeswehr hat (Thomas, Kammhuber und Layes, 1997). Aus diesem Erkenntnismaterial heraus wurde ein Sensibilisierungs- und Orientierungstraining für die kulturallgemeine und die kulturspezifische Vorbereitung von Soldaten auf internationale Einsätze entwickelt (Thomas, Layes und Kammhuber, 1998), und schließlich wurden modellhaft durchgeführte interkulturelle Trainings zur Vorbereitung von Bundeswehrsoldaten auf internationale Einsätze einer Wirkungsanalyse unterzogen (Evaluation) (Thomas und Lulay, 1999). Im Rahmen dieses Forschungsvorhabens wurden eine Fülle sog. "kulturell bedingter kritischer Begegnungssituationen" gesammelt und analysiert und daraus insgesamt 19 Situationen als Basis- und Trainingsmaterial für das kulturallgemeine Sensibilisierungs- und Orientierungstraining herangezogen[2]. An einem Beispiel aus diesem Material soll dargestellt werden, wie interkulturell kompetentes Verhalten sich von kulturell inkompetentem Verhalten unterscheidet.

Die kulturbedingt kritische Begegnungssituation: Der Brunnen

Ein Truppenführer schildert aus seinem Einsatz in Somalia folgende Situation:
"Wir haben da in einem somalischen Dorf mit modernstem technischem Gerät einen Brunnen gebohrt und an die Bevölkerung übergeben. Die haben dann als erstes Stacheldraht und Minen um das Ding herumgelegt und nur noch einen Eingang zugelassen, um zu erzwingen, dass die Nomaden ein Entgelt für die Benutzung des Brunnens zahlen müssen. Das lag natürlich nicht in unserer Absicht, denn wir wollten diesen Brunnen natürlich der Gesamtbevölkerung zur Verfügung stellen, nicht nur diesem einen Ort. Und die Nomaden haben sich das natürlich nicht gefallen lassen, die haben den Brunnen einfach wieder zugeschüttet, und somit war die ganze Arbeit für die Katz".
Auf die Frage "Wie erklären Sie sich diesen Verlauf der Situation?" lassen sich vier häufig genannte unterschiedliche *Erklärungen* benennen:

2) Vergleiche hierzu den Artikel von Evers in diesem Buch (Seiten 161 ff)

a) Die Bewohner des Dorfes hatten das Zuschütten des Brunnens absichtlich provoziert, um die deutschen Erbauer damit zu demütigen.
b) Die Somalis sind auf eine sehr kurzsichtige Art und Weise gewinnorientiert, so dass sie jede Gelegenheit nutzen, mit der sie denken, aus einer Sache Profit schlagen zu können.
c) Durch die Brunnenbohrung wird von außen einseitig in ein ausbalanciertes Verhältnis zwischen Dorfbewohnern und Nomaden eingegriffen. Das dadurch entstehende Ungleichgewicht versucht die unterlegene Seite wieder auszugleichen.
d) In vielen afrikanischen Gebieten existiert heute eine Art "apathische Konsumhaltung", die sich in Folge des gönnerhaften Gehabes der ehemaligen Kolonialherren und unangemessener Entwicklungshilfemethoden herausgebildet hat.

Man kann sich nun die Frage stellen, inwieweit diese verschiedenen Erklärungen unter Berücksichtigung der spezifischen Situation und der kulturspezifischen Orientierungen der Somalis richtig und gerechtfertigt sind, also als kulturäquivalent zu betrachten sind. Dazu folgende Erläuterungen:

zu a): Es stimmt zwar, das die Art des Brunnenbaus und der Übergabe an die Dorfbewohner etwas bevormundend und gönnerhaft gewirkt haben mag, allerdings ist nicht davon auszugehen, das sich die Somalis gedemütigt fühlten. Außerdem hätten sie in diesem Fall den Brunnen auch selbst gleich wieder zuschütten können.

zu b): Es ist zwar richtig, das die Somalis in Bezug auf den Brunnen keine langfristigen Planungen anstellen und vor allem daran interessiert sind, mit ihm einen Gewinn zu erwirtschaften, allerdings hat dies tieferliegende Gründe, an denen die Deutschen nicht unschuldig sind.

zu c): In allen Gesellschaften mit Nomadenbevölkerung besteht ein kompliziertes ambivalentes Verhältnis zwischen diesen Nomaden und der sesshaften Bevölkerung: Während die sesshafte Bevölkerung mit einem gewissen Neid auf die freie und weitgehend unabhängige Lebensweise der Nomaden blickt, verfügt sie gleichzeitig aufgrund ihrer Sesshaftigkeit in der Regel über größere ökonomische Ressourcen und Entwicklungsmöglichkeiten. Die Brunnenbohrung nimmt auf dieses Verhältnis einseitig Einfluss zugunsten der sesshaften Bevölkerung, was bei den Nomaden ein latent vorhandenes Minderwertigkeitsgefühl schüren kann. Sie schütten daher möglicherweise den Brunnen zur Wiederherstellung "gerechter" Verhältnisse wieder zu, weshalb dies eine sehr kulturangemessene Erklärung darstellt. Die Herstellung des "Machtgleichgewichts" ist für das Zusammenleben der Bevölkerung wichtiger als das zusätzliche Brunnenwasser.

zu d): In vielen ehemaligen Kolonialgebieten ist tatsächlich im Laufe der Geschichte eine passive Haltung zu Gütern und Maßnahmen einer dominierenden Übermacht entwickelt worden. Dazu trägt auch heute noch wesentlich bei, dass Einheimische nicht ausreichend aktiv in Projekte einbezogen werden, was dazu führt, das ihnen damit der Bezug fehlt. Infolge dessen bleiben die Resultate solcher Projekte den Einheimischen letztlich fremd. Allenfalls zur kurzfristigen Beschaffung von Geld sind sie nützlich. Diese Erklärung kann somit einen wesentlichen Aspekt der Situation erklären, wobei wahrscheinlich auch noch anderes eine Rolle spielt.

Unabhängig von diesen verschiedenen Erklärungen kann man auch der Frage nachgehen, welche *Handlungsmöglichkeiten* in einer solchen Situation für den Truppenführer und seine Mannschaft bestehen. Auch hier lassen sich vier verschiedene *Handlungsalternativen* beschreiben:

a) Wir setzen den Brunnen wieder in Gang und übergeben ihn diesmal an die Nomaden.

b) Wir versuchen mit den Dorfbewohnern solche Hilfsmaßnahmen zu diskutieren, bei denen solche Entwicklungen zukünftig nicht zu erwarten sind.

c) Wir setzen den Brunnen wieder in Gang, reißen den Stacheldraht ab und verhindern unter Androhung von Waffengewalt, dass die Dorfbewohner einen alleinigen Nutzungs- oder Verwaltungsanspruch auf den Brunnen erheben.

d) Wir setzen den Brunnen wieder in Gang, diesmal allerdings unter Einbeziehung und mit Zustimmung aller Personen, die den Brunnen später auch nutzen sollen.

Im Bezug darauf, inwieweit diese Handlungsalternativen von interkultureller Kompetenz bzw. interkultureller Inkompetenz bestimmt sind, lassen sich für die einzelnen Handlungen folgende *Konsequenzen* beschreiben:

zu a): Wenn Sie sich so verhalten, verschärfen Sie nicht nur Konfliktpotentiale zwischen Dorfbewohnern und Nomaden, sondern Sie laufen auch Gefahr, dass Ihr Brunnen bald wieder funktionsuntüchtig ist; wahrscheinlich sogar noch schneller, da sich die Nomaden natürlich im Gegensatz zu den Dorfbewohnern nicht permanent am gleichen Ort aufhalten und den Brunnen somit nicht "schützen" können.

zu b): Mit dieser Handlungsweise starten Sie zumindest den Versuch, die Somalis in Entscheidungsprozesse einzubeziehen. Sie nehmen sie somit als eigenständig denkende Menschen ernst. Die Gespräche mit den Somalis werden sicher nicht so verlaufen, wie Sie das von Deutschland gewohnt sind und somit wahrscheinlich schwierig sein. Sie erhalten aber zumindest die Chance, zu erfahren, welche Interessen die Menschen dort wirklich haben und auf welchen Gebieten Probleme drohen könnten, wie in diesem Fall im Verhältnis zu den Nomaden.

zu c): Mit einem solchen Verhalten verschärfen Sie die bestehende Problemlage noch weiter, indem Sie einseitige Entscheidungen treffen und radikale Maßnahmen durchsetzen, ohne die beteiligten und betroffenen Gruppen miteinzubeziehen. Die Einheimischen müssen dies als Maßregelung empfinden. Zwar erreichen Sie damit wahrscheinlich, dass der Brunnen funktionstüchtig bleibt, allerdings wird wohl kein Einheimischer daraus Wasser entnehmen, und Ihr Bewachungsaufwand wird gewaltig sein.

zu d): Dies ist die einzige Handlungsweise, mit der Sie Ihre Rolle als potenter Helfer verlassen und die Somalis beginnen ernstzunehmen. Nur wenn es sich um ein gemeinschaftliches Projekt handelt, bei dem die Somalis nicht nur als Zuschauer fungieren, sondern als Mitarbeiter und Entscheidungsträger in ihre eigenen Angelegenheiten einbezogen sind, hat das Projekt überhaupt erst die Chance, akzeptiert und in das Alltagsleben der Ortsbevölkerung und der Nomaden einbezogen zu werden.

Zweifelsohne handelt es sich hierbei um einen spezifischen Einzelfall, der aber zugleich als typisch für eine große Anzahl ähnlicher Fälle kulturbedingter Konflikte und Missverständnisse anzusehen ist. Die unter dem Stichwort "Der Brunnen" geschilderte kritische Interaktionssituation und das, was im Zusammenhang mit dieser Situation analysiert wurde, ist ein typisches Beispiel für eine zentrale Kulturdimension, die als *"Einzel- und Gruppenorientierung"* bezeichnet werden kann und auf die im folgenden näher dargestellte Art und Weise handlungswirksam wird.
Diese Kulturdimension beschäftigt sich damit, wie Personen ihr Selbst im Verhältnis zu den sozialen Gruppen definieren, denen sie angehören. Wir alle gehören zu einer ganzen Reihe von sozialen Gruppen: zur deutschen Nation, zu einer bestimmten Landes- und Ortsbevölkerung, zu einer bestimmten Berufsgruppe, zur eigenen Familie und zur Herkunftsfamilie, zu bestimmten kulturellen, politischen oder religiösen Gruppierungen, Sportvereinen usw.. Menschen aus einzel- und gruppenorientierten Kulturen unterscheiden sich nun vor allem, wie stark sie sich solchen Gruppen emotional zugehörig fühlen und wie stark sie ihren eigenen Willen von den Interessen dieser Gruppen leiten lassen.
Die meisten Deutschen sind in dieser Hinsicht eher einzelorientiert. "Jeder ist seines eigenen Glückes Schmied", also jeder ist für sich allein verantwortlich und muss für sich selbst sorgen. Es gilt als hoher Wert, Kinder in diesem Sinne zur Selbständigkeit zu erziehen, so dass sie prinzipiell spätestens nach der Jugendzeit das Elternhaus verlassen und ein eigenständiges Leben führen könne. Die eigene Familie, meist eine Kleinfamilie, ist in der Regel die einzige Gruppe, die ein Leben lang bestehen bleibt. Andere Gruppenzugehörigkeiten kommen und gehen. Ratschläge von Eltern, Großeltern, Freunden und Bekannten werden zwar zur Kenntnis genommen, sind aber keineswegs verbindlich. Im wesentlichen handelt jeder in bezug auf sein Eigeninteresse, so dass auch Streitigkeiten in aller Regel zwischen Einzelpersonen ausgetragen werden. Allenfalls der eigenen Familie wird ein gewisser Einfluss auf die persönlichen Entscheidungen zugebilligt, wobei trotzdem zu jedem Zeitpunkt klar unterscheidbar bleibt, was der eigene Wille ist und was der Wille einer bestimmten sozialen Gruppe ist, der man angehört.
Charakteristisch für gruppenorientierte Kulturen ist eine Verschmelzung der beiden letztgenannten Aspekte: Hier ist die Bindung zwischen Gruppenmitgliedern so stark, dass die Gruppe maßgeblichen Einfluss darauf hat, was die einzelnen Gruppenmitglieder denken, fühlen und wie sie sich zu verhalten haben. Eine solch starke Gruppe stellt meist die Herkunftsfamilie dar, die in gruppenorientierten Kulturen in der Regel größer ist als in einzelorientierten Kulturen und in der oftmals mehrere Generationen unter einem Dach zusammenleben. Es wird angestrebt, dass Kinder Verantwortung für diese Gruppe entwickeln und ihre Arbeitskraft in ihren Dienst stellen. Da auf diese Weise ein sehr eng verwobenes Gruppengefüge entsteht, stellt es für die Gruppe einen großen Verlust dar, wenn jemand aus diesem Gefüge herausgerissen wird, so dass man auch bestrebt sein wird, diese Lücke so schnell wie möglich in irgendeiner Form zu schließen. Entsprechend dem sensiblen Gleichgewicht innerhalb solcher Gruppen sind auch die Verhältnisse zwischen den Großgruppen äußerst komplex und sensibel.

Trifft nun ein Mensch aus einer eher einzelorientierten Kultur auf einen aus einer eher gruppenorientierten Kultur, so übersieht er meist, in welches Gruppengefüge sein Gegenüber eingebunden ist, welche Bedeutung dieses für sein Handeln hat, und wie vielschichtig die Beziehungen solcher Gruppen untereinander sind.

5 Erwerb interkultureller Kompetenz

Es gibt mehrere *Möglichkeiten, interkulturelle Kompetenz zu erwerben:*

1. Begegnung und *Zusammenarbeit mit Menschen anderer Kulturen* unter folgenden Bedingungen:
   - Beide Partner bringen einander Wertschätzung entgegen in der Weise, dass sie sich der eigenständigen Bedeutung des fremdkulturellen Orientierungssystems bewusst sind und es in gleicher Weise wertschätzen wie das eigenkulturelle Orientierungssystem,
   - Aufnahmebereitschaft und Neugier für Fremdes auf beiden Seiten,
   - Bereitschaft zur Akzeptanz, zum Kennenlernen und zur Reflexion von eigenem und fremdem kulturellen Orientierungssystem,
   - Bereitschaft und Fähigkeit, vom anderen, dem jeweils Fremden, zu lernen.
2. Organisierter *interkultureller Austausch* (z.B. internationaler Jugend- und Schüleraustausch, Studentenaustausch, Wissenschaftleraustausch, Austausch zwischen befreundeten Militäreinheiten) mit dem Ziel, unter pädagogischer Anleitung, Anregung und Supervision eine Atmosphäre interkulturellen Lernens zu schaffen, die die Chance zum interkulturellen Verstehen bietet.
3. Interkulturelle Zusammenarbeit mit *für beide Partner erstrebenswerten Zielen* und kompensatorischen Zielhandlungen (z.B. Fremdsprachenstudium, in dem ein deutscher und ein tschechischer Partner so zusammen studieren, dass der jeweils andere vom Muttersprachler profitieren kann; Wirtschaftskooperation; eine in Form multikultureller Partnerschaft geleitete Militäroperation).
4. Gezieltes organisiertes, interkulturelles *Sensibilisierungs- und Orientierungstraining*, entweder in kulturallgemeiner oder kulturspezifischer Form.
5. Gezieltes *interkulturelles Begleittraining*/Supervision während des Auslandseinsatzes.
6. Gezieltes *interkulturelles Reintegrationstraining*/Supervision, um eine Wiederanpassung an das Leben in der vertrauten, inzwischen aber fremd gewordenen Heimatkultur zu ermöglichen.

Vielfältige Untersuchungen über interkulturelles Lernen, das in nicht eigens dazu organisierten, didaktisch und pädagogisch vorbereiteten Begegnungssituationen stattfindet bzw. über Möglichkeiten interkulturellen Lernens und der Entwicklung interkultureller Synergie in plurinationalen Arbeitsgruppen, die auf die fremdkulturellen Wirkungen und Einflüsse durch ihre plurikulturelle Zusammensetzung nicht vorbereitet sind, zeigen, dass interkulturelles Lernen in diesen Fällen nur unter extrem günstigen Bedingungen gleichsam von selbst stattfindet. Die Untersuchungsergebnisse lassen sich auf den Punkt bringen: "Von nichts kommt nichts" oder "Interkulturelles

Lernen ergibt sich nicht von alleine". Warum dies so ist, ergibt sich schon aus den unter Punkt 2 und 3 dargelegten Gründen, nämlich der hohen Bedeutung kultureller Differenzen als Ursache für die Entstehung kulturell bedingter interpersonaler Konfliktsituationen. Hinzu kommt der Prozess der Generalisierung des eigenkulturellen Orientierungssystems und der Automatisierung handlungswirksamer Elemente des eigenkulturellen Orientierungssystems, das ein Bewusstwerden der problemverursachenden Einflussfaktoren behindert. Eine angemessene Lösung bietet hier das sog. "SPATEN-Konzept", bestehend aus den Prozessen:

- **S**top des automatischen Bewertungsprozesses.
- **P**räzisierung der Irritation: Was irritiert mich eigentlich?
- **A**ndere Einflussfaktoren isolieren: situativ oder individuell?
- **T**hematisierung der eigenen Erwartungen.
- **E**igenkulturelle Standards reflektieren.
- **N**ach möglichen fremdkulturellen Standards suchen.

Das damit verbundene Trainingsmaterial für den Einsatz von Fach- und Führungskräften der Bundeswehr bietet das oben erwähnte Sensibilisierungs- und Orientierungstraining für die kulturallgemeine und die kulturspezifische Vorbereitung von Soldaten auf internationale Einsätze (Thomas, Kammhuber und Layes, 1998).

6 Konsequenzen und Ausblick

Die zunehmende Notwendigkeit der Bundeswehr, sich an friedenserhaltenden Einsätzen zu beteiligen, in gemischt-nationalen militärischen Verbänden Dienst zu tun und in internationale Organisationen eingebunden zu sein sowie Fach- und Führungskräfte für den Dienst in plurikulturell zusammengesetzten Bündnisorganisationen bereitzustellen, fordert ein hohes Maß an "interkultureller Handlungskompetenz" als Schlüsselqualifikation für Fach- und Führungskräfte auf allen Hierarchieebenen. Um diesen Anforderungen gerecht zu werden, reichen Auswahlverfahren und Methoden der Potenzialanalyse nicht aus. Erforderlich sind qualifizierte Konzepte und wirksame Ausbildungsangebote zum Aufbau eines hohen Maßes an Sensibilisierung für interkulturelle Problemstellungen und ihrer ursächlichen Wirkfaktoren (kulturallgemeines Sensibilisierungstraining) für möglichst viele Angehörige der Bundeswehr (Breitenarbeit) und darauf aufbauende interkulturelle Qualifizierungstrainings für internationale Einsätze in bestimmten Regionen mit spezifischen Ziel- und Aufgabenstellungen (kulturspezifisches Vorbereitungstraining).

Hinzu kommen muss für alle Angehörigen der Bundeswehr, die in internationalen Verbänden und Organisationen mitarbeiten, ein interkulturelles Handlungstraining mit Konzentration auf Themen, wie Kommunikation, Entscheidungsverhalten, Verhandlungsverhalten, Führung, Wahrnehmung und Bewertung, Qualifizierung, Problemlösung, Konfliktmanagement, Teamarbeit u.ä..

Da die Bundeswehr aufgrund ihrer spezifischen Aufgabenstellung darauf angewiesen ist, beim Personaleinsatz schnell und flexibel handeln zu können, muss eine Grundausbildung in "interkultureller Handlungskompetenz" bei allen Fach- und Führungs-

kräften vorhanden sein, damit nach der aktuellen Bedarfslage diejenigen, die für einen internationalen Einsatz benötigt werden, darauf aufbauend mit einem spezifischen Einsatztraining versorgt werden können. Ein solches aktuelles Einsatztraining muss auf die jeweilige Trainingsgruppe, ihren spezifischen Einsatzauftrag und die kulturellen Besonderheiten zugeschnitten sein. Da solche Einsatztrainings nicht lange im voraus, gleichsam "auf Vorrat", entwickelt werden können, weil die Auftragslagen wechseln und die für einen Einsatz in Frage kommenden Krisenorte nicht langfristig im voraus festzulegen sind, bedarf es eines Informationsbeschaffungskonzepts, das es erlaubt, in relativ kurzer Zeit aktuelle, kulturspezifische und einsatzrelevante Informationen zu sammeln, zu komprimieren und in ein Einsatztraining zu integrieren. Zu diesem Zweck ist das in diesem Buch in meinem Artikel auf den Seiten 391 ff. dargestellte sog. "Informationsleitsystem" entwickelt worden. Es handelt sich dabei um ein erstes Rahmenkonzept, das den spezifischen Bedürfnissen der Bundeswehr angepasst und im Verlauf seines Praxiseinsatzes weiterentwickelt werden muss.
Die Schulung der Fach- und Führungskräfte der Bundeswehr zur Entwicklung und zum Aufbau von "interkultureller Handlungskompetenz" ist zweifelsohne eine Notwendigkeit zur Sicherstellung der zukünftigen Verteidigungsbereitschaft und der Einsatzoptimierung aller Waffengattungen der Bundeswehr. Wenn die Notwendigkeit erkannt ist, muss eine entsprechende Infrastruktur zur sachgerechten und qualitativ angemessenen Behandlung der Thematik geschaffen und in das Organisationsgefüge der Bundeswehr integriert wird. Gleichzeitig ist sicherzustellen, dass die notwendigen Ressourcen nicht erst dann aktiviert werden, wenn der Auslandseinsatz beschlossen ist, sondern dauerhaft und kontinuierlich zur Verfügung stehen. Nur so kann das erforderliche System der Informationsgewinnung und der Ausbildung interkultureller Kompetenz die für die Bundeswehr erforderliche Qualität gewinnen. Nur so ist auch zu garantieren, dass der wissenschaftliche Fortschritt in Bereichen, wie "interkulturelle Kommunikation", "interkulturelles Lernen", "interkulturelles Training" und "interkulturelles Management" in die Ausbildungsarbeit miteinbezogen werden kann. Viele der dabei zu behandelnden Themenfelder und Problemstellungen sind nicht nur für militärische Einsätze relevant, sondern entstehen immer dann, wenn Menschen aus unterschiedlichen Kulturen miteinander kommunizieren und kooperieren. So kann die bundeswehrspezifische Arbeit bei Entwicklung und Einsatz interkultureller Trainings in nicht unerheblichem Maße von der nationalen und internationalen Forschungsarbeit in diesen Bereichen profitieren. Um einen solchen Informationsaustausch sicherzustellen und fruchtbar werden zu lassen, ist es empfehlenswert, wenn die mit den hier skizzierten Aufgaben betrauten Fachkräfte der Bundeswehr, beispielsweise der Psychologische Dienst der Bundeswehr, eng mit nationalen und internationalen Forschergruppen zusammenarbeiten, denn nur so kann ein hohes Maß an Qualität dauerhaft gesichert werden.
Die erforderlichen Methoden zur Entwicklung der hier angesprochenen interkulturellen Kompetenz bedürfen der multimedialen Unterstützung, besonders in Verbindung mit modernen Lehr-Lern-Techniken und des Einsatzes der Computer Based Trainings-Technologie (CBT). Auf dem Gebiet der CBT-Technologie hat die Bundeswehr viel Er-

fahrung und entsprechend qualifizierte Systeme verfügbar. Für die hier zur Lösung anstehenden Aufgabenstellungen muss allerdings diese Technologie mit den inhaltlichen Komponenten interkultureller Kompetenzentwicklung sinnvoll verknüpft werden, wozu bisher erst ansatzweise Modelle und Methoden entwickelt wurden.
Mittelfristig und langfristig ist auch zu prüfen, inwieweit es sinnvoll ist, dass die Bundeswehr die erforderliche Entwicklungs- und Ausbildungsarbeit in eigener Regie durchführt oder in enger Kooperation an entsprechend qualifizierte Forschungs- und Ausbildungsinstitutionen delegiert.
Wenn auch nur ein Teil der soeben von der Wehrstruktur-Kommission vorgelegten Vorschläge zur Umgestaltung der Bundeswehr bis zum Jahr 2010 verwirklicht werden sollte, ist die Bedeutung der hier diskutierten Thematik der Entwicklung interkultureller Kompetenz bereits augenscheinlich.

Literatur

Thomas, A., Lulay, G. (1999). Evaluation interkultureller Trainings zur Vorbereitung von Bundeswehrsoldaten auf internationale Einsätze. Untersuchungen des Psychologischen Dienstes der Bundeswehr, Bd. 34. München: Verlag der Wehrwissenschaften.
Thomas, A., Layes, G., Kammhuber, S. (1998). General intercultural sensitizer für Soldaten der Bundeswehr. Untersuchungen des Psychologischen Dienstes der Bundeswehr, Bd. 33 (S. 9-127). München: Verlag der Wehrwissenschaften.
Thomas, A., Kammhuber, S., Layes G. (1997). Interkulturelle Kompetenz - Ein Handbuch für internationale Einsätze der Bundeswehr. Untersuchungen des Psychologischen Dienstes der Bundeswehr, Bd. 32. München: Verlag der Wehrwissenschaften.

Sebastian Evers:

Der General Intercultural Sensitizer: interkulturelle Ausbildung in der Bundeswehr

1 Einführung

Die Bundeswehr beteiligt sich heute an friedenserhaltenden Missionen unter UN-, NATO- oder OSZE-Mandat. Deutsche Soldaten werden als Beobachter in ehemalige Bürgerkriegsgebiete entsandt, um die Einhaltung von Waffenstillstands- oder Friedensabkommen zu überwachen und humanitäre Hilfeleistungen in den benachteiligten Gebieten dieser Erde zu sichern.
Der einzelne Soldat muss für derartige Auslandseinsätze zusätzliche Fähigkeiten entwickeln, die über die reine Beherrschung des militärischen Handwerks hinausgehen. Seine Hauptaufgabe besteht nun in der Präsentation militärischer Mittel, nicht in ihrem Einsatz. Er soll, im Verbund mit Kameraden aus befreundeten Ländern, in einer fremden Kultur bei fremden Menschen aus einem anderen Kulturkreis deeskalierend wirken, verhandeln und Konfliktsituationen nicht mit der Waffe, sondern mit Worten bereinigen.
Befragt man nun deutsche Soldaten zu den Erfahrungen, die sie in der jüngeren Vergangenheit in derartigen Auslandseinsätzen gemacht haben, so wird immer wieder von Begegnungen mit Menschen, seien es Zivilisten oder aber Soldaten aus Nationen verschiedener Kulturkreise, berichtet, in denen Einstellungen und Verhaltensweisen gezeigt wurden, die unerwartet auftraten, die deutschen Soldaten überraschten, nicht erklärbar und manchmal auch nicht akzeptabel erschienen. Es wirkte hier eine Komponente, die nur schwer fassbar ist, aber sehr stark das Wahrnehmen, Denken, Fühlen und Handeln von Menschen bestimmt: KULTUR.
Aus diesen Erfahrungsberichten wird weiter hier deutlich, wie komplex sich das interkulturelle Handlungsfeld des einzelnen Soldaten darstellt. Zum einen hat er die Aufgabe, *im Kontakt mit einheimischen Zivilisten und Funktionsträgern* unparteiisch und situationsangemessen den Einsatzauftrag zu erfüllen. Doch darin erschöpfen sich die interkulturellen Kontakte noch nicht. Der deutsche Soldat muss dies *in der internationalen Kooperation mit Kameraden aus einem anderen Kulturkreis* leisten, so dass sich auch auf dem Gebiet der militärischen Zusammenarbeit kulturbedingte Missverständnisse ergeben können. Solche Missverständnisse oder Konflikte können in einem Auslandseinsatz zu einer Gefährdung von Menschenleben oder einer Eskalation der lokalen Auseinandersetzung führen.
Demzufolge kann nur der interkulturell kompetente Soldat, der sich mit den Wirkungen und Konsequenzen des kulturellen Faktors auf das Handeln auseinander setzt, diese reflektiert und dementsprechend handelt, den aktuellen Aufträgen der Bundeswehr gerecht werden.

Zur Förderung dieser interkulturellen Kompetenz von Soldaten der Bundeswehr hatte der Psychologische Dienst der Bundeswehr einen Forschungsauftrag an das Institut für Sozial- und Organisationspsychologie der Universität Regensburg vergeben.
Ein Ergebnis dieses Forschungsprojektes des Teams um Professor Alexander Thomas[1] war unter anderem das "Sensibilisierungs- und Orientierungstraining für die kulturallgemeine und die kulturspezifische Vorbereitung von Soldaten auf internationale Einsätze".

2 Rahmenbedingungen für eine Basis-Ausbildung in interkultureller Handlungskompetenz in der Bundeswehr

Das vom Forschungsteam der Universität Regensburg entwickelte Ausbildungskonzept zum Erwerb "Interkultureller Handlungskompetenz" für Bundeswehrsoldaten, stellt ein sehr komplexes und umfassendes Unterrichtsgeschehen dar. Es gliedert sich in vielfältige Module, die aus den unterschiedlichsten Übungen bestehen. Es versteht sich als ein stark interaktives Lerngeschehen, durch das ein bestmöglicher Wissenstransfer gewährleistet wird.
Dies hat natürlich Auswirkungen auf die Rahmenbedingungen für derartige Ausbildungen, insbesondere bezüglich der benötigten Anzahl der Unterrichtsstunden und der Größe der Teilnehmergruppe.
Idealerweise umfasst eine *erste Trainingsstufe* ca. 20 Unterrichtsstunden, die von zwei Trainern mit maximal 12 Teilnehmern gestaltet werden. Inhalt dieser Unterrichtung sollte die Vermittlung von "kulturallgemeinen" Themen sein, durch die die Lehrgangsteilnehmer zunächst allgemein mit der interkulturellen Thematik vertraut gemacht werden. Hier müssen auch grundlegende theoretische Inhalte vermittelt werden, die zum Verständnis von interkulturell kompetentem Handeln unbedingt notwendig sind.
Eine *zweite Stufe* wäre an einem Unterrichtstag mit der gleichen Gruppengröße zu bewältigen. Darin sollten 'kulturspezifische' Bereiche behandelt werden im Sinne der gezielten Vorbereitung von Soldaten der Bundeswehr auf den Einsatz in einem definierten regional begrenzten Gebiet. Die in diesem Unterricht zu vermittelnden für das Einsatzland typischen Kulturstandards können vorher unter Zuhilfenahme eines ebenfalls von der Universität Regensburg entwickelten "Informationsleitsystems" in Erfahrung gebracht werden.
In derartigen Trainingsabschnitten, in denen auch in besonderem Maße bereits vorhandene Erfahrungen der Teilnehmer mit interkulturellen Begegnungen thematisiert und reflektiert werden müssen, kann die Grundlage für den Erwerb "Interkultureller Handlungskompetenz" geschaffen werden.

---

1) Vergleiche hierzu dessen Beiträge "Interkulturelle Kompetenz: eine Schlüsselqualifikation für Fach- und Führungskräfte der Bundeswehr" (Seiten 146 ff.) und "Informationsleitsystem zur Gewinnung und Verwertung kulturspezifischer Informationen" (Seiten 391 ff.) in diesem Buch.

3 Lernziele einer interkulturellen Ausbildung in der Bundeswehr

"Interkulturelle Handlungskompetenz" in Unterrichtsform schlichtweg "frontal" vermitteln zu wollen ist nicht möglich. Eine derartige Kompetenz kann nicht nur theoretisch, etwa im Lehrgespräch, vermittelt werden. Warum ist das so?
Interkulturelle Handlungskompetenz muss, wie im Wort *Handlung* bereits anklingt, von jedem einzelnen Soldaten selbst erworben werden. Diese Handlungskompetenz erhält man auch nicht durch den bloßen Erwerb von Wissen über bestimmte Verhaltensweisen des fremdkulturellen Gegenübers. Interkulturelle Handlungskompetenz setzt tiefer an. Zum Erwerb dieser Fähigkeit ist zunächst eine Bewusstseinserweiterung nötig. Dazu muss der Soldat zunächst lernen, dass das Verhalten von Menschen auch kulturabhängig ist und er deren Reaktionen auf sein eigenes Verhalten vor diesem Hintergrund einzuschätzen hat.

Erstes Lernziel für eine Basis-Ausbildung von Soldaten der Bundeswehr zum Thema "Interkulturelle Handlungskompetenz", die dem Bereich der *kulturallgemeinen* Trainings zuzuordnen ist, muss daher sein, die Lehrgangsteilnehmer zunächst *allgemein für die interkulturelle Thematik zu sensibilisieren.*
Dies soll derart geschehen, dass die Soldaten erfahren, dass das Verhalten von Menschen stark von der jeweiligen Kultur beeinflusst ist. Ferner sollen sie jene Themenbereiche kennen lernen, in denen häufig kulturbedingte Unterschiede im Verhalten von Menschen bestehen.

Zweites Lernziel dieser Basis-Ausbildung ist, dass Bundeswehrsoldaten nach einem entsprechenden Unterricht wissen, dass es für eine effektive Auftragserfüllung hilfreich sein wird, wenn sie in interkulturellen Begegnungssituationen *die Perspektive wechseln*.

Damit ist gemeint, dass sie die Handlungsweisen und evtl. auch das Denken und Fühlen des fremdkulturellen Gegenübers vor dem Hintergrund seiner Kultur bewerten und nicht ausschließlich als Ergebnis seiner individuellen Persönlichkeitsstruktur. Letzteres führt nämlich zu dem, was Psychologen als "fundamentalen Attributionsfehler" bezeichnen und begünstigt das Entstehen und sich Verfestigen von harten Vorurteilen über die fremden Partner.
Vollziehen Soldaten der Bundeswehr aber diesen Perspektivenwechsel, versetzen sie sich also in die Lage und Rolle des Anderen, nehmen sie seine Perspektive ein, so anerkennen sie, dass die Handlungen ihres Gegenübers auf Grund seiner kulturellen Entwicklung durchaus richtig und angemessen sind. Das heißt, nicht nur die Person selbst ist für ihr Handeln verantwortlich, sondern auch die gelernte Kultur beeinflusst dieses maßgeblich. Letztendlich sollen Soldaten der Bundeswehr im Auslandseinsatz *Toleranz* üben, das fremde Verhalten besser verstehen und diese Erkenntnisse bei Ihren Reaktionen darauf berücksichtigen. Fremde und eigene Verhaltensweisen sollten dabei integriert werden. Was dabei nicht gefordert ist, ist das *bedingungslose Akzeptieren* der ausländischen Kultur und das Ablegen der deutschen *Standards.* Unsere Soldaten behalten in jedem Falle ihren Handlungsspielraum und auch ihre persönliche Handlungsfreiheit.

4 Der "General Intercultural Sensitizer"

Einen elementaren Baustein des erwähnten Sensibilisierungs- und Orientierungstrainings zur Vorbereitung von Soldaten auf internationale Einsätze stellt das von der Universität Regensburg entwickelte Instrument "General Intercultural Sensitizer" (GIS) dar.

Zum Zwecke der angesprochenen "Sensibilisierung für die interkulturelle Thematik" und als Grundlage für die Einnahme des "Perspektivenwechsels" bietet sich für eine *Basis-Ausbildung* der Soldaten in "Interkultureller Handlungskompetenz" dieses Manual an: 19 kritische Interaktionssituationen, die nach acht interkulturell bedeutsamen Themenbereichen geordnet sind, können von den Soldaten der Bundeswehr bearbeitet werden. Wesentliche *Lernschritte* sind dabei

- das Kennenlernen von fremdkulturellen Denk-, Fühl- und Verhaltensmustern,
- deren innere Logik und Berechtigung erkennen und verstehen zu lernen sowie
- in interkulturellen Überschneidungssituationen angemessene Handlungsalternativen auszuwählen.

Dieser letzte und entscheidende Schritt hin zum Erwerb von "interkultureller Handlungskompetenz" wird den Lehrgangsteilnehmern dadurch erleichtert, dass Einschätzungen von Experten der betroffenen Kulturkreise in die jeweilige Lernsituation eingearbeitet sind.

Dabei ist anzumerken, dass die Arbeit mit dem GIS nicht der alleinige Inhalt einer derartigen Ausbildung sein kann. Die Bearbeitung dieses Manuals sollte Teil eines umfassenderen Curriculums für die interkulturelle Ausbildung der Soldaten der Bundeswehr sein. Für eine zielführende Arbeit mit dem GIS ist es wichtig, den Soldaten bereits bestimmte Grundbegriffe der interkulturellen Thematik nahe gebracht zu haben. Dies gilt in besonderem Maße dann, wenn das Manual zum Selbststudium genutzt werden soll.

4.1 Im GIS behandelte interkulturell bedeutsame Themenbereiche

Im Folgenden werden die für die interkulturelle Ausbildung von Soldaten der Bundeswehr wichtigen acht Themenbereiche des "General Intercultural Sensitizer" kurz angerissen:

- *Sachorientierung versus Personenorientierung:* Diese grundlegende Kulturdimension beschreibt, wie soziale Situationen überhaupt wahrgenommen werden. Jede soziale Situation besteht nämlich aus mindestens zwei Ebenen: Auf der *Sachebene* befinden sich die vermeintlich "objektiv" feststellbaren Aspekte einer Situation, wie z. B. Funktion und Aufgabe der handelnden Personen, ihre Ziele, das von ihnen explizit Gesagte, der zeitliche und gesetzliche Rahmen etc.. Demgegenüber befinden sich auf der *Personenebene* alle subjektiven und nicht direkt wahrnehmbaren Prozesse, die während der sozialen Interaktion in und zwischen den beteiligten Personen ablaufen und sich nur sehr indirekt nach außen hin äußern und einer Interpretation bedürfen.

- *Einzelorientierung versus Gruppenorientierung:* Diese Kulturdimension beschäftigt sich damit, wie Personen ihr Selbst im Verhältnis zu den sozialen Gruppen definieren, denen sie angehören. Wir alle gehören zu einer ganzen Reihe von sozialen Gruppen: zur deutschen Nation, zu einer bestimmten Landes- und Ortsbevölkerung, zu einer bestimmten Berufsgruppe, zur eigenen Familie und zur Herkunftsfamilie, zu bestimmten kulturellen, politischen oder religiösen Gruppierungen, Sportvereinen usw..
- *Geringe Machtdistanz versus hohe Machtdistanz:* Diese Kulturdimension beschreibt, auf welche Arten in unterschiedlichen Kulturen mit natürlichen oder geschaffenen Ungleichheiten zwischen verschiedenen Menschen innerhalb einer Kultur umgegangen wird. In jeder Kultur existieren vielfältige Ungleichheiten zwischen den Menschen: Nicht jeder ist gleich talentiert, gleich begütert, gleich mächtig usw..
- *Unterschiedliche Wertvorstellungen:* Wertvorstellungen betreffen in jeder Kultur den innersten Kern der Menschen. Es sind diejenigen Vorstellungen, die uns am frühesten vermittelt werden, die uns emotional am stärksten berühren, die sehr schwierig bewusst zu machen und daher auch am schwersten zu ändern sind. Während wir relativ schnell erkennen und auch zu akzeptieren bereit sind, dass in anderen Kulturen andere Symbole, Rituale und Verhaltensweisen vorzufinden sind, so tun wir uns sehr viel schwerer mit dem Akzeptieren der Tatsache, dass in anderen Kulturen auch andere Wertvorstellungen herrschen.
- *Außenorientierung versus Innenorientierung:* Diese Kulturdimension bildet ab, wie stark die Mitglieder einer Kultur ihre Aufmerksamkeit nach innen richten, also auf die Vorgänge innerhalb der eigenen Kultur bzw. nach außen, auf die Vorgänge in anderen Kulturen.
- *Distanzwahrung versus Distanzminimierung:* Diese Kulturdimension beschreibt verschiedene Arten, mit der Distanz umzugehen, die zu Fremden bzw. nur wenig bekannten Personen besteht. In distanzwahrenden Kulturen wird diese Distanz durch eine sachorientierte Kommunikation relativ lange aufrechterhalten und nur sehr langsam bzw. durch bestimmte Rituale (z. B. "Du-Anbieten") abgebaut. In distanzminimierenden Kulturen wird versucht, durch eine stärker beziehungsorientierte Art der Kommunikation diese Distanz relativ schnell abzubauen.
- *Monochrone versus polychrone Zeitauffassung:* Diese Kulturdimension beschreibt die verschiedenen kulturspezifischen Arten, Zeit wahrzunehmen. Menschen mit einer monochronen Zeitauffassung erscheint die Zeit als etwas von außen kommendes, nach dem man sich richten muss und das einen in die Zukunft gerichteten Druck ausübt. Für Menschen aus polychronen Kulturen ist es von nachrangiger Bedeutung, wie viel Zeit bestimmte Dinge in Anspruch nehmen bzw. zu welchem Zeitpunkt sie fertig gestellt sein müssen.
- *Unterschiedliche Geschlechterrollen:* Das Verhältnis von Männern und Frauen gehört in den meisten Kulturen zu einem der heikelsten und kompliziertesten Bereiche überhaupt. Daher können zu diesem Thema auch kaum allgemeinverbindliche Aussagen gemacht werden. Umso mehr gilt gerade für Männer, dass sie sich der möglicherweise sehr unterschiedlichen Rolle von Männern und Frauen in verschiedenen Kulturen bewusst sein und in diesem Bereich mit großer Zurückhaltung agieren sollten.

4.2 Struktureller Aufbau der "kritischen Interaktionssituationen"

Alle 19 dargebotenen Lernsituationen bestehen aus jeweils *fünf* Elementen:

- Zunächst wird die jeweilige Situation schriftlich dargeboten und der Soldat wird aufgefordert, sich über den dargestellten Vorfall Gedanken zu machen und eine erste spontane subjektive Erklärung des Sachverhaltes zu Papier zu bringen bzw. verbal zu äußern. Anzumerken ist hier, dass es sich bei den verwendeten Situationen nicht um erfundene Ereignisse, sondern um von deutschen Soldaten im Einsatz real erlebte Begebenheiten handelt.
- Das zweite Element einer Lernsituation besteht aus jeweils vier angebotenen Erklärungsalternativen, deren Plausibilität die Unterrichtsteilnehmer auf einer vierstufigen Skala bewerten sollen. Diese Erklärungsalternativen berücksichtigen unter anderem auch Aussagen von Soldaten, die mit der jeweiligen Situation im Zuge der Entwicklung des GIS konfrontiert wurden. Dadurch fällt es den Soldaten, die die Situation nun bearbeiten sollen, in der Regel leichter, eine Bewertung dieser Aussagen vorzunehmen und die ihrer Meinung nach am ehesten zutreffende Erklärung zu benennen. Ferner stellt zumeist eine der Alternativen die *kulturadäquateste* Antwort auf die Frage nach Erklärung der Situation dar.
- Als drittes Element jeder Situationsbearbeitung folgt eine Kommentierung der zuvor angebotenen Erklärungsalternativen, die durch Hinzuziehen von Experten der betroffenen Kultur gefertigt wurde. Dabei wird den Teilnehmern an der interkulturellen Ausbildung die interkulturell kompetenteste Antwort erläutert.
- Das vierte Element bildet eine Auflistung von je vier Handlungsalternativen, aus denen der Soldat nun diejenige wählen soll, die er selbst in der besprochenen Situation für angezeigt hält. In Bezug auf die Auswahl der dargebotenen Vorschläge trifft das Gleiche zu, was oben bei den Erklärungsalternativen angemerkt worden ist: Auch hier wurden Aussagen von Soldaten mitberücksichtigt. Bei diesem vierten Schritt der Problembearbeitung werden die Soldaten im Unterricht zudem aufgefordert, weitere Handlungsalternativen zu überlegen und zu Papier zu bringen.
- Als fünftes und letztes Element steht am Ende jeder Situation eine Erläuterung zu jedem der angebotenen Handlungsvorschläge. Wiederum wurden Kulturexperten bei der Formulierung dieser Stellungnahmen zu Rate gezogen, die "beste Alternative" im Sinne der interkulturellen Handlungskompetenz herauszuarbeiten.

4.3 Gruppenstärke – Zeit – Material

Teilnehmeranzahl: Sie ist im Grunde beliebig. Die Erfahrung aus durchgeführten Ausbildungen mit Soldaten zeigt, dass der Lernerfolg in einer Gruppe von ca. 12-15 Teilnehmern, die von einem Dozenten betreut werden, am größten ist. Größere Gruppen sollten entsprechend unterteilt werden, so dass allen Teilnehmern ermöglicht wird, Wortmeldungen und Diskussionsbeiträge anzubringen.

Dauer: Pro kritischer Interaktionssituation sollten ca. fünf Minuten zur individuellen

Reflexion eingeplant werden. Der Diskussion in der Gruppe sollte breiter Raum gegeben werden (min. 20 Minuten).
Material: Die kritischen Interaktionssituationen liegen in der oben exemplarisch dargestellten Form schriftlich vor. In der Regel sind zwei oder drei Situationen je Themenbereich ausreichend, um die Dimension, die besprochen werden soll, zu erläutern. Drei der Situationen können auch als *Filmsequenzen* (Video) gezeigt werden.

4.4 Konkretes methodisches Vorgehen

Den Teilnehmern wird ein Exemplar des GIS ausgehändigt, und sie beginnen mit der Bearbeitung eines bestimmten Themenbereiches. Dazu liest jeder Teilnehmer die dargebotene kritische Interaktionssituation und bearbeitet sie zunächst individuell bis zu den Handlungskonsequenzen. Nachdem alle die Situation bis zu den Handlungskonsequenzen bearbeitet haben, beginnt eine vom Trainer moderierte Gruppendiskussion über dieses Fallbeispiel. In dieser Gruppendiskussion können u.a. folgende Reflexionsfragen bearbeitet werden:

- Wie gut können Sie sich mit den handelnden Personen identifizieren?
- Was trägt zu dieser Identifikation bei, was hemmt eine Identifikation?
- Haben Sie schon einmal eine ähnliche Situation (dienstlich oder auch privat) in einem anderen Zusammenhang erlebt?
- Was kann aus dieser vorgegebenen Situation gelernt werden?
- Was kann über eine bestimmte Kulturdimension gelernt werden?

Als hilfreich hat sich nach meiner Ansicht erwiesen, wenn für die Gruppendiskussion die entsprechenden Elemente der zu bearbeitenden Situation mit Hilfe z.B. eines Tageslichtprojektors für alle Teilnehmer plakativ herausgestellt werden. Das Aufrechterhalten des Blickkontaktes zwischen den Lehrgangsteilnehmern und dem Dozenten wird dadurch erleichtert.
Nach der letzten Situation eines Themenbereiches lesen alle Teilnehmer den längeren Text über die Kulturdimension, auf der sich die bearbeiteten Situationen bewegen. Zum Abschluss findet noch einmal eine kurze Gruppendiskussion statt, die die Bearbeitung dieses Themenbereiches abschließt.
Ist die Gesamtgruppe recht groß, kann diese in Kleingruppen aufgeteilt werden. Es bietet sich hier an, dass von den Kleingruppen jeweils unterschiedliche Situationen zu einem bestimmten Themenbereich bearbeitet werden. Die Kleingruppenergebnisse werden danach im Plenum zusammengetragen und z.B. an einem Flip-Chart o.ä. visualisiert.

4.5 Ergebnis

Die Soldaten der Bundeswehr haben interkulturelle Themen in einem für sie relevanten Bereich bearbeitet, die Problematik der Situation aus verschiedenen Perspektiven (Text, Diskussionsbeiträge anderer Teilnehmer, Trainer) betrachtet und analysiert und damit eine Grundlage für Wissenstransfer gelegt.

5 Ergänzende truppenpsychologische Erkenntnisse aus der Praxis der interkulturellen Ausbildung in der Bundeswehr

In der interkulturellen Ausbildung von Soldaten sollte die Dozentin/der Dozent immer mehrere kritische Interaktionssituationen verwenden. Obwohl man auf Grund der Lernstruktur des GIS relativ lange mit einer einzelnen kritischen Interaktionssituation beschäftigt ist, sollte man trotzdem nicht der Versuchung erliegen, sich einzelne Situationen herauszupicken. Dies setzt, wie bereits angesprochen, gewisse Rahmenbedingungen für derartiger Unterrichte voraus. So ist die Bearbeitung von etwa einer isolierten Situation des GIS im Frontalunterricht vor einer Gruppe von 100 Soldaten wenig sinnvoll. Auch die Zusammensetzung der Lehrgangsteilnehmer, etwa in Bezug auf Dienstgrade, Dienststellungen, Alter, und persönliche Erfahrungen mit Einsätzen in fremden Kulturkreisen, muss unbedingt berücksichtigt werden, um mit dem GIS pädagogisch sinnvoll und zielführend arbeiten zu können. Es sind hier bezüglich der genannten Kriterien möglichst homogene und überschaubar große Gruppen wünschenswert. Allerdings sollte auch nach Erfüllen dieser Bedingungen nicht der gesamte GIS an einem Stück bearbeitet werden, da dies viel zu lange dauern und die Teilnehmer ermüden würde. Die Trainerin/der Trainer sollte stattdessen nach Themenbereichen vorgehen. Es können beispielsweise am ersten Trainingstag zwei Themenbereiche behandelt werden und am nächsten vier. Dabei besteht keine Notwendigkeit, die Themenbereiche des GIS unbedingt in der vorgegebenen Reihenfolge zu bearbeiten. Es sollten die Themenbereiche für die Gruppenarbeit ausgewählt werden, die für die jeweilige Trainingsgruppe zentral sind. Je unerfahrener eine Trainingsgruppe ist, desto eher sollte man jedoch in der im GIS vorgegebenen Reihenfolge vorgehen, da die zu Anfang behandelten Themen interkulturell grundlegend sind.

Da sich der GIS auch gut für ein Selbststudium eignet, nachdem er den Teilnehmern in der Gruppensituation nahe gebracht worden ist, und grundlegende Begriffe der interkulturellen Thematik erörtert worden sind, könnten beispielsweise einzelne Themenbereiche auch zu Hause im Selbststudium bearbeitet werden. Sinnvoll wäre es bei derartigem Vorgehen, wenn die betreffenden Soldaten die Möglichkeit hätten, ihre beim Selbststudium des GIS gewonnenen Erkenntnisse mit einem interkulturell erfahrenen Kameraden oder auch Dozenten zu reflektieren.

Um während der Gruppendiskussion einen möglichst produktiven Austausch der Teilnehmerperspektiven zu gewährleisten, sollte der Trainer sich anfangs auf eine reine Moderatorentätigkeit beschränken und sich mit eigenen Interpretationen zurückhalten. Seine eigene Interpretation sollte er weniger als "objektives" Expertenurteil formulieren, sondern *gleichberechtigt* neben die Interpretationen der anderen Teilnehmer stellen. Dies gilt in besonderem Maße dann, wenn der betreffende Dozent eigene Erfahrungen mit ähnlichen Situationen, etwa aus einem selbst erlebten Auslandseinsatz hat. Erst in der Argumentation über die Interpretationen wird sich erweisen, welche Erklärung wohl die plausibelste für die Situation ist. Dies gilt ebenso für den Fall, dass Personen aus der Zielkultur im Training anwesend sind. Ihre Perspektive zu erfahren, kann sehr hilfreich sein. Es muss aber darauf geachtet werden, dass ihre Aussage nicht als die "ultimative" Interpretation im Raume steht, sondern als ein wertvoller Blickwinkel neben anderen.

Dabei können durchaus mehrere Interpretationen nebeneinander stehen. Es geht bei dieser Übung nicht darum, die einzige, wahre Antwort für eine Erklärung der Situation zu finden. Dies macht auch keinen Sinn, da die vorgestellte Situation sich aller Wahrscheinlichkeit nach auch nicht mehr in exakt derselben Ausformung wiederholen wird. Es geht vielmehr darum, *begründete Fragen an die Situation* zu stellen, die erst im realen Handeln überprüft werden können. Die Soldaten der Bundeswehr sollen das Wesentliche der Situation erfassen: Dass das Verhalten der agierenden Person in der jeweiligen Begebenheit kulturbeeinflusst ist. Dies ist umso wichtiger, als es sich hier um einen *kulturallgemeinen* Intercultural Sensitizer handelt. Zwar arbeitet auch dieser in jeder einzelnen Situation mit einer spezifischen Fremdkultur, jedoch ist das Lernziel nicht das Kennenlernen spezifischer Kulturen (etwa nach dem Motto: "An diesem Beispiel erkennt man schön, wie Kroaten sind"), sondern das Erkennen grundlegender Dimensionen, in denen Kulturen variieren und denen somit in *jeder Kultur* Beachtung geschenkt werden muss.

Da die Teilnehmer entsprechender Ausbildungen bald erkennen, dass dies das Ziel des Trainings darstellt, wird Enttäuschung ausgelöst, da sich die Soldaten ganz handfeste "Tipps und Tricks", womöglich in Form von Taschenkarten zu Papier gebracht, für den Umgang mit Menschen in den Kulturen wünschen, in denen sie gerade agieren oder demnächst eingesetzt werden. Stattdessen liegt in dem Erlernen kulturallgemeiner Orientierungsstrategien das wesentlich höhere Potenzial, um interkulturell wirklich handlungskompetent zu werden, als in dem Erlernen spezifischer kultureller Regelsysteme. Ohne kulturallgemeines Orientierungswissen besteht immer die Gefahr, zum "kulturellen Fachidioten" zu werden. Eine nicht zu unterschätzende Aufgabe der Dozenten in einer interkulturellen Ausbildung von Soldaten der Bundeswehr ist es, dies zu vermitteln!

Daher darf sich der Trainer auch nicht dazu drängen lassen, um des lieben Friedens willen eine "endgültige Wahrheit" zu verkünden, sondern er muss den Teilnehmern klar machen, dass schon viel gewonnen ist, aus den unendlichen Erklärungsmöglichkeiten für menschliche Handlungen einige begründete Fragen herausgefiltert zu haben, mit denen sich weiterarbeiten lässt. Auf einer Metaebene, allerdings ohne die Teilnehmer dabei bloßzustellen, kann darüber reflektiert werden, warum es für einzelne, einige oder viele bedeutsam ist, die "wahre" Lösung eines Problems zu wissen und welche kulturspezifischen Sozialisationsprozesse, beispielsweise im Rahmen der Offizierausbildung, dabei eine Rolle spielen. Gelangt man als Trainer so weit, dass diese Fragen ohne Zwang diskutiert werden können, dann können an dieser Stelle fundamentale interkulturelle Lernprozesse bei den Soldaten der Bundeswehr einsetzen.

Paul Klein:

Zusammenwachsen mit Hindernissen: Deutsche und Niederländer im Deutsch-Niederländischen Korps

1 Ähnliche Armeen und Kulturen

Als am 30. August 1995 das Deutsch-Niederländische Korps im Beisein von Bundeskanzler Helmut Kohl und Ministerpräsident Wim Kock feierlich in Dienst gestellt wurde, glaubten sowohl Deutsche als auch Niederländer an ein schnelles und reibungsloses Zusammenwachsen der 1. (NL)Division "7. Dezember" mit dem deutschen Wehrbereichskommando II/1. Panzerdivision zu einem gemeinsamen Korps. Hierfür sprachen nicht nur eine gründliche Vorbereitung durch einen binational gemischten Aufstellungsstab, mehrere Vereinbarungen, die das Verfahren der Zusammenarbeit regelten und zwei aus Niederländern und Deutschen bestehende Leitungs- bzw. Unterstützungsstäbe[1] sondern vor allem die Tatsache, dass die strukturellen Rahmenbedingungen in den beiden betroffenen Streitkräften wenig voneinander abweichen. So haben beide Armeen ein jeweils ähnliches Disziplinar- und Beschwerderecht. Ausbildungsverfahren, Befehlsgewohnheiten und Prinzipien der täglichen Dienstgestaltung unterscheiden sich wenig voneinander. "Auch die Rechte der Soldaten sind weitgehend vergleichbar. Zu denken ist hierbei an ein ähnliches Koalitionsrecht, an vergleichbare Dienstzeitregelungen und Beteiligungsrechte. Die Bezahlung der Berufs- und Zeitsoldaten weicht nicht wesentlich voneinander ab, beide Armeen verfügen über Berufsförderungseinrichtungen" (Klein, u.a., 1999, S. 18).

Die deutsche Innere Führung und die Idee vom Staatsbürger in Uniform sind niederländischen Soldaten keineswegs fremd, basiert doch das System der Menschführung in ihren Streitkräften auf ähnlich liberalen Gedanken und war die Armee doch stets offen für Einflüsse aus der Gesellschaft (vgl. Rosendahl Huber, 1996).

Dass auch die Sitten und Gebräuche sowie die jeweiligen nationalen Kulturen in Deutschland und den Niederlanden häufig nahezu identisch sind, hat G. Hofstede in vielen Untersuchungen nachweisen können (vgl. Hofstede, 1980).

Gegenüber diesen Gemeinsamkeiten fallen die Unterschiede eher marginal aus. So haben die Niederlande seit Mitte der neunziger Jahre eine Berufsarmee während die Deutschen die Wehrpflicht beibehalten haben. Der Anteil der weiblichen Soldaten am

1) Der Korpsstab mit dem Generalleutnant an der Spitze, der alle zwei jahre zwischen Deutschland und den Niederlanden wechselt, befindet sich in Münster. Im niederländischen Eibergen ist der binationale Stab einer Command Support Group, dem die Korpstruppen unterstehen, stationiert.

Gesamtumfang der Streitkräfte ist in den Niederlanden wesentlich höher als in Deutschland.
Obwohl die Gemeinsamkeiten bei weitem überwiegen, taten sich die beiden Armeen mit ihrem Zusammenschluss zumindest anfangs schwer. Dies könnte mehrere ineinander verschränkte Gründe haben.

2 Mögliche Probleme in der binationalen Zusammenarbeit

Nach Klein, Rosendahl Huber und Frantz (1999) bedeutet –vor dem Hintergrund des binationalen Korps und trotz aller Gemeinsamkeiten zwischen beiden Armeen- die Zusammenarbeit für Soldaten aller Dienstgrad– und Statusgruppen besonders in den gemischten Stäben die Konfrontation mit anderen, ihnen ungewohnten und teilweise sogar fremden Verhaltensweisen und Gebräuchen. Je nach persönlicher Grundeinstellung und vorhandener Kenntnisse werden in der Kooperation mit den Soldaten des anderen Landes bereits bestehende nationale Urteilstendenzen und Vorurteile bestätigt oder aber widerlegt.
Andererseits regt der Umgang mit den Soldaten eines anderen Landes stets auch den Vergleich mit den Verhältnissen in den eigenen Streitkräften an. Die durch die Zusammenarbeit hervorgerufene Bewertung kann somit in ein Infragestellen oder auch in eine Bestätigung der Bedingungen der eigenen Berufsrolle und ihres Umfeldes einmünden. Insbesondere dort, wo ein näheres Kennenlernen der Soldaten aus dem anderen Land möglich ist, d. h. vor allem in den beiden integrierten Stäben, ist es wahrscheinlich, dass es bei den betroffenen Soldaten durch die Konfrontation mit Angehörigen der Partnerarmee zu einer Neubewertung des Gewohnten (“so schlecht sind wir nicht”) oder aber zu seiner indirekten Abwertung (“die anderen sind besser”) kommt.
Vor diesem Hintergrund bemessen sich die Chancen für eine reibungslose Zusammenarbeit zwischen den Soldaten beider Nationen vor allem nach der Möglichkeit, bestehende Unterschiede zwischen Selbst- und Fremdbild auszugleichen. Dies dürfte nicht einfach sein, vor allem, wenn gegenüber der anderen Nation und ihren Soldaten noch fest verankerte Vorurteile bestehen. Sie beeinflussen u.U. die Wahrnehmung des Partners, weil sie einen Mechanismus der sich selbst erfüllenden Prophezeiung in Kraft setzen, der darin besteht, dass man bestimmte Dinge auf Grund seiner Vorurteile erwartet, sie dann regelrecht sucht und schließlich auch findet, um sie dann als Bestätigung der Richtigkeit der eigenen vorurteilsbedingten Annahmen anzusehen.
Mit der Gründung des Korps verbanden weder die niederländische noch die deutsche Seite die Absicht, militärische Einheiten binational zu durchmischen. Vielmehr ging man von einer gegenseitigen Annäherung aus. Um dies zu ermöglichen, förderte das Korps alle Vorhaben, die Gelegenheit zu binationalen Kontakten boten. Es kam sehr schnell zu gemeinsamen Übungen, zum Austausch von Truppenteilen und zu Treffen im Rahmen von Patenschaften. So wollte man ein Klima herstellen, das die Bereitschaft zur gegenseitigen Akzeptanz erhöhen würde.

Ob diese Maßnahmen von Erfolg gekrönt waren und ob sich im Laufe der Zeit zwischen den Soldaten des Korps ein Gefühl der Gemeinsamkeit bilden würde, dies festzustellen war Ziel empirischer Untersuchungen des Sozialwissenschaftlichen Instituts der Bundeswehr und der Königlichen Militärakademie.

3 Das Meinungsbild der Soldaten 1995 bis 1997

Zum Zeitpunkt der Indienststellung des Korps wurden 654 niederländische und 836 deutsche Soldaten nach ihren Erwartungen aber auch nach ihren ersten Eindrücken hinsichtlich der deutsch-niederländischen Zusammenarbeit befragt (vgl. Rosendahl Huber, Klein, 1995; Klein u.a. 1996). Hierbei zeigte sich, dass das Interesse, im Korps Dienst zu tun, auf beiden Seiten nicht sonderlich groß war. Weit über die Hälfte der befragten Soldaten, vor allem Unteroffiziere und Mannschaftsdienstgrade, wollten lieber einem anderen multinationalen oder einem nationalen Großverband als dem Deutsch-Niederländischen Korps angehören. Hinsichtlich der Einschätzung der beiden Armeen neigten die Bundeswehrsoldaten zu einer Überbewertung der niederländischen und einer Abwertung der eigenen Streitkräfte. Die Niederländer sahen beide Armeen differenzierter und ordneten Vor- und Nachteile beiden Seiten gleichmäßig zu. Übereinstimmend waren die Soldaten beider Nationen allerdings der Ansicht, in der Bundeswehr herrsche ein rauherer Umgangston, es würde autoritärer geführt als in den niederländischen Streitkräften. Sowohl Deutsche als auch Niederländer glaubten mehrheitlich, die Auftragstaktik sei in der niederländischen Armee stärker ausgeprägt als in der Bundeswehr.
Hinsichtlich ihrer Einstellungen zu den Deutschen hatten sich die niederländischen Soldaten zum Befragungszeitpunkt noch nicht von überwiegend negativen Stereotypen gelöst, die in der niederländischen Bevölkerung weit verbreitet sind (vgl. Weidemann, 1987). Das Bild, das sich die deutschen Befragten von den Niederländern machten, war demgegenüber weitaus positiver. Die Soldaten beider Länder waren allerdings zuversichtlich, das Korps würde dazu beitragen, bestehende Vorurteile abzubauen.
Unbeeinflusst von diesen Voreinstellungen zeigte sich das Vertrauen in die Verlässlichkeit der Soldaten der jeweils anderen Seite als militärische Partner. Es war sowohl bei Niederländern als auch bei den Deutschen sehr hoch.
Bei einer Zweitbefragung von 739 niederländischen und 566 deutschen Soldaten Ende 1997 zeigte sich ein Bild, das in Teilen gegenüber der Erstbefragung unverändert geblieben ist, in anderen Teilen aber besonders bei den Niederländern starke Veränderungen aufweist.
Nahezu gleich geblieben ist die geringe Akzeptanz, die dem Korps entgegen gebracht wird. Sowohl Niederländer als auch Deutsche hätten auch 1997, wenn sie denn die freie Wahl gehabt hätten, einen anderen multinationalen oder nationalen Großverband als militärische Heimat vorgezogen. Ebenfalls geblieben ist die Meinung sowohl der Deutschen als auch der Niederländer, in der Bundeswehr würde autoritärer geführt und der Umgangston sei rauher als in der niederländischen Armee.
Der Drang nach der Einführung von gemischten deutsch-niederländischen Truppenteilen, der sich 1995 generell bei allen Soldaten zeigte, bleibt, wie Tabelle 1 zeigt, bei

den Deutschen bis 1997 ungebrochen. Bei ihnen treffen binational gemischte Einheiten auf sehr viel Gegenliebe. Bei den Niederländern hat diese Bevorzugung zugunsten rein nationaler Einheiten stark abgenommen.

	Antworten in Prozent					
Dienstgradgruppen	gemischt dt./niederl. Truppenteil		Deutsche und Niederl. in einer Kaserne		rein nationale Truppenteile	
	1995	1997	1995	1997	1995	1997
deutsche Mannschaften	51	48	25	28	24	24
niederländ. Mannschaften	33	23	35	27	33	50
deutsche Unteroffiziere	57	55	29	27	14	18
niederländ. Unteroffiziere	55	35	28	35	17	30
deutsche Offiziere	58	57	31	34	11	9
niederländ. Offiziere	65	38	23	33	12	29

Tabelle 1

Während die niederländischen Offiziere und Unteroffiziere 1995 noch mit deutlicher Mehrheit für binational gemischte Truppenteile plädieren und die Mannschaften sich nahezu gleichmäßig auf die drei angebotenen Wahlmöglichkeiten verteilen, wünschen sich letztere 1997 in erster Linie rein nationale Einheiten, während erstere in ihrer Vorliebe für die Binationalität stark nachgelassen haben.
Bei den Deutschen sind die Wunschvorstellung im Untersuchungszeitraum nahezu gleich geblieben. In allen Dienstgradgruppen werden binational gemischte Einheiten vorgezogen und treffen nationale Truppenteile auf die geringste Gegenliebe.
Das Urteil über die Bevölkerung des Nachbarlandes hat sich bei den deutschen Soldaten im Untersuchungszeitraum deutlich verbessert. Bei den Niederländern lässt sich gegenüber der deutschen Bevölkerung eine ähnliche Entwicklung nicht feststellen.

Dienstgradgruppen	Antworten in Prozent					
	sympathisch		weder / noch		unsympathisch	
	1995	1997	1995	1997	1995	1997
deutsche Mannschaften	46	58	39	31	15	11
niederländ. Mannschaften	20	17	52	60	28	22
deutsche Unteroffiziere	60	66	31	28	9	6
niederländ. Unteroffiziere	26	30	59	55	15	15
deutsche Offiziere	65	71	29	26	6	3
niederländ. Offiziere	44	33	44	60	12	7

Tabelle 2

An dem positiven Bild der deutschen Soldaten von den Niederländern hat sich von 1995 zu 1997 nur insofern etwas geändert, als die Zahl der "Sympathisch"-Urteile in allen Dienstgradgruppen zugenommen hat. Damit konform geht eine Abnahme der ohnehin nicht sehr zahlreichen negativen Reaktionen.

Bei den niederländischen Befragten werden 1997 im Vergleich zu 1995 zwar ebenfalls weniger "Unsympathisch"-Urteile abgegeben, insgesamt lässt sich aber bei Unteroffizieren und Mannschaften von einer Stagnation des Negativbildes von den Deutschen, bei Offizieren sogar von einer deutlichen Verschlechterung des 1995 noch relativ positiven Urteils sprechen.

Die hohe Sympathie, die die deutschen Befragten den Niederländern entgegenbringen und deren Vermehrung von 1995 zu 1997 werden auf deutscher Seite durchaus im Zusammenhang mit dem Deutsch-Niederländischen Korps gesehen. So glaubten bei der Zweitbefragung doch 82 Prozent der deutschen Soldaten, das Korps habe bei ihnen dazu beigetragen, Vorurteile gegenüber den Niederländern abzubauen. Bei den Niederländern waren dagegen nur 59 Prozent der Meinung, ihr eigener Großverband hätte einen Beitrag zum Abbau von Vorurteilen gegenüber den Deutschen geleistet.

Was die Anzahl der im Dienst zu erwartenden Kontakte zu Soldaten der jeweilig anderen Nation anbelangt, so ging bei der Erstbefragung etwa die Hälfte der Soldaten auf deutscher wie auf niederländischer Seite davon aus, in Zukunft gäbe es viele Kontaktmöglichkeiten. Im Lichte von zwei Jahren Erfahrung sah das Bild hinsichtlich der Kontakthäufigkeit ähnlich aus, gaben doch 46 Prozent der deutschen und 59 Prozent der niederländischen Befragten an, sie hätten bereits mit Soldaten der Partnernation zusammengearbeitet. Über diese Zusammenarbeit sprachen sich beide Seiten überwiegend positiv aus.

Dienstgradgruppen	Antworten in Prozent		
	sehr positiv / positiv	weder / noch	sehr negativ / negativ
deutsche Mannschaften	61	26	13
niederländ. Mannschaften	54	40	6
deutsche Unteroffiziere	86	11	3
niederländ. Unteroffiziere	66	33	1
deutsche Offiziere	84	12	4
niederländ. Offiziere	72	25	3

Tabelle 3

Sieht man einmal von den deutschen Mannschaftsdienstgraden ab, so sind die Negativurteile so gering, dass man sie fast vernachlässigen kann. Insofern lässt sich die Behauptung aufstellen, dass in den beiden ersten Jahren des Bestehens des Korps die dienstliche Zusammenarbeit von beiden Seiten in der Regel ohne große Vorbehalte erlebt wird.

Sowohl bei den Niederländern als auch bei den Deutschen war die Beurteilung der Zusammenarbeit am positivsten in den nationalen Stäben. Dort bezeichneten 70 bzw. 88 Prozent der Befragen, die über Kontakte verfügten, die Kooperation als gut oder sehr gut. In den binationalen Stäben gab es auf niederländischer Seite 65 Prozent positive Antworten, auf der deutschen Seite waren es 75 Prozent. Auch in der Truppe waren diejenigen, die über eigene Erfahrungen in der binationalen Zusammenarbeit verfügten, überwiegend zufrieden. 74 Prozent der Deutschen und 59 Prozent der Niederländer gaben entsprechend positive Beurteilungen ab.

Was das Vertrauen der Soldaten in die jeweilige Partnerarmee anbelangt, so gingen sowohl Niederländer als auch Deutsche bereits zum Zeitpunkt der Indienststellung des Korps mit überwältigender Mehrheit davon aus, man könne sich im Ernstfall auf den anderen verlassen. Gemessen an den Antworten zu der Frage, ob zwei nebeneinander eingesetzte deutsche und niederländische Teileinheiten sich im Einsatzfall gegenseitig zu Hilfe kämen, hat sich an dem Vertrauen bis Ende 1997 kaum etwas geändert.

	Antworten in Prozent			
	Deutsche		Niederländer	
	1995	1997	1995	1997
sicher	52	51	51	44
wahrscheinlich	36	36	41	45
wenig wahrscheinlich	3	5	1	3
unwahrscheinlich	2	1	1	2
keine Meinung dazu	6	6	5	6

Tabelle 4

Wie aus Tabelle 4 ersichtlich ist, zeigt sich 1997 ein ähnliches positives Bild wie 1995. Sowohl Deutsche als auch Niederländer sind mit überwältigender Mehrheit der Meinung, die Soldaten aus dem Nachbarland würden den eigenen zu Hilfe kommen, wenn die Umstände es erfordern würden. Die Verschiebungen, die es zwischen den beiden Befragungen gab, sind insgesamt geringfügig und ändern an dem überwiegend positiven Bild nichts. Somit kann gefolgert werden, dass sowohl die deutschen wie die niederländischen Soldaten mit gegenseitigem Vertrauen in einen Einsatz gehen würden, der wenig später im Kosovo dann ja auch tatsächlich erfolgte.

4 Schlussfolgerungen und Ausblick

Lässt man die vorgestellten Ergebnisse Revue passieren, so spricht einerseits vieles für die Feststellung, dass bereits nach zwei Jahren des Bestehens wesentliche Ziele der binationalen Zusammenarbeit im Korps erreicht worden sind. Zu denken ist hierbei z. B. an die hohe Zahl von dienstlichen Kontakten, die stattgefunden haben und die überwiegend positiv bewertet werden. Auch das hohe Vertrauen in die Soldaten der Nacharmee in einem Einsatzfall kann hier genannt werden.

Andererseits aber lässt es sich auch nicht verleugnen, dass die niederländische Seite sich mit dem gemeinsamen Korps offenbar schwerer tut als die deutsche. Hierfür bieten sich mehrere Erklärungen an.

Zum ersten scheint eine bedeutende Rolle zu spielen, dass viele niederländische Soldaten noch Vorurteilen gegenüber den Deutschen anhängen, Vorurteile, die in der Bevölkerung ihres Landes noch weit verbreitet sind und nach denen die Deutschen, so die Untersuchungen des regierungsnahen Instituts Clingendael bei 15- bis 19jährigen Schülern, als kriegslüstern, rassistisch, arrogant, laut und humorlos gelten, sich also durch Eigenschaften auszeichnen, die einer vertrauensvollen Zusammenarbeit mit ihnen entgegenstehen.

Zum zweiten treffen die Niederländer in der Bundeswehr auf eine Armee, in der ein Umgangston vorherrscht, der ihnen zu rau und zu formell erscheint. Die Deutschen dagegen nehmen voller Erstaunen wahr, dass der Dienstbetrieb bei den Niederländern

durchaus auch funktioniert, obwohl sie manche Dinge nach deutschen Maßstäben eher auf die leichte Schulter nehmen und sie finden Gefallen daran.
Zum dritten muss berücksichtigt werden, dass im deutsch-niederländischen Verhältnis die Niederländer sich als den kleineren Partner erleben. Dies trifft zwar de facto auf das Deutsch-Niederländische Korps nicht zu, da die Anteile der beiden Partner gleich groß und die Führungspositionen paritätisch verteilt sind bzw. zwischen beiden Seiten in der Besetzung rotieren. Trotzdem ist es psychologisch verständlich, dass der vermeintlich kleinere Partner beständig in der Angst lebt, er könne übervorteilt werden. Dies führt zur Wachsamkeit, die wiederum in Überempfindlichkeit umschlagen kann. Kleinere Schwierigkeiten in der Begegnung mit den deutschen Soldaten werden dann überinterpretiert und führen schnell zu Missverständnissen.
Zur Beseitigung dieser Schwierigkeiten bieten sich einige Wege an, die das Korps in seinen Planungen zwischenzeitlich teilweise auch bereits berücksichtigt. So bietet es sich an, Kontakte zwischen Deutschen und Niederländern noch weiter zu intensivieren. Hierbei können Patenschaften zwischen Einheiten eine bedeutende Rolle spielen, führen sie doch nicht nur zu dienstlichen sondern auch zu außerdienstlichen Begegnungen in meist lockerer Atmosphäre.
Die mangelnde Akzeptanz des Korps bei seinen Soldaten liegt nicht zuletzt darin begründet, dass nur in den beiden integrierten Stäben das "Deutsch-Niederländische" auch tatsächlich sichtbar wird. In der Truppe bemerkt man kaum, dass man einem binationalen Großverband angehört, weil nichts oder nur wenig an ihn erinnert. Dies kann man ändern, sei es durch vermehrte gemeinsame Übungen, sei es durch entsprechende Unterrichte, sei es durch Äußerlichkeiten wie z.B. ein gemeinsames Ärmelabzeichen, wie es in den integrierten Stäben und wohl auch in Teilen der niederländischen Verbände bereits getragen wird. Auch sollte man den Gedanken an eine tiefere "Mischung" der Soldaten nicht von vorne herein als utopisch abtun. Es müssen ja nicht gleich gemischte Kompanien sein. Kasernen, die sowohl von Niederländern als auch von Deutschen belegt werden, können bei entsprechender Gestaltung zu Orten der Begegnung werden, ohne dass dadurch an den nationalen Unterstellungsverhältnissen etwas geändert werden muss.
Auch das Ergebnis, dass die Soldaten beider Seiten der Meinung sind, man könne sich im Einsatz aufeinander verlassen, sollte genutzt werden. Belässt man es nämlich einfach bei diesem vagen Gefühl und führt den Soldaten nicht klar vor Augen, dass es tatsächlich einmal zu Situationen kommen kann, in denen man aufeinander angewiesen ist, so wird der Gedanke verkümmern. Gemeinsame Übungen, die so angelegt sind, dass Deutsche Niederländer und Niederländer Deutsche helfen müssen, um zu einem Übungserfolg zu kommen, können dem wirksam entgegenwirken.
Nichts kann allerdings den echten Einsatzfall ersetzen. Was er zur deutsch-niederländischen Verständigung beitragen kann zeigt die Zwischenauswertung einer dritten Befragung im Korps im Jahre 2000. Deutsche Soldaten die in einem Auslandseinsatz mit Niederländern zusammengearbeitet hatten, äußerten sich dort zu 89 Prozent positiv über diese Kooperation. Die Befragung begann im Mai 2000 und ist noch nicht abgeschlossen. Ergebnisse aus der niederländischen Armee liegen noch nicht vor.

Literatur:
Hofstede, G.H. (1980). Culture's Consequences. Beverly Hills: Sage.
Klein, P., Rosendahl Huber, A., Frantz, W. (1996). Das Deutsch-Niederländische Korps im Meinungsbild seiner Soldaten. Strausberg. Sozialwissenschaftliches Institut der Bundeswehr, Arbeitspapier Nr. 97.
Klein, P., Rosendahl Huber, A., Frantz, W. (1999). Zwei Jahre Deutsch-Niederländisches Korps. Eine Begleituntersuchung 1995 – 1997. Strausberg. Sozialwissenschaftliches Institut der Bundeswehr, Berichte Nr. 67.
Rosendahl Huber, A., Klein, P., (1995). National and Organizational Cultures in the First German-Netherlands Corps. Breda: Koninklijke Militaire Academie, Research Paper 95-30.
Rosendahl Huber, A. (1996). Das Königlich-Niederländische Heer. Eine sich verändernde Organisation in einer sich verändernden Welt. In: Kamphuis, P., Klein, P., Rosendahl Huber, A. (Hrsg.): Eine einzigartige Zusammenarbeit. Das Deutsch-Niederländische Korps. Den Haag: Sectie Militaire Geschiedenis Koninklijke Landmacht, S. 193-2089.
Weidemann, S. (1987). Die bösen Nachbarn. Süddeutsche Zeitung, 30.09.

Truppenpsychologie im Einsatz: Einsatzbedingungen, Einsatzbelastungen

Gerhard Steup:

Lebensbedingungen im Einsatz: das Vier-Phasen-Modell des Auslandseinsatzes

1 Vorbemerkung

Die sich verändernden und stetig wandelnden Aufträge der Bundeswehr erfordern eine Anpassung an die neuen Situationen durch die Soldaten. Vor allem Auslandseinsätze erfordern ein hohes Maß an Flexibilität, Veränderungsbereitschaft und Tolerieren von Neuem, Ungewissem.

Zudem ist eine nicht unerhebliche Anpassungsleistung an neue, größtenteils widrige und wenig kommode Umgebungsfaktoren notwendig. Für den Großteil der Soldaten stellt ein solcher Auslandseinsatz die erste Bewährungsprobe ihres erlernten und geübten militärischen Wissens und Könnens in einem Life-Szenario dar. Gleichzeitig verfügen nur wenige über private wie berufliche Vorerfahrungen bezüglich der in einem Einsatz vorherrschenden Bedingungen und Belastungen.

Im Erfahrungswissen der meisten Soldaten ist allein die Kenntnis einer zeitlich so ausgedehnten Abwesenheit von Zuhause (vier bis sechs Monate) nicht abgespeichert. So verfügt nur ein Bruchteil der Soldaten über Erfahrungen hinsichtlich eigener Reaktionsweisen, emotionaler Bewältigung und Umgang mit Stress und allgemeinen Belastungsfaktoren in diesen Situationen. Auch die besonderen systemischen Bedingungen, die eine solch ausgedehnte Einsatzzeit mitunter hervorruft, werden in der Regel nicht realisiert.

Der Kontakt- und Beziehungsaufbau, wie auch die Quantität und Qualität der Bindungen und der beruflichen wie privaten Beziehungen in einem Einsatz unterscheiden sich deutlich von den Bindungs- und Beziehungsmustern, die wir in vertrautem Umfeld aufnehmen und unterhalten.

Gleichzeitig kann hier nicht auf unterstützend und vertraut erlebte Bindungen/Beziehungen zurückgegriffen werden. Das soziale Stützsystem steht nicht bzw. nur sehr eingeschränkt zur Verfügung.

Eine weitere nicht zu vernachlässigende zusätzlich belastende Komponente ist die in einem Einsatz latent vorhandene Gefährdung des eigenen bzw. Gefährdung des Lebens anderer (Kameraden, Zivilbevölkerung, u.U. auch Gegner). Aus dem täglichen Lebensumfeld ist auch für diese besonderen Situationen kaum bzw. kein Erfahrungswissen verfügbar.

In zeitlich unterschiedlichen Phasen des Einsatzes treten häufig phasentypische Probleme/Belastungen und Symptomatiken auf. Diese weisen zwar eine intra- und interindividuelle Variationsbreite auf, besitzen auf der anderen Seite aber durchaus gemeinsame Grundmuster.

Die Darstellung und Vermittlung eines Phasenmodells der psychologischen Lage im Einsatz soll der Information dienen und damit zum besseren Verständnis und zur Einordnung von Problemen beitragen. Es hat somit primär präventiven und gleichwohl kurativen Charakter. Durch eine Sensibilisierung des Einzelnen wie auch der Gruppe kann die Schwere und Chronizität von Problemen und Symptomen abgefedert und ggf. im Vorfeld geeignete Interventionsmöglichkeiten zur Verfügung gestellt werden.

2 Die vier Phasen des Einsatzes

Die Einsatzzeit kann grob in vier Phasen unterteilt werden, wobei es zwischen den einzelnen Phasen zu zeitlichen Überschneidungen kommen kann und es eher unwesentlich ist, ob die Einsatzdauer vier oder sechs Monate beträgt. Es scheint ein eigenes, psychologisch begründbares Zeitgefühl zu geben, welches die Einsatzdauer einteilt. Trotz interindividueller Unterschiede sind hier vergleichbare Muster zu konstatieren. Jede einzelne Phase weist besondere Spezifika auf und ist gekennzeichnet durch hauptsächlich in dieser Phase auftretende Belastungen und Probleme. Die Psychodynamik in den verschiedenen Phasen ist unterschiedlich und wird von allen Beteiligten relativ ähnlich wahrgenommen und erlebt.

2.1 Die Orientierungsphase (Anpassungs- und Eingewöhnungsphase)

Diese Phase umfaßt in der Regel die ersten drei bis fünf Wochen. Typische *Kennzeichen* dieser Phase sind eine hohe Motivation, Erwartungsspannung und anfängliche Unsicherheiten, die durch vermehrte Initiative und Aktivität zu kompensieren versucht werden. Es findet hier eine Akklimatisation an die neuen Umgebungsfaktoren statt, und man versucht sich in das neue Lebens- und Arbeitsumfeld einzufinden. Schwerpunkte sind die Abklärung organisatorischer Abläufe und ein beginnender Aufbau von Beziehungen/Freundschaften zu Kameraden etc.. Es bildet sich ein erstes (Vor-)Urteil über Sinn und Zweck des Einsatzes.
Typische *Probleme*, die in dieser Phase gehäuft auftreten, sind Beziehungsprobleme mit Freund/Freundin bzw. dem Lebenspartner, Heimweh, Belastungsreaktionen aufgrund der ungewohnten Lebens- und Arbeitsumstände (Intensität, Umfang, Inhalte). Vor allem Soldaten, die in noch jungen, weniger gefestigten Partnerschaften leben, entwickeln hier nicht unerhebliche Probleme. Oder aber der daheim gebliebene Sozialpartner signalisiert dem sich im Einsatz befindenden Soldaten, nicht mit der veränderten Situation umgehen zu können. Von den jeweiligen Partnern kommt es hier häufig zur Äußerung von Trennungsabsichten, Drohungen über Bindungsabbrüche bis hin zu vollzogenen Trennungen/Beendigungen von Freund- und Partnerschaften. Umgekehrt bewältigen auch gerade die jüngeren Soldaten die Abwesenheit von Zuhause nur schwer, so dass Heimweh ein typisches Phänomen der ersten Phase ist.[1]

1) Vergleiche hierzu den Artikel von Jacobs in diesem Buch (Seiten 310 ff)

Weiterhin typisch für die Orientierungsphase sind Versuche, die anfänglichen Probleme, Unsicherheiten und Erwartungsängste durch überhöhte Anstrengungen zu kompensieren, wobei es zu Phänomenen der *Überkompensation* kommen kann. So kann es auch in dieser frühen Phase des Einsatzes zu massiven Belastungsreaktionen kommen. Sie haben in der Regel weniger mit dem tatsächlichen Arbeitsumfang und weiteren Belastungsfaktoren des Einsatzes zu tun, sondern sind vielmehr Ausdruck der Abwehr von Hilflosigkeit und Angst.
Unter systemischen Aspekten ist hier der anfängliche Aufbau von Bindungen und Beziehungen wichtig. Vor allem Soldaten, die sich in der Anfangsphase nicht in eine Gruppe integrieren können, bzw. die von der Gruppe nicht akzeptiert werden, entwickeln zu einem späteren Zeitpunkt vermehrt Probleme.

2.2 Die Stabilisierungsphase (Bewältigungsphase)

Diese zweite Phase umfasst in der Regel den Zeitraum zwischen der dritten und zwölften Woche, wobei die zeitlichen Angaben, wie oben erwähnt, nur grobe Anhaltspunkte darstellen können und es hier individuelle und interindividuelle Unterschiede gibt.
Typische *Kennzeichen* dieser Phase sind:
Es ist dies die Phase großer Effektivität und Effizienz. Die Aufgaben werden als bewältigbar erlebt, es besteht eine hohe Leistungsbereitschaft. Das Leistungsvermögen ist hier sehr gut, denn die anfänglichen Ein- und Umgewöhnungsschwierigkeiten sind überwunden. Es breitet sich ein Gefühl von Sicherheit und Kompetenz aus, der Tagesablauf strukturiert sich zunehmend. Man hat seinen festen Platz im Gefüge gefunden, Routinen bilden sich heraus und das Aufgabenspektrum ist definiert und erfährt ab hier nur wenig Änderung. In dieser Phase bilden sich feste Freundschaften und Cliquen heraus, die sich bis zum Einsatzende nur noch unwesentlich ändern.
Typische *Probleme*, die in dieser Phase gehäuft auftreten, sind:
Die Probleme und Symptome treten nicht mehr so stark und deutlich konturiert hervor. Sie sind schwerer identifizierbar als die Probleme der Orientierungsphase und zeigen sich eher als Befindlichkeitsstörungen, Anzeichen zunehmender Gereiztheit und mangelnder Stresstoleranz. Das vorherrschende Symptombild sind hier psychosomatische Störungen, vor allem Schlafstörungen, Spannungskopfschmerzen, Druck- und Unwohlseinsgefühle, interpretierbar als *vorbewusst* wahrgenommene bzw. *verdrängte* Belastungs- und Überforderungsphänomene. Die Probleme sind eher *subkutan* spür- und erfahrbar. Man ist gereizt, unzufrieden und Streitigkeiten, die sich an Unwesentlichem entzünden können, nehmen zu. Es bilden sich verstärkt Sympathien und Antipathien heraus. Allgemein bekommen Kommunikationsprobleme ein größeres Gewicht. Die äußeren Belastungsfaktoren (Umweltfaktoren, Klima, Enge, Lärm, Monotonie, Reizarmut, Crowding, fehlende Sexualität etc.; Freedmann, 1975) beginnen zunehmend eine Rolle zu spielen und spiegeln sich in der Befindlichkeit des Einzelnen wider. Durch die sich ausbreitende Monotonie und den Mangel an Entspannungs- und Erlebnismöglichkeiten (Reizarmut) wird zunehmend auf Alkohol als Entspannungsmittel zurückgegriffen. Auch der Nikotinkonsum verstärkt sich erfahrungsgemäß deutlich.

2.3 Die Durchhaltephase (Phase negativer Routine und Monotonie)

Diese Phase erstreckt sich in der Regel über den Zeitraum zwischen der zehnten Woche bis zu den letzten zwei bis drei Wochen vor Beendigung der Einsatzzeit.
Die typischen *Kennzeichen* dieser Phase sind:
Sie ist ein Abschnitt starker Routine. In der Regel kommt nichts Neues mehr hinzu, die Aufgaben sind mehr als vertraut. In eng umgrenzten Aufgabenbereichen kommt es zu Monotonie, Gefühlen der Unterforderung und heftigeren Reaktionen auf das anregungsarme Umfeld. Die Gleichförmigkeit des täglichen Ablaufes führt mitunter dazu, eine *innere Struktur* nicht mehr aufrechtzuerhalten. Neue Dinge werden nicht mehr in Angriff genommen, die Vielfalt des Freizeitverhaltens reduziert sich und allgemein lässt die eigene Initiative nach. In dieser Phase verstärken sich Passivität und Rückzug. Es tritt hier eine starke (Vor-)Urteilsbildung auf, Gerüchte kommen in Umlauf bis hin zur *Legendenbildung*. Hier tritt die Gefahr des *Lagerkollers* deutlich hervor. Man hat sich ein abschließendes persönliches Urteil über den Einsatz gebildet, welches wenig geändert oder modifiziert wird. Nach der langen Stehzeit zeigt der Einsatz Abnutzungserscheinungen. Das Bewusstwerden, mehr als die Hälfte der Einsatzzeit bewältigt zu haben, hebt zwar kurzzeitig die Stimmung, wenn die sogenannten *Bergfeste* veranstaltet werden. Gleichzeitig ist es in dieser Phase gerade besonders notwendig, seine Kräfte einzuteilen und sich, trotz weiterhin hoher Leistungsansprüche, auf ein Durchhalten für längere Zeit einzustellen. In dieser Zeit erreicht auch die Abwesenheit von Zuhause eine Dauer, die nicht mehr in den üblichen Erfahrungswerten aller Beteiligten abgespeichert ist, was in der Konsequenz häufig zu familiären Spannungen führt.
Die fehlenden Rückzugsmöglichkeiten, die Enge, fehlende Sexualität usw. können nicht mehr so einfach durch andere Aktivitäten (z.B. Sport) kompensiert werden. Es entsteht teilweise eine hohe *Frustrations-Aggressions-Spannung*.
Ein weiteres Merkmal dieser dritten Phase ist, dass hier in der Regel die Rüstzeiten, Erholungsurlaube, Heimaturlaube durchgeführt werden. Neben möglichen positiven Konsequenzen dieser Maßnahmen können aber auch nicht unerhebliche Probleme hierdurch hervorgerufen werden (v.a. bei Besuchen des Lebenspartners, mit den Kindern etc.).
Typische *Probleme*, die in dieser Phase gehäuft auftreten, sind:
Manifeste Probleme mit auffälligen Symptomen treten hier gehäuft auf. Es kommt zu neurotischen Zustandsbildern, hier vor allem reaktiven Depressionen, aggressiven Impulsdurchbrüchen und Symptomen des *Burn-Out*. Der Alkoholkonsum steigt, bzw. erreicht einen so hohen Spiegel, dass mit Einschränkungen die Kriterien für Alkoholmissbrauch bzw. –abhängigkeit als erfüllt anzusehen sind. Zwischenmenschliche Konflikte nehmen an Häufigkeit und Heftigkeit zu. Interessanterweise ist hier zu beobachten, dass ausschließlich auf die jeweiligen Personen, fast nie auf die besondere Ausnahmesituation des Einsatzes attribuiert wird (*fundamentaler Attributionsfehler,* Heckhausen, 1980). Das bedeutet, dass sich hier starke persönliche Antipathien her-

ausbilden können, die sich sehr negativ auf die Qualität und Quantität der Arbeitsergebnisse auswirken. In der Konsequenz führt dies häufig zu einem belasteten und abträglichen *Betriebsklima*.
Familiäre Probleme entstehen durch die mittlerweile zeitlich ausgedehnte Trennung, wobei es zu Entfremdungen, Unverständnis und Zerwürfnissen kommen kann ("Wir wissen uns am Telefon nichts mehr zu sagen"). Die jeweiligen Erfahrungsmomente und Erlebnisinhalte sind zwischen den Lebenspartnern etc. nicht mehr kompatibel und können so nicht mehr ausgetauscht werden.

2.4 Die Beendigungsphase (Abschiedsphase)

Diese letzte der insgesamt vier Einsatzphasen erstreckt sich über die letzten zwei bis drei Wochen.
Typischen *Kennzeichen* dieser Phase sind:
Gelassenheit und Ausgeglichenheit wachsen wieder deutlich an. Das Ende des Einsatzes ist nun absehbar und so wird auch mit persönlichen und/oder dienstlichen Problemen gelassener und mit mehr Abstand umgegangen. Teile des Nachfolgekontingentes sind bereits vor Ort und man ist mit Einweisungs- und Übertragungsaufgaben größtenteils ausgelastet. Es kommt hier, u.a. auch aus Gründen des Selbstschutzes, zu einer versöhnlichen Bewertung des Einsatzes. Mögliche Kritikpunkte werden auf das System geschoben.
Zur Minderung *kognitiver Dissonanz* (Festinger, 1957) wird versucht, einen Einklang zwischen persönlicher Leistung und Gesamtergebnis des Kontingentes herzustellen, wobei Negatives hier eher auf widrige äußere Umstände und Einflussfaktoren außerhalb des eigenen Kompetenzbereiches attribuiert werden.
Typische Probleme, die in dieser Phase gehäuft auftreten, sind:
Die stark akzentuierten Symptombilder und Problemfelder der vorherigen Phase treten hier, mit Ausnahme der Alkoholprobleme, nur noch marginal auf. Hier kommt es eher, aufgrund der Vorfreude über das nahende Einsatzende, zu Fahrlässigkeiten und Nachlässigkeiten. Die Verantwortung wird an die Nachfolger delegiert und man nutzt die zur Verfügung stehende Zeit, um sich von den Kameraden etc. zu verabschieden. Es werden sog. *Abfliegerparties* veranstaltet und in der Folge kann es zu Streichen, Mutproben und Dummheiten kommen, die, je nach Schwere, auch disziplinar geahndet werden müssen. Gleichzeitig holen einen die Probleme, die in der Heimat bereits vor Einsatzbeginn bestanden, bzw. die sich durch die Einsatzzeit entwickelt haben, wieder ein. Ungewissheit und Angst werden hier in dieser Phase versucht dadurch zu kompensieren, dass man sich in besonderem Maße der Gemeinschaft zuwendet und hier auch einen gewissen Halt und Verständnis sucht. Der vermehrte Alkoholkonsum spielt hier keine unwesentliche Rolle.
Zudem kann es hier zu völlig überraschenden, widersinnigen und für andere kaum nachvollziehbaren Handlungsweisen kommen (sog. *Erleichterungs-/Entlastungsreaktionen*). Sie sind nur wenig vorhersehbar und erscheinen auch für den Betreffenden in der Nachbetrachtung oft unverständlich und nicht nachvollziehbar (z.B. Diebstahl, Diszipli-

narvergehen, usw.). Als Gemeinsamkeit weisen sie eine potentielle Selbstschädigung auf.

3 Zusammenfassung und Ausblick

Die Darstellung und Vermittlung des Vier-Phasen-Modells verfolgt das Ziel, für die im Einsatz möglicherweise auftretende Probleme zu sensibilisieren. Sie dient damit der Aufmerksamkeitsschulung der Betroffenen selbst, wie auch des direkten sozialen Umfeldes (Kameraden, Vorgesetzte, Lebenspartner, Freunde).
Das Modell soll darüber aufklären, dass ungewohnte Belastungsbedingungen ungewohnte Erlebnisreaktionen hervorrufen können, bzw. schon vorher bestehende latente Probleme und Symptome durch spezifische Einsatzbedingungen manifest werden können.
Das Vier-Phasen-Modell eignet sich zur Darstellung in der Einsatzvorbereitung und kann auch im Einsatz in verschiedenen Situationen Anwendung finden (Kompaniefeldwebel-Runden, Vertrauenspersontreffen, Weiterbildungen, Lagebesprechungen etc.). Es soll den Einzelnen, wie auch die Gruppe unterstützen, ein Problembewusstsein für eventuelle Schwierigkeiten zu entwickeln, um damit die Gefahr einer möglichen Eskalation und Chronifizierung abzuwenden.
Für die nähere Zukunft wäre es überlegenswert, das Vier-Phasen-Modell um die Komponente entsprechender phasenspezifischer Interventionsmöglichkeiten zu erweitern. Diese könnten es ermöglichen, rasch und spezifisch auf die jeweiligen Belastungsfaktoren und entsprechenden Symptomatiken/Belastungsreaktionen zu reagieren.[2]

Literatur:
Festinger, L. (1957). A theory of cognitive dissonance. Stanford: Stanford University Press.
Freedman, J. (1975). Crowding and behavior. San Francisco: Freeman.
Heckhausen, H. (1980). Motivation und Handeln. Berlin: Springer.

2) Anmerkung der Herausgeber: Die uns vorliegenden Erfahrungen geben Anlass auf einen ergänzenden Hinweis: Soldaten, die aus einem Urlaub in den Einsatz zurückgekehrt sind, durchlaufen die Phasen noch einmal, wenn auch in verkürzter Form. Beträgt die verbleibende Einsatzzeit nur noch vier bis sechs Wochen, dann fällt es den Rückkehrern besonders schwer, zu einer professionellen Einstellung zurückzufinden.

Jens T. Kowalski und Wolfgang W. Weber:

Möglichkeiten zur Erfassung einsatzbedingter Extrembelastungen

1 Einführung

Der nachfolgende Zeitungsartikel beleuchtet drastisch die belastenden Situationen und Ereignisse, denen sich die Soldaten des ersten KFOR-Kontingents ausgesetzt sahen und die ihnen auch nach Einsatzende immer noch lebhaft vor Augen standen:

Dietmar Wittmann,
Nürnberger Zeitung, 26. November 1999:

Das Grauen bleibt nicht im Kosovo zurück
Erlebnisse während ihres KFOR-Einsatzes setzen den heimgekehrten Bundeswehr-Soldaten oft unerwartet stark zu.

Die Bundeswehr steht mit der Zunahme ihrer Auslandseinsätze vor einer völlig neuen Herausforderung. Während sich in Kambodscha und Somalia der Stress der Soldaten noch überwiegend in den Grenzen des Gewohnten bewegte, erreichte die psychische Belastung der ersten Kosovo-Kontingente angesichts beispielloser Kriegsgräuel Ausmaße, die bisher unbekannt waren. Psychische Erkrankungen und Traumata mit Langzeitwirkung drohen jetzt auch in der Bundeswehr. Wie die deutschen Soldaten mit der seelischen Belastung fertig werden und wie die Bundeswehr mit einem weltweit einmaligen psychologischen Konzept gegensteuert, zeigt der neue NZ-Report.

Die Soldaten, die in das Kosovo abgeordnet werden, sind von den Kommandeuren selbst ausgewählt worden. Hasardeure und Abenteurer sind im Krisengebiet nicht gefragt. Die KFOR-Soldaten müssten eigentlich psychisch stabil sein, sie durchlaufen ein realitätsnahes Vorbereitungs-Training, werden darauf gedrillt, mit Minen und Anschlägen richtig umzugehen, sind auf den Anblick von Massaker-Opfern und auf Geiselnahmen vorbereitet.
Doch die Soldaten, die in der Regel ohne jede Gewalterfahrung sind, können letzten Endes ebenso wenig wie ihre Vorgesetzten beurteilen, wie sie reagieren werden, wenn es zu Extremsituationen kommt. "Es ist schon ein großer Unterschied", räumt Oberstleutnant Rolf Duchek ein, "ob man dieses Grauen nur auf Fotos oder direkt im Kosovo sieht."

Duchek, der gerade 35 Dienstjahre "voll gemacht" hat, war mit dem ersten Kontingent "unten" im Kosovo. Seit 28. August ist der erfahrene Offizier, der sich für "charakterlich gefestigt" hält und auch im Kosovo auf eine "wunderbare Beziehung" zu seiner Frau bauen konnte, wieder zurück. Mitgebracht hat er die Erinnerungen an schwer fassbare Gewalt, die er nicht so schnell abstreifen kann. In den ersten drei, vier Tagen danach, sagt er, habe er "sehr viel geträumt": "Ich bin jede Nacht aufgewacht und hochgeschreckt."

Das Kriegsgrauen greift die Seele an. Als die deutschen KFOR-Truppen im Kosovo einmarschierten, seien die Leichen "einfach so im Gelände herumgelegen", erinnert sich Duchek an die ersten Berichte deutscher Fallschirmjäger. Das Schlimmste seien nicht die Massengräber gewesen, sondern einzelne Gewaltopfer, auf die man unvermittelt gestoßen sei. Der Oberstleutnant: "Da sieht man plötzlich ein nacktes Kind, das massakriert worden ist, sieht die Verstümmelungen mit grausamer Deutlichkeit." Viele Soldaten sprechen zunächst nicht über ihre ganz persönliche Konfrontation mit dem Grauen. "Die Mehrzahl", glaubt Duchek, der auch schon in Bosnien dabei war, "versucht es zu verdrängen. Man lässt es nicht an sich heran."

Für die Feldjäger-Einheit des Bundeswehr-Majors Norbert Reiser, der heute wieder in Veitshöchheim ist, ging es im Kosovo "vom ersten Tag an mit Vehemenz los." Einsatz Nummer eins dauerte 41 Stunden: Widerrechtlich besetzte Wohnungen wurden geräumt, Straftäter verfolgt, Plünderungen unterbunden. Hauptfeldwebel Ralf Schwenkert: "Das war das ganze Spektrum krimineller Energie."

Keine Zeit, viel nachzudenken, schon gar nicht, über mögliche psychische Folgen zu grübeln. Massengräber mussten von besonders ausgewählten Feldjäger-Streifen dokumentiert werden, um gerichtsverwertbare Akten zu schaffen. Die "Alpha-Fälle" ging man sofort an, die anderen kamen nach und nach, so schnell es eben machbar war. In den ersten elf Tagen wurden im Feldjäger-Meldekopf 304 Tote erfasst, grausige Fälle darunter, die in mitternächtlichen "Debriefings" psychologisch aufgearbeitet wurden. Major Reiser: "Das bringt unheimlich viel."

Man sei "ständig in Gefahr" gewesen, sagt Stabsfeldwebel Gerhard Wolf, bei der Befreiung von 15 Geiseln ebenso wie bei der Erstürmung eines UCK-Gebäudes. Dabei sei man "ziemlich kompromisslos" vorgegangen, habe nichts riskiert: "Die Eigensicherung hatte oberste Priorität." Major Reiser spricht von einer "unglaublichen Motivation" bei diesen Einsätzen: "Wir wussten, dass das, was wir machten, gut und hilfreich war, und dass kein anderer da war, oder das machen konnte." Nach den Kriegsgräueln kam die Vergeltung der Kosovo-Albaner. Reiser musste sieben Tage lang als Gefängnisdirektor und "Haftrichter" fungieren, um die angespannte Lage einigermaßen unter Kontrolle zu bringen. Während dieser Zeit kam es zu 118 Festnahmen, die ein eindeutiges, bedrückendes Bild ergaben. Der Feldjäger-Major: "Da waren höchstens zwei Serben dabei, alle anderen waren Albaner".

Die Belastungen des Kosovo-Einsatzes waren für die Soldaten des ersten KFOR-Kontingents ungewohnt intensiv. Die Bundeswehr hatte keine vergleichbaren Vorerfahrungen. Für die den Einsatz begleitenden Truppenpsychologen ergab sich schnell die Notwendigkeit, ein psychodiagnostisches Instrument zu finden oder selbst zu entwickeln, das helfen konnte, fundierte Entscheidungen über notwendige psychologische Maßnahmen –im Rahmen des Critical Incident Stress-Managements oder Einleitung einer psychotherapeutischen Intervention– zu treffen.

2 Erfassung von Extrembelastungen unter Einsatzbedingungen

Auch unter feldmäßigen Einsatzbedingungen kann es notwendig werden, zu klären, ob ein Soldat aufgrund erlebter Situationen noch weiter im Einsatz verbleiben kann oder ob ein vorzeitiges Verbringen in das Heimatland erforderlich wird. In aller Eile muss dann eine praktikable Kurzdiagnostik, ein sogenanntes Screening, durchgeführt werden, da es die Umgebungsbedingungen oft nicht erlauben, Betroffene ein weiteres Mal zu einem Gespräch einzuladen. Auch (oder gerade) unter Einsatzbedingungen ist zu beachten, dass der diagnostische Prozess bestimmten Fehlereinflüssen unterliegt, die wohlbekannt und ausführlich in der psychologischen Fachliteratur beschrieben sind (Bortz, 1984).

Die Anwendung psychologischer Fragebögen oder Testverfahren an sich birgt immer die Möglichkeit, die Ergebnisse bewusst, z.B. im Sinne einer "sozialen Wünschbarkeit", zu verfälschen. Weiter lehrt die psychologische Erfahrung, dass belastende Ereignisse und Stressoren inter- und intraindividuell unterschiedlich erlebt und verarbeitet werden. Allerdings verweist die einschlägige Literatur (z.B. Mitchell und Everly 1994, 1996) auf eine Reihe von Belastungen, die so weit außerhalb des normalen Erlebens liegen, dass sie bei der überwiegenden Mehrzahl Betroffener zu Belastungsreaktionen führen.

Unter militärischen Einsatzbedingungen, deren Kennzeichen ein dauernder Wechsel der Lage, weiträumige Dislozierung der Verbände sowie beschränkte fachliche Ressourcen sind, wird die Anwendung von Interviewverfahren nur ausnahmsweise und nur im Einzelfall möglich sein.

Grundsätzlich sind zwei Strategien zur Erfassung von Extrembelastungen möglich:

- Der *klinisch-psychologische Ansatz* versucht, Einflüsse der Umgebung so weit wie möglich zu kontrollieren und konstant zu halten, um so die interindividuellen Unterschiede kenntlich zu machen (personenbezogene Protokollierung).[1]
- Der *arbeitspsychologische Ansatz* erfasst Merkmale der (Belastungs-)Situation, ohne dabei die individuellen Unterschiede zu berücksichtigen (ereignisgesteuerte Protokollierung; vergl. Perrez und Reicherts zit. nach Schumacher und Reschke, 1994).

1) z. B. auf der Grundlage eines psychodiagnostischen Interviews oder sog. Tagebuchmethoden (Folkmann und Lazarus zit. nach Schumacher und Reschke, 1994).

3 Kriterienliste zur Erfassung einsatzbedingter Extrembelastungen

Der den Einsatz begleitende Truppenpsychologe erhielt den *Auftrag*, ein Verfahren zu entwickeln, mit dem besonders belastete Soldaten des ersten KFOR-Kontingentes erfasst und so gegebenenfalls psychologischen Maßnahmen, z.B. der Einsatzstress-Nachsorge (siehe Beitrag Seiten 195 ff), zugeführt werden konnten.
Er entschied sich für eine weitgehend *ereignisgesteuerte Protokollierung* in Form einer Ereignis- bzw. Belastungsliste. Dabei sah er sich mit den Fragen konfrontiert:

- Was und wie soll registriert werden?
- Wer soll befragt werden bzw. den Fragebogen ausfüllen?
- Belastet die Bearbeitung eines solchen Bogens zusätzlich?
- Ist der Datenschutz gegeben?
- Wie kann die Verbreitung eines Fragebogens in aller Kürze realisiert werden?

Vom "Kölner Opferhilfemodell" her war ein erfolgreicher Ansatz bekannt, bei dem mittels eines Fragebogens durch eingewiesene Nicht-Fachleute eine erste Einschätzung –ein sogenanntes *Screening*– im Hinblick auf das Ausmaß der Betroffenheit durch Extrembelastungen, vorgenommen werden kann. Unter den anfänglichen Kosovo-Rahmenbedingungen bot sich ein Modell der Nutzung militärischer Vorgesetzter als Befragungspersonen an.
Die Beschreibung der von den Soldaten erlebten Belastungen durch ihren Vorgesetzten bot die Möglichkeit, wertvolle diagnostische Informationen relativ unverfälscht zu erhalten. Es war die Intention, mittels der sog. *Kriterienliste* (als Anhang beigefügt) im wesentlichen die situativen Belastungsfaktoren zu erfassen.
Allein das Erleben bestimmter Situationen, so der Grundgedanke bei der Fragebogenkonstruktion, sollte ausreichen, um Maßnahmen im Rahmen des Critical Incident Stress Management relativ unabhängig von der persönlichen Reaktion der betroffenen Soldaten zu initiieren. Damit sollte auch vermieden werden, dass psychologische Maßnahmen aufgrund von "persönlicher Schwäche" eingeleitet wurden, "Stigmatisierungen" so vermieden werden.
Um die Anwendung des Bogens zu erleichtern, wurde eine schriftliche *Instruktion* erarbeitet, die möglichst umfassend die Anwendung der Kriterienliste, ihren fachlichen Hintergrund und die weitere Verwendung des Bogens erläuterte.
Das Ausfüllen des Bogens war bewusst einfach gehalten. Auf eine differenzierte Skalierung der Antwortalternativen wurde aus Gründen der Praktikabilität verzichtet. Die Antwortvorgabe war dichotom, lediglich kritische Antworten wurden notiert.
Der Fragebogen unterlag als vertrauliche Personalsache dem besonderen *Datenschutz*, was Grundvoraussetzung für die Verbreitung war.
Die Kriterienliste wurde –nach Genehmigung durch den Nationalen Befehlshaber und begleitet durch einen erläuternden Befehl– bis auf die Ebene der Zugführer verteilt und erfolgreich angewendet.

Literatur:
Pawlik, K. (Hrsg). (1984). Diagnose der Diagnostik. Stuttgart. Klett-Cotta.
Bortz, J. (1984). Lehrbuch der empirischen Forschung. Springer-Verlag. Berlin.
Ministerium für Arbeit, Gesundheit und Soziales des Landes Nordrhein-Westfalen (1998). Neue Wege in der Hilfe für Gewaltopfer. Reader des Ministeriums für Arbeit, Gesundheit und Soziales.
Mitchell, J.T. & Everley, G.S. (1994). Human Elements Training For Emergency Sevices, Public Safety and Desaster Personnel. Chevron Pblsh.Corp. Ellicott Citty, MD.
Mitchell, J.T. & Everley, G.S. (1996²). Critical Incident Stress Debriefing. Chevron Pblsh.Corp. Ellicott Citty, MD.
Schumacher, J. & Reschke, K. (1994). Theoretische Konzepte und empirische Methoden der Bewältigungsforschung. In: Verband Deutscher Rentenversicherungsträger (Hrsg.): Die Norm des Gesundseins – Lebensqualität und Kranksein (Bd. 6: Klinische Psychologie in der Rehabilitationsklinik). VdR, Frankfurt a.M.

Anhang:

1. Einschätzbogen zur Erfassung einsatzbedingter Extrembelastungen ("Kriterienliste")
2. Anleitung zur Bearbeitung der Kriterienliste
3. Informationen zu Extrembelastungen und Belastungsreaktionen

Einschätzungsbogen zur Erfassung einsatzbedingter Extrembelastungen

Bearbeitender Vorgesetzter:
Ausfülldatum:

Ereignis
Datum des Ereignisses/Vorkomnisses:
Kurzbeschreibung Ereignis:

Betroffener
Name, Vorname :
DstGrad :
PK :
Einsatzort :
Einheit :
Einsatzzeitraum :
Stammtruppenteil:

KRITERIENLISTE

	Ja
1. Soldat erlebte sich in unmittelbarer Lebensgefahr (Todesangst) z.B. beim Beschuss	
2. Unmittelbares Erleben/Beobachten, wie oder dass Kameraden(innen) zu Tode kamen	
3. Unmittelbares Erleben/Beobachten, wie oder dass Kameraden(innen) schwer verletzt wurden	
4. Unmittelbares Erleben/Beobachten, wie oder dass Fremde, insbesondere Kinder, zu Tode kamen	
5. Unmittelbares Erleben/Beobachten, wie oder dass Fremde, insbesondere Kinder, schwer verletzt/verwundet wurden	
6. Unmittelbares Erleben/Beobachten von schweren Gewalttaten zwischen Angehörigen der hiesigen Bevölkerung gegen Personen oder Objekte	
7. Unmittelbare Beteiligung an Entdeckung, Exhumierung, Bergung, Sicherung, Dokumentierung von Leichen, Leichenteilen und/ oder Massengräbern	
8. Es wurde eine BV-Meldung erstellt, weil Personen verletzt/getötet wurden	
9. Es waren Angehörige von Soldaten zu benachrichtigen	
10. Beteiligte Soldaten zeig(t)en deutliche Belastungsreaktionen (s. Rückseite), die die Einsatzbereitschaft/-fähigkeit erheblich beeinträchtig(t)en	
11. Vorgesetzte und/oder Kameraden empfehlen eine Betreuung durch Fachpersonal	
12. Der Betroffene wünscht eine Betreuung durch Fachpersonal	
13. Eine Betreuung durch Fachpersonal (Debriefing) hat bereits stattgefunden	

Anleitung zur Bearbeitung der Kriterienliste

Nach jedem Einsatz wird eine Einschätzung der aufgetretenen Belastungen im Rahmen der üblichen Einsatznachbesprechung anhand der Kriterienliste durch den Vorgesetzten ab Ebene Zugführer ggf. unter Anleitung des KpChefs für jeden Soldaten durchgeführt.
*Wo zutreffend, wird die Spalte "**Ja**" angekreuzt. Mehrere Kreuze sind möglich.*
Extremereignisse, die in der Vergangenheit aufgetreten sind, werden nachträglich durch KpChef bearbeitet.

Auswertung

Kriterien 1 bis 5, 7, 10-13:	Ist eines der Kriterien mit "**Ja**" angekreuzt (= Extrembelastung vorhanden), ist eine sofortige Weiterleitung des Bogens a.d.D. an Ze TrPsych notwendig.
Kriterien 6, 8, 9:	Sind 2 oder mehr Kriterien mit "**Ja**" angekreuzt (= Extrembelastung vorhanden), ist die sofortige Weiterleitung an Ze Trpsych a.d.D. notwendig.

Weiterleitung des Bogens

Ist nach Auswertung eine aktuelle Extrembelastung vorhanden, ist der Bogen a.d.D. mit dem Zusatz *"EILT"* an Ze TrPsych zu senden. Zurückliegende Fälle werden ohne den Zusatz *"EILT"* a.d.D. versendet.

Zur Kriterienliste

1. Die Betroffenen haben eine lebensgefährliche Situation durchgemacht, "noch einmal Glück gehabt" oder "sind gerade noch einmal davongekommen". Das können ein Unfall, ein Unglück, ein gezielter Angriff, Anschlag aber auch das Hineingeraten zwischen die Fronten sein, z.B. in eine Schießerei, weiter der Einsatz eigener Waffen zur Selbstverteidigung, um Gefahr für Leib und Leben abzuwenden.
2. Die Betroffenen sind Zeuge geworden von Ereignissen, bei denen Kameraden zu Tode kamen. Sie haben u.U. selbst erlebt, wie Kameraden gestorben sind oder waren als Helfer bei der Rettung/Bergung eingesetzt oder kamen zum Ort des Geschehens und haben die Toten gesehen. Entscheidend ist der enge Kontakt zum Ereignis mit Anblick der toten Kameraden.
3. Wie Kriterium 2; statt Tod schwere Verletzung/Verwundung.
4. Im wesentlichen wie Kriterium 2, statt Kameraden sind es fremde Personen. Besonders kritisch ist zu bewerten, wenn Kinder zu Tode kamen. Schwerwiegend ist auch, wenn z.B. zur Selbstverteidigung Fremde getötet wurden. Die Feststellung "ich habe einen Menschen getötet" ist immer ein kritisches Ereignis!!
5. Wie oben, statt Tod schwere Verletzung/Verwundung
6. Die Betroffenen wurden Augenzeugen von Gewaltverbrechen, z.B. Mord, schwere Körperverletzung, Vergewaltigung oder Gewalt gegen Objekte, z.B. Vandalis-

mus, Brandstiftung. Besonders schwerwiegend, wenn die Betroffenen nicht helfend eingreifen konnten oder durften und sich als untätige, hilflose Zuschauer fühlten.

7. Besonders schwerwiegend, wenn Hinweise auf gewaltsamen Tod, Brutalitäten, Verstümmelungen und Kinderleichen erkennbar waren. Leichen-/Verwesungsgeruch sind besonders belastend.
8. BV-Meldungen lassen den Schluss auf besondere Belastungen zu.
9. Wenn Angehörige benachrichtigt werden mussten, wird i.d.R. auf ein schwereres Ereignis geschlossen.
10. Siehe Hinweise "Belastungsreaktionen".

11.,12. und 13 sind selbsterklärend.

Informationen zu Extrembelastung und Belastungsreaktionen

Mit diesem Schreiben möchte der Truppenpsychologe Sie über einen Sachverhalt informieren, der vielen nicht oder nur teilweise bekannt ist. Es geht dabei um Veränderungen im Verhalten und Erleben nach Grenzerfahrungen. Wenn sich z.B. jemand etwa nach Beschuss in akuter Todesgefahr als Zeuge oder bei einer Vergewaltigung in einem Zustand extremer Angst und Hilflosigkeit befunden hat, kann dies sein psychisches Gleichgewicht für längere Zeit erheblich stören, u.U. sogar schwere psychische Krankheitsbilder auslösen. Extrembelastungen können unsichtbare Verletzungen der Psyche verursachen, die manchmal sofort als Einbußen der Leistungsfähigkeit und des Wohlbefindens, z.T. aber auch erst sehr viel später, Wochen oder Monate, nach dem Ereignis aufbrechen. Dem gilt es mit allen Mitteln vorzubeugen!

Wichtig ist, dass keiner sicher sein kann, dass er Extrembelastungen locker wegstecken kann, auch wenn er noch so erfahren ist oder zu den coolen, harten Typen gehört. So etwas kann jeden treffen, denn es handelt sich um eine normale Reaktion auf eine außergewöhnliche Situation. Deswegen ist es auch normal, damit umzugehen, die Reaktionen nicht zu verdrängen. Der Gang zum Truppenpsychologen, die Vorstellung bei einem Psychiater, ein entlastendes Gespräch mit dem Pfarrer und die Unterstützung der Vorgesetzten und Kameraden sind sehr hilfreich. Vielleicht erwischt es uns selbst einmal irgendwann und dann wären wir auch froh, wenn sich jemand um uns kümmern würde! Es fällt niemandem ein Zacken aus der Krone, wenn er fachliche Hilfe in Anspruch nimmt. Was wäre unvernünftiger, als auf verfügbare Hilfe zu verzichten, die Schlimmeres verhüten oder bestehende Beschwerden lindern kann. Zur Fürsorgepflicht eines jeden Soldaten gehört neben der Pflege der Waffe und Ausrüstung und der Erhaltung der körperlichen Fitness auch die Erhaltung der psychischen Fitness.

Nach besonderen Belastungen ist ein psychologisches Debriefing (CISD=Critical Incident Stress Debriefing) unter der Leitung von Fachpersonal durchzuführen. Fachpersonal sind der Truppenpsychologe, der Facharzt für Psychiatrie, der Militärpfarrer mit entsprechender Zusatzqualifikation oder auch der Truppenarzt, wenn er diese Qualifikation erworben hat. Das CISD ist ein strukturiertes Gruppengespräch, das eine entlastende, stabilisierende Funktion hat. Es handelt sich nicht um eine Psychotherapie, es ist keine Behandlung, sondern eine vorbeugende Maßnahme, um eine ungünstige Entwicklung und damit Langzeitschäden zu vermeiden. Es muß aber darauf geachtet werden, dass nicht bei jeder Bagatelle ein CISD durchgeführt wird, damit nicht mit Kanonen auf Spatzen geschossen wird. Wann ein CISD sinnvoll ist und welche weiteren Maßnahmen ergriffen werden, kann der Truppenpsychologe mit den anderen Fachleuten entscheiden, wenn die Kriterienliste nach Ereignissen von Ihnen sorgfältig bearbeitet wurde.

Sie sollen körperlich und geistig gesund in die Heimat zurückkehren!!

Lutz Heidenreich, Jens T. Kowalski, Horst Schuh und Ludwig W. Uhlmann:

Einsatzstress-Nachsorgeeinrichtung (ESNE) und Einsatzstress-Nachsorge (ESN) für deutsche Soldaten im KFOR-Einsatz

"Stress kennt nur der Leistungsschwache", ein Spruch, hinter dem sich forsche Leistungsträger gerne verstecken. So manchem Sprücheklopfer blieben derartige Sprüche nachgerade im Halse stecken, als sie mit bestimmten Situationen im Einsatz konfrontiert wurden. Aus gegebenen Anlässen –so könnte man sagen– wurde nach einigen Wochen Einsatz vor allem im KOSOVO deutlich, dass die Truppe Anforderungen und Beanspruchungen ausgesetzt war und ist, die in dieser Form viele bisherigen Erfahrungen übertrafen. Daher waren seitens der Truppenpsychologie besondere Maßnahmen zu entwickeln, um die militärischen Vorgesetzten und Führer in ihrer Verantwortung zu unterstützen, dafür zu sorgen, dass den Soldaten und Soldatinnen der Rahmen zur notwendigen psycho-physischen Regenerierung nach Dauerbeanspruchung oder besonders kritischen Ereignissen zur Verfügung gestellt wurde. Die Einsatzstress-Nachsorgeeinrichtung wurde so zu einem neu geschaffenen Bestandteil innerhalb dieses Rahmens.
Die "Identifizierung" der Soldaten und Soldatinnen, die vorrangig die Einsatzstress-Nachsorge (ESN) in Anspruch nehmen sollen, war u.a. durch eine Kriterienliste[1] vorgegeben, die an den einsatzbedingten Belastungen orientiert ist. Die Abschätzung soll durch den Disziplinarvorgesetzten durchgeführt werden. Dies ermöglicht ihm, die Belastungssituation seiner Untergebeben abzuschätzen.
Aus truppenpsychologischer Sicht kommt es dabei nicht darauf an, dass alle Kontingentsoldaten neben einem Erholungsurlaub oder einer "Familienheimfahrt" noch zusätzliche "Betreuungstage" in Anspruch nehmen sollten, sondern dass Soldaten, die Einzel- oder Dauerbeanspruchungen unterliegen und die sonst kaum Regenerationsmöglichkeiten haben, diese geboten bekommen. Diese Soldaten müssen ihre Erholungsdefizite ausgleichen und mindestens alle drei bis vier Wochen zwei Nächte hintereinander in ruhiger Umgebung durchschlafen können. Dabei ist wichtig, dass diese Fürsorgemaßnahme als ganz normaler Dienst angesehen wird. Die teilnehmenden Soldaten haben sozusagen die Pflicht, sich im Rahmen der Gesunderhaltung einmal aus dem Routinealltag mit allen Beanspruchungen und Anforderungen herauszunehmen. Sie sollen Abstand bekommen, einmal die "Seele baumeln lassen" und den "Akku wieder aufladen". Gesprächsrunden im Kameradenkreis mit Truppenpsychologen und Militärpfarrern gehören dazu, wie auch Entspannungsübungen, Sport, Spiele und ein Stadtausgang. Auch die Möglichkeit, einmal wieder allein sein zu können, sich

1) Siehe Artikel von Kowalski und Weber in diesem Buch (Seiten 186 ff)

zurückziehen zu können, ist Teil des "Programms". Einsatz-Stress Nachsorge ist damit ein wesentlicher Bestandteil dieser Fürsorgemaßnahme. Durch die begleitende Beobachtung des Truppenpsychologen können auch Problemfälle identifiziert werden und einer fachlichen Diagnostik zugeführt werden. Insgesamt stellen diese Maßnahmen eine kontrollierte und effiziente Wiederherstellung oder Festigung der psychophysischen Fitness –sprich Einsatzbereitschaft– dar, was eine andere Qualität hat als reine Betreuungstage oder ein Individualurlaub.
Die ESNE wurde mit einem Befehl in Kraft gesetzt: Er markiert insofern ihren Geburtstag. Parallel dazu wurden die inhaltliche Strukturierung (Anhang 1) und ein Ablaufplan (Anhang 2) erarbeitet. Kommandeure und Einheitsführer wurden im Rahmen der Möglichkeiten unterrichtet.
Nachdem zunächst diese Befehlslage kaum nachhaltig um- und durchgesetzt wurde, die Inanspruchnahme der ESNE also nur schleppend in Gang kam und viele der Soldaten solche "Psycho-Angebote" nicht so recht mit ihrem militärischen Selbstbild in Einklang bringen konnten oder wollten, war es erst gegen Ende des Jahres 1999 so weit, dass eine gesteigerte Nachfrage festzustellen war.
Im folgenden wird über Einzelheiten der ESNE in Tetovo (Mazedonien) und der Einsatzstressnachsorge (ESN) berichtet. Den Abschluss bildet eine persönlich gehaltene Schilderung einer beispielhaften ESN auf der konkreten Durchführungsebene.

1 Durchführung der Einsatzstressnachsorge

1.1 Auswahl der belasteten Soldaten

Alle Maßnahmen im Einsatzland sind darauf gerichtet, die Belastungssituationen laufend unter der fachlichen Zielsetzung zu verfolgen, besonders belastete Soldaten und Truppenteile rechtzeitig vor der Entwicklung von Belastungsstörungen zu erkennen. Die Auswertung und fortlaufende Dokumentation der Belastungslage wird durch den Truppenpsychologen der Einsatzbrigade auf der Basis von wöchentlichen Berichten zur Inneren Lage durchgeführt. Bei traumatisierten und extrem bzw. chronisch belasteten Soldaten können nach der Bewertung der Belastungslage/des Belastungsumfangs Vorgesetzte (Kommandeur, Kompaniechef), Truppenpsychologe, Truppenarzt und Militärseelsorger dem Stab Kommandeur des Deutschen Heereskontingents bei Bedarf vorschlagen, dass eine Gruppe von bis zu 12 belasteten Soldaten zur kurzfristigen Wiederherstellung der psychophysischen Einsatzbereitschaft für maximal 48 Stunden (ohne An- und Abreise) in die ESNE verlegt.
Beispiel: Während der Wintermonate im Kosovo waren in einem Einsatzbataillon mit anhaltend hoher Einsatzpräsenz viele Soldaten durch eine hartnäckige Erkrankung der Atemwege für einen längeren Zeitraum nicht verwendungsfähig und auch im Zusammenwirken psychophysischer Faktoren in ihrer Belastbarkeit deutlich geschwächt. Der Bataillonskommandeur wählte zusammen mit seinem Truppenarzt und den betroffenen Kompaniechefs die am stärksten belasteten Soldaten für eine Betreuungsmaßnahme aus. Anschließend wurden diese Soldaten über das Ziel der ESNE unterrichtet. Die Namen wurden dem Truppenpsychologen zur Einsatzstressnachsorge gemeldet.

Bei der Zusammenstellung der Teilnehmer ist darauf zu achten, dass eine möglichst homogene Gruppe mit ähnlichen Einsatzerfahrungen und -belastungen gebildet wird. Bei der gemeinsamen Aufarbeitung der Stresserfahrung weiss somit jeder, wovon der andere spricht.

1.2 Organisation

Die Kompanie/das Bataillon haben alle organisatorischen Angelegenheiten für die Soldaten (z.B. Transport, Verpflegung usw.) zu regeln und legen in Absprache mit dem Truppenpsychologen das Begleitpersonal fest. Dabei ist zu empfehlen, dass die Gruppe von einem erfahrenen Feldwebel mit Portepee aus demselben Bataillon geführt und begleitet wird, der auch über eine Zusatzausbildung zum Peer verfügen sollte und das Vertrauen der Soldaten besitzt. Er kann dann dem Truppenpsychologen als Ergänzung bei den Gruppengesprächen zur Verfügung stehen.
Der Truppenpsychologe klärt die weitere personelle Beteiligung bei der Durchführung der Einsatzstressnachsorge. Bewährt hat sich die Zusammenarbeit mit den Militärseelsorgern, aber auch mit anderen als Peer ausgebildeten Betreuungsoffizieren/-feldwebeln. Es wird vorweg geplant, welches Freizeitprogramm den Soldaten angeboten werden kann. So lässt sich bereits während des Transports nach Mazedonien ein kulturelles Beiprogramm organisieren.
Der Betreuungsfeldwebel am Standort der ESNE klärt, welche Gruppenaktivitäten dort möglich sind. Im Angebot Tetovos stehen je nach Jahreszeit Gebirgswanderungen oder Stadtbesichtigungen. Örtliche Führer ließen sich bislang aus im Standort angestellten Sprachmittlern gewinnen.
Der Termin der Einsatzstressnachsorge wird in Absprache mit dem in Tetovo liegenden Regiment festgelegt.

2 Ablauf der Einsatzstressnachsorge

Am Abfahrtstag werden während eines gemeinsamen Frühstücks die teilnehmenden Soldaten begrüßt und noch einmal über den Zweck einer Stressnachsorge aufgeklärt. Ihnen sollte dabei deutlich werden, dass die vor ihn liegenden Tage zwar Stressentlastung beinhalten, dass sie aber keine "Vergnügungsfahrt" zu erwarten haben. Es kommt bei der Information darauf an, dass die Ziele der ESN von den Soldaten als sinnvoll und auf ihre Person bezogen als nützlich angesehen werden. Eine positive realistische Erwartungshaltung dient den mitfahrenden Soldaten auch als Argumentationshilfe gegenüber kritisch bzw. ablehnend eingestellten Kameraden, die an der ESN nicht teilnehmen.

2.1 Vorstellungsrunde

Nach Ankunft in Tetovo und Beziehen der Unterkünfte in dem reservierten Raum hat während des gemeinsamen Kaffeetrinkens jeder Teilnehmer die Gelegenheit, sich und seinen Tätigkeitsbereich vorzustellen und seine Erwartungen an die ESNE auszusprechen. Nach dem Kennenlernen wird der endgültige Ablauf des Programms orientiert an den aktuellen Rahmenbedingungen und den Wünschen der Teilnehmer festgelegt (Wecken, Essenszeiten, Ausgang, Aktivitäten, Gruppengespräche). Der Betreuungsfeldwebel stellt den Standort Tetovo mit all seinen Betreuungseinrichtungen und Freizeitangeboten vor.

2.2 "Psychohygienische" Maßnahmen: Gruppenbezogene Aktivitäten

Das wichtigste Ziel der ESNE ist, den belasteten Soldaten außerhalb des Einsatzgebietes eine ausgiebige Erholungsphase anzubieten und ihnen durch eine ausgewogenes Freizeitangebot die Möglichkeit zu schaffen, auf andere Gedanken zu kommen.
In Tetovo steht in einem Kasernenblock ein großer Raum für die ESNE zur Verfügung, der in zwei Schlafräume für je sechs Personen und einen größeren Aufenthalts- und Gruppenraum eingeteilt ist. Um den Aufenthalt der Soldaten in diesem Raum so angenehm wie möglich zu gestalten und für die Gruppenarbeit eine ansprechende Atmosphäre zu gewährleisten, wurde die Ausstattung des Aufenthaltsbereiches modernisiert.
Die neuen sanitären Anlagen (Toilette, Wasch- und Duschraum) liegen günstig auf gleichem Flur direkt nebenan.
Die Teilnehmer können für zwei Tage aus ihrer soldatischen Rolle herausschlüpfen und sich herausgelöst aus der steten Wachsamkeit und Verantwortung entspannt als "Zivilisten" fühlen. Dazu geben sie ihre Waffen ab und können innerhalb und außerhalb der Kaserne zivile Kleidung tragen. In ihrer Freizeit können sie alle Betreuungseinrichtungen der Kaserne mit ihren Sport- und Spielangeboten nutzen.
Der erste Abend kann bereits für einen Stadtausgang in Zivil und ein gepflegtes Abendessen in einem empfohlenen Esslokal genutzt werden. Obwohl das Prinzip der Freiwilligkeit und des persönlichen Freiraums bei Entscheidungen über die frei nutzbare Zeit erhalten bleiben soll, ist jedoch der Ausgang in die Stadt vorab so zu organisieren, dass sich zumindest Kleingruppen dafür an- und abmelden müssen.
Im Mittelpunkt des zweiten Tages steht ohnehin ein für die Gesamtheit der Gruppe organisiertes Ausflugsprogramm. Bewährt haben sich eine Bergwanderung oder die Stadtbesichtigung von Tetovo.
Bei der Wanderung steht mehr der sportliche, bei der Stadtbesichtigung der kulturelle Aspekt, aber auch die Einkaufsmöglichkeit im Vordergrund. Das gemeinsame Kaffeetrinken und Abendessen bietet neben der Kurzweiligkeit der Gespräche und der gelassen-heiteren Atmosphäre der gut ausgewählten Cafes und Restaurants auch die Basis für vertrauensvolle private Dialoge zwischen Soldat und Truppenpsychologe/Peer.

2.3 Maßnahmen zum Stressmanagement

Am Nachmittag des Ankunftstages sowie am Vormittag des zweiten Tages werden über jeweils zwei Stunden Gespräche in der Gruppe bzw. in zwei Kleingruppen über die Belastungen und eigene Strategien zur Stressbewältigung im Einsatz geführt.

Die Soldaten werden gebeten, ihre Stressoren im Einsatz in einem Bild zeichnerisch darzustellen. Das Zeichnen hat den Effekt, dass die Soldaten ohne den Druck, sich verbal treffend ausdrücken zu müssen, mit mehr Gelassenheit, Entspanntheit und Ausdrucksfreude ihren Stressoren auf den Grund kommen. Die Bilder, teils Piktogramm, teils Karikatur, teils zeichnerischer Glanzleistung, werden anschließend dem Plenum zur Betrachtung und Bewertung vorgelegt.
Die zunächst vorgenommene Deutung der Teilnehmer offenbart, wie schnell die Stressoren wahrgenommen werden und wie sehr sich die Teilnehmer mit dem erlebten Stress identifizieren können. Anschließend stellt der Verfasser seine Stresssituation im Detail vor, korrigiert oder ergänzt die Interpretation der anderen.
Während der Moderation stellen der Truppenpsychologe bzw. sein Co-Moderator eine Stressorenliste zusammen, die anschließend vom Plenum punktmäßig bewertet werden soll, um die bedeutsamen Stressoren in ihrer Reihenfolge zu kommentieren und zu diskutieren.
Die Anordnung der aufgezeichneten Stressoren spiegelt das Stressprofil und die Belastungsebenen und -reaktionen der Gruppenmitglieder wider.
Der Truppenpsychologe hat damit die Möglichkeit, konkret auf den Zusammenhang zwischen Stresssituation und Belastungsreaktion einzugehen und weiteres Wissen über Stress zu vermitteln. Bei besonders belasteten Personen bietet er die Gelegenheit zum Einzelgespräch an.
In der zweiten Gruppensitzung am nächsten Tag werden die Teilnehmer mit Hilfsmitteln der Metaplan-Technik aufgefordert, die Maßnahmen zur Stressbewältigung zu benennen, die sie bislang in Belastungssituationen eingesetzt haben. Diese "Stabilisatoren" werden geordnet und in ihrer Wirkung kommentiert. Der Truppenpsychologe stellt weitere Strategien zum Belastungsmanagement vor.
In praktischen Übungen z.B. Durchführung der Progressiven Muskelentspannung sollen die Soldaten weitere Entspannungstechniken kennenlernen und erfahren. Je nach Zeitpunkt der Durchführung einer Stressnachsorge ist zu klären, wie die Soldaten glauben, die restlichen Monate des Einsatzes durchzustehen, bzw. wie sie sich auf die Rückkehr ins Heimatland, zu Familie und Stammtruppenteil vorbereiten.
Das Gespräch darüber kann der Gruppe vermitteln, wie sehr sich die Soldaten durch die Einsatzerfahrung verändert haben, welche Normen und Einstellungen sich verschoben haben könnten, welche Erwartungen sie an Zuhause stellen und wie sie sich selbst auf die Heimkehr vorbereitet haben bzw. vorbereiten wollen.
Der Truppenpsychologe kann durch weiterführende Information zur Rückkehr, z. B. auch in Form eines Merkblattes, die Vorsorgemaßnahmen der Soldaten unterstützen.

3 Aufenthalt in der ESNE

Wie sieht die Durchführung einer ESN ganz konkret aus? *Ein Truppenpsychologe berichtet:*
"Nach Ankunft im Einsatzland setzte ich die Bemühungen meines Vorgängers fort, die Räumlichkeiten der ESNE in Tetovo mit Unterstützung durch das Einsatzunterstüt-

zungs-Regiment einzurichten und für das letzte Quartal 1999 betriebsfähig zu machen. So entstand im oberen Trakt eines Kasernengebäudes, abgelegen vom Dienstbetrieb des Regiments, ein "Ensemble" mit Schlafkojen und einem Aufenthalts bzw. Arbeitsraum, das bis zu zwölf Soldaten aufnehmen konnte. Die sanitäre Versorgung (Toiletten, Waschbecken, Duschen) war zunächst in den üblichen Containern, später nach Abschluss der Sanierung des Gebäudes, auf demselben Stockwerk in unmittelbarer Nähe der ESNE gegeben. Allerdings war die Heizungsanlage nicht leistungsfähig genug, um in den Wintermonaten für ausreichende Wärme zu sorgen.
Im Oktober konnte ich mit der ersten Belegung beginnen und bis Ende Dezember vier Gruppen à sechs bis sieben Soldaten in der ESNE betreuen. Es handelte sich dabei überwiegend um chronisch belastete Soldaten des Sicherungszuges beim Stab des Nationalen Befehlshabers im Einsatz sowie um die Angehörigen der Teileinheit Operationelle Information (OpInfo) beim Stab Multi-Nationale Brigade (Süd), unter denen sich einige Soldaten mit traumatischen Erfahrungen befanden.
Die chronische Belastung bestand besonders im Schichtrhythmus der Sicherungssoldaten, der zu einem massiven Schlafdefizit geführt hatte. Die verbliebene Schlafzeit war tagsüber zudem durch starken Baulärm im Unterkunftsbereich von Prizren beeinträchtigt. Weiterhin erlebten diese Soldaten ihren Dienst als besonders eintönig, zumal sie keine Gelegenheit hatten, sich außerhalb des Feldlagers zu bewegen. Im Einzelfall kamen noch Bedrohungsängste angesichts von Blindgängern (Bomblets) und einer kontaminierten Umwelt im bombardierten Kasernengebäude dazu.
Unter den OpInfo-Soldaten hatten einige Ersthilfe an Kindern geleistet, die beim Spielen mit Bomblets durch eine Explosion verletzt und ihren Verletzungen erlegen waren. Ein Offizier war zudem bei der Exhumierung von Leichen aus einem Massengrab psychisch extrem belastet worden. Drei Soldaten hatte ich nach diesen kritischen Ereignissen bereits durch ein Debriefing unterstützen können.
Hinzu kam bei beiden Zielgruppen, dass ich sie vom Alltagsdienst sehr gut kannte und wir in einem engen Vertrauensverhältnis zueinander standen.
Dies war eine günstige Voraussetzung, um erste Erfahrungen mit einem Zwei-Tages-Programm in der Einsatzstressnachsorge zu machen. Der Kfz-Marsch von Prizren nach Tetovo war von mir bereits als Programmpunkt gedacht, um die Soldaten "auf andere Gedanken zu bringen". Die Fahrt führte durch eine malerische Gebirgslandschaft und hatte Erlebnischarakter. Eingeplant war dabei auch der Besuch im Kloster der heiligen Erzengel, der einen kulturellen Bildungsimpuls und eine Begegnung mit den serbisch-orthodoxen Mönchen enthielt. Attraktiv für die Soldaten war immer auch der Halt im US-Feldlager "Bond Steel", wo Gelegenheit bestand, abwechslungsreich zu essen und sich im Shop mit amerikanischen Waren "einzudecken".
Nach der Ankunft in "Bad" Tetovo, wie die Soldaten aus dem Kosovo den Standort in Mazedonien halb spöttisch, halb neidvoll nannten, richteten sie sich geruhsam in der ESNE ein, um dann über das Zwei-Tages-Programm informiert zu werden. Am Ankunftsabend stand ein Stadtausgang in Zivil mit einem gemeinsamen Abendessen in einem Einheimischen-Lokal an, an dem in der Regel alle Soldaten gerne teilnahmen. Das Prinzip der Freiwilligkeit durchzog auch die Angebote der Folgetage, wo die Sol-

daten ausschlafen und etwas für ihre (Psycho-)Hygiene tun konnten. Hinzu kam die Möglichkeit, an Gesprächsrunden oder Einzelgesprächen mit dem Truppenpsychologen und/oder Militärpfarrer teilzunehmen, eine Wanderung im 2000 Meter hohen Gebirge zu machen oder eine landeskundliche Information zu erhalten. Ohne sich einem Gruppendruck ausgesetzt zu fühlen, hatten die meisten Soldaten das Bedürfnis, die Angebote gemeinsam wahrzunehmen. Sich im doppelten Sinn des Wortes frei zu bewegen, genossen die Soldaten besonders bei der Wanderung im herbstlichen, später tief verschneiten Bergmassiv des "Topovo Chapka": Ohne durch eine Vorschrift eingebunden zu sein oder auf Minen o.ä. achten zu müssen, sprangen sie vergnügt querfeldein. Bei der Planung und Durchführung dieser Exkursionen wirkten der Betreuungsfeldwebel des Einsatzunterstützungs- bzw. Logistikregimentes sowie ein mazedonischer Sprachmittler entscheidend mit.
In den Gesprächsrunden spielte der Umgang mit den Belastungsfaktoren im Einsatz eine zentrale Rolle. Man war sich darin einig, dass die Kameradschaft unter den Soldaten die stärkste Stütze für das Aushalten der Belastungen sei. Die meisten stimmten auch darin überein, dass man sich im Einsatz verändert habe und Vorsorge zu treffen sei, wenn man demnächst wieder nach Hause käme. Diese Gedanken gaben mir die Möglichkeit, die Soldaten auf die einsatzbedingte Normverschiebung und auf die unterschiedlichen Wünsche und Erwartungen von Heimkehrern und Familienangehörigen, bzw. den in der Stammeinheit verbliebenen Soldaten hinzuweisen.
Nach Einnahme des Mittagessens am Abreisetag kehrten drei Gruppen wieder ins Kosovo zurück, eine Gruppe –die OpInfo-Zelle– verlegte nach Skopje, um von dort ins Heimatland auszufliegen.
Die Teilnehmer aller vier Gruppen aus dem 2. Kontingent beurteilten die Einsatzstressnachsorge als eine "kraftspendende" Maßnahme und als eine gute Vorbereitung auf die Rückkehr in die Heimat, die mehr oder weniger kurz bevorstand. In Nachgesprächen wirkten die Soldaten auch später noch sehr angeregt und gestärkt durch Aufenthalt und Programm in der ESNE. Keiner fühlte sich in irgendeiner Weise als "Weichei" gebrandmarkt. Im Gegenteil: Das positive Urteil sprach sich "werbewirksam" im Kameradenkreis herum. Soldaten, die zudem an einem Betreuungswochenende teilgenommen hatten, fanden die Einsatzstressnachsorge wesentlich nützlicher und akzeptabler, da sie in Tetovo keine größeren finanziellen Aufwendungen bzw. Einbußen (Auslandsverwendungszuschlag) hatten.
Aus meiner Sicht als Truppenpsychologe hat sich damit das Konzept der ESNE, wie ich es mit Hilfe der Logistik und der Militärseelsorge in Tetovo realisieren konnte, als Beitrag zur Erhaltung der psychologischen Einsatzbereitschaft von deutschen KFOR-Soldaten bewährt."

4 Akzeptanz und Bewertung der Einsatzstress-Nachsorge

In einem Kommandeursbrief des Deutschen Heereskontingentes bzw. einem Maßnahmenkatalog des Chefs des Stabes der Multinationalen Brigade Süd wird ausdrücklich auf die ESNE zur Bewältigung psychischer Belastungen bei Soldaten

während des Auslandseinsatzes aufmerksam gemacht. Die Akzeptanz der Führung in diese psychologische Unterstützungsmaßnahme ist hoch.
Es bleibt aber dennoch die Aufgabe des Truppenpsychologen, der Kommandeure und der Kompaniechefs aktuell auf dieses Angebot zur Erhaltung bzw. Wiederherstellung der psychophysischen Fitness hinzuweisen. Denn zunächst gehört es zum Selbstverständnis, zur "Professionalität" des Soldaten, mit seinen Belastungen alleine, bestenfalls mit Kameradenhilfe fertig zu werden. Selbst- und Kameradenhilfe sind konzeptionell vorgegeben. Erst bei extrem belasteten Soldaten wird auf einer höheren Betreuungsebene die fachliche Unterstützung durch den Truppenpsychologen, Militärseelsorger und Truppenarzt bedeutsam.
Die ESNE wurde nach teilweise anfänglicher Skepsis von allen bislang teilnehmenden Soldaten sehr positiv aufgenommen. Schon während des Programms offenbarten die Teilnehmer Freude über die Art des Ausspannens und der Ablenkung, über die gute Mischung zwischen Ausruhen und Aktivität. Sie zeigten auch eine hohe Bereitschaft und Offenheit, in den Gruppengesprächen über eigene Stresserfahrungen zu berichten sowie neugieriges Interesse an praktischen Übungen zur Stressreduzierung.
Auch nach der ESNE gab es von den Teilnehmern positive Rückmeldungen über die wiedergewonnene Energie, die mentale Besinnung und Vorbeugung auf die noch verbleibende Stehzeit im Einsatz bzw. die Vorbereitung auf die Rückkehr.
Die ESNE nimmt damit eine besondere Rolle in dem Katalog der einsatzbegleitenden Maßnahmen zur Bewältigung psychischer Belastungen ein. Die Einrichtung hat gegenüber den in ähnlichem zeitlichen Rahmen angebotenen Betreuungswochenenden der Einheiten und den Rüstzeiten der Militärseelsorger, die der ESNE in Anspruch und Zielsetzung sowie kompetenter Durchführung ähnlich sein können, den Vorteil, dass sie trotz des großzügigen Angebots an Erholungsmaßnahmen und Freizeit, den fachpsychologischen und dienstlichen Charakter der Veranstaltung nicht aus dem Auge verliert. Es ist kein Kurzurlaub in einem Hotel mit verwöhnender individueller Freizügigkeit; der Soldat steht indirekt und direkt in der Obhut von psychologischen Experten und Helfern und durch die Gesprächsrunden in einem gruppendynamischen Prozess, der auf Unterstützung, Gemeinsamkeit, Vertrauen und soziale Verantwortung ausgerichtet ist.
Da die dienstlich angeordnete Maßnahme zudem in einer militärischen Liegenschaft stattfindet, entstehen für die Soldaten keine großen finanziellen Kosten, und es bleibt außerdem die Auslandszulage erhalten (bei vielen Soldaten ein nicht unwesentlicher Aspekt). Natürlich ließe sich der Komfort der Unterkunft noch steigern. So hat das Heeresführungskommando für zunächst ein Jahr einzelnen Soldaten oder Teileinheiten, die besonderen psychischen Belastungen ausgesetzt waren, ermöglicht, im Rahmen einer Kurzerholungsmaßnahme unter fachlicher Anleitung zu regenerieren. Für die Soldaten des DtHKtgt KFOR[1] fand diese Regenerationsmaßnahme in einer Hotelanlage ("Recreationcenter") in Nord-Griechenland statt.
Es bleibt abzuwarten, unter welchen örtlichen Rahmenbedingungen die ESNE in Zukunft weiter durchgeführt wird. Die Art der Durchführung in Bezug auf Inhalt, Pro-

1) DtHKtgt KFOR: Deutsches Heereskontingent KFOR

grammablauf und fachkompetente Moderation und Leitung wird aufgrund der erfolgreichen Rückmeldung der Teilnehmer weiterhin ein wichtiger Bestandteil im Rahmenkonzept zur Bewältigung von psychischen Belastungen während des Einsatzes bleiben.

Anhang 1

Inhaltliche Strukturierung der Einsatzstress-Nachsorge für deutsche Soldaten im KFOR-Einsatz

1 Begrüßung

2 Vorstellung
- zur Person,
- zum Einsatz,
- Beweggründe für die Teilnahme ESNE,
- Erwartungen an die Veranstaltung.

3 Was belastet mich im Arbeitsalltag im Einsatz?
- Bild malen lassen;
- vom Plenum betrachten und deuten lassen;
- vom Autor vorstellen/ergänzen lassen;
- Stressorenliste erstellen;
- Punkte (max. 4) an Stressoren vergeben;
- Reihenfolge der Stressoren ggf. kommentieren.

4 Was steht mir zur Verfügung, um mit den Stressoren fertig zu werden?
- Auf Kärtchen drei "Stabilisatoren" schreiben lassen;
- einsammeln, laut aussprechen und ordnen;
- antworten oder kommentieren (lassen);
- weitere Maßnahmen zur Stressbewältigung vorstellen;
- praktische Übungen (z.B. Progressive Muskelentspannung, Atemtechniken).

5 Nachträge
- ggf. zu Kameradschaft: 3 K's (Können, Kameradschaft, Korpsgeist),
- allgemeine Bedeutung sozialer Faktoren,
- "Einer für alle, alle für einen!"

Je nach Zeitpunkt der Einsatzstressnachsorge innerhalb der sechs Monate Fragen zur eigenen Bewältigung der noch verbleibenden Monate im Einsatzland. Zum Ende hin Fragen zur Rückkehr.

6 Rundgespräch
- Was werden Sie zu Hause als erstes tun?
- Wenn Sie nach Hause kommen, was erwarten Sie von Ihren Lieben, (Partner/in, Freund/in, Eltern)?
- Was, glauben Sie, erwarten Ihre Lieben von Ihnen?
- In diesem Zusammenhang: Glauben Sie, dass Sie sich durch die Einsatzerfahrung verändert haben?

- Was sehen Sie als größten Gewinn aus Ihrem Einsatz an?
- Was war Ihre schlimmste Erfahrung/Ihr schlimmstes Erlebnis? (Erfahrungen/Erlebnisse)?
- Können Sie sich vorstellen, als Besucher/Tourist wieder ins Einsatzland zurückzukehren?
- Woran müssen Sie bei/nach Ihrer Rückkehr denken?

Dazu anschließend: "Merkblatt für Rückkehrer"

7 Schlussaussprache

- Was nehmen Sie als wichtigste Erfahrung aus dieser Veranstaltung ESNE mit?

Möglicher zeitlicher Ablauf eines Aufenthaltes in der ESNE

Datum	Ereignis	Ort
1. Tag 07.30 Uhr	Sammeln aller Teilnehmer Gemeinsames Frühstück	Küchenzelt im Einsatzort
08.30 Uhr	Abfahrt nach Tetovo (Möglichkeit von Besichtigungen auf dem Wege)	
bis 15.00 Uhr	Eintreffen in Tetovo Beziehen der Unterkünfte	ESNE – Raum
15.30 Uhr	Gemeinsames Kaffeetrinken Vorstellungsrunde Information u. Einweisung durch Betreuungs-Feldwebel	Betreuungs-einrichtung
ab 16.30 Uhr	Gespräche in Kleingruppen und im Plenum über Stress und Belastungsfaktoren	ESNE-Raum
ab 18.30 Uhr	Freizeit Ausgang in die Stadt	
2. Tag 09.00 Uhr	Gruppengespräche über Stressbewältigung, über Einsatzdauer und Rückkehr, Entspannungsübungen	ESNE-Raum
ab 10.30 Uhr	Pause, Sport, Spiel	Fitness-Zelt Betreuungs-einrichtungen
ab 13.00 Uhr je nach Ausflugs-programmauch früher	Stadtführung o. Wanderung Möglichkeit zum Einkaufen Gemeinsames Abendessen	
3. Tag 10.00 Uhr	Gemeinsames Frühstück Rückmarsch zum Einsatz-standort	

Ludwig W. Uhlmann:

Stellenwert der Angst im Einsatz

"Auch hier, wie überhaupt, kommt es anders, als man glaubt." (Wilhelm Busch)

1 Einleitung

Menschenführung unter Belastung steht nicht außerhalb der Grundsätze der Menschenführung ganz allgemein, nur können die Anforderungen –je nach Situation– unterschiedlich hoch sein. Wo der Mensch als selbstverantwortliche Persönlichkeit mit Eigenwert anerkannt wird, also die im Grundgesetz geforderte Menschenwürde voll zum Tragen kommt, sind Personen psychisch und physisch weit höher belastbar. Positive Menschenführung hat also nichts mit "weicher Welle" zu tun. Eine hervorragende präventive Maßnahme zur Bewältigung von Führungssituationen unter Belastung ist schlicht das Erlernen von sozialer Kompetenz (s.u.). Die persönliche Begegnung, das soziale Handeln im Umgang miteinander sind für den Führungsvorgang von entscheidender Bedeutung. Soziale Kompetenz bestimmt schon unter "Normalbedingungen" maßgeblich die Qualität des sozialen Handelns, welches seinerseits einen komplexen Prozess darstellt, in dem es nicht nur um Wege zu gemeinschaftsverträglichen Zielen, um bloße Auftragserfüllung als Gemeinschaftsleistung geht, sondern in dem u.a. Normen, Werte, Einstellungen, Motive und Verhaltenstendenzen in einer Bezugsgruppe Bestätigung finden und/oder gelernt bzw. umgelernt werden. Soziale Kompetenz heißt dann, diesen Prozess aktiv und konstruktiv mitgestalten zu können – ihm nicht bloß ausgeliefert zu sein. Eine geistige Auseinandersetzung um den eigenen Standort und Ausrichtung in diesem Spannungsfeld ist gerade für militärische Führer eminent wichtig, da im Alltagsgeschäft diese Reflexion allzu oft entfällt. Wer aber keinen Halt und Orientierung hat, wird sich verirren und kann –zumal unter Belastung– nicht überzeugend wirken. Im Einsatz kann sich kein Soldat verstecken: Er wird gesehen und beurteilt. Dies gilt natürlich und gerade auch für die Führer, an die besonders hohe Erwartungen gestellt werden. Positives Führungsverhalten prägt, wie schon gesagt, ein günstiges psychologisches Klima, das für die "Moral der Truppe" tragend ist. Dann können auch Belastungen ausgehalten, Ängste überwunden werden.

Was der Truppenpsychologe den militärischen Bedarfsträgern im Zusammenhang mit der Thematik "Angst" als psychologische Dienstleistungen anbieten kann, das wird nur ausnahmsweise eine Vorstellung und Diskussion von Angsttheorien, -modellen oder gar Angsttherapien sein, denn die Soldaten sollen sich nicht einer Psychologievorlesung unterziehen. Die folgenden Ausführungen sind auch nicht als "Lernstoff" oder fachliche Fort- und Weiterbildung für Truppenpsychologen zu verstehen, die rein fachtheoretischen Grundlagen werden vorausgesetzt.

Es geht vielmehr um Informationsvermittlung zum Thema "Angst" als ein Mittel zur Angstbewältigung im Kontext des Selbstmanagements unter Stress. Es soll die Funktionalität von Angst erklärt werden im Wechselwirkungsgefüge des Erlebens und Verhaltens der eigenen Person und anderer Personen, die aufeinander bezogen unter Belastungen führen und/oder agieren müssen, um einen u.U. gefährlichen Auftrag zu erfüllen. Natürlich spielen alle für die Auftragserfüllung förderlichen und hinderlichen Umstände eine Rolle, Umstände, die sowohl in der (äußeren) Umwelt als auch im Inneren der Person(en) festzumachen sind. Dabei kann es im Einsatz eine ganze Reihe von Umständen geben, die schon in der Vorstellung angstbesetzt sind oder die real erlebte Ängste auslösen. Für die Praxis der Ausbildung ist der Hinweis wichtig, dass es häufig diese antizipierten Angstgefühle sind, die stärker und umfassender wahrgenommen werden als viele konkrete Ängste im Einsatz. "Es wird nichts so heiß gegessen, wie es gekocht wird" ist eine Erfahrung, die schon der Volksmund beschreibt. Daher ist häufig zu beobachten, dass die Angehörigen zu Hause mehr Angst haben als die Soldaten im Einsatz.

2 Begriffe

Ehe etwas näher auf "Angst" eingegangen wird, sei angemerkt, dass in diesem Zusammenhang im wesentlichen vier Begriffe eine Rolle spielen:

- *Angst* ist ein Lebensgefühl, das mit Beengung, Erregung, Verzweiflung verknüpft ist, dessen besonderes Kennzeichen die Aufhebung der willensmäßigen und verstandesmäßigen Steuerung der Persönlichkeit ist.
- *Furcht* ist ein Lebensgefühl des Bedrohtseins, im Gegensatz zur Angst aber stets objektbezogen. Auch nach Art und Umfang bleibt die Furcht der Bedrohung angepasster, als es die Angst ist oder sein kann.
- *Schreck* ist der unlustvolle Affekt, der als Reaktion auf etwas plötzlich Wahrgenommenes oder Vorgestelltes auftritt, wenn dieses als bedrohlich erlebt wird.
- *Panik* ist ein plötzliches heftiges Erschrecken und "Kopflos-Werden" bei Einzelnen, Gruppen oder Massen mit chaotischen Fluchtreaktionen oder "Einfrieren", Starre (Bewegungssturm versus Panikstarre).

Führer sollten auskunftsfähig sein, wenn es darum geht, im Einsatz oder zu Hause ihren Soldaten Erklärungen für das von ihnen Erlebte an Angst, Furcht, Schrecken und Panik zu geben. Weiter sollen gerade die Führer "Bescheidwisser" sein, um nicht bei Angst-, Furcht-, Schreckreaktionen und bei Panik ihrer Soldaten durch Unwissenheit selbst noch mehr in zusätzlichen Stress zu geraten.

3 Angst

Angst ist evolutionsgeschichtlich gesehen ein sinnvoller und hilfreicher Affekt, der uns vor Gefahren warnt und durch angemessene Reaktion (Kampf oder Flucht) schützt. Es steigert sich unser Puls, wir sind sekundenlang wie erstarrt, alle Muskeln spannen sich an, kurz, unser Körper macht sich zur Flucht bzw. zum Kampf bereit. Eine solche Angstreaktion ist natürlich und angemessen. Man sollte hier besser von Furcht reden. Furcht vor etwas ganz Konkretem.

Daneben kennen wir auch alle bestimmte Angstzustände, die wir als "unbegründet" oder "übersteigert" empfinden. Hierzu zählen z.B. Prüfungsängste, Lampenfieber usw.. Wir haben "weiche Knie", unser Stoffwechsel arbeitet auf Hochtouren, das Herz rast, die Hände zittern. Trotzdem sind solche Ängste noch "angemessen", solange Sie uns quasi auf "Hochtouren" bringen, um die "Gefahr" (die Prüfung, allgemein die Anforderung) mit "voller Power" zu meistern.

3.1 Angsterleben

Das Gefühl der Angst ist –wie schon angesprochen– mit der gedanklichen Vorwegnahme einer Gefahr verbunden, gegenüber der man hilflos ist. Angst drückt sich körperlich durch erhöhte Erregung und erhöhte Aufmerksamkeitsleistung aus. In manchen Fällen steht die körperliche Erregung, in anderen der gedankliche Aspekt im Vordergrund. Angesichts einer äußeren Gefahr wird der Mensch körperlich, gefühlsmäßig und auf gedanklicher Ebene in einen Alarmzustand versetzt. Wird die Lage als gefährlich eingeschätzt, kann sie entweder durch reales Handeln oder durch Flucht beantwortet werden. Es ist aber nicht immer möglich, in einer angstbesetzten Situation so zweckmäßig zu handeln. Oft wirkt Angst auch lähmend ("starr vor Angst"), was Ähnlichkeiten mit dem Todstellreflex bei bedrohten Tieren hat.

Die psychischen und körperlichen Aspekte der Angst können sehr verschiedenartig erlebt werden: Vermutet man die Gefahr von außen, richtet sich die erhöhte Aufmerksamkeitsleistung auch nach außen. Wird die Ursache der Angst im eigenen Körper gesehen, wie z.B. die Angst vor einem drohenden Herzinfarkt, so dient die erhöhte Aufmerksamkeitsleistung der Selbstbeobachtung, was wiederum die körperliche Erregung steigert.

Angst hat viele Ausprägungsformen, doch ist auch Angstlosigkeit bedrohlich. Obwohl Angst negativ besetzt ist, suchen Menschen sie gelegentlich freiwillig auf (Angst als Lust) und selbst Kleinkinder können Angst gelegentlich genießen.

Eine weitere Möglichkeit, auf das Erleben von Angst zu reagieren, ist, der Situation eine andere Bedeutung zu geben (z.B. nächtliche Geräusche im Haus nicht Einbrechern sondern der Katze zuzuschreiben). Diese Umdeutung kann realitätsgerecht, aber auch eine Verleugnung einer realen Bedrohung sein. Wichtig ist es, ein angemessenes Maß an Realangst zur Verfügung zu haben, genügend, um nicht unvorbereitet in eine Risikosituation hineinzulaufen und nicht zuviel, um nicht vor Angst handlungsunfähig zu sein.

Als ein Beispiel aus der Literatur sei folgendes Zitat aus "Das Parfüm" von Patrick Süskind, S. 257 ff angeführt:

"In der ... Nacht wachte Richis aus einem entsetzlichen Traum auf, an dessen Inhalt er sich nicht mehr erinnern konnte, ... Er war schweissnass und bebte vor Aufregung, *nein, nicht vor Aufregung, sondern vor Angst, jetzt endlich gestand er es sich ein, dass die schiere Angst ihn gepackt hatte, und indem er es sich eingestand, wurde er ruhiger und klarer im Kopf.* Wenn er ehrlich war, so hatte er von Anfang an nicht an die Wirkung des bischöflichen Bannfluchs geglaubt; auch nicht daran, dass der Mörder jetzt in Grenoble umgehe; auch nicht daran, dass er die Stadt überhaupt verlassen hatte. Nein, er lebte noch hier, mitten unter den Grassern, und irgendwann würde er wieder zuschlagen. ... Richis, während er diese entsetzliche Folgerung zog, saß im Nachtgewand auf seinem Bett und wunderte sich darüber, wie ruhig er geworden war. Er fröstelte und zitterte nicht mehr. Die *unbestimmte Angst*, die ihn seit Wochen geplagt hatte, *war verschwunden* und dem *Bewusstsein einer konkreten Gefahr gewichen.* ... immerhin war er, Richis, es ja gewesen, der mit seinem feinen analytischen *Verstand dem Gegner auf die Schliche gekommen war.* ... Dieser letzte Gedanke gefiel ihm ganz besonders gut. *Dass er in der Lage war, sich gedanklich in die Lage des künftigen Mörders seiner Tochter zu versetzen, machte ihn dem Mörder nämlich haushoch überlegen.* Denn der Mörder, das stand fest, war bei all seiner Intelligenz gewiss nicht in der Lage, sich in Richis' Lage zu versetzen und sei's nur, weil er gewiss nicht ahnen konnte, dass Richis sich längst in seine, des Mörders Lage versetzt hatte. ... Nun war ihm wohler. Nachdem es ihm gelungen war, seine nächtlichen Überlegungen betreffs Kampf mit dem Dämon auf die Ebene einer geschäftlichen Auseinandersetzung herabzudrücken, spürte er, wie frischer Mut, ja Übermut ihn erfasste. *Verflogen war der letzte Rest von Angst, verschwunden das Gefühl von Verzagtheit und grämlicher Sorge,* das ihn wie einen senilen Tattergreis gequält hatte, weggeblasen der Nebel von düsteren Ahnungen, in dem er seit Wochen herumtappte. *Er befand sich auf vertrautem Terrain und fühlte sich jeder Herausforderung gewachsen.*" (Zitatende. *Kursive Hervorhebung durch den Autor*)

An diesem Beispiel wird deutlich, wie sich eine stark *ausgeprägte interne Kontrollüberzeugung* positiv auswirkt: Je stärker die persönliche Zuversicht in die Beherrschbarkeit von äußeren Ereignissen und je stärker die individuelle Selbstkontrolle sind, desto geringer ist die Gefahr, von der Angst bzw. anderen "Stressoren" überwältigt zu werden.

Ein Übermaß an Angstbereitschaft begegnet einem bei vielen neurotischen Störungen, wohingegen bei manchen psychosomatischen Störungen die Fähigkeit, Angst zu erleben, eingeschränkt ist und die Angst nur noch körperlich erlebt werden kann.

Als krankhaft kann man Ängste erst bezeichnen, wenn sie zu einer völligen Lähmung des Betroffenen führen und unkontrollierbar sind. Dabei spielt es keine Rolle, ob wir vor etwas Bestimmtem Angst haben (z.B. Autofahren) oder ob uns die Angst aus "heiterem Himmel" überfällt und wir eigentlich nicht genau sagen können, wovor wir Angst haben – es sei denn vor der Angst selbst. Angemessenes Reagieren oder Handeln ist dann unmöglich geworden, was zu erheblichen Problemen bei der Arbeit oder im Umgang mit anderen führt. Eine häufige Folge davon ist Depression. Andersherum können Angst- und Panikattacken aber auch Folge bzw. Begleiterscheinung der Depression sein. Grundsätzlich wird eine solche Angst mit Krankheitswert den Neurosen zugeordnet. Solche Angst kann sich äußern in:

- *Phobien* (Angst vor etwas Konkretem, wie z.B. Höhenangst), hervorgerufen durch heftige Bedrohungserlebnisse oder chronische Angst vor bestimmten Situationen.
- *Angstneurosen* (große Angstanfälle, die den/die Betroffene(n) scheinbar grundlos überwältigen). Sie gehen mit teilweise heftigen körperlichen Symptomen einher. Beim Angstanfall wird die Angst sehr körperlich erlebt. Der Betroffene wird aus heiterem Himmel von Angst überflutet. Die körperlichen Gefühle gehen von extremen Herzrasen bis hin zu Befürchtungen vor dem Tod. Es entsteht ein Panikgefühl, das die Hilflosigkeit vor der erlebten extremen Gefahr ausdrückt. Die Angstgefühle können so intensiv erlebt werden, dass sofortiges Handeln (z.B. den Notarzt rufen, oder ins Krankenhaus fahren) notwendig wird. Es müssen aber keine schwerwiegenden Befunde festgestellt werden.
- *Zwangsneurosen* (z.B. zwanghaftes Händewaschen aus Angst vor Keimen).

3.2 Körperliche Symptome von Angst

Manche Formen krankhafter Angst sind sehr verwandt mit einer Depression und werden daher auch mit den gleichen Medikamenten behandelt – vorwiegend Antidepressiva und Beruhigungsmitteln. Vor allem körperliche Symptome machen den Betroffenen oft erst bewusst, dass sie zum Arzt gehen müssen. Die Grenzen zwischen der "normalen" und der symptomwertigen Angst sind fließend. Wird ein Mensch durch sein ängstliches Verhalten immer stärker eingeschränkt (kann z.B. nicht mehr unter Menschen), wird er seinen Zustand irgendwann als gestört erleben. Die wichtigsten Anzeichen sind:

- ein Gefühl des Kontrollverlusts,
- buchstäblich "weiche Knie", Schwäche und Übelkeit,
- Schwindelanfälle, manchmal Ohnmacht,
- Atembeschwerden, Herzklopfen, Brustschmerzen,
- Schweißausbrüche,
- Kopfschmerzen und starke Verspannungen der Muskulatur,
- das Gefühl, "neben sich zu stehen".

Grundsätzlich gilt: Es gibt keine "unbegründete" Angst. Es gibt Formen der Angst, die sich nicht auf eine konkrete Situation, ein konkretes Objekt oder ein konkretes Erlebnis beziehen. Der Leidensdruck –die Angst vor der Angst– führt häufig zu erneuten Panikanfällen. Krankhafte Angst kann zu emotionalen Dauerschäden (z.B. chronische Panik) führen. Oft kommt es auch zu einer lebenslangen pessimistischen Erwartungs-

haltung (Atkinson) der Zukunft gegenüber. Das Thema der Angst ist deswegen zu einem der wichtigsten Themen der Emotionspsychologie geworden. Alle wichtigen Psychotherapierichtungen streben u.a. die Beseitigung krankhafter Angst an.
Etwa fünf Prozent der Bevölkerung leiden unter Angstzuständen, wobei junge Frauen besonders häufig betroffen sind. Dies ist bei sehr jungen Ehefrauen bzw. Freundinnen von im Einsatz befindlichen Soldaten immer wieder festzustellen.

3.3 Bewältigung von Angst

Die biologischen Wurzeln stammen von der Annäherung und Auseinandersetzung von Individuum und Gruppe, von damit einhergehenden Kämpfen um die Selbsterhaltung einerseits und dem Schutz der vertrauten Gemeinschaft andererseits. Weiter entwickeln sich innerhalb dieses Systems Unterschiede im Angsterleben: Die Erhaltung des eigenen Lebens tritt zurück, wenn übergreifendere Ziele wichtiger sind (z.B. Motivation für/im Kriege).

3.4 Exkurs: Angst im Einsatz

Im Vergleich zu meinen früheren Einsätzen auf dem Balkan gewann ich im Juni 1999 sehr schnell den Eindruck, dass es sich bei KVM/KFOR doch um eine andere Qualität für das Erleben der Soldaten handelte. Im Gegensatz zu früheren Einsätzen –ausgenommen vielleicht Somalia– war ein zumindest unterschwelliges Unbehagen bis hin zu zeitweiligen Ängsten vor möglichen Gefährdungen und Bedrohungen zu spüren. Darüber wurde nicht ständig gesprochen, für die meisten Soldaten ist die Angst kein öffentliches Thema, sie war aber da. Die Kontrolle der individuellen Angst ist nach meinem Eindruck allerdings ein kollektiver Mechanismus: Bis zu einem ziemlich hohen Angstniveau kann das Kontingent, der Verband, die Einheit oder Teileinheit, die Gruppe oder der Trupp Angst "verschlucken". Ob die Angst damit auch "verdaut" werden kann, ist eine andere Frage. Also, wenn mein Kamerad keine Angst zeigt, dann zeige ich auch keine! Es kann quasi ein Zustand vermeintlich kontrollierten Stresses erreicht werden, der für die meisten Kollektivmitglieder als fast selbstverständlich hinnehmbar und auch durchstehbar erscheint. Außenstehende, vor allem die daheimgebliebenen Angehörigen, können das kaum begreifen. Übrigens auch viele "Medienritter" nicht, die geradezu fassungslos vor dem Phänomen stehen, weder dem "Rambotyp" noch der "Heulsuse" zu begegnen. Nur bleibt die Frage, ob das, was das Kollektiv einsteckt, später der einzelne nach Rückkehr unter ganz anderen sozialen Supportbedingungen noch wegstecken kann. In bestimmten Augenblicken, zum Beispiel beim Critical Incident Stress Debriefing (CISD), wo der Mensch sich selbst auch im anderen begegnet, wird der labile Charakter der kollektiven Angstkontrolle entlarvt und damit bewusst. Es kommt dann darauf an, Veränderungen im Selbstbewusstsein und Selbstwertgefühl auf der Basis von Bescheidenheit und Fehlbarkeit als möglich und sinnerneuernd anzuregen.
Wenn die Ursache der Angstzustände bekannt ist, sollte versucht werden, diese zu bekämpfen.

3.5 Bewältigungsmechanismen

In Ausbildung und Training muss es auch darum gehen, die Automatismen der Angstentwicklung zu unterbrechen und sie der eigenen willentlichen Kontrolle zu unterwerfen. Dabei ist es wichtig festzustellen, was die Angst auslöst (vielschichtige Ängste).
Die verschiedenen Bewältigungsmechanismen, die unterschiedliche Menschen vielfach wenig bewusst oder unbewusst wählen, um mit dieser Angst umzugehen (z.B. Verleugnung von Gefahr, Verdrängung etc.) sind auch ausschlaggebend für die Wahl der Angstbewältigungsstrategie und -techniken.
Angstbewältigungstechniken, die darauf abzielen, Ängste zu reduzieren, versuchen ebenfalls, allerdings bewusst und kritisch, den Betroffenen Fertigkeiten zu ihrer Kontrolle zu vermitteln. (Saigh, 1995).
Dazu gehören:

- Entspannungstraining (z.B. nach Jacobsen, 1983, oder sog. Autogenes Training),
- Stressimpfungstraining (Meichenbaum, 1974),
- Kognitive Umstrukturierung (Beck, 1972, Ellis, 1977),
- Atemtraining (Clark, Salkovskis und Chaukley, 1985),
- Training sozialer Kompetenz (Becker, Heimberg und Bellack, 1987),
- *Vorbildverhalten:* die Beobachtung real agierender Personen (Führer!) als eine der wirksamsten Methoden zur Bewältigung von Angst,
- Ablenkungstechniken (z.B. Gedankenstopp: Wolpe, 1973).

Die am häufigsten eingesetzte Muskelentspannung wirkt sich auf das autonome Nervensystem aus und bewirkt, dass Reaktionen des Sympathikus abgeschwächt werden. Herzschlag und Atmung verlangsamen sich und der Blutdruck sinkt. (Rothbaum und Foa, 1995)
Vielfach wird –leider– das Zusammenwirken von Angst, Übermüdung und Bewegungsstau nicht genügend berücksichtigt. Der Mensch hat das Bedürfnis nach Bewegung, das er nicht über längere Zeit unterdrücken kann. Unter affektiven Spannungen (Angst!) verstärkt sich dieses Bedürfnis noch, weil er das Bestreben hat, affektive Spannungen durch körperliche Aktivität abzureagieren (ängstliche Unruhe, "Freudentanz"). Bleibt die körperliche Aktivität versagt, kommt es zum Stau der Bewegungsimpulse. Das Beherrschen der Angst und das Handeln trotz der Angst benötigen Energie, was die Übermüdung fördert. In der Übermüdung wiederum ist die verfügbare Energie vermindert und damit das Beherrschen der Angst erschwert. Im Bewegungsstau fehlt die Möglichkeit, Angst abzureagieren, so verstärkt der Bewegungsstau die Übermüdung durch die Angst. Im Feldlager "eingesperrt" zu sein, räumliche Enge und hohe Personendichte erfordern daher Möglichkeiten zur körperlichen Betätigung. Fitnesseinrichtungen sind insoweit kein Luxus!

4 Zusammenfassung

Der Mensch hat die Gabe, Angst zu empfinden. Unbehagen, Angst, Furcht, Panik, Schrecken, Entsetzen sind die bei dieser Thematik beteiligten Gefühle. Ein völlig angstfreies Dasein ist kaum denkbar. Im Gegenteil, ein gewisses Maß an Angst motiviert zu Vorsicht, zu notwendigen Schutzmaßnahmen und ist als Signal für das Einsetzen solcher Überlegungen und Handlungen *über*lebensnotwendig. Wer seine Angstsignale nicht beachtet, sie verkümmern lässt oder völlig verdrängt, der hat deutliche Überlebensnachteile!

Der furchtlose, impulsive und einzelgängerische Rambotyp, der Held ohne Furcht und Tadel, sind in Szene gesetzte Phantasieprodukte, die zu billigem Lustgewinn aus gefahrloser Identifizierung und zu selbstschmeichlerischem Aufblasen des Ego verführen können – meist nur solange es nicht blutiger Ernst wird. Die überzogenen Männlichkeits- und Heldenklischees vergangener und heutiger Zeiten muten den nur ansatzweise (selbstkritischen Zeitgenossen –auch den Zeitgenossen in Uniform– eher abstoßend an. Er weiß, dass in gefährlichen, außergewöhnlichen Situationen, vor allem im Krieg, niemand vor Angst gefeit ist.

Diejenigen, die so tun –oder schlimmer noch, solches predigen und Furchtlosigkeit von anderen (nicht unbedingt von sich selbst)– verlangen, werden von den anderen als unverständlich fremd wahrgenommen. Das heißt, sie werden psychologisch als unmenschlich empfunden und als Menschenführer nicht akzeptiert.

Nachweislich sind Menschen, die das Handeln in die Gefahr hinein als gefährliche Aufgabe betrachten, die es erfolgreich zu meistern gilt, während man gleichzeitig versucht, am Leben zu bleiben, diejenigen, die die besten Überlebenschancen im Krieg haben. Für diese Soldaten ist der Einsatz keine Gelegenheit, Männlichkeit zu beweisen, aber auch keine Situation, in der sie sich nur als hilflose Opfer sehen. Sie fühlen sich in hohem Maß verantwortlich für ihre eigene Sicherheit und die Sicherheit anderer und vermeiden unnötige Risiken – gelegentlich bis hin zu Widerstand auch gegenüber Befehlen, die sie für unüberlegt halten. Sie akzeptieren Angst bei sich und bei anderen. Es geht darum, diese Angst zu kontrollieren, zu überwinden, indem sie sich und andere so gut wie möglich auf die Gefahr vorbereiten. Sie reden nicht nur zu den anderen, sondern sprechen auch über ihre Auffassungen mit anderen, sind kommunikativ und versagen sich auch nicht, andere um Hilfe zu bitten.

Angst ist also nichts Verwerfliches! Wer Angst hat ist kein Feigling. Mutig ist es, die Angst zuzugeben – vor sich selbst und anderen. Tapfer ist, die Angst zu beherrschen, und sich der Situation so gut es geht zu stellen. Dramatisierung, Übertreibung oder Bagatellisierung von Angst und Furcht, aber auch die effekthaschende Heldenglorifizierung und Feiglingsverachtung sind kontraproduktiv.

Es kommt darauf an, im Sinne von Angstmanagement Bewältigungsmöglichkeiten für sich und andere zu finden, um in der Gefahr mit einem erträglichen Maß an Angst leben zu können, unter Bedrohung plötzlich aufkommende, überwältigende Angst abzublocken und zu dämpfen, um weiter handlungsfähig zu bleiben.

Jens T. Kowalski:

Psychotraumatisierung und akute Belastungsreaktionen

1 Einleitung

Jeder Mensch wird im Laufe seines Lebens mit den unterschiedlichsten psychischen und physischen Belastungen konfrontiert. Sprechen wir im Folgenden von Belastungen, so sind hier ausschließlich psychische Belastungen gemeint. Mit den meisten dieser Belastungen, auch Stressoren genannt, kommen wir gut zurecht, wir verarbeiten sie und integrieren sie als Erfahrungen in unsere Persönlichkeit. Einige dieser Stressoren sind allerdings so stark, dass sie kurz- oder langfristige Folgen nach sich ziehen, es entstehen psychische Wunden. Gerade in der letzten Zeit ist diesen eigentlich normalen Reaktionen auf unnormale Situationen viel Aufmerksamkeit geschenkt worden. Auslöser für das Interesse waren meist dramatische Ereignisse wie das Eisenbahnunglück von Eschede oder der Absturz der Concorde in Paris. Der vorliegende Beitrag soll aufzeigen, was die Kennzeichen dieser Stressoren sind, die als so unnormal erlebt werden, dass sie psychisch verletzen, traumatisieren.
Die Folgen solcher Belastungen sind meist kurzzeitig, gelegentlich aber stellen sich auch bleibende Veränderungen ein. Mögliche Reaktionen und Symptome der Betroffenen auf solche Ereignisse werden beschrieben.
Im militärischen Umfeld sind derartige extreme Belastungen häufiger und meist oft höher als in den meisten zivilen Bereichen. Dies gilt natürlich insbesondere für Soldaten, die unter Einsatzbedingungen leben. Hier ist die Wahrscheinlichkeit, Belastungen zu erleben, die ungewöhnlich in Qualität, Intensität und Dauer sind, höher als für andere Berufsgruppen. Damit steigt natürlich auch die Wahrscheinlichkeit, ungewöhnliche psychische Reaktionen zu haben und psychische Wunden zu bekommen. Anhand von Beispielen aus dem militärischen Bereich wird beschrieben, welche spezifischen Reaktionen im militärischen Umfeld auf solche "unnormalen" Stressoren beobachtet werden konnten. Abschließend wird dargestellt, welche Bedingungen vor dem Auftreten einer Traumatisierung schützen und welche gefährdend wirken können.

2 Akute Belastungsreaktionen auf traumatischen Stress

Sowohl unter Laien als auch teilweise heute noch in der Fachwelt spricht man davon, dass derjenige, der auf außergewöhnliche Situationen besondere Verhaltens- oder Erlebensweisen zeigt, "unter Schock steht". Trotz der offenbaren Eindeutigkeit des Begriffes ist bei konkretem Nachfragen allerdings den meisten unklar, wie denn so ein Schock konkret aussieht, was überhaupt alles einen Schock auslösen kann oder wie lange so ein Schock eigentlich anhält. Erst recht herrscht(e) Unsicherheit, was man

denn als Betroffener, als Helfer oder auch als Behandelnder tun oder lassen soll, um die Auswirkungen zu lindern und die Heilung zu fördern.
Fachleute benutzen heute statt des Begriffes *Schock* den der (akuten) Belastungsreaktion (englisch: Acute Stress Disorder = ASD). In dem Klassifikationsschema der Weltgesundheitsorganisation (WHO), dem ICD-10, wird die *akute Belastungsreaktion* wie folgt beschrieben: "Eine vorübergehende Störung von beträchtlichem Schweregrad, die sich bei einem psychisch nicht manifest gestörten Menschen als Reaktion auf außergewöhnlich körperliche oder seelische Belastung entwickelt und im allgemeinen innerhalb von Stunden oder Tagen abklingt" (Dilling et al, 1993).
Diese Beschreibung macht deutlich, dass es sich bei der ASD um eine zeitlich begrenzte Reaktion handelt, die als Folge eines besonderen Erlebnisses, also nach dem Erleben eines traumatischen Ereignisses, aufgetreten ist. Der in der Definition benutzte Begriff "im allgemeinen" weist auch darauf hin, dass zwar in vielen Fällen die Beschwerden wieder abklingen, aber eben nicht immer. Bleiben die Beschwerden über einen längeren Zeitraum weiter bestehen, so kann sich daraus eine *Posttraumatische Belastungsstörung* (PTBS) entwickeln. Dieses Krankheitsbild und dessen Behandlung wird im Artikel von Barre und Biesold (Seiten 369 ff) näher beschrieben. Die folgende Abbildung veranschaulicht den zeitlichen Zusammenhang zwischen der Traumatisierung, also der psychischen Verwundung, der akuten Belastungsreaktion als erster Reaktion sowie die möglichen weiteren Verläufe.

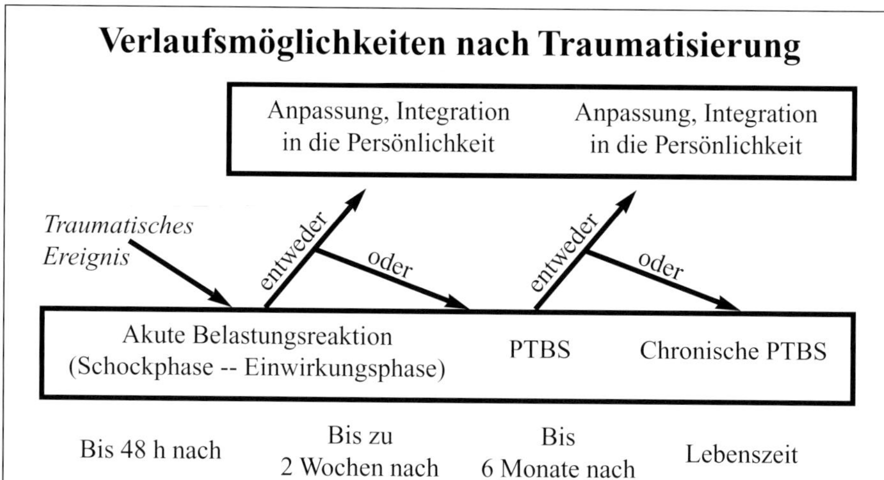

Abbildung 1

Die Grafik zeigt, daß die erste Phase der ASD als Schockphase beschrieben wird. Die Betroffenen zeigen insbesondere *körperlich* deutliche Anzeichen der akuten Erregung. Sie schwitzen meist stark, atmen schnell und sind entweder blass oder weisen

als Zeichen panischer Angst einen hochroten Kopf auf. Übelkeit bis zum Erbrechen, Einnässen oder Bewusstlosigkeit sind die extremsten körperlichen Reaktionen.
Ebenso uneinheitlich ist das *Verhalten* in der akuten Schockphase. Die einen wirken apathisch, reagieren kaum auf Ansprache und isolieren sich im Extremfall völlig von der Außenwelt. Selbst Schmerzreize werden in diesem Zustand nicht mehr wahrgenommen. Andere hingegen fallen durch eine gesteigerte Nervosität auf, sind unruhig, gehen ziellos hin und her. Auch für Unbeteiligte völlig unverständliche und sinnlose, teilweise sogar gefährliche Reaktionen können beobachtet werden. Dazu gehört auch das Weglaufen aus der Situation, an das sich schwer traumatsierte Personen hinterher teilweise gar nicht mehr erinnern können.
Gefühlsmäßig scheinen die Betroffenen abgestumpft, geradezu betäubt. Die Wahrnehmung der eigenen Emotionen ist weitgehend ausgeschaltet.
Es kann durchaus eine Zeit dauern, bis die Auswirkungen der Belastung abklingen. Diese Phase heißt die Einwirkphase. Hier setzten die ersten Verarbeitungsprozesse ein. Menschen, die sich in diesem Abschnitt der akuten Belastungsreaktion zeigen, wirken auf den Beobachter abwesend, oft unaufmerksam und in sich zurückgezogen. Sie geben häufig keine klaren Antworten, scheinen nur bedingt ansprechbar. Thematisch beschäftigen sie sich meist ausschließlich mit der traumatischen Situation. Ihre Stimmung ist von traurig und depressiv bis wütend gereizt und schwankt sehr schnell, oft auch ohne besonderen Anlass. Obwohl die eindrucksvollen körperlichen Reaktionen der Schockphase abgeklungen sind, wird oft über Schlafstörungen bei gleichzeitiger ständiger Müdigkeit, Appetitlosigkeit und eingeschränktem sexuellem Interesse berichtet. Konzentration und Gedächtnis können kurzfristig beeinträchtigt sein, das klare Denken wirkt blockiert, weil die Gedanken immer wieder um das Erlebte kreisen.
Zusammenfassend sind die *Kennzeichen der akuten Belastungsreaktion:*
- Die Reaktion folgt ohne oder mit geringer Verzögerung einer vorausgehenden ungewöhnlichen Belastung;
- die Reaktion klingt in der Regel nach kurzer Zeit wieder ab;
- der meist anfänglichen gefühlsmäßigen Betäubung folgt eine Phase unterschiedlich heftiger, wechselnder Gefühle wie Ärger, Angst, Verzweiflung und Wut;
- körperlich beeindrucken anfangs Erregungssymptome, später dann zunehmend Schlaflosigkeit, Appetitlosigkeit und Mangel an sexueller Erregbarkeit;
- das beobachtbare Verhalten kann sich auf einem Kontinuum von bis zu totalem Rückzug und Apathie bis hin zu extremer Aufgeregtheit, Unruhe und Fluchtverhalten abspielen.

3 Das Trauma als Auslöser für die akute Belastungsreaktion

Ereignisse, die wir als unangenehm und belastend empfinden, werden als Stressoren bezeichnet. Die meisten belastenden Ereignisse vergessen wir allerdings nach kurzer Zeit wieder. Sie richten keinen bleibenden Schaden an. Ein Stressor hingegen, der psy-

chisch traumatisiert (= verletzt), ist so stark, dass er eine akute Belastungsreaktion oder im weiteren Verlauf auch eine Posttraumatische Belastungsstörung verursacht.
Die Aussage, wann ein Stressor noch "normal" ist und wann er traumatisch wirkt, ist allerdings schwierig. Das ICD beschreibt, als Kennzeichen einer traumatischen Situation:
"...Erlebnis mit einer ernsthaften Bedrohung für die Sicherheit und Unversehrtheit des Patienten oder einer geliebten Person...oder eine ungewöhnlich plötzliche und bedrohliche Veränderung der sozialen Stellung und/oder des Beziehungsnetzes des Betroffenen wie etwa Verluste durch mehrere Todesfälle, einen Brand oder ähnliches."
Diese Beschreibung berücksichtigt allerdings die individuellen Unterschiede kaum. Traumatisierung kann auch dann bereits eintreten, wenn die körperliche Unversehrtheit (noch) nicht akut bedroht ist. Das Erleben von Hilflosigkeit und völligem Kontrollverlust scheint teilweise als alleiniges Kriterium ausreichend zu sein, um eine Situation zu einem persönlichen Trauma werden lassen können.
Nachgewiesen ist zwar (Maerker, 1997), dass bestimmte Situationen generell ein besonders *hohes Traumatisierungspotenzial* haben, so z.B.:
- Erleben körperlicher Gewalt einschließlich Vergewaltigung,
- sexuelle Belästigung,
- Krieg und Kriegshandlungen, insbesondere Erleben von Beschuss,
- Beteiligung bei Unfällen,
- Zeuge von Unfällen.

Dennoch zeigen sich selbst hier individuelle Unterschiede, denn nicht jeder, der eine dieser Situationen durch- und überlebt hat, entwickelt eine ASD oder PTBS.
Betrachtet man verschiedene Berufsgruppen, wird dabei die Problematik der individuellen Schwelle der Traumatisierung deutlich. Würden Feuerwehrleute durch jede Situation, in der ihre persönliche körperliche Unversehrtheit bedroht ist, traumatisiert, wäre wahrscheinlich ein Großteil nicht mehr dienstfähig. Gleiches gilt natürlich auch für andere Berufsgruppen wie Polizisten oder aber eben Soldaten in Krisengebieten. Andererseits fällt die Erklärung schwer, dass politische Häftlinge, die nicht direkt mit dem Tod oder Folter bedroht wurden, nachweislich unter ASD und PTBS Symptomen leiden (Ehlers, 1999).
Die Akzeptanz einer individuellen Schwelle für das Erleben einer Situation als Trauma ist daher wesentlich. Die eigene Einschätzung, dass ein erlebter Stressor für mich selbst traumatisch ist oder nicht, muss für den Kameraden neben mir nicht gelten.

4 Akute Belastungsreaktion im militärischen Bereich

Die akute Belastungsreaktion wird im militärischen Bereich auch als Kriegsneurose, "shell shock", oder Gefechtsschock bezeichnet. Sie kann in kritischen Situationen, z.B. in einem Gefecht, nicht nur für den Betroffenen eine hohe Belastung darstellen. Unerwartete und gefährliche Reaktionen können eigene Kameraden oder gar den gesamten Einsatz gefährden. Beispiele für solche *dysfunktionalen Reaktionen*, die bei Soldaten mit akuten Belastungsreaktionen beobachtet wurden, sind:

- *Selbsttötung oder Selbstverletzung* mit eigenen Waffen: Soldaten richten im Zustand höchster Erregung z.B. nach Waffeneinsatz mit Todesfolge die eigene Waffe gegen sich selbst. Die Aufmerksamkeit ist in solchen Fällen meist zentriert auf die Waffe.
- *Gefährdung eigener Kameraden:* Als Schockreaktion zeigt sich, für Unbeteiligte völlig unbegründet und unerwartet, eine erhebliche nach außen gerichtete Aggression. Kameraden oder Vorgesetzte können ohne Grund verbal oder sogar körperlich angegriffen werden. Teilweise führt auch eine verzerrte Wahrnehmung, etwa in Form unbegründeter Bedrohung, zu dieser Aggression.
- *Nichtbeachtung der eigenen Gefährdung:* Trotz offensichtlicher Gefährdung laufen Soldaten z.B. in bekannt vermintes Gebiet oder auf eine gegnerische Stellung zu. Die natürliche Angst vor eigener Verletzung ist ausgeschaltet, das rationale Denken massiv eingeschränkt. Kenntnisse über Gefahren und Verhalten in gefährlichen militärischen Situationen sind nicht mehr abrufbar. Auch der Versuch einer rationalen Verdeutlichung der Gefährdung durch andere bleibt erfolglos.
- *Nichtbefolgen militärischer Weisungen* durch eingeschränkte Denk- und Reaktionsfähigkeit: Befehle werden gar nicht oder unvollständig ausgeführt, obwohl sie scheinbar verstanden werden. Erlernte Fertigkeiten und Funktionen stehen nur teilweise, unvollständig oder unkorrekt zur Verfügung. Klassisches Beispiel ist die Anwendung von Maßnahmen der Ersten Hilfe, die in Extremsituationen nach Unfällen eingesetzt werden sollen. Trotz Schulung fällt nichtmedizinisches Fachpersonal aufgrund der Schockreaktion im Notfall meist aus.

5 Spezifische Einflussfaktoren im militärischen Bereich

Individuelle Faktoren spielen eine große Rolle, ob für eine Person eine Situation traumatisierend wirkt oder nicht. Diese Faktoren lassen sich in zwei Gruppen einteilen, die Risiko- und die Schutzfaktoren.

Die *Risikofaktoren*, die die Auftretenswahrscheinlichkeit einer akuten Belastungsreaktion erhöhen, sind u.a.:

Körperliche Belastungen

- Hunger,
- Durst,
- Ermüdung,
- gestörter Schlaf-Wach-Rhythmus.

Situative Faktoren

- Unerwartetheit, Plötzlichkeit einer Situation,
- Gefühl des Verlusts der Kontrolle, Unsicherheit,
- Traumaschwere, Stärke der persönlichen Bedrohung.

Persönliche Faktoren

- Alter (Jugend, hohes Lebensalter),
- mangelnde Erfahrung,
- fehlendes Gefühl für die eigene Kompetenz.

Andere Faktoren scheinen hingegen zumindest einen gewissen Schutz vor akuten Belastungsreaktionen zu bieten. Diese *Schutzfaktoren* sind:
- Selbstbewusstsein und Selbstvertrauen,
- Handlungskompetenz,
- Erfahrung durch das Bewältigen ähnlicher Situationen,
- vorherige mentale Auseinandersetzung mit der Situation,
- Kameradschaft und Gemeinschaftsgefühl,
- Vertrauen in den militärischen Führer und die Organisation,
- soziale Unterstützung.

6 Akute Hilfestellung und vorbeugende Maßnahmen

Die notwendigen Maßnahmen der Psychischen Ersten Hilfe im militärischen Bereich beschreiben kompetent entsprechende Merkblätter (Schifffahrtmedizinisches Institut der Marine, Flugmedizinisches Institut der Luftwaffe). In der *Schockphase* der akuten Belastungsreaktion ist primär zu beachten, daß die Sicherheit des Betroffenen und seiner Umgebung gewährleistet ist. Nach der Trennung von dem Stressor ist es weiterhin wichtig, den Soldaten nicht allein zu lassen. Er sollte über die Situation und die weiteren Maßnahmen mit einfachen Worten informiert werden. Vorsichtiger Körperkontakt kann beruhigend wirken. Das geduldige Zuhören, auch bei Wiederholungen oder unklaren Inhalten, wirkt ebenfalls entlastend.

In der zweiten Phase, der Einwirkphase, ist die persönliche Anwesenheit und die Kameradschaft notwendig. Der Betroffene braucht die soziale Gemeinschaft und das Verständnis für seine ihm selbst fremden Reaktionen. Weitere akute Maßnahmen werden in dem Artikel von Willkomm (Seiten 99 ff) dargestellt.

Vorbeugend sollte das Ziel einer jeden vorbereitenden psychologischen Ausbildung sein, die Schutzfaktoren zu aktivieren und so die vorhandenen Resourcen auszubauen. Dadurch kann die Wahrscheinlichkeit der akuten Belastungsreaktion in einer potenziell traumatischen Situationen zumindest reduziert werden.

Die Beschäftigung mit möglichen traumatischen Situationen *vorher*[1] ist ein wesentlicher präventiver Schutzfaktor. Das Gefühl, eine Situation bereits einmal erfahren, eventuell sogar schon einmal bewältigt zu haben, vermindert das traumatische Potenzial. Auch wenn eine Übungssituation nicht die Gefährlichkeit realistisch darstellen kann, möglicherweise von der Realsituation auch in Details abweicht, nimmt das Gefühl des partiellen Wiedererkennens einen Teil der Bedrohlichkeit. Darum ist selbst die rein mentale Vorstellung, das Durchleben einer Situation im Geist sinnvoll, um traumatische Situationen besser zu überstehen. In jedem Fall führt die Beschäftigung zu dem Gefühl der Bekanntheit der kritischen Situation, gibt ansatzweise das Kontrollgefühl zurück und mindert dadurch das Risiko der Überraschung.

Natürlich kann nicht jede einzelne traumatische Situation antizipiert, also erwartet werden. Das Kennzeichen traumatischer Situationen ist ja gerade die Unerwartetheit. So

1) Vergleiche Artikel von Matyschock in diesem Buch (Seiten 106 ff)

muss der Versuch, sich auf *alle* Eventualitäten mental vorzubereiten, fehlschlagen. Hier hilft es, Handlungsmöglichkeiten und -alternativen zu vermitteln, die der Soldat auch in kritischen Situationen auf unterschiedliche Situationen transferieren kann. Allein das Gefühl, über ein Repertoire an Fertigkeiten in jeder Lage zu verfügen, vermittelt das Gefühl von Sicherheit. Der Aufbau der eigenen Handlungskompetenz fördert somit das Selbstvertrauen.

Genauso wichtig ist es, das Vertrauen in die militärische Führung und die soziale Umgebung zu fördern. Der Soldat muß in einer für ihn unerwarteten und unkontrollierbaren Situation Eckpfeiler haben, die ihm Sicherheit geben. Das kann in Einsatzszenarien nur das Vertrauen in die Gruppe und in den militärischen Führer sein. Die Gewissheit, dass auch im Chaos Kontrolle durch meine nächste Umgebung schnell wieder hergestellt werden kann, gibt mir Orientierung und Perspektive. Und so werden durch die Sicherheit und Kompetenz, die der Kamerad neben mir ausstrahlt, die eigenen, eventuell durch die traumatische Situation aktuell nicht zugänglichen Fähigkeiten und Fertigkeiten aktiviert.

Literatur:

Ehlers, A. (1999). Posttraumatische Belastungsstörung. Hogrefe. Göttingen.

Dilling, H., Mombour, W., Schmidt, M.H. (Hrsg). (1993). Internationale Klassifikation psychischer Störungen. Verlag Hans Huber. Bern.

Flugmedizinisches Institut der Luftwaffe. Critical Incident Stress Management. Fürstenfeldbruck.

Maerker, A. (Hrsg). (1997). Therapie der Posttraumatischen Belastungsstörung. Springer. Berlin.

Schiffahrtmedizinisches Institut der Marine (1999). Extremer Stress. Information für Betroffene. Kronshagen.

Dieter Hansen:

Risikoverhalten im Einsatz

"There is no safety. Only varying degrees of risk."
Lois McMaster Bujold

1 Was ist Risikoverhalten?

Risiko ist immer mit Gefahr verbunden. Mithin handelt es sich um eine Situation, in der die Möglichkeit eines materiellen Schadens, einer physischen und/oder psychischen Verletzung und in letzter Konsequenz des Todes gegeben ist. Der Begriff "Risikoverhalten" (englisch: risk taking) bezieht sich demnach auf das menschliche Verhalten gegenüber Gefahren.
Nach Hoyos, Keller und Kannheiser (1977) beruht Risikoverhalten darauf, dass "der Handelnde Maßnahmen ergreift, die das Eintreten eines Risikos mehr oder weniger wahrscheinlich machen". Die Handlungen in einer Risikosituation ziehen Konsequenzen nach sich, die in ihrer Bedeutung durch den Menschen bewertet werden. Dem konkreten Risikoverhalten geht ein Konflikt zwischen entgegengesetzten Handlungstendenzen voraus, nämlich sich einer Gefahr auszusetzen oder sie zu meiden. Die Entscheidung zu einem bestimmten Verhalten resultiert letztlich aus einem Abwägen der Anreize der in der Situation möglichen Handlungsalternativen und dem Nutzen, den sich der Mensch als Konsequenz seines Handelns verspricht. Dabei enthalten Risikosituationen in der Regel einen hohen Grad an Ungewissheit, da der mögliche Ablauf der Ereignisse nur schwer vorherzusehen ist.
Unter *Risikobereitschaft* versteht man die individuelle Einstellung des Menschen gegenüber Risikosituationen. Im Gegensatz zum Risikoverhalten, das direkt beobachtbar ist, kann Risikobereitschaft nur indirekt (durch Befragung und Selbstbeobachtung) erschlossen werden. Ob es sich dabei um ein Persönlichkeitsmerkmal handelt, welches das Verhalten in Risikosituationen in gleicher bzw. ähnlicher Weise determiniert, ist in der Forschung umstritten. Versuche, Risikobereitschaft mittels Fragebögen zu ermitteln, waren bislang nur begrenzt erfolgreich, da die Selbsteinschätzungen selten mit tatsächlichem Verhalten in Risikosituationen korrelierten. Jackson et al. (1972) äußern Zweifel an der Brauchbarkeit der in der Risikoforschung eingesetzten Messinstrumente und kritisieren die Künstlichkeit und Eindimensionalität der Versuchsanordnungen. Sie weisen vielmehr auf die Möglichkeit hin, dass es gar keine generelle Disposition gebe, nach der sich Menschen in Risikosituationen grundsätzlich risikofreudig oder vorsichtig verhalten. Vielmehr variiere das Risikoverhalten von Situation zu Situation und von Aufgabe zu Aufgabe. Nach Kogan und Wallach (1964) ist es auch möglich, dass Risikobereitschaft als Persönlichkeitsmerkmal nur bei einer begrenzten Zahl von Menschen und dann auch nur unter bestimmten Bedingungen vorzufinden ist.
Trotz aller Skepsis gegenüber den Messinstrumenten zur Erfassung von Risikobereitschaft und -verhalten wurden immer wieder Versuche unternommen, den Zusammen-

hang des Konstrukts mit anderen Persönlichkeitsmerkmalen zu untersuchen. So wurde festgestellt, dass Personen mit hohen Ausprägungen der Merkmale Aggression, Dominanz und Selbstdarstellung sich risikobereiter einschätzen als Personen mit hohen Werten bei den Merkmalen Beharrlichkeit und Autonomie. In einer anderen Untersuchung fanden sich Zusammenhänge zwischen erhöhter Risikobereitschaft und geringer Gewissenhaftigkeit, geringer Rigidität sowie gering ausgeprägter Neigung, sich im Sinne der sozialen Erwünschtheit einzuschätzen. Hohe Risikobereitschaft korreliert außerdem mit Skalen der Abenteuerlust (sensation-seeking) der Impulsivität, Aggressivität, Erregbarkeit und Dominanz. Umgekehrt zeigen Versuchspersonen mit geringer Risikobereitschaft auf den Skalen soziale Verantwortlichkeit und Gewissenhaftigkeit erhöhte Werte.

Eine neuere Untersuchung aus dem Bereich der Flugpsychologie (Hornfischer, 1993) konnte einen signifikanten Zusammenhang zwischen Risikobereitschaft und Risikoverhalten sowie zwischen Aggressivität und Risikobereitschaft nachweisen. Die Korrelation zwischen Risikobereitschaft und Risikoverhalten erwies sich vor allem bei Personen mit risikomeidendem Verhalten als besonders hoch.

2 Risikoverhalten im militärischen Einsatz

Vom Soldaten aber auch von anderen Berufsgruppen (Polizei, Feuerwehr, Katastrophenhelfer etc.) wird generell das Sich-Einsetzen in gefahrvollen Situationen verlangt. Risikobereitschaft, Mut und psychophysische Belastbarkeit wurden daher schon immer als wichtige Merkmale der soldatischen Eignung angesehen. Während die meisten Soldaten erst in einem "echten" Einsatz ihr Verhalten in gefahrvollen Situationen unter Beweis stellen müssen, ist für Besatzungen von Kampfflugzeugen bereits der Übungsflugbetrieb mit objektiven Gefährdungen verbunden. Gerbert (1975) ermittelte für Flugunfälle im Jet-Bereich vor 1975,

- dass jeder zweite Strahlflugzeugführer im Verlaufe seines Fliegerlebens einen ernsten Luftnotfall erlebt, der unfallträchtig ist, aber ohne Schaden abläuft,
- dass jeder siebte Jet-Pilot/WSO[1] einen Flugunfall erleidet,
- dass jeder 16. Pilot bzw. WSO einen Rettungsausstieg mit dem Schleudersitz unternehmen muss,
- dass jeder 23. Pilot bzw. WSO bei einem Flugunfall leichte oder schwere Verletzungen davonträgt,
- dass jedes 31. Besatzungsmitglied strahlgetriebener Kampfflugzeuge durch einen Flugunfall zu Tode kommt.

Die entsprechenden Zahlen für die Besatzungen von Hubschraubern bzw. Transportflugzeugen liegen nicht vor. Sie dürften aber vor allem im Hubschrauberbereich ähnlich hoch sein wie bei den strahlgetriebenen Kampfflugzeugen.

Das Risiko beim Fliegen von Kampfflugzeugen existiert aber nicht nur objektiv sondern ist auch im Bewusstsein der Besatzungen bis hin zum massiven Bedrohungser-

1) Waffensystemoffizier

leben durch die hohe Unfallgefährdung beim Auftreten von technischen und menschlichen Fehler vorhanden (Gerbert, 1979, 1981). Gestützt auf Analysen von Flugunfällen fordert Gerbert (1981) von fliegenden Besatzungen ein Risikoverhalten, das "durch angemessene Gefahrenkognition gesteuert wird, wobei ein gewisses Maß an "Aggressiveness" erwünschter ist als eine allzu defensive, vorsichtige Einstellung". Dabei wird unter Aggressiveness eine Verhaltenstendenz verstanden, "die nicht in erster Linie durch Überlegungen zur Vermeidung von physischen oder psychischen Beeinträchtigungen (Gefahr, Misserfolg) bestimmt wird, sondern auf Leistung und Zielerreichung gerichtet und von einer gewissen Funktionslust getragen ist" (zitiert nach Gerathewohl, 1987). Kopfloses Draufgängertum, Leichtsinn oder impulsives, unreflektiertes Handeln markieren die (unerwünschte) extreme Ausprägung des Risikoverhaltens. Gerbert (1979) spricht in diesem Zusammenhang auch von einem positiven und einem negativen Risikoverhalten.

Positives Risikoverhalten	Verhalten, das das Risiko einkalkuliert, jedoch die durch Regelungen/Vorschriften und die Charakteristiken des Mensch-Maschine-Systems gezogenen Grenzen beachtet.
Negatives Risikoverhalten	Verhalten, das das Risiko entweder nicht reflektiert oder bewusst negiert.

Adcock stellt auf der Basis von Flugunfällen in der Royal Air Force fest, dass falsche Selbsteinschätzung und der Drang nach Anerkennung und Bewunderung durch die Kameraden ein gefährliches Risikoverhalten und "press-on-itis" bewirken kann. Das natürliche Bedürfnis zur Selbstüberschätzung könne in Extremsituationen zur Ausschaltung einer umsichtigen Situationsanalyse führen und Luftfahrzeugbesatzungen dazu verleiten, riskante Flugmanöver zu versuchen, die jenseits ihres individuellen Leistungsvermögens oder der operationellen Grenzen des Luftfahrzeuges liegen. Adcock führt dies zum Teil darauf zurück, dass in der fliegerischen Ausbildung zu großes Gewicht auf den Erwerb individueller Fertigkeiten gelegt werde und das Training von Gruppenfertigkeiten demgegenüber in den Hintergrund trete.

In letzter Zeit werden deshalb auch in der Militärfliegerei mit dem Konzept "Crew Resource Management (CRM)" verstärkte Bemühungen unternommen, u.a. die Analyse von Gefahrensituationen (Gefahrenkognition), die Bewältigung von Belastungen und die Zusammenarbeit der Besatzungsmitglieder (Crew Coordination) gezielt zu trainieren.

Von den ersten Auslandseinsätzen der Bundeswehr wird berichtet, dass es zu einem Anstieg von Kraftfahrzeugunfällen und Beschädigungen von Wehrmaterial kam, da einige Soldaten zu einem unangemessenen Risikoverhalten neigten. Die bei derartigen Vorfällen häufig geäußerte Ansicht, dass im Einsatz die Auftragserfüllung absolute Priorität vor der Einhaltung von Sicherheitsbestimmungen habe, kann nur bei oberflächlicher Betrachtung als Erklärung herangezogen werden. Wahrscheinlich beruht das

Phänomen des (negativen) Risikoverhaltens auch darauf, dass das ungewohnte Erlebnis der Einsatzbedingungen in einem fremden Land –verstärkt durch Eindrücke von Zerstörung und Tod– zu einer Verschiebung des Wertesystems führt und die Restriktionen und Vorschriften des Übungsbetriebs im Heimatland als irrelevant erscheinen lässt.
Trotz der beschriebenen beitragenden Merkmale zum Risikoverhalten (Funktionslust, Aggressivität, Selbstdarstellung, Dominanz, Abenteuerlust etc.) bleibt die Frage nicht zufriedenstellend beantwortet, was Soldaten in einem konkreten Einsatz dazu veranlasst, ihr Leben und ihre Gesundheit auf's Spiel zu setzen.
Da Risikoverhalten in der militärpsychologischen Literatur –abgesehen von der Militärfliegerei– bislang kaum eine Rolle spielt, sondern eher Persönlichkeitsmerkmale wie Mut oder Agressivität untersucht wurden, kann hier nur der Versuch unternommen werden, Risikoverhalten indirekt zu erschließen.
Egbert et al. (1957) führten während des Koreakrieges eine Untersuchung bei amerikanischen Infanteristen durch, die im Kampfeinsatz gewesen waren. Ziel der Untersuchung war es, die charakteristischen Merkmale von "Kämpfern" bzw. "Nicht-Kämpfern" zu ermitteln, um die unterschiedlichen Leistungen von Soldaten im Gefecht zu ergründen. Auf der Basis von Interviews wurden aus 610 Soldaten 310 erfolgreiche bzw. weniger erfolgreiche Kämpfer ausgewählt. Die Versuchspersonen wurden einer außergewöhnlich umfangreichen Testung mit Leistungs-, Intelligenz- und Persönlichkeitstests, Interview sowie soziometrischen Verfahren unterzogen. Die Untersucher kamen zu dem Ergebnis, dass Kämpfer im Vergleich mit Nicht-Kämpfern intelligenter sind, mehr maskuline Attribute aufweisen, "Tatmenschen" sind und von ihren Kameraden bevorzugt werden. Sie sind emotional stabiler, haben Führungseigenschaften, sind gesünder und vitaler, kommen aus stabilen familiären Verhältnissen und verfügen über profundere militärische Kenntnisse und Erfahrungen. Weiterhin hatten die untersuchten Kämpfer signifikant höhere militärische Dienstgrade als Nicht-Kämpfer und sie waren länger im Kampfgebiet und in der Armee. Offensichtlich waren Zeit- und Berufssoldaten auch häufiger Kämpfer als Wehrpflichtige.
Bei den Briefings und Interviews zum Verhalten im Gefecht kam heraus, dass Kämpfer sich mehr als andere dem gegnerischen Feuer aussetzten, um Führung zu demonstrieren. Sie zeigten ein hohes Risikoverhalten z.B. beim Angriff auf feindliche Stellungen und bei der freiwilligen Meldung für gefährliche Einsätze. Sie kümmerten sich um Verwundete und schleppten im gegnerischen Feuer Munition heran. Kämpfer bewiesen im Gefecht deutliche Führungseigenschaften, setzten ihre Waffen effektiv ein, bewiesen einen hohen Grad an Verantwortungsbewusstsein für ihre Kameraden (verließen z.B. als Letzte eine Stellung) und blieben dabei ruhig und beherrscht.
Im Gegensatz dazu wurde bei Nicht-Kämpfern in den gleichen Gefechtssituationen beobachtet, dass sie dazu neigten, wegzulaufen, nicht mehr auf Befehle zu reagieren, zu "phantasieren", ihre Waffen nicht effektiv einzusetzen, schon bei unbedeutenden Verletzungen den Kampf abzubrechen oder frühzeitig ihre psychische Leistungsgrenze zu erreichen.
Bei aller berechtigten Kritik an methodischen Mängeln dieser umfassenden Untersuchung (vgl. Kellett, 1982) sind dennoch interessante Erkenntnisse zum unterschied-

lich ausgeprägten Risikoverhalten von Soldaten im Gefecht ableitbar. Sie sind vermutlich bis zu einem gewissen Grad auch auf nichtmilitärische Extremsituationen übertragbar.
Die Verhaltensbeschreibungen zu den Kämpfern lässt den Schluss zu, dass diese Soldaten ein der jeweiligen Lage angemessenes Risikoverhalten zeigten. Sie wollten sich weder vor ihren Kameraden "produzieren", noch neigten sie zu Leichtsinn oder sturem Draufgängertum. Wichtige Merkmale, die ihr Verhalten bestimmten, waren vielmehr Führungsbefähigung, Kameradschaft, Professionalität, Mut und emotionale Stabilität.
Weiter oben wurde bereits auf die Situationsabhängigkeit des Risikoverhaltens hingewiesen. Daraus lässt sich die Frage ableiten, ob "Kämpfer" in jeder gefahrvollen Lage ein angemessenes Risikoverhalten unter Beweis stellen. Berichte aus den letzten Kriegen deuten darauf hin, dass dies keineswegs der Fall ist. So zeigten aus Soldaten unterschiedlichster Einheiten schnell "zusammengewürfelte" deutsche Alarmverbände an der Ostfront im 2. Weltkrieg einen nur geringen Kampfwert, auch wenn sie über eine Anzahl erfahrener und hochdekorierter Frontsoldaten verfügten. Derartige Verbände lösten sich nicht selten bereits zu Beginn von Kampfhandlungen auf und waren nicht mehr führbar. Selbst Soldaten, die sich "wegen Tapferkeit vor dem Feind" ausgezeichnet hatten, zeigten keinen Kampfwillen und suchten bei der ersten gefährlichen Situation das Weite. Verschiedene Autoren (z.B. Marashian, 1982, Kellett, 1982) erklären dieses Phänomen dadurch, dass der Gruppenzusammenhalt (die Gruppenkohäsion) der kleinen Kampfgemeinschaft (Gruppe, Zug, Kompanie) einen überragenden Einfluss auf die Einsatzfähigkeit einer (Teil-)Einheit und damit auch auf das situationsangemessene Risikoverhalten des einzelnen Soldaten habe. Der Soldat –so weiß man aus den Erfahrungen der zurückliegenden Kriege– kämpft primär für die Kameraden seiner Primärgruppe und nicht für imaginäre Ideale. Besteht keine Gruppenkohäsion, weil sich die Soldaten einer Einheit fremd sind, ist der einzelne Soldat nicht bereit, das von ihm verlangte Risikoverhalten im Einsatz aufzubringen. Die US-Streitkräfte machten im 2. Weltkrieg und in Vietnam bittere Erfahrungen mit ihrem System der individuellen Ablösung von Soldaten aus Kampfverbänden: Durch die ständig wechselnden Zusammensetzungen der Einheiten konnte sich keine Gruppenkohäsion entwickeln. Creveid (1980) sieht darin eine Erklärung für die höhere Kampfkraft der deutschen Streitkräfte im 2. Weltkrieg, da die Wehrmacht größeren Wert auf den Zusammenhalt ihrer Verbände legte und sie im allgemeinen geschlossen vom Kampfgeschehen abzog.
Es besteht kein Zweifel, dass Führer ebenfalls einen erheblichen Einfluss auf das situationsangemessene Verhalten ihrer Soldaten und damit auf die Effektivität (Kampfkraft) ihrer (Teil-)Einheiten haben. Verschiedene Untersuchungen und Berichte belegen, dass der Führer ganz wesentlich zur Gruppenkohäsion beiträgt und durch sein persönliches Vorbild, seine Integrationsfähigkeit und sein professionelles Können aus einer Gruppe von Individuen erst ein funktionsfähiges Team macht. Von Führern kleinerer Organisationseinheiten (Gruppen- bis Kompanieebene) wird erwartet, dass sie "von vorne" führen und ihre Männer durch ein höheres Risikoverhalten anspornen. Bowers (1999) weist darauf hin, dass die empfindlichen Niederlagen, die die russische

Armee im 1. Tschechenienkrieg einstecken mussten, darauf zurückzuführen waren, dass sich das Führungspersonal nicht vorbildhaft verhielt, nicht von vorne führte und keinen Einfluss auf den Zusammenhalt ihrer Einheiten nahm. Umgekehrt berichtet Ewell (1982) von den überragenden Erfolgen charismatischer Führer, denen es gelang, in demoralisierten Verbände "nahezu über Nacht Hasenfüße in Tiger zu verwandeln". Angemessenes Risikoverhalten in Extremsituationen erfordert nicht nur das Zusammenwirken eines intakten Teams unter einer kompetenten Führung sondern auch eine solide anforderungsgerechte Ausbildung, Vertrauen in die eigene Leistungsfähigkeit und das Vermögen, die erlernten Kenntnisse und Fertigkeiten auch unter hoher psychophysischer Belastung effektiv einzusetzen. Hier ergeben sich Schnittstellen zur Auswahl und Ausbildung, die in diesem Reader an anderer Stelle beschrieben werden.

Literatur:

Adcock Aircrew Co-operation in the Royal Air Force.

Bowers, W.J. (1999). Leadership from the Front. Proceedings.

Credveid, van, M. (1980). Kampfkraft Die Leistungsfähigkeit der deutschen Streitkräfte 1914-1945 (Übersetzung aus dem Englischen). Washington D.C.: Department of Defence.

Egbert, R.L. (1957). Fighter 1: An Analysis of Combat Fighters and Non-Fighters-Washington, D.C.: George Washington University, Human Research Unit, Technical Report 44.

Ewell, J.J. (1982). High Morale in Combat. Military Review, 62.

Gerbert, K. (1979). Psychologische Gründe fliegerischen Risikoverhaltens. Unveröffentliche Studie. Fürstenfeldbruck. Flugmedizinisches Institut der Luftwaffe.

Gerbert, K. (1981). Abriss der Flugpsychologie. Landsberg/Lech. In: Handbuch der Angewandten Psychologie.

Gerathewohl, S. (1987). Leitfaden der militärischen Flugpsychologie.München: Verlag für Wehrwissenschaften.

Hornfischer, B. (1993). Zusammenhang zwischen verbalisierter Risikobereitschaft und manifestem Risikoverhalten unter Berücksichtigung weiterer Persönlichkeitsmerkmale. Universität Eichstätt, Diplomarbeit.

Hoyos, C.G., Keller, H., Kannheiser, W. (1977). Risikobezogene Entscheidungen in Mensch-Maschine-Systemen: Arbeitsplatzanalysen in Industriebetrieben. München: Berichte aus dem Institut für Psychologie und Erziehungswissenschaften der TU München.

Jackson, D.N., Hourany, L. & Vidmar, N.J. (1972). A four-dimensional interpretation of risktaking. Journal of Psychology.

Kellett, A. (1982). Combat Motivation. Boston. The Hague, London: Kluver Nijhof Publishing.

Kogan, N. & Wallach, M.A. (1964). Risk taking: a study in cognition and personality. New York: Holt, Rhinehardt and Winston.

Marashian, C.D. (1982). A Study of Human Factors that affect Combat Effectiveness on the Battlefield. Monterey: Naval Postgraduate School, Master's thesis.

Klaus Wothe:

Rajlovac, 23. Mai 1997: kein Tag wie jeder andere

Seit nun 28 Tagen bin ich zusammen mit meinem geschätzten Kollegen Bernd Steyer im Feldlager Rajlovac/Bosnien-Herzegovina als Truppenpsychologe im Einsatz. Die erste Anpassung an die örtlichen Gegebenheiten ist längst geleistet, Arbeitskontakte und auch persönliche Beziehungen sind aufgebaut, einige wenige Fälle psychologischer Betreuung von Soldaten laufen, Routinen beginnen sich auszubilden, militärischer Alltag kehrt ein in Rajlovac.

Bernd Steyer hat für den 23.05.1997 einen mehrtägigen Besuch in Belgrad geplant, der Truppenpsychologe hat "Flagge zu zeigen" an allen Stationierungsorten deutscher Soldaten im Einsatzgebiet. Er verlässt verabredungsgemäß Rajlovac in den frühen Morgenstunden des 23.05.1997. Um 9:00 Uhr des gleichen Tages sitzen die Offiziere des Stabes Nationaler Befehlshaber beim Chef des Stabes in einer Routinebesprechung. Gegen 9:30 Uhr registrieren alle ein gut bekanntes Geräusch –Schussabgabe aus einer Bordmaschinenkanone– ein kurzer Feuerstoß, weit entfernt – wie beim Gefechtsschießen auf dem Truppenübungsplatz. Fragende Blicke und aufkommende Unruhe, als nach zwei Minuten Sirenen von Einsatzfahrzeugen hörbar werden. Allen ist klar: Hier ist etwas Schwerwiegendes, vielleicht Gefährliches passiert. "Das könnte eine Situation sein, in der Sie gebraucht werden, schauen Sie nach", entlässt mich der Chef des Stabes.

Eilig durchquere ich das Lager in Richtung der lauter werdenden Sirenen. Etwa 15 Minuten nach der Schussabgabe erreiche ich den Ort des Geschehens, den Fahrzeugabstellplatz hinter dem Feldlazarett.

Auch jetzt, mehr als drei Jahre nach dem Ereignis, habe ich folgenden ersten Eindruck wie ein reales Bild vor den Augen: Ruhe, keine Hektik, ein Schotterplatz, links und rechts stehen Radfahrzeuge Luchs und Fuchs, zwischen den Fahrzeugen eine breite Ausfahrtstraße, einige Soldaten sind an den Fahrzeugen beschäftigt, andere stehen auf der Straße, Feldjäger sichern den Bereich, kein Auflauf, keine Panik, der Eindruck von professionellem Verhalten in einer mir noch unklaren Situation.

Lenke ich den Blick von der Gesamtsituation auf die einzelnen Soldaten, verändert sich meine Einschätzung. Hier ist etwas Schreckliches passiert. Zwei Soldaten sitzen auf der Erde, angelehnt an den Reifen eines Fuchs', sie weinen hemmungslos in sich hinein, andere stehen bewegungslos, wie eingefroren allein und in kleinen Gruppen, schauen fixiert auf einen bestimmten Fuchs, einzelne bewegen sich auf der Szene hin und her, ohne erkennbares Ziel, alle sind still, kein lautes Rufen.

Ich frage einen Soldaten, was geschehen sei. "Eine Schusssalve hat sich aus einem Spähpanzer Luchs gelöst, ist in den Kettenkasten des davorstehenden Fuchs geschla-

gen, Schrapnells haben drei Kameraden schwer getroffen, einige andere leichter, sofort waren Kameraden zur ersten Hilfe da, innerhalb von drei Minuten die ersten Ärzte aus dem Feldlazarett, die verletzten Kameraden sind bereits abtransportiert".
Da war sie da, die Ausnahmesituation, von der jeder weiß, dass sie eintreffen kann, von der jeder hofft, dass sie sich nicht in seiner Zeit der Verantwortung ereignet. Schlagartig ist mir bewusst: Die Führung und die Soldaten werden dich in den nächsten Tagen aufs höchste fordern, sie werden erwarten, dass du als "Experte für Ausnahmesituationen" kompetente Unterstützung gibst. Selbstzweifel, wie "bist du richtig ausgebildet, fühlst du dich sicher genug, bist du emotional stark genug, gibt es überhaupt praktikable Techniken zur Bewältigung einer derartigen Situation?" kommen mir in den Sinn, sie dürfen nur nicht die Oberhand gewinnen.
"Zwei Soldaten sind völlig verzweifelt, sie weinen nur, die brauchen Ihre Hilfe", bittet mich der Leitende Sanitätsoffizier (LSO). Mir geht durch den Kopf: "Wenn du dich jetzt um diese zwei Soldaten bemühst, bist du gebunden, hast keine Steuerungsmöglichkeiten mehr, der Schwerpunkt deiner Arbeit darf jetzt nicht in einer 1:1- Zuordnung liegen".
Ich delegiere die Bitte des LSO an einen nahestehenden Unteroffizier, sammle alle erreichbaren Soldaten auf dem Platz, gebe mich als zuständiger Truppenpsychologe zu erkennen, befehle ihnen, nach allen beteiligten Kameraden zu suchen und sich gemeinsam um 11:30 Uhr in der Arche Noa, einer Betreuungseinrichtung, einzufinden. Mir erscheint es wichtig, die Soldaten sich nicht sich selbst zu überlassen, zu demonstrieren, dass in einer derartigen Ausnahmesituation Hilfe angeboten wird.
Ich nutze die Zeit, informiere den hauptbeteiligten Kompaniechef über meine Maßnahme, spreche das weitere Vorgehen ab, verschaffe mir weitere Informationen über das Geschehen und finde mich um 11:30 Uhr in der Arche Noa ein. In einer kurzen Diskussion mit dem verantwortlichen Feldjägerführer hilft mir mein Dienstgrad, die von den Feldjägern als vordringlich geforderte dienstliche Anhörung der Soldaten zu Gunsten der psychologischen Erstversorgung zu verschieben.
21 Soldaten warten in gedrückter, gefasster Stimmung, kaum ein Wort fällt. Ich stelle mich erneut vor, vergewissere mich, dass nur Soldaten anwesend sind, die am Ereignis beteiligt waren, stelle Fragen zum Geschehen, achte darauf, dass wir eher auf einer sachlichen Gesprächsebene bleiben. Diesen Pfad muss ich allerdings verlassen, als ich den Soldaten die mir auf einem Zettel zugereichte Information zum Tod zweier Kameraden mitteilen muss. Ich bitte alle aufzustehen, verlese die Namen der beiden Toten und verweile nach einem kollektiven Seufzer und stillem Weinen gemeinsam eine Minute in Andacht.
Gegen 15:00 Uhr geht das Gespräch zu Ende, ich informiere noch über mögliche individuelle Verhaltensänderungen und Symptombildungen, appelliere daran, aufeinander zu achten, sich umeinander zu kümmern und lege als nächsten gemeinsamen Termin den morgigen Tag 9:00 Uhr am gleichen Ort fest.
Der Nachmittag vergeht mit weiteren Absprachen und Informationsaustausch beim Kompaniechef und Bataillonskommandeur. Die Truppe ist sehr damit beschäftigt, die formalen dienstlichen Regularien nach einem Todesfall abzuwickeln. Es scheint mir,

als sei man erleichtert, für die internen Fürsorgemaßnahmen einen Fachmann zur Hand zu haben. Ich spüre den unausgesprochenen Satz: "Für derartige Fälle bist du da, it's your turn". Glücklicherweise kommt dies meinem eigenen beruflichen Rollenverständnis sehr entgegen, und so kann ich den mir zugestandenen Handlungsspielraum gut nutzen.

Mit dem Psychiater des Feldlazaretts vereinbare ich eine Arbeitsteilung derart, dass er die stationär aufgenommenen Soldaten versorgt, während ich mich um die Krisenintervention bei den übrigen Soldaten bemühe.

Am Nachmittag bittet mich der Kompaniechef, bei der Unterrichtung seiner beiden von ihren Patrouillenfahrten zurückkehrenden Zügen anwesend zu sein. Er befürchtet bei Freunden der beiden toten Kameraden exzessive Trauerreaktionen. Die Übermittlung der Todesnachricht wird in angemessener Form ohne außergewöhnliche Reaktionen aufgenommen.

Bis zum Abend klärt sich für mich folgendes Bild: Am Waffenunfall direkt und unmittelbar beteiligt waren 28 Soldaten und zwei zivile Journalisten, zwei Soldaten wurden getötet, ein Soldat schwer verletzt, sechs Soldaten wurden stationär mit der Diagnose "Akute Belastungsreaktion" behandelt, um 19 Soldaten und zwei Zivilisten hatte ich mich zu kümmern.

Später informiere ich den Chef des Stabes über die Lage aus meiner Sicht. Seine Frage, ob wir auf das Angebot zur Unterstützung durch ein Expertenteam aus Koblenz eingehen sollten, beantworte ich mit "nein". Nach meiner Einschätzung reichen die eigenen Ressourcen zur Bewältigung bei insgesamt stabiler Gesamtlage aus.

Den späten Abend verbringe ich bei den Soldaten, gehe zusammen mit dem Zugführer durch die Containerunterkünfte, stelle sicher, dass ich alle betroffenen Soldaten noch einmal kurz sehe. In der Nacht bin ich wohl nicht der einzige, der wenig Ruhe findet.

Am 24. Mai1997 kämpfe ich mich mit 19 Soldaten und einem Zivilisten durch ein aufwühlendes Debriefing, Beginn 9:00 Uhr, Ende 12:00 Uhr.

Der Journalist *Klaus Pokatzky* beschreibt seine Teilnahme in der Süddeutschen Zeitung vom 28./29. Mai 1997: *"Was darf der Zivilist, der auf dem Sitz des Rückwärtsfahrers im Geleit-Luchs die Schüsse hörte und nach dem Anblick der blutenden Männer genauso psychologisch betreut wurde wie die uniformierten Augenzeugen, aus den vertraulichen Sitzungen berichten? Von dem Soldaten, der immer wieder von Weinkrämpfen unterbrochen wurde, weil er einen engen Freund verloren hatte? Von dem danebensitzenden Kameraden, der, aufmerksam die Lage im Blick, sorgfältig Tempo-Tücher auf seiner Flecktarnhose ausbreitete und stets zum rechten Zeitpunkt herüberreichte? Oder wie gerade der so oft Weinende darauf bestand, die beiden aus dem Lazarett abzuholen, weil auch das Kameraden seien?"*

Nach Abschluss des formalen Teils erlebe ich eine intensive, sehr ernsthaft geführte Diskussion nahezu aller Soldaten darüber, wie man sich den beiden vermeintlichen Verursachern des Waffenunfalls gegenüber verhalten solle. Die Gruppe beschließt, um 13:00 Uhr geschlossen zum Feldlazarett zu marschieren, dort die beiden Kameraden abzuholen, wieder in die Mitte des Zuges aufzunehmen und gemeinsam zur Unterkunft

zurückzukehren. Die Aktion selbst bleibt mir immer als ein Erlebnis mit höchster emotionaler Intensität in Erinnerung.
Am 25. Mai1997 führe ich mit fünf mittelbar betroffenen Kameraden ein weiteres Debriefing durch.
In den nächsten Tagen und Abenden halte ich mich mit abnehmender Frequenz als teilnehmender Beobachter in der Nähe der Soldaten auf, halte mich mit Interventionen zurück, stehe als Ansprechpartner zur Verfügung.
Alle direkt am Unfall beteiligten Soldaten beenden ihren Einsatz regulär, ein Soldat wird von mir in seiner Trauerarbeit über weitere fünf Gesprächskontakte unterstützt.

Welches persönliche Fazit ziehe ich aus dieser besonderen beruflichen Herausforderung?
Zusammen und gemeinsam mit den betroffenen Soldaten bleibt die erlebte Erkenntnis, dass die meisten Menschen über Strategien verfügen, auch schweren Belastungssituationen standzuhalten, sogar gestärkt als reifere Menschen aus ihnen hervorzugehen.
Für mich und möglicherweise als Hilfe für Kollegen in Situationen ähnlicher beruflicher Herausforderung formuliere ich als *"lessons learnt"*:
- Bereite Dich gedanklich auf Extremsituationen vor.
- Spiele verschiedene Szenarien im Kopf durch, lege Strategien fest, mache Pläne.
- Stelle Selbstzweifel zurück.
- Demonstriere Handlungskompetenz.
- Sei Deiner beruflichen Rolle bewusst.
- Antizipiere die Erwartungen der Führung und der Soldaten.
- Biete Dich an, sei aktiv.
- Setze Prioritäten.
- Treffe Absprachen mit den Führern, klinke Dich in Entscheidungsprozesse ein.
- Sei involviert, halte aber die nötige Distanz.
- Sei bis zum Schluss beteiligt.
- Schließe den Vorgang ab (kognitiv, emotional, Verhalten).

Horst Schuh:

Tod im Einsatz – ein Tabu?

Ein Beitrag vom Truppenpsychologen Oberst Horst Schuh zum Thema Tod und Umgang mit Tod und Trauer im Einsatz.[1]

“Wir haben ein Kameraden verloren. Er wird morgen in die Heimat zurückkehren.” Diese beiden Sätze aus einer Trauerrede zum Tode des am 30.10.1999 verunglückten Kameraden stimmen uns traurig und nachdenklich. Nachdenklich auch deshalb, weil es uns offensichtlich schwer fällt, die Tatsache des Sterbens bzw. des Todes konkret beim Namen zu nennen.
Wie kann jemand zurückkehren, der verlorengegangen ist? Das Paradoxe in dieser kritischen Nachfrage macht deutlich, dass wir uns grundsätzlich schwertun, den Tod als –normalen– Ernstfall unseres Lebens anzusehen. Dass wir uns sogar weigern, die Endlichkeit unseres eigenen Lebens anzuerkennen.
Die Tabuzone um Sterben und Tod reicht noch weiter. Über die selbst auferlegten Sprachregelungen hinaus hat man sich bisher offensichtlich auch gescheut, der Einsatztruppe die notwendige Orientierung und Ausstattung für den Eventualfall eines Todes im Einsatzland mitzugeben. Hier hat der Dienstherr Klartext zu sprechen und Vorsorge zu treffen. Jeder Soldat hat Anspruch darauf, nicht nur logistisch, sanitätsdienstlich und psychologisch gut versorgt zu sein, sondern auch zu wissen, dass ein Verstorbener eine würdige und ehrenvolle Behandlung erfährt. Genauso wie jedem Soldat vor jedem Einsatz geraten wird, Vollmachten zu unterschreiben und sein Testament zu machen, muss man ihm die Kenntnis zumuten, besser zutrauen, dass für den Todesfall die notwendigen “Bordmittel” –wie zum Beispiel Särge– vorgehalten werden.
Noch ein Wort zur soldatischen Trauer. Gerade in der Schlichtheit der Trauerfeier und des Abschiednehmens, in der Beteiligung der nahestehenden Kameraden an der Überführungszeremonie, ohne Presse- und Medienrummel hat der Trauerakt hier im Einsatzland der tiefen Betroffenheit und dem persönlichen Mitgefühl der Soldaten Rechnung getragen.
Die Fähigkeit, zu trauern und den Schmerz des Leids zu spüren, schwächt einen Soldaten nicht. Davon hat eine militärische Trauerarbeit auszugehen, und man sollte sie nicht nur dem Kommandeur und dem Militärgeistlichen –hochrangig bzw. spezialisiert– überlassen. Ist es nicht “einfach vernünftig”, z.B. den engsten Freund des toten Soldaten unabhängig von seinem Rang zu bitten, bei der Gedenkzeremonie zu reden oder ein Gebet zu sprechen? Die nächsten Kameraden haben die Särge unserer drei Verstorbenen getragen, viele andere haben am letzten Geleit teilgenommen.

1) Dieser Beitrag ist ein Abdruck eines gleichnamigen Artikels von Horst Schuh in der Feldzeitung “Maz and More” vom 23.11.99 (vergleiche seinen Artikel in diesem Buch Seiten 298 ff)

Das ist vorbildlich und zeigt, dass die Soldaten bereit sind, dem Tod und der Trauer offen gegenüber zu treten.
Auch der politischen und militärischen Führung ist anzuraten, den Tod im Einsatz nicht zu verdrängen, sondern das Notwendige vorzubereiten und den Soldaten mitgestalten zu lassen.

Gottfried Hoinig:

Ich war eine Geisel

1 Vorbemerkungen

Angesichts vieler persönlicher tiefgreifender Erlebnisse fällt es außerordentlich schwer, eine annähernd objektive Reflexion über Ereignisse anzustellen, welche dazu geeignet sein können, *Lehren* aus dem Geschehenen zu ziehen.
Heinz von Foerster, der bekannte Kybernetiker und Philosoph, hat mit seinem unvergleichlichen Ausdruck "Objektivität ist die Wahnvorstellung, daß Beobachtungen ohne Beobachter gemacht werden können" (Glaserfeld et al, 1997, S.43) den Anspruch der Wissenschaften auf absolute Wahrheit erschüttert. Auch wenn etwas funktioniert, man also Erfolg hat, so heißt das keineswegs, dass man die objektive Welt erkannt hätte. Es heißt nur, daß es wieder einmal gelungen ist, einen Weg durch die Welt der unergründlichen Schranken zu finden.
Diese Gedanken möchte ich am Beginn meiner Erlebnisdarstellung als Geisel in den Händen einer radikalen Moslemgruppe in Tadschikistan stellen, wo es gelungen ist, *einen Weg durch die Welt der unergründlichen Schranken zu finden.*

2 Persönlicher Bezug

Ich war in der Zeit vom 15. Oktober 1996 bis 17. Oktober 1997 bei UNMOT (**U**nited **N**ations **M**ilitary **O**bservers in **T**ajikistan) eingesetzt und habe hier im Gegensatz zu meinen vorangegangenen UN-Einsätzen eine völlig unterschiedliche Ausgangslage vorgefunden. Der Einsatz unterschied sich deutlich sowohl von der Aufgabenstellung als auch von der Struktur des eingesetzten UN-Apparats her, von den wohl besser bekannten klassischen *peace keeping operations* der Vereinten Nationen wie sie auf den Golan Höhen im Nahen Osten (UNDOF) und auf der Insel Zypern (UNFICYP) zur Anwendung kommen. Der wichtigste Unterschied war wohl der, dass es sich hier einerseits um einen innerstaatlichen Konflikt mit starkem politischen wie militärischen Einfluss von außen handelte und nach wie vor handelt und andererseits zum Zeitpunkt meines Dienstantritts zwar ein Waffenstillstandsabkommen unterzeichnet war, welches aber von beiden Seiten völlig ignoriert wurde und der Waffengang zum Alltag gehörte.
Der Einsatz als Militärbeobachter in Tadschikistan erfolgt unter denkbar ungünstigen politischen und militärischen Voraussetzungen aber auch unter persönlichem Druck, Zwängen und Entbehrungen, denen man sich im Aufgabenvollzug der Vereinten Nationen nicht entziehen kann. Als erschwerende Einflussfaktoren sind vor allem die geografische Lage Tadschikistans und andere Einflüsse wie Mentalität, Religion, Sprachen sowie die Einbindung in die GUS und das durch das politische System der UdSSR über Jahrzehnte gewachsene Misstrauen der Bevölkerung und der Streitparteien gegenüber Fremden zu nennen.

3 Überblick über geo- und demografische Daten

Die unabhängige zentralasiatische Republik Tadschikistan mit dem autonomen Gebiet Gorno-Badakhshan (Berg-Badachschan=Pamir Gebirge), das mehr als 44,5 Prozent der Gesamtfläche der Republik einnimmt, erstreckt sich über eine Fläche von 143.100 km². Die Republik Tadschikistan grenzt im Westen an Usbekistan, im Norden an Usbekistan und Kirgistan, im Osten an China und im Süden an Afghanistan. Die Hauptstadt Duschanbe ist mit ca. 584.000 Einwohner zugleich auch die größte Stadt. Vor ihrer Unabhängigkeitserklärung (9. September 1991) hieß die Republik Tadschikistan *Tadschikische Sozialistische Sowjetrepublik* und war Teil der Union der Sozialistischen Sowjetrepubliken (UdSSR).

Die Landschaft Tadschikistans ist stark von Gebirgen geprägt. Rund 93 Prozent der Fläche des Landes sind Gebirge und Gebirgszüge, und fast die Hälfte der Republik liegt auf einer Höhe von 3000 Metern oder mehr. Der höchste Berg Tadschikistans, der Pik Kommunismus, erreicht stattliche 7498 Meter.[1]

Das Klima Tadschikistans zeigt ebenfalls starke Extreme. Es handelt sich um ein Kontinentalklima, wobei die klimatischen Bedingungen starken Schwankungen unterworfen sind. Im Jahresrhythmus erreichen die Temperaturen im Sommer Höchstwerte bis 50° C und im Winter Tiefstwerte von –63° C, wobei vor allem zwischen Hochgebirgsregionen und tiefen Lagen starke Temperaturschwankungen vorherrschen.

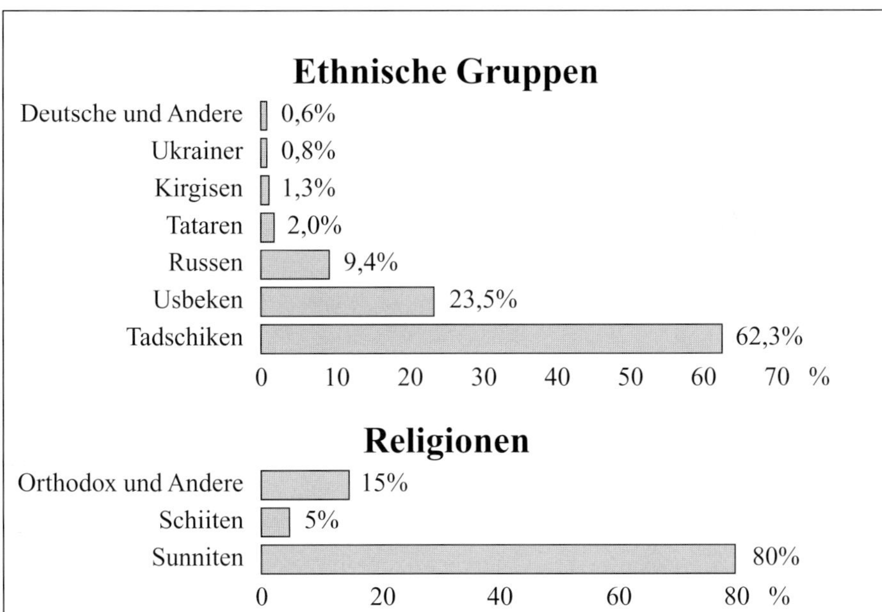

Abbildung 1

1) Vergleiche hierzu Bild 15 im Fototeil

Tadschikistan hat ungefähr 5,8 Millionen Einwohner, bei einer durchschnittlichen Bevölkerungsdichte von ca. 42 Menschen pro km^2 . Von den 5,8 Millionen Einwohnern sind etwa 62 Prozent Tadschiken.

4 Der Bürgerkrieg

Interessanterweise nahmen westliche Medien kaum Notiz vom Bürgerkrieg in Tadschikistan, obwohl er laut einer Studie der Friedrich-Ebert-Stiftung in Bonn, hinsichtlich der Zahl an Opfern die kriegerischen Auseinandersetzungen in Bosnien, Abchasien oder Karabach bereits übertroffen hat (vgl. Bischof, 1996, S. 1).
Noch während der Zeit der Perestrojka (1985-1991) entstanden in Tadschikistan zahlreiche informelle Gruppen, die die Grundlage für die Entstehung der tadschikischen Opposition bildeten. Im wesentlichen stehen sich in Tadschikistan die regulären Truppen der postkommunistischen Machthaber Tadschikistans unter Präsident Emomali Rachmonow und die Kämpfer der unter Dr. Said Abdullo Nuri Vereinigten Tadschikischen Opposition gegenüber. Am 16. Dezember 1994 beschloß der UN-Sicherheitsrat die Resolution Nr. 968, wonach im Rahmen der UNMOT 44 Beobachter entsendet werden, unter der Voraussetzung, dass der am 18. September 1994 in Teheran geschlossene Waffenstillstand fortgesetzt und freie Wahlen vorbereitet werden.
Ich kann hier keine breite Hintergrundinformation über geschichtliche Entwicklung und Entstehung des Bürgerkrieges sowie Chronologie der Gewalt anbieten, da ich ansonsten dem eigentlichen Thema zu wenig Platz einräumen würde. Ich versuche allerdings in geraffter Form einen Überblick über den Einsatzraum zu geben, um dem Leser das nötige Verständnis für die Gesamtsituation eines Militärbeobachters in Tadschikistan zu vermitteln.

5 Verlegung und Rückverlegung in den Einsatzraum

Nach der Ankunft am 17. Oktober 1996 in Duschanbe, wurde ich nach einer Einschulungsphase im UN-Hauptquartier am 22. Oktober 1996 in meinen zukünftigen Einsatzraum nach Garm, ca. 200 km östlich von Duschanbe, verlegt. Garm ist eine Provinzstadt im Gebirgszug entlang des Karategin-Tals, der bis Karamuk, einem Grenzdorf zu Kirgistan im Nordosten Tadschikistans, reicht. Dort versah ich meinen Dienst als einfaches Teammitglied unter dem Kommando eines bulgarischen Offiziers (Teamleader) gemeinsam mit je einem Kameraden aus Dänemark und Uruguay sowie einem tadschikischen Dolmetscher.
Am 1. Dezember 1996 griffen die Kämpfer der UTO (**U**nited **T**ajik **O**pposition) die Regierungstruppen in Garm an, wodurch wir unseren Auftrag nicht mehr erfüllen konnten und gezwungen waren, nach Duschanbe zu evakuieren. Der massive Einsatz der Regierungstruppen auch aus der Luft (MI-24) gegen das Vordringen der Mujaheddin Richtung Duschanbe, machte für uns die Evakuierung auf dem direkten Weg nach Duschanbe unmöglich. So entschieden wir, nach Beurteilung der Lage, ohne ausreichendes Kartenmaterial über eine Bergroute, nach Kirgistan zu gelangen und in wei-

terer Folge über Usbekistan von Norden (Ferganatal) wieder nach Tadschikistan und letztendlich nach Duschanbe zu evakuieren.
Schon einige Tage nach unserer Ankunft in Duschanbe war klar, dass die Arbeit in Garm wieder aufgenommen werden soll, weil dieser Abschnitt im Karategin-Tal nicht nur als sehr sensibel, sondern vor allem als *Gordischer Knoten* auf der Suche nach einer Lösung im jahrelangen Bürgerkrieg galt. Diesmal sollten auch hochrangige Vertreter beider Seiten, unter anderem Amirkul Azimov, Vorsitzender des Rates zur Nationalen Aussöhnung, und Dawlat Usmon, Generalstabschef der Vereinigten Tadschikischen Opposition, mitverlegen. Für diese Mission erhielt ich das Kommando. Das Vorhaben erschien relativ sicher, zumal ja die oben genannte hochrangige Delegation mit im Konvoi war. Wir wurden aber bereits bei der Rückverlegung eines Besseren belehrt. Die *hochrangige Delegation* wäre uns bei einer regierungsseitigen Sperre vor einer Brücke über den Surchob-Fluß bei Saripul beinahe zum Verhängnis geworden. Bereits stark unter Alkoholeinfluss stehende Soldaten verweigerten jeglichen Respekt auch gegenüber der eigenen Delegation. Die Vertreter beider Seiten wurden mit wüsten Beschimpfungen bedacht, es wurde wild herumgeschossen und wir wurden mit Hinrichtung bedroht. In dieser Situation war ein olivgrüner Kleinbus (der, wie sich später herausstellen sollte, nur mit Frauen und Kindern besetzt war), so traurig es sein mag, unsere Rettung. Völlig ansatzlos wurde das Feuer auf den Bus eröffnet! Dieses Feuergefecht eröffnete uns unverhoffterweise die Gelegenheit zur Flucht.

6 Die erste Geiselnahme

In Garm angekommen, begannen wir damit, den vor etwa zwei Wochen verlassenen Stützpunkt wieder einzurichten. Zu diesem Zweck waren wir durch Kameraden des sogenannten Team Duschanbe verstärkt worden. Als die Kameraden nach drei Tagen harter Arbeit wieder den Rückweg antraten, meldeten sie dem diensthabenden Offizier im Head Quarter (HQ) ordnungsgemäß den Beginn der Patrouille von Garm nach Duschanbe. Wir führten den Konvoi mittels Funk bis zu dem Meldepunkt, an dem der Konvoi an den *traffic controler* des HQ Duschanbe übergeben wird. Zu unserem Entsetzen kam der Konvoi jedoch nicht in Duschanbe an. Wir erhielten noch in derselben Nacht die Nachricht, dass unsere Kameraden auf halben Weg in einen Hinterhalt einer bisher noch nicht bekannten radikal-islamischen Moslemgruppe geraten und als Geiseln genommen worden waren. Da sich zu diesem Zeitpunkt der Generalstabschef der UTO in Garm befand, entwickelte sich eine hektische Verhandlungsdiplomatie zwischen dem UN-Hauptquartier, dem UN-Stützpunkt Garm und den Geiselnehmern selbst. Natürlich hofften wir, dass die Geiselnehmer auf die Anordnungen der UTO hören würden, wir mussten zu unserer Enttäuschung feststellen, dass wir uns in diesem Punkt geirrt hatten. – Im Gegenteil kam es sogar zu einer ernsten Krise, als Dawlat Usmon uns zu verstehen gab, dass er die Geiselnehmergruppe angreifen wolle. Es bedurfte großer Überzeugungskraft, Usmon davon wieder abzubringen. Wir hatten das unbestimmte Gefühl, dass unsere Kameraden eine gewaltsame Befreiung nicht überleben würden. Es war jedenfalls für uns alle, letztendlich für mich als eingeteilter

Kommandant, ein nervenzermürbender Verhandlungsmarathon. Wegen der Anwesenheit der Delegation beider Seiten in Garm, wurde unser UN-Stützpunkt immer mehr zur Drehscheibe auf der Suche nach einer Lösung für die Kameraden.
Einzig die großzügige Zusage der Regierungsvertreter, einen Korridor von Afghanistan nach Tadschikistan zu öffnen, um das ungehinderte Einsickern bewaffneter Mujaheddin zu ermöglichen, eine aus unserer Sicht völlig unerfüllbare Zusage, hat diese Gruppe veranlasst einzulenken und unsere Kameraden als Zeichen guten Willens, nicht ohne einen Militärbeobachter als Faustpfand zurückzubehalten, freizulassen. Es braucht hier wohl nicht erwähnt zu werden, dass dieser Korridor niemals ernsthaft in Erwägung gezogen wurde, ein Beispiel mehr, wie vorsichtig man mit gewissen Zusagen umgehen sollte! Trotzdem gelang es, den Bulgaren D. J. bis Jahresende 1996 ebenfalls aus den Händen der Geiselnehmer herauszuverhandeln.
Vorerst schien somit wieder der Alltag einzukehren. Mein polnischer Kamerad S. M. telefonierte noch vom dienstlichen Satellitentelefon aus mit seiner Frau und informierte sie über die Geiselaffäre und dass er sich in Sicherheit befände. S. riet mir, dasselbe zu tun, da die Medien über die Ereignisse in Tadschikistan berichtet hätten und es daher gut wäre, die Familie zu Hause zu informieren. So tat ich es auch und ich konnte die Erleichterung meiner Frau förmlich spüren als sie von mir erfuhr, dass ich nicht bei den Verschleppten war. Ich erinnere mich noch sehr genau wie sie meinte, wie leid ihr die betroffenen Verwandten, Frauen, Freundinnen, Kinder und Freunde täten, und dass sie sich nicht an deren Stelle wünschte. *"Ich kann mir gar nicht vorstellen, wie es denen jetzt geht."*
Aber es kommt manchmal schneller und schlimmer als einem lieb ist.

7 Die zweite Geiselnahme

Ich litt bereits seit mehreren Wochen an einer hartnäckigen fiebrigen Durchfallerkrankung und den damit verbundenen Symptomen, die bei beginnender Dehydrierung auftreten. Ich wollte das zuerst nicht zur Kenntnis nehmen. Als ich aber schlussendlich fallweise für kurze Zeit das Bewusstsein verlor, informierten meine Kameraden das HQ in Duschanbe, wo meine Evakuierung nach Duschanbe in die dort eingerichtete UNMOT-Klinik entschieden und geplant wurde. Man wollte die Evakuierung *(MEDEVAC: Medical Evacuation)* mittels Hubschrauber durchführen, um der unklaren militärischen Situation entlang der Bergpiste (vor dem Bürgerkrieg eine recht brauchbare Verbindungsstraße von Duschanbe nach Kirgistan, durch Kriegseinwirkung aber schwer beschädigt und teilweise nur schwer passierbar) von Garm nach Duschanbe zu entgehen. Derartige UN-Flüge sind aber an die Genehmigung beider Streitparteien gebunden. Diese wurde von der UTO, die seit den Dezemberkämpfen weite Teile des Karategin in ihrer Gewalt hatte, verweigert. So wurde ein Team, bestehend aus einem Arzt, zwei Beobachteroffizieren und einem tadschikischen Dolmetscher, in zwei Fahrzeugen Richtung Garm in Marsch gesetzt. Dieses, für meine Evakuierung vorgesehene Team erreichte auch problemlos Garm, wo der schweizer Militärarzt sofort mit der Untersuchung begann, um meine Transportfähigkeit festzustel-

len. Am darauffolgenden Morgen, es war der 4. Februar 1997, starteten wir früh, um die nur 200 km lange, aber durch die winterlichen Fahrverhältnisse teilweise schwer passierbare Strecke in einem Tagesmarsch bewältigen zu können.
Es sollte eine lange Reise nach Duschanbe werden. Bei Obigarm (ca. 80 km östlich von Duschanbe) gerieten wir in einen Hinterhalt der *Bakhrom-Gruppe*. Wie sich später herausstellen sollte, handelte es sich um dieselbe Gruppe, die auch die erste Entführung durchgeführt hatte. Wegen der von der Regierung nicht eingehaltenen Versprechungen schienen sie nun zu allem entschlossen, um einerseits die UNO unter massiven Druck zu setzen, andererseits die Regierung in die Knie zu zwingen.
Es war ein wunderschöner aber eiskalter Wintertag als wir uns vorsichtig die kurvenreiche ehemalige Verbindungsstraße M41 abwärts bewegten. Wir waren mit zwei geländegängigen Fahrzeugen unterwegs. Im ersten Fahrzeug befand sich ein Beobachteroffizier aus der Ukraine, V. K., und ein tadschikischer Dolmetscher, im zweiten Fahrzeug waren N. H., Beobachteroffizier aus der Schweiz, der schweizer Militärarzt C. B. und ich. Ich erinnere mich noch genau an ein Gespräch mit meinem schweizer Kameraden. N. brachte das Gespräch auf die Geiselnahme vom Dezember und fragte mich nach meiner Meinung bzw. Reaktion, falls das erste Fahrzeug in einen Hinterhalt käme. Er wollte wissen ob ich eher für ein Zusammenbleiben oder für einen Fluchtversuch wäre. Ich erklärte N., dass ich auf jeden Fall beim anderen Fahrzeug bleiben würde. Meinem Gefühl nach könnten mehrere UN-Geiseln die Hemmschwelle der Entführer möglicherweise hoch halten und zweitens berge ein Fluchtversuch eine Vielzahl von Risiken. Vielleicht räche man sich an den Gefangenen falls einigen die Flucht gelänge. Andererseits war schon wegen der Straßenbeschaffenheit und dem Gelände an eine rasche Flucht kaum zu denken. Ich sinnierte so vor mich hin und erntete bezüglich meiner Ansichten auch Zustimmung von N., als wir plötzlich auf etwa halben Weg, kurz nach der Ortschaft Obigarm, in den oben erwähnten Hinterhalt gerieten. Es lief alles sehr schnell ab. Es wurde wild herumgeschossen; wir sprangen, so schnell wir konnten, in Deckung.
Damit begann das schlimmste Erlebnis meines Lebens. Als ich mit einer Kalaschnikov im Rücken auf die rückwärtige Sitzbank unseres Fahrzeugs "verfrachtet" wurde, fielen mir die Worte meiner Frau aus unserem letzten Telefonat ein. Mir schoss durch den Kopf: *Jetzt weißt Du, wie es Angehörigen von Geiseln geht!*
Als wir alle in unseren Fahrzeugen waren, erkannten wir erst die genaue Zahl der Kidnapper. Auch sahen wir, dass einige Scharfschützen in Stellung waren. Ein Fluchtversuch wäre glatter Selbstmord gewesen. Die Fahrzeuge wurden von den Entführern in Betrieb genommen. Jeweils ein Entführer hielt uns mit der Waffe in Schach. Einer steuerte den Wagen. Hier hätte die Entführung beinahe das erste Mal ein unliebsames Ende gefunden. Unsere neuen Herren fuhren derart wild drauf los, dass zumindest unser Fahrer die Herrschaft über das Fahrzeug verlor, um 180 Grad schleuderte, und mit dem Heck Richtung Abgrund (an dieser Stelle ca. 300 Meter senkrecht) schlitterte, wo er in einer Schneeverwehung stecken blieb. Wir waren geschockt und drückten uns zur Beruhigung die Hände. Die Fahrt führte dann an mehreren Kämpfern, die unsere Entführer mit erhobenen Fäusten und Schüssen begrüßten, vorbei

hinauf auf einen kahlen, kegelförmigen Berg. Die Szene war insgesamt gespenstisch, die Fahrweise absolut abenteuerlich und zur "Abrundung der Situation" schossen unsere Bewacher während der Fahrt immer wieder aus dem Fenster. Um nicht schon auf der Fahrt in unsere offensichtliche Gefangenschaft umzukommen, nahm ich meinen Mut zusammen und versuchte mit meinen dürftigen Russisch den Kontakt zu unseren Entführern herzustellen. Ich sagte meinen Namen und fragte nach dem unseres Bewachers. *Alexander* gab er kurz zur Antwort und da reifte in mir ein wenig Hoffnung, vielleicht doch auf die Fahrweise einwirken zu können. Ich sprach Alexander darauf an, erklärte ihm dass er uns sowieso bereits in seiner Gewalt hat und wir unbewaffnet keine Gefahr darstellen. So unglaublich es klingen mag, aber Alexander befahl dem Fahrer tatsächlich, etwas langsamer zu fahren, wenngleich sie natürlich interessiert waren, so schnell wie möglich mit uns in ein Gebiet zu gelangen, wo sie vor einem Zugriff durch die tadschikische und/oder russische Armee vorerst sicher waren.

Die nach ihrem Anführer Bakhrom Sadirov benannte Bakhrom-Gruppe hatte eine aufgelassene Fernsehsenderstation der ehemaligen Sowjetunion in Besitz genommen. Diese auf dem Plateau des Kegelberges gelegene Betonruine diente der Bakhrom-Gruppe als Basis und sollte unser Gefängnis werden. Dort angekommen, mussten wir uns mit dem Gesicht zur Wand und mit gespreizten Beinen und Händen an eine der Hausmauern lehnen; kurz darauf eröffneten die Geiselnehmer wieder das Feuer. Diese Prozedur dauerte, sofern man in einer derartigen Situation überhaupt noch über ein realistisches Zeitgefühl verfügt, relativ lange. Es war völlig unklar, was man von uns wollte. Gedanken schossen kreuz und quer durch den Kopf. Handelt es sich um irgendwelche Banditen (die es in Tadschikistan mehr als genug gibt), die uns jetzt auf sadistische Weise fertigmachen wollten, oder handelt es sich um eine politisch motivierte Entführung und die Vorgangsweise dient nur zur Einschüchterung, um entsprechend Druck auf die UNO zu machen? Als das Feuer wieder eingestellt war, nahm man uns alle Gegenstände, Uhren, Ringe, Geld, Ausweis, etc., ab.

Als nächstes sperrte man uns in ein kleines, absolut leeres Zimmer, dessen einziges Fenster mit einer Blechplatte abgedeckt war. Nur ein kleiner Lichtspalt ermöglichte es uns, Tag von Nacht zu unterscheiden. Hier kauerten wir uns auf dem Boden zusammen und warteten. Nach einiger Zeit kam der Anführer zu uns. Der uns im Zimmer bewachende Mujahed kümmerte sich um Beleuchtung, setzte sich zu uns auf den Boden und begann mit seiner "Vorstellung", die vom ebenfalls in Gefangenschaft geratenen Dolmetscher übersetzt wurde. Er eröffnete uns, dass er Bakhrom Sadirov sei, dessen größter Fehler die Freilassung der Dezember-Geiseln gewesen wäre. Er fluchte über die Tadschikische Regierung, die Verlogenheit der postkommunistischen Machthaber und gab uns aber auch gleichzeitig zu verstehen, dass er sich nicht an den Führer der Vereinigten Tadschikischen Opposition, Dr. Said Abdullo Nuri (=Kämpfer für einen islamischen Gottesstaat), gebunden fühle. Er selbst hätte schon in Afghanistan gegen die Sowjetunion gekämpft und wüsste genau was er wolle.

Bakhrom wirkte extrem nervös, "fahrig". Nachdem er uns erklärt hatte, ein "Netz" von Sympathisanten über Duschanbe gespannt zu haben, welches ihm ermögliche, zu je-

der Zeit an jedem beliebigen Platz in Duschanbe zuzuschlagen, teilte er uns seine Forderungen mit:
- kein Angriff auf die Gruppe;
- Vertreter der Regierung müssten bis 5. Februar 0730 Uhr bei den Geiselnehmern zur Aufnahme von Verhandlungen eintreffen;
- dem Bruder Bakhroms, Rizvon Sadirov, sei die Einreise aus Afghanistan samt Bewaffnung und Leibwächter zu gestatten;
- die Regierungen Tadschikistans und Rußlands hätten der Öffnung eines Korridors zwischen Afghanistan und Tadschikistan zuzustimmen, um die ungehinderte Einreise der in Afghanistan kämpfenden Mujaheddins samt Bewaffnung zu ermöglichen.

Vor allem der letzte Punkt der Forderungen war derart unerfüllbar, dass wir für unsere Zukunft das Schlimmste erwarten mussten. Die Geiselnehmer machten auch kein Hehl daraus, uns für ihre Ziele einzusetzen und gegebenenfalls zu töten. Nach diesem Statement nahm er unsere Namen und Staatszugehörigkeit auf, teilte einen von uns, wegen seiner Russischkenntnisse den ukrainischen Major K., als Funker ein. Dieser musste ab sofort ständig in einem UN-Fahrzeug sitzen und Funkkontakt mit dem UN-HQ unterhalten. Zu diesem Zeitpunkt erfuhr das HQ erstmals von unserem Verbleib und den Forderungen. Die Situation spitzte sich weiter zu, als nach einiger Zeit Bakhrom wiederum zu uns kam und uns von seiner neuen Entscheidung bzgl. der weiteren Vorgangsweise in Kenntnis setzte. Falls die erste Forderung (Regierungsvertreter müssen bis zum 5. Februar, 7:30 Uhr, am Ort des Geschehens erscheinen) nicht erfüllt würde, begänne die Exekution der Geiseln, wobei er mit dem Österreicher beginnen wolle. Duschanbe bekommt dann eine Frist von zwei Stunden gesetzt, um eine Botschaft zur Erfüllung der ersten Forderung an die Bakhrom-Gruppe zu übermitteln. Sollte dies nicht eintreten, würde der nächste Kamerad erschossen. Ich muß hier wohl nicht beschreiben, wie uns zumute war. Dennoch haben wir irgendwo im letzten Winkel unserer Seele auf eine Lösung gehofft.

Meine Durchfallerkrankung, die sich später als Amöbenruhr herausstellen sollte, machte mir darüber hinaus zusätzlich zu schaffen. Ich benötigte natürlich öfters eine Toilette, die es aber dort nicht gab. Zum Anderen war die Bereitschaft der Kidnapper, uns irgendwelche Annehmlichkeiten zukommen zu lassen, relativ gering. Als ich nach massiver Intervention des Arztes doch einmal auf die Toilette durfte, wurde ich von drei bewaffneten Männern begleitet, die mir bei der Verrichtung der Notdurft zusahen. Die Toilette befand sich außerhalb des Gebäudes an der Geländekante des Plateaus und bestand aus einem Loch im festgefrorenem Boden, umgeben von drei Holzwänden und nach vorne, Richtung Geländekante, offen. Auf meine Bitte um etwas Papier wurde mir mit den Füßen Schnee zugeschoben.

Die Nacht im kalten Zimmer war von drückender Ungewissheit geprägt. Es dauerte doch einige Zeit bis ich so richtig registrierte, wen Bakhrom mit dem Österreicher meinte. Es war wie das Erwachen aus Trance, als ich feststellte, dass ich der einzige Österreicher war. Ich sollte also für die wahnsinnigen Ziele eines fanatischen Irren hingerichtet werden. Wann immer wir Gelegenheit hatten, V. kurz zu sehen, fragten wir

ihn, ob die Delegation aus Duschanbe schon abgefahren sei. Als uns aber klar wurde, dass die Regierungsvertreter niemals in die Höhle des Löwen kommen würden, sondern bestenfalls selbst Ort und Zeit für Verhandlungen bestimmen würden, erfasste mich innerlich Panik. Ich versuchte aber trotzdem nach außen hin so ruhig wie möglich zu wirken, um die ohnehin schon angespannte Stimmung nicht noch mehr anzuheizen. Am nächsten Morgen wurde ich aus dem Zimmer ins Freie geholt und mir wurde mit einem Schlag klar, dass jetzt die letzte Stunde kommen würde. Das ganze Leben läuft in dieser Situation wie ein Film ab. Ich war so sehr mit mir beschäftigt, dass es mir wie im Traum vorkam, als der schweizer Arzt plötzlich neben mir stand und mir sagte, er hätte sich freiwillig für mich gestellt, weil er schon älter sei als ich und seine Kinder bereits erwachsen wären. Ob das der Leser glauben kann oder nicht, anstatt sich um das solcherart wiedergewonnene Leben zu freuen, fragt man sich: *"Warum machst du das?"* Es war eine unglaubliche Handlung und Haltung meines Kameraden. Ich war natürlich zutiefst berührt von dieser unglaublichen Nähe, die damals, an jenem 5. Februar 1997 um 7:30 Uhr entstanden ist. Gott sei Dank dürfte das HQ in letzter Minute mit einem Vorschlag Gehör bei Bakhrom gefunden haben, da dieser die Exekution plötzlich für zwei Stunden aussetzte. Offensichtlich war der Verhandlungsmechanismus angelaufen. Allerdings war der psychische Druck durch das Aussetzen der ersten Erschießung und die unaufhörlichen Drohungen enorm. Die Nerven waren zum Zerreißen gespannt.
In weiterer Folge hat sich die Situation für uns vor allem in den nächsten drei Tagen ständig verschlechtert. Es gab kaum zu essen und zu trinken, an Schlaf war absolut nicht zu denken. Unsere Entführer spezialisierten sich immer mehr auf "Menschenjagd". So bekam unsere Gruppe Zuwachs. Am zweiten Tag wurden vier Mitarbeiter des IKRK (ICRC), darunter eine Frau aus Großbritannien, gefangen genommen. Tags darauf wurden vier Mitarbeiter des UNHCR, am hellichten Tag aus dem Zentrum Duschanbes verschleppt! Bakhrom stellte auf diese Art seinen "langen Arm", der offensichtlich tatsächlich bis nach Duschanbe reichte, unter Beweis.
Aufgrund meines schlechter werdenden gesundheitlichen Zustands, wurde die Flüssigkeitszufuhr immer wichtiger. So war ich froh, nach heftigen Interventionen des Arztes, wenigstens geschmolzenen Schnee verabreicht zu bekommen. Das Schlimmste bei diesem unfreiwilligen Aufenthalt war die Ungewissheit und der Psychoterror, mit dem wir eigentlich ohne Unterbrechung konfrontiert wurden. Dazu kam noch das Gefühl, von den eigenen Leuten im HQ vergessen worden zu sein. Natürlich haben wir das hektische Treiben und den Verhandlungspoker in Duschanbe nicht mitbekommen. Ich muss zugeben, dass wir an unseren Kameraden und Vorgesetzten in Duschanbe kein gutes Haar gelassen hatten. Wir kamen uns einfach verraten vor. "Die werden uns umlegen, Präsident Emomali Rachmonow sein Bedauern gegenüber den Vereinten Nationen zum Ausdruck bringen und that's it" – war unsere Ansicht.
Am dritten Tag passierte genau das, wovor wir uns am meisten fürchteten. Bakhrom verhandelte mit Regierungsvertretern in Obigarm, jener Ortschaft in deren Nähe wir in den Hinterhalt geraten waren. Als Bakhrom zurück kam, war er entsetzlich nervös und brutal. Plötzlich hörten wir Schüsse auf dem Korridor. Die Türe zu unserem "Zimmer" wur-

de aufgetreten. Wir wurden mit erhobenen Händen ins Freie getrieben. Dort angekommen, wurden wir buchstäblich in den Schnee getreten. Man muß an dieser Stelle noch erwähnen, dass uns die meisten wärmenden Uniformstücke bei unserer Ankunft abgenommen wurden, die Kälte uns daher ziemlich zusetzte. Nachdem wir am Boden lagen, wurde das Feuer über und um uns eröffnet. Mir war klar, dass mein Ende gekommen war. Man konnte nicht aufschauen, weil man sofort mit sehr knapp gefeuerten Salven in Deckung gezwungen wurde. So blieb nur abzuwarten bis man endlich selbst an die Reihe kommt. Man wusste nicht, wieviel Kameraden bereits erschossen waren. Bei jedem weiteren Feuerstoß wartete man verkrampft auf das Auftreffen der Garben und den eigenen Tod. Ich war noch nie derart hautnah mit der Möglichkeit des eigenen Sterbens konfrontiert worden und ich würde heute behaupten, dass dieses Erlebnis sich wohl am stärksten eingeprägt hat. Es ist unglaublich, was einem da so durch den Kopf geht. Man hadert mit dem Schicksal, möchte so gerne noch einigen Menschen etwas sagen, sich für Dinge, die schon längst der Vergangenheit angehören, entschuldigen und beginnt sich mit der Feststellung abzufinden, dass man ohnehin nicht ewig leben kann. *Aber 40 und die Erde von Tadschikistan???* Ich gebe zu, ein Gebet gesprochen zu haben und – es gab mir letztendlich die Kraft, ruhig zu bleiben, nicht die Nerven zu verlieren und aufzuspringen, denn das hätte wohl niemand von uns überlebt.
Der Grund für diese Aktion war der Versuch einer Spezialeinheit der tadschikischen Armee, die Bakhrom-Gruppe anzugreifen, uns mit Gewalt zu befreien. Uns war endgültig klar, dass wir eine gewaltsame Befreiung aus den Händen dieser selbsternannten Richter über Leben und Tod niemals überleben würden. In einer Feuerpause wurde mein schweizer Kamerad N. H. (der Ukrainer war als Funker bei Bakhrom längst in Ungnade gefallen, als Sowjetrelikt beschimpft und arg zugerichtet) zum Funk befohlen. Er musste unserem HQ ein Ultimatum stellen. Es gelte auf die Regierungsseite einzuwirken, den Angriff auf seine Kämpfer einzustellen und die Truppen zurückzuziehen. Sollte das nicht innerhalb der nächsten 15 Minuten der Fall sein, würden alle Geiseln erschossen. N's Stimme klingt mir noch heute im Ohr, wie er seinen Funkspruch schon auch aufgrund der Einschüchterungen, des Geschreis und der Schießerei mit den Worten *"please help us, it is no more game, they kill us all"* beendete.
Das Unwahrscheinliche passierte: Die Truppen zogen tatsächlich ab, wir durften wieder in die Unterkunft zurück. Die Stimmung von uns war natürlich im Keller, wir kauerten am Boden und schwiegen uns an. Tags darauf wurde einem russischen Fernseh- und Reporterteam gestattet, uns nach den Vorstellungen von Bakhrom zu besuchen. Die Türe wurde einen Spalt geöffnet, eine Frau versuchte zu uns zu gelangen und konnte gerade fragen wie es uns geht, dann war die Türe auch schon wieder zu. Nach einiger Zeit kamen die Reporter, darunter auch zwei Frauen, wieder. Diesmal erlaubte man ihnen sogar ins Zimmer zu kommen – allerdings ebenfalls als Geiseln.
Die stärksten Verhandlungsargumente hatte offenbar das Rote Kreuz. Bakhrom wurde aus Duschanbe mitgeteilt, das IKRK hätte alle Tätigkeiten in Tadschikistan eingestellt. Daraufhin ließ er das Team frei. Das IKRK leistet vor allem auch in den von oppositionellen islamischen Kämpfern besetzten Gebieten (und das sind mehrheitlich die Gebirgsregionen, in dem die Menschen sehr stark auf fremde Hilfe angewiesen sind)

einen wichtigen Beitrag, der auch sofort Auswirkung zeigt; unsere Tätigkeit wird dagegen eher oft als störend und militärische Entwicklungen behindernd empfunden und so war unsere Position dementsprechend schwach.
Ich habe mich bis dato mit diesen Erlebnissen noch nie so detailliert auseinandergesetzt und so könnte ich daher noch viele Seiten zu Papier bringen, bin mir aber darüber im Klaren, den vorgegebenen Rahmen jetzt bereits weit überschritten zu haben. Ich versuchte nur kurz einen Überblick über die Entwicklung darzustellen, um dem geschätzten Leser zu vermitteln, wie es überhaupt zu dieser Geiselnahme kommen konnte. Insgesamt habe ich hier nur einige "Highlights" gebracht, die die Dramatik der gesamten Situation beleuchten sollten. Glücklicherweise ist es den Verhandlungsführern gelungen, uns alle frei zu bekommen.
Erst als wir im HQ eintrafen, sahen wir, mit wieviel Einsatz im Hintergrund gearbeitet wurde, und dass unser Vorwurf, man täte nicht genug für unsere Freilassung, völlig ungerechtfertigt war. So hatte man zum Beispiel Verhandlungsspezialisten von Scotland Yard eingeflogen, die in Zusammenarbeit mit dem UN-Krisenstab agierten. Ziel war, nach Erstellen eines Täterprofils, die Verhandlungen mit Bakhrom so zu steuern, dass er mit dem Beginn der immer wieder angekündigten Exekutionen zuzuwarten bereit war, um so Zeit für eine Verhandlungslösung oder gegebenenfalls für die Vorbereitung und Durchführung eines militärischen Befreiungsversuchs zu gewinnen.

8 Anmerkungen und Gedanken zum Erlebten

Es ist vielleicht interessant anzumerken, dass die Gruppe durch den enormen psychischen Druck, teilweise auch verbunden mit physischer Gewalt, in einer Art und Weise zusammenwuchs, wie selbst Geschwister aus besten Verhältnissen nicht miteinander verbunden sein können. Wann immer einer von uns Anzeichen zeigte, die Nerven zu verlieren, wurde er sofort von den anderen beruhigt. Es waren nicht immer dieselben; die persönliche Stimmung jedes Einzelnen unterlag starken Schwankungen. So war der Kamerad, der gestern sehr stark war, heute schwach und umgekehrt.
Wir versuchten uns teilweise auch mit kleinen Wortspielen abzulenken. Zum Beispiel: Es beginnt einer mit dem Namen einer europäischen Hauptstadt und der nächste muß mit dem letzten Buchstaben dieser Hauptstadt die nächste bilden u.s.w. Ich sprach viel mit C. über die gemeinsame Geschichte der Schweiz und Österreichs und wann immer N. einmal kurz zu uns ins Zimmer durfte, malten wir uns den schönsten gemeinsamen "Wodkarausch" aus, den wir uns nach unserer Freilassung in Duschanbe anzüchten würden. Nur je länger diese ganze Situation dauerte, desto nervöser und unberechenbarer wurde Bakhrom und seine Mannschaft; bei uns sank die Hoffnung auf Null. Als N., der mich immer "Knasti" (von Knastbruder) nannte und relativ robust wirkte, eines Tages ins Zimmer kam, sich wortlos auf den Boden legte und die Decke anstarrte, fragte ich ihn, was los sei? N. antwortete, dass Bakhrom den Funkkontakt zum UNMOT-HQ beendet hätte und er, N., nicht mehr beim Funkgerät bleiben dürfe; so sei er eben jetzt hier. Auf meine Frage, ob er noch daran glaube, dass wir jemals Duschanbe wieder sehen würden, sagte er nur: "Jetzt nicht mehr"! Das war schlimm

für uns, denn jetzt war selbst der robuste Kerl am Ende und wir versuchten ihm so gut als möglich Mut zu machen.
Glücklicherweise sind wir aber letztendlich nach tagelangem Hoffen, Sich-selbst-Aufgeben und wieder Hoffen, noch einmal mit dem Schrecken und einem Schock fürs Leben davongekommen. Es ist der Verhandlungsseite doch gelungen, uns gegen jede Menge Zugeständnisse frei zu bekommen. Nach unserer Befreiung und intensiven Debriefings sowohl von Scotland Yard als auch von Angehörigen des tadschikischen Geheimdienstes, des Sicherheits- und des Innenministeriums, wurden alle nach Taschkent, der Hauptstadt Usbekistans, evakuiert, wo bereits alle Internationalen Organisationen inklusive IKRK waren, um abzuwarten, wie New York betreffend eines weiteren Verbleibens der Internationalen Organisationen in Tadschikistan entscheiden würde.
An dieser Stelle muss das besondere Engagement des zur Zeit der Geiselkrise eingesetzten Kommandanten (acting commander) hervorgehoben werden. Die Professionalität, mit der er im Krisenstab agierte, rettete uns letztendlich das Leben. Dieser Mann hat –so wie wir– während der gesamten Aktion kein Auge zugetan. Ihm gebührt –zumindest aus meiner Sicht– unser größter Dank!
Seitens der schweizer Armee wurde ein Heerespsychiater nach Taschkent entsandt, um den befreiten Geiseln eine fachärztliche Nachversorgung zukommen zu lassen. Das war natürlich gut gemeint und beweist letztlich, dass extreme Stressbelastung von im Einsatz befindlichen Personen heutzutage ernst genommen wird. Allerdings war die Auswahl des Arztes unglücklich getroffen. Er sprach kaum Englisch und außer den schweizer Kameraden konnte niemand Französisch. Also war die gute Idee mehr oder weniger ein "Schuss nach hinten."
Im übrigen möchte ich aus meiner Erfahrung zum Thema der psychotherapeutischen Begleitung einige Anmerkungen machen:
Man muß Personen, die extremen Situationen ausgesetzt waren, Zeit lassen, zu sich selbst zu finden. Selbst wenn der Arzt deutsch gesprochen hätte, wäre damals aus uns nicht viel bis nichts herauszuholen gewesen. Es ist wichtig, eine solche Hilfe anzubieten, jedoch sollte deren Annahme sowohl von Zeitpunkt wie Umfang jedem Einzelnen überlassen bleiben.
Nachdem feststand, dass UNMOT die Arbeit wieder aufnehmen werde, bin ich wie meine Kameraden, die Bakhrom überstanden hatten, nach Heimaturlaub und Aufenthalt in Taschkent, wieder nach Tadschikistan zurückgekehrt, was vor allem bei meinen Verwandten auf Unverständnis stieß. Der schweizer Arzt, der in letzter Konsequenz freiwillig für mich als erster in den Tod gegangen wäre, ist leider vom Erholungsurlaub nicht mehr zurückgekehrt. Ich bin aber fest davon überzeugt, dass die beste Art, derartige Erlebnisse aufzuarbeiten, das neuerliche Annehmen der Herausforderung ist. Wenn man sich hier zurückzieht, begibt man sich ins Aus und wird wohl lange mit sich selbst nicht ins Reine kommen, zumal Schuld- und Versagensgefühle einem den rationalen Zugang zum Erlebten versperren. Auch ersetzt das Gespräch mit den Kameraden, die das Schicksal mit einem geteilt haben, jede Gruppentherapie.
Das Wissen über bestimmte Reaktionen des Körpers und/oder der Seele nach traumatischen Erlebnissen halte ich für sehr wichtig, denn nur dann kann man beispielswei-

se Schlaflosigkeit als normale Reaktion erkennen und wird auch rascher wieder in die sogenannte Normalität zurückfinden. Die beste Therapie ist jedenfalls –zumindest aus meiner Sicht– das neuerliche Annehmen der Herausforderung und das Aufarbeiten des gemeinsam Erlebten im Kameradenkreis. Dies beeinflusste maßgeblich meine Entscheidung, nach dem Erholungsurlaub in der Heimat wieder in den Einsatzraum zurückzukehren.
Ich habe nach wie vor regelmäßig Kontakt zu meinen Kameraden aus der *Bakhrom-Zeit* und es wurden auch schon zweimal Treffen abgehalten.

Literatur:
Bischof, H. (1996). Der Krieg in Tadschikistan. In: Friedrich-Ebert-Stiftung, Abt. Außenpolitikforschung: Studie zur Aussenpolitik Nr.71. Bonn.
Glaserfeld, E. von und Ackermann, E. (1997). Dialoge – Heinz von Foerster, zum 85. Geburtstag. In: Müller, Albert et al (Hrsg): Konstruktivismus und Kognitionswissenschaft. Springer, Wien.

Horst Schuh:

Kommentar zu "Ich war eine Geisel"

Gottfried Hoinig stellt seinem Bericht "Ich war eine Geisel" den Selbstzweifel voran, eine "objektive Reflexion über (diese) Ereignisse" geben zu können. Unverkennbar ist sein Bemühen, sich durch eine ausführliche Darstellung geo- und demografischer Daten, des Bürgerkriegs in Tadschikistan und seines persönlichen Auftrags als UN-Militärbeobachter möglichst distanziert der Schilderung seiner Geiselnahme ("...das schlimmste Erlebnis meines Lebens...") anzunähern. Den Überfall und die Gefangennahme durch die Rebellen erlebt er als Schock, die darauffolgenden Tage in Geiselhaft als eine Folge und Summe existentieller Belastungen:

- Schwächung durch eine fiebrige Durchfallerkrankung und Dehydrierung,
- extreme klimatische Bedingungen, kaum Schutz gegen Frost und Kälte,
- miserable Unterkunft, Verpflegung und hygienische Verhältnisse sowie Schlafentzug,
- Freiheitsentzug, Willkürmaßnahmen, Psychoterror,
- Einschüchterung und demütigende Behandlung (Wegnahme aller Gegenstände, Uhren, Ringe, Geld, Ausweis, wärmende Kleidung),
- Verantwortungsdruck für die Mitgefangenen,
- Sorge um die Angehörigen zu Hause, Ungewissheit über deren Informationsstand,
- Unberechenbarkeit der Geiselnehmer, "nervenzermürbendes Verhandlungsmarathon",
- Angst vor gewaltsamer Befreiung,
- ständige Angst, erschossen zu werden (Scheinhinrichtungen),
- Hoffnungslosigkeit und Sinnlosigkeit angesichts eines Todes für nichts und für niemanden.

1 Todeserfahrungen

"Derart hautnah mit der Möglichkeit des eigenen Sterbens konfrontiert worden" zu sein, hat mit den Worten von Hoinig "sich wohl am stärksten eingeprägt". "Es ist unglaublich, was einem da so durch den Kopf geht. Man *hadert mit dem Schicksal*, möchte so gerne noch einigen Menschen etwas sagen, sich für Dinge, die schon längst der Vergangenheit angehören, entschuldigen und beginnt sich mit der Feststellung abzufinden, dass man ohnehin nicht ewig leben kann".

Diese Aussagen ähneln frappierend den Sterbephasen nach Kübler-Ross, zumal Hoinig vorher von einer klassischen *Verdrängung* berichtet: "Falls die erste Forderung (...) nicht erfüllt würde, begänne die Exekution der Geiseln, wobei er mit dem Österreicher beginnen wolle ...". "Es dauerte doch einige Zeit, bis ich richtig registrierte, wen Bakhroom mit dem Österreicher meinte. Es war wie das Erwachen aus Trance, als ich feststellte, dass ich der einzige Österreicher war. Ich sollte also für die wahnsinnigen Ziele eines fanatischen Irren hingerichtet werden."

Der Kreis schließt sich, wenn Hoinig an anderer Stelle eine Art *"out of body"*-Erlebnis schildert: "Am nächsten Morgen wurde ich aus dem Zimmer ins Freie geholt, und mir wurde mit einem Schlag klar, dass jetzt die letzte Stunde kommen würde. Das ganze Leben läuft in dieser Situation wie ein Film ab."

2 Coping

Bis zu diesem Eingeständnis ist Hoinig jedoch an einer Reihe von Maßnahmen und Konstellationen beteiligt, um sich wenigstens die Illusion der Kontrolle über die traumatischen Ereignisse zu erhalten:

1. Er bemüht sich, unmittelbar nach der Gefangennahme mit den Entführern *Kontakt aufzunehmen* und Einfluss auf ihre Entscheidungen zu nehmen.
2. Er zeigt *Vorbild*, um Panik bei sich und den anderen Geiseln vorzubeugen: "Ich versuchte aber trotzdem, nach außen hin so ruhig wie möglich zu wirken, um die ohnehin schon angespannte Stimmung nicht noch mehr anzuheizen." Diese *"Trotzdem"-Haltung* schlägt immer wieder in und zwischen den Zeilen des Berichts und eines Gespräches mit Hoinig durch. Sein *Berufsethos* als Offizier, sein Selbst- und Auftragsverständnis als Team-Chef und UN-Repräsentant ("Für diese Mission erhielt ich das Kommando.") verpflichten ihn, die Verantwortung und Sprecherrolle für die Mitgefangenen zu übernehmen und sich für sie einzusetzen.
3. Den stärksten Halt angesichts des "enormen psychischen Drucks... verbunden mit physischer Gewalt" gibt ihm und den Anderen *die Gruppe*, die "in einer Art und Weise zusammenwuchs, wie selbst Geschwister aus besten Verhältnissen nicht miteinander verbunden sein können. Wann immer einer von uns Anzeichen zeigte, die Nerven zu verlieren, wurde er sofort von den Anderen beruhigt." Die Bedeutung, die Hoinig dem Zusammenhalt der Gruppe, d.h. der *Kameradschaft*, zuweist, ist nicht nur an der Häufigkeit erkennbar, mit dem dieser Begriff in seinem Bericht vorkommt, sondern auch an dem Gewicht, das er der Aufopferungsbereitschaft eines Schweizer Kameraden beimisst.
4. *Ablenkung* ist eine weitere Methode für Hoinig und seine Mitgefangenen, sich von den unsäglichen Lebensumständen und Todesgefahr wenigstens vorübergehend zu distanzieren, z.B. mit kleinen Wortspielen: "Es begann einer mit dem Namen einer europäischen Hauptstadt, und der nächste mußte mit dem letzten Buchstaben dieser Hauptstadt die nächste bilden usw.".
5. *Phantasien* sind ebenfalls hilfreich, sich von der bedrückenden Situation zeitweise zu entlasten: "...so malten wir uns den schönsten gemeinsamen 'Wodkarausch' aus, den wir uns nach unserer Freilassung in Duschanbe anzüchten würden."
6. Zuflucht nimmt Hoinig auch im *Gebet*: "...es gab mir letztendlich die Kraft, ruhig zu bleiben, nicht die Nerven zu verlieren und aufzuspringen, denn das hätte wohl niemand von uns überlebt." Religio(n) –im wörtlichen Sinne Rück-Bindung an eine göttliche Macht– wird beim Versagen bzw. Ausbleiben menschlicher (Selbst)Hilfe für den Christenmenschen Hoinig zur letzten Instanz.

3 Bilanz

Gottfried Hoinig stellt zum Ende seines Berichts für sich und seine Kameraden fest, "noch einmal mit dem Schrecken und einem Schock fürs Leben davongekommen" zu sein. Damit konstatiert er selbst eine Traumatisierung, die vermutlich (noch) nicht abgeschlossen bzw. verarbeitet ist. Die Nachwirkungen der psychischen Schädigung erwähnt er z.B. in Form von Schuld- und Versagensgefühlen. Der Vorwurf z.B., "man täte nicht genug für unsere Freilassung", sei "völlig ungerechtfertigt gewesen".
Hoinig weiß offensichtlich durch psychologische Debriefings, dass solche Reaktionen, beispielsweise auch Schlaflosigkeit, normale Reaktionen auf traumatische Ereignisse sind. Soweit anerkennt er die Notwendigkeit, dass man um bestimmte Reaktionen der Körpers und/oder der Seele nach traumatischen Erlebnissen wissen und sie ernst nehmen muss. Sein bereits oben erwähntes Selbstverständnis als Offizier verbunden mit einer missglückten Nachsorge durch einen Schweizer Wehrpsychiater in seinem Fall lässt ihn von einer professionellen Krisenintervention und –nachsorge eher Abstand nehmen:

1. "Man muss Personen, die extremen Situationen ausgesetzt waren, Zeit lassen, zu sich selbst zu finden ..."
2. "Es ist wichtig, eine (therapeutische) Hilfe anzubieten, jedoch sollte deren Annahme sowohl vom Zeitpunkt wie Umfang jedem Einzelnen überlassen bleiben ..."
3. "Die beste Art, derartige Erlebnisse aufzuarbeiten, ist das neuerliche Annehmen der Herausforderung und das Aufarbeiten des gemeinsamen Erlebten im Kameradenkreis ..."

Dem Kameraden Gottfried Hoinig ist für seine offene, authentische und schlüssige Berichterstattung zu danken und für die Verarbeitung seiner traumatischen Erfahrungen alles Gute zu wünschen.

Literatur:
Kübler-Ross, E. (Hrsg.). (1976). Reif werden zum Tod. Stuttgart, Berlin: Kreuz-Verlag.

Thorsten Roth:

Belastungsfaktoren beim Luftwaffeneinsatz über Ex-Jugoslawien[1]

1 Einführung

Hauptmann S., Waffensystemoffizier auf Tornado, ist gerade von der mehrwöchigen Hochwertausbildung "Green Flag" zurückgekehrt, als er von der Geschwaderführung erfährt, dass er in fünf Tagen nach Piacenza abkommandiert wird. Abgesehen davon, dass er seine Frau und die beiden Kinder wieder einmal für einige Wochen nicht sieht, eigentlich kein Problem. Dennoch ist alles ganz anders. Seit ca. drei Wochen läuft der Einsatz "Allied Force". Einige seiner Kameraden haben bereits die ersten Einsatzflüge hinter sich, und sie haben auch die ersten kritischen Situationen erlebt. Wie auch er, besitzen die meisten der Besatzungsmitglieder den fliegerischen Status "Combat Ready" oder "Limited Combat Ready". Natürlich beherrscht er seinen Arbeitsplatz, und er hat auch schon im täglichen Ausbildungsbetrieb einige brenzlige Situationen erlebt. Es ist nicht die Angst oder mangelndes Training, was den Einsatz vom Trainingsbetrieb unterscheidet, es ist das letzte Stück Ungewissheit: "Wie wird es sein, wenn das erste Mal eine feindliche Radarstellung auf mich aufschaltet? Was passiert, wenn der Gegner doch noch Abfangjäger vom Typ MIG 29 hat? Wie verhalte ich mich, wenn ich mich ausschießen muss?" Neben diesen pragmatischen Gedanken beschäftigen Hauptmann S. noch andere Fragen von mindestens gleicher Wertigkeit: "Wie wird meine Frau reagieren, wenn es jetzt doch ernst wird? Wer kümmert sich während meiner Abwesenheit um meine Familie? Was geschieht, wenn ich nicht zurückkehre?"
Am Tag der Abreise nach Piacenza –Standort des Einsatzgeschwaders 1 der deutschen Luftwaffe– ist alles, was mit Versicherungen, Finanzen etc. zu tun hat, geregelt. Vollmachten sind erstellt, ein Testament gab es ohnehin schon und da ist auch ein befreundetes Ehepaar, das gelegentlich mal bei der Familie reinschauen wird. Obwohl er es bis dato noch nie getan hat, begleitet Hauptmann S. an diesem Tag seinen Sohn auf dem Schulweg und verabschiedet sich dann von ihm.
In Piacenza angekommen, nimmt zunächst alles seinen gewohnten Gang. Auffällig ist nur, dass die Sicherheitsmaßnahmen wegen der Gefahr terroristischer Anschläge verstärkt wurden, dass es auf einem Areal vor der Base Übertragungswagen diverser Fernsehstationen gibt und man hört, dass es sogar einen Masseur und einen Psychologen vor Ort geben soll. Nachdem die erste Administration erledigt ist, wird in einem Hotel eingecheckt. Es wirkt befremdlich, wenn man innerhalb einer Autostunde den Widerspruch des militärischen Einsatzes und der Anwesenheit von Touristen in einem Urlaubsort erlebt.

1) Vergleiche hierzu die Bilder 17 und 18 im Fototeil

Obwohl man sich eingehend bei den Kameraden vor Ort über den Einsatz und die ersten Erfahrungen informiert hat, ist die eigene Anspannung vor der ersten Mission hoch. Dennoch ist es für Hauptmann S. auch die Gelegenheit, zu sehen, ob die lange Ausbildung und das ständige fordernde Training die richtige Vorbereitung für den Einsatz waren. Hauptmann S. ist für einen Nachteinsatz eingeplant. Er weiß, dass er nun mit einer Flugdauer von bis zu 7,5 Stunden und einer dementsprechenden Anschnallzeit im Tornado von ca. neun Stunden zu rechnen hat.
Nach dem "Take Off" und der ersten Luftbetankung fliegt die Besatzung nun in das Feindgebiet ein. Nachdem der Pilot eine Kurve unter Einsatz des Nachbrenners geflogen hat, geschieht das vorher Vielbeschriebene. Die serbische Flugabwehr konnte aufgrund des Nachbrennerstrahls den Tornado visuell lokalisieren und reagiert unmittelbar mit Beschuss. Obgleich die Besatzung darauf vorbereitet war, ist sie für einen kurzen Moment überrascht. Erfahrung kann man eben nicht lernen. Nachdem er in Piacenza gelandet ist, werden zunächst die physiologischen Grundbedürfnisse befriedigt und der obligatorische Anruf zu Hause getätigt. Manchmal trifft man sich noch mit einigen Kameraden zu einem Bier, aber Hauptmann S. bevorzugt es, entgegen seiner sonst geselligen Art, seine ohnehin knappe Freizeit allein zu verbringen. Im Laufe seiner insgesamt zwölf Einsatzflüge gewinnt Hauptmann S. noch einige andere Eindrücke. Er sieht brennende Häuser und die Lichtblitze einschlagender Bomben, er erlebt, dass seine Freund-Feindkennung und das Radio ausfallen und seine Gedanken gegen Ende jedes Einsatzfluges der Familie gelten.
Nach dreieinhalb Wochen kehrt Hauptmann S. nach Hause zurück, das erste Mal. In ca. drei Wochen ist er schon wieder fest eingeplant, um weitere Einsätze von Piacenza aus zu fliegen. Ob dies dann das letzte Mal sein wird, weiß man nicht, da ein Ende des Einsatzes nicht absehbar ist. Zu Hause kehrt die Normalität nur bruchstückhaft ein. Hauptmann S. hat das Gefühl, dass er den Problemen des Alltages gelassener, vielleicht aber auch gleichgültiger gegenübersteht. Es interessiert ihn nur noch wenig, ob der Benzinpreis nun um zehn oder fünfzehn Pfennig ansteigt oder ob der Nachbarhund sich wieder auf dem eigenen Grundstück tummelt. Für Frau S. ist diese Haltung nur bedingt nachvollziehbar. Natürlich weiß sie, dass ihr Mann einer außergewöhnlichen Situation ausgesetzt war, aber schließlich ist er jetzt wieder hier. Berechtigterweise macht sie aus ihrem Unmut keinen Hehl; ein Wort ergibt das andere und plötzlich ist ein Streit vom Zaun gebrochen, dessen Ursprung gar nicht richtig zu fassen ist.
Drei Wochen später sitzt Hauptmann S. wieder in einer Transall auf dem Weg nach Piacenza, um von dort aus weitere Einsätze im Rahmen der Operation "Allied Force" zu fliegen.

Hauptmann S. existiert in dieser Form nicht und auch die Rahmenbedingungen, Ereignisse und Emotionen in diesem Fallbeispiel sind willkürlich zusammengestellt. Dennoch könnte sich der Einsatz aus der Sicht eines Waffensystemoffiziers oder Piloten so oder so ähnlich dargestellt haben. Die erlebnisartige Form der Einleitung in das Thema soll nicht nur die Realitätsnähe und Nachvollziehbarkeit der ansonsten sachlich-nüchtern aufgezählten Belastungsfaktoren erhöhen, sondern auch unmiss-

verständlich deutlich machen, dass die Belastungen eines Einsatzes in einem strahlgetriebenen Kampfflugzeug der Bundeswehr nicht nur in den Minuten zu finden sind, in denen die Crew unter Feindbeschuss steht. Vielmehr entspricht es der Realität, dass die Besatzung während eines Einsatzfluges professionell und zielgerichtet arbeitet und während dieses Zeitraumes nur wenig Platz für das Ausleben von Stress und Belastungsreaktionen bleibt.
Im folgenden sollen die Belastungsfaktoren sowie die psychologischen Unterstützungsmaßnahmen in der Reihenfolge dargestellt werden, die auch dem Stresskonzept für das fliegende Personal der Bundeswehr entspricht – vor, während und nach dem Einsatz. Die individuellen Be- und Entlastungsreaktionen, sowohl auf physischer als auch auf psychischer Seite, sind vielfältig und heterogen, so dass an dieser Stelle auf eine ausführlichere Darstellung verzichtet wird. Die Basis für die Darstellung sind eine Fragebogenuntersuchung und halbstandardisierte Interviews, die von der Abteilung VI des Flugmedizinischen Institutes der Luftwaffe mit einsatzerfahrenen Luftfahrzeugführern und Waffensystemoffizieren durchgeführt wurden sowie die Einsatzerfahrung der Fliegerpsychologen, die während der Operation "Allied Force" in Piacenza waren.

2 Vor dem Einsatz

Einer der Belastungsfaktoren für die Crews vor dem Einsatz war die Ungewissheit, wie das engste familiäre Umfeld mit dieser außergewöhnlichen und zugleich sehr bedrohlichen Situation umgehen würde. Ein diese Unsicherheit auf Seiten der Angehörigen verstärkender Faktor war dabei die relative Unkenntnis über die Art und die Durchführungsbedingungen des Auftrages. Es spielte ebenso eine nicht zu verkennende Rolle, dass die Vorbereitungszeit für einige Besatzungsmitglieder recht kurz war, so dass letztlich nur wenig Zeit blieb, um sich eingehend mit den eigenen Bezugspersonen zu unterhalten. Selbstverständlich gehörte es auch zu den Copingmechanismen einiger Soldaten, eine intensive emotionale Auseinandersetzung mit Bedrohung, Krieg und Einsatz zu vermeiden.
Unsicherheit bestand bei den Tornado-Crews hinsichtlich des zu erwartenden Szenarios im Einsatzgebiet. Trotz vielfältiger Informationen von diversen militärischen Dienststellen und der diesbezüglichen Abstimmung der fliegerischen Einsatzvorbereitung, war der Einsatz ein Prüfstein für die Effektivität und Validität des tagtäglichen Dienstbetriebes in den Heimatgeschwadern. Ebenso gab es zuvor keine Möglichkeit für die Crews, den Einsatz scharfer Waffen zu testen, um mit den damit verbundenen physikalischen Sensationen (Geruch, Erschütterung des Flugzeugs) vertraut zu werden.
Von herausgehobener Bedeutung war die Frage, was nach einer möglichen Auslösung des Schleudersitzes über Feindgebiet auf jeden einzelnen zugekommen wäre. Verhält man sich ruhig und wartet auf den amerikanischen Combat-Search-and-Rescue (CSAR), wie versorgt man eventuelle Verletzungen, wie verhält man sich bei Gefangennahme und Folter?

Leitet man nun aus der Kenntnis dieser Belastungsfaktoren geeignete Maßnahmen zur Einsatzvorbereitung ab, so ergibt sich folgendes: Zur Schaffung eines konstruktiven Vertrauensverhältnisses zwischen den Besatzungsmitgliedern und dem einsatzbegleitenden Psychologen ist es unabdingbar, dass in der Einsatzvorbereitungsphase Kontaktmöglichkeiten zwischen diesen Personengruppen geschaffen und genutzt werden. Sowohl unter diesem Gesichtspunkt, als auch unter dem Aspekt der Wissensvermittlung bietet es sich an, Informationsveranstaltungen im Geschwader durchzuführen. Themenschwerpunkte können dabei die Übermittlung einsatzspezifischer Be- und Entlastungsreaktionen, die psychische Selbst- und Kameradenhilfe, das Verhalten bei Gefangenschaft und Folter sowie die Anwendung von Stressbewältigungstechniken sein.

Darüber hinaus gilt es, der Unsicherheit und dem defizitären Informationsstand der Angehörigen zu begegnen. Dies kann auf der einen Seite durch Informationsveranstaltungen von Geschwaderangehörigen hinsichtlich der Einsatzbedingungen geschehen, auf der anderen Seite können Informationen zu Belastungsreaktionen und zum adäquaten Umgang mit diesen durch den assignierten Geschwaderpsychologen an die Angehörigen im Rahmen von informellen Veranstaltungen vermittelt werden. Ein positiver Nebeneffekt dieser Informationsveranstaltungen ist der Umstand, dass sich für viele Geschwaderangehörige die Möglichkeit bietet, mit Personen, die in der gleichen Situation stehen, Kontakt aufzunehmen und diesen auch über die gesamte Einsatzdauer fortzuführen. Als sehr hilfreich hat sich bei einsatzerfahrenen Verbänden erwiesen, eine Art Handout zu erstellen, in dem man Informationen, wie z.B. Unterkunft, Witterungsbedingungen, kulturelles Umfeld sowie (nicht-vertrauliche) einsatzspezifische Daten auflistet und an die Angehörigen verteilt. Diese Maßnahmen sollten nicht nur punktuell in der Einsatzvorbereitung durchgeführt werden, sondern als Angebot über die vollständige Dauer des Einsatzes fortbestehen. Durch das ständige Aktualisieren der Informationen greift man auch einer sensationslüsternen und nicht immer den Tatsachen entsprechenden Medien-Berichterstattung vor.

Während des gesamten Zeitraumes ist es von großer Relevanz, die Zusammenarbeit mit Fliegerärzten, Militärpfarrern, Sozialarbeitern, dem Familienbetreuungszentrum (FBZ) und Vertrauensleuten zu suchen und zu koordinieren.

3 Während des Einsatzes

Eine besondere Belastung entstand in den ersten Tagen des Einsatzes. Diejenigen Crews, die zunächst nicht in den Einsatz flogen, standen unter einer erheblichen Anspannung und einem Gefühl der Machtlosigkeit. Die Sorge um die Kameraden im Einsatz überwog deutlich die Angst vor dem ersten eigenen Einsatz.

Als besonders bedrohlich wurde während der gesamten Operation "Allied Force" die Gefährdung der körperlichen Unversehrtheit eingeschätzt. Zwar entwickelten die Crews eine gewisse Routine, was die operationellen Aspekte des Fluges sowie die visuellen Eindrücke anging. Allerdings war der Beschuss durch die serbische Flugabwehr stets vorhanden, so dass von jedem Besatzungsmitglied ständig die volle Auf-

merksamkeit und ein hohes Maß an Konzentration abverlangt wurden. Dies war umso fordernder, als Einsätze geflogen wurden, die mehr als sieben Stunden dauerten und mehrere Luftbetankungen bei Nacht erforderten. Die physische und psychische Beanspruchung war somit deutlich höher, als in der Einsatzausbildung im Heimatgeschwader, in der man sich auch bis an die Belastungsgrenzen von Mensch und Maschine herantastet.
Für viele Soldaten war ein dominierender Gedanke der Umgang der Familie mit diesem Einsatz und allen seinen Begleitumständen. Wenngleich einige Familien sich einig waren, während des Einsatzes nur wenig telefonischen Kontakt zu halten, war es für diejenigen, die Informationen oder auch Persönliches austauschen wollten, umso schwerer, aufgrund der militärischen Geheimhaltungspflicht und der Abhörgefahr, mehr als nur oberflächliche Gespräche zu führen. In diesem Zusammenhang spielte die Unabsehbarkeit der Einsatzdauer eine wichtige Rolle. Bedingt durch die politische Lage war es nicht möglich, ein voraussichtliches Ende der Operation "Allied Force" vorherzusagen, was die Anspannung und Sorge sowohl in den Familien als auch bei den Besatzungen auf überdurchschnittlichem Niveau hielten.
Die primäre Aufgabe des Fliegerpsychologen in der Einsatzbegleitung war die Betreuung der Luftfahrzeugbesatzungen. Dahinter verbarg sich vor allem, dass der Psychologe Ansprechpartner für diejenigen war, die ihre Einsatzerfahrungen und persönliche Anliegen schildern oder auch einfach nur mit einer neutralen Person sprechen wollten. Hierfür bot sich ein "Bar-Talk" an oder man traf sich unter vier Augen zu einem Bier nach einem Einsatzflug, auch spät in der Nacht.
Kam es während eines Einsatzes zu einem kritischen Ereignis, so wurden in Absprache mit der Geschwaderführung und den Betroffenen durch den Psychologen Maßnahmen des Critical Incident Stress Management (CISM) durchgeführt.
Ein weiterer Aufgabenbereich waren Informationsveranstaltungen für die Crews kurz vor ihrem Rückflug nach Deutschland. Kernthema war, die Besatzungen auf die Rückkehr in die vermeintliche Normalität des Alltags vorzubereiten. Dazu zählte neben der Vorstellung und Erläuterung möglicher psychischer und physischer Belastungsreaktionen sowie entsprechender Bewältigungshilfen auch die Darstellung möglicher Konflikte mit der Familie. Dabei spielte der Zeitpunkt der Veranstaltung eine ausgesprochen wichtige Rolle. Diese war stets vor dem Rückflug in die Heimat und nach dem letzten Einsatzflug. Es sollte auf jeden Fall verhindert werden, den recht gut funktionierenden Verdrängungsmechanismus frühzeitig aufzulösen und dadurch emotionale Reaktionen zu provozieren, während die Besatzungen noch Einsatzflüge zu absolvieren hatten. Dadurch wäre möglicherweise die Einsatzfähigkeit beeinträchtigt worden.

4 Nach dem Einsatz

Nach der Rückkehr von einem mehrwöchigen Auslandseinsatz mit einer Gefährdungslage, wie es bei der Operation "Allied Force" der Fall war, kommt es bisweilen zu einer Verschiebung des Wertesystems. Alltagsprobleme treten für einige Zeit völlig in den Hintergrund und werden angesichts der Extremerfahrung als nichtig abgetan. Wer mit Raketen beschossen wurde und in Sekunden Entscheidungen von großer Tragweite treffen musste, der kann sich nicht über den oben erwähnten Hund des Nachbarn aufregen. Somit prallen zwei vorübergehend inkongruente Wertesysteme aufeinander, das verschobene des Heimkehrers und das weitgehend unveränderte des sozialen Umfeldes. Als (psycho-)logische Konsequenz können daraus Konflikte, z.B. zwischen Lebenspartnern, resultieren, die eine nicht erwünschte Eigendynamik entwickeln. Bei einer vergleichsweise kurzen Einsatzdauer von drei bis sechs Wochen reguliert sich die Verschiebung des Wertesystems nach der Rückkehr meist innerhalb weniger Tage. Dennoch ist zu beobachten, dass es wahrscheinlich aufgrund der Intensität der Eindrücke zu einer dauerhaften Veränderung einzelner Werthaltungen kommen kann. Auch mehrere Monate nach dem Einsatz berichten Besatzungsmitglieder von einer gestiegenen Toleranzschwelle: Äußerungen, Ereignisse und Personen, über die man sich früher ereiferte, nehmen nun einen anderen, unwichtigeren Stellenwert im persönlichen Wertesystem ein. Demgegenüber ist die gestiegene Priorität der Familie und das bewusste Erleben von Situationen eine Veränderung, die von vielen als positiv empfunden wird.

Eine der wichtigsten Aufgaben in der Einsatznachbereitung ist die fortlaufende Betreuung der Crews durch einen fest zugeordneten Psychologen (assignierten Geschwaderpsychologen). Der Aufbau bzw. die Vertiefung des gegenseitigen Vertrauens stehen dabei deutlich im Vordergrund. Durch Einzelgespräche lässt sich auch abklären, inwieweit eine intensivere Betreuung oder unterstützende Maßnahmen erforderlich sind.

Da besonders im sozialen Umfeld Spannungen auftreten können, sollte auch der Kontakt zu Angehörigen aufgenommen bzw. weiter vertieft werden. Das Bedürfnis, Informationen zu Be- und Entlastungsreaktionen zu bekommen sowie Hilfestellungen bei etwaigen Konflikten zu erhalten, ist definitiv vorhanden.

5 Nachtrag

78 Tage und Nächte dauerte der Einsatz für die Piloten und Waffensystemoffiziere des Jagdbombergeschwaders 32 ECR aus Lechfeld und des Aufklärungsgeschwaders 51 (Immelmann) aus Jagel. Es wurden insgesamt 236 Harm-Raketen von ECR-Tornados verschossen, um die gegnerische Luftabwehr zu unterdrücken und unzählige Bildaufnahmen durch die Aufklärungstornados produziert. Bis zum letzten Einsatztag war die serbische Luftabwehr aktiv, so dass ausnahmslos jeder Einsatz mit einem hohen Gefährdungsgrad verbunden war. Insgesamt hat die Nato 36000 Lufteinsätze gegen Serbien geflogen, bis die Operation "Allied Force" beendet war.

Reinhard Erös:

Psychotraumatisiert in Afghanistan[1]

> *"Wenn ich tatsächlich vor die Alternative gestellt würde, ob ich aus einem Einsatz entweder körperlich verwundet –z.B. beinamputiert durch eine Minenverletzung– oder seelisch verwundet nach Hause zurückkehren müsste, würde ich mich heute, nach meinen persönlichen Erfahrungen und als Betroffener, mit Sicherheit für das amputierte Bein entscheiden."*

Bei Vorträgen vor Soldaten zum Thema "Kampfstressreaktionen" reagiert das Auditorium auf diesen Satz, mit dem ich natürlich auch als Provokation in das Thema einleite, regelmäßig mit Ungläubigkeit, Unverständnis oder Entsetzen. "Was soll der Blödsinn ?" antworten die Augen der meisten Soldaten. Manchmal sprechen sie es sogar, höflicher formuliert, aus. Ältere Soldaten und höhere Dienstgrade unterscheiden sich hier nicht von jungen Soldaten.

Warum sind nach über vierzig Jahren Bundeswehr, nach all den militärpsychologischen und militärmedizinischen Erkenntnissen seit *Vietnam, Afghanistan, Falkland* und den anderen militärischen Konflikten der Post-Weltkriegszeit und bei der inzwischen fast unüberschaubaren Anzahl wissenschaftlicher Veröffentlichungen zum Thema "Psychische Verwundung bei militärischen Einsätzen" die Einstellung und das Unverständnis unter Soldaten zu dieser Thematik (noch immer) so ausgeprägt?

Der Begriff Verwundung gilt unter Soldaten, aber auch unter anderen männlich dominierten Berufsgruppen wie Polizei und Feuerwehr automatisch, quasi synonym, als ausschließlich körperliche Verwundung. Diese wird als berufstypisch, als in diesen männlichen Beruf einkalkuliert, betrachtet und gewertet.

Im Einsatz körperlich verwundet zu werden oder gar zu sterben, gilt natürlich nicht mehr als erstrebenswert. Natürlich sind die Zeiten eines "dulce et decorum est pro patria mori" schon lange vorüber.

Lange genug? Militärische Auszeichnungen im Zusammenhang mit körperlichen Verwundungen sind in allen Streitkräften –auch in der Bundeswehr– üblich. Die körperliche Verwundung gilt als Ergebnis und Zeichen besonderer Tapferkeit.

Für seelische Verwundungen werden in keiner Armee Orden verliehen; diese Verwundeten werden nicht ausgezeichnet und geehrt. Ja selbst der Begriff "seelische Verwundung" ist in vielen Bereichen nicht bekannt.

Die Überzeugung von der eigenen "seelischen Unverwundbarkeit" ist geradezu ein Wesensmerkmal des Soldatenberufes und des soldatischen Selbstverständnisses. Der "Nervenzusammenbruch", das "Durchdrehen" im und nach intensivem Gefecht oder die psychische Dekompensation nach dem Erleben besonderer Grausamkeiten, kon-

---

1) Vergleiche hierzu die Bilder 19 und 20 im Fototeil

sekutive Reaktionen wie Depression, Aggressivität, Abgleiten in Asozialität und Kriminalität, Flucht in Rauschmittel und Drogen –außer in Alkohol– gelten entweder als Zeichen von Charakterschwäche, als "nicht mannhaft", und als mit dem beruflichen Selbstverständnis des Soldaten unvereinbar oder als Indiz für unzureichende psychische Abhärtung in der Ausbildung.
Deshalb bin ich über die negativen und ablehnenden Reaktionen meiner Zuhörer nicht verwundert.
Als ich vor über dreißig Jahren freiwilliger Soldat in der Fallschirmtruppe wurde, hat man uns Offizieranwärter in genau diesem Sinne erzogen und ausgebildet. Und alle unsere Vorgesetzten, die Älteren noch mit Kriegserfahrung, waren damals derselben Überzeugung –zumindest äußerten sie sich so– und bestärkten uns in dieser Einstellung. "Psychotrauma", "stressbedingter Zusammenbruch", noch nicht einmal die Begriffe existierten in Vorschriften und in der Ausbildung. Auch in der "zivilen" Wissenschaft war die "Posttraumatische Belastungsstörung" ("Post Traumatic Stress Disorder" – PTSD) als medizinische Diagnose noch nicht definiert.
Wehrpsychologie und Wehrpsychiatrie der Bundeswehr und anderer Streitkräfte beschäftigten sich bis in die 80er Jahre hinein vorwiegend mit dem "Problemsoldaten", mit "Suizidprävention", "Alkoholismus" etc. als typische Friedensthemen. Als "Kriegsthema" stand der "Paniksturm und seine Vorbeugung und Beherrschung" im Mittelpunkt militärärztlicher Betrachtung.
Wir jungen Fallschirmjäger und Offizieranwärter der 60er Jahre waren felsenfest überzeugt von unserer "psychischen Schussfestigkeit" und "mentalen Unverwundbarkeit". Bei mir hielt diese Art der Überzeugung von unzerstörbarer seelischer Stabilität über zwanzig Jahre ungebrochen an, genau bis in das Frühjahr des Jahres 1989.

1 Afghanistan 1986

An Weihnachten 1979 hatte die Sowjet-Armee das kleine Land Afghanistan überfallen. "Sozialistische Bruderhilfe" in Form von Fallschirmjäger- und Panzerbataillonen sollte der maroden kommunistischen Regierung in Kabul, der Hauptstadt Afghanistans, das Überleben sichern. Ein für die "Banditen", wie man die afghanischen Widerstandskämpfer abfällig nannte, zwar schmerzhafter, aber kurzer Militäreinsatz für wenige Monate war geplant.
Tatsächlich wurde es ein über zehn Jahr andauerndes, von beiden Seiten mit unvorstellbarer Grausamkeit und Brutalität geführtes Gemetzel. Zehntausende sowjetischer Soldaten, zumeist Wehrpflichtige, und Millionen von Afghanen, zumeist Frauen und Kinder, verloren ihr Leben, von Minen zerfetzt, durch Napalm verbrannt, von Heckenschützen erschossen.
Etwa fünf Millionen dieses kleinen, tapferen Volkes –ca. 15 Millionen Einwohner zählte Afghanistan zu Kriegsbeginn– haben ihr Land, verfolgt und gejagt von Kampfhubschraubern, Jagdbombern, Panzern und Artillerie, zwischen 1979 und 1986 verlassen, der größte Exodus des zwanzigsten Jahrhunderts. In erbärmlichen Flüchtlingslagern Pakistans und des Iran fristeten sie ein karges Leben als unerwünschte Flüchtlinge.

Die im Land Verbliebenen wurden, wenn sie nicht mit der Besatzungsmacht Sowjetunion kollaborierten, ihrer Lebensgrundlagen zunehmend beraubt: Sehr schnell hatte die sowjetische militärische Führung die eigentliche Stärke der Widerstandkämpfer erkannt: Die Mudjaheddin konnten sich in ihrem Land bewegen, wie "Fische im Wasser" im Sinne der Guerilla-Taktik eines Mao Tse Tung. Die Bevölkerung, insbesondere die Bauern auf dem Land, unterstützten den Widerstand, sie waren der eigentliche Widerstand.
Folgerichtig entschloss sich die Sowjet Armee, "diesen Fischen das Wasser zu entziehen", indem sie der Landbevölkerung zunehmend die Lebensgrundlagen entzog:
- *Zerstörung der Jahrhunderte alten unterirdischen Bewässerungsanlagen:* Damit wurde schnell und erfolgreich die Versorgung mit Feldfrüchten reduziert. Hungersnöte waren die Folge.
- *Gezieltes und erfolgreiches Bombardieren der Moscheen:* Damit wurde den tiefgläubigen Moslems die physische Grundlage ihrer Religion zerstört.
- *Zerstörung der medizinischen Infrastruktur:* Die Ärzte in den Dörfern und kleinen Städten wurden aufgefordert, nach Kabul und die anderen, von der Sowjet Armee weitgehend kontrollierten größeren Städte Herat, Mazar, Kandahar, Jalalabad umzuziehen und die medizinische Versorgung der "Banditen" und ihrer Unterstützer auf dem Land einzustellen. Andernfalls würden die ländlichen Krankenstationen gezielt zerstört.

Nur wenige Ärzte gehorchten dieser Aufforderung. Hunderte flohen ins Ausland; darunter viele auch nach Deutschland.
Nur einige Dutzend blieben in den Dörfern und waren fortan Gejagte.
Die Sowjets machten ihre Drohung wahr: Nahezu alle ländlichen Krankenhäuser und -stationen wurden bombardiert und zerstört.
Die medizinische Versorgung auf dem Land war 1986 zusammengebrochen. Es gab kaum noch Medikamente oder medizinische Geräte, größere chirurgische Eingriffe konnten nicht mehr durchgeführt werden. Impfaktionen waren unmöglich, die Kindersterblichkeit stieg dramatisch. Ein Arzt versorgte 200 000 Einwohner: eine Art negativer medizinischer Weltrekord.

2 Entschluss zu helfen

Meine Frau und ich haben von diesem Horror-Szenario erstmalig zu Weihnachten 1985 erfahren. Professor Ermakora, ein österreichischer Völkerrechtler, hatte im Auftrag der Vereinten Nationen einen Bericht über die Situation der Menschenrechte in Afghanistan erstellt und diesen im Dezember 1985 veröffentlicht. Wir beschlossen, diesen armen Menschen, insbesondere den unschuldigen Kindern zu helfen, unmittelbar und wenn möglich vor Ort.
Seit 1981 hatte ich praktische "Dritte-Welt"-Erfahrung als Arzt.
Mit dem "Deutschen Ärztekomitee" hatte ich in meinem Jahresurlaub bereits 1981 in den Slums von Kalkutta gearbeitet, 1983 konnte ich erste Erfahrungen in Afrika, in einer Tbc-Klinik in Guinea Bissao, machen.

Die Arbeit in diesen Projekten war zwar anstrengend, mühsam, mitunter auch gefährlich, gleichwohl ungeheuer befriedigend und sinnvoll gewesen.
Ich war 38 Jahre alt, hatte zehn Jahr Berufserfahrung als Militärarzt, war körperlich fit und fühlte mich psychisch voll belastbar.
Wochenlang besprachen meine Frau und ich einen möglichen Einsatz in Afghanistan mit unseren Eltern, Freunden und Afghanistan-Experten. Die meisten rieten uns von einem Engagement vor Ort ab. Wir hatten damals vier Buben im Alter von drei bis acht Jahren, und beabsichtigten natürlich, unsere Kinder mitzunehmen.
Genau in dieser Entscheidungssituation erreichte mich das Angebot einer deutschen Hilfsorganisation. Sie suchte einen ärztlichen Leiter für ihr Afghanistan-Projekt: Basisstation vor Ort war Peshawar, die malerische, mittelalterliche pakistanische Grenzstadt am Fuß des berühmten Khyber-Passes. Die Organisation hatte dort ein Haus angemietet, in dem auch meine Familie unterkommen konnte.
Von Peshawar aus sollte ich dann in Afghanistan geeignete Orte zum Aufbau medizinischer Stationen erkunden, diese aufbauen und andere deutsche und schweizer Ärzte und Krankenschwestern heimlich nach Afghanistan einschleusen.

3 Arbeit in der Illegalität

Unsere Arbeit war "illegal". Das kommunistische Regime in Kabul hatte es allen Ausländern und ausländischen Hilfsorganisationen, auch dem Roten Kreuz, verboten, die Bevölkerung Afghanistans außerhalb der vom Regime beherrschten Großstädte medizinisch zu versorgen. Auf ausländische Ärzte und Journalisten waren "Kopfgelder" ausgesetzt. Dies erklärt auch, warum aus Afghanistan, im Unterschied etwa zum Krieg in Vietnam, in den europäischen und amerikanischen Medien fast nichts berichtet wurde bzw. werden konnte. Eine legale Einreise nach Afghanistan –mit Pass und Visum– war uns und den wenigen anderen Hilfsorganisationen, die sich für Afghanistan engagierten, nicht möglich.
Dies alles war mir und meiner Familie bekannt. Meine Frau und ich hatten uns nach sorgfältiger Abwägung des Pro und Contra dann für einen Einsatz entschieden. Ich beantragte bei meinem Dienstherrn eine Beurlaubung ohne Geld- und Sachbezüge für zunächst zwei Jahre. Dem Antrag wurde –für viele überraschend– stattgegeben.

4 Unser Umzug nach Peshawar (Pakistan)

Im Mai 1987 reiste die Großfamilie Erös –Vater, Mutter, vier Buben und ein Airdaleterrier– mit den besten Wünschen von unseren Eltern, Freunden und Kameraden verabschiedet, von München nach Peshawar.
München – Peshawar: ein kultureller und zivilisatorischer Quantensprung: Kamele statt S-Bahn, Muezzin statt katholischer Kirchenglocken, Bazar der Märchenerzähler statt Viktualienmarkt; kein Bier, kein Schweinefleisch, kein Supermarkt, kein McDonald, tagelang kein elektrischer Strom, Wasser konnte nur abgekocht getrunken werden.

Peshawar war in den Jahren 1985 bis 1989 die Stadt mit den meisten terroristischen Anschlägen weltweit. Jeden Tag explodierten Bomben in der Stadt. Rivalisierenden Mujaheddin-Organisationen und der afghanische Geheimdienst KHAD, der kleine Bruder des KGB, versuchten, den Krieg in Afghanistan auch auf pakistanisches Gebiet zu verlagern, mit Terror und Angst Hilfsorganisationen in ihrer Arbeit zu behindern und schon im Vorfeld Crossborder-Aktivitäten im Keim zu ersticken.
Unser Haus wurde rund um die Uhr von bewaffneten Afghanen bewacht. Aus Sicherheitsgründen konnten meine Frau und die Kinder unser Grundstück nur in Begleitung unserer "Wächter" verlassen.
Meine Familie hatte sich zwar physisch schon nach wenigen Wochen adaptiert. Der Kulturschock beim Wechsel in ein fundamentalistisch islamisches Land, das Umgehen mit ständiger latenter und offener Bedrohung und der im Vergleich zu Deutschland dramatisch eingeschränkte physische Aktionsradius belasteten aber die Gesamtatmosphäre doch erheblich länger.
Für mich persönlich war die Eingewöhnungsphase zwar kürzer und subjektiv einfacher, war ich doch im Jahr zuvor bereits in meinem Urlaub für fünf Wochen vor Ort gewesen und hatte auch einen medizinischen "Abstecher" crossborder nach Afghanistan hinter mir. Während meiner späteren wochenlangen Aufenthalte in Afghanistan hat mich wiederum die Ungewissheit über das Schicksal der "daheim" gebliebenen Ehefrau und Kinder manchmal mehr belastet als die eigene Angst vor sowjetischen Kampfhubschraubern und Hinterhalten der Speznaz.

5 Die Arbeit im Kriegsgebiet

Schon im August 1987 stand nicht nur meine Basis für umfangreichere und anhaltende Aktivitäten jenseits der Grenze: Ein Stab aus 250 afghanischen Mitarbeitern, darunter Ärzte, Dolmetscher, Krankenpfleger, Kraftfahrer, Köche, Büroangestellte, "body guards", war aufgestellt. Unser Medikamentenlager, das einzig klimatisierte in Peshawar, war gefüllt mit mehr als 20 Tonnen Medikamenten, Impfstoffen und Verbandmaterial. Als Geschenk aus Deutschland stand mir ein Feldröntgengerät zum Einsatz in Afghanistan zur Verfügung. Verträge mit "Speditionen" für den Transport unserer Hilfsgüter zur und über die Grenze waren geschlossen. "Spediteure" waren die Besitzer von Kamelen und Pferden, denn ein motorisierter Transport war aus Sicherheitsgründen –totale Lufthoheit und -überwachung durch sowjetische Kampfflugzeuge und Hubschrauber in Afghanistan– natürlich undenkbar.
Zur Legalisierung jeglicher Aktionen in Afghanistan war es gegenüber den pakistanischen Behörden notwendig, auch innerpakistanische Projekte vorzuweisen. Ich habe daher, abgestimmt auf unsere "Hauptzielrichtung" Afghanistan, eine Sanitäterschule in Sadda, einem Flüchtlingslager unmittelbar an der Grenze zu Afghanistan eingerichtet. Wir bildeten dort, an westlichen militärmedizinischen Lehrvorschriften orientiert, in Methodik und Didaktik aber auf afghanische Lernvorstellungen transformiert, jährlich mehr als einhundert junge Afghanen für einen medizinischen Einsatz in ihrem Heimatland aus. An dieser Schule unterrichteten auch deutsche und schweizer Mi-

litärärzte. Das Niveau dieser Ausbildungsstätte war für pakistanisch-afghanische Verhältnisse überaus hoch.
Nachdem damit unser Afghanistan-Projekt bei den pakistanischen Behörden legalisiert und deklariert war, konnte ich zollfrei Hilfsgüter aus Deutschland einführen. Die deutsche Botschaft in Islamabad war über unsere Projekte ebenfalls informiert. Der Botschafter selbst besuchte mehrfach unsere Einrichtungen in Peshawar und die Sanitäterschule. Mit seiner Unterstützung gelang es meiner Organisation dann sogar, einen deutschen Zivildienstleistenden für unser Pakistanprojekt zu gewinnen und in Peshawar einzusetzen. Ein deutscher Oberfeldarzt und ein deutscher "Zivi" arbeiteten Hand in Hand an der gleichen "Front". Für viele Journalisten, die uns besuchten, war das natürlich ein Top-Thema.
Kontakte zu UN-Behörden und anderen Hilfsorganisationen waren hergestellt, unsere Organisation war als Mitglied des vom UNHCR geleiteten Dachverbandes der NGOs akzeptiert. Damit war es mir möglich, für unsere Projekte in Afghanistan auch an öffentliche Gelder, z.B. der EU oder des UNHCR, zu gelangen. Am schwierigsten gestaltete sich zu Beginn der persönliche Kontakt zu den Führern der afghanischen Widerstandsgruppen. Ohne ihre Mitarbeit, zumindest ohne ihre Duldung, war an ein Arbeiten in Afghanistan gar nicht erst zu denken. Zu groß war ihr Misstrauen gegenüber allen "Farangi", den Fremden, die sich in Afghanistan humanitär engagieren wollten. Erst nach Wochen und Dutzenden von Gesprächen gelang es mir dann doch, deren Vertrauen und Unterstützung zu gewinnen.
Verständnis, Toleranz und unendliche Geduld und die Fähigkeit, sich in eine mir so fremde Kultur hineinzudenken und kulturadäquat zu handeln, waren eine größere Herausforderung als die körperlichen Belastungen durch Hitze, Lärm, Dreck und wochenlange Fußmärsche.
Die eigentliche Arbeit in Afghanistan konnte nunmehr beginnen.

6 Die ersten beiden Jahre in Afghanistan (1987 bis 1989)

Ziemlich genau zwei Jahre lebte meine Familie nun schon in Pakistan. Meine Frau, von Beruf Lehrerin, hatte in Peshawar eine "Europäische Schule" gegründet, an der neben unseren Kindern auch Kindern aus NGO-Familien und afghanische Flüchtlingskinder unterrichtet wurden. Schule und Familie füllten das Leben meiner Frau voll aus. Die Kinder fühlten sich inzwischen zuhause; sie hatten Freunde und Spielkameraden aus allen Erdteilen, sie genossen die Exotik ihrer Umgebung.
Wir waren eine glückliche und zufriedene Familie.
Ein knappes Dutzend wochenlanger "Trips", wie wir die beschwerlichen Fußmärsche aus Pakistan ins Landesinnere Afghanistan nannten, lag bereits hinter mir. Unvorstellbares und so manches Mal unerträgliches, weil nicht linderbares Leid war mir begegnet: durch Hunger und Eiweißmangel aufgeblähte Kinderbäuche, zerbombte Dörfer, verwüstete Felder, zerfetzte Menschenleiber, von Phosphorgranaten entstellte Gesichter, durch Napalmbomben verbrannte Kinder. Zwanzig Jahre nach der Lektüre be-

kam ich eine zunehmend reale Vorstellung vom ersten Teil der Danteschen "Divina Comedia", dem *Inferno*.
Natürlich sah der "Doktor in mir" diese körperlichen Leiden mit dem Blick des "Professionals". Natürlich konnte der Doktor viel Leid lindern, Krankheiten heilen, Körper wieder zusammenflicken, Todgeweihten wieder zum Leben verhelfen. Natürlich hatte ich viele Erfolgserlebnisse: wieder lachende Kinder, dankbare Blicke glücklicher Mütter und stolzer Väter.
In der Retrospektive der Jahre danach wurde mir klar, was mir 1989 subjektiv nicht bewusst war. Die Summation der physischen und psychischen Stressoren, denen ich mich in Afghanistan aussetzte, zeigte zunehmend ihre Wirkung: Märsche bis zur körperlichen Erschöpfung, wochenlange Mangelernährung i. S. von Fehl an Vitaminen, nur ausnahmsweise warme Mahlzeiten, andauernde Flüssigkeitsdefizite bei extremen Temperaturen und Witterungen, über Tage hinweg kaum Möglichkeiten zur Körperpflege und -reinigung.
Wochenlang kein Kontakt zur Familie; ich wusste nicht, wie es den Kindern und der Ehefrau in Pakistan ging. In meinen Träumen sah ich manchmal Bomben neben unserem Haus in Peshawar explodieren, hörte meine Kinder nach dem Vater rufen.
In Afghanistan waren wir permanent auf der Flucht. Ich wusste ja, dass die sowjetischen Truppen gezielt Jagd auf alle Ausländer machten. Wir blieben daher nie länger als zwei bis drei Tage in einem Dorf. Der afghanische Geheimdienst KHAD hatte überall seine Spitzel. Ich war und fühlte mich nie und nirgends richtig sicher. Die sowjetische Luftwaffe beherrschte den Luftraum zu hundert Prozent. Tag und Nacht hörten und sahen wir Jagdbomber und Kampfhubschrauber über uns und ich hoffte und betete, dass sie uns nicht erkannten. Die Gebete waren nicht immer erfolgreich.
Die Wirkung, insbesondere die psychische Wirkung eines "fliegenden Schlachtschiffes" vom Typ MI 24 (HIND) im Frontalangriffsflug ist unvorstellbar. Das zwar nur Sekunden dauernde widerliche Pfeifen der abgefeuerten Bordraketen, die Explosion der 100-Kilogramm-Bomben wenige Meter neben der eigenen Stellung, das Schwirren der Metall- und Steinsplitter nach dem Einschlag, einstürzende Hausdächer und kollabierende Wände neben und hinter mir, die Schmerzensschreie Getroffener, denen zu helfen ich mich während des anhaltenden Bombardements nicht traute, lähmten mich und auch die Mujaheddin oft für Stunden.
Stundenlanges Schweigen, anhaltendes Pfeifen in den Ohren, welches nicht durch physischen Lärm verursacht war, Sehstörungen, unangenehmer, schmerzhafter Harndrang, tagelange Appetitlosigkeit, dann plötzlich Heißhunger, Erbrechen, Durchfall. Klassische Symptome der Combat Stress Reaction, von denen ich damals allerdings nichts wusste.
Das Fehlen wirksamer Abwehrwaffen bewirkt nicht nur militärische Hilflosigkeit, sondern auch lähmende Wut und Hass, Depression und Aggression zugleich.
Hochfliegende, daher unsichtbare, aber hörbare Jagdbomber ersetzten dann später die tieffliegenden HIND-Hubschrauber, nachdem die Mujaheddin mit STINGER-Flugabwehrraketen ausgerüstet waren und die Kampfhubschrauber zu Dutzenden abschossen. Die physische und psychische Wirkung ihrer 500-Kilogramm-Bomben stan-

den der Wirkung der Hubschrauberangriffe in Nichts nach. Im Gegenteil: Die "Anonymität" auf Grund der Unsichtbarkeit verstärkte eher deren psychische Wirkung. Ich erlebte an mir und anderen nicht selten Panikattacken.
Und dies alles war nicht zu Ende, wenn der Angriff zu Ende war. Wie heißt es so knapp und prägnant im Englischen: "The war is not over when the shooting stops." Der Krieg im Kopf hält an und geht weiter: Ich verlor zunehmend die Fähigkeit zum erholsamen Tiefschlaf. Jedes Fluggeräusch bei Nacht zerstörte den beginnenden Schlaf oder weckte mich aus dem Schlaf. Schlafdefizite über längere Zeit bewirken u.a. ein Nachlassen der intellektuellen Leistungsfähigkeit. Ich machte zunehmend Fehler in meiner ärztlichen Arbeit. Einige davon hatten fatale Folgen. Ich ordnete diese tödlichen Fehler nicht meinem Schlafdefizit, sondern mir als "bad doctor" zu. Diese falsche Zuordnung verstärkte meine Unsicherheit und Angst und verminderte mein Selbstbewusstsein. Ich bewegte mich immer mehr und schneller in einem circulus vitiosus.
Neben der Dauerbedrohung aus der Luft waren wir auf unseren Märschen permanent der Bedrohung durch Minen, in verlassenen Dörfern auch durch Sprengfallen und insbesondere in unübersichtlichen Gebirgsregionen durch Hinterhalte von Speznaz-Truppen ausgesetzt. Natürlich gab es wieder tagelange Ruhephasen, in denen ich mich erholte oder mich zu erholen glaubte.
Eine in der Retrospektive besondere Qualität an psychischer Belastung bedeutete das Erleben des Umganges der Afghanen mit sowjetischen Kriegsgefangenen: Einfache Soldaten, z.B. wehrpflichtige MotSchützen, die ja zumeist gegen ihren Willen in den Wehrdienst gepresst zum Einsatz nach Afghanistan befohlen waren, wurden, insbesondere wenn es sich um usbekische, tadschikische oder turkmenische Moslems handelte, als Kriegsgefangene gut behandelt und versorgt. Sie dienten häufig als "Tauschware" gegen von den Sowjets gefangene Mudjaheddin.
Gefangene Offiziere oder abgeschossene Piloten dagegen wurden, wenn sie "Glück" hatten, umgehend erschossen. Etliche unter ihnen hatten kein Glück: Ihnen wurde bei lebendigem Leib die Bauchhaut über den Kopf gezogen, man begrub sie hüfttief in einer Grube, über Tage der prallen Sonne ausgesetzt –manche unter ihnen lebten und brüllten tatsächlich tagelang– und Hunden und Raubvögeln zum Fraß überlassen.
Andere wurden beim "Buskashi", dem afghanischen Nationalsport, als "Ersatz" für tote Ziegen benutzt. Beim Buskashi, dem afghanischen Reiterspiel, von dem angeblich das Polospiel abstammt, geht es darum, eine tote Ziege als Ballersatz ins gegnerische Tor zu bringen. Das Spiel dauert Stunden, manchmal auch Tage. Die sowjetischen Gefangenen wurden bei lebendigem Leib, zu einem Bündel verschnürt über das Spielfeld getrieben, von Pferden zertreten. Sie "verendeten" häufig erst nach Stunden als undefinierbare blutige Masse.
Natürlich habe ich bei meinen ersten Erlebnissen solcher Art versucht, die Afghanen von diesen Grausamkeiten abzuhalten. Ich habe gebettelt und sie angefleht, sie als Barbaren beschimpft, ihnen feiges Verhalten vorgeworfen, ihnen gedroht, meine Arbeit einzustellen und nach Deutschland zurückzukehren.
Vergeblich: Ihr Jahrhunderte alter Kulturkodex, der "Pashtunwali", schreibt den Afghanen nicht nur die Gastfreundschaft bis zur eigenen Selbstaufgabe, sondern eben

auch die Rache im quasi alttestamentarischen Sinne "Auge um Auge, Zahn um Zahn" als konsequentes Mittel zum Überleben der eigenen Art verbindlich vor.
Piloten, die feige aus gepanzerten Kampfhubschraubern und hochfliegenden Kampfflugzeugen Napalmbomben und Phosphorgranaten auf ihre Dörfer geworfen und damit Dutzende von unschuldigen Frauen, Greisen und Kindern zerfetzten und verbrannten, hatten –so die Logik und das ungeschriebene Recht der Afghanen– kein anderes Schicksal verdient. Und ich hatte ja selbst die verbrannten Kinder und zerfetzten Frauen und Greise mit eigenen Augen gesehen und hatte dabei, wie die Afghanen, unvorstellbaren Hass und Wut verspürt.
Ich bin in Afghanistan geblieben, habe weiter gearbeitet und versucht, zu verdrängen. Es gelang mir tatsächlich, diese Erlebnisse über Wochen und Monate tagsüber aus meinem Denken zu verdrängen. Ich wurde zum regelrechten "Tageslicht-Verdrängungskünstler". "Tageslicht" deshalb, weil mich die Bilder und Schreie, die Schrecklichkeiten und Ungerechtigkeiten "nur" nachts als Albträume, schweißgebadetes Aufwachen, nächtliches Aufschreien heimsuchten. Tagsüber ging ich weiter meiner Arbeit nach, zunehmend schweigsamer zwar, aber engagiert und von der Sinnhaftigkeit meines Tun weiterhin überzeugt.
Als größte Belastung empfand ich die Unmöglichkeit oder meine Unfähigkeit, darüber mit einer vertrauten Person zu sprechen. Natürlich waren meine afghanischen Begleiter gute Kameraden, einige sogar gute Freunde. Aber ihrem Kriegs- und Kulturverständnis entsprechend sprachen sie nie über ihre Empfindungen, Ängste und Nöte, denen sie objektiv wohl genau so ausgesetzt waren wie ich. Sie zeigten auch keine Bereitschaft, mich deswegen anzusprechen. Und ich wiederum war zu stolz, um mich meinerseits mit meinen Ängsten zu "outen". Ein deutscher Offizier hält das aus und durch! Davon war und blieb ich überzeugt, bis zum April 1989.
Vielleicht kamen die Afghanen aber auch deshalb besser damit zurecht als ich, weil es "ihr Krieg" war, weil ihr Hass stärker war als meiner, weil es ihre Frauen und Kinder waren, die im Bombenhagel starben, weil sie fest daran glaubten, dass der im Jihad, dem „heiligen Krieg" gegen die Ungläubigen Gefallene unmittelbar ins Himmelreich eingehen werde, weil sie die Sinnhaftigkeit ihres Kämpfens und Sterbens anders als ich tief verinnerlicht hatten. Bis heute habe ich keine sichere Erklärung dafür.

7 April 1989 in einem Dorf in Nanghahar

Es war ein beschauliches, kleines, vom Krieg bislang weitgehend verschontes Gebirgsdorf in etwa 2000 m Höhe; tagsüber stieg das Thermometer nicht über 25 Grad, nachts kühlte es angenehm ab.
Die Männer, sofern sie nicht als Mudjaheddin im Krieg waren, gingen der Feldarbeit nach; die Frauen, außerhalb ihrer Häuser kaum sichtbar, kümmerten sich um den Haushalt, und die Kinder konnten, wie im Frieden, spielen, fröhlich sein, lachen und sahen dem "doctor sahib" aus Germani –neugierig wie alle Kinder auf der Welt– bei der Arbeit zu.

Die Menschen waren arm wie die meisten Menschen in Afghanistan; aber sie hatten zumindest ausreichend zu essen, es gab sauberes Wasser. Die Lehmhäuser waren nicht zerstört, die Moschee war intakt, und meine Krankenstation befand sich in einem zwar kleinen Häuschen, ohne elektrisches Licht und Wasserleitung, war aber sauber und erfüllte ihren Zweck.

Der zehntägige Fußmarsch aus Peshawar in das Dorf über den 4200 Meter hohen, im April noch mit Schnee bedeckten Spin Rar, die höchste Erhebung im Nangahar, war wie immer anstrengend und gefährlich gewesen. Zweimal waren wir unterwegs von Kampfflugzeugen entdeckt und aus großer Höhe beschossen worden. Einer meiner Begleiter wurde leicht verletzt, einem Tragtier von einem Splitter der Bauch aufgerissen. Wir mussten es erschießen.

Auf halber Strecke waren wir dann beim Passieren eines sowjetischen Postens, der auf einer Anhöhe das Gelände im Umkreis sicherte, mit Granatwerfern beschossen worden. Sechs Stunden lagen wir in Deckung. Ich zählte 46 Einschläge. Erst bei Einbruch der Dunkelheit konnten wir unseren Marsch dann unbehelligt und unversehrt fortsetzen.

Es war ein Anmarsch wie immer gewesen: in Afghanistan nichts Neues.

Zwei Wochen lebte und arbeitete ich nunmehr schon in diesem kleinen Dorf. Ich hatte, trotz des friedlichen Umfeldes, genug zu tun. Häusliche oder Verletzungen bei der Feldarbeit wurden versorgt, Erkältungs- und Hautkrankheiten behandelt, betagte Hochdruckpatienten oder Diabetiker –auch das gibt es in Afghanistan– mit Medikamenten eingestellt, Schwangere betreut und entbunden, unter- und fehlernährte Kinder und Säuglinge aufgepäppelt.

Ich lebte, arbeitet und fühlte mich wie ein Hausarzt im Bayrischen Wald vor 50 Jahren. Hatten mich die Dorfbewohner zu Anfang noch mit etwas Argwohn und der in Afghanistan typischen Zurückhaltung betrachtet und behandelt, so gehörte ich doch nach wenigen Wochen zu ihnen.

Ich war ihr Doktor geworden, zu dem sie Vertrauen hatten, dem sie mit Dankbarkeit und Achtung begegneten. Ihre Gastfreundschaft war überwältigend, so wie ich das schon immer in diesem gastfreundlichsten Land der Welt erlebt hatte. Ich wurde regelmäßig zum Essen eingeladen, ein karges Essen zwar, aber die Menschen teilten mit mir das Wenige, was sie hatten.

Eines Tages brachte ein Afghane seinen Neffen, einen Jungen von etwa zehn Jahren, zu mir in die Krankenstation. Sein Vater war als Mudjahedd im Krieg unterwegs, seine Mutter vor einigen Jahren bereits an einer Lungenentzündung gestorben. Der Junge, er hieß Alem, hatte noch einen älteren Bruder, Zahir, im Dorf, der sich um die Schwestern kümmerte.

Alem war vom Alter, seinem Äußeren und seinem Verhalten her meinem ältesten Sohn überaus ähnlich: anfangs zu Fremden, also auch mir gegenüber zurückhaltend, fast scheu, überaus intelligent und handwerklich geschickt.

Sein Onkel war überzeugt, dass aus ihm einmal ein afghanischer "doktor sahib" –ein Arzt also– werden könne. Und deshalb hatte er ihn zu mir gebracht, um mir bei meiner ärztlichen Arbeit zur Hand zu gehen und zu lernen.

Der Junge sprach natürlich weder deutsch noch englisch, so dass wir uns mit meinem geringen Wortschatz an Pashtu, der Sprache der Region, und mit Zeichen und Gesten verständigten. Dies funktionierte von Anfang an vortrefflich, der Junge war wirklich überdurchschnittlich intelligent, fasste rasch auf und erwies sich als zuverlässig und fleißig.
Er kam schon morgens um sechs Uhr "pünktlich zur Arbeit", bereitete mein Frühstück, bestehend aus schwarzem Tee und frischem Nan, dem besten Fladenbrot der Welt. Manchmal brachte er mir auch ein Ei mit, wo immer er das auch "besorgt" haben mag. Während der Sprechstunde organisierte er einen geordneten Patientenfluss, bei kleineren chirurgischen Eingriffen durfte er mir assistieren. In den Pausen unterrichteten wir uns gegenseitig in der Muttersprache: Er lehrte mich Pashtu, ich brachte ihm deutsche Begriffe und Ausdrücke bei. Nach wenigen Tagen begrüßte er mich morgens schon mit "Grüß Gott", der bayrischen Form des "Salam aleikum". Abends reinigte er das Sprechzimmer, mindestens so gründlich wie eine deutsche Sprechstundenhilfe; wir aßen meistens noch zusammen Abendbrot, Tee mit Nan und Gemüse. Dann verabschiedete er sich höflich mit einem "Gute Nacht Doktor" und erschien am nächsten Tag, an jedem Tag bis zum 27. April, pünktlich, gut ausgeschlafen und immer fröhlich und versessen darauf, wieder etwas Neues zu lernen.
Alem erinnerte mich in seiner Offenheit und Neugierde an meinen ältesten Sohn und diese tägliche Erinnerung ließ mich die Trennung von meiner Familie, die ich vor sechs Wochen in Peshawar zurückgelassen hatte, besser verschmerzen. Wir waren nach drei Wochen wie Vater und Sohn geworden.

8 Die Nacht, in der sich alles änderte

In der Nacht zum 27. April, einem Samstag –der Freitag ist der "Sonntag" in islamischen Ländern, an dem auch in meiner Krankenstation nicht gearbeitet wurde– waren aus der Ferne Kettengeräusche zu hören. Es war eine sternenklare Nacht, und ich konnte am westlichen Horizont –die Sonne war gerade untergegangen– die Staubwolken einer Panzerkolonne erkennen. Die Panzerfahrzeuge fuhren etwa zwei Kilometer vom Dorfrand entfernt Richtung Kabul.
Da stoppte plötzlich das Spitzenfahrzeug. Ein bis zwei Minuten später blitzten kleine Feuerspitzen aus den ersten Panzerfahrzeugen und Sekunden später schlugen Granaten vor dem Dorf und an der Dorfmauer ein. Vier, fünf, sechs Einschläge in wenigen Sekunden. Die Fahrzeuge setzten sich wieder in Bewegung, so als wäre nichts geschehen. Ein –so fuhr es mir zynisch durch den Kopf– "Gute Nacht-Gruß" eines in die Kaserne heimkehrenden Panzerzuges. Kein Einschlag direkt im Dorf. Kein Gebäude getroffen. Wir hatten –wieder einmal– Glück gehabt, so dachte ich, tief und erlöst durchatmend, für einige Minuten.
Dann waren am Dorfrand, etwa 300 Meter von meiner Station entfernt, plötzlich laute Stimmen zu vernehmen. Ich verstand zunächst nicht, um was es ging. Ein Menschenpulk versammelte sich an der Stelle, an der kurz vorher Granaten eingeschlagen waren. Plötzlich rannte jemand aus der Menschenansammlung los.

Völlig aufgelöst und weinend erschien wenig später ein Mädchen an meiner Tür: "Doktor komm, Doktor komm, bitte, schnell". Ich rannte dem Kind hinterher, ohne jede Vorahnung, was mich am Dorfrand erwartete.
Da die Panzerfahrzeuge noch in Sichtweite waren, wagte niemand, offenes Licht anzumachen. Es war mittlerweile im Dorf und natürlich an der Dorfmauer, wo der Menschenauflauf versammelt war, stockfinster geworden. Nur am Horizont im Westen glimmte letztes Abendlicht. Ich vernahm die ersten Wortfetzen: "Wo ist Zahir?" "Alem, Alem, nicht bewegen, bleib ruhig liegen!".
Zahir, Alem? "Zahir", das war der Name des älteren Bruders meines Ziehsohnes Alem. Und "Alem", das war doch hoffentlich nicht "mein" Alem!
Je näher ich der Gruppe kam, desto unruhiger wurde ich. Trotz oder wegen des Abendrots kam mir plötzlich ein Lied, das mich mein Großvater vor 30 Jahren gelehrt hatte, in den Sinn:
"Morgenrot, Morgenrot, leuchtest mir zum frühen Tod". "Nein, nein", sagte ich mir, es gibt im Dorf mindestens fünf weitere Alems. Alem ist einer der häufigsten Namen in islamischen Ländern.
Und dann lag er vor mir. Es war "mein" Alem. Ich leuchtete mit dem Rot meiner Taschenlampe seinen Körper ab. Seine Augen waren weit geöffnet. Er war bei Bewusstsein und atmete hastig und ängstlich. Am Kopf sah ich keine Verletzungen. Auch Brust- und Bauchraum erschienen zunächst ohne größere Blessur. Er bewegte auf meine Anweisung hin seine Arme und Beine. An beiden Oberschenkeln waren Stahl- und Steinsplitter in die Beine eingedrungen. Aus dem rechten Oberschenkel spritzte Blut hoch. Mit einem Tuch konnte ich die arterielle Blutung schnell zum Stehen bringen. Aus der Leiste tropfte etwas Blut. Sein Penis war oberflächlich verletzt.[2]
Wir drehten Alem vorsichtig auf den Rücken. Auch hier waren keine größeren Verletzungen zu sehen. Die Wirbelsäule schien intakt, Beine und Arme hatte er ja bereits bewegt. Sein Puls war beschleunigt aber kräftig. Der Blutverlust war, soweit ich die Blutflecken unter und neben ihm quantifizieren konnte, eher gering.
Ich bat darum, aus der Station eine Trage zu beschaffen und Alem nunmehr in meine Krankenstation zu tragen. Dort konnte ich mir im abgedunkelten Zimmer bei weißem Licht ein genaueres Bild von den Verletzungen machen.
Wo aber war Zahir, sein Bruder? Plötzlich schrie in der Dunkelheit der Vater von Alem, der erst vor einigen Tagen ins Dorf zurückgekehrt war, hell auf. Er hatte seinen ältesten Sohn, oder vielmehr das, was von ihm übrig geblieben war, gefunden. Dutzende von Körperteilen lagen weit verstreut jenseits der Dorfmauer. Zahir hatte sich beim Einschlagen der Granaten außerhalb der Dorfmauer aufgehalten und war wohl durch einen Volltreffer regelrecht atomisiert worden.
Ich kümmerte mich ausschließlich um Alem, für seinen Bruder konnte ich nichts mehr tun. Nach einer Stunde waren Alems Wunden in der Krankenstation gut versorgt; er war stabil und klagte nicht über Schmerzen. Da er noch immer einen ängstlichen und

2) Vergleiche hierzu Bild 19 im Fototeil

agitierten Eindruck machte, hatte ich ihm ein leichtes Beruhigungsmittel verabreicht. Eigentlich wollte ich ihn über Nacht in der Krankenstation behalten. Sein Onkel, der mir bei der Behandlung assistiert hatte, bestand aber darauf, ihn zu seinem Vater zu bringen und trug ihn zurück in sein Haus.
Es war inzwischen Mitternacht geworden. Erschöpft und todmüde schlief ich trotz der Tragödie um Zahir schnell ein. Ich war überglücklich und dankte Gott, dass Alem überlebt hatte und in wenigen Tagen wieder auf den Beinen sein würde.
Ich hatte sicher nicht länger als zwei Stunden geschlafen, als mich ein Rütteln an den Schultern weckte. Alems kleine Schwester kniete neben meinem Feldbett. Die Tränen liefen ihr über die Wangen und mit leiser Stimme bat sie mich, zu Alem zu kommen.
Ich erkannte Alem zunächst kaum wieder. Er wälzte sich auf seinem Chapoi, dem mit Lederriemen bezogenen afghanischen Bett. Sein Gesicht war aschfahl, er atmete heftig, stöhnte und griff sich mit beiden Händen an den Bauch. Der Puls ging rasend schnell, kaum zählbar. Neben dem Bett stank es nach Erbrochenem.
Ich tastete seine Bauchdecke; sie war bretthart. Im starken Licht meiner Stirnlampe sah ich Dutzende stecknadelkopfgroßer schwarzer "Flecken", breit über den gesamten Bauchbereich verteilt. Kein Blut, keine größere Verletzung. Die schwarzen Flecken waren mir schon bei der Erstuntersuchung am Unfallort aufgefallen. Ich hatte sie dort als Schmauchflecken oder Pulvereinsprengungen interpretiert und nicht weiter ernst genommen. Die genauere Untersuchung, jetzt mit einer feinen Sonde, zeigte, dass es penetrierende Verletzungen waren, vermutlich kleinste Stahl- oder Steineinsprengungen, Einsprengungen, die nicht nur Bauchhaut und Muskulatur durchschlagen hatten, sondern auch die Bauchorgane, insbesondere den Dickdarm. In den letzten beiden Stunden war daher Darminhalt in die freie Bauchhöhle ausgetreten und hatte begonnen, den gesamtem Bauchraum zu infizieren.
Mit dieser Diagnose war das Schicksal Alems besiegelt: Die Überlebenszeit betrug noch einige Stunden. Ein chirurgischer Eingriff war unter den Feldbedingungen noch nicht einmal in Erwägung zu ziehen. Eine, wenn auch kleine, Überlebenschance bestand aber. Der Junge musste umgehend in ein richtiges Lazarett gebracht werden. In Jalalabad, der Provinzhauptstadt, etwa fünf Pferdestunden entfernt, hatten die Sowjettruppen ihr zentrales Provinzlazarett eingerichtet. Dort, so wussten wir, betrieben sie eine leistungsfähige Chirurgie und versorgten in Ausnahmefällen auch die einheimische Bevölkerung.
Die folgenden Stunden haben sich meinem Erinnerungsvermögen in allen Einzelheiten, wie ein immer wieder abspielbarer Videofilm eingeprägt: Alems Vater steht mir gegenüber, auf der anderen Seite des Bettes. Wir unterhalten uns in Pashtou, also ohne Dolmetscher. Alem schaut abwechselnd zu mir und zu seinem Vater auf. Er versteht trotz seiner Schmerzen jedes Wort. Sein Gesichtsausdruck schwankt zwischen Todesangst und Hoffnung, als ich seinem Vater die Alternativen erläutere: Sterben in den nächsten Stunden schon oder umgehender Transport und chirurgischer Eingriff im sowjetischen Militärkrankenhaus von Jalalabad.
Noch während ich mit Alems Vater spreche –dieser äußert sich zunächst nicht– bereite ich den Transport vor. Ich lege Alem zwei Infusionen mit Schmerzmittel und Anti-

biotika in beide Armbeugen. Ich gebe Anweisung, Pferde zum Transport des Chapoi vorzubereiten und zwei, drei alte Männer als Begleitpersonen zu benennen.
Alems Vater entfernt sich plötzlich vom Bett, verlässt den Raum und geht hinaus in die Dunkelheit. Dort höre ich ihn immer wieder aufschreien, ohne seine Worte zu verstehen. Nach etwa zehn Minuten, wir hatten inzwischen alles für den Abtransport vorbereitet, kommt der Vater zurück. Er zeigt den mir ach so vertrauten, manchmal auch verhassten, emotionslosen Gesichtsausdruck der Mudjaheddin im Gefecht.[3]
Mit ruhiger Stimme spricht er gleichzeitig zu mir und zu seinem Sohn, dem einzig noch lebenden in seiner Familie: "Alem bleibt hier. Ich lasse es nicht zu, dass er den gottlosen Kommunisten überlassen wird. Selbst wenn sie ihn erfolgreich operieren und er wieder gesunden sollte, werden sie ihn nach seiner Genesung –wie sie dies in der Vergangenheit tausendmal schon taten– in ein kommunistisches Umerziehungslager nach Russland stecken, werden aus meinem Sohn ebenfalls einen gottlosen Kommunisten machen und ihn in der verhassten Uniform der Kabuler Kollaborateure gegen sein eigenes Volk, gegen den Islam zum Kampf zwingen. Dieses Schicksal will ich meinem Sohn ersparen. Alem bleibt hier und stirbt als Jahid.[4]"
Alems Vater hat sich so klar und unmissverständlich geäußert, dass ein Widerspruch meinerseits völlig wirkungslos wäre. Ich bin innerlich so erstarrt, dass ich zu einem Widerspruch auch gar nicht in der Lage bin. Auch Alem schweigt. Das Wort des Vaters gilt, selbst wenn es den eigenen Tod bedeutet.
Für einige Stunden wirken die Schmerzmittel noch; dann steigert sich das leise Weinen Alems zum Schreien und Brüllen. Ja, er brüllt wie ein Tier, ein junges Tier, stundenlang, immer wieder unterbrochen durch Erbrechen, heftiges Atmen. Ich halte es nicht mehr aus.
Ich will weglaufen, weglaufen von diesem wahnsinnigen Vater, der seinen Sohn einem sicheren und unvorstellbar schmerzhaften Tod ausgeliefert hat, weglaufen aus Afghanistan, diesem wahnsinnigen Land, in dem man Kinder dem Heiligen Krieg opfert. Ich will wieder unter Menschen, normale, zivilisierte Menschen, weg von dieser Bestie Krieg und diesen Menschen, die dieser Krieg selbst zu Bestien gemacht hat.
Aber der Arzt Erös bleibt. Zusammen mit dem Vater verharre ich an seinem Bett, wische ihm immer wieder den Schweiß von der Stirn, drücke ihm die kleine Hand, bis sie nach einigen Stunden meinen Druck nicht mehr erwidert. Alem ist eingeschlafen und wird nie wieder aufwachen. Nie wieder wird er mich morgens mit seinem freundlichen Lächeln wecken, nie wieder wird er mir zum Frühstück Tee einschenken, mich mit seinen Fragen löchern, sich beim Pashtou-Unterricht über meine Aussprache lustig machen.
Ich stehe auf und gehe vor die Tür. Ein neuer Tag ist erwacht, die Sonne steht schon hoch, ein strahlend blauer Himmel, der Bergrücken am Südrand des Dorfes liegt noch

3)Vergleiche hierzu Foto 20 im Bildteil
4) Jahid werden Muslims genannt, welche im Jihad, dem heiligen Krieg, als quasi Märtyrer gefallen sind.

im Schatten. Patienten warten schon an der Krankenstation auf mich. Ich gehe an meine Arbeit.
Am späten Nachmittag wird der kleine Körper, in weiße Laken gehüllt, ins Grab gelegt. Steine bedecken das Grab, sie sichern die Totenruhe.

9 Ende und neuer Anfang

Die Folgetage und -wochen sind mir nur schemenhaft in Erinnerung. Ich kenne sie eigentlich nur aus den Erzählungen meiner afghanischen Begleiter und meiner Frau: "Drei Tage nach Alems Tod wolltest Du morgens nicht mehr aufstehen. Du hast nicht mehr gesprochen, nichts mehr gegessen, selbst zum Trinken mussten wir Dich zwingen. Nachts lagst Du mit offenen Augen auf Deinem Chapoi. Wir hielten Dich für schwer krank und brachten Dich zurück nach Peshawar zu Deiner Familie."
Wieder zuhause bei meiner Frau und meinen Kindern ging es mir zunächst etwas besser. Ich war glücklich, die vertrauten und geliebten Gesichter und Stimmen wieder um mich zu haben. Mein Appetit kehrte zurück, und ich konnte anfangs auch gut schlafen. Nach einigen Tagen ließ ich mich –oder genauer– ließ mich meine Frau in der Klinik eines Kollegen und guten Freundes untersuchen: negativ! Körperlich war ich in Ordnung.
In meinem Kopf allerdings war nichts in Ordnung. Ich verlor immer mehr das Interesse an meinen Freunden, verließ nie das Haus, kaum mein Zimmer. Meiner Frau und meinen Kindern gegenüber wurde ich zunehmend wortkarg, ich zog mich aus unserem früher so lebendigen und abwechslungsreichen Familienleben und Freundeskreis mehr und mehr zurück. Meine Aktivitäten reduzierten sich auf Lesen, Essen, Schlafen.
Und Trinken! Früher hatte ich kaum Alkohol getrunken, ab und zu ein Glas Wein, selten Bier, nie Hochprozentiges. Nun trank ich täglich und viel, der Alkohol tat mir gut. Die Spannungen in meinem Kopf lockerten sich, die immer wiederkehrenden Bilder aus Afghanistan wurden für einige Stunden ausgeblendet. Ich schlief nach einer Flasche Wein auch schneller ein, lag nicht mehr stundenlang im Bett, mich ruhelos hin- und herwälzend.
Zu wirklicher Arbeit war ich nicht fähig: Erstellen der Wochenabrechnungen, Kontrolle der Kontoauszüge, Überprüfen der Medikamentenlieferungen, das alles erschien mir so unwichtig und banal. Ich wurde auch sehr schnell müde, legte mich mehrmals täglich aufs Bett ohne wirklich zu schlafen. Morgens kam ich stundenlang nicht aus dem Bett hoch.
Nach ein, zwei Wochen ließ dann auch die "positive" Wirkung des Alkohols nach. Bestimmte Geräusche und Gerüche erinnerten mich wieder an schreckliche Szenen aus Afghanistan. Ich ging diesen "Erinnerungsauslösern" aus dem Weg und engte dadurch meinen Lebens- und Aktionsradius immer weiter ein.
Mein Verhältnis zu Frau und Kindern wurde immer aggressiver. Ich schnauzte die Kinder bei geringsten Anlässen heftig an und verlor jede Lust und Kraft, mit ihnen zu spielen. Es gab kaum noch Gespräche zwischen uns. Die Kinder, ja selbst unser Hund, gin-

gen mir mehr und mehr aus dem Weg. Mein Äußeres verfiel zusehends. Ich rasierte mich nur noch unregelmäßig, legte keinerlei Wert auf ansehnliche Bekleidung und bewegte mich nur noch in alten Sportklamotten.
Meine Frau war verzweifelt. Einerseits war sie sich sicher, dass ich seelisch krank war. Sie vermutete auch, dass diese Krankheit während meines Afghanistanaufenthaltes ausgebrochen oder durch ihn verursacht worden war, obwohl ich mit ihr über meine Erlebnisse nie gesprochen hatte. Sie sprach mich auch darauf an und bat mich, nach Deutschland zurückzukehren und fachärztlichen Rat und Hilfe zu suchen. In Pakistan war dies nicht möglich. Die Sprache, auch über Englisch, und eine unterschiedliche medizinische Kultur im Bereich der Psychotherapie erschienen ihr ein unüberwindliches Hindernis. Andererseits war sie überzeugt, dass ich jetzt in ganz besonderer Weise die unmittelbare Unterstützung und Hilfe meiner Familie brauchte. Sie schlug daher vor, dass wir unseren Einsatz sofort beenden und mit der Familie wieder nach Deutschland zurückkehren sollten.
Mitten in den Umzugsvorbereitungen meiner Frau besuchte uns unangemeldet ein guter Freund. Er war Kollege und Kamerad aus der Bundeswehr. Wir kannten uns schon seit gemeinsamer Studienzeit. Ihm fiel, wie er mir Monate später erzählte, sofort auf, dass ich wesensverändert war. Aus den Gesprächen mit meiner Frau erfuhr er dann, dass ich vor vier Wochen aus Afghanistan zurückgekehrt war und seither diese Veränderungen zeigte. Er packte mich trotz meines Widerstandes umgehend in ein Flugzeug, begleitete mich zurück nach Deutschland und stellte mich einem Therapeuten vor, der über viel Erfahrung im Bereich der Psychotraumatologie verfügte.
Insgesamt sechs Wochen verbrachte ich im Haus und in der Familie des Freundes; vier Mal wöchentlich ging ich in ambulante Therapie. Es war zu Beginn der Behandlung ungeheuer schwierig, mit einem "Fremden" über meine Erlebnisse offen und umfassend zu sprechen, meine Gefühle und Empfindungen zu äußern. Erst nach der siebten oder achten Sitzung spürte ich, wie sich in mir langsam etwas öffnete, wie der mich einschnürende Panzer lockerer wurde und ich im Stande war, mich richtig zu erinnern, zu reflektieren, mich selbst wieder zu erkennen und zu mögen.
Anfang Juli kehrte ich wieder nach Peshawar zurück. Unsicher und mit bangen Gefühlen einerseits, voller Freude auf meine Familie, meine afghanischen Freunde und einen Wiederbeginn meiner Arbeit andererseits.
Anfang August 1989 beantragte ich beim Dienstherrn eine Verlängerung meiner Beurlaubung um ein weiteres Jahr.
Im Sommer 1990 beendete ich meine Arbeit in Pakistan und Afghanistan und trat am 1. Oktober meine neue Verwendung als Kommandeur Sanitätslehrbataillon 851 in München an.
Wenige Monate später verlegte ich mit meinem Bataillon in den Iran zur Operation "Kurdenhilfe", dem ersten umfassenden Sanitätseinsatz der Bundeswehr "out of area".

Christian Lohwasser:

Das österreichische UN-Kontingent im Friedenseinsatz auf Zypern

1 Geografischer und geschichtlicher Überblick

Zypern, auch die "Insel der Aphrodite" genannt, ist mit einer Ausdehnung von 9281 km² (etwa so groß wie das österreichische Bundesland Kärnten) die drittgrößte Insel im Mittelmeer. Sie liegt etwa 70 km von der türkischen Küste im Norden, etwa 100 km von der syrischen und libanesischen Küste im Osten und etwa 800 km vom griechischen Festland entfernt. Die Bevölkerung besteht neben einigen kleinen Minderheiten (zusammen etwa 4%) aus rund 78% Griechisch- und 18% Türkisch-Zyprioten.

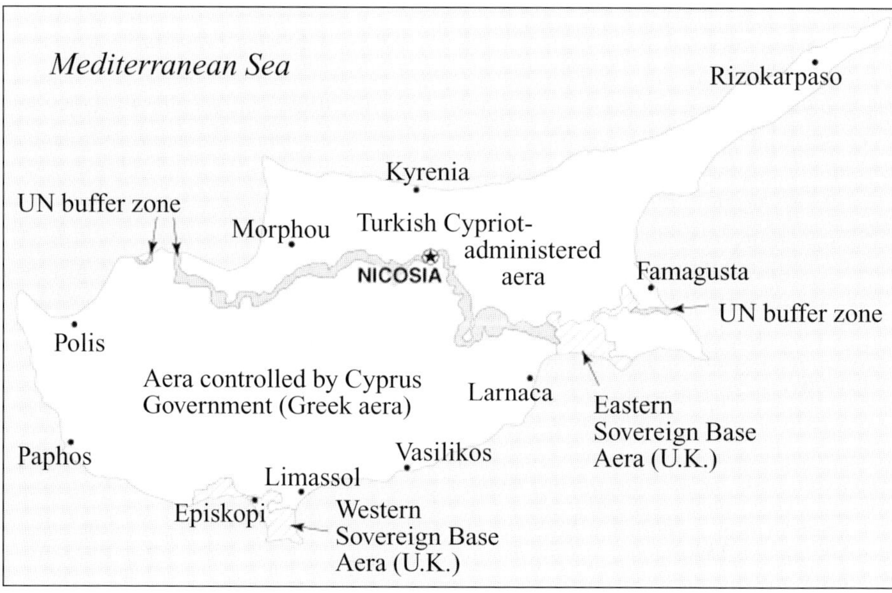

Abbildung 1

Zypern blickt auf eine äußerst bewegte Vergangenheit zurück.
Nach den Ptolemäern, Römern, Byzantinern und Arabern eroberte 1191, während des 3. Kreuzzuges, Richard Löwenherz die Insel. Danach gelangte sie in den Besitz der aus Frankreich stammenden Lusignans. Seit 1498 von den Venezianern besetzt, wurde sie 1571 von den Türken erobert und dem Osmanischen Reich eingegliedert.

Dabei wurden große Teile der griechischen Bevölkerung verschleppt oder erschlagen, das Land wurde an türkische Besatzungssoldaten verteilt, die eine privilegierte Schicht bildeten. Die Griechen mussten sich in die Städte zurückziehen, einzig im Handel blieben sie führend. Diese Situation dauerte die nächsten 300 Jahre an.
Mit der Eröffnung des Suez-Kanals 1869 wurde Zypern für Großbritannien geostrategisch wichtig. Bedingt unter anderem durch den griechischen Unabhängigkeitskampf, die Verwicklungen auf dem Balkan und die Krimkriege, kam es 1878 zum Berliner Kongress, im Zuge dessen Zypern unter britische Verwaltung gestellt wurde. Als 1914 der Erste Weltkrieg ausbrach, annektierte Großbritannien die Insel; 1925 wurde sie Kronkolonie.
1931 kam es aufgrund des Wunsches der Griechisch-Zyprioten nach "Enosis" (Anschluss an Griechenland) zum ersten Aufstand gegen die Briten. Die Unruhen, aber auch die Reibereien und Ausschreitungen zwischen den beiden Volksgruppen hörten danach nicht mehr völlig auf. Aus Rücksicht auf die türkische Minderheit und wegen der Drohung der Türkei, einzugreifen, lehnte Großbritannien eine Vereinigung Zyperns mit Griechenland immer wieder ab. Auch der mit griechischer Unterstützung unter dem Kommando von Costas Grivas geführte Freiheitskampf, der 1955 seinen Höhepunkt erreichte, konnte daran nichts ändern, führte aber zur Forderung der türkischen Minderheit nach "Taksim" (Teilung der Insel), was von Großbritannien ebenso zurückgewiesen wurde.
Erst 1959 kam es zu einem Kompromiss zwischen Griechenland, der Türkei und Großbritannien: Zypern wurde am 16. August 1960 unabhängig, Großbritannien behielt zwei exterritoriale Militärbasen (SBAs, Sovereign Base Areas), die Rechte der türkisch-zypriotischen Minderheit wurden durch besondere Verfassungsklauseln geschützt, ein Anschluss an Griechenland, aber auch eine Teilung der Insel waren ausdrücklich verboten. Doch bereits 1963 kam es aufgrund des Versuchs des Präsidenten, Erzbischof Makarios, die Verfassung zugunsten der griechischen Volksgruppe zu ändern, wieder zu blutigen Unruhen und Vertreibungen, die zur Schaffung erster "Enklaven" für die türkisch-zypriotische Bevölkerung führten. Die zu Hilfe gerufene Garantiemacht Großbritannien konnte die Lage zwar beruhigen, der Friede zwischen den Volksgruppen war aber nur von kurzer Dauer.

2 Das UN-Mandat

Nachdem sich die Vereinten Nationen bereits Ende 1963 mit der Lage befasst hatten, erteilte der Sicherheitsrat dem Generalsekretär am 4. März 1964 einstimmig das Mandat zur Aufstellung einer Friedensstreitmacht für Zypern.
Seit dem 27. März 1964 befindet sich UNFICYP (**U**nited **N**ations Peace Keeping **F**orce in **CYP**rus) im Einsatz mit folgendem *Auftrag*:
"UNFICYP hat die Wiederaufnahme von Kampfhandlungen durch das Aufrechterhalten einer friedlichen Atmosphäre, in der eine gerechte und dauerhafte Lösung des Zypernproblems gefunden werden kann, zu verhindern."
Die insgesamt etwa 6300 Mann des ersten Mandates wurden ca. zur Hälfte von Großbritannien, die übrigen von Dänemark, Finnland, Kanada, Irland und Schweden ge-

stellt. Dazu kam eine internationale Polizeitruppe (Civilian Police – CIVPOL) in der Stärke von zuerst 173 Mann. Das gesamte Gebiet der Insel wurde in Zonen aufgeteilt, die je einem nationalen Kontingent, unterstützt durch Zivilpolizeikräfte, zur Aufrechterhaltung von Ruhe und Ordnung zugewiesen waren.
Österreich beteiligte sich ab April 1964, aber zunächst nicht mit Kampftruppen, sondern mit einem Feldspital und einem Polizeikontingent.
Die Auseinandersetzungen, die den Einsatz von UNFICYP ausgelöst hatten, erreichten im Sommer 1964 ihren Höhepunkt. Etwa 50% der türkisch-zypriotischen Bevölkerung wurde zur Flucht in Enklaven gezwungen, wo sie dann noch einer Wirtschaftsblockade der Griechisch-Zyprioten ausgesetzt waren. Es gelang UNFICYP, die Lage einigermaßen zu normalisieren, wodurch, zusammen mit internationalem Druck, die Türkei an einer Intervention gehindert werden konnte, aber es reichte weder damals noch später, um die UN-Truppen wieder abziehen zu können.
Immer wieder ereigneten sich schwere Krisen, wie zum Beispiel 1967, als in der Folge des Militärputsches in Griechenland, Einheiten der griechisch-zypriotischen Nationalgarde gemeinsam mit den griechischen Truppen auf Zypern (ELDYK) zwei türkisch-zypriotische Enklaven besetzten, sich aber auf internationalen Druck wieder zurückziehen mussten.

3 Die türkische Invasion

1974 kam es zu einem Putsch rechtsextremer griechisch-zypriotischer Kräfte. Der Präsident, Erzbischof Makarios, wurde abgesetzt und musste nach London ins Exil fliehen. Ziel des Putsches war es, Zypern mit dem damals von einer Militärjunta regierten Griechenland zu vereinen. Wieder kam es zu Massakern an der türkisch-zypriotischen Minderheit. Die Türken forderten daraufhin die Garantiemacht Großbritannien auf, einzugreifen, was diese aber ablehnte.
So entschloss sich die Türkei unter Berufung auf den Garantievertrag von 1960 zur militärischen Intervention, was am 20. Juli 1974 zur Landung türkischer Truppen im Norden der Insel führte. Die UN erreichten in der Folge zwar einen Waffenstillstand. Am 14. August setzten aber die türkischen Kräfte die Invasion bis zum endgültigen Waffenstillstand am 18. August 1974 fort. Während der Invasion kam es auf der ganzen Insel nicht nur zu Kämpfen zwischen den regulären Truppen, sondern auch immer wieder zu Racheakten und Übergriffen gegen Zivilisten beider Volksgruppen.
Die UN-Truppen versuchten dabei soweit es ging, auf beiden Seiten Massaker an der Zivilbevölkerung und das Abschlachten von Gefangenen zu verhindern. Dabei gerieten sie immer wieder in äußerst gefährliche Situationen, die aber mit wenigen Ausnahmen, zu denen leider auch der Tod dreier österreichischer UN-Soldaten zählte, ohne Verluste bewältigt werden konnten.
Seit damals ist die Insel zweigeteilt, ebenso die Hauptstadt Nikosia. Der Nordteil ist von türkischen Truppen besetzt. Die Waffenstillstands- und Demarkationslinie, die sogenannte "Attila-Linie" (offiziell: "Pufferzone"), verläuft entlang der Linie *Lefka – Nikosia – Famagusta.*

In der Folge kam es durch Flucht und Vertreibung zu einem Bevölkerungsaustausch, den man heute "ethnische Säuberungen" nennen würde (170.000 Griechisch-Zyprioten in den Süden, 50.000 Türkisch-Zyprioten in den Norden).
Im Nordteil wurden seither massiv Türken aus Nordanatolien angesiedelt, was auch von den Türkisch-Zyprioten nicht immer mit Wohlgefallen registriert wird.
1983 wurde in der türkischen Besatzungszone einseitig die nur von der Türkei anerkannte Republik "Nordzypern" ausgerufen.
Heute leben im Norden auf 37% der Fläche 160.000 Menschen, von denen aber nur 80.000 Türkisch-Zyprioten sind. Der Süden hat 610.000 Einwohner und 59% der Insel (4% der Fläche nehmen die britischen Militärbasen in Anspruch).

Abbildung 2

Als Folge der Invasion entstand die Einsatzsituation für UNFICYP, wie man sie heute noch vorfindet.
Anstatt wie bis dahin über die ganze Insel verteilt, sind die UN-Streitkräfte seit 1974 mit Masse in der in Sektoren eingeteilten Pufferzone zwischen den beiden Streitparteien eingesetzt. Waren es ursprünglich sechs Sektoren (Dänemark, Großbritannien, Finnland, Kanada, Österreich und Schweden), so wurden diese auf drei Sektoren reduziert (1, 2 und 4), in denen derzeit Kontingente aus Argentinien (Sektor 1), Großbritannien mit den Niederlanden (Sektor 2) sowie Österreich mit Ungarn und Slowenien (Sektor 4) eingesetzt sind.

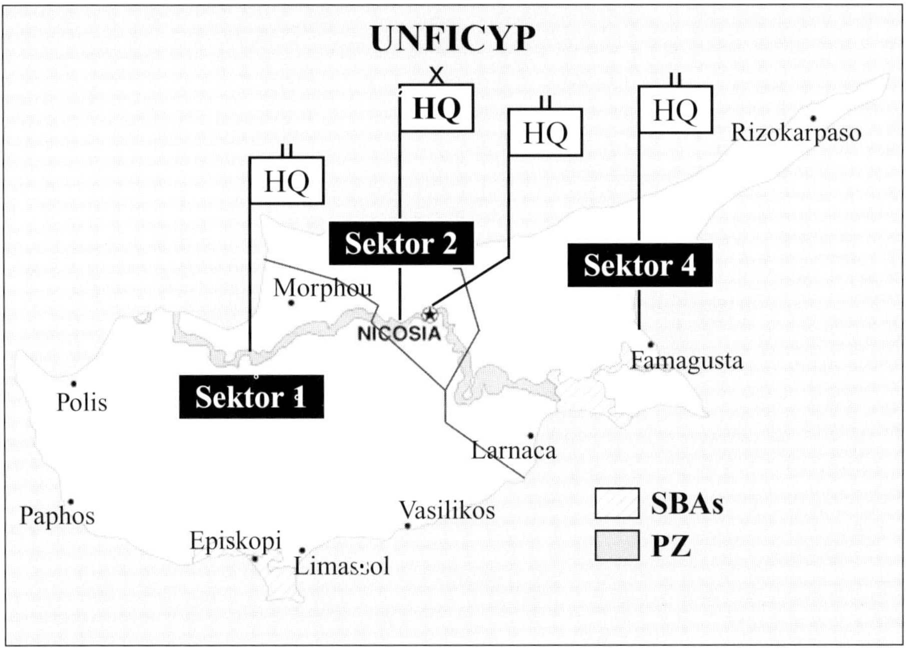

Abbildung 3

Die derzeitige (militärische) Gesamtstärke von UNFICYP beträgt 1230 Mann und 35 Mann internationale Polizei.

Obwohl es seit der Teilung kaum noch Kontakt zwischen den Bevölkerungsgruppen gibt, hat es immer wieder Spannungen und Zwischenfälle gegeben. Im August 1996 wurde im Zuge einer Demonstration am Grenzposten Dherinia im Sektor 4 ein griechischer Zypriot in einem Handgemenge mit türkischen Soldaten erschlagen und am Tag darauf in einer davon ausgelösten neuerlichen Demonstration ein weiterer griechischer Zypriot von türkischen Soldaten erschossen, als er versuchte, einen türkischen Fahnenmast zu erklettern. Bei diesen Unruhen postierten sich Krisenkräfte von UNFICYP, soweit dies möglich war, zwischen die Konfliktparteien und konnten noch schlimmere Folgen verhindern.

Danach gab es die Probleme im Zusammenhang mit der geplanten Stationierung von russischen S-300 Raketen im griechischen Teil, auf die Präsident Clerides erst Ende 1998 nach massivem Druck aus den USA, aus Großbritannien und der EU verzichtete.

Die Aussicht eines Beitritts Zyperns zur Europäischen Union (nur als Gesamtstaat möglich!) hat die Hoffnung auf eine Lösung des Zypern-Problems wieder aufflackern lassen, die Situation ist aber um nichts einfacher geworden.

4 Das österreichische Kontingent (AUSCON)

Wie schon erwähnt, begann der österreichische Zypern-Einsatz 1964 mit der Errichtung eines Feldspitals (AFH, Austrian Field Hospital) 20 km westlich von Nikosia. Daneben gab es noch ein Polizeikontingent.
1973 wurde das Feldspital nach Nikosia verlegt und in verkleinerter Form als UNFICYP Medical Center (UMC) weitergeführt, bis es 1976 geschlossen wurde.
Anfang 1972 fragten die UN in Österreich wegen der Entsendung eines Kontingents in der Stärke von 300-400 Mann an. So kam es dann im Frühjahr des gleichen Jahres zum ersten Einsatz einer österreichischen Kampftruppe im Rahmen der UNO. Das UNAB (United Nations Austrian Battalion), etwa 270 Mann stark, wurde im Distrikt Paphos im Westen der Insel stationiert.
Dieser Einsatz war eine schwierige Aufgabe, da dort der türkische Bevölkerungsanteil etwa 30% betrug. Es erforderte eine Menge Diplomatie, Takt und Fingerspitzengefühl, zwischen den beiden verfeindeten Volksgruppen zu vermitteln oder zumindest das Schlimmste zu verhindern.
Im Herbst 1973 wurde anlässlich des Yom-Kippur-Krieges ein Großteil dieses Bataillons in den Nahen Osten verlegt. Es wurde zuerst in Ägypten und seit 1974 als Teil der United Nations Disengagement Observer Force (UNDOF) auf den syrischen Golan-Höhen eingesetzt, wo es noch heute stationiert ist.
Der in Zypern verbliebene Teil wurde wieder auf 270 Mann aufgestockt und danach im Distrikt Larnaka im Süden der Insel eingesetzt. Auch dort gab es eine Reihe von türkischen Enklaven.
Während der türkischen Invasion 1974 kamen die Österreicher mehrmals unter schweren Beschuss. Der Feuerkampf zwischen griechisch-zypriotischer Nationalgarde und den sogenannten "Turkish Fighters" (Angehörige der zypern-türkischen Miliz, geführt von national-türkischen Offizieren) wurde zeitweise quer durch das österreichische Camp geführt, das Sanitätsgebäude zum Beispiel wies über 120 Treffer auf.
Während der Kämpfe versuchten die Österreicher immer wieder zwischen den beiden Seiten zu vermitteln und einzugreifen, um die Zivilbevölkerung zu schützen und um die Erschießung von Gefangenen und Geiseln zu verhindern.
Am 14. August kam es dann zu einem tragischen Zwischenfall. Bei den Kämpfen zwischen griechisch-zypriotischer Nationalgarde und Turkish Fighters bei Goshi, einem Ort an der taktisch wichtigen Straße von Larnaka nach Nikosia, wurde das Geländefahrzeug eines Beobachter-Teams des UNAB von türkischen Jagdbombern mit Maschinenkanonen und Napalm angegriffen und drei der vier Mann Besatzung getötet. Gefallen in Erfüllung ihrer Pflicht im Dienste des Friedens!
Nach der Invasion erhielt Österreich von den 6 Sektoren der zwischen griechisch-zypriotischen und türkischen Kräften entstandenen Pufferzone den Sektor 5 (nördlich von Larnaka).
Ab 1977 wurde das UNAB im Zuge einer Umgliederung (von 6 auf 4 Sektoren) im ostwärtigsten Sektor (Sektor 4 mit Hauptquartier in Famagusta) eingesetzt, wo es sich bis heute befindet. Dieser Sektor erstreckte sich ursprünglich nur etwa über ein Drit-

tel der Entfernung von der Ostküste nach Nikosia, wurde durch zwei weitere Umgliederungen 1987 und 1993 (im Zuge welcher der Sektor 3 aufgelöst wurde) bis zur Hauptstadt Nikosia ausgedehnt, ohne dass sich die Stärke des österreichischen Bataillons wesentlich verändert hätte.

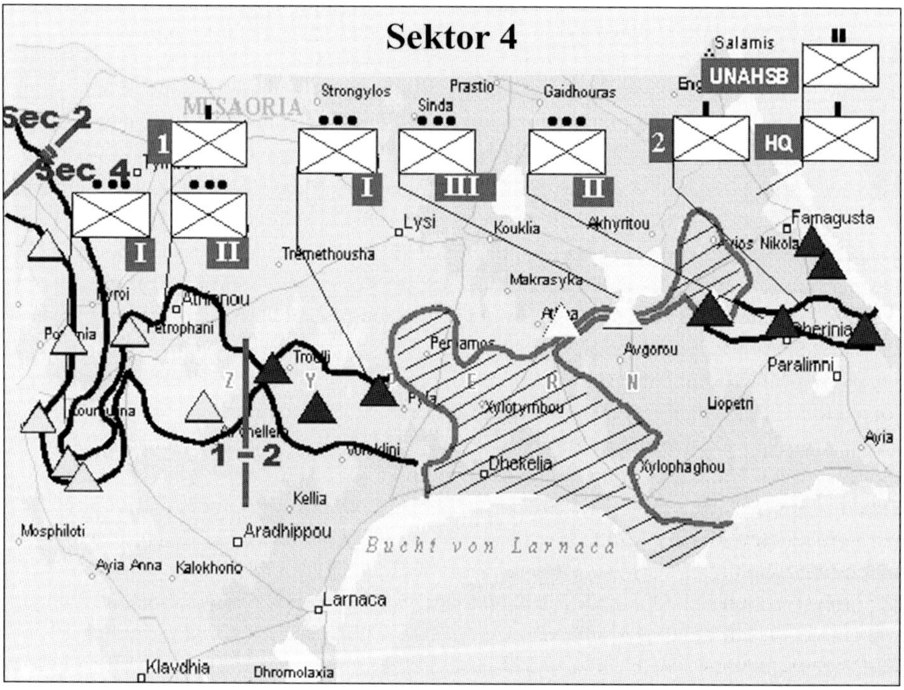

Abbildung 4

Seit 1995 wird das österreichische Kontingent durch ein ungarisches (HUNCON) und seit 1997 durch ein slowenisches Element (SLOCON) verstärkt (auf Initiative Österreichs, um Erfahrungen im Auslandseinsatz zu sammeln).

Folgerichtig heißt das Bataillon heute UNAHSB und besteht neben dem Kommando und einer Stabskompanie mit Vertretern aller drei Nationen, weiters aus einer ungarischen 1. Kompanie sowie einer österreichisch-slowenischen 2. Kompanie, bei der die Slowenen einen Zug stellen.

Derzeit verfügt das UNAHSB über 378 Soldaten (inklusive 9 Frauen). Davon sind 238 (1 Frau) Österreicher, 111 (6 Frauen) Ungarn und 29 (2 Frauen) Slowenen. 185 gehören zum Bataillonskommando und zur Stabskompanie im Camp "Duke Leopold V" (benannt nach dem Babenbergerherzog, der während des 3. Kreuzzuges das österreichische Kontingent führte und später Richard Löwenherz gefangen nahm) und 193 sind "auf der Linie", das heißt, auf den Beobachtungsstützpunkten.

Der Pufferzonenabschnitt des UNAHSB hat eine Fläche von 110 km^2. Die Grenze mit den türkischen Kräften im Norden hat eine Länge von 53 km und die mit der griechisch-zypriotischen Nationalgarde im Süden 63 km.
In diesem Bereich befinden sich zwei griechisch-zypriotische Dörfer und ein Dorf mit gemischt griechisch- und türkisch-zypriotischen Einwohnern, hier hat die UNO für Recht und Ordnung zu sorgen.
Weiters gibt es ein verlassenes Dorf im türkisch kontrollierten Gebiet, das die UNO zu inspizieren hat, und die "Geisterstadt" Varosha, ein verlassener Vorort von Famagusta am Meer, mit vielen Hotels, der von den Türken als Faustpfand gehalten wird und wo das UNAHSB Beobachtungsstützpunkte hat, um jede Veränderung des Status Quo zu melden.
Darüber hinaus obliegt dem UNAHSB die Demonstration der UN-Präsenz sowie die humanitäre Versorgung der verbleibenden griechisch-zypriotischen Bevölkerung im Norden, insbesondere auf der Halbinsel Karpas (noch etwas mehr als 400 Menschen).
Und nicht zuletzt muss durch einen eigenen Posten die Verlängerung der Grenze ins Meer (Maritime Security Line) kontrolliert werden, damit sich kein griechisch-zypriotischer Fischer in türkisch "besetzte" Gewässer verirrt.

5 Die psychologische Situation der österreichischen UN-Soldaten auf Zypern

Anders als den meisten Friedenseinsätzen haftet Zypern der Geruch des sehr gut bezahlten Nichtstuns an. Dies wurde noch unterstrichen durch die Tatsache, dass beim österreichischen Bundesheer ein Anwärter für den Auslandseinsatz ursprünglich erst einmal in einem anderen Einsatz gewesen sein musste, im Allgemeinen auf den Golan-Höhen, bevor er mit einem Einsatz auf Zypern "belohnt" wurde, was allerdings den Vorteil mit sich brachte, dass ein Großteil der auf Zypern eingesetzten Soldaten bereits UN-Erfahrung hatte.
Ausdrücke wie "Club-Med-Peace-Keeping", "Sunshine-Mission" oder "Beach-Keeping" waren immer häufiger aus dem Mund derjenigen zu hören, die auf den Golan-Höhen, in Albanien, in Bosnien oder gar im Kosovo ihren Dienst versahen.
Und tatsächlich ist der Dienst, vor allem der im Camp "Duke Leopold V" in Famagusta, wo das Bataillonskommando und die Stabskompanie des UNAHSB untergebracht sind, unter normalen Umständen wirklich nicht besonders schwer zu nennen.
Aber das ist das Stichwort: "Unter normalen Umständen"!
Bei keinem anderen Friedenseinsatz kann sich die Lage so schnell ändern wie auf Zypern.
"Unter normalen Umständen" fährt man nach Dienst ans Meer baden, der Touristenort Ayia Napa ist nicht schwer zu erreichen (viele Soldaten mieten allein oder gemeinsam ein Auto) und dort gibt es Unterhaltung, (extrem laute) Musik, weibliche Gesellschaft, seien es Touristinnen oder professionelle Damen, Tanz, Alkohol, kurz alles, was –dem Vernehmen nach– des Soldaten Herz begehrt. Zumindest aber setzt man sich in das nächste Kaffeehaus oder die nächste Bar, um die Strapazen des Tages zu vergessen.

Aber hier beginnt es bereits. Nicht von allen Stützpunkten aus lässt sich dies verwirklichen. Einzelne Stützpunkte befinden sich tief im türkischen Gebiet, wo die Infrastruktur noch sehr zu wünschen übrig lässt. Früher, als es noch mehr Stützpunkte im türkischen Gebiet, zum Teil in Sperrzonen, gab, war die Situation besonders krass. Während die Türken dort zeitweise den UNO-Soldaten verboten, den Fuß vor das Haus zu setzen (als Schikane wegen irgendwelcher Differenzen mit den UN, oft auch nur wegen einer griechisch-zypriotischen Demonstration) und manchmal nicht einmal Verpflegung zugeführt werden konnte, sodass man sich drei Wochen von Notrationen ernähren musste, konnte die Besatzung des betroffenen Stützpunkts mit freiem Auge einen anderen Stützpunkt auf der griechisch-zypriotischen Seite sehen, wo alles wie gewohnt war und jeder, der wollte, nach der Ablöse in Richtung Vergnügen davon eilte.

Dazu kommen noch außerordentliche Hitzeperioden, starke Staubentwicklung, aufgrund des langen Pufferzonenabschnitts intensive Patrouillentätigkeit (dreifache Länge bei nur um ein Drittel mehr Personal) und die Umstellung auf den ungewohnten Linksverkehr.

Aber das wirklich Bedrohliche ist die ständige Gefahr des Ausbruchs von Gewalt. Jederzeit kann irgendeine Situation so eskalieren, dass UNO-Soldaten zwischen die Fronten treten müssen, dass sie Gesundheit und sogar ihr Leben einsetzen müssen, um ihren Auftrag zu erfüllen. Die letzten Unruhen, die internationale Schlagzeilen machten, entstanden urplötzlich aus den patriotischen Auswüchsen eines Motorrad-Club-Treffens und forderten auf griechisch-zypriotischer Seite zwei Tote. Es ist weniger bekannt, dass die UN-Soldaten ohne richtige Riot-Control Ausrüstung ins Getümmel mussten und eine Reihe von ihnen schwere Verletzungen erlitt. Und ein paar Tage später saß man wieder in einem Lokal am Meer, und es herrschte augenscheinlich tiefster Friede. Und möglicherweise saßen Mitglieder des Motorrad-Clubs ein paar Tische weiter.

Es sind der abrupte Wechsel zwischen "Urlaub" und oft lebensbedrohendem Einsatz sowie die ungleiche Verteilung der Möglichkeit, die verlockenden Freizeitangebote zu nützen, die die Einsatzsituation auf Zypern charakterisieren.

Und es passt ins Bild, dass gerade auf Zypern, mitten in einem solchen "Urlaubs-Einsatz", die Republik Österreich ihre einzigen, in einem Gefecht gefallenen Soldaten zu beklagen hat.

In dieser Situation sind auch Kommandanten der untersten Ebenen gefordert, Zugskommandanten, ja Gruppenkommandanten müssen Ad-hoc-Entscheidungen treffen und haben wenig Zeit, bei ihren Vorgesetzten rückzufragen. Kompaniekommandanten und insbesondere der Bataillonskommandant müssen ständig Verhandlungen mit beiden Seiten führen und vermitteln und wer kein diplomatisches Geschick hat, ist eher fehl am Platz.

Der Heerespsychologische Dienst musste auf diese, von allen anderen Einsatzgebieten abweichenden Gegebenheiten reagieren.

Das österreichische Bundesheer verfügt seit Anfang der 80er-Jahre über ein zu Beginn noch sehr einfaches, heute aber eher aufwendiges und selektives Testsystem für Bewerber für Auslandseinsätze[1]. Im Zuge dieses Verfahrens wird, so weit wie möglich, auf die Besonderheiten des Einsatzes in Zypern Rücksicht genommen. Es handelt sich zwar nicht um ein Verfahren zur Auswahl von Kommandanten, aber besonders bei Kommandanten der untersten Ebenen können Hinweise auf das Vorhandensein oder Fehlen wichtiger Eigenschaften wie Flexibilität, Frustrationstoleranz oder Entschlussfreudigkeit gegeben werden.

Auch im Rahmen der psychologischen Vorbereitung auf den Einsatz, die alle Anwärter zu durchlaufen haben, wird auf die Besonderheiten des Einsatzes auf Zypern hingewiesen. Die Offiziere werden in einem zweitägigen Seminar spezifisch auf den bevorstehenden Einsatz vorbereitet, wobei Rollenspiele und andere gruppendynamische Methoden verwendet werden.

Alle aus dem Einsatz zurückkehrenden Soldaten (Repatrianten) werden mittels eines genormten Fragebogens über ihren Einsatz befragt, dabei wird auch das Verhalten der Vorgesetzten kritisch bewertet. Es können auch freie Kommentare hinzugefügt werden. Die zusammengefassten Ergebnisse dieser Befragung werden der verantwortlichen Führung übergeben.

Sollte es aber trotzdem während des Einsatzes österreichischer UN-Soldaten auf Zypern zu Problemen kommen, bei denen ein Psychologe helfen kann, so gibt es zwar derzeit (vor allem aus Personalmangel) keinen ständigen Psychologen beim Bataillon, es kann aber jederzeit einer der drei Psychologen des Kommandos für Internationale Einsätze ins Feld geschickt werden, um die nötigen Maßnahmen zum Bereinigen der Krise zu ergreifen. Im Laufe der letzten Jahre konnten auf diese Weise verschiedentlich Probleme an der Wurzel gefasst und gelöst werden.

Die Psychologen, die hier eingesetzt werden, sind in Krisenintervention und im Critical Incident Stress Management nach J.T. Mitchell ausgebildet. Als Milizoffiziere (Reserveoffiziere), die das Feld kennen, haben sie sowohl das Vertrauen der Mannschaft wie auch der Kommandanten.

Die Angehörigen der UNO-Soldaten, die oft durch deren Probleme schwer belastet werden, beziehungsweise durch ihre Probleme die Soldaten auf Zypern belasten, können sich über das Helpline-Service des österreichischen Bundesheeres[2], einer Art militärischer Kummernummer, Informationen und Rat verschaffen.

Mit Hilfe dieser Maßnahmen erwartet der Heerespsychologische Dienst, allfällige Probleme und Krisen, die im Zuge des Friedenseinsatzes des österreichischen Kontingents auf Zypern auftreten, auch weiterhin bewältigen zu können, auch wenn aufgrund der politischen Situation (möglicher EU-Beitritt etc.) die Zukunft des UN-Mandats ungewiss ist.

1) Vergleiche hierzu den Artikel von Slop in diesem Buch (Seiten 41 ff)
2) Vergleiche hierzu den Artikel von Frise in diesem Buch (Seiten 440 ff)

Literatur:

Clausen, Chr. (1991). Die UNO-Friedensmission in Zypern. In: Koch, E. (Hrsg.), Die Blauhelme – Im Einsatz für den Frieden (S. 98-102). Frankfurt a.M./Bonn: Report Verlag GmbH.

Gass, H. (1990). Österreich im Dienste des Friedens – 30 Jahre Beteiligung an UN-Friedensmissionen (S. 51-60). Veröffentlichung des BMLV, R 4781/90.

Österreichisches Bundesheer, Kommando für Internationale Einsätze (2000). UNFICYP März 2000, Geschichte, Mandat und Auftrag. Powerpoint-Präsentation.

Schmidl, E. (1999). Zypern 1974: Gefallen für den Frieden. Truppendienst 4/1999, 282-292.

Horst Schuh:

Umgang mit der einheimischen Bevölkerung[1]

Meine Zusammenarbeit mit der einheimischen Bevölkerung im deutschen KFOR-Sektor hatte das Ziel,
- einen Beitrag zur Verbesserung ihrer Lebenssituation zu leisten,
- interkulturelle Begegnungen herbeizuführen und
- die Akzeptanz und damit auch die Sicherheit der Soldaten im Einsatz zu gewährleisten.

Dies versuchte ich
- *direkt* durch fachpsychologische Arbeit in Verbindung mit humanitären Leistungen und
- *indirekt* durch Einflussnahme auf das Verhalten der eigenen Soldaten und auf Maßnahmen der Operativen Information (OpInfo).

1 Direkter Weg

Der *direkte* Zugang ergab sich bald nach meinem Dienstantritt im Einsatzland, als eine albanische Mitarbeiterin im Stab des Nationalen Befehlshabers um ein Gespräch bat. Das Gespräch, das mit Hilfe einer Dolmetscherin geführt wurde, nahm bald den Charakter eines Debriefings an. Es stellte sich heraus, dass diese Frau kurz vor dem Abzug der serbischen Truppen mehrfach bedroht und vergewaltigt worden war. Meinen Vorbehalt, als Mann und Angehöriger einer anderen Kultur für einen solchen Fall nicht hinreichend qualifiziert zu sein, ließ sie nicht gelten. Sie lehnte ebenfalls mein Angebot ab, sie mit einer Selbsthilfegruppe einheimischer Frauen mit ähnlichen traumatischen Erfahrungen zusammenzubringen, da sie nicht als "geschändete Frau" in ihrer Volksgruppe "geoutet" werden wollte.
Dieser Erstkontakt führte trotz der unzulänglichen Voraussetzungen und Rahmenbedingungen zu weiteren –offensichtlich hilfreichen– Gesprächen und zu einer Ausweitung der Klientel im Verwandtschaftskreis der Frau. Hierbei fiel mir besonders das Schicksal eines sechsjährigen Jungen auf, der auf der Flucht nach Albanien vom Traktor gefallen war. Seine psychische (Angst-)Traumatik ging einher mit physischen Symptomen, die ich nur mit Unterstützung eines Sanitätsarztes angehen konnte und wollte. Aus solchen Fällen heraus resultierte unter Einschluss des Sprachmittlers bald eine bewährte Teamarbeit, sozusagen im mobilen Außendienst sowie eine interkulturelle Erfahrung, die uns ungemein bereicherte.

1) Vergleiche hierzu die Bilder 21 bis 23 im Fototeil

Ein weiteres Projekt entwickelte sich aus einer Bekanntschaft mit einem Kosovoalbaner, den ich bereits in Deutschland kennen gelernt hatte. Auf dessen Bitte hin nahm ich Verbindung mit seiner Familie in Prizren auf, um von den Angehörigen gastlich aufgenommen, zugleich aber mit ihren posttraumatischen Reaktionen konfrontiert zu werden. Zwei Söhne, Brüder meines Bekannten, waren von serbischer Miliz verhaftet und gefoltert worden; er selber war der Liquidierung nur knapp durch Flucht entgangen. Die alten Eltern waren mit Schwiegertöchtern und Enkeln auf der Flucht drangsaliert, der Vater mit Tod durch Erschießen bedroht worden.
Auch hier wies mir praktisch die Familie eine für mich überraschende Moderatorenrolle zu, die –von mir unorthodox wahrgenommen– den Betroffenen eine gewisse Aufarbeitung ihrer traumatischen Erfahrungen und offensichtlich Entlastung ermöglichte. Man "übertrug" mir zunehmend ein Maß an Autorität und Zuneigung, das mir einerseits sehr gut tat, zum anderen aber fast unheimlich war.
Eine Nichte meines Bekannten hatte mit einer anderen jungen Frau damit begonnen, einen Kindergarten in einem Ladenlokal im Stadtteil Tusus einzurichten. Auf engstem Raum wurden von den 120 angemeldeten Kindern bis zu 70 Kinder täglich betreut. Heizung, sanitäre Anlagen, Mobiliar, Spielzeug und pädagogische Hilfsmittel waren so gut wie nicht vorhanden. Hier schaltete ich mich ein und machte diese Einrichtung "zu meiner Sache". Finanziell und materiell unterstützt durch die Militärseelsorge[2], durch die CIMIC[3] -und die Feldlagerbetriebskompanie sowie durch das verstärkte Mechanisiertes Batallion (MechBtl) konnte ich den Kindergarten für die ersten Monate "überlebensfähig" machen.
Nach Aussagen der Leiterin und einiger Mütter, die ich befragen konnte, hatten fast alle Kinder traumatische Erfahrungen in der Kriegszeit gemacht und wiesen z.T. noch deutliche Verhaltensstörungen auf. Mit Hilfe von Zeichnungen, zu denen ich die Kinder anregte, ließen wir die Kinder über ihre Erfahrungen, aber auch über ihre Wunsch- und Zukunftsvorstellungen sprechen. Die Angst vor Soldaten verlor sich sehr schnell, als die Kinder feststellten, dass die deutschen nicht nur Hilfsgüter, Spielzeug und Süßigkeiten mitbrachten, sondern auch bereit waren, mit ihnen "auf Tuchfühlung" zu gehen und herumzutoben. Diese zunächst zufällig entdeckte, dann gezielt herbeigeführte Spielpraxis ließ nicht nur die Angst vor uniformierten Männern, sondern auch manche Verhaltensauffälligkeiten verschwinden. Zugleich hatte ich festgestellt, dass die Begegnung mit Einheimischen und das Spielen mit Kindern vorzügliche Methoden waren, im Routinedienst vom "Burn out" bedrohte oder durch Trennungsprobleme (von zu Hause) belastete Soldaten wieder Sinn und Kraft für den Einsatz finden zu lassen. Die Dankbarkeit und Freude, die sie durch ihr Kommen und Mitmachen, durch ihre Hilfeleistung und Geschenke bei den Kindern auslösten, wirkten "ansteckend"

2) Militärdekan B. vom 3. Kontingent übernahm dieses Projekt von mir und sicherte durch ansehnliche Sach- u. Dienstleistungen der Truppe und durch Geldspenden aus der Heimat die weitere Existenz des Kindergartens.
3) Civil Military Cooperation

und führten dazu, dass diese Soldaten ihre Absicht aufgaben, sich vorzeitig nach Hause zurückführen zu lassen.
Vom scheidenden G 5 des 2. Kontingents übernahm ich das Projekt, Witwen und Waisen gefallener UČK-Kämpfer zu unterstützen. Hier wurde ich besonders durch Geldspenden von Soldaten sowie durch Sachleistungen des verstärkten MechBtl und der Johanniter-Unfallhilfe unterstützt. Durch Vermittlung des TMK-Kommandeurs von Suva Reka überbrachte ich gemeinsam mit Soldaten die Sach- und Geldmittel den Hinterbliebenen vor Ort. Auch hier führte die Begegnung mit den Einheimischen, mit ihrem Leid und ihrer Trauer, aber auch mit ihrer aufkeimenden Freude und Dankbarkeit zu anrührenden Szenen, die den Soldaten den Sinn ihres Einsatzes im Kosovo ohne große Worte verdeutlichten.
In diesem Zusammenhang ist nachzutragen, dass ich mir, insbesondere bei Patrouillengängen mit Sicherungskräften des MechBtl und bei Einsätzen der OpInfozelle, Mühe gab, auch Angehörige der missliebigen und verfolgten Minderheiten im Kosovo, Serben und Roma, zu kontaktieren. Dies gelang, wenn auch nicht in der Intensität und Nachhaltigkeit wie bei den Kosovo-Albanern. Einem alten serbischen Ehepaar, das im Stadtzentrum von Prizren rund um die Uhr von deutschen Soldaten vor albanischen Übergriffen geschützt werden musste, war ich persönlich besonders verbunden. Hier waren bereits das "Vorbeikommen" und geduldiges Zuhören mit Hilfe eines serbisch sprechenden Soldaten eine tröstliche Abwechslung für die beiden Menschen in ihrer Isolation. Ihre bescheidenen Wünsche –Haare schneiden, einmal wieder einen Gottesdienst besuchen, die Bienenkörbe in den Bergen winterfest machen– konnte ich über die zuständige Task Force erfüllen lassen. Auch den praktisch im Ghetto lebenden Roma in Prizren und Serben in Orahovac konnte ich –nach jeweils einem einmaligen Besuch– die gewünschte medizinische Hilfe zukommen lassen.

2 Indirekter Weg

Tagsüber in Prizren: Fröhliche junge Menschen, die am Tag lauthals lachend durch die Straßen flanieren, in den Cafés sitzen und zu modernen Rhythmen mit den Füßen wippen, fackeln nachts Häuser ab und bringen Landsleute um, darunter alte Menschen, die nie jemandem etwas zu Leide getan haben. Dazu der Kommandeur des MechBtl im 2. Kontingent: "Es ist einfach nicht zu begreifen, dass Menschen einerseits freundlich sind, zuvorkommend und aufrichtig erscheinen, andererseits aber permanent gewaltbereit sind, auf Massaker an serbischen Mitbewohnern mit Gleichgültigkeit oder offensichtlicher Freude reagieren und Beifall klatschen, wenn deren Häuser brennen" (Vergl. Lemberger, 1999). Dann bricht auch ohnmächtige Wut bei Soldaten seines Bataillons aus, wenn sie ein altes serbisches Ehepaar, das ihnen regelmäßig Kaffee zum Beobachtungsposten gebracht hatte und vertraut geworden war, morgens in ihrem Hause ermordet vorfinden. Dann verspüren auch sie grenzenlose Wut und den Drang nach Vergeltung; dann ist die Gefahr von Übergriffen gegenüber den Kosovo-Albanern groß.
Auch bei chronisch belasteten Soldaten ist eine Neigung erkennbar, die eigentlich ihrem Schutz anvertrauten Menschen mit abfälligen Worten zu belegen und ihnen unbeherrscht

oder sogar schikanös zu begegnen. Zynismus und Menschenverachtung sind klassische Anzeichen von "Burn out" und dementsprechend ernst zu nehmen. Zur Entlastung des Soldaten von extremem bzw. chronischem Stress gehört also auch, ihm zur Selbstkontrolle seines Verhaltens gegenüber den Einheimischen zurückzuverhelfen.
Nicht zu dramatisieren, aber auch nicht zu bagatellisieren sind (Vor-)Urteile und Redensarten von Soldaten, die sich aus ihrer Rolle als "Schutzmacht" ergeben. Wenn sie sich immer wieder als Entscheidungsträger gegenüber Bittstellern, als "Dirigenten" gegenüber Orientierungslosen und als Helfer gegenüber Bedürftigen erleben, bleibt dies nicht ohne Auswirkungen auf ihre Bewusstseinsbildung. Es schleicht sich dann das distanzlose "Du" gegenüber einheimischen Mitarbeitern –z.B. Sprachmittlern, Reinigungskräften, Küchenhilfen– ein, bezeichnet man Einheimische als "Klingonen", als seien es fremdartige, feindselige Wesen von einem anderen Stern, und geht mit ihnen "nach Gutsherrenart" um. Von da aus ist es nicht mehr weit bis zu einer "Besatzermentalität", mit der Soldaten Zivilpersonen "von oben herab" behandeln. Das haben die Kosovo-Albaner zur Genüge von ihren serbischen Peinigern in der Vergangenheit erfahren. Auch wenn es bisher nur Einzelfälle waren, wo sich deutsche Soldaten überheblich und dominant verhalten haben, war und ist den Anfängen zu wehren.
Zusammen mit der Zelle Operative Information habe ich einen Workshop durchgeführt, um mit einheimischen Sprachmittlern nach Erklärungen und Möglichkeiten zu suchen, die interkulturelle Kompetenz der Soldaten zu verbessern. Mir war es als Truppenpsychologen ein besonderes Anliegen, auf die unterschiedlichen Norm- und Wertvorstellungen von muslimisch geprägten und christlich geprägten Jugendlichen hinzuweisen (Visser, 1994).
Rangfolge, wie sie von muslimisch- versus christlich-geprägten Jugendlichen vertreten wurde:

Muslime	*Christen*
1. Religion/Glaube	1. Selbständigkeit/Unabhängigkeit
2. Respekt gegenüber den Eltern	2. Selbstwertgefühl als individuelle Persönlichkeit
3. Treue zur Familie/Verwandtschaft	3. eine gute Ausbildung
4. Gehorsam	4. andere Sprachen
5. Gastfreundlichkeit	5. Ehrlichkeit
6. gute Manieren	6. Hilfsbereitschaft
7. Hilfsbereitschaft	7. Respekt gegenüber den Eltern
8. die eigene (= "Mutter"-)Sprache	8. gute Manieren
9. eine gute Ausbildung	9. Treue zur Familie/Verwandtschaft
10. Ehrlichkeit	10. Gehorsam
11. Selbständigkeit/Unabhängigkeit	11. Gastfreundlichkeit
12. Selbstwertgefühl als individuelle Persönlichkeit	12. Religion/Glaube (die eigene Sprache ist wegen "Selbstverständlichkeit" hier nicht mit aufgeführt)
13. andere Sprachen	

Eine Bestätigung dieser Untersuchungsergebnisse –und zudem bemerkenswerte Variante– erhielt ich in einer Reihe von Gesprächen, die ich mit Redakteuren und freien Mitarbeitern von Radio Sharri führte, ein Rundfunksender in Dragasch, der technisch und redaktionell von OpInfo unterstützt wird. Auf die Frage, was KFOR-Soldaten im Umgang mit der kosovarischen Bevölkerung besonders beachten sollten, fielen ihre Antworten einhellig aus: Die Ehre der Frau respektieren! Was im Klartext hieß: Ein (Liebes-)Verhältnis zwischen Soldaten und kosovarischen Frauen ist unerwünscht. Dieser Appell löste lebhafte Diskussion im Brigadestab aus und wird sicherlich auch bei einer Ausgangsregelung für die Soldaten zu einem späteren Zeitpunkt eine wichtige Rolle spielen.
Letztlich strebten wir an, den Soldaten eine Orientierungshilfe an die Hand zu geben, was sie im Umgang mit der Zivilbevölkerung beachten bzw. unterlassen sollten. Dazu war es erforderlich, bewusst zu machen und bewusst zu halten, dass die Sicherheit der KFOR-Truppen von ihrer Akzeptanz durch die Zivilbevölkerung abhängt. Diese Sicherheit kann allerdings nur dann Bestand haben, wenn sich die Soldaten im Kosovo ihrer Rolle als Gäste bewusst sind und dementsprechend auftreten und handeln.

3 Verhaltensgrundsätze

Die daraus resultierenden Verhaltensgrundsätze wurden zu Beginn des 3. Kontingents den Kommandeuren der MNB (S) vorgetragen und in Form von deutsch- und englischsprachigen Taschenkarten ("code of conduct") an die Soldaten verteilt.

Code of Conduct	Code of Conduct
1. Respektieren Sie besonders - den hohen Stellenwert von Religion und Familie - den Stolz eines freiheitsliebenden und traditionsbewussten Volkes - die Verletzlichkeit und die jüngste Leidenserfahrung der Menschen	**3. Achten Sie bei Gesprächen auf** - die Anrede (unaufgefordertes Duzen von Personen –auch ziviler Mitarbeiter– ist demütigend) - einen höflichen und partnerschaftlichen Umgangsstil - die Formulierung ihrer Anweisungen (Bitte! Danke!)
Wir sind Gast und nicht Besatzer!	**Behandele Dein Gegenüber immer so, wie Du selbst behandelt werden möchtest!**
2. Vermeiden Sie generell - herablassende und diskriminierende Bemerkungen - undiszipliniertes bzw. ungebührliches Verhalten (insbesondere bei erhöhtem Alkoholkonsum) - anzügliche oder obszöne Sprüche und Gesten (Ein Großteil der Bevölkerung versteht die deutsche Sprache!)	**4. Seien Sie bei der Durchführung ihres Auftrages** - klar und verständlich in Ihren Anordnungen - verbindlich und geduldig beim Erklären Ihrer Handlungen Korrekt und maßvoll beim Durchsetzen Ihrer Maßnahmen (Keine Provokation, keine Überreaktion!)
Gesten sind mehrdeutig und können deshalb falsch aufgefasst werden!	**Verbindlich im Umgang, bestimmt, aber fair beim Durchsetzen des Auftrages!**

Literatur:

Lemberger, H. (1999). Stressfull life events, personality and health: an inquiry into hardiness. Journal of personality and social psychology, Vol. 37, 1-11.

Visser (1994). Ergebnisse einer Untersuchung zu einem Integrationsprojekt der niederländischen Polizei (unveröffentliches Vortragsprotokoll).

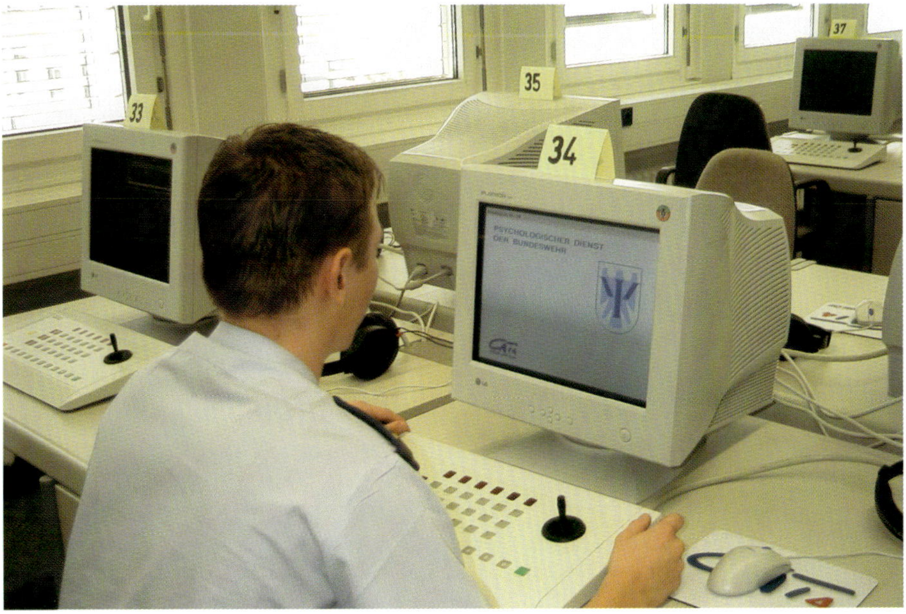

Bild 1: Soldaten an einem Test-Arbeitsplatz

Bild 2: “Trennung von der Heimat”

Bild 3:
Schlafraum der
deutschen Soldaten
in Prizren, Kosovo

Bild 4:
Ruinen in Illidza,
Bosnien-Herzegowina

Bild 5: Containerwohnungen im Schnee, Feldlager Rajlovac

Bild 6: Transportpanzer, durch eine Mine zerstört

Bild 7:
Flüchtlingscamp
im Kosovo

Bild 8:
Leichenbergung und
-identifizierung

Bild 9: Kampfpanzer in zerstörter Ortschaft

Bild 10: Annäherung an ein Gebäude

Bild 11:
Festnahme eines Verdächtigen

Bild 12:
SFOR-Ausbildung, Bergen und Versorgen eines Verwundeten

Bild 13: Soldaten des Deutsch-Dänisch-Polnischen Korps

Bild 14: “Partnerschaft für den Frieden”

Bild 15:
Geografische Lage des Einsatzgebietes, in dem die Geiselnahme stattfand

Bild 16:
Gedenkfeier auf hoher See am 24. November 1997

Bild 17:
Luftbetankung

Bild 18:
Rückkehr vom
Einsatz

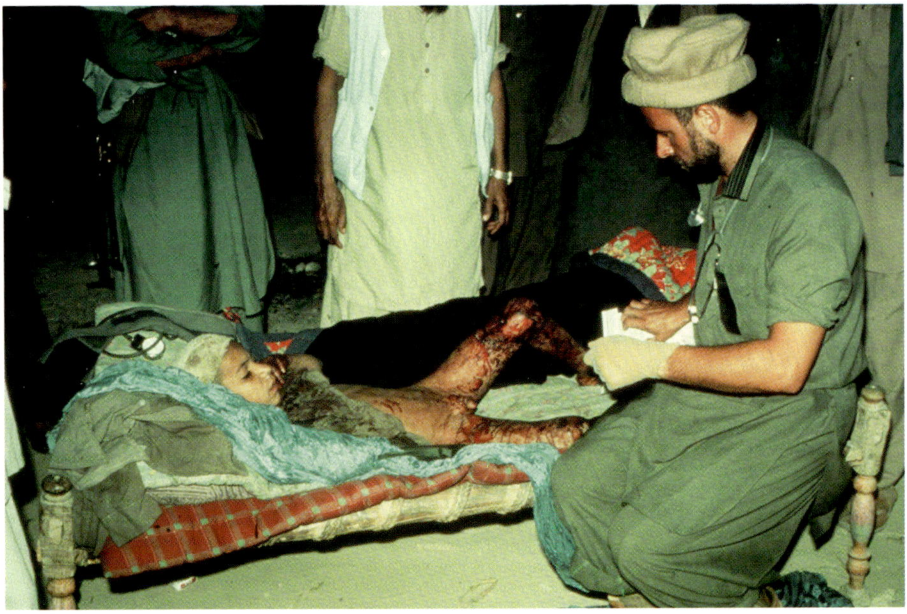

Bild 19: Verletzter Junge

Bild 20: Afghanische Widerstandskämpfer gegen die sowjetische Intervention

Bild 21: Soldaten verteilen Schreibhefte und Stifte in der Schule von Biljesevo

Bild 22: Ausschnitt aus dem Projekt "Kinder malen den Krieg"

Bild 23: Verhandlungen mit der UCK

Bild 24: Heimkehr aus dem Einsatz

Bild 25: Helpline Service des Österreichischen Bundesheeres

Bild 26: Lawinenunglück in Galtür 1999 – Zerstörungen im Ort

Bild 27: Lawinenunglück in Galtür 1999 – Hilfsmannschaften im Einsatz

Bild 28:
Schlauchboot
wird eingeholt

Bild 29:
Brandbekämpfung
an Bord

Bild 30: Oderbruch 1998

Bild 31: Soldaten des KSK im Einsatz

Helmut Bartz:

Truppenpsychologie in der Feldzeitung "Der Keiler"

"Es genügt nicht, zur Sache zu reden, man muss zu den Menschen reden."
Stanislaw Jerzy Lec

1 "Public relations": Chance und Herausforderung für die Truppenpsychologie

Im Gegensatz zu einem truppenpsychologischen Reader, der zwar von grundlegender Bedeutung für alle an einem militärischen Einsatz mittelbar oder direkt Beteiligten ist, jedoch nur einem vergleichsweise kleinen Kreis zur Verfügung steht, ist die Feldzeitung ein Medium für *alle* im Einsatz befindlichen Soldaten. Sie ist aktuell und erreicht ihre Adressaten schnell und unmittelbar.

Die Feldzeitung bietet dem Truppenpsychologen also ein Forum mit optimaler Effizienz; sie erreicht alle Dienstgradgruppen in kürzester Zeit. Die Feldzeitung bietet dem Truppenpsychologen eine Gelegenheit, zuerst einmal auf sein "Vorhandensein" aufmerksam zu machen und kann darüber hinaus zu einer grundsätzlichen Darstellung seines "Serviceangebotes" dienen.

Die bisherigen Erfahrungen zeigen, dass die Truppenpsychologie –vor allem aus quantitativen Gründen und daraus resultierender geringer Präsenz– nicht überall so im Bewusstsein der Truppe verankert ist, wie dies zu wünschen wäre. Ähnlich wie in der zivilen Öffentlichkeit, ist immer wieder festzustellen, dass die Bewertung des Psychologen und seiner Möglichkeiten zwischen den Polen Unwissenheit, Unterschätzung und überzogenem Kompetenzanspruch, ja übertriebener "Heilserwartung" schwankt und daher durchaus einer an der Realität orientierten Selbstdarstellung bedarf.

Die Feldzeitung kann aber nicht nur durch entsprechende Beispiele aus dem Aufgabenfeld des Truppenpsychologen auf Nutzen und Bedeutung der Truppenpsychologie als Institution hinweisen ("Tue Gutes und rede darüber"), sondern auch den Bekanntheitsgrad des jeweiligen Truppenpsychologen erhöhen. Ein Beitrag in der Feldzeitung kann Vertrauen herstellen und ggf. Berührungsängste abbauen, insgesamt die "Selbstverständlichkeit" der Inanspruchnahme fördern.

Zwar war in den bisherigen Einsätzen nur sehr vereinzelt festzustellen, dass dem Truppenpsychologen von militärischen Vorgesetzten nicht das Optimum an Verständnis entgegengebracht wurde, dass die Institution oder die Person nicht die notwendige Akzeptanz erfuhren, dennoch sollte auch in dieser Hinsicht immer wieder die Chance der Selbstdarstellung genutzt werden, um die Truppenpsychologie als wichtige Komponente der Auftragserfüllung mit möglichst vielen Facetten ihrer Möglichkeiten vorzustellen.

Der Vollständigkeit halber sei erwähnt, dass der Truppenpsychologe nicht der Versuchung erliegen sollte, den Profilierungsaspekt zu stark in den Vordergrund zu stellen und die Leser mit geballter psychologischer Kompetenz zu erschlagen. Die kommunikative Absicht der "vertrauensbildenden Maßnahme" könnte so in ihr Gegenteil verkehrt werden.

2 Themen für die Feldzeitung

Truppenpsychologische Beiträge sind natürlich kein Selbstzweck, sondern werden vorrangig zielgerichtet sein: fachlich begründet und auftragsbezogen.
Im Vordergrund der Beiträge wird immer stehen: Informieren, Aufklären und Beraten, um den besonderen Einsatzbedingungen aus psychologischer Sicht Rechnung zu tragen.
Manches Thema, das der Psychologe in der G1-Wochenlage "Psychologische Lage/Stimmung in der Truppe" anspricht, lässt sich für die Feldzeitung aufgreifen. Erkenntnisse aus so ergiebigen Quellen wie "Spießrunden", Gesprächen mit Chefs und Vertrauensleuten etc., die Aufschluss geben, wo Einzelne oder die Gemeinschaft "der Schuh drückt", können in eine "Maßnahme", d.h. einen Beitrag in der Feldzeitung umgesetzt werden.
Es gibt zahlreiche *Themen von grundsätzlicher Bedeutung* wie Einsatzbelastungen und deren Bewältigung, persönliche Anpassungsprobleme an einsatzspezifische Bedingungen, abweichendes Verhalten, auch Tabuthemen wie Alkohol und Sexualität, Umgehen mit persönlichen Krisen, Verlusterlebnissen etc..
Darüber hinaus gibt es natürlich eine Vielzahl von *aktuellen Anlässen:* Ereignisse, zu deren konkreter Verarbeitung ein truppenpsychologischer Kommentar hilfreich sein kann und die auch die "willkommene" Gelegenheit bieten, grundsätzliche Anmerkungen zu machen und eventuell auch längerfristige Ziele zu verfolgen.
Je konkreter und aktueller der Bezug eines Beitrages ist, desto eher weckt er natürlich das Interesse der Leser. Wann immer möglich, sollte ein konkreter Anlass den vielleicht sogar schon in der Überschrift erkennbaren Aufhänger bieten, beim Leser "Betroffenheit" in doppeltem Sinne auszulösen.
Übrigens: Sowohl der grundsätzliche als auch der aktuelle Feldzeitungsartikel hat für die weitere Arbeit des Truppenpsychologen erfahrungsgemäß eine ambivalente Auswirkung – ist er für den einen Leser die Initialzündung, den Truppenpsychologen aufzusuchen, erspart er dem anderen den Weg zu ihm, weil er möglicherweise Anstöße zum "Selbstmanagement" gegeben hat.

3 Institutionelle Rahmenbedingungen

In der Doppelrolle, Berater des jeweiligen Kommandeurs und Ansprechpartner für *alle* Soldaten zu sein, befindet sich der Psychologe auch in der Eigenschaft als Mitarbeiter der Truppenzeitung. Bisher sind jedoch hier wie dort keine nennenswerten Interessenkollisionen bekannt geworden. Wenn allerdings darauf hingewiesen wird:

“Die Heimat liest mit” (wobei dazu nicht nur z. B. das Heeresführungskommando, sondern auch besorgte Angehörige und die öffentliche Publizistik gehören), ist eine gewisse Sorge verständlich, dass Beiträge, besonders solche, bei denen es um die “Stimmung in der Truppe” geht, für Missverständnisse sorgen könnten.
Eine enge, vertrauensvolle Zusammenarbeit mit dem jeweiligen Presse- und Informationszentrum (PIZ) und der Redaktion der Feldzeitung ist nicht nur im Hinblick auf diese Problematik notwendig und hilfreich zugleich. Die bisherige Zusammenarbeit ließ kaum zu wünschen übrig, auch Platzmangel verhinderte keinen vom Psychologen gewünschten Beitrag, obwohl grundsätzlich kein “Anspruch” besteht. Als günstig hat sich allerdings herausgestellt, für einen regelmäßigen Beitrag in einer Kolumne (“Psychoecke” – “Psycho-Lage”) Platz reservieren zu lassen.

4 Praktische Hinweise

Um im Endeffekt einen truppenpsychologischen Artikel zu verfassen, der seine Adressaten findet, wirklich gelesen wird und darüber hinaus auch noch das erreicht, was er bezwecken wollte, sollen abschließend als Aufzählung einige, zum Teil trivial klingende oder auch selbstverständliche (?) Hinweise zur praktischen Durchführung gegeben werden:

- Ohne plumpe Anbiederung muss Nähe zum Leser gesucht werden. Verständnis für seine Probleme zu zeigen, bedeutet jedoch nicht unbedingt Identifikation mit ihnen.
- Stilmittel wie (Selbst)ironie, Umgangs- oder Jugendsprache, Redensarten etc. sorgen sicherlich für das nötige “Salz in der Suppe”, sollten aber nur eingesetzt werden, wenn sie dem Schreiber wesensgemäß sind und ihm auch leicht aus der Feder fließen.
- “Echtheit” und Natürlichkeit sind wichtiger als ansprüchliche Stilübungen.
- Lieber kleine, geschickt verpackte Botschaften verbreiten, statt durch Appelle und Pathos zu langweilen!
- Auch ein “seriöser” Artikel muß nicht trocken, traurig oder trostlos sein!
- Schon die Überschrift kann neugierig machen, dennoch ist reine Effekthascherei zu vermeiden.
- Gelobt sei, wer (einmal) nichts zu sagen hat und trotzdem schweigt!
- “Man merkt die Absicht und ist verstimmt”, auch diese mögliche Reaktion des Lesers sollte bedacht (und vermieden) werden.
- Eine bescheidene und realistische Darstellung psychologischer Möglichkeiten bewirkt mehr als Imageprofilierung und eitle Selbstdarstellung.
- Sprachlich griffige, lebendige und persönliche Äußerungen bewirken mehr als wohlfeile, allgemein gehaltene Stellungnahmen und Ratschläge im Verlautbarungsstil.
- Besonders junge Leute werden durch “Missionierung”, aufgedrängte Lebenshilfe, Erzeugen von schlechtem Gewissen etc. nicht erreicht – es ist sinnvoller, praktische Wege aufzuzeigen, durch konkrete Perspektiven Trost zu geben und Mut zu machen.
- Keine fertigen Lösungen, “Patentrezepte” sind sinnvoll, sondern “Hilfe zur Selbsthilfe”, Aufzeigen von Alternativen und Ermutigung zu Initiativen.
- Verständnis und eine einfühlsame, kritische Betrachtungsweise sind eher angebracht

als Haltungen, die als schulmeisterliche Attitüden und Besserwisserei empfunden werden.

- Eine informierende, aufklärende, sachliche Grundhaltung ist bei allen Beiträgen mit "erzieherischer" Absicht notwendig, damit sich kein belehrender, herablassender oder moralisierender Unterton einschleicht.
- Es muss vermieden werden, Zusammenhänge zu stark zu problematisieren. Also: Keine Zweifel säen oder verstärken, sondern für (Neu)orientierung sorgen und Optimismus (wieder)herstellen.
- Das Erzeugen einer positiven Grundstimmung ist als eine der truppenpsychologischen "Leitmelodien" durchaus angebracht, um seelische Kräfte freizusetzen, jedoch nur dann sinnvoll, wenn die einschlägigen Leerformeln ("Alles wird gut") mit Inhalt und Leben erfüllt werden.

Anhang:
Ausgewählte truppenpsychologische Artikel aus der Feldzeitung Keiler

Der Keiler

FELDZEITUNG DER BUNDESWEHR FÜR BOSNIEN-HERZEGOWINA UND KROATIEN

29. November 1999

KEILER aktuell

Nach Korruptionsvorwürfen: Glogowski tritt zurück

HANNOVER - Niedersachsens Ministerpräsident Gerd Glogowski ist am Freitag nach 13-monatiger Amtszeit zurückgetreten. Dem 56-Jährigen wird illegale Vorteilnahme im Amt vorgeworfen.

Kohl gerät unter Beschuss: "Schwarze Kassen" bei CDU

BERLIN - Ex-Bundeskanzler Helmut Kohl gerät wegen des Finanzgebarens der CDU zunehmend unter Druck. Heiner Geißler, ehemaliger Generalsekretär der Partei, bestätigte am Wochenende die Existenz "schwarzer Kassen" bei der Partei. Kohl soll von verbotenen Transfers in sechsstelliger Höhe gewusst haben.

Auch CSU für Verkleinerung der Bundeswehr

BERLIN - Nach den Vorstellungen der CSU soll die Bundeswehr auf 300.000 Mann verkleinert werden. Nach einem Thesenpapier der Partei sollen davon 100.000 Mann auf die Krisenreaktionskräfte und 200.000 Mann auf die Hauptverteidigungskräfte entfallen. Die Wehrpflicht soll nach den Vorstellungen der CSU auf sechs bis acht Monate verkürzt werden.

Litfass-Säule

Seite Inhalt
2 Ukrainer geht
3 Mut zum Buch
4 X-Mas-Party
5 Psycho-Bilanz
6 Neue Chefs
7 Schule winterfest

Super-Nase findet alles

Vor dem Abflug wird geschnüffelt

Von Hauptmann Michael Ende

SARAJEVO - "Fanja" steckt ihre Nase einfach überall rein - das ist schließlich ihr Job. ...

Psycholage: Hilfe, ein Helfer !!
Alle wollen nur Ihr Bestes... und Sie haben ja soo recht, wenn Sie es nicht hergeben wollen! Jeder von uns ist misstrauisch, wenn sich jemand als Helfer aufdrängt und uns womöglich völlig "selbstlos" seine Hilfe anbietet. Da ist eine gute Portion Menschenkenntnis vonnöten, um zu erkennen, ob nicht doch vielleicht eine Wiedergeburt von Albert Schweitzer vor uns steht. Soll's ja noch geben, diese liebenswerten Menschen, die jeden Tag ihre gute Pfadfindertat vollbringen und ohne Hintergedanken ebenso Ihre Autopanne beheben würden wie die Ihrer hübschen Nachbarin...
Ich gehöre zu denen, die sich nicht scheuen, auch selbst um Hilfe zu bitten, denn erstens will manch einer gebeten sein und zweitens helfe ich ihm dabei, sich anschließend edel, hilfreich und gut zu fühlen... !
Sicher, Hilfe zu beanspruchen und sich helfen zu lassen, wird leicht als Schwäche ausgelegt, und bei vielen Menschen müssen erst einmal Stolz oder gar Scham überwunden werden. Dennoch kann jeder von uns ganz schnell selbst in die Verlegenheit kommen, private oder auch professionelle Hilfe zu benötigen, und deswegen möchte ich Sie - und besonders die von Ihnen, die am Beginn Ihres Einsatzes stehen – ermutigen, rechtzeitig (!!) Hilfe in Anspruch zu nehmen, wenn Sie der Schuh drückt. Ein Gespräch mit der Vertrauensperson, dem Vorgesetzten, Militärpfarrer, Arzt, Truppenpsychologen oder ganz einfach einem Kameraden ist allemal besser als **gar kein** Gespräch. Denn Sie wissen ja: Es gibt nichts Gutes, es sei denn man tut es!
Die Zauberworte heißen: "Reden wir drüber"– es ist nicht ganz so simpel, wie es klingt, aber selbst bei äußerst belastenden Erlebnissen, die ohne psychologische Intervention zu schweren psychischen Störungen und auch körperlichen Schäden führen können, vermag ein strukturiertes Gespräch kritische Erlebnisse zu bewältigen und ernste Stresssymptome mit Spätfolgen zu verhindern.
Also, Männer des 2. Kontingentes, scheuen Sie sich nicht, auch einmal professionelle psychologische Hilfe in Anspruch zu nehmen (es ist alles im Preis drin!), und Heimkehrer des 1. Kontingentes, passen auch Sie auf sich auf! Wenn Ihnen demnächst der "Reintegrationsschock" bei der "Heimkehr in die Fremde" widerfahren sollte, machen Sie nicht alles mit sich alleine ab, verschmähen auch Sie nicht die Hilfe anderer!
Ihr TrPsych OTL Bartz

Psycho-Lage: Nur nicht schwächeln..!?
Ja, bloß nicht den Eindruck von Schwäche aufkommen lassen... Mit Weicheiern und Warmduschern kann unsere Leistungsgesellschaft herzlich wenig anfangen. Und besonders in einer quasi Männergesellschaft wie der Bundeswehr haben nur richtige Männer, keine Heulsusen und Sensibelchen, ihren Platz.
Seit unsere Zivilisation kaum noch Mannbarkeitsrituale kennt, hat man(n) nach der Pubertät höchstens mal ein Kampftrinken zu überstehen und muss sich dann nur noch eine glatte, möglichst coole Fassade zulegen, um als vollwertiges Mitglied unserer Gesellschaft durchzugehen...
Nach den sentimentalen 70er und 80er Jahren, in denen man Gefühle zeigen und Jungen sogar wieder weinen durften, heißt es längst wieder: "Ein Indianer kennt keinen

Schmerz" (...und ein Häuptling erst recht nicht!). Und wenn das mal nicht so klappt, beginnt gleich das Wehklagen über die Verweichlichung und Wehleidigkeit unserer Jugend, die in der Ellenbogengesellschaft nur ihre Kuschelecke sucht. "Wie soll das erst bei richtiger Belastung werden?" hört man es raunen.
Ja, und jetzt beginnt es psychologisch interessant zu werden: Es steht fest, dass seit der Antike keiner mehr zum Helden geboren wurde, aber doch auch so mancher in einer fordernden Situation über sich selbst hinausgewachsen ist. In Calw, bei der Personalauswahl für das Kommando Spezialkräfte (KSK), weiß man ein Lied davon zu singen und hat schon so manche positive Überraschung erlebt, andererseits auch die großen, starken und lauten Siegfriedgestalten eingehen sehen wie die Primeln.
Zurück zu uns Normalbürgern: Besitzt nicht jeder eine Achillesferse, selbstverständliche Schwachstellen und ganz einfach eine natürliche Grenze seiner Belastbarkeit? Letztere entspricht allerdings oft nicht unbedingt den Erwartungen seiner Umwelt, die schnell ein "Schwächeln" diagnostiziert oder gar Schlimmeres, denn "Stress kennt nur der Leistungsschwache", heißt der beliebte Schnack. Akzeptieren wir doch Belastungs- und Überlastungsreaktionen als ganz natürliche Mechanismen in unserem Kräftehaushalt! Schwächen ständig zu verbergen, eine von der Umwelt verlangte Rolle spielen zu müssen, erfordert unnötige zusätzliche Kräfte. Übersehen wir nicht nur immer großzügig die eigenen Schwächen, sondern akzeptieren wir auch mal die des Anderen. Vielleicht nötigt es uns sogar Respekt ab, WIE er damit umgeht.
Denn genau das ist das Entscheidende! Fordern wir nicht immer den Strahle- und Supermann! "Konstruktiv und regenerativ schwächeln" heißt die Parole - das ist wichtig zum Verschnaufen und gibt uns Kraft!! Mindestens bis zum nächsten Schwächeln.....
OTL Bartz, Truppenpsychologe

Psycholage: Was uns tröstet
"Johnny Walker, du bist mein bester Freund" ...Das wurde von "MAD MISSION" dieser Tage ziemlich hinreißend im Tornadozelt intoniert und von (fast) allen inbrünstig mitgesungen. Na klar, war das ein Highlight ! Und wenn ich mir bei "Knocking on heaven's door" nicht schon die Finger verbrannt hätte, hätte ich mit den anderen fast auch hier mein Feuerzeug geschwenkt – aber ich bin, ehrlich gesagt, eher etwas nachdenklich geworden. Mir ging nicht nur meine noch ungenutzte Ration Card durch den Kopf, sondern all das, was ich über Rajlovac, den Alkohol und die weniger schönen Folgen seines "Genusses" bisher (auch tätigkeitsbedingt) erfahren hatte.
Nun sagen Sie nicht gleich, der alte Spießer, Miesepeter und Spielverderber solle Sie verschonen, Sie wüssten selber, wann Sie aufhören müssten etc., etc. Es geht mir auch gar nicht um den erhobenen Zeigefinger: Pädagogen wissen, wie schnell moralische Belehrungen als ätzend empfunden werden und Psychologen kennen die mögliche kontraproduktive Wirkung der Abschreckung. Also, wie sag ich's meinem Kinde?
Es ist gerade einmal sechs Wochen her, seit mein Vorgänger (ich sage es mal mit eigenen Worten) die Zusammenhänge zwischen dem zunehmend weniger als prickelnd erlebten Lagerleben und prickelnden Getränken aufgezeigt hat. Seither ist nicht nur viel Wasser die Bosna, sondern auch soviel an Feuerwasser die Kehlen hinunterge-

flossen, dass einem bang werden kann, wenn man an die zunehmend kürzeren Tage und kälteren Nächte denkt...
Als alter Skandinavienfahrer kenne ich die traurigen Menschenschlangen vor den "Sytembolaget" Läden des Alkoholmonopols vor Wochenenden und Feiertagen. Der alte Seelentröster Alkohol spielt besonders in den dunklen Wintermonaten trotz zunehmender Zerstreuungsangebote eine wichtige Rolle, um Depressionen entgegenzuwirken und das Gemüt **aufzuhellen**. Und genau das war das Stichwort für die Wissenschaft: **Lichttherapie**! And it works! ! Wenn der UV-Strahler den Griesgram austreiben, Psychopharmaka und Alkohol ersetzen kann (wir kennen alle das Hochgefühl an einem strahlenden Sommertag), müssen wir auch in der als noch so trostlos erlebten Tristesse von Rajlovac nicht verzagen: Bei **Licht** besehen geht's uns doch gar nicht mal soo schlecht! Besinnen wir uns ganz einfach auf die "Sonne in unserem Herzen", achten wir mehr auf den Silberstreif am Horizont als auf die Wolken über uns (falls da überhaupt welche sind!). "Selbstmotivation" nennt das der Fachmann. Und schon wird bei "Tante Emma" eine Flasche Doppelkorn weniger gekauft!! Zur Message wieder ein Photo: es zeigt nur ein kleines Restaurant (keine Kneipe!) in Mostar, aber wieviel Zuversicht, Optimismus und Lebensmittel strahlt es aus!

Psycho-Lage: Niemals geht man so ganz...
Nun verlassen die letzten des 1. Folgekontingentes die Stätte ihres mehrmonatigen Wirkens und sind sicherlich auch immer mal wieder von den Nachfolgern gefragt worden, wie sie den Sinn ihres Einsatzes bewerten und ob sie gar noch einmal wiederkommen würden. Auch mir ist die Antwort nicht ganz leicht gefallen, denn so sehr ich mich auf die Heimat freue, bin ich doch nicht ganz frei von Wehmut, dieses Land nun schon wieder verlassen zu müssen.
Besser als in dem schönen Lied von Trude Herr lässt sich's nicht ausdrücken: Man geht und lässt etwas von sich selbst zurück -- in Berlin ist es der sprichwörtliche Koffer und in Heidelberg gar das viel besungene Herz. Und was lassen wir hier in BOSNIEN-HERZEGOWINA zurück?
Jetzt mal ganz im Ernst und hoffentlich doch ohne Pathos: Ich glaube, jeder einzelne SFOR-Soldat kann nach seinem Einsatz sagen, dass er über alles Materielle hinaus den Menschen etwas gegeben hat: Solidarität und Hilfe zur Selbsthilfe, ein Gefühl der Sicherheit und die Hoffnung auf eine friedliche Zukunft – zumindest die ihrer Kinder.
Nun ist sicherlich vieles was hier geschieht, im "Theatre", wie die Amerikaner sagen, trotz des Riesenaufwandes nur ein Tropfen auf den heißen Stein – und doch wie notwendig und wie wertvoll für all die Menschen, die zu den Opfern des Krieges gehören!
Meine Gedanken werden immer wieder zurückkehren zu diesem schönen Land, von dem die meisten von uns viel zu wenig gesehen haben oder auch wegen der Zerstörungen und der Armut gar nicht mehr sehen wollten – und sie werden auch zurückkehren zu seinen freundlichen Menschen mit ihrem starken Lebenswillen.
Ein ganz besonderes "Lebewohl, Bosnia" vom Truppenpsychologen! Do videnja! Vielleicht gibt s auch mal ein Wiedersehen ohne Flecktarn! ! !

Alle vier Monate wieder kommt ...
Nein, nicht das Christuskind, sondern die "Kontingentwechselproblematik".
Zwar ist für einige Einheiten der Kontingentwechsel noch ein paar Tage hin, aber es gibt auch Kompanien, die in der nächsten Zeit ihren Auftrag an die Nachfolger übergeben werden. Also ist es jetzt die Zeit, hierüber zu sprechen.
Warum bei Kontingentwechseln häufig Spannungen auftreten, lässt sich erklären, wenn man aus psychologischer Sicht die Ausgangssituationen betrachtet. Unsere derzeitige Situation nach drei Monaten Kontingent ist gekennzeichnet durch: Gewöhnung an die bisherige Führung, Arbeits- und Lebensbedingungen, eine bestimmte Motivationslage und sicherlich auch eine reduzierten Belastbarkeit (Dünnhäutigkeit). Bei den Nachfolgern herrschen eher eine hohe Motivation und Belastbarkeit, sowie der Wille nach schneller Übernahme der Aufgaben vor. Sie streben nach "eigener" Umgebung, wollen ihre "Duftmarken" setzen und haben die Furcht, ohne Innovation als ideenlos beurteilt zu werden. Und schon haben wir den Nährboden für Konflikte! Bei den "Alten": Gefühl der Geringschätzung der eigenen Arbeit durch Kritik der "Neuen", Ärger durch übereilte Innovationen der "Neuen" und das Gefühl der Heimatlosigkeit nach der Übergabe. Bei den "Neuen": Gefühl der Behinderung durch die "Alten" bei der Übernahme der Aufgaben und/oder Gefühl der Langeweile bei zu langer Übergabedauer, sowie Ärger durch wahrgenommene Überempfindlichkeit der "Alten". Was können wir dagegen tun? Planen Sie "Ihre" Übergabe vor! Rechtzeitige Vorbereitung, Zusammenstellung der erforderlichen Informationen und Unterlagen sowie die Vereinbarung mit dem Nachfolger über Art und Weise der Einweisung können hilfreich sein, Konflikte zu vermeiden. Aus eigener Erfahrung darf ich den "Neuen" empfehlen, die Gewohnheiten und Erfahrungen des Vorgängers zu respektieren, seine Erfahrungen zu respektieren und, vor allem, seine Leistung anzuerkennen!

Psycho-Lage "EXTRA": Abflieger aufgemerkt!
In jedem von uns steckt ein Abflieger. Der eine trägt's tief drinnen im Herzen, der andere ganz offen an der Schulterklappe. Wie auch immer: Die Heimkehr kommt mit Riesenschritten auf uns zu! Vorfreude ist bekanntlich (fast) die schönste – und die will ich ihnen auch gar nicht vergällen. Aber damit aus Lust kein Frust wird, möchte ich Sie an den Erfahrungen vergangener Heimkehrergenerationen teilhaben lassen. Sagen Sie nicht gleich: Kann mir gar nicht passieren, habe bereits die legendäre Persiflage (früherer Heimkehrer-Faltblätter) nach Hause geschickt: "Sehr geehrte Angehörige, erschrecken Sie nicht, wenn er die leere Bierdose auf dem Teppichboden mit dem Stiefel zertritt... etc., etc."[1]
Auch wenn Sie vielleicht nicht Gefahr laufen, das heimische Parkett zu ruinieren oder sich ohne Waffe, Helm und Bristol nackt zu fühlen, seien Sie sicher:

1) Vergleiche hierzu den Artikel von Puzicha in diesem Buch (Seiten 333 ff)

Auch Sie haben sich verändert, ohne dies unbedingt selber zu merken! Nehmen Sie also entsprechende Hinweise Ihrer Umwelt ernst und stellen Sie darüber hinaus in Rechnung, dass auch die Menschen in Ihrer Umgebung sich ganz ähnlich wie Sie verändert haben. Es ist also logisch und ganz natürlich, dass in vielerlei Hinsicht ein Aufeinanderzubewegen nötig ist, ohne dass dies allerdings gleich den Charakter von Machtproben annehmen muss.
Es soll ja z.B. für Familienväter nichts Schlimmeres geben, als die Oberhoheit über die TV-Fernbedienung verloren zu haben... Vielleicht gibt es bei Ihnen zu Hause sogar noch schrecklichere Veränderungen, die auf den ersten Blick nach Palastrevolution aussehen, aber gleichzeitig als erfreulicher Zugewinn an Selbständigkeit und Selbstbewusstsein der Daheimgebliebenen interpretiert werden können. Bleiben Sie also gelassen: "Daheim geblieben" heißt ja nicht "zurück" geblieben – auch daheim wurde der Alltag bewältigt, es wurden –ganz ohne Sie– viele Probleme gemeistert. Darauf ist man vielleicht ebenso stolz wie Sie auf Ihre tatsächlichen oder auch nur vermeintlichen "Heldentaten" in der Fremde.
Und da wären wir schon beim nächsten Thema: Seien Sie nicht allzu enttäuscht, wenn man Ihnen unmittelbar nach Heimkehr nicht die erwartete Aufmerksamkeit zukommen lässt – geben Sie den Anderen Zeit, sich auf Sie einzustellen. Fallen Sie nicht mit der Tür ins Haus, sondern warten Sie auf günstige Gelegenheiten. Es fragt Sie früh genug jemand: "Sag mal, wie war das eigentlich mit..."
Und schon kommt Ihre große Stunde, in der Sie nicht wie das "Tapfere Schneiderlein" der Versuchung erliegen, zu prahlen und aufzuschneiden, sondern cool und kundig etwas zum besten geben, was gerade durch seine Sachlichkeit überzeugen wird.
So wie Sie Ihre Umgebung nicht überfordern sollten: Gehen Sie, je nach individueller Belastung während des Einsatzes, auch pfleglich mit sich selber um, gönnen Sie sich eine Übergangszeit und stürzen Sie sich nicht gleich wieder in die von früher gewohnten Aktivitäten: Körper, Seele und Geist werden es Ihnen danken! Und, Kameraden, wenn alle Stricke reißen: Auch die Taschenkarte "Stress nach der Rückkehr vom Einsatz" hat einige durchaus beherzigenswerte Tips parat. Ich kann Ihnen dann nicht mehr nützlich sein -- ich habe genug damit zu tun, meine eigenen Ratschläge alle zu befolgen!

Entspannen Sie sich!

Rajlovac (we) - Viele kennen sie schon: Entspannungsübungen. Sie geben die Möglichkeit, für einen kurzen Moment Seele und Körper mal "baumeln" zu lassen und sich danach mit neuer Energie den Anforderungen zu stellen. Die Entspannungsübungen basieren auf der progressiven Muskelrelaxation nach Jacobson und sind auf Musikkassetten aufgespielt. 20 dieser Kassetten hat der Truppenpsychologe, Major Fritschle, dem Betreuungsoffizier Stab KdrDtHKtgt, Leutnant Silberg, übergeben. Die Kassetten können in der Bibliothek in Gebäude 42 während der Öffnungszeiten ausgeliehen werden. Also: Entspannen Sie sich!

Horst Schuh:

Truppenpsychologie in der Feldzeitung "MAZ & More"

Wo Soldaten sind, gibt es auch Soldatenzeitungen. "Feldzeitungen führen ein Schattendasein irgendwo zwischen Militär und Journalismus, Politik und Service, Truppenmoral und Freiheit. Vor Ort sind sie wichtig, außerhalb relativ unbekannt" (Krug, 1999). Vor Ort im Kosovo und in Mazedonien ist es die Feldzeitung *MAZ & More*. Die erste Ausgabe erschien am 25. Mai 1999, damals noch als Feldzeitung für Mazedonien und Albanien. *MAZ* steht also für Mazedonien – obwohl längst mehr Soldaten im Kosovo sind als in dem südlichen Nachbarland, ist der Name geblieben.
Da Tageszeitungen im Jahre 1999 bis zu zehn Tage brauchten, um den Leser im Einsatzraum zu erreichen, ist die Feldzeitung "das aktuellste Printmedium für die Soldaten", so Hauptmann Stefan Wildemann, Chefredakteur von *Maz & More* im 2. Kontingent. Sie war und ist auch die einzige Zeitung, die die deutschen KFOR-Soldaten mit Informationen über den Standort versorgt, kostenlos ein Mal pro Woche mit zwölf Seiten bei einer Auflage von 5.000 Exemplaren.
Zu den freien Mitarbeitern, die neben den vier "Hauptamtlichen" als Soldaten Journalismus für Soldaten machen, zählte auch ich mich als Truppenpsychologe. Teils bat mich die Redaktion, zu bestimmten Fragen Stellung zu nehmen, teils bot ich von mir aus Beiträge an. Über Sachdarstellung und Kommentierung zu aktuellen Ereignissen konnte ich zugleich auf den Betreuungsservice des Truppenpsychologen aufmerksam machen. Einige Soldaten nahmen auf diesem Wege den Erstkontakt zu mir auf.
Das Hauptthema, das ich in verschiedenen Varianten für die Leserschaft behandelte, war naheliegenderweise die Stressproblematik. Was sind die besonderen Belastungen im Einsatzland? Wie reagiert man darauf? Was kann der Soldat für seine Stressstabilität tun? waren Fragen, die der Truppenpsychologe als Autor und Ratgeber aufgriff. Die Redaktion fand die Thematik so bedeutsam, dass man ihr in der Ausgabe vom 16.11.1999 eine Doppelseite widmete. Weitere Beiträge beleuchteten die Bedeutung von Kameradschaft und Schicksalsgemeinschaft im Einsatz und erklärten den Neuankömmlingen des 3. Kontingents die Phase der Umstellung und Orientierung mit dem Ziel, sie vertraut zu machen mit dem, was ihnen anfangs fremd, riskant und unverständlich erschien um sie bei ihrer Lebensführung und Auftragserfüllung zu unterstützen.
Eine Zusammenarbeit mit tragischem Charakter ergab sich im Oktober/November 1999 anlässlich der Todesfälle im 2. Kontingent. Der Chefredakteur fragte mich, ob man den Lesern die Seite 10, die Humor-Seite, zumuten könnte angesichts der Berichterstattung über den tödlichen Verkehrsunfall der beiden Feldjäger auf der Titelseite. Ich riet ihm zu, das bewährte redaktionelle Konzept beizubehalten und begründete dies in einem Kommentar in derselben Ausgabe. Fazit des Beitrags: Humor hilft

dem Soldaten, über einen tragischen Verlust hinwegzukommen, aus der Niedergeschlagenheit herauszukommen und seine Handlungssicherheit wiederzugewinnen.
Dem Thema "Tod im Einsatz" habe ich mich später nach dem Tod eines Oberfeldwebels noch einmal in *MAZ & More* widmen müssen. In kritischer Weise setzte ich mich mit der Tabuisierung dieses Themas auseinander: Über die selbst auferlegten Sprachregelungen hinaus habe man sich bisher offensichtlich auch gescheut, der Einsatztruppe die notwendige Orientierung und Ausstattung für den Eventualfall eines Todes im Einsatzland mitzugeben. Dazu gehöre auch die Bevorratung mit Särgen. Auf diesen Beitrag hin erhielt ich viele zustimmende Rückmeldungen, insbesondere von Sanitätssoldaten.
Vor Weihnachten lud der Chefredakteur von *MAZ & More* im 3. Kontingent deutsche und niederländische Truppenpsychologen und Militärseelsorger sowie den Psychiater des Feldlazaretts und den Betreuungsoffizier zu einem Rundgespräch ein. In einer Beilage zur Weihnachtsausgabe wollte er uns zu Wort kommen lassen, um den Soldaten über das zu erwartende Stimmungstief während der Weihnachtstage hinwegzuhelfen. Es waren zwar nur Spekulationen, die den Chefredakteur vor dem Hintergrund der auf sechs Monate verlängerten Einsatzperiode zu einer solchen "publizistischen Offensive" veranlassten. Trotz dieser umstrittenen Stimmungsprognose waren die meisten Anwesenden bereit, einen "erbaulichen" Beitrag zu schreiben. Der Psychiater beschäftigte sich z.B. leicht ironisch mit den "Depressiönchen" am Heiligen Abend. Ich lenkte die Aufmerksamkeit der Leser auf die besonderen kulturellen Gegebenheiten und die psychologische Lage der Zivilbevölkerung, um die Soldaten mit Hilfe eines "Code of conduct" zu einem verständnisvollen Umgang mit den Einheimischen anzuleiten.
Im übrigen blieb der von der Redaktion befürchtete Stimmungseinbruch zu Weihnachten aus.

Literatur:

Krug, H.J. (1999). Von Soldaten für Soldaten. *"Maz&More"* – Portait der Feldzeitung für das Kosovo und Mazedonien. KOSOVO Force Journal. Bundeswehr aktuell, 47,7.

Anhang:
ausgewählte Artikel aus *MAZ & More*

KFOR

MAZ & More

23. November 1999 — Feldzeitung der Bundeswehr für Kosovo und Mazedonien — Ausgabe 27

„Der Mensch steht im Mittelpunkt des Einsatzes"

Marine und Luftwaffe leisten einen wichtigen Beitrag für das Heereskontingent / „Spitzenleistung"

Prizren (sw). Das Kommando über das Sanitätseinsatzbataillon ist von Oberstarzt Wolfgang M. Seibert auf Oberstarzt Dr. Werner Lehnig übertragen worden. Aus diesem Anlaß sprach MAZ&More mit beiden Kommandeuren.

M&M: Herr Oberstarzt Seibert, Sie haben Ihr Battaillon übergeben. Wie sieht Ihre persönliche Bilanz aus?

Seibert: Ich bin überraschend in diesen Einsatz gekommen. Ähnlich hektisch wie meine Berufung waren auch viele Dinge, die am Anfang hier passiert sind. Als ich herkam, existierte das Bataillon noch nicht. Erst knappe zwei Wochen später kam dann mein Bataillonsstab, erst danach wurde das Bataillon in Dienst gestellt. Aus dieser Situation folgten Planungsunsicherheiten. Ursprünglich wollte ich

Oberstärzte Dr. Lehnig (l.) und Seibert — Fotos: abo

zu meinem Bedauern das Bataillon übergeben, ohne umgezogen zu sein, denn ich weiß, daß es jetzt im Winter deutlich schwieriger werden wird, das

Leistung und ich hoffe, daß unsere Nachfolger auch beim Umzug des Feldlazaretts die Chance erhalten, zusammengeschweißt zu werden. So ein

sammenhalt und den kann man brauchen, wenn man sechs Monate im Einsatz ist.

M&M: Waren Sie insgesamt mit den Leistungen des zweiten Kontingents zufrieden?

Seibert: In medizinischer Hinsicht kann man sagen, daß in den Fällen, in denen unsere Soldaten gefordert worden sind, sowohl die MedEvac, als auch das Flaz und auch in kleineren Fällen das RZ(-), Spitzenarbeit geleistet worden ist. Zusammengewürfelte Teams, die sich unheimlich schnell gefunden haben zu echten arbeitsfähigen Teams – das hat gut geklappt und hat beeindruckt. Was an medizinischer Leistung gebracht worden ist, ist sagenhaft gewesen. Ich erwähne da nur den immer wieder zitierten Minenunfall. Wir hatten gerade zu diesem Zeitpunkt als der Minenunfall pas-

Kommentar: *Mehr als ein Feiertag...*

“Woran erkennt man einen Tapsi? Antwort: Wenn einer beim Frühstück eine Bristol trägt.”
Man schmunzelt und weiß als “Fortgeschrittener”, dass man selbst vor Wochen das Problem hatte, “durchzublicken”. Wie ist denn jemandem zumute, wenn er seinen Dienst im Einsatzland antritt? Er muss die Trennung von zuhause verkraften und sich am Einsatzort einleben. Er muss einen Überblick über die Anforderungen gewinnen, um eigenverantwortlich arbeiten und Routine entwickeln zu können. Außerdem muss er sich an die Menschen gewöhnen, die am Arbeitsplatz und im Feldlager mit ihm zusammenleben. Das alles kostet am Anfang viel Kraft, zumal die Bereitschaft, sich anzupassen, sich zu engagieren und viel zu leisten, sehr hoch ist. Es kostet auch viel Zeit, so dass kaum welche übrigbleibt, sich zu regenerieren. Hinzu kommen die besonderen Belastungen, die im Einsatzland auf den Soldaten zukommen. Vieles ist fremd und unverständlich: die Menschen, ihre Kultur und Sprache. Er wird verunsichert durch die Gefährdungslage: Was habe ich zu meinem Schutz zu tun oder zu lassen? Das Klima –heiß im Sommer, nasskalt im Winter– wie schütze ich mich davor? Wie richte ich mich in meiner Unterkunft und in meinen hygienischen Ansprüchen ein? Alles das fordert und irritiert und zehrt an den Kräften. In dieser Phase der Umstellung und Orientierung braucht der Soldat kameradschaftliche Hilfe. Hilfe im Sinne von Anleitung und Unterstützung bei seiner Auftragserfüllung und Lebensführung, aber auch Verständnis und Zuwendung in zwischenmenschlicher Hinsicht. Da tut es gut, einer Gemeinschaft anzugehören, die Zelt und Container miteinander teilt. Die eine Zigarettenpackung oder ein Päckchen von zuhause, aber auch die Sorgen und Nöte des Einzelnen miteinander teilt. “Mit”-teilen heißt, miteinander ins Gespräch kommen, das Tapsi von seinen Sorgen um die Daheimgebliebenen, aber auch von seiner Furcht, was morgen auf ihn zukommt, entlastet. So gewinnt er Überblick und Sicherheit über Arbeitsabläufe und Lebensgewohnheiten. Routine zeichnet sich ab, so dass er mit seinen Kräften besser haushalten kann. Es steht ihm mehr Regenerationszeit zur Verfügung. Allmählich wechselt er in die Phase der Gewöhnung und Verselbstständigung über. Die Bristol trägt er schon lange nicht mehr beim Frühstück. Auch am unsicheren Blick und Gang kann man ihn nicht mehr als “Anfänger” erkennen. Seine Flecktarnbluse ist auch schon verblichen und zerknittert. Ähnlich sein Gesicht, das darüber hinaus fatalistische und leicht überhebliche Züge angenommen hat. Mittlerweile fragt man ihn bereits, wieviele Tage er noch (bis zum Abflug) hat. Ungefragt gibt er Auskunft, was man z.B. von den “locals” zu halten hat. Neben ihm zu sitzen beim Essen, wäre fast schon einen Ehre, wenn da nicht eine gewisse Duftnote wäre...
Oberst Horst Schuh

Stressbewältigung

Markus M. lässt sich nach einem harten Tag im Einsatz müde auf sein Lager fallen. Zu seinem Bettnachbarn, mit dem er den ganzen Tag unterwegs war, sagt er beiläufig: "Mann, was war das heute wieder stressig!". "Wieso? Es war doch heute alles easy! Vorgestern, ja, da war ich am Ende, aber heute?" Markus will das nicht gelten lassen: "Was bist du denn für einer? Wohl schmerzfrei, was?" Nehmen wir einmal an, beide haben denselben Dienst gemacht - muss diese unterschiedliche Reaktion nicht verwundern? Wer von beiden hat denn nun recht? Die Antwort lautet: beide! Und: keiner von beiden ist unnormal!

Was ist Stress?

Es gibt eine Reihe von Faktoren, die von Menschen als Stress empfunden werden: harte körperliche Belastung, Lärm, Hitze, Kälte, Fremdbestimmung, Zeitmangel, Hetze, Streit, Mangel an Intimsphäre, Angst vor Tod oder Verletzung, die Angst davor, in einer kritischen Situation zu versagen und so weiter. Hinzu kommt, wie der Einzelne mit der sich ihm bietenden Situation fertig wird, wie er sich und seine Situation bewertet: Nicht jeder Stressfaktor wird daher von jedem einzelnen als "gleich stressig" beurteilt. Auch die Tagesform ist entscheidend: Wer ausgeschlafen und ausgeglichen ist, verkraftet an einem Tag eine Situation spielend, die er an einem anderen Tag als überaus belastend empfinden würde. Auch wird Stress nicht immer als negativ empfunden: Wenn wir unter Druck stehen, bringen wir höhere Leistungen als ohne, die äußeren Einflüsse spornen uns an, erzielte Erfolge und Anerkennung geben uns Kraft und Selbstbestätigung für neue Aufgaben.

Erst wenn der Druck "erdrückend" wird, fühlen wir uns gelähmt, eingeengt, unserer Freiheit beraubt. Alles das sind vollkommen normale Reaktionen eines Menschen im High-Tech Zeitalter, der sich immer noch damit herumzuschlagen hat, dass wir bestimmte Verhaltens- und Empfindungsmuster in uns tragen, die unseren Vorfahren nach der letzten Eiszeit bei der Bewältigung ihres Lebens geholfen haben:

Ein Steinzeitmensch, der einem wilden Bären begegnet, darf nicht erst lange nachdenken, ob er nun den Bären angreift oder besser sein Heil in der Flucht sucht. Er handelt instinktiv, lange taktische Überlegungen wären hier fehl am Platze (denn bis dahin hätte der Bär längst vollendete Tatsachen geschaffen!). Egal, zu welcher Reaktion sich der Steinzeitmensch entscheidet, jetzt muss er körperliche Höchstleistungen erbringen. Sein Blutdruck steigt an, der Stoffwechsel beschleunigt sich, die Durchblutung seiner Haut nimmt ab (um im Falle einer Verletzung nicht zu verbluten), die Verdauungsfunktionen werden eingestellt. Eben vielleicht noch todmüde, ist der Steinzeitmensch jetzt hellwach. Kurz gesagt: Er befindet sich im Alarmzustand. Erst wenn er die Situation gemeistert hat, wird ihm eigentlich klar, in welcher Gefahr er geschwebt hat. Es dauert einige Zeit, bis die Erregungsphase abgeklungen ist. Der Steinzeitmensch wird schlafen, seine Verdauung wird wieder einsetzen und er wird mit einem gesunden Hunger wieder aufwachen, nachdem er im Traum das Erlebte verarbeitet hat. Er wird sich Ruhe gönnen, die Körper und Geist jetzt dringend nötig haben. Unser Körper reagiert auch heute noch auf Stress in der Weise, wie wir es bei dem Steinzeitmenschen kennengelernt haben. Dauerstress führt dann zu einem "Daueralarm" in unserem Körper: Wir fühlen uns angespannt, wir empfinden unsere Umgebung als bedrohlich, wir leiden unter Bluthochdruck, Schlaflosigkeit und Verdauungsproblemen. Unsere geistige Aufnahme- und Konzentrationsfähigkeit sind herabgesetzt. Zudem werden wir anfälliger für Infektionskrankheiten. Im Verhalten zu anderen Menschen reagieren wir gereizt, nervös und unausgeglichen. Viele ziehen sich auch zurück, bauen soziale Kontakte mehr und mehr ab und flüchten sich in eine von Alkohol und Drogen umnebelte Isolation. Nicht selten kommt es zu Schuldgefühlen und Depressionen. Man fühlt sich als Versager, man glaubt, "nicht normal", seinen Aufgaben "nicht gewachsen" zu sein.

Stress bewältigen!

Was der Steinzeitmensch instinktiv getan hat, wird durch unsere moderne Lebensweise oft unmöglich gemacht. Der Dienstplan richtet sich nicht nach dem individuellen Bedürfnis nach Ruhe und Erholung. Zudem gelten Menschen, die ihrer Umwelt zeigen, dass sie "gestresst" sind, als wenig belastbar, für Führungspositionen nicht geeignet. Wir selbst stellen an uns den Anspruch, den Anforderungen gerecht zu werden und zu "funktionieren". Wer nicht rechtzeitig die Ventile öffnet, um den erlebten Stress zu verarbeiten und abzubauen, treibt nicht nur Raubbau mit seinem Körper, sondern auch mit Geist und Seele. Im Einsatz sind die Belastungen ebenso unterschiedlich, wie vielfältig. Gemeinsam ist für alle, dass man sich in einem fremden Land befindet, die sozialen Kontakte in die Heimat sind auf Briefe und Telefon beschränkt. Wir müssen auf jegliche Privatsphäre verzichten und die besonderen körperlichen und geistigen Belastungen des Einsatzes ertragen. Genauso, wie jeder Mensch Stress unterschiedlich empfindet, wird Stress auch individuell unterschiedlich verarbeitet und bewältigt. Die nachfolgenden Tipps sind daher Vorschläge und haben nicht den Charakter einer Dienstvorschrift. Im Zweifel gilt: Tun Sie das, was Ihnen gut tut.

Tipp 1:

Akzeptieren Sie, dass Sie ein Mensch sind und keine Maschine. Stress und Stressreaktionen sind normal. Sie sind kein "Weichei", wenn Sie Ruhe und Entspannung brauchen. Sprechen Sie mit Kameraden über ihre Belastungen und hören Sie zu, wenn ein Kamerad mit Ihnen über seine Sorgen und Probleme sprechen möchte.

Tipp 2:

Gehen Sie bewusst auf Kameraden zu, die sichtbar unter Stress leiden. Zeigen Sie, dass für Sie Kameradschaft bedeutet, dafür zu sorgen, dass es dem Anderen gut geht. Sie wissen nicht, wann Sie selbst einmal die Unterstützung dieses Kameraden brauchen!

Tipp 3:
Nutzen und planen Sie Ihre knappe Freizeit. Nehmen Sie sich Zeit für Sport, lesen Sie ein Buch und hören Sie Musik. Suchen Sie Kameraden mit gleichen Interessen und Hobbys.

Tipp 4:
Pflegen Sie Kontakte mit der Heimat durch Telefon und Briefe. Teilen Sie Ihren Freunden und Angehörigen mit, wie Sie Ihren Tag verbringen. Beschreiben Sie in Briefen, was Sie erlebt haben. Scheuen Sie sich nicht, auch von Ihren Gefühlen zu berichten. Niemand erwartet von Ihnen, im Einsatz zu einem Übermenschen zu werden. Wenn Sie dazu Lust haben, führen Sie ein Tagebuch, das zu einer sehr persönlichen Einsatzerinnerung werden wird.

Tipp 5:
Vermeiden Sie übermäßigen Genuss von Nikotin, Koffein und Alkohol! Finger weg von Drogen!

Tipp 6:
Ein Einsatz ist eine ernste Sache, aber trotzdem sollte der Humor nicht zu kurz kommen.

Stress wird zum Problem?!?
Die oben beschriebenen Tipps gelten für alle Menschen, von der Hausfrau bis zum Manager, vom Obergefreiten bis zum General. In Einzelfällen reichen die “Hausmittel” gegen Stress nicht aus. Dann ist professionelle Hilfe gefordert, die beschriebene Selbst- und Kameradenhilfe wäre dann vollkommen unzulänglich. Vor allem dann, wenn der einzelne besonderen Situationen ausgesetzt gewesen ist: Wer Zeuge eines Verbrechens wird, den Tod oder die schwere Verletzung eines Kameraden miterlebt, hat eine besondere Situation erlebt, die die Gefahr in sich birgt, dauerhafte körperliche und psychische Schäden hervorzurufen. Psychologen sprechen von einem sog. “Critical Incident” (CI). Hier können sog. *Debriefings*, wenn sie rechtzeitig durchgeführt werden, die unter Umständen schlimmen Spätfolgen vermeiden helfen. Ein Debriefing ist weder eine Psychotherapie, noch eine reine “Einsatznachbereitung”. Hier steht nicht die Leistung des Soldaten, sondern sein Erleben einer Situation im Vordergrund. In Einzel- und Gruppengesprächen wird das Erlebte aufgearbeitet. Gedanken werden ausgetauscht, Hilfestellungen für das Bewältigen dieser außergewöhnlichen Situation werden von professionellen Kräften gegeben. In vielen Fällen lässt sich auf diese Weise das befürchtete Posttraumatische Stresssyndrom (PTSD) vermeiden. Diese Spätfolge eines traumatischen Ereignisses bedarf oft einer jahrelangen psychologischen Behandlung. Aber keine Sorge: Auch im Einsatz steht ihnen jederzeit fachkundiger Rat zur Seite!

-Taschen-Karte

Wie kann ich mich auf besonders belastende Ereignisse im Einsatz vorbereiten, wie kann ich sie bewältigen?

Wie kann ich mich auf Stress vorbereiten?

Speisen und Trinken Sie vernünftig!

Trainieren Sie, bilden Sie sich aus und weiter!

Ruhen Sie sich aus und gönnen Sie sich und anderen Pause!

Entspannen Sie! Nehmen Sie sich Zeit!

Soziale Unterstützung (Familie, Freunde) wird Ihnen helfen!

Seelisch-geistige Ausgeglichenheit gibt Halt!

Wenn Sie sich gestresst fühlen...

- Erkennen Sie die Anzeichen von Stress!
- Erhalten Sie sich eine positive Einstellung!
- Versuchen Sie, das Atmen zu kontrollieren, d.h. langsam und regelmäßig zu atmen!
- Konzentrieren Sie sich auf die unmittelbare Aufgabe!
- Wenn Sie länger einer besonderen Belastung ausgesetzt sind, versuchen Sie sich den Belastungen zu entziehen – wenn Auftrag und Rahmenbedingungen es zulassen!
- Bleiben Sie mit anderen in Verbindung – sprechen Sie mit Personen Ihres Vertrauens!
- Achten Sie bei sich selbst auf Ernährung, Trinken, Kleidung und Ruhe!

Was kann ich tun um Stress zu verarbeiten

- Sprechen Sie über Ihre Situation. Beschreiben Sie Ihre Reaktionen und Gefühle!
- Nehmen Sie sich Zeit für sich; Sport, Atemübung, Musik, Singen oder Lesen entspannt!
- Nutzen Sie Humor – Lachen entspannt!
- Scheuen Sie sich nicht, professionelle Hilfe in Anspruch zu nehmen! Stress ist die Reaktion eines normalen Menschen auf eine unnormale Situation: Sie sind nicht verrückt, sondern zeigen ganz normale Reaktionen!

Bei weiteren Fragen oder Problemen wenden Sie sich an Ihren Truppenpsychologen: Oberst Schuh

Text: Hptm Stefan Wildemann
Beratung: Oberst Horst Schuh

Horst Schuh:

Selbstmanagement

Wie jeder andere Soldat bereitet man sich auch als Truppenpsychologe auf den Einsatz vor und lässt sich gegen verschiedene Krankheitserreger impfen. Kann man sich auch gegen Stress "impfen" (lassen), der im Einsatz zu erwarten ist? Dazu muss man sich die (Vor-)Frage stellen: Ist der Truppenpsychologe über den allgemeinen Einsatzstress –Gefährdungen, extreme Lebensbedingungen etc.– hinaus besonderen Belastungen ausgesetzt? Es ist naheliegend, dass –wie bei anderen helfenden Berufen– die Konfrontation mit den Problemen und Sorgen, mit Leid und Trauer anderer Menschen ein zusätzlicher Belastungsfaktor für ihn ist und –was er u.U. mit Führungskräften oder mit anderen Offizieren im Stab gemeinsam hat– die Gefahr der sozialen Isolation, der Einsamkeit.
Wie habe ich mich nun persönlich auf die zu erwartenden allgemeinen und besonderen Belastungsfaktoren *vor* und *im* Einsatz eingestellt? Ein entscheidender Punkt war für mich der *freie* Entschluss, als Truppenpsychologe in den Einsatz zu gehen, motiviert durch die Aufgabe, Führern und Soldaten der deutschen KFOR-Truppe Ratgeber und Helfer in einem fremden Land zu sein.

1 Vor dem Einsatz: Motivation und Eignung

Ich betrachtete diese Aufgabe als eine Herausforderung für mich, der an Jahren älter und im Zivilberuf überwiegend als Lehrkraft tätig ist, eine Herausforderung, der ich mich angesichts der schwierigen Lebensbedingungen im Einsatzland ganz bewusst physisch und psychisch aussetzen und in ihrer Lebens- und Praxisnähe stellen wollte. Gepaart mit dieser Absicht war der bedingungslose Wille, diese Herausforderung durchzustehen und meine *Mission* erfolgreich zu beenden.
Zudem erschien es mir ungemein reizvoll zu sein, als Angehöriger einer internationalen Friedenstruppe Dienst in einer Region zu tun, die mir durch ihre kontrastierende ethnische und kulturelle "Landschaft" sehr viele Impulse und Erlebnisse bieten konnte. Diese Neugierde ließ mir die zu erwartenden Risiken und Erschwernisse als relativ unbedeutend bzw. hinnehmbar erscheinen.
Zusätzlich spornten mich das Vertrauen und die Erwartungen meiner Fachvorgesetzten und Kollegen im Psychologischen Dienst der Bundeswehr an, dass "ich das alles schon schaffen würde". Förderlich für meine Motivation war die Tatsache, dass ich in Kenntnis des Konflikts und der humanitären Katastrophe im Kosovo die politische und ethnische Begründung des KFOR-Einsatzes der Bundeswehr akzeptierte.
Zum (Selbst-)Vertrauen mussten selbstverständlich auch die notwendigen Eignungsfaktoren treten, auf die ich mich angesichts der Aufgabenfülle im Einsatzland verlassen konnte. Diese waren vor allem meine in Jahrzehnten gesammelte Erfahrung als Re-

serveoffizier in verschiedenen Führungs- und Stabsverwendungen sowie mein fachpsychologisches Know-how als Trainer und Berater. In diesem Kontext war es mir eine Genugtuung, dass ich als einer der Gründungsväter der Truppenpsychologie nun daran mitwirken durfte, Truppenpsychologie im Einsatz zu realisieren.
Zwingend nötig hielt ich und erhielt ich wie die meisten Truppenpsychologen eine aktuelle Qualifizierung in Form einsatznaher Vorausbildung bei der Truppe und eine spezielle Schulung im Critical Incident Stress Management (CISM) sowie durch Erfahrungsaustausch mit einsatzerfahrenen Truppenpsychologen.

2 Im Einsatz: Psychohygiene und Stressentlastung

Nach Ankunft im Einsatzland kam die zu erwartende "Bugwelle" von Orientierungs- und Eingliederungsproblemen auf mich zu. Besondere Schwierigkeit bereitete mir zusätzlich die ungewohnte Arbeit am PC. Hilfreich war am Anfang natürlich die –wenn auch sehr kurze– Einarbeitung durch meinen Vorgänger. Dennoch blieben persönliche Zweifel nicht aus, "worauf ich mich hier eigentlich eingelassen habe – und das auch noch freiwillig". Aber meine optimistische und vom Kampfsport geprägte Grundeinstellung, neue und schwierige Dinge als Herausforderung anzusehen, behielt Oberhand. Im Alltagsgeschäft der Stabsarbeit übte ich mich routinemäßig ein und bekam schrittweise "Durchblick". In der psychologischen Fallbearbeitung war es für mich kein Nachteil, "sofort ins kalte Wasser geworfen zu werden". Durch die zwischenmenschliche Erfahrung im Beratungsgespräch oder beim Debriefing nach kritischen Ereignissen stellten sich umgehend Erfolgserlebnisse und gute Gefühle ein. Diese Starterfolge wären nicht gelungen, wenn mir nicht wohlwollende und qualifizierte Ratgeber, Helfer und Peers zur Seite gestanden und mich durch entsprechendes Feedback ermutigt bzw. bestätigt hätten.
Wichtig war und ist es, dem Zeitablauf eine Struktur und sich selbst damit Ordnung und Halt zu geben. Zu einer gewohnten Zeit aufzustehen, Morgen- und Abendtoilette zu verrichten und Mahlzeiten einzunehmen, gibt dem Tag schon ein festes Gerüst. Regelmäßig wiederkehrende (Pflicht-)Termine –wie Stabsbesprechungen und Lagevorträge– sind mit einzuplanen. Darüberhinaus sind "Zeitfenster" offen zu halten, um für unangemeldete "Laufkundschaft" da zu sein oder unvorhergesehene bzw. liegengebliebene Aufträge zu erledigen. Zeit sollte man sich auch nehmen, um den Tag "ausklingen" zu lassen – z.B. in einem entsprechenden Gespräch mit Kameraden bei einem Glas Wein o.ä.. Letztes "Regelwerk" am Tag waren für mich etwas (Rücken-) Gymnastik und der Eintrag ins Tagebuch.
Soweit möglich ist der Woche ebenfalls eine Struktur zu geben. Auch wenn im Einsatz sprichwörtlich "jeder Tag Mittwoch" ist, habe ich versucht, mir mit einem halben ("Feier"-) Tag eine Zäsur zu schaffen. Dies war für mich in der Regel der Sonntagvormittag, um etwas länger schlafen und später zum Frühstück gehen zu können. Zudem bot er mir die Gelegenheit, mit dem Besuch des Gottesdienstes und dem anschließenden "Kirchenkaffee" die Wende von der vergangenen auf die nächste Woche zu markieren und zu besinnen.

Der Truppenpsychologe hat –im Unterschied zu anderen Offizieren des Stabes– mehr Möglichkeit, seine Arbeit freier bzw. freizügiger zu gestalten. Dies ist einerseits sinnvoll und notwendig, um z.B. für plötzlich auftretende kritische Ereignisse bereit zu sein. Andererseits schützt ihn diese Handlungssouveränität wirkungsvoll vor Fremdbestimmung und Burn-out.
Wesentliche Stress-Stabilität gewährt dem Truppenpsychologen –wie jedem anderen Soldaten– der soziale Rückhalt. Für mich persönlich war es vor Ort eine Zeltgemeinschaft, wo Mannschaften, Unteroffiziere und Offiziere in einer Gruppenstärke bis zu zehn Personen zusammenlebten. Die Kameradschaftspflege, das Miteinander in der Freizeit –gemeinsames Gespräch, Scherzen und Feiern– verschafften uns Abstand vom Dienst, Entspannung, Freude und neue Kraft für den kommenden Tag. Entspannend und kraftspendend für mich war auch der regelmäßige Treff mit "Gleichgesinnten", hier besonders mit dem ebenfalls im Stabsgebäude untergebrachten Evangelischen Militärpfarrer, mit dem mich nicht nur der Dienst am Menschen, sondern oft auch ein abendlicher "cool down" im Gespräch bei einem Glas Wein, bei Kerzenschein und meditativer Hintergrundmusik verband. Der Erfahrungsaustausch in einer gemütlichen und vertrauensvollen Atmosphäre verhalf uns dazu, den psychischen Ballast des Tages loszuwerden.
Sozialer Rückhalt ergibt sich auch aus der Gewissheit, dass man auf tatkräftige Unterstützung rechnen kann, wenn "Not am Mann" ist. Eine solche Hilfe stand mir vorbehaltlos und unbürokratisch durch die Feldlagerbaukompanie oder das Einsatz-Bataillon in Prizren zur Verfügung, wenn ich z.B. für die Einrichtung eines Kindergartens oder für die Bergung von Kulturgut Soldaten, Fahrzeuge und technisches Gerät benötigte.
Sozialen Rückhalt bietet vor allem die Verbindung nach Hause, die Kommunikation mit den nächsten Angehörigen und Freunden in der Heimat per Post und Telephon. Es gibt einem Ruhe und Sicherheit, wenn die Partnerin zu Hause "den Rücken freihält", wenn sie dort die Alltagsdinge managt, wenn man weiß, dass auch ihr geholfen wird, wenn es einmal "dick kommt". Kritische Phasen erlebte ich, als meine Frau erkrankte und in der gleichen Zeit meine Mutter zum Pflegefall wurde. Hier konnte ich sehr gut das Ohnmachterlebnis von Soldaten nachvollziehen, das in solchen Situationen oft zur vorzeitigen Rückführung der Betroffenen nach Deutschland führt.
Die bereits angesprochene Handlungsfreiheit nützte ich auch dazu, zu experimentieren und neue Erfahrungen zu sammeln. Ein wichtiges Experimentierfeld war für mich die Einsatzstressnachsorgeeinrichtung[1] in Tetovo (Makedonien). Mit dem erfolgreichen Aufbau und Betreiben dieser Einrichtung brachte ich nicht nur für extrem und chronisch belastete Soldaten Abwechslung und Erholung ins Leben, sondern auch für mich selbst.
Generell wirken Erfolge und das damit verbundene Gefühl, im Alltagsgeschäft oder bei kritischen Ereignissen –oft angesichts von Niedergeschlagenheit, Leid und Trauer– als Truppenpsychologe "etwas bewegt" zu haben, ungemein motivierend und halfen einem über manches Stimmungstief und Misserfolgserlebnis hinweg.
Das Bewusstsein bzw. die Rückmeldung, Soldaten zur Stabilität, zur Lebensfreude und Einsatzbereitschaft zurückverholfen zu haben, spornt an und ermutigt, in dieser Hin-

1) Vergleiche hierzu den Artikel von Heidenreich et al in diesem Buch (Seiten 195 ff)

sicht weiterhin kreativ und expansiv zu sein. Dies tat ich auch im Hinblick auf die Zivilbevölkerung, wo ich mit Hilfe der Truppe humanitäre Projekte (Kindergarten, Witwen- und Waisen-Hilfe) realisieren konnte.[2] Die Freundlichkeit und Dankbarkeit der Einheimischen, die fast familiäre Einbindung durch sie ließen die Soldaten und mich auf unsere Potenziale vertrauen und gaben uns die Gewissheit, den richtigen Job zu tun.

Zum persönlichen Wohlbefinden und damit zur Stressstabilität im Einsatz tragen natürlich auch die klassischen Hygiene- und Fitnesspraktiken bei. Soweit die Einsatzbedingungen und die sanitären Anlagen es erlauben, hat der Truppenpsychologe wie jeder andere Soldat auf Körperpflege, Kleiderwechsel, Ordnung und Sauberkeit in seiner Unterkunft zu achten. Vernachlässigte Rasur, Frisur und Uniform fallen sehr schnell den anderen Soldaten auf, und die Vorbildfunktion als Offizier ist angefragt, zumal der Truppenpsychologe im Lager besonders beobachtet wird.

Ein wesentliches Defizit für mich als regelmäßig trainierender Sportler war der Bewegungsmangel im Einsatz: Auftragslage und Zeitmangel, Ausgangsbeschränkung, Witterung und Geländebeschaffenheit im Lager ließen keinen geregelten Sport zu. Staub, Schlamm oder Vereisung der Wege sowie kontaminierte bzw. noch nicht von Minen und Bomblets geräumte Flächen engten den Bewegungsspielraum drastisch ein. Dennoch fand sich hin und wieder Gelegenheit für ein bescheidenes Lauftraining oder für ein Fußballspiel mit einer Handvoll Soldaten. Durch Einrichtung eines Fitness-Raumes kamen erste Möglichkeiten zu einem Krafttraining hinzu. Um die Muskulatur zu stärken und Rückenbeschwerden vorzubeugen, absolvierte ich allabendlich für mich persönlich ein kleines Stretching- und Gymnastikprogramm.

3 Fazit

Mein persönliches Stressmanagement erhebt keinen Anspruch auf Verallgemeinerung für Truppenpsychologen im Einsatz. Jeder muss *seine* Einstellung zu den Belastungen finden und das ihm gemäße Entlastungsprogramm *selbst* entwickeln.

Erkennbar ist, dass die von mir praktizierte "Stressimpfung" besonders die bekannten "Hardiness"-Faktoren (Kobasa, 1979) berücksichtigt:

- *Kontrollbewusstsein:* "Bin ich Herr der Lage bzw. meines Schicksals?"
- *Sinnfindung:* "Hat mein Einsatz Ziel und Sinn?"
- *Risikobereitschaft:* "Ist Neues bzw. Unerwartetes für mich eine Herausforderung?"
- *Sozialer Rückhalt* (Kameradschaft/Familie): "Bin ich für andere da, sind andere für mich da?"
- *Humor:* "Gelingt es mir, (auch schwierige) Dinge mit Humor zu sehen?"

Literatur:
Kobasa, S.C. (1979). Stressfull life events, personality and health: an inquiry into hardiness. Journal of personality and social psychology, Vol. 37,1-11.

2) Vergleiche hierzu den Artikel von Schuh in diesem Buch (Seiten 283 ff)

Truppenpsychologie im Einsatz: Rückkehr in die Heimat

Herbert Jacobs:

Partnerschaftsprobleme in Zusammenhang mit dem Auslandseinsatz

Die Teilnahme der Bundeswehr an internationalen Einsätzen führt zu monatelanger Trennung der beteiligten Soldaten von ihren Partnerinnen. Diese Trennung voneinander bildet für die weitaus meisten Betroffenen subjektiv die schwerwiegendste Belastung durch einen Auslandseinsatz. Wie es auch für andere Belastungen gilt, kann die Trennung der Partner während der Zeit des Einsatzes zur Beendigung der Beziehung, also zum Scheitern, zu Problemen, aber auch zur Stärkung und Festigung der Beziehung bei erfolgreichem Durchstehen der Trennungszeit und der nachfolgenden Reintegration führen. Im folgenden sollen Partnerschaftsprobleme im und durch den Einsatz dargestellt werden, wie sie dem Autor als Truppenpsychologen im SFOR-Einsatz und bei gelegentlicher Mitarbeit in einer Familiengruppe bekannt geworden sind. Es handelt sich dabei also nicht um systematisch erhobene statistische Daten, sondern um persönliche Erfahrungen und Einschätzungen. Während der Einsatzzeit des Autors wandten sich nur männliche Soldaten wegen Partnerschaftsproblemen an ihn, in der Familiengruppe handelte es sich nur um Frauen (und Kinder) von Soldaten. Dies dürfte auch mit den Zahlenverhältnissen von männlichen und weiblichen Soldaten zu tun haben.

Da es sich bei Problemen zwischen Partnern um sehr persönliche und emotionale Angelegenheiten handelt, kann eine Hilfestellung auch nicht in der Empfehlung einer objektiv richtigen Vorgehensweise liegen. Vielmehr muss der Ratsuchende eine für ihn auch gefühlsmäßig stimmige Lösung finden. Dazu ist meist die Betrachtung bisher übersehener Aspekte und Zusammenhänge notwendig. Bei komplexeren Fällen bedarf es dafür psychologischer Kompetenz sowohl des Zugangs zu solchen Zusammenhängen, als auch der entsprechenden Gesprächsführung. Der militärische Führer hat gerade im Einsatz oft nicht die dafür nötige Zeit und Muße. Hier liegt deshalb eines der wichtigen Aufgabenfelder des Truppenpsychologen.

1 Partnerschaftsprobleme während des Einsatzes

Erleben, Bewertung und Auswirkungen der Trennung vom Partner/von der Partnerin sind individuell und von Paar zu Paar verschieden. Insgesamt bilden die Soldaten, die im Einsatz wegen Problemen in der Partnerschaft auffallen und Hilfe brauchen, die Ausnahme, gemessen an der Zahl aller Kontingentteilnehmer. Dabei können jedoch auch Begebenheiten, die normalerweise nicht die Qualität von Problemen erreichen würden, unter den besonderen Bedingungen des Einsatzes Auslöser von Partner-

schaftskonflikten werden. Diese können zu Beziehungskrisen bis hin zur Trennung führen und die Einsatzfähigkeit des Soldaten massiv beeinträchtigen.
Generell hat der in den Einsatz gehende Partner mit der Trennung zunächst weniger Schwierigkeiten als der zu Hause bleibende. Durch die Einsatzvorbereitung ist er mental auf die Verlegung eingestimmt und ganz darauf ausgerichtet. In der ersten Zeit im Einsatz, der Anpassungsphase, muss er eine Fülle von Eindrücken verarbeiten und sich an die neue Situation anpassen und ist damit voll ausgelastet. Außerdem kennt er die Lebenssituation seiner Partnerin zu Hause. Die Partnerin bleibt zu Hause zurück und hat keine neue Ablenkung. Auch kennt sie die Lebenssituation des Partners im Einsatz nicht. Dementsprechend macht sie sich Sorgen um die Lebensumstände und insbesondere auch die Gefahren für ihren Partner. Im weiteren Verlauf des Einsatzes kehren sich die Verhältnisse oftmals um. Die meisten Partnerinnen bewältigen die Trennung und passen sich der neuen Situation an. Der Soldat im Einsatz kommt jedoch nach der Bewältigungsphase in die Durchhaltephase, in der er nun mehr unter der Trennung leidet. Wenn es aber zu Partnerschaftsproblemen kommt, dann meist in dieser Phase und ausgehend von der Partnerin. Etwa in der Mitte des Einsatzzeitraums finden Betreuungswochenenden in der Nähe des Einsatzgebiets außerhalb des Einsatzlandes statt, an denen fast alle Soldaten teilnehmen. Hierhin können die Soldaten Familienangehörige reisen lassen und mit ihnen gemeinsam ein Wochenende verbringen, was vor allem verheiratete Soldaten nutzen. Für die meisten ist dies ein sehr schönes Erlebnis, das ihnen neue Kraft gibt für die zweite, meist als kürzer erlebte Hälfte des Einsatzes. Für einige Soldaten bedeutet dieses Wiedersehen jedoch eine zusätzliche Belastung. Manchmal sind die Erwartungen an dieses Wochenende so hoch gesteckt, dass sie eigentlich nur enttäuscht werden können. Darüber hinaus erleben manche die erneute Trennung als noch schmerzlicher als vor Beginn des Einsatzes.
Generell gibt es bei den Reaktionen auf die Trennung offensichtlich auch Gruppenunterschiede zwischen

- Wehrpflichtigen,
- Soldaten auf Zeit,
- Berufssoldaten und
- Partnerinnen.

1.1 Partnerschaftsprobleme bei Wehrpflichtigen

Bei Wehrpflichtigen im Einsatz handelt es sich ausschließlich um freiwillig länger Wehrdienst Leistende (FWDL), die sich für eine “Besondere Auslandsverwendung” freiwillig gemeldet haben. In der Masse sind sie daher beruflich und finanziell noch nicht etabliert und nur für den kurzen Zeitraum ihres Wehrdienstes finanziell abgesichert. Sie bilden die im Durchschnitt vom Lebensalter her jüngste Gruppe der Soldaten. Zusammenhängend mit dieser Lebenssituation und ihrem Lebensalter sind ihre Beziehungen zu ihren Partnerinnen meist noch nicht sehr stabil und nicht sehr langfristig angelegt. Nur selten besteht ein gemeinsamer Hausstand. Oft leben beide noch bei ihren Eltern. Der Wehrpflichtige ist sich meist der Belastung oder Gefährdung seiner Beziehung bewusst und nimmt das Risiko ihres Endes in Kauf. Viele sehen ihre Beziehung sogar ganz selbstverständlich mit der Verlegung in den Einsatz als beendet an. Oftmals leidet der Soldat zwar unter Liebeskummer nach Trennung von der Partnerin, doch versucht er meist, sich damit abzufinden, wobei der Einsatz ihm sogar unterstützend Ablenkung bietet. Andererseits hat diese Gruppe wenig Erfahrung, mit Belastungen fertig zu werden, Probleme zu meistern oder auch zu relativieren.

Fallbeispiel 1: *OG A. ist ein junger Wehrdienstleistender, dessen Verlobte von ihm schwanger ist. Nach seiner Rückkehr aus dem Einsatz wollen sie heiraten. Sie haben vereinbart, dass er trotz der Schwangerschaft in den Einsatz geht, da die Verlobte bei ihrer Mutter sehr gut aufgehoben sei und er ihr ohnehin nicht viel helfen könne. Überdies ist die Entbindung erst nach seiner Rückkehr zu erwarten. Der noch wesentlich jünger wirkende Soldat scheint über diese Lösung sehr erleichtert zu sein, da ihm die Vorstellung, Vater zu werden, offensichtlich noch sehr fremd ist, und er der Auseinandersetzung damit und mit der Schwangerschaft seiner Verlobten auf diese Weise vorläufig ausweichen kann. Während der zweiten Hälfte des Einsatzes verlangt die Verlobte telefonisch seine Rückkehr, da sie Befindlichkeitssstörungen bekommen hat und der betreuende Frauenarzt eine vorzeitige Entbindung nicht ausschließt.*
Der junge Soldat fordert die Rückkehr nach Hause und hofft, dass die Vorgesetzten seinem Bitten nachkommen. Aufgrund seiner Hilflosigkeit hat er rasch eine Schar von Helfern und Fürsprechern aktiviert, die seine Forderung unterstützen. Im Gespräch kann jedoch erarbeitet werden, dass eine sofortige Heimkehr übereilt wäre, so dass er sich darauf einlässt, erst einmal abzuwarten und nicht gleich überzureagieren. Im nächsten Telefonat hat sich der Zustand der Verlobten wieder stabilisiert, und der Soldat verbleibt bis zum vorgesehenen Zeitpunkt im Einsatz. Seine ursprüngliche, ausschließlich vernunftorientierte Planung berücksichtigte nicht die im Laufe der Schwangerschaft aufkommenden Bedürfnisse der Verlobten nach Unterstützung durch ihren Partner und mögliche Reaktionsweisen darauf.

1.2 Partnerschaftsprobleme bei Zeitsoldaten

Soldaten auf Zeit müssen sich nicht unbedingt freiwillig für den Auslandseinsatz gemeldet haben. Sie sind für die Dauer ihres Verpflichtungszeitraums beruflich und finanziell abgesichert. Altersmäßig sind sie im Durchschnitt älter als Wehrpflichtige, wobei es jedoch Überlappungen gibt. Vor diesem Hintergrund sind bei vielen die Beziehungen zu ihren Partnerinnen stabiler und langfristiger angelegt. Oft besteht schon ein gemeinsamer Hausstand, manche sind verheiratet. Sie haben zu einem nicht unerheblichen Teil die Belastung oder mögliche Gefährdung ihrer Beziehung nicht freiwillig in Kauf genommen. Oft fehlt den Beziehungen noch ein Erfahrungsschatz gemeinsam bewältigter Belastungen, Probleme und Krisen, so dass sie anfällig sind für Störungen und Trennung.

Fallbeispiel 2: *HG B. ist SaZ 8 und hat seit vier Jahren eine stabile Beziehung zu seiner Partnerin. Die Eheschließung ist in unbestimmter Zukunft beabsichtigt. Bei einem Telefonanruf zu Hause teilt seine Partnerin ihm mit, dass sie sich von ihm trennt.*
Für HG B. ist die Trennung auf diese Weise am Telefon unerträglich. Unbedingt will er seine Freundin von Angesicht zu Angesicht sprechen, damit sie ihm "es ins Gesicht sagt". Er ist sich sicher, dass er dann die Trennung akzeptieren kann. Die Situation macht ihm so zu schaffen, dass er Schlafstörungen entwickelt, nicht mehr abschalten kann und im Dienst unkonzentriert und reizbar wird. Sein Chef rät, seinem unbeirrbaren Wunsch nach einem kurzen Sonderurlaub in der Heimat nachzugeben. Obwohl kaum nachvollziehbar erscheint, was er zu Hause anderes erfahren kann als am Telefon, darf er schließlich zur Erledigung persönlicher Angelegenheiten für einen kurzen Sonderurlaub nach Hause fliegen. Er kehrt wie geplant in das Feldlager zurück. Seine Freundin hat ihm noch einmal bestätigt, dass sie sich von ihm getrennt hat. HG B. kann nun tatsächlich die Trennung akzeptieren und ist offensichtlich wieder ruhig und ausgeglichen.
Für manche Soldaten scheint die Gewissheit, in bestimmten persönlichen Krisensituationen auch ohne formale Anlässe wie Todesfälle oder besondere Familienfeiern einen solchen Sonderurlaub bekommen zu können, notwendig und schon eine Beruhigung zu sein, da sie sich sonst ausgeliefert und wie Gefangene fühlen würden. Immer wieder verzichteten sie auf einen solchen Urlaub, nachdem sie sich versichert hatten, dass sie ihn bekommen könnten.

Fallbeispiel 3: *OFw C. ist seit fünf Jahren verheiratet. Seine Frau und er haben zwei Kinder im Alter von einem und drei Jahren. Bei einem Telefonanruf zu Hause teilt seine Frau ihm mit, dass sie das Alleinsein mit den Kindern zu Hause nicht ertrage. Sie habe schon vor Wochen einen anderen Mann kennengelernt und werde jetzt zu ihm ziehen.*
OFw C. hat mit einer solchen Reaktion seiner Frau nicht im Entferntesten gerechnet. Die Beziehung erschien ihm sehr stabil, es gab keine länger dauernden Konflikte. Allerdings fällt ihm auf, dass seine Frau bisher nie auch nur annähernd so lange allein zu Hause sein musste wie in der Einsatzzeit. Auch auf längeren Lehrgängen war er wenigstens alle paar Wochen am Wochenende zu Hause. Vor ihrem Zusammenleben lebte seine Frau bei ihren Eltern und hatte noch nie alleine gelebt. Trotz ihres Alters von 26 Jahren hatte sie deshalb keinerlei Vorerfahrung und konnte selbst nicht einschätzen, dass sie diese Trennung nicht verkraften würde. Trotz der bestehenden Ehe und der kleinen Kinder will sie ihre Beziehung aufgeben.
Offensichtlich gibt es Partnerinnen, die eine längere Zeit des Alleinlebens, sei es wegen des Fehlens eines erwachsenen Ansprechpartners, sei es wegen der allein zu tragenden Belastung durch kleine Kinder, nicht durchstehen können.

Die nächsten Fallbeispiele beschäftigen sich mit den Problemen, die durch die besonderen Kommunikationsmöglichkeiten im Einsatz entstehen. Trotz aller Hinweise in der Einsatzvorbereitung setzten die meisten Soldaten ihre gewohnten Kommunikationsformen auch im Einsatz fort.

Fallbeispiel 4: *SU D. will unbedingt sofort nach Hause. Er glaubt, klären zu müssen, ob seine Freundin treu sei. Anlass seiner Sorge ist ihre Reaktion bei seinem letzten Telefonanruf. Beide besitzen ein Handy. Er ruft sie sehr oft zu Hause an. Schon seit längerem ist er misstrauisch geworden, weil sie nicht immer das Gespräch annimmt und sogar schon das Handy ausgeschaltet hatte. Gestern nun hörte er beim Telefonat Hintergrundgeräusche, aus denen er schloss, dass seine Freundin in einem Restaurant sei. Er habe sie sofort zur Rede gestellt, mit wem sie denn wohl Essen gehe. Daraufhin habe seine Freundin ihm vorgeworfen, er spioniere mit seinen ständigen Anrufen mit dem Handy hinter ihr her und habe empört das Gespräch beendet.*
Im Gespräch kann zwar erarbeitet werden, warum seine Freundin so empfindet und reagiert und dass es jetzt sicher das Schädlichste wäre, zu Hause bei ihr aufzutauchen, doch kann SU D. trotzdem nicht von seinem Wunsch ablassen. Allerdings ist ihm klar, dass ein Heimflug überhaupt erst in Frage kommt, wenn er in zwei Tagen von einem besonderen Einsatz in einem Außenlager zurückkommt. Wegen plötzlicher Änderung der Sicherheitslage darf jedoch zwei Wochen lang niemand dieses Außenlager verlassen. Danach versichert er, dass die Beziehung zu seiner Freundin wieder in Ordnung ist und dass es genau richtig für die Beziehung war, dass er nicht nach Hause konnte, auch wenn es sehr hart für ihn war.

Fallbeispiel 5: *OFw E. berichtet verzweifelt, dass seine Verlobte ihm verboten habe, weiter mit dem Handy bei ihr anzurufen. Er habe in jeder freien Minute zu jeder Tageszeit, auch bis 2 Uhr in der Nacht, bei ihr angerufen. Jetzt habe seine Verlobte die Handyrechnung in Höhe von DM 3.000 bekommen. Eigentlich wollten sie das zusätzliche Geld des Auslandsverwendungszuschlags für ihren gemeinsamen Hausstand nach der schon fest geplanten Hochzeit verwenden, doch nun werde alles für die Handyrechnung aufgebraucht. Er fürchte, seine Verlobte werde ihm sein Verhalten nicht verzeihen und sich trennen.*
Im Gespräch kann er zunächst beruhigt werden, dass seine Verlobte sich wohl kaum trennen werde, sondern nur entsetzt über die Handyrechnung sei. Darüber hinaus kann ein Plan entwickelt werden, dass er mit seiner Verlobten eine Absprache treffen solle, künftig zu einer ganz bestimmten Zeit regelmäßig für eine fest vereinbarte Dauer bei ihr anzurufen. Wenige Tage später berichtet OFw E., dass seine Verlobte rasch versöhnt gewesen sei und er den abgesprochenen Plan gut einhalten könne, zumal sie jetzt beide viel mehr von den wenigen, kurzen Telefonaten hätten, da sie viel intensiver miteinander sprächen.

Wie die beiden letzten Beispiele zeigen, bietet das Handy mit seinen besonderen Kommunikationsmöglichkeiten für relativ viele Soldaten nicht die erhoffte Erleichterung im Kontakt mit der Partnerin aus dem Einsatz, sondern schafft erhebliche Probleme, die gerade auf die Möglichkeit ständiger Nutzung zurückgehen. Dabei ist mangelnde Disziplin nur eine oberflächliche Ursache. Dahinter verbirgt sich ein Mangel an Fähigkeit und Gewohnheit mit sich selbst allein zu sein, der nicht mehr hingenommen wird, wenn die Möglichkeit zur Kommunikation mit der Partnerin besteht. Beim Fehlen von Handys

und der Nutzung des zur Betreuung der Soldaten eingerichteten Telefonsystems mit speziellen Telefonkarten über Satellit kommt es zu anderen Problemen. Der Sprechende hört mit leichter Verzögerung seine eigene Stimme sprechen, und während er spricht, kann der andere nicht gehört werden. Wie beim Sprechfunk gehört dazu auf beiden Seiten eine erhebliche Sprechdisziplin, die viele nicht erlernen. Vor allem aber geht den meisten unter diesen Umständen jede Spontaneität und Nähe im Gespräch verloren. Zudem erreicht der Anruf die Partnerin meist zu einem nicht vorhersehbaren Zeitpunkt, wenn es die Warteschlange vor dem Telefon zulässt und der Satellit nicht überlastet ist, so dass sie oft mit ihren eigenen Angelegenheiten beschäftigt ist und nicht sofort ganz Ohr sein kann. Ob Handy oder Betreuungstelefon, bei beiden kommt es oft genug vor, dass die Verbindung plötzlich abbricht und einstweilen auch nicht wieder hergestellt werden kann. Dies kann in einem emotional belasteten Gespräch die Affekte krisenhaft intensivieren, zumal die Gesprächspartnerin nicht weiß, ob der andere einfach aufgelegt hat. Auch lässt sich ein unbedachtes Wort oft auf lange Zeit nicht mehr gerade rücken.
In manchen Problemlagen bedarf es psychologischen Fachwissens und psychologischer Erfahrung, um sich überhaupt ein zutreffendes Bild von der Situation des Soldaten machen zu können. Hier braucht der militärische Führer auf jeden Fall den Rat des Truppenpsychologen.

Fallbeispiel 6: *OFw F. bittet um einen kurzen Heimaturlaub zur Erledigung persönlicher Angelegenheiten. Seine Frau hat in den Wochen seiner Abwesenheit eine Zwangskrankheit entwickelt, muss alles mehrfach kontrollieren und säubern und weitere Zwangsrituale ausführen. Die Symptomatik hat sich über die Wochen hin so weit entwickelt, dass sie den Haushalt mit den zwei Kindern nicht mehr ohne Hilfe versorgen kann. In ihrer Ängstlichkeit und Unsicherheit würde sie niemals Unterstützung aus der Einheit oder einer Familienbetreuungsstelle zulassen. Nur ihre Mutter könnte helfen. Diese ist jedoch ähnlich veranlagt wie die Tochter und fährt daher nicht mit der Eisenbahn und auch nicht mit einem fremden Taxi. Deshalb muss der Soldat nun nach Hause, um mit dem Auto seine Schwiegermutter abzuholen. Dann könne er bedenkenlos wieder in den Einsatz zurückkehren.*
Auf Nachfragen berichtet OFw F., dass seine Frau schon früher eine Zwangskrankheit hatte und auch eine Psychotherapie begonnen hatte. Da die Symptome aber so gut wie verschwunden seien, als sie geheiratet hätten und zusammengezogen seien, habe sie damals die Therapie abgebrochen. Wenn er auf Lehrgängen gewesen sei, sei es langsam wieder schlimmer geworden, aber er habe trotzdem nicht daran gedacht, dass es während eines Auslandseinsatzes von deutlich größerer Länge so schlimm werden würde. Bedenken bestehen, ob er nach dem Heimaturlaub einfach wieder in den Einsatz zurückkehren könne. Doch er ist sich sicher, die Anwesenheit der Schwiegermutter werde ausreichen. Der Spieß versichert ohne Zögern: "Für den lege ich meine Hand ins Feuer, auch dafür, dass er zurückkommt." Höhere Vorgesetzte haben Bedenken, halten die Schilderung mangels Kenntnissen über die Zwangskrankheit für unglaubwürdig, doch es lässt sich der gewünschte Heimaturlaub erwirken. Dieser verläuft wie geplant, und OFw F. kehrt danach in den Einsatz zurück.

Obwohl die Ursache des Problems eine Erkrankung war, kann der militärische Führer vom Sanitätsdienst keine Lösung erwarten, da nicht der Soldat erkrankt ist, sondern seine Ehefrau. Daher braucht er fachkundige Beratung bezüglich der psychosozialen Auswirkungen der Erkrankung auf die Familie zu Hause und den Soldaten im Einsatz, um eine angemessene Führungsentscheidung treffen zu können.

1.3 Partnerschaftsprobleme bei Berufssoldaten

Auch Berufssoldaten müssen sich nicht unbedingt freiwillig für den Einsatz gemeldet haben. Vom Lebensalter her sind sie die älteste der genannten Gruppen. Ihre Beziehungen sind in der Regel dauerhafter, die meisten sind seit Jahren verheiratet. Bedingt durch die längere Beziehungsgeschichte sind Trennungen in der Zeit des Einsatzes in dieser Gruppe am seltensten. Wenn überhaupt, dann wird die Zeit des Einsatzes nur als günstiger Zeitpunkt für die Trennung gewählt und bildet nicht den Anlass dafür. Probleme während der Einsatzzeit bestehen meist in der Arbeitsbelastung und der Verantwortung der Partnerin mit Kindern. Zu Spannungen zwischen den Partnern kommt es aber auch durch Telefonate, in denen beide ganz aus ihrem eigenen Bezugsrahmen heraus dem anderen etwas mitteilen wollen, ohne für die Mitteilungen des anderen ebenso offen zu sein. Daraus entwickelt sich so mancher Ehestreit und wirkt mitunter auch bis in die Zeit nach dem Einsatz weiter.

Fallbeispiel 7: *OTL F. telefoniert mit seiner Frau und will von seinen, wie er glaubt, spannenden Erlebnissen berichten. Seine Frau erzählt ihm von einem schweren Unwetter, das zu Hause niedergegangen ist. Er tut dieses Thema verächtlich ab und weist seine Frau auf ihre Ängstlichkeit hin. Erst später hört er von den Ausmaßen des Unwetters und erfährt auch erst dann von seiner Frau, dass bei ihm zu Hause der Keller unter Wasser stand und Teile des Daches abgedeckt wurden. Jetzt versteht er die verstimmte Reaktion seiner Frau auf sein verächtliches Desinteresse und kann sie mit vielen Worten der Entschuldigung versöhnen.*

1.4 Partnerschaftsprobleme bei Partnerinnen

Wie bereits erwähnt, haben die Partnerinnen eher Schwierigkeiten mit der Trennung als die Soldaten im Einsatz, die sich im Kameradenkreis voll auf die unbekannte Situation mit einer Fülle neuer Eindrücke, Anregungen und Anforderungen einstellen können. Die Frauen zu Hause dagegen haben die altbekannte Lebenssituation nun ohne tatkräftige oder moralische Unterstützung des Partners zu bewältigen. Insbesondere wirkt sich dies bei Partnerschaften mit Kindern aus.

Fallbeispiel 8: *Frau G., Ehefrau eines Berufssoldaten, klagt über Verhaltensstörungen ihres dreijährigen Sohnes seit dem Tag, an dem ihr Mann in den Einsatz abgeflogen ist. Sein überaktives und emotional unausgeglichenes Verhalten kostet sie sehr viel Kraft. Ansonsten komme sie sehr gut mit der Trennung klar.*

Auf Nachfragen berichtet sie, dass ihr Mann in den letzten Jahren immer wieder für einige Wochen aus dienstlichen Gründen nicht zu Hause war. In diesen Zeiten hat ihr Sohn nie irgendwie auffällig reagiert. Der Dreijährige besitzt jedoch noch keine Zeitperspektive, aufgrund deren er ermessen könnte, wie lange der Vater diesmal fort sein wird. Vielmehr stellt sich heraus, dass die Mutter durch sehr viel Ablenkung und Aktivität mit der Trennung fertig zu werden versucht. Wahrscheinlich überträgt sich diese Überaktivität und innere Spannung der Mutter auf den Kleinen.

2 Partnerschaftsprobleme nach dem Einsatz

Mit der Rückkehr aus dem Einsatz endet zwar die Trennung der Partner, doch der Prozess der Reintegration des Partners verläuft oft nicht problemfrei.

In dem veränderten Umfeld unter den veränderten Lebensbedingungen im Einsatz hat sich –geprägt von den Verhältnissen im Einsatz– der Bezugsrahmen des Soldaten, also die Vorstellung von dem, was normal, was wichtig und unwichtig usw. ist, verschoben. Angesichts von Zerstörung, Not und Gefahr sowie nach Monaten einer relativ spartanischen Lebensweise, kann er die alltäglichen Sorgen zu Hause zunächst oft nicht nachvollziehen. Dies führt leicht zu Unverständnis zwischen den Partnern. Es braucht einige Wochen, bis eine Wiederanpassung des Bezugsrahmens erfolgt ist.

Aufgaben und Zuständigkeiten in der Familie mussten wegen Abwesenheit des Vaters neu verteilt werden. Nach seiner Rückkehr kann er deshalb nicht unmittelbar und automatisch an seinen bisherigen Platz zurückkehren. Dies kann in einer Fülle von Kleinigkeiten spürbar werden, angefangen damit, dass seine Frau, die ihn am Flughafen abholt, nicht mehr selbstverständlich auf dem Beifahrersitz Platz nimmt, nachdem sie monatelang selbst gefahren ist.

Schließlich erleben manche Frauen ihre Männer als verändert nach Rückkehr aus dem Einsatz. Dies kann zum Eindruck von Entfremdung führen. Eine Menge von Erlebnissen liegt zwischen ihnen, die sie nicht miteinander geteilt haben und die vielleicht für den Soldaten kaum mitteilbar sein mögen.

Auf jeden Fall benötigt die Wiederanpassung an die Verhältnisse zu Hause Zeit und Auseinandersetzung. Dann kann sie zur Reifung der beteiligten Partner und zur Vertiefung ihrer Beziehung beitragen. Ein solcher energie- und zeitaufwendiger Prozess kann jedoch natürlicherweise nicht beliebig häufig und rasch wiederholt werden. Die Belastung der Partner durch die einsatzbedingte Trennung und die Beanspruchung der Bewältigungskapazität ihrer Partnerschaft muss bei der Planung von Einsatzdauer und Einsatzhäufigkeit berücksichtigt werden.

Klaus Arndt:

Vorzeitige Rückführung von Soldaten aus dem Auslandseinsatz

1 Vorbemerkung

Auslandseinsätze der Bundeswehr wie z.B. in Bosnien-Herzegovina oder im Kosovo bringen für die Soldaten zusätzliche dienstliche und persönliche Belastungen mit sich, die sie im routinemäßigen "Friedensbetrieb" in der Heimat nicht erfahren haben. Zur Vorbereitung auf die Einsatzbedingungen bei Auslandsmissionen und zur Erhöhung der Widerstandsfähigkeit durchlaufen die deutschen Soldaten vor der Verlegung ins Ausland ein umfangreiches und hochwertiges Ausbildungstraining. In den Einsatz gehen nur Zeit- und Berufssoldaten sowie grundwehrdienstleistende Soldaten, die sich freiwillig für eine längere Dienstzeit und für den Auslandseinsatz entschieden haben. Bei den Zeit- und Berufssoldaten muss die Zustimmung für den Auslandseinsatz nicht notwendigerweise vorliegen (und ist zunehmend nicht immer gegeben). Nicht alle Soldaten sind den Einsatzbedingungen gewachsen, sei es, dass sie einen einsatzbedingten Leistungsabfall zeigen oder disziplinar auffällig werden. Dienstliche Anforderungen, Einsatzschock, Trennungsbelastung, physische und psychische Ermattung sowie eintretende belastende Ereignisse und Entwicklungen im privaten/familiären Bereich "zu Hause" führen zu einem Verhalten, das eine vorzeitige Rückführung des Soldaten in die Heimat erforderlich machen kann. Die Erfahrung aus den bisherigen Auslandseinsätzen zeigt, dass dies nicht nur Einzelfälle sind, sondern dass bei einer Einsatzdauer von vier bis sechs Monaten etwa fünf bis acht Prozent der Soldaten vorzeitig ihren Einsatz beenden. In fast allen Fällen erfolgte eine rasche Ersatzgestellung. Zeitpunkt und Häufigkeit der Rückführungen sind in starkem Maße durch das Alter der Soldaten sowie die Stabilität ihrer partnerschaftlichen/familiären Beziehungen und ihres sozialen Umfelds bestimmt.

2 Grundlagen/ Bestimmungen

Auslandseinsätze von Soldaten beruhen auf einer Kommandierung; die Rückführung eines Soldaten aus dem Einsatz bedeutet eine vorzeitige Beendigung seiner Kommandierung. Das Verfahren sowie die Voraussetzungen sind dazu eindeutig geregelt. Die zu berücksichtigenden Bestimmungen finden sich in

- der Zentralen Dienstvorschrift (ZDv) 14/5: Bestimmungen über die Versetzung, den Dienstpostenwechsel und die Kommandierung von Soldaten;
- VMBl 1998, Nr 5, S. 76 ff : Richtlinien zur Versetzung, zum Dienstpostenwechsel und zur Kommandierung von Soldaten;
- Handbuch für Einsätze und Verwendungen der Bundeswehr im Frieden außerhalb des Hoheitsgebietes der Bundesrepublik Deutschland;

- Befehl Nr.10c des Heeresführungskommando.
Danach sind folgende *Grundsätze* zu beachten:
Die *vorzeitige Beendigung einer Kommandierung* kommt in Betracht, wenn
- ein dienstliches Bedürfnis besteht oder
- ein Antrag auf vorzeitige Beendigung vorliegt, der mit den dienstlichen Belangen (des Auslandeinsatzes) in Einklang gebracht werden kann.

Von einem *dienstlichen Bedürfnis* für eine vorzeitige Beendigung der Kommandierung kann regelmäßig ausgegangen werden, wenn
- das Leistungsbild des Soldaten nicht den Anforderungen seiner Verwendung (im Auslandseinsatz) entspricht oder er sich nicht für für seinen Dienstposten (im Auslandseinsatz) eignet;
- der Dienstbetrieb in nicht hinnehmbarem Ausmaß durch Störungen, Spannungen und/oder Vertrauensverlust belastet wird, die nur durch eine vorzeitige Beendigung der Kommandierung (Rückversetzung) behoben werden können.

Eine vorzeitige Beendigung der Kommandierung kommt darüber hinaus bei Vorliegen *schwerwiegender persönlicher Gründe* in Betracht. Dies können sein:
- der Gesundheitszustand des Soldaten oder von Familienangehörigen oder
- andere in der Person des Soldaten oder in seinen privaten Lebensumständen liegende Gründe, die eine besondere Härte darstellen.

Gemäß dem Allgemeinen Umdruck 1/100 sind Soldaten vom Auslandseinsatz immer auszuschließen bzw. zurückzuführen, wenn gegen sie ein Strafverfahren anhängig ist bzw. staatsanwaltschaftlich/polizeilich gegen sie ermittelt wird. Da im Einsatz Arreststrafen nicht vollzogen werden können, werden Soldaten mit einer derartigen Disziplinarstrafe ebenfalls grundsätzlich vorzeitig zurückgeführt. Die Mitfluggenehmigung gilt für Soldaten, die ihren Einsatz vorzeitig beenden, als grundsätzlich erteilt.
Die *Entscheidung über eine vorzeitige Beendigung* trifft für Soldaten im Auslandseinsatz der Nationale Befehlshaber und Kommandeur der deutschen Kontingenttruppen (GECON (L) SFOR/KFOR).
Es gehört zu den wesentlichen Pflichten der Soldaten, dass sie jederzeit versetzt bzw. kommandiert werden können. Auch haben Soldaten grundsätzlich keinen Anspruch auf eine bestimmte Verwendung oder auf einen bestimmten Standort. Dadurch kann massiv in die persönlichen Lebensbereiche der Soldaten und ihrer Familien eingegriffen und eine eigenverantwortliche Lebensführung erheblich eingeengt werden. So sind bei derartigen Entscheidungen des Dienstherrn stets die fürsorglichen Ansprüche des Betroffenen zu berücksichtigen. Im Ergebnis der stattfindenden Ermessensentscheidung setzten sich jedoch letztlich zwingende (rechtmäßige) dienstliche Gründe fast immer durch.

3 Beteiligung des Truppenpsychologen

Eine vorzeitige Beendigung des Einsatzes kann auf Antrag des Soldaten oder auf Vorschlag von Vorgesetzten erfolgen. Ein solcher Antrag ist durch den nächsten Disziplinarvorgesetzten dahingehend zu bewerten, ob Gründe für eine vorzeitige Rückführung

vorliegen. Trifft dies zu, stellt er einen entsprechenden ausführlich begründeten Vorschlag bei seinem nächsthöheren Disziplinarvorgesetzten. Mit seiner Stellungnahme wird er dem Nationalen Befehlshaber im Einsatz zur Entscheidung vorgelegt. Dem von einem Rückführungsvorschlag betroffenen Soldaten muss die Möglichkeit gegeben werden, sich dazu zu äußern und Stellung zu nehmen. Auf seinen Wunsch ist die Vertrauensperson zu beteiligen.
Die Einbindung/*Mitwirkung des Truppenpsychologen* bei der Entscheidung über eine vorzeitige Beendigung des Einsatzes geschieht nach den vorliegenden Erfahrungen in der Regel durch die direkten militärischen Vorgesetzten (Kompanie-Feldwebel/-Chef), die bei *einsatzbelasteten* Soldaten um eine fachliche Empfehlung bezüglich des weiteren Verbleibs des Soldaten im Einsatz bitten. In den überwiegenden Fällen handelt es sich dabei um Soldaten mit dienstlichen Auffälligkeiten, bei denen in der Folge des Einsatzschocks exzessives Heimweh, Trennungsängste, Schuldgefühle gegenüber der Familie/dem Lebenspartner sowie Integrationsschwierigkeiten auftreten.
Die *direkte Kontaktaufnahme* von Soldaten mit dem Truppenpsychologen bei dieser Fragestellung ist eher selten. Wenn überhaupt, dann wählen vorrangig höhere Dienstgrade bzw. Reservisten diesen Weg.
Ein weiterer Anlass für psychologische Beratungen ergibt sich durch Vermittlung der *Militärpfarrer*, die den Truppenpsychologen als wirksame Institution für eine adäquate Problemlösung für belastete Soldaten sehen.
Durch den *Truppenarzt* werden ebenfalls psychologische Stellungnahmen für Soldaten initiiert, wenn sich anlässlich der ärztlichen Untersuchung Hinweise auf einsatzrelevante psychisch bedingte Belastungen ergeben. Bei einem psychologischen Votum für eine vorzeitige Beendigung des Einsatzes fordert der Truppenarzt in der Regel eine psychiatrische/neuorologische Facharztuntersuchung an, die bei entsprechender ärztlicher Einrichtung im Einsatz (Feldlazarett) bzw. im Heimatland in einem Bundeswehrkrankenhaus erfolgt. Die ärztliche Entscheidung hat die Frage nach der Auslandsverwendungsfähigkeit zu beantworten. Ist sie nicht gegeben, erfolgt nach Zustimmung durch den Kommandeur des deutschen Kontingents die Rückführung des Soldaten in seinen Stammtruppenteil, wo die weitere truppenärztliche Versorgung erfolgt. Da für Zeit-/Berufssoldaten grundsätzlich die Auslandverwendungsfähigkeit gefordert wird, können sich aus dem Fehlen dieser Voraussetzung über einen längeren Zeitraum –insbesondere bei Zeitsoldaten– negative Konsequenzen für ihre weitere militärische Laufbahn ergeben. Dem Verfasser ist kein Fall bekannt, in der es zu widersprüchlichen Bewertungen von psychologischer Stellungnahme und ärztlichem Befund/Entscheidung gekommen ist.

4 Anlässe zur vorzeitigen Beendigung des Einsatzes

Soldaten im Auslandseinsatz erleben ein für sie unbekanntes dienstliches Umfeld mit deutlich erhöhter Dienstzeitbelastung und dem totalen Wegfall der privaten Sphäre. Dies erfordert trotz intensiver und einsatznaher Vorbereitung ein erhebliches Maß an Flexibilität und Anpassungsbereitschaft von ihnen. Die Soldaten sind zu Einsatzbeginn

aufgrund ihrer intrinsischen, berufsethisch begründeten Einstellung durchgängig bereit, diese Herausforderung auf sich zu nehmen und durchzustehen. Simulation zum Zwecke einer vorzeitigen Rückführung in die Heimat ("Heimatschuss") waren bisher nicht Gegenstand psychologischer Begutachtung. Die gravierenden Nachteile wie Prestigeverlust gegenüber den Kameraden und der Familie, Verzicht auf die Einsatzmedaillen, erhebliche finanzielle Einbußen, Nachteile bei Laufbahn-/Weiterverpflichtungsentscheidungen und negative Auswirkungen auf das Selbstwertgefühl sind gewichtige Gründe, die den Versuch, durch Simulation massiver Belastungsreaktionen eine vorzeitige Rückführung zu erreichen, unwahrscheinlich machen.
In den ersten Tage im Einsatz durchlaufen die Soldaten eine kritische Phase des "Einsatzschocks", in der die Zweifel an der eigenen Durchhaltefähigkeit besonders intensiv erlebt werden. Durch eine schnelle Heranführung an die Einsatzaufgaben sowie Förderung der kameradschaftlichen Gemeinschaft und ein dezidiert fürsorgliches Verhalten der Vorgesetzten wird diese Erfahrung der motivationalen Destabilisierung in der Regel schnell überwunden. Einige Soldaten steigern sich jedoch in eine panikartige psychische Verfassung, die schnell zu erheblich eingeschränkter Ansprechbarkeit und einer unzulänglichen Aufgabenverrichtung führen. Betroffen sind davon meist jüngere Soldaten mit geringer militärischer Erfahrung, für die die Vorgesetzten dann eine psychologische Beratung beantragen. Eine erfolgversprechende Intervention zur Überwindung der emotionalen Belastung ist nur bei frühzeitiger Einschaltung des Psychologen gegeben. Die Erfahrungen zeigen, dass gerade zu Einsatzbeginn, wenn das Kontingent sich einrichtet, sich aufbauende Belastungspotentiale erst spät erkannt werden. Der Zeitpunkt für stabilisierende Interventionen ist dann meistens verstrichen, so dass gerade in dieser Phase mehrheitlich Empfehlungen für eine vorzeitige Rückführung aus dem Einsatz ausgesprochen werden.

5 Stabilisierung im Einsatz

Die truppenpsychologische Tätigkeit leitet sich aus der Fürsorgepflicht der militärischen Vorgesetzten gegenüber den ihn unterstellten Soldaten ab. Dies beinhaltet auch, dass für die unterstellten Soldaten Sorge zu tragen ist, dass der Einsatz ohne psychische und körperliche Schädigung durchgestanden werden kann. Bei auftretenden Belastungsreaktionen, seien sie einsatzbedingt oder von außen herangetragen, sind vor einer Entscheidung der vorzeitigen Rückführung alle Möglichkeiten zu prüfen, die zu einer Stabilisierung und einem Verbleib des Soldaten im Einsatzland führen können. Dies können sein:
- Veränderungen der Aufgabenstellung/des Verwendungsbereichs,
- Wechsel der Gruppenzugehörigkeit/der Unterkunft,
- Stärkung des Selbstwertgefühls durch vermehrte dienstliche Anerkennung,
- Vorziehen des Urlaubs,
- Splitten des Urlaubs,
- Gewährung von Sonderurlaub,
- Teilnahme an Rüstzeiten/Recreation-Maßnahmen,

- Dienstzeitplanung zur Teilnahme an Betreuungsmaßnahmen,
- regelmäßige Gesprächstermine,
- Aktivieren der Betreuung von Angehörigen durch die Familienbetreuungsorgnisation[1],
- Stressmanagement nach extrem belastenden Ereignissen,
- ärztliche Behandlung einschließlich Therapie, soweit im Einsatz durchführbar.

Die aufgezeigten Maßnahmen haben sich als tauglich erwiesen, die immer anzustrebende Stabilisierung des Soldaten zu erreichen. Sie sind nicht erschöpfend, sondern basieren auf den Einsatzerfahrungen des Verfassers. Es hat die Akzeptanz des Truppenpsychologen verstärkt, dass vor Empfehlung einer Rückführung, alle einsatzverträglichen Vorschläge, den Soldaten im Einsatz zu belassen, mit dem zuständigen militärischen Vorgesetzten mit dem Ziel einer möglichst einvernehmlichen Entscheidung erörtert wurden. Die entscheidungsrelevanten Fragen lauten dabei:
- Kann der Soldat im Einsatz stabilisiert werden?
- Ist eine truppenärztliche Überprüfung der Auslandsverwendungsfähigkeit erforderlich?
- Ist eine vorzeitige Beendigung des Einsatzes zu empfehlen?

Über die getroffene psychologische Empfehlung wird der Soldat durch den Truppenpsychologen informiert. Der militärische Vorgesetzte erhält darüber ein schriftliches Ergebnis unter Hinweis auf die erteilte Entbindung von der Schweigepflicht. Der erhobene psychologische Befund sowie die resultierende fachliche Bewertung werden der Ergebnismitteilung verschlossen und als psychologische Unterlagen gekennzeichnet beigefügt. Ein Exemplar der schriftlichen Mitteilungen sowie alle psychologischen Unterlagen verbleiben im Arbeitsbereich des Truppenpsychologen verschlossen aufbewahrt. Über die Aufbewahrungsmodalitäten nach Beendigung des Auslandseinsatzes der Bundeswehr entscheidet das zuständige Fachreferat im Ministerium.

6 Truppenpsychologische Erfahrungen bei vorzeitigen Rückführungen

Gesundheitliche sowie persönliche/familiäre Ursachen sind die maßgeblichen Gründe, die einer vorzeitigen Beendigung des Einsatzes zugrunde liegen, wobei persönliche Gründe überwiegend einsatzbedingte Belastungsreaktionen sind. Je früher dem sich aufbauenden persönlichen Leidensdruck durch gezielte Maßnahmen entgegen gewirkt wird, desto günstiger ist die Prognose für eine Stabilisierung und einen Verbleib im Einsatz. Aus der extrem belastend erlebten Trennung von der Familie, der Lebenspartnerin oder Freundin, resultieren erfahrungsgemäß die häufigsten Bedürfnisse nach einem vorzeitigen Einsatzende. Dabei spielen Schuldgefühle gegenüber der "im Stich gelassenen" Partnerin/Familie eine herausragende Rolle. Durch aktive Förderung von Bekanntschaften zwischen Ehefrauen und Partnerinnen könnte in der Phase der Ein-

1) Vergleiche hierzu den Artikel von Bäumlein in diesem Buch (Seiten 414 ff)

satzvorbereitung ein Netzwerk gegenseitiger Hilfe aufgebaut werden, das den Soldaten im Einsatz weniger abhängig von "Katastrophenmeldungen" aus der Heimat macht.
Die Einrichtung von Rüstzeiten mit den Lebenpartnerinnen der für den Einsatz vorgesehenen Soldaten im Vorfeld des Einsatzes sind dafür beispielgebend. Im Zusammenhang mit disziplinaren Maßnahmen sowie mangelnden Leistungen ergibt sich dagegen nur in wenigen Fällen die Notwendigkeit einer vorzeitigen Rückführung.
Ab dem dritten Einsatzmonat steigt die Häufigkeit der vorzeitigen Beendigungen der Kommandierung überproportional an. Die Relationen der Ursachen bleiben weiter bestehen. Der sich mit zunehmender Einsatzdauer einstellenden psychischen und physischen Ermattung kann mit zeitlich gezielt plazierten Betreuungsveranstaltungen und "Kontingent-Events" entgegengewirkt werden. Zusätzlich zu den durch die Militärseelsorge angebotenen Rüstzeiten läßt sich durch "Aus-Zeiten" von wenigen Tagen in einem Recreation-Zentrum –wobei einer Stigmatisierung der Teilnehmer als "Weicheier" durch Gruppenkonsens entgegen gewirkt werden kann– der Verlust an Einsatzmotivation sowie Belastbarkeit spürbar beheben. Zum selben Zweck kann ein „Splitten" des Erholungsurlaubs beitragen.
Bei allen Dienstgradgruppen treten vorzeitige Beendigungen der Kommandierung auf. Bei der Verteilung der Ursachen ist eine Tendenz erkennbar, dass bei jüngeren Soldaten eher persönliche/familiäre Belastungen dafür ausschlaggebend sind als bei älteren Soldaten, die eher gesundheitliche Gründe aufweisen.
Vorzeitige Beendigungen der Kommandierung erfolgen fast ausschließlich wegen des Vorliegens schwerwiegender persönlicher Gründe. Mit einem dienstliches Bedürfnis, das sich aus einem unzureichenden Leistungsbild bzw. durch fehlende Gemeinschaftsfähigkeit oder massiven Vertrauensverlust ergibt, ist in nur wenigen Ausnahmen zu rechnen.

Paul-Wilhelm Evers:

Vorbereitung auf die Rückkehr[1]

1 Einleitung

Die im Zusammenhang mit Auslandserfahrungen vorliegenden Erfahrungen zeigen, dass die Rückkehr in die Heimat nach Kontingentende nicht einfach Wiederaufnahme des Lebens genau an dem Punkt bedeutet, an dem man es beim Abflug in den Einsatz unterbrechen musste. Vier oder gar sechs Monate mit mehr oder weniger prägenden Erlebnissen liegen zwischen diesen beiden Tagen und lassen es ratsam erscheinen, das Wiedersehen auch aus psychologischer Sicht sorgfältig vorzubereiten. Die bei einem Einsatz unvermeidbaren einschneidenden Erlebnisse und Erfahrungen können in unterschiedlicher Weise zu Veränderungen in der Persönlichkeit und im Verhalten führen. Dieser Artikel beleuchtet sowohl die mentale Umstellung des Soldaten von den Bedingungen eines Auslandseinsatzes auf die Bedingungen des Garnisonsdienstes in der Heimat, einschließlich des Verhaltens bei der Rückkehr zur Familie (auch urlaubsweise) als auch die Wiedersehenssituation aus der Sicht der daheim Gebliebenen, nämlich der Familie/des Partners und der Soldaten im Standort.
Rückkehr-Planungen können mit dazu beitragen, einen möglichst reibungs- und problemlosen Übergang herzustellen, wobei hinzu kommt, dass die psychische Nachbereitung in der Heimat um so leichter fällt, wenn die Rückkehr vorbereitet wird.
Voraus zu schicken ist, dass die Erlebnisse und Erfahrungen des Einsatzes auf die beteiligten Soldaten unterschiedliche Auswirkungen haben, sie hängen von der Persönlichkeitsstruktur des Soldaten und von der Art und Intensität der Erlebnisse ab. Die jeweils individuelle Situation des Soldaten ist Maßstab für die Art der Vorbereitung auf die Rückkehr.

2 Die Wiederaufnahme der Partnerbeziehung

Wenn die Kontingentzeit sich dem Ende nähert, dann gehen dem Soldaten eine Reihe von Fragen durch den Kopf: Habe ich mich verändert? Wie wird das Wiedersehen, wie sollte das Wiedersehen am besten gestaltet werden? Gefühle von Freude, Erregung, Ängstlichkeit, Besorgnis, Unruhe, Ungeduld und bisweilen auch Schuld kennzeichnen das emotionale Bild vor der Rückkehr. Die Soldaten sollten sich darauf einstellen, dass daheim Gefühle von Ablehnung, Enttäuschung, Besorgnis, Frustration und Gefühlsschwankungen auftreten können. Auch können Schwierigkeiten auftreten, die gefühlsmäßige und sexuelle Vertrautheit sofort wieder herzustellen. Es kann die Empfindung des Verlustes von Freiheit und Unabhängigkeit entstehen, letztlich auch eine Überraschung durch Veränderungen am Anderen.

---

1) Vergleiche hierzu Bild 24 im Fototeil

Die Familie kann sich verändert haben, weil sie alle Aufgaben, die der Mann/Vater erledigt hatte, nun längere Zeit selbst auszuführen gelernt hat und selbständiger geworden ist. Die Rückkehr des Soldaten beeinflusst die Ausgewogenheit und Stabilität der Beziehungen in Familie und Freundschaft sowie ihren gewohnten Rhythmus. Kompetenzen müssen neu verteilt werden Der Heimkehrende sollte sich zurückhalten, die Kontrolle zu übernehmen. Das Wiederaufnehmen gemeinsamer Gewohnheiten (Mahlzeiten, Schlafenszeiten) kann den Wiedersehensstress lindern.
Bei vielen Menschen sind Wochen, manchmal Monate erforderlich, um sich wieder aneinander zu gewöhnen. Besondere Umstände können diese Zeit jedoch verkürzen oder verlängern. Durch schwerwiegende Veränderungen in Beziehungen und Familien, wie z.B. Geburt, Tod, ernste Krankheiten, Umzug u.ä. Belastungen kann die Gewöhnungsphase verlängert werden. Die Umstellung kann schön, aber auch schwierig sein, da sie eine merkliche Veränderung für alle Beteiligten bedeutet.

3 Ratschläge für den Heimkehrenden

Mit dem Kontingentende können Stress-Symptome wie Schlaf- und Essstörungen, eingeschränkte Konzentration oder auch erhöhte Energie und Aktivität einhergehen. Der Soldat sollte seine Gefühle, Erwartungen und Besorgnisse genauso mitteilen, wie Erregung und Freude. Auch die Partnerin sollte ihre Erwartungen und ihre Sehnsucht nach dem Heimkehrer zum Ausdruck bringen, beide Partner sollten ihre Liebe und Zuneigung bekunden. Zu empfehlen sind "Flitterwochen". Das "Wieder-Aneinander-Gewöhnen" ist problematischer als angenommen wird. Es sollte so offen, ehrlich und behutsam wie möglich gesprochen werden, wobei die eigenen Gefühle als normal akzeptiert und nicht als Bedrohung der Beziehung empfunden werden sollten. Beide sollten sich darauf einstellen, Aufgaben und Zuständigkeiten in der Beziehung zu erörtern – manches kann vielleicht neu aufgeteilt werden.
Auch sollten die Partner die persönliche Entwicklung, die jeder während der Trennung erlebt hat, erkennen und bejahen. Sachkundiger Rat sollte eingeholt werden, wenn Anlass zu Besorgnis besteht (Pfarrer, Sozialarbeiter, Psychologe, Arzt).
Der Soldat sollte damit rechnen, dass seine Partnerin ihn um seine Reisen beneiden könnte und auch darum, dass er in der Familie kaum Verantwortung zu tragen hatte. Auch sollte er sich Zeit nehmen, mit seiner Partnerin wieder vertraut zu werden. Einige Paare benötigen eine gewisse Zeit, ihre Bindungen wieder herzustellen, bevor sexuelle Beziehungen aufgenommen werden. Dies sollte der Soldat nicht als fehlende Liebe des Partners deuten, wenn sie –vielleicht anders als er selbst– noch nicht bereit ist. Nicht zuletzt sollte der Rückkehrer daran denken, der Familie für ihre Liebe und Unterstützung während des Einsatzes zu danken.
Die nicht immer einfache Rückkehr legt nahe, dass der Soldat keinesfalls unangekündigt ("Überraschung"!) zurückkommen sollte. Das Wiedersehen kann für die Partnerin und damit für beide frustrierend werden, wenn sie unvorbereitet ist (die Wohnung nicht aufgeräumt, kein Essen eingekauft usw.). Daheim sollte man nur offizielle Daten über Zeit und Ort der Ankunft des Heimkehrenden berücksichtigen.

Zur Rückkehr-Vorbereitung gehört natürlich, dass der Soldat sich darauf einstellt, sich Ruhe zu gönnen. Er sollte sich mit der Familie/dem Partner über den glücklich überstandenen Einsatz freuen, sich entspannen und sich mit ihnen vergnügen. Seinen Anteil an Pflichten kann er nach und nach wieder übernehmen. Seine Planung für den nächsten Einsatz sollte er erst dann beginnen, wenn dieser abzusehen ist.

4 Ratschläge an alleinstehende Soldaten

Die Rückkehr-Situation für den alleinstehenden Soldaten kann mit besonderen Umstellungsproblemen verbunden sein, weil es im Einsatz praktisch keinen Feierabend und kein Wochenende ohne die Kameraden gab. Nach sechs Monaten im Einsatz ändert sich diese Lage abrupt und Gefühle wie Frustration, Angst, Traurigkeit, Einsamkeit, Unruhe und Gereiztheit können sich entwickeln. Der Soldat kann mit Schlafstörungen oder Müdigkeit reagieren, aber auch mit Tendenzen zu exzessivem Einkaufen oder zu verstärktem Alkohol- und Nikotinkonsum. Deshalb sollten sich die Rückkehrer darauf einstellen, an den Aktivitäten ihres Truppenteils teilzunehmen, auch Verbindung mit anderen zurückgekehrten Soldaten zu halten und sich mit ihnen über die Reaktionen bei der Rückkehr auszutauschen. Ferner sollten sie sich auf die Wiederherstellung der Beziehungen mit ihrer Familie und Freunden konzentrieren. Es kann auch angeraten sein, einen Haushaltsplan zu führen, um sich vor übermäßigen Ausgaben zu schützen und den Genuss von Alkohol und Nikotin zu kontrollieren.

5 Ratschläge an den daheim gebliebenen Partner

Dieser sollte damit rechnen, dass der Rückkehrer bestimmte Dinge anders sieht, nachdem er eine recht lange Zeit in einem anderen Kulturkreis verbracht hat und dass er, bezogen auf vorher üblich gewesene Gewohnheiten, möglicherweise weniger tolerant ist. Auch sollte mit einem etwas belasteten oder gespannten Verhältnis gerechnet werden und auch damit, dass es Zeit braucht, mit dem Partner in jeder Hinsicht wieder vertraut zu werden. Sie sollte ebenfalls ihre Freude darüber zum Ausdruck bringen, dass die Elternrolle wieder gemeinsam übernommen wird und ihn erleben lassen, wie freudig aber auch frustriert man sich als alleinerziehender Elternteil fühlt. Schließlich sollte die Partnerin/der Partner nicht eifersüchtig über die häufigen und langen Telefonate oder auch über Treffen mit Kameraden sein, die ebenfalls im Einsatz waren.

Auch könnte eine Wiedersehensfeier organisiert werden, an deren Vorbereitung die Kinder beteiligt werden sollten. Der Heimkehrer sollte sich Zeit für die Kinder nehmen, sie aber nicht mit Geschenken überhäufen. Bedacht werden sollte, dass auch die Kinder ambivalente Gefühle bezüglich der Rückkehr haben können. Durch Aufmerksamkeit, Zuhören und Spiel sollte die Bindung zu den Kindern erneuert werden. Kinder entwickeln je nach Altersstufe und Entwicklungsstand (Säugling, Kleinkind, Vor-

schulkind, Schulkind und Jugendlicher) unterschiedliche Reaktionen auf die Vaterabwesenheit und seine Rückkehr[2].
Diese Reaktionen werden außerdem durch die Beschaffenheit und Art der Eltern-Kind-Beziehung vor dem Einsatz, das Ausmaß der "Verbundenheit" während der Trennung und die Vorbereitung auf die Rückkehr mitbestimmt. Das Kleinkind kann z. B. schüchtern reagieren, das Schulkind spielt sich möglicherweise auf. Empfehlenswert ist es, wenn die Partner darüber sprechen, inwieweit der Rückkehrer sein Verhalten auch auf die Altersstufe abstimmen kann, also z. B. das Kleinkind nicht unter Zwang drückt und küsst, sondern abwartet, bis es sich von selbst nähert.
Auch im Heimatland werden in der Einheit oder vom Familienbetreuungszentrum Besprechungen über die Rückkehr durchgeführt, an denen die Partnerin teilnehmen sollte. Parallel zu den Rückkehrvorbereitungen im Einsatzland sollen die Familienzentren auf Familien und Standorte zugehen und mittels Veranstaltungen informieren, um die Angehörigen optimal auf die Rückkehr-Situation einzustellen. Hierbei soll auch ein Psychologe die Trennungsproblematik vertiefend darstellen. Ziel ist es, die Beteiligten über die Rückkehr–Situation zu informieren und zu sensibilisieren.

6 Wiedereingliederung in den Standort

Zum Kontingentende hin könnten dem Soldaten Fragen folgender Art durch den Kopf gehen: Wie werde ich mich in den Alltagsdienst einfügen, wird mir das schwer fallen? Haben mich die Belastungen vielleicht sogar psychisch verletzt? Wie werden die Kameraden reagieren?
Der Einsatz und die Bewährung unter ungewohnten Bedingungen kann bei heimkehrenden Soldaten zu einem Selbstbewusstsein und Verhalten geführt haben, das die Wiedereingliederung in den Routinedienst der Garnison erschwert. So könnte der Soldat den Auslandsdienst gegenüber dem Dienst in der Heimat überbewerten oder (etwa aufgrund besonderer Leistungen) ein überhebliches Selbstbewusstsein entwickelt haben. Oder es haben sich Einstellungen gebildet, die den Umgang mit den Kameraden am Standort erschweren können, wo es z. B. die Kameradschaft aus Zelt oder Container so nicht mehr gibt.
Auch können heimkehrende Soldaten wegen besonderer Leistungen oder der finanziellen Vergünstigungen im Ausland mit Neid und darüber hinaus auch mit Indifferenz in Bezug auf den Einsatz konfrontiert werden, was im Kontrast steht zu dem eigenen Gefühl, Besonderes unter widrigen Umständen geleistet zu haben. Indifferenz entsteht leicht, weil den daheim Gebliebenen die Einsatzbedingungen im großen und ganzen inzwischen bekannt sind und die Erzählungen des Heimkehrers ein nur noch geringes Interesse hervorrufen können. Nur im Ausnahmefall interessieren sich die Kameraden für die Härten des Einsatzes, lediglich besondere Ereignisse lassen sich gut berichten. "Verstehen" kann die Schilderungen eigentlich nur ein Kamerad, der ebenfalls im Einsatz gewesen ist, so könnte ein hierüber enttäuschter Soldat meinen.

2) Vergleiche hierzu den Artikel von Leifert und Riedel in diesem Buch (Seiten 430 ff)

7 Die Planung der Rückkehr im Einsatzland

Die Vorbereitung beginnt in den letzten drei bis vier Wochen bereits im Einsatzland, indem der Soldat mit ausführlichen Informationen über das bevorstehende Ende des Einsatzes aus psychologischer Sicht sowie die Rückeingliederung versorgt wird. Es sind Gesprächsrunden/Vorträge vorgesehen, auf denen alle mit der Rückkehr zusammenhängenden Fragen besprochen werden können. Diese Gespräche werden auf Einheitsebene vom Truppenpsychologen angeboten. Ebenfalls werden auch schriftliche Informationen von der Truppe bereitgehalten, sei es als Merkblatt (siehe Anhang) oder als Beitrag in der Truppenzeitung. Nach Möglichkeit sollte der Soldat an einer Rückkehrveranstaltung seiner Einheit teilnehmen.

8 Vorbereitung auf die Rückkehr und schwerwiegende Ereignisse

Die Erfahrungen zeigen, dass die Soldaten durch die Belastungs-, Arbeits- und Lebensbedingungen im Einsatz mehr oder weniger geprägt werden können. Allen betroffenen Soldaten gemeinsam ist, dass sie bei unnormalen Situationen, die oft außerhalb ihres bisherigen Erfahrungshorizontes liegen, Belastungsreaktionen zeigen. Dieses Verhalten ist völlig normal und in den meisten Fällen zeitlich befristet. Im Rahmen der Vorbereitung auf die Rückkehr kann es für den Soldaten hilfreich sein, über ein Gespräch mit dem Truppenpsychologen seine Belastung korrekt einzuschätzen. Dies kann besonders wichtig werden, wenn der Soldat besonderen, über dem Durchschnitt liegenden psychischen Belastungen ausgesetzt war und sich darauf einrichten kann, wie er sich nach der Rückkehr einstellt bzw. welche Maßnahmen er ergreifen wird. Einzelgespräche beim Truppenpsychologen sind möglich und sollten vom Soldaten bei besonderen (zu erwartenden) Schwierigkeiten auch angestrebt werden. Der Truppenpsychologe ist im Erkennen von Verhaltensänderungen geschult. Durch seine Unterstützung werden die Bedingungen für den Soldaten in der Regel verbessert, um Klarheit über eventuell vorhandene Verhaltensdefizite oder über mögliche verdeckte Wirkungen zurückliegender Ereignisse zu gewinnen.

9 Zusammenfassung

Die Rückkehr der Soldaten nach Beendigung des Einsatzes ist häufig mit psychischen Belastungen verbunden. Die Umstellung auf den vorherigen Lebensrhythmus, die Wiederaufnahme der sozialen Beziehungen und die berufliche Wiedereingliederung können Schwierigkeiten bereiten. Im Mittelpunkt der Vorbereitung auf die Rückkehr stehen daher die Reintegration in das zivile und dienstliche Umfeld sowie das Erkennen von psychischen Folgeschäden (im Einzelfall sogar PTBS = posttraumatische Belastungstörung), was dem seelischen Wohlbefinden, der Gesundheit und damit letztlich der Einsatzbereitschaft dient.

Untersuchungsergebnisse zeigen erfreulicherweise, dass den meisten Soldaten die Wiedereingliederung relativ rasch und problemlos zu gelingen pflegt. Die meisten Soldaten waren nach etwa vier bis sechs Wochen wieder zur Ruhe gekommen. In dieser Untersuchung war es auch keine Enttäuschung, nach Hause zu kommen. Ebenfalls wurde kaum mehr Aufmerksamkeit erwartet.

Vorbereitungsmaßnahmen auf die Rückkehr, wie sie z. Zt. realisiert werden und wie ich sie in diesem Beitrag beschrieben habe, mögen ihren Anteil an diesem positiven Bild haben und mit dazu beitragen, dass es weiterhin –insbesondere unter der Bedingung des sechs Monate dauernden Einsatzes– Bestand haben wird.

Literatur:

Forschungsbericht aus der Wehrmedizin - BMVg – FBWM 99-4.

Rahmenkonzept zur Bewältigung psychischer Belastungen bei Soldaten - Fü S1 - Bonn, Februar 99.

Arbeitsberichte Psychologischer Dienst der Bundeswehr – Nr. 2/00 - Mai 2000.

Nach dem Einsatz – BMVg - Fü S I 3.

Leitfaden für heimkehrende Soldaten/-innen des...

Liebe Kameradin!
Lieber Kamerad!

Eine lange Zeit des Einsatzes liegt hinter Ihnen. Sie haben sich dieser Herausforderung gestellt und sie gemeistert. Sie kehren jetzt zurück in die gewohnte Umgebung Ihrer Heimat: Das heißt Abschiednehmen von vielen Kameradinnen/Kameraden und von den eigenen Aufgaben. Das heißt vor allem Freude auf das Wiedersehen zu Hause, es bedeutet aber auch Begegnung mit dem gewohnten Alltag. Beides, Abschied hier und Rückkehr nach Hause, fordert von Ihnen und Ihren Angehörigen in der Heimat Umstellung.
Die Entfernung nach Hause ist weit, die Rückreise hingegen sehr kurz. Sie haben deshalb nicht viel Zeit, zum gewohnten Leben zurückzukehren. Stellen Sie sich gedanklich darauf ein.

Einige Tipps sollen Ihnen dabei helfen, den "Schalter wieder auf Normalbetrieb" umzulegen.

1 Abschied

Nehmen Sie sich einen Augenblick Zeit, persönlichen Abschied zu nehmen. Legen Sie einige Minuten der Besinnung ein. Lassen Sie das Erlebte noch einmal wie in einem Film ablaufen:
- Was habe ich erlebt?
- Was nehme ich an Erfahrung mit?
- Was habe ich geleistet?
- Was war das Beste an allem?

Halten Sie dies im Gedächtnis fest. Sie können dann später darauf zurückgreifen.
Rechnen Sie damit, dass Sie zu Hause auf Kritik an Ihrem Einsatz treffen. Dann ist es gut, wenn Sie sich persönlich ,"im klaren" sind. Wovon Sie selbst überzeugt sind, davon können Sie auch andere überzeugen.

2 Familie

Ihre Familie musste lange ohne Sie auskommen. Wirbeln Sie deshalb nichts durcheinander, was gut funktioniert hat. Nutzen Sie die Gelegenheit zu beobachten, wie sich Ihre Familie entwickelt hat. Wachsen Sie allmählich hinein, um Ihren Platz wiederzufinden. Widerstehen Sie der Versuchung, die Spielregeln abrupt zu ändern, besonders in der Erziehung: Kinder brauchen Kontinuität.

Freuen Sie sich darüber, wenn Ihre Frau/Partnerin bzw. Ihr Mann/Partner Selbständigkeit bewiesen hat. Das gibt Vertrauen und Sicherheit bei zukünftigen dienstlich bedingten Trennungen.
Rechnen Sie aber auch damit, dass mit Wiedersehensfreude Kummer, Sorgen und Vorwurfe "hochgespült" werden; sie sind vielleicht lange zurückgehalten worden, um Sie nicht in Ihrem Einsatz zu belasten. Traurigkeit, Tränen und Reizbarkeit können bei Ihrer Partnerin/Ihrem Partner vorübergehend die Folge sein. Das ist normal und vergeht wieder, wenn Sie diese Gefühle richtig einordnen und sich nicht selbst "angegriffen" oder enttäuscht fühlen. Ziehen Sie sich nicht zurück; sprechen Sie miteinander. Was ausgesprochen ist, kann nicht mehr unterschwellig wirken und die Beziehung belasten.

3 Partnerschaft

Menschen sind keine Maschinen, die man an- oder abstellen kann. Lassen Sie Ihrer Frau/Partnerin bzw. Ihrem Mann/Partner und sich Zeit, sich wieder aneinander zu gewöhnen, wenn es nötig ist. Trennung schafft manchmal Distanz, die erst überbrückt werden will. Vielleicht müssen Zweifel und Misstrauen erst ausgeräumt werden? Zeigen Sie Verständnis; das baut Vertrauen auf.

4 Freizeit

Nach Hause kommen, heißt auch Abstand gewinnen von dem Erlebnis. Nicht nur von dem, was positiv war, sondern auch von Belastungen und Ärger. Manche erleben zuerst einmal einen "Durchhänger". Suchen Sie dann Entspannung und Zerstreuung, aber verfallen Sie nicht ins "Nichtstun". Vermeiden Sie aber auch das Gegenteil: Stürzen Sie sich nicht in hektische Aktivitäten.

- Knüpfen Sie wieder an an Freizeitaktivitäten und Hobbys, die Ihnen auch früher schon Spaß gemacht haben.

Suchen Sie alte Freunde auf und halten Sie Kontakt zu neuen Freunden, die Sie im Einsatz gewonnen haben.

5 Erlebnisschilderung

"Wenn einer eine Reise tut, dann kann er viel erzählen!" Wer kennt den Reiz nicht, eigenes Erleben in Berichten ein wenig auszuschmücken. Vermeiden Sie jedoch zu übertreiben. Seien Sie sicher, Ihre Teilnahme am Einsatz zeichnet Sie genügend aus. Prahlen Sie nicht mit dem Geld, das Sie verdient haben. Mit dem Neid, den Sie wecken, schaffen Sie sich keine Freunde. Seien Sie nicht überrascht und enttäuscht, wenn Ihnen Desinteresse an Ihnen und Ihren Leistungen entgegengebracht werden.

6 Belastungsreaktionen

Auch wenn es bisher beim Einsatz nicht zu Kampfhandlungen gekommen ist, war die Mission doch für jeden Soldaten mit ungewohnten Anforderungen verbunden.
Die Erfahrungen befreundeter Streitkräfte haben gezeigt, dass in Einzelfällen auch nach dem Einsatz noch Belastungsreaktionen auftreten können. Wohlgemerkt, es handelt sich um seltene Falle; sie sind meist bei Soldaten aufgetreten, die unter ungewöhnlichen Belastungen gestanden haben.
In der folgenden Tabelle sind einige typische Anzeichen von Belastungsreaktionen zusammengestellt:

DENKEN	KÖRPER
Konzentrationsstörungen	vermehrtes Schwitzen
Zerstreutheit/Vergesslichkeit	Kurzatmigkeit
Entscheidungsschwierigkeiten	Schwächegefühl
Grübeln	Zerschlagenheit
	Verspannung
GEFÜHL	**VERHALTEN**
Besorgtheit	Veränderung gewohnten Verhaltens
Reizbarkeit, Wut	Appetitlosigkeit
Schreckhaftigkeit	Rückzug/Isolation
Lustlosigkeit	Vernachlässigung der Hygiene
Angstgefühle	
Niedergeschlagenheit	

Derartige Symptome können sofort nach dem Einsatz, aber auch Monate später auftreten. Erste Anzeichen sind oft Schlafstörungen und Alpträume.

7 Was können Sie tun?

- Zunächst sollten Sie wissen, dass es sich bei diesen Symptomen um normale Reaktionen auf außergewöhnliche Erlebnisse handelt.
- Ziehen Sie sich nicht zurück! Sprechen Sie über Ihre Empfindungen mit einer vertrauten Person (Frau/Freundin/Mann/Freunde/Eltern etc.).
- Treiben Sie (leichten) Sport. Körperliches Fitness hilft.
- Sorgen Sie für Entspannung. Tun Sie Dinge, die Ihnen Spaß machen.
- Behandeln Sie sich nicht selbst mit Alkohol, Beruhigungsmitteln und anderen Drogen. Alkohol und Drogen sind weder Freund noch Helfer, auch wenn sie kurzfristig Erleichterung bringen. Später kehren die Symptome um so stärker zurück.
- Wenn die Symptome nicht abklingen, suchen Sie die Hilfe von Fachleuten auf.

Klaus J. Puzicha:

Einsatzbelastungen (nicht ganz ernst): "Sehr geehrte Angehörige ..."

Über Belastungen in Zusammenhang mit den aktuellen Auslandseinsätzen der Bundeswehr und von befreundeten Armeen wird in diesem Buch viel gesprochen. Zu Wort kommen vom Einsatzstress direkt Betroffene aber auch "Mental Health Professionals", um einen von Matyschock (Artikel Seiten 106 ff in diesem Buch) geprägten Begriff zu verwenden. Erstere geben authentische Schilderungen eigener, zum Teil sehr bedrückender Erlebnisse Die "Professionals" schreiben über Präventionsmaßnahmen zur Verhinderung unerwünschter Belastungsfolgen, sie beschreiben diese Folgen ("Posttraumatische Belastungsstörungen"), sie geben einen Einblick, wie solche psychischen Erkrankungen gegebenenfalls zu heilen sind.

In diesem Artikel soll eine weitere Quelle vorgestellt werden: Uns ist ein Dokument über Einsatzbelastungen zur Kenntnis gekommen, das sehr vielen SFOR-, wahrscheinlich auch KFOR-erfahrenen Soldaten bekannt vorkommen dürfte. In der (fiktiven) Form eines Schreibens an Familienangehörige von kurz vor der Heimkehr stehenden Soldaten, werden diese auf möglicherweise unerwartete Verhaltensänderungen ihres sehnlichst Zurückerwarteten vorbereitet und –indirekt– in die Pflicht genommen, solchen Verhaltensauffälligkeiten taktvoll-liebevoll zu begegnen, um so eine "Resozialisierung" mit der Zielsetzung in die Wege zu leiten, das ungewohnte Verhaltensspektrum des Heimkehrers wieder auf dem gewohnten Vor-Einsatz-Niveau zu normalisieren.

Dieser Brief ist im Anhang abgedruckt. Er existiert in verschiedenen Formen, so dass davon auszugehen ist, dass viele Autoren daran mitgewirkt haben. Der Erstautor (oder Ideengeber) ist hier unbekannt.

Der Brief ist eine Satire, also eine "ironisch-aggressive literarische Form des Komischen ... (mit dem) ... Ziel ... (der) Einsicht in die Lächerlichkeit, Kritikwürdigkeit oder gar Gefährlichkeit des geschilderten Sachverhalts" (Meyers Grosses Taschenlexikon, 1981, Bd. 19, S. 145). Die lange Lebensdauer dieses Briefes über eine ganze Reihe von Kontingenten und der große Bekanntheitsgrad bei den im Einsatz befindlichen Soldaten sprechen dafür, dass die dort geschilderten Einsatzbedingungen (besser: Einsatzbelastungen) im Kern realistisch dargestellt sind und für Soldaten aller Kontingente bedeutsam waren.

Vielleicht hilft die für jeden sichtbare satirische Überzeichnung auch, ansonsten eher tabuisierte Wahrheiten leichter zuzulassen: Wo es etwa mit dem soldatischen Selbstbild (kein "Weichei" oder "Warmduscher" zu sein) wenig vereinbar ist, zuzugeben, dass längere und erhebliche Einschränkungen im gewohnten Komfort der äußeren Lebensbedingungen (Unterkunft, Verpflegung, fehlende Privatheit) erheblichen "Stress

machen" können, ist dieses in der witzigen Satire leichter möglich. Das Lachen über die Satire hilft möglicherweise sogar, den eigenen Stress besser zu bewältigen.
Wenn wir die überzeugende Systematik von Klaus Wothe (Artikel Seiten 65 ff in diesem Buch) über Belastungen im Einsatz verwenden, so werden in dem "Brief an die Angehörigen" fast alle dort genannten Belastungs-Merkmale, -Faktoren und -Folgen zumindest angedeutet.
Damit wird deutlich, dass auch ohne dramatische, psychotraumatisierende Einzelereignisse ("Desaster") der normale Einsatz-Alltag durch Situationen gekennzeichnet ist, die sich durch *Belastungsmerkmale* wie

- Chaos,
- Gefahr und
- Mangel

charakterisieren lassen. Normale menschliche Reaktionen auf solche Situationen –so die Lehre des hier abgedruckten Briefes– wirken in der geordneten, ungefährlichen und durch die Abwesenheit von Mangel gekennzeichnete Heimat deplaziert, manchmal fast krank, zumindest komisch.
Als *Belastungsfaktoren* werden nicht nur die

- erheblich erschwerten Lebensbedingungen, sondern auch
- das enge Zusammenleben,
- die ungewohnte, wenig abwechslungsreiche Ernährung,
- Lärm- und Abgasexposition,
- (besonders belastend:) die allgemeine Situationsunsicherheit,
- die Konfrontation mit einer fremden, teilweise bedrohlichen Kultur und
- eine ständige Bedrohung durch Minen

thematisiert.
Belastungsfolgen sind nicht nur die schon oben kommentierten eher kuriosen Verhaltensweisen, sondern die erheblich kritischer zu bewertende Neigung zu abweichendem ("deviantem") Verhalten wie

- Rücksichtslosigkeit *("Knall den Idioten einfach ab")*,
- sprachliche Verrohung *("Verpiss Dich, du Früchtchen")* und
- Alkoholmissbrauch *("...nicht mehr als zwei Paletten Bier in 24 Stunden")*.

Literatur:

Meyers Großes Taschenlexikon in 24 Bänden. Meyers Lexikonverlag: Bibliographisches Institut Mannheim, Wien, Zürich, 1981.

GECONSFOR (L) 3. Kontingent

Rajlovac, 10.11.1997

Sehr geehrte Angehörige, Freunde/Freundinnen, Bekannte und Kameraden,

die Rückkehr Ihres *Ver(w)irrten* aus dem Friedenseinsatz im ehemaligen Jugoslawien steht unmittelbar bevor. Ihr Angehöriger wird gewisse Erfahrungen gemacht haben und manche Dinge erlebt haben, die unter Umständen zu einer leichten Verhaltensänderung geführt haben können. Eine solche Erscheinung ist völlig normal und Ihr Angehöriger sollte eigentlich nach relativ kurzer Zeit seine frühere, Ihnen vertraute Persönlichkeit wiedergewinnen.
Um Ihnen zu helfen, sich auf eine solche Persönlichkeitsveränderung einzustellen und Ihrem Angehörigen bei seiner Rückkehr zur Normalität zur Seite zu stehen, haben wir nachstehend einige Punkte zusammengestellt, über die Sie Bescheid wissen sollten. Damit wollen wir Ihnen einige Tipps an die Hand geben, wie Sie dazu beitragen können, seine Rekonvaleszenz –oder besser: Resozialisierung– zu beschleunigen und Ihrem Angehörigen zu helfen, sich wieder in die Gesellschaft einzugliedern.

Vor der Ankunft

1. Damit sich der Heimkehrer bei der Ankunft gleich wie zu Hause fühlt, überziehen Sie Ihren Garten, den Gehweg und die Zugangswege mit einer mindestens zehn Zentimeter dicken Schlammschicht (immer gut nachwässern). Sand und Staub sollten in gleicher Menge innerhalb des Hauses verteilt werden (den Erfolg erkennen Sie am obligatorischem Rajlovac-Krampfhusten).
2. Streichen Sie Ihr Auto unregelmäßig grün-schwarz-braun und bringen Sie auf beiden Türen sowie auf der Motorhaube mit großen weißen Buchstaben die Aufschrift SFOR an. Befestigen Sie an der Antenne wahlweise eine NATO-Flagge oder die Deutschlandfahne.
3. Beantragen Sie bei der Telekom eine neue Telefonnummer, so dass niemals eine Verbindung gewährleistet ist, und dass, falls doch mal eine Verbindung zustande

kommt, diese so schlecht ist, dass man den Anrufer am anderen Ende der Leitung nicht verstehen kann. Wundern Sie sich nicht, wenn sich der Heimkehrer am Telefon mit Dienstgrad meldet und den Gesprächspartner lautstark darauf hinweist, dass die Leitung nicht abhörsicher sei.

4. Bauen Sie einen hohen Erdschutzwall um das Haus, legen Sie großzügig Dreifach-Rollen Stacheldraht aus. Besorgen Sie sich ein preiswertes Autowrack vom Schrottplatz, lassen es vom örtlichen Schützenverein durchlöchern und stellen Sie es direkt vor dem Haus auf.
5. Fragen Sie Ihr örtliches Postamt, ob die Post erst in die nächste Stadt umadressiert und dann an Ihre Anschrift nachgesandt werden kann, wobei die wichtige Post erst einmal drei Wochen zurückgehalten werden soll. Lassen Sie nur zwei Postzustellungen pro Woche zu, achten Sie aber darauf, dass die Post immer an verschiedenen Wochentagen kommt.
6. Legen Sie Holzpaletten vor die Haustür und vor die Hintertür Ihres Hauses. Wichtig hierbei ist, dass zuvor ganz gezielt einzelne Latten der Palette entfernt oder angesägt werden. Dadurch wird sichergestellt, dass er sich regelmäßig den Fuß einklemmt oder den Knöchel verstaucht.
7. Um Platzangst des Heimkehrers zu vermeiden, schlagen Sie alle Fensterscheiben ein und kleben Sie durchsichtige Plastikfolie davor (die Gesundheit Ihres geliebten Partners sollte Ihnen diese kleine Sachbeschädigung wert sein).

Eingewöhnung

1. Schalten Sie tagsüber und auch nachts die Stromversorgung in Ihrem Haus in unregelmäßigen Abständen immer mal wieder ab, besonders kurz nach Beginn von Spielfilmen oder Sportsendungen im Fernsehen oder wenn Ihr Angehöriger gerade zu einem Buch oder einer Zeitschrift greift und gerade mal gemütlich lesen möchte.
2. Lassen Sie mindestens fünf Tage lang keine Zeitungen ins Haus bringen und geben Sie ihm alle Ausgaben der ganzen Woche auf einen Schlag, sorgen Sie aber dafür, dass seine Lieblingsausgabe erst einmal nicht dabei ist.
3. Reichern Sie das Leitungswasser mit riesigen Mengen Natriumhypochlorid (Entkeimungstabletten) an; falls Sie kein Desinfektionsmittel haben, tut es auch ein Abflussreiniger. Reduzieren Sie ganz allmählich die Dosis, bis seine Haut langsam wieder ein normales Aussehen gewinnt und wieder so aussieht, wie die eines gesunden Menschen.
4. Falls Ihr Angehöriger eine Tasse Kaffee trinken möchte, sorgen Sie dafür, dass der Kaffee in einem Styroporbecher serviert wird und er mit dem billigsten Kaffeepulver gebrüht wird, das Sie auftreiben können. Sagen Sie Ihrem Angehörigen auch, dass Ihnen leider die Milch ausgegangen ist, dass aber mit dem Konvoi nächste Woche wieder etwas Milch kommen soll.
5. Wenn Ihr Angehöriger duschen möchte, drehen Sie erst einmal das heiße Wasser ganz ab, das Duschwasser sollte nicht wärmer als 20°C sein. Bitten Sie alle Nachbarn, wenn es sein muss, auch die aus der weiteren Umgebung, das restliche heiße

Wasser aufzubrauchen. Dabei ist es auch wichtig, dass die Nachbarn durch ihr ständiges Kommen und Gehen während seines Duschvorgangs große Mengen Schmutz ins Badezimmer schleppen.

6. Schalten Sie bei kalter Witterung die Heizung ganz aus, lassen Sie bei warmer Witterung die Heizung auf Hochtouren laufen.
7. Bereiten Sie im Garten üppige Feuer aus alten Gummireifen, Plastiktüten, Sperrmüll usw. vor und entzünden diese gegen Abend mit einigen launischen Worten in französischer Sprache.
8. Entfernen Sie alle bequemen Möbelstücke und das Ehebett. Ersetzen Sie diese durch Campingstühle aus Blech und Second-Hand-Feldbetten aus dem NATO-Shop.
9. Ersetzen Sie die Bettwäsche gegen gebrauchte Schlafsäcke oliv, die Sie zuvor eine Woche lang in einem geschlossenem Müllsack aufbewahrt haben. Hängen Sie im Schlafzimmer eine Leine mit feuchter Wäsche auf und legen Sie gebrauchte Socken auf das graue Schaumstoffkopfkissen.
10. Kaufen Sie sechs bis acht Jahre alte Kleidung und sagen Sie ihm, das sei seine Wäsche, frisch aus der Waschmaschine. Achten Sie dabei darauf, dass alle Kleidungsstücke einen Grauschleier haben oder rosa gefärbt sind. Das Verhältnis Waschmittel zu Wäsche ist pro Zentner wie folgt:

    2 Fingerhut billiges Waschpulver
    1 Fingerhut groben Sand
    1/2 Fingerhut Juckpulver und abwechselnd
    1 Tasse mit roter oder grauer Pflanzenfarbe

    Die Waschmaschine sollte auf "eiskalt" und der Trockner auf "Hochofen-Hitze" eingestellt werden.
11. Bei wolkenbruchartigen Regenfällen verstecken Sie alle Kleidungsstücke, die halbwegs wasserdicht sind. Sagen Sie Ihrem Angehörigen, seine Regenbekleidung würde gerade neu imprägniert und müsste in spätestens einigen Monaten aus der Bekleidungskammer der Standortverwaltung zurück sein.
12. Sorgen Sie für die nötige Geräuschkulisse, damit der Heimkehrer ruhig schlafen kann (eine Cassette mit Gedröhn von Elektro-Generatoren, Militärfahrzeugen, Helikoptern sowie vereinzeltem Geratter entfernter Feuerstöße erhalten Sie kostenlos bei Ihrem Familienbetreuungszentrum/Ihrer Familienbetreuungsstelle). Sorgen Sie für ausreichend leistungsstarke Boxen. Gewöhnen Sie sich das Schnarchen an, verstärken Sie es durch ein Megaphon.
13. Wecken Sie den Heimkehrer, der frühestens um Mitternacht zu Bett gehen darf, spätestens um 05:00 Uhr mit einigen barschen Worten oder werfen Sie einen Kochtopf mit Deckel gegen die Wand.
14. Teilen Sie Ihren Heimkehrer einmal pro Woche zur Wache, UVD oder OVD ein.
15. Richten Sie Ihm einen maximal 80 Quadratzentimeter großen Arbeitsplatz im feuchtesten und dunkelsten Kellerraum Ihres Hauses ein. Kaufen Sie ein Rattenpärchen.

Verpflegung und Essenszeiten

1. Alle Mahlzeiten sollten in einer verschmutzten Küche in der hinteren Ecke auf nicht richtig gesäuberten Tellern mit noch total verklebtem Besteck serviert werden.
2. Laden Sie möglichst viele Nachbarn ein, die alle an einer wackeligen Biertischgarnitur Platz nehmen müssen. Lassen Sie Ihren Angehörigen so lange auf einen dort freiwerdenden Sitzplatz warten, bis sein Essen völlig erkaltet ist.
3. Die Essenszeiten und auch die Einnahmeplätze sollten sich täglich ändern, ohne dass diese, vorzugsweise kurzfristig anberaumten Änderungen mitgeteilt werden. Dadurch soll Ihr Angehöriger sein Essen entweder völlig versäumen, oder eine Stunde lang, mit ganzen Infantriebataillonen in einer Essenschlange anstehen müssen.
4. Alle Mahlzeiten sollten kräftig gewürzt sein, am besten mit Curry, Maggi oder Glutamat. Der Rätselwettbewerb, "Raten Sie mal, um was für ein Fleisch es sich handelt"! darf bei keinem Essen fehlen.
5. Wenn das Essen fertig ist, lassen Sie es mindestens vierzig Minuten abkühlen, bei jedem Essen das wärmer als Speiseeis ist, würde sich Ihr Angehöriger sonst den Mund verbrühen.
6. Wichtig! Servieren Sie kein frisches Brot! Achten Sie darauf, dass das Brot vor dem Servieren mindestens einen Tag in der Sonne liegen gelassen wird. Dies sorgt dafür, daß das Brot leicht angeröstet aussieht und etwas vertrocknet und vergammelt schmeckt (sollte es regnen, dann backen Sie das Brot auf und lassen es ein oder zwei Tage im Keller liegen).
7. Achten Sie besonders auf die Unausgewogenheit der Mahlzeiten, d.h., immer zwei Tage Nudeln, Reis oder Kartoffeln. Im Gegensatz zur häuslichen Küche ist Ihr Angehöriger es jetzt gewohnt, jeden Sonntag ein Geflügelschnitzel zu bekommen. Zusammen mit einer Balkan-Platte, bestehend aus drei besonders angemachten Salaten (Dressing stets aus Essig) serviert, wird er sich bei Ihnen sofort richtig wohl fühlen.

Alkohol

1. Ihr Angehöriger sollte in einem Zeitraum von 24 Stunden nicht mehr als zwei Paletten Bier konsumieren. Sorgen Sie auch dafür, dass das Bier vor dem Servieren mit dem Brot in der Sonne stand. Achten Sie auch darauf, dass das Bier von einer Sorte ist, die Ihr Angehöriger auf den Tod nicht ausstehen kann.
2. Seien Sie nicht beunruhigt, wenn Ihr Angehöriger die beiden Paletten alleine trinkt und anfängt jeden zu beleidigen, der auch nur im entferntesten ein leicht südländisches Aussehen hat. Sie werden wahrscheinlich auch Ausdrücke hören, z.B. "SFOR, Sani in den Putzraum", "Du bist doch aus dem FLAZ, oder?", "Hat das FLAZ wieder Ausgang?" oder "Was heißt FLAZ ausgeschrieben? – Freizeit-Lager auf Zeit!"
3. Der Heimkehrer darf Bier ausschließlich aus Blechdosen konsumieren. Erschrecken Sie nicht, wenn er die leere Dose mit dem Stiefel zertritt, dies diente im

Feldlager der Müllkomprimierung. Gewöhnen Sie den Heimkehrer langsam wieder an Pfandflaschen. Hindern Sie ihn schonend daran, diese zu zertreten. Zeigen Sie ihm vor dem Trinken den Gebrauch des Flaschenöffners.

4. Informieren Sie den Wirt seines Stammlokals, damit er dem Heimkehrer beim Genuss von Hochprozentigem jeweils seine Ration-Card abstreicht.

Freizeit, Ausflüge

Seien Sie nicht übermäßig beunruhigt, wenn folgende Dinge passieren:

1. Wenn Ihr Angehöriger mit Ihnen eine gemeinsame Spritztour mit dem Auto machen will und fragt, ob Sie sich schon in der OPZ abgemeldet, ins Ausgangsbuch eingetragen, Ihre Ausgangskarte bei der Wache hinterlegt, die Funkverbindung aufgebaut und überprüft, sowie ein gepanzertes Fahrzeug mit 20 mm Bordkanone angefordert haben. Sagen Sie einfach, daß Sie sich um alles gekümmert haben und alles notwendige veranlasst haben.
2. Wenn Ihr Angehöriger, kurz bevor Sie das Haus verlassen, noch einmal schnell verschwindet und murmelt: “Wo sind meine Splitterschutzweste, mein Helm und meine Waffe?” Meist fängt Ihr Angehöriger dann an, über Verhaltensmaßnahmen bei Hinterhalt und Anschlägen zu faseln.
3. Wenn er im Straßenverkehr wie ein Wilder hupt, rechts und in unübersichtlichen Kurven überholt, sowie mit 100 km/h durch die Innenstadt rast.
4. Falls Ihr Angehöriger, wenn ein kleines Kind auf Ihr Auto zugeht, plötzlich rote Augen bekommt, anfängt zu schnauben und wie wild zu schreien beginnt: “Nema Bonbon, Du Früchtchen und verpiss Dich, aber schnell!” und dann den Wagen wie eine besengte Sau beschleunigt, meint er damit: “Mein liebes bosnisches/kroatisches/moslemisches/serbisches Kind, leider habe ich keine Süßigkeiten, sei also bitte so nett und gehe von der Autotür weg.”(Übersetzung)
5. Fahren Sie auf ein Parkhaus zu, kann Ihr Angehöriger Sie plötzlich fragen, ob alle Papiere in Ordnung sind, die man braucht, um den Checkpoint zu passieren, oder er kann Ihnen sagen: “Knall den Idioten an der Schranke einfach ab, wenn er uns anhalten will!”
6. Ihre örtliche Polizeistation wird vielleicht bald ein wenig genervt sein, weil Ihr Angehöriger vor jeder Fahrt anruft, dass er jetzt mit seinem Fahrzeug im Einsatz ist. Ihr Angehöriger fragt die Polizei auch nach der aktuellen Bereitschaftsstufe und meldet an jedem markanten Geländepunkt die Lage mit genauen Koordinaten.
7. Wenn Ihr Angehöriger dringend auf Toilette muss, kann es passieren, dass er einen nahegelegenen Wald meidet, mitten auf der Straße anhält und mit einer gewissen Selbstverständlichkeit ins Autoradio “Konvoi halt!” reinspricht. Anschließend wird er aus dem Wagen steigen und an die Reifen pinkeln (das hat vielleicht im Einsatzland sein Leben gerettet).
8. Wenn Ihr Angehöriger eine Bodenwelle oder ein Verkehrshütchen sieht, kann er plötzlich hart bremsen, rechts ranfahren und aufgeregt in das Autoradio sprechen, um ein Pionier- oder Minenräumkommando anzufordern, bevor er bereit ist, die Fahrt weiter fortzusetzen.

9. Falls Ihr Angehöriger das Fernsehprogramm eingeschaltet hat und irgendwelche Kriegsfilme gezeigt werden, müssen Sie damit rechnen, dass er beim ersten Schuss oder Detonationsknall sofort vom Sessel springt und in Deckung geht. Er wird nach seiner Waffe und seiner Ausrüstung suchen und beginnen zu rufen: "Stani ili pucam" ("Halt, oder ich schieße" – Übersetzung). Schalten Sie dann sofort ab und sagen Sie, er hätte nur geträumt. Vorschlag: Suchen Sie nur Programme, wie Heimatfilme, Kultur, Sport, Mode oder Unterhaltungssendungen aus.

Feste, Familienfeiern

1. Seien Sie nicht böse, wenn Ihr Angehöriger die Partygäste anbrüllt, sie sollten um Himmels Willen sofort, aber nur in ihren eigenen Fußstapfen den Rasen verlassen.
2. Es ist nur gut gemeint, wenn er Ihren Kindern sagt, sie dürften auf dem Spielplatz die Schaukel nicht anfassen und bloß nicht in den Sandkasten gehen.
3. Würzen Sie jede Unterhaltung willkürlich mit bosnischen Ausdrücken (nema problema, dobar dan, kako ste, hvala dobro) und reden Sie ab und zu gänzlich Unsinniges. Geben Sie in regelmäßigen Abständen vor, ihn nicht zu verstehen.

Wir hoffen, dass diese Hinweise dazu beitragen werden, dass Ihrem Angehörigen die Eingewöhnung in das normale Leben schnell gelingt. Falls Sie noch weitere Fragen haben sollten, bitten wir Sie, diese an das für Sie zuständige Familienbetreuungszentrum zu richten.

Bei der Vermittlung eines neuen Lebensgefährten helfen wir im übrigen gern.

Truppenpsychologie nach dem Einsatz

Bernd Völker:

Reintegration

1 Einführung

In Einsätzen 'out of area' kommt es zu vielfältigen Beanspruchungen und Belastungen der beteiligten Soldaten. Dabei unterscheiden sich sowohl die Art als auch die Intensität der Erlebnisse erheblich vom Dienst in der Heimat. Im Zusammenhang mit der Dauer des Auslandseinsatzes kann die Veränderung des Erfahrungs- und Handlungsraumes Auswirkungen im Verhalten und/oder in der Persönlichkeit der beteiligten Soldaten hervorrufen. Die individuelle Verarbeitungsweise hängt dabei von vielen Faktoren ab. Derzeit können noch keine exakten Aussagen über das Zusammenwirken der verschiedenen Belastungsfaktoren und ihre individuellen Auswirkungen gemacht werden. Allerdings werden von den unmittelbar Betroffenen Belastungen in ihrer Intensität und in ihren kumulativen Wirkungen häufig unterschätzt.

Im Rahmen des Gesamtkonzeptes zur "Bewältigung psychischer Belastungen bei Soldaten in Auslandseinsätzen", das Maßnahmen der Einsatzvorbereitung, Einsatzbegleitung und Einsatznachbereitung regelt, wird der Erfahrung Rechnung getragen, dass nach einem längeren und belastungsintensiven Auslandseinsatz die Soldaten bei der Wiedereingliederung in ihr ursprüngliches dienstliches und privates Umfeld unterstützt werden müssen. Gleichzeitig kann dabei darauf geachtet werden, ob einzelne Soldaten Belastungssymptome aufweisen, die im Extremfall zu einer Posttraumatischen Belastungsstörung führen können. Diese Soldaten werden gezielt über weiterführende fachliche Betreuung und gegebenenfalls Therapiemöglichkeiten informiert. Der Reintegration der eingesetzten Soldaten kommt damit eine entscheidende Bedeutung zur Aufrechterhaltung der Einsatzbereitschaft auch nach dem Einsatz zu, indem frühestmöglichst Hinweise auf mögliche psychische Schäden erkannt und eine Entwicklung zu Verhaltensstörungen möglichst verhindert wird.

2 Grundlagen und Ziele von Reintegrationsseminaren

Die bei Auslandseinsätzen einwirkenden Belastungsfaktoren umfassen sowohl die gegenständliche Umwelt der Soldaten, ihre soziale Umwelt als auch ihre persönlichen Voraussetzungen.

Im Bereich der gegenständlichen Umwelt finden sich die Soldaten in der Regel in einem anderen geografischen, klimatischen und kulturellen Raum wieder. Die Lebensbedingungen sind z.B. durch extreme Temperaturunterschiede, räumliche Enge der Unterbringung, erheblich reduzierte persönliche Freiräume aber auch durch das Erleben von Zerstörungen im Einsatzgebiet, einer latenten Minengefahr, einer anderen Mentalität und Lebensweise der Einheimischen usw. gekennzeichnet.

Belastungen, die aus der sozialen Umwelt resultieren, sind z.B. ununterbrochene lange Dienstzeiten, ständiges Arbeiten unter Zeitdruck, lange Trennung von den gewohnten sozialen Strukturen und Bezugspersonen, eine hochgradige Einschränkung bzw. der Wegfall der Privatsphäre durch die Enge der gemeinsamen Unterbringung, verändertes Sexualleben, gruppendynamische Prozesse durch die langzeitige Unausweichlichkeit der Interaktionspartner usw..
Bezüglich der Auswirkung von Belastungen kommt den persönlichen Voraussetzungen offensichtlich eine große Bedeutung zu. Neuere Untersuchungen weisen darauf hin, dass das Ausmaß verfügbarer individueller Ressourcen einen deutlichen Einfluss auf die Intensität der persönlichen psychophysiologischen Stressreaktion hat ('Untersuchungen zu Ressourcen, Belastungen und Streßreaktionen deutscher Soldaten in UN- resp. NATO-Einsätzen – Langzeitverläufe unter gesundheitlichen Aspekten'. Forschungsbericht aus der Wehrmedizin, BMVg-FBWM 99-4, Bonn 1999). Besonders nachteilig wirkt sich dabei die Kumulation von Einsatzbelastungen mit einsatzunabhängigen persönlichen Vorbelastungen aus. Dieses Problem wird deshalb zunehmend im Zentrum der Personalauswahl für Auslandseinsätze seinen Platz finden müssen. Andererseits hat sich herausgestellt, dass in Übereinstimmung mit Erkenntnissen der Sozialpsychologie die Prozesse der Gruppenintegration (Stichworte: Kohärenzgefühl, soziale Unterstützung, Truppenkohäsion) eine stresspuffernde Wirkung haben können. Die intensive Konzentration auf die einsatzbezogenen Aufgaben und die Konfrontation mit einer in der Regel fremden Kultur führen je nach Dauer des Einsatzes zu ‚Entfremdungserscheinungen' bezogen auf das Herkunftsland.
Zu diesen einsatzbedingten Belastungen kommen noch spezifische Faktoren, die sich aus der Rückkehr aus dem Einsatz selbst ergeben. So ändern sich häufig die zu erfüllenden Anforderungen und Aufgaben in Umfang und Bedeutung. Auch die Verantwortungsbreite und -tiefe dieser Aufgaben kann kleiner werden bzw. wird auf den Umfang vor dem Einsatz zurückgeführt. Das gesamte im Heimatland verbliebene militärische, soziale und familiäre Umfeld unterliegt während des Einsatzes anderen Bedingungen. Alle Beteiligten haben sich verändert, müssen sich erst wieder aneinander gewöhnen, konstruktiv die dienstlichen und privaten Beziehungen zukunftsbezogen gestalten.
Hier setzen demzufolge die Reintegrationsmaßnahmen an.
Vor dem Hintergrund des oben beschriebenen Geflechtes der verschiedensten Belastungsmöglichkeiten lassen sich einige zentrale *Ziele* von Reintegrationsseminaren ableiten:

- Allgemein geht es darum, die Wiedereingliederung der Soldaten in ihre Heimattruppenteile zu fördern,
- sie bei der Wiederaufnahme ihrer persönlichen Beziehungen zu unterstützen und
- besonders belastete und unter Umständen sogar latent traumatisierte Soldaten zu identifizieren,
- diese über weitere Betreuungsmöglichkeiten zu beraten.

Konkret sollen die Soldaten unter Leitung eines fachkundigen Moderators gemeinsam nachwirkende Eindrücke aus dem Einsatz besprechen, emotionale Spannungen oder

Störungen abbauen, das gegenwärtige und zukünftige Miteinander konstruktiv angehen und gestalten. Je nach Bedarf können Teile der Seminare auch mit Familienangehörigen durchgeführt werden.

3 Ablauf von Reintegrationsseminaren

Reintegrationsseminare sind Bestandteil eines ganzen Komplexes von Maßnahmen, die in der Verantwortung der jeweiligen Leitverbände durchgeführt werden.
Diese beginnen bereits im Einsatzgebiet mit der Vorbereitung auf die Rückkehr.[1]
Ein wichtiger Bestandteil der Reintegration ist der Empfang am Heimatstandort. Sowohl die Leistungen der Rückkehrer als auch die Leistungen der in der Stammeinheit verbliebenen Soldaten, die während des Einsatzes ja zusätzliche Aufgaben übernehmen mussten, sollen dabei eine entsprechende Würdigung finden. Erste Kontakte zwischen den Soldaten werden reaktiviert.
In der Regel schließt sich eine Urlaubsphase an, die der Wiederherstellung der Beziehungen zu Angehörigen dient.
Etwa vier bis sechs Wochen nach der Rückkehr sind dann die Reintegrationsseminare vorgesehen.[2] Die Veranstaltungen dauern normalerweise zwei Tage. Kriterium ist, dass nichts Wichtiges verschoben oder vertagt werden muss. Die Veranstaltungen sollen außerhalb der Standorte stattfinden, um auch räumlich die Trennung vom normalen Dienstbetrieb zu dokumentieren. Günstige Möglichkeiten bieten z.B. Ausbildungsstützpunkte der Bundeswehr, Einrichtungen der Kirchen oder des Bundeswehrsozialwerks. Abends vertieft eine gemeinsame gesellige Veranstaltung den Reintegrationsprozess.
Für die Durchführung der Seminare selbst sind einige grundsätzliche *Regeln* zu beachten:
Teilnehmer am Seminar sind ausschließlich Soldaten, die im Einsatz waren. Die Seminargruppen bestehen aus maximal 20 Teilnehmern.
Die Moderatoren verdeutlichen den teilnehmenden Soldaten zunächst, dass keine Informationen über die Seminargespräche weitergegeben werden. Es besteht eine dienstliche Pflicht zur Verschwiegenheit. Einführung und Erläuterung von Gesprächsregeln dienen dem konstruktiven Verlauf des Seminars.
Eine Weitergabe von Anregungen und Hinweisen, die seitens der Teilnehmer geäußert werden, sollte nur nach vorheriger Zustimmung und dann nur in streng anonymisierter Form erfolgen. Anderslautende Erwartungen von z.B. Disziplinarvorgesetzten sind im Rahmen von rechtzeitig durchgeführten Vorbesprechungen vorzubeugen.
In der Gruppe ist besonders darauf zu achten, dass es bei den Teilnehmern nicht zu unrealistischen Erwartungen im Hinblick auf schnelle Änderung kritisierter Sachverhalte kommt oder "Omnipotenzerwartungen" geweckt werden.

1) Verleiche hierzu den Artikel von Evers in diesem Buch (Seiten 324 ff)
2) Verleiche hierzu den Folgeartikel von Fritschle und Schanze in diesem Buch (Seiten 348 ff)

Die Seminare verlaufen dann in der Regel so, dass über das Gespräch zu Erlebnissen und Erfahrungen im Einsatz und bei der Rückkehr eine neue Form der gemeinsamen Aufgabenbewältigung im Heimatverband entsteht, in die sich jeder Soldat integriert fühlt. Dabei sollten sich positive und negative Inhalte gegenseitig konstruktiv befruchten.
Bei der Durchführung der Reintegrationsseminare stehen den verantwortlichen Truppenteilen Truppenpsychologen, Militärseelsorger, Fachkräfte des Zentrums Innere Führung (hier auch die dort ausgebildeten Moderatoren) und Einsatznachbereitungsgruppen bei den Bundeswehrkrankenhäusern unterstützend zur Seite.

4 Erfahrungen und Probleme

Die intensive Beteiligung der Bundeswehr an Auslandseinsätzen führt zu einem erheblichen Aufkommen an durchzuführenden Reintegrationsseminaren. Der Umfang dieser Aufgabe stellt die Bundeswehr und insbesondere den Psychologischen Dienst vor eine Fülle zu bewältigender Anforderungen. Inzwischen liegen bereits einige Erfahrungen vor, die auf einer Arbeitstagung des Psychologischen Dienstes der Bundeswehr im März 2000 zusammengetragen wurden.
Eine zentrale Erfahrung bei Reintegrationsseminaren verweist auf die Bedeutung der Einbeziehung der jeweiligen Einheitsführer und Kommandeure. Sie müssen in der Vorbereitung intensiv einbezogen und über den Sinn, den Inhalt und Ablauf der Seminare umfassend informiert sein bzw. werden. Die den Soldaten gegenüber vertretene Position der militärischen Führer zum Seminar beeinflusst den Ablauf entscheidend.
Eine weitere wesentliche Erfahrung bezieht sich auf die Zusammensetzung der Seminargruppen: Es hat sowohl dienstgradhomogene als auch dienstgradgemischte Seminare gegeben. Die Gruppenzusammensetzung über verschiedene Dienstgrade hinweg hat zwar den Vorteil, dass i.d.R. die gleichen Soldaten wie im Einsatzverband zusammen sind. Dabei können interpersonelle Konflikte auch innerhalb der Hierarchie zur Sprache kommen und bearbeitet werden. Das erfordert allerdings von den Moderatoren ein hohes Maß an Fähigkeiten zum Umgang mit gruppendynamischen Prozessen in militärischen Zusammenhängen.
Demgegenüber steht die Erfahrung, dass in relativ dienstgradhomogenen Gruppen eine deutlich höhere Bereitschaft besteht, sich zu öffnen und eigene Sichtweisen zu äußern. (Keine Gefahr der Beurteilung der eigenen Leistungsfähigkeit durch Vorgesetzte oder Untergebene, keine Gefahr von Sanktionen bei Kritik).
Die entscheidende Erfahrung stellt gleichzeitig auch das größte Problem bzw. die größte Herausforderung bei der Durchführung von Reintegrationsseminaren dar: Wenn Reintegration dazu dienen soll, die Wiedereingliederung in den Heimattruppenteil zu fördern und *besonders belastete und unter Umständen sogar latent traumatisierte Soldaten zu identifizieren*, müssen die Gesprächsleiter mindestens über eine Basisqualifikation bezüglich möglicher Erscheinungsformen von beginnenden oder bereits vorhandenen Belastungsstörungen verfügen. Derzeit haben in erster Linie die Psycholo-

ginnen und Psychologen der Bundeswehr die dazu erforderliche fachliche Qualifikation.
Allerdings ist bei der großen Anzahl durchzuführender Seminare die regelmäßige Teilnahme eines qualifizierten Truppenpsychologen derzeit nicht immer zu gewährleisten. Ein Teil der behandelten Themen erfordert umfangreiches psychologisches Wissen und Können, z. B. Umgang mit Tod und Verwundung von Kameraden oder anderen Opfern, der Umgang mit z.B. dem Schuldgefühl, nicht helfen zu können, der Umgang mit teilweise drastischer Kritik am Führungsverhalten von Vorgesetzten (die wiederum durchaus kompensatorischen Charakter für nicht optimal verarbeitete Belastungen im Einsatz haben kann) usw..
Insgesamt kann festgestellt werden, dass in den Seminaren, die von Psychologinnen und Psychologen durchgeführt wurden, i.d.R. eine intensive und wirksame Aufarbeitung von einsatzbedingten bzw. wiedereingliederungsbedingten Problemen erreicht werden konnte.

5 Ausblick

Die Unterstützung der Reintegrationsseminare ist eine originäre Aufgabe der Truppenpsychologie. Bisherige Erfahrungen zeigen, dass wir dabei erst am Anfang einer Reihe von Entwicklungen stehen, die zu einem Gesamtkonzept der psychologischen Einsatzvorbereitung, -begleitung und -nachbereitung führen werden. Das soll abschließend an zwei Beispielen kurz erläutert werden.
Auslandseinsätze der Bundeswehr im UN- bzw. NATO-Rahmen finden in einer immer komplexer werdenden internationalen Situation statt. Die Einsatzbedingungen führen zu immer höher werdenden Anforderungen an die Soldaten. Das betrifft die Dauer der Einsätze ebenso wie die erlebten Bedingungen im Einsatzgebiet. Das Erleben großer Spannungen zwischen und mit den Bevölkerungsgruppen im Einsatzland, die Unmöglichkeit, vor Ort “gut” und “böse” eindeutig zu trennen, verursachen erhebliche Belastungen. Ihre konstruktive Bewältigung erfordert ein hohes Maß interkultureller Kompetenz, um keine Vorurteile gegenüber Kultur und Bevölkerung im Einsatz entstehen zu lassen und negative Auswirkungen auf die Motivation, durch den Einsatz bedrohten Menschen zu helfen, zu verhindern.
Diese Aufgabe, die Entwicklung und Vermittlung interkultureller Handlungskompetenz für alle am Einsatz beteiligten Soldaten und die Aufarbeitung auch negativer interkultureller Erfahrungen im Nachhinein, wird sich in Zukunft von der Vorbereitung bis zur Nachbereitung von Auslandseinsätzen erstrecken müssen.
Die Durchführung von Reintegrationsseminaren erfordert, wie gezeigt, ein hohes Maß an psychologischer Kompetenz. Die Einbeziehung von Truppenpsychologen ist besonders unter zwei Aspekten unabdingbar: Einerseits geht es um die Identifikation besonders belasteter Soldaten, um sie rechtzeitig in weitere Betreuungs- und Behandlungsstränge einzubinden. Andererseits geht es um die Beherrschung gruppendynamischer Prozesse im Seminar selbst, um sowohl dienstgradhomogene als auch dienstgradgemischte Belange in angemessener Form bearbeiten zu können.

Das bisher Gezeigte verweist auf die Vielzahl noch zu bewältigender Aufgaben. Die Einsatznachbereitung wird dabei eine zentrale Rolle spielen. Nicht zuletzt soll die Aufgabe benannt sein, im Rahmen der Möglichkeiten eine systematische Evaluation der Reintegrationsseminare durchzuführen.

Literatur:

Gleissner, T. (1998). Erfahrungen mit Einsatzstress und Folgerungen für das Stressvorsorge- und Bewältigungsprogramm der Bundeswehr. Hamburg: Führungsakademie der Bundeswehr (unveröffentlichte Lehrgangsarbeit).

Heeresführungskommando (2000). Befehl Nr. 17a: Bewältigung psychischer Belastungen bei Soldaten in Auslandseinsätzen.

Hoffmann, O. (1993). Deutsche Blauhelme bei UN-Missionen. München: mvg verlag.

Scheibl, S., Stoye, K. (1997). Akute und chronische Stress-Reaktionen bei VN-Einsätzen – internationale Erfahrungen in Diagnostik, Prävention und Therapie. Hamburg: Führungsakademie der Bundeswehr (unveröffentlichte Lehrgangsarbeit).

Schüffel, W., Schunk, T. & Schade, B. (1999). Untersuchungen zu Ressourcen, Belastungen und Stressreaktionen deutscher Soldaten in UN- resp. NATO-Einsätzen – Langzeitverläufe unter gesundheitlichen Aspekten. BMVg: Forschungsbericht aus der Wehrmedizin.

Thomas, A. (Hrsg.). (1993). Kulturvergleichende Psychologie. Göttingen: Hogrefe – Verlag für Psychologie.

Völker, B. (2000). Erfahrungen mit Reintegrationsseminaren. (unveröffentlichter Bericht zur Arbeitstagung des Streitkräfteamtes am 09. März 2000).

Zentrum Innere Führung (1998). Wir sind zurück – Reintegrationsseminar & Veteranen- / Familientreffen. Hilfe für Kommandeure und Einheitsführer 2/98.

Christian Fritschle und Stefan Schanze:

Praktische Erfahrungen mit Reintegrationsseminaren

1 Einleitung

Als Teil der Einsatznachbereitung sollen Reintegrationsseminare die Aufarbeitung des Einsatzes ermöglichen und für besonders belastete Soldaten Möglichkeiten weitergehender Hilfe aufzeigen.
Dieser Artikel bietet einen Überblick über Aufgabe, Vorbereitung und Durchführung sowie mögliche Ergebnisse dieser Seminare. In diese Sammlung von Vorschlägen und Empfehlungen fließen die theoretische Auseinandersetzung, die praktische Erfahrung als Unterstützender unter der Leitung des Zentrum Innere Führung der Bundeswehr (ZInFüBw) sowie die Erfahrungen der Autoren als Truppenpsychologen zweier Heeresbrigaden aus der fachlichen Leitung von insgesamt mehr als 20 Reintegrationsseminaren ein.

2 Befehlslage und Folgen

Das Heeresführungskommando hat für alle Einsatzsoldaten die Teilnahme an einem Reintegrationsseminar innerhalb von drei Monaten nach der Rückkehr befohlen. Die Leitverbände des jeweiligen Kontingents haben die Organisation und Durchführung der Seminare sicherzustellen. Hierzu sind als Fachpersonal Truppenpsychologen, Militärpfarrer oder Sozialarbeiter hinzuzuziehen.
Die frühere Freiwilligkeit der Teilnahme an den Reintegrationsseminaren ist mit o.a. Befehl aufgehoben worden, jeder Einsatzsoldat hat daran teilzunehmen. Die Leitverbände haben damit auch Wehrübende oder bereits entlassene Soldaten zu den Maßnahmen einzuladen. Diese Änderung bedeutete eine enorme Ausweitung der bisherigen Teilnehmerzahlen für solche Reintegrationsseminare: Bedingt durch die bestehende Kontingentlänge von sechs Monaten und die derzeitige Gesamtstärke der auf dem Balkan eingesetzten Einsatzsoldaten sind so pro Jahr ca. 16.000 Soldaten zu reintegrieren, das sind bis zu 800 Gesprächsgruppen pro Jahr für das gesamte Deutsche Heer. Dies kann zu "Spannungsspitzen" führen: Aus dem Bereich der Oldenburgischen Luftlandebrigade 31 waren über 600 Soldaten bei KFOR eingesetzt und Ende Oktober 1999 nach Deutschland zurückgekehrt. Davon wurden allein durch den Truppenpsychologen dieser Brigade und den von ihm ausgebildeten Gesprächsgruppenleitern im Dezember 1999 und Januar 2000 insgesamt elf Reintegrationsseminare mit mehr als 400 Teilnehmern fachlich geleitet und organisatorisch begleitet. Auch von außerhalb des eigenen Zuständigkeitsbereichs kommen Anfragen zur Unterstützung von Reintegrationsseminaren, wodurch sich für den einzelnen Truppenpsychologen die An-

zahl der zu leistenden Seminare weiter erhöht. Jedes extern unterstützte Seminar bindet Ressourcen und verringert die Zeit, in der der Truppenpsychologe für die Soldaten und Angehörigen der eigenen Brigade zur Verfügung steht.
Die hohe Anzahl der periodisch zu reintegrierenden Soldaten wird in Zukunft eher keine Entlastung erkennen lassen: Mitte 2001 werden allein aus dem Standort Augustdorf ca. 1.200 Soldaten durch den Truppenpsychologen der Panzerbrigade 21 "Lipperland" zu reintegrieren sein. Daher ist eine langfristige organisatorische Planung (u.a. zur Suche und Belegung eines geeigneten Veranstaltungsortes) und die vorausschauende Anforderung des Fachpersonals erforderlich. Es ist somit ratsam, das Reintegrationsseminar schon weit vor dem eigenen Einsatz vorzubereiten.

3 Inhaltliche Konzeption und Zielsetzung

Das hier vorgestellte Konzept für die Organisation und Durchführung von Reintegrationsseminaren baut auf den Vorschlägen des Zentrum Innere Führung der Bundeswehr auf. Im Arbeitsheft 2/98 "Wir sind zurück" werden in einer verständlichen Form Auftrag und Zielsetzung von Reintegrationsseminaren dargestellt. Kern der Seminare ist es, den Soldaten in Gesprächsrunden die Gelegenheit zu geben, sich mit ihren Einsatzkameraden, besonders ausgebildeten Soldaten (s.u.) und Fachpersonal (s.o.) über ihre persönlichen Eindrücke, Erfahrungen und Erlebnisse während des Einsatzes auszutauschen. Bei Bedarf steht das Fachpersonal für Einzelgespräche und Partnerberatung zur Verfügung. Tieferer Zweck dieser Maßnahmen ist eine psychosoziale Prophylaxe, um aktuelle psychische Belastungen aus Einsatz oder Rückkehr abzubauen und um möglichen Belastungsnachwirkungen oder Traumatisierungen entgegenzuwirken. Damit dienen Reintegrationsseminare neben der individuellen Fürsorge auch unmittelbar der Einsatzfähigkeit und -willigkeit der betroffenen Soldaten bezüglich erneuter Auslandseinsätze.
Die Erfahrungen der bisher durchgeführten Reintegrationsseminare haben gezeigt, dass das Konzept des ZInFüBw geeignet ist, die Zielsetzung einer Gesprächsmöglichkeit für die Einsatzsoldaten in förderlicher Atmosphäre und ausreichendem Zeitansatz zu erreichen.
Die Autoren kennen beide das Konzept nicht nur aus der Theorie: Vor der ersten eigenen Durchführung haben sie an Seminaren als Gesprächsleiter teilgenommen, die unter der Leitung vom ZInFüBw durchgeführt worden waren. Beide waren im Rahmen von IFOR-, SFOR- und KFOR-Kontingenten mehrere Monate im Einsatz.

3.1 Begriff

Der Begriff "Reintegrationsseminar" hat sich als nicht ganz unproblematisch gezeigt. Viele Soldaten, die zu einem Reintegrationsseminar befohlen worden waren, hatten Assoziationen zu "Resozialisierung" oder "Rehabilitation". Manche fragten, ob man davon ausgehe, dass mit ihnen etwas nicht in Ordnung sei, so dass sie hier an dieser Veranstaltung teilnehmen müssten. Sehr viel einfacher und weniger verunsichernd wäre beispielsweise der Begriff "Rückkehrerseminare".

3.2 Leitfragen

Die Gespräche innerhalb der Gruppen orientieren sich inhaltlich an sogenannten Leitfragen aus der Broschüre des ZInFüBw. Gedanklich beginnend im Einsatz (z.B. "Im Einsatz hat mich besonders bewegt ...", "Im Einsatz hat mich geärgert ...", "Im Einsatz hat mich erfreut, erfüllt oder hat mir Spaß gemacht ... "), wird danach die Phase der Rückkehr und Wiedereingliederung aufgearbeitet ("Nach Rückkehr war ich überrascht von ..."), um dann einen zukunftsorientierten Blickwinkel einzunehmen (z.B. "Wenn ich wieder in den Einsatz gehe, werde ich ..." oder "Für den nächsten Einsatz schlage ich vor ..."). Bereits die Phase der Vorausbildung für einen bevorstehenden Einsatz wird von den Soldaten und ihren Angehörigen –neben der Einsatzphase selbst und der Zeit der Wiedereingewöhnung in das dienstliche und private Umfeld (Re-Integration)– als besonders belastend beschrieben. Damit wirkt sich die Zeit unmittelbar vor dem Einsatz bedeutsam auf die Einsatzbereitschaft und Motivation des Soldaten zu Beginn des Einsatzes aus. Diese Erfahrung hat es als sinnvoll erscheinen lassen, die Aufarbeitung der Zeit der Einsatzvorbereitung mit in das Reintegrationsseminar aufzunehmen. Als entsprechende Leitfrage hat sich hier "Die Einsatzvorbereitung habe ich als .... empfunden" bewährt.

4 Vorbereitende Organisation

4.1 Vorbereitungstreffen

Rechtzeitig vor dem Seminar sollte ein Arbeitstreffen mit Kommandeur, Projektoffizier, Fachpersonal und unterstützenden Soldaten stattfinden. Neben dem gegenseitigen Kennenlernen werden hier Termin und Ablauf des Seminars, der Veranstaltungsort, Anzahl und Zusammensetzung der Teilnehmer, Aufteilung der Gruppen, Auswahl und Aufteilung der Gesprächsgruppenleiter sowie der Termin für ein vorbereitendes Training der Gesprächsgruppenleiter festgelegt. Sobald der Veranstaltungsort feststeht, sollte eine Ortsbegehung mit Einteilung der Räumlichkeiten stattfinden. Wichtig sind auch Fragen der Anreise, Übernachtungsmöglichkeiten und Besorgung des nötigen Materials (z.B. Flipchart, Beamer, Tageslichtprojektor, Stellwände, Karten, Stifte).

4.2 Termin und Zeitansatz

Welcher Zeitpunkt nach dem Einsatz ist für die Durchführung eines Reintegrationsseminars geeignet? Die Befehlslage gibt vor, dass das Seminar innerhalb von drei Monaten nach Rückkehr durchgeführt werden soll, nach der Broschüre des ZInFüBw sollte das Seminar vier bis sechs Wochen nach Einsatzende stattfinden.
Die folgende Rechnung kann als Anhalt für die Festsetzung des Termins für ein Reintegrationsseminar dienen: Der Soldat kommt aus dem Einsatz zurück und sein erster Wunsch ist es, viel Zeit mit seiner Familie zu verbringen. Nach dem ersten, verlängerten freien Wochenende (mindestens vier bis fünf Tage) sollte eine offizielle, aber nicht zu ausführliche Begrüßung durch den Kommandeur im Rahmen einer kleinen Zeremonie, ggf. unter Beteiligung von Familienangehörigen, stattfinden. Danach soll-

ten die Soldaten für drei bis fünf Tage im Dienst sein, um eine erste organisatorische und administrative Nachbereitung durchführen zu können. Außerdem bieten diese ersten Tage den Rückkehrern eine gute Möglichkeit, ihren daheimgebliebenen Kameraden Erlebnisse aus dem Einsatz zu erzählen. Das Erzählbedürfnis ist bei vielen Soldaten nach der Rückkehr groß. Aber von Seiten ihrer Angehörigen erfahren die Soldaten häufig wenig Verständnis für das Erlebte. Dies ist bei Kameraden am Standort meist anders. Man hat den gleichen Beruf, man kann die militärisch-hierarchischen Verhältnisse gut nachempfinden oder war sogar selbst schon einmal im Einsatz. Nach diesen Tagen im Dienst sollten dann mindestens vier, besser sechs Wochen Urlaub gegeben werden. Ist der Soldat nach seinem Urlaub wieder ein bis zwei Wochen im Dienst, ist der geeignete Zeitraum für die Durchführung von Reintegrationsseminaren gekommen: Jetzt haben sich die Eindrücke aus dem Einsatz gesetzt und der Soldat kann sowohl Veränderungen an der eigenen Person, als auch in seinem privaten wie dienstlichen Umfeld erkennen und bei Bedarf im Seminar ganzheitlich aufarbeiten. Gemäß der Broschüre des ZInFüBw werden zwei Tage als Dauer für ein Reintegrationsseminar vorgeschlagen. Dieser Zeitansatz hat sich bisher stets bewährt; der exemplarische Rahmendienstplan hierzu wird unten vorgestellt. Ein geringerer Zeitansatz wirkt sich erwiesenermaßen als sehr negativ auf den Erfolg der Maßnahme aus. Folgeaufträge der Einheiten und Verbände mögen noch so wichtig und dringend erscheinen; der Auftrag eines Reintegrationsseminars braucht diese Mindestzeit!

4.3 Zuständigkeiten

Die Gesamtleitung, d.h. die organisatorische Vorbereitung und Durchführung der Seminare liegen immer beim durchführenden Truppenteil. Dessen militärischer Führer (Bataillonskommandeur, Kompaniechef) sollte als Leitender des Seminars zu Beginn die Begrüßung und zum Ende die Abschlussbewertung vornehmen. Vorgesetze, die nicht mit im betreffenden Einsatz waren, sollen unter keinen Umständen an den Gruppengesprächen teilnehmen. Sie sind aber gerne gesehene Gäste bei der Einführungs- und Unterrichtsveranstaltung zu Beginn, in den Pausen und am Abend sowie bei der Abschlussbesprechung am Ende. Der Truppenpsychologe ist auf Grund seiner Fachexpertise als fachlicher Leiter für die Umsetzung des methodischen Konzepts und für die "Betreuung" der Gesprächsleiter zuständig, bei Bedarf dient er als Ansprechpartner für die Seminarteilnehmer vor Ort. Er hält den Einführungsunterricht über Kommunikations- und Gesprächsverhalten in den Gruppen u.ä., sollte aber nicht als Gesprächsleiter in den Gesprächsgruppen tätig werden.

4.4 Personal und Qualifikation

Als Gesprächsleiter (Moderatoren) sind Soldaten auszubilden und einzuteilen. Diese sollten nicht im aktuell nachzubereitenden Einsatz dabei gewesen sein, ein früherer Auslandseinsatz ist nicht erforderlich, aber auch nicht hinderlich (die Gesprächsleiter sollten möglichst unvoreingenommen gegenüber den Einsatzbedingungen und -erlebnissen sein können). Darüber hinaus sollten die Gesprächsgruppenleiter grundsätzlich aus anderen Verbänden als die Seminarteilnehmer kommen (Vermeidung von Loyalitätskonflikten). Zur Leitung und Moderation der Gruppengespräche eignen sich lebenserfahrene und menschlich-offene, kommunikative militärische Vorgesetzte, im Dienstgrad-Spektrum Oberfeldwebel bis Hauptmann (keine Disziplinarvorgesetzten der Einsatzsoldaten). Dieser Auftrag sollte freiwillig erfüllt werden, da die Moderatoren ihre Aufgabe nur wahrnehmen können, wenn sie auch innerlich bereit sind, sich der Gesprächssituation zu stellen und die erforderliche Verschwiegenheit einhalten können. Weiteres Unterstützungspersonal kann aus den Bereich Militärseelsorge und Sozialdienst der Bundeswehr hinzugezogen werden. Diese unterstützen die Gesprächsleiter in den Gesprächsgruppen oder stehen für Einzelgespräche mit Seminarteilnehmern zur Verfügung. Es hat sich als sinnvoll herausgestellt, die Moderation immer mit zwei Gesprächsleitern pro Gesprächsgruppe durchzuführen. Das gibt den Gesprächsleitern emotionale und formale Sicherheit und erlaubt ein gegenseitiges Fördern des Gesprächsverlaufs. Die Ausbildung der Gesprächsleiter kann am ZInFüBw oder durch einen Truppenpsychologen im Verband durchgeführt werden.

4.4.1 Gesprächsleiter-Ausbildung

Die als Gesprächsleiter für die Arbeitsgruppen ausgewählten Soldaten sind auf ihre Aufgabe im Seminar vorzubereiten. Stehen die vom ZInFüBw angebotenen Kurse nicht zur Verfügung, sollte die nötige Gesprächsleiter-Ausbildung im Vorfeld des Reintegrationsseminars durch den Truppenpsychologen vor Ort durchgeführt werden. Das Konzept dieser Ausbildung orientiert sich weitgehend an einem Lehrplan, der vom ZInFüBw entwickelt worden ist: Der Schwerpunkt liegt in der Konfrontation mit Erlebnissen, Vorfällen, Problemen oder Belastungen, die in früheren Seminaren von den ehemaligen Einsatzsoldaten erzählt worden sind und die für die Gesprächsgruppenleiter selbst eine Belastung darstellen oder für diese zumindest völlig unverständlich und ggf. inakzeptabel sein würden (z.B. Fehlverhalten von Vorgesetzten). Militärische Führer sind es gewohnt, Missstände, Probleme oder Fehler zu analysieren und dann durch geeignete Maßnahmen abzustellen. Das Mindeste aber ist eine genaue und möglichst wahrheitsgemäße Hinterfragung von entsprechenden Sachverhalten. Gerade dies aber soll in den Gesprächsgruppen der Reintegrationsseminare von den Gesprächsleitern nicht vollzogen werden, denn der Zweck liegt ja gerade im wertfreien und unkommentierten Aufnehmen und ggf. Paraphrasieren der dort erzählten Erlebnisse und Erfahrungen. Die Methodik der Ausbildung und des Trainings von solchen Akzeptanz-Kompetenzen liegt damit vor allem darin, die Gesprächsleiter selbst in vergleichbare Gesprächssituationen zu bringen, um anhand von Extremsituationen ihrer Kameraden zu lernen, damit umgehen zu können, diese aushalten zu können, ohne daraus Schlussfolgerungen, Erklärungen, Widersprüche oder Entrüstung abzuleiten. Zusätzlich werden im Rahmen dieser Ausbildung Gesprächs- und Fragetechniken, Umgang mit Kritik und Aggression, allgemeine soziale Kompetenz und der Ablauf der Reintegrationsseminare sowie die in den Gesprächsgruppen zu bearbeitenden Leitfragen vorgestellt und durch Rollenübungen eingeübt.

4.5 Größe und Zusammensetzung der Gesprächsgruppen

Gemäß Vorschlag ZInFüBw sollte eine Größe von 15-25 Personen pro Gesprächsgruppe geplant werden. Dieser Vorschlag hat sich als sinnvoll erwiesen: Mit größeren Gruppen lassen sich kaum noch persönliche Themen besprechen, bei kleineren Gruppen verhindern Scheu und zu große individuelle Präsenz der Teilnehmer ein offenes Miteinanderreden. Es gibt somit bei diesen Arbeitsgruppen nach oben wie auch nach unten eine kritische Grenze für das sinnvolle Arbeiten. Die Anzahl der durch den Leitverband zu reintegrierenden Soldaten und die zur Verfügung stehenden Moderatoren bestimmen die Anzahl der Gesprächsgruppen des Seminars und die Größe der einzelnen Arbeitsgruppe. Ergibt sich eine nicht mehr akzeptable Gruppengröße, sollte über einen weiteren Termin (zweite Welle) nachgedacht werden.
Für die Zusammensetzung der Gruppen können im Einzelfall unterschiedliche Verfahren sinnvoll sein: Die Einteilung in die Arbeitsgruppen kann nach inhaltlichen Gesichtspunkten, organischen (Teil-)Einheiten, nach Dienstgradgruppen oder auch nach dem Zufallsprinzip bzw. nach den Anregungen der Teilnehmer vollzogen werden. Wichtig ist hierbei für die Teilnehmer die Transparenz der Gruppeneinteilung, weil sonst aus Zusammensetzung und besonders der jeweiligen Besetzung mit Fachpersonal Rückschlüsse gezogen werden könnten ("Warum sitze gerade ich beim Standortpfarrer, ich bin doch gar nicht religiös!" oder "Warum bin ich in der Gruppe des Psychologen, ich bin doch nicht krank!"). Haben die Gesprächsgruppen ihre Arbeit aber erst begonnen, sollte deren Zusammensetzung unverändert bleiben.

4.6 Wahl des Veranstaltungsortes

Der Erfolg eines Reintegrationsseminars wird durch die Wahl des Veranstaltungsortes maßgeblich mitbestimmt. Liegt dieser außerhalb des normalen dienstlichen Umfeldes, dann ist er für ein solches Seminar in besonderer Weise geeignet, weil durch das gemeinsame und auswärtige Wohnen ein stärkeres Gemeinschaftsgefühl erzeugt wird. Es bieten sich so mehr Gelegenheiten für die Soldaten, die Gespräche in weniger formaler Runde fortzusetzen und bei persönlichen oder dienstlichen Belangen den Rat des Fachpersonals einzuholen. Auch die dienstliche Erreichbarkeit besonders der Vorgesetzten wird durch die Entfernung zum Standort auf ein sinnvolles Maß reduziert. Somit eignen sich zur Durchführung von Reintegrationsseminaren besonders neben Liegenschaften in fremden Kasernen z.B. auch Ausbildungsstützpunkte, Soldatenheime, Angebote von Patenschaftsgemeinden, Einrichtungen des Bundeswehrsozialwerks sowie Begegnungsstätten der Evangelischen oder Katholischen Kirche.

4.7 Anzugsordnung

Als Anzug hat sich Zivil für alle bewährt, weil das zu einer lockeren und ungezwungenen Arbeitsatmosphäre beiträgt. Wenn der Leitende darauf besteht, dass die Soldaten in Uniform zum Reintegrationsseminar gehen sollen, dann sollte zur Hervorhebung des Reintegrationsseminars immer der Dienstanzug gewählt werden. Wenn das Seminar begonnen hat, kann dann vor Ort vom Dienstanzug zu Zivil gewechselt werden.

4.8 Angehörige

Das vorgenannte Arbeitsheft "Wir sind zurück" des ZInFüBw schlägt hierzu vor: "Angehörigen und Familien soll grundsätzlich die Möglichkeit zur Teilnahme an einem Reintegrationsseminar angeboten werden." Dies wurde von den Soldaten bisher mit großer Mehrheit abgelehnt. Viele Soldaten befürchten, dass ihr Rollenbild, das sie im Kameradenkreis darbieten, gestört wird, wenn sie zusammen mit Familienangehörigen an solchen Seminaren teilnehmen und dabei ggf. durch die Angehörigen Eindrücke, Gefühle oder Bewertungen berichtet werden, die von den Darstellungen und Äußerungen des Soldaten gegenüber den Kameraden abweichen. Gerade aufgrund der Tatsache, dass die Soldaten zur Teilnahme an diesen Seminaren verpflichtet sind, ist es problematisch, dazu Familienangehörige einzuladen. Es bietet sich aber an, neben den Pflichtseminaren zusätzlich Wochenendseminare mit Familienangehörigen im kleineren Kreis anzubieten, ggf. in Zusammenarbeit mit der Militärseelsorge (Rüstzeit) und weiblichem Fachpersonal (Diplom-Psychologinnen oder Sozialarbeiterinnen).

5 Durchführung

Das Seminar teilt sich in drei Teile:
- Begrüßung und Einführung, allgemeiner Unterricht in Kommunikations- und Gesprächstechniken für die Gruppenarbeit (Plenum mit allen Teilnehmern),
- Gruppengespräche in Arbeitsgruppen,
- Abschlussbesprechung mit allen Teilnehmern (Plenum).

5.1 Bedeutung der Nicht-Freiwilligkeit der Teilnahme

Wie bereits erwähnt, besteht keine Freiwilligkeit der Teilnahme mehr; im Gegensatz zu früheren Reintegrationsseminaren sind diese jetzt für alle befohlen. An diesem Punkt ergab sich ein hohes Maß an Reaktanz[1] bei den Soldaten. Der Begriff "Reintegrationsseminar" erinnert viele an "Resozialisierung" oder "Rehabilitation", jedenfalls als Veranstaltung für jemanden, der "irgendwie nicht in Ordnung ist und wieder hingekriegt werden soll". Und das auch noch durch den Psychologen! Das wollen viele Soldaten nicht. Deshalb wurde ein Modul in das Seminarkonzept eingebaut, mit dem diese Ablehnung aufgefangen und gewendet werden konnte: Entweder werden die bis dahin meist offen formulierten Widerstände und Befürchtungen im Hinblick auf das Seminar als erster Teil der Einführung widergespiegelt, oder aber es wird durch den

1) Reaktanz: Psychologischer Widerstand gegen von außen vorgegebene Anforderungen oder Maßnahmen, bei denen das Individuum keine Sinnhaftigkeit erkennt.

Truppenpsychologen eine Partner-Gesprächsübung mit den Teilnehmern durchgeführt. Hier werden die Teilnehmer aufgefordert, sich paarweise die Erwartungen zu diesem Seminar zu erzählen. Viele Soldaten artikulieren in diesen Gesprächen ihre Ablehnung und assoziierte Sinnlosigkeit. Danach werden die erarbeiteten Gedanken und Punkte im Plenum zusammengetragen und visualisiert.
Durch beide Verfahren wird den Teilnehmern signalisiert, dass Ablehnung und Skepsis der Teilnehmer durch das Seminarteam aufgenommen und verstanden worden sind. Dies macht erfahrungsgemäß ein fortgesetztes Formulieren dieser Ablehnung überflüssig und ermöglicht erst die eigentliche Gesprächsarbeit in den Kleingruppen. Sollten gerade bei den teilnehmenden militärischen Führern Sinnhaftigkeit und Zweck der Reintegrationsseminare nicht (mehr) präsent sein, ist es besonders im Hinblick auf die Vorbild- und Multiplikatorfunktion der Vorgesetzten wichtig, sie in vorgeschalteten Einzel- oder Gruppengesprächen hiervon zu überzeugen. Die Motivation und Bereitschaft der Soldaten zur persönlichen Beteiligung wird hierdurch erheblich gefördert.

5.2 Rahmendienstplan

Dieser Rahmendienstplan für Reintegrationsseminare hat sich als zweckmäßig erwiesen:

1. Tag

bis 10:00 Uhr	Eintreffen am Seminarort, Beziehen der Unterkunft, ggf. gemeinsames Kaffeetrinken
10:00 – 11:00 Uhr	Begrüßung und Einführung (Leitender)
11:15 – 12:15 Uhr	Unterricht "Kommunikationsverhalten", Rückblende (Truppenpsychologe, Leitender)
12:30 – 14:00 Uhr	Mittagessen
14:00 – 18:30 Uhr	Gruppenarbeit einschließlich Kaffeepause
18:30 – 19:30 Uhr	Abendessen
19:30 – 21:00 Uhr	geselliges Beisammensein aller Teilnehmer und Gäste

2. Tag

bis 08:00 Uhr	Frühstück
08:00 – 11:30 Uhr	Gruppenarbeit einschließlich Kaffeepausen
12:00 – 13:00 Uhr	Mittagessen
13:00 – 14:00 Uhr	Abschlussbesprechung (Truppenpsychologe, Leitender)
14:00 – 14:30 Uhr	Verabschiedung (Leitender)
ab 14:30 Uhr	Rückreise

5.3 Der 1. Tag

5.3.1 Eröffnung

Das Seminar beginnt mit der Darstellung des Seminarverlaufs und der persönlichen Vorstellung der Durchführenden. Reintegration ist eine Führungsaufgabe: Wenn der Leitende das Reintegrationsseminar seines Truppenteils persönlich eröffnet, dabei Sinn und Zweck der Maßnahme deutlich herausstellt und seinen Willen zum Ausdruck bringt, dass die Soldaten an dieser Maßnahme engagiert teilnehmen sollen, dann ist die Arbeitshaltung dieser Seminargruppen im Vergleich zu anderen ohne diese Einbindung des Leitenden wesentlich positiver und aufgeschlossener. Für jedes Reintegrationsseminar sollte daher sichergestellt werden, dass der Leitende oder sein Vertreter in dieser Weise eingebunden wird, wie es auch im Konzept des ZInFüBw vorgesehen ist.

Der Leitende erklärt Reintegration als abschließende Einsatznachbereitung für alle Einsatzsoldaten mit dem Zweck, noch einmal ausführlich über den Einsatz, über gemeinsam Erlebtes, über Belastungen und Ärgernisse genauso wie über Schönes, Erfreuliches und Erfüllendes zu reden: Reintegration als offizielle gemeinsame Beendigung des Einsatzes.

5.3.2 Unterrichtung über die Arbeitsmethoden des Seminars

Durch den fachlichen Leiter werden in einem Lehrgespräch den Teilnehmern die "Arbeitsmethoden" des Seminars erklärt. Hierzu gehören zum einen die Grundlagen der Sozialen Wahrnehmung und der zwischenmenschlichen Kommunikation (Wahrnehmungsprozess, die vier Seiten einer Nachricht sowie die Regeln zur hilfreichen Kritik) und zum anderen die Zusicherung, dass keine Einzelinformationen aus den Gesprächsgruppen herausgetragen werden (Verschwiegenheit der Gesprächsleiter und eingesetzten Soldaten). Für Anregungen und Kritik der Soldaten, die diese an den Dienstherrn kommunizieren möchten, kann am Ende der Veranstaltung ein formloses Kritikblatt eingesetzt werden.

5.3.3 Rückblende

Um nach der Rückkehr, nach dem Urlaub und nach den ersten Tagen im Dienst die Erinnerungen an den Einsatz zu reaktivieren, werden die Seminarteilnehmer mit Hilfe von Fotos, Videoaufzeichnungen oder Anekdoten einzelner Soldaten gedanklich wieder mit dem Einsatz in Verbindung gebracht. Hierbei kann insbesondere der Leitende einen Gesamtüberblick über die Leistungen des Verbandes geben.

5.3.4 Die Arbeit mit/in den Gesprächsgruppen

Die Arbeitsthemen in den Gesprächsgruppen werden mit sog. "Kartenabfragen" bearbeitet: Der Gesprächsleiter stellt jeweils eine Leitfrage und lässt die Seminarteilnehmer danach ihre Antworten anonym auf Karteikarten schreiben. Anschließend werden alle Karten eingesammelt und der Gesprächsleiter liest eine Karte nach der anderen vor, wobei über jede Karte soviel wie nötig gesprochen und diskutiert werden soll. Diese Methode hat den Vorteil, dass die Soldaten anonym Aussagen machen können, zu denen sie sich in der Gruppe vielleicht nicht trauen würden (Vermeidung von Gruppendruck und sozialer Erwünschtheit). Sie können bei der Diskussion über ihre eigene Karte dann sogar mitdiskutieren, ohne sich als Autor dieser Karte erkennengeben zu müssen. Diese Arbeitsweise hat in allen von den Autoren durchgeführten oder begleiteten Seminaren ausnahmslos gut funktioniert. Gerade auch die ausgebildeten Laien (Gesprächsleiter) waren immer wieder überrascht, wie leicht es mit dieser Methode ist, Gruppengespräche in Gang zu setzen und spannungsfrei über die aufgeschriebenen Aussagen diskutieren zu können. Da man während der Diskussion meist nicht weiß, von wem die jeweilige Karte stammt, kann über den Inhalt diskutiert werden, ohne dass die Teilnehmer auf den Schreiber gruppendynamisch reagieren. In der Regel sind auch zunächst widerständige Gesprächsteilnehmer nach kurzer Zeit voll in die Gruppengespräche integriert. Nur in wenigen Ausnahmefällen war es bisher notwendig, einzelne Gesprächsteilnehmer mit formalen Mitteln zur nötigen Gesprächsdisziplin zu bewegen.

5.3.5 Dienstliche Veranstaltung geselliger Art

Der gemeinsame Abend sollte für die Soldaten möglichst kostenfrei gestaltet werden. Sollten dienstliche Mittel nicht ausreichen, hilft es, sich rechtzeitig nach einem Donator umzusehen, der die Veranstaltung mit einer Spende unterstützt. Oft wird diese Veranstaltung, die ein offizielles Ende haben sollte, zur Fortführung der Gespräche in einem informelleren Rahmen genutzt. Aber auch das Wiedererleben der besonderen Kameradschaft in einem Einsatz prägt diese Abendveranstaltung, die keines besonderen Rahmenprogramms bedarf. Das Reintegrationsseminar ist oftmals die letzte Gelegenheit, in der der Einsatzverband in seiner originären Zusammensetzung zusammenkommt. Auch sollten als Gäste die Disziplinarvorgesetzten und Kompanie-/Batteriefeldwebel aller Einheiten des ehemaligen Leitverbandes zur Hervorhebung der Veranstaltung hinzugezogen werden.

5.4 Der 2. Tag

5.4.1 Die Arbeit mit/in den Gesprächsgruppen

Die Gespräche des zweiten Tages knüpfen an die des ersten Tages an und werden nach der gleichen Methodik moderiert. Sie sind erfahrungsgemäß oft durch einen schleppenden Beginn gekennzeichnet. Daher sollte schnell mit der Beantwortung einer neuen Leitfrage (s.o.) begonnenen werden, damit neue Aspekte und Gedanken die Soldaten zur erneuten Mitarbeit motivieren.

5.4.2 Abschlussbesprechung und Verabschiedung

Am Ende der Gesprächsrunden kommen die Gruppen noch einmal im Plenum zusammen. Der fachliche Leiter (Truppenpsychologe) verweist zusammenfassend auf die hohe Gesprächsbeteiligung, die vielfältigen und interessanten Aussagen, sowie auf die gute Gesprächsatmosphäre in den Gruppen. Zusätzlich kann aus jeder Gruppe von je einem Gruppenmitglied in wenigen Sätzen eine Zusammenfassung ohne Wertung berichtet werden.

Jetzt kann ein Feedback-Bogen zur Eigenevaluierung an die Teilnehmer verteilt werden, der später durch den Truppenpsychologen ausgewertet wird. Zum Schluss sollte der Leitende die Veranstaltung mit einer kurzen Bewertung des Reintegrationsseminars beenden.

6 Nachbereitung

Unabhängig von Zeitpunkt, Form und Dauer halten wir eine Nachbereitung eines oder mehrerer Reintegrationsseminare für unabdingbar. Den durchführenden Personen muss durch Aufarbeiten und gegenseitiges Austauschen Gelegenheit gegeben werden, die teilweise belastenden und aus dienstlicher Sicht inakzeptablen Informationen zu verarbeiten. Gerade für die eingesetzten Gesprächsleiter, im besonderen wenn noch keine eigene Einsatzerfahrung vorliegt, können große Diskrepanzen zwischen dem persönlichen Bild "ihrer" Armee und der Realität im Einsatz auftreten. Wird ein ausführlicher Austausch für sinnvoll erachtet, sollte nach dem letzten Reintegrationsseminar eine zweitägige Einsatznachbesprechung durchgeführt werden. Auch hier bietet sich eine fremde Liegenschaft mit gemeinsamer Übernachtung an, um die Gesprächsgruppenleiter gezielt aus ihrem gewohnten dienstlichen Umfeld herauszunehmen und um ein ungestörtes Miteinander-Reden und Miteinander-Arbeiten zu ermöglichen.

7 Schlussbemerkung

Eine sinnvolle Durchführung der Reintegration aller rückkehrenden Einsatzsoldaten als eine Maßnahme der Einsatznachbereitung kann allein durch einen stetige Erhöhung der Zahl von geeigneten und ausgebildeten Gesprächsgruppenleitern sowie eine Verstärkung der auf Brigadeebene eingesetzten Truppenpsychologen erreicht werden. Nur so kann der Auftrag, besonders belastete Soldaten zu erkennen und bei Bedarf weiterführende Unterstützung anzubieten sowie eine professionelle und hilfreiche Aufarbeitung der Erfahrungen und Erlebnisse in der kritischen Zeit vor, während und nach dem Einsatz adäquat erfüllt werden.

Literatur:
Wir sind zurück. Arbeitsheft 2/98, Zentrum für Innere Führung der Bundeswehr.

Klaus Siepmann:

Einsatznachbereitungsgruppen in der Bundeswehr

Als wichtiger Bestandteil der Einsatzbegleitung wurde durch den Inspekteur des Sanitäts- und Gesundheitswesens der Bundeswehr am 21.03.1996 die Richtlinie für die Einsatznachbereitung im Hinblick auf Psychotraumata bei Soldaten der Bundeswehr nach Auslandseinsätzen erlassen. Diese Einsatznachbereitungen ermöglichen es, die seelischen Folgen psychisch traumatisierender Erlebnisse und Ereignisse durch geeignete Gesprächstechniken so aufzuarbeiten, dass akute psychische Störungen, vor allem aber auch Langzeiteffekte im Sinne posttraumatischer Stresserkrankungen, verhindert werden.

Die Einsatznachbereitung ist eine Massnahme, die nach dem Drei-Phasen-/Drei-Ebenen-Konzept[1] durchgeführt wird. Phase 1 beinhaltet die Einsatzvorbereitung, Phase 2 die Einsatzbegleitung und Phase 3 die Einsatznachbereitung. Die erste Ebene umfasst die Selbst- und Kameradenhilfe und die Unterstützung durch Vorgesetzte. Ebene 2 die Tätigkeit von Truppenarzt und Truppenpsychologen, Ebene 3 Facharzt und/oder einem Psychologischen Psychotherapeuten. In Ebene 3 finden sogenannte psychotraumabezogene Einsatznachbereitungen statt, die etwa vier bis sechs Wochen nach Rückkehr aus dem Einsatz in Form von Zusammenziehungen durchgeführt werden.

Einsatznachbereitungen sind keine Therapie, sondern finden im vortherapeutischen Bereich statt. Sie sind kein Ersatz für die sofortige ereignisbezogene Aufarbeitung kritischer Ereignisse im Sinne des Critical Incident Stress Management. Diese unmittelbaren Interventionsmaßnahmen nach extrem belastenden Einzelereignissen werden durch spezielle Kriseninterventionsteams idealerweise 24 bis 72 Stunden nach dem belastenden Ereignis durchgeführt.[2]

Psychotraumabezogene Einsatznachbereitungen werden ca. vier bis sechs Wochen nach Rückkehr vom Einsatz in Form einer im Regelfall zweitägigen Zusammenziehung durchgeführt. Soweit es sich bei den Rückkehrern um kleinere Gruppen handelt (Zugstärke, 30 bis 40 Personen), kann für alle gemeinsam eine Einsatznachbereitung durchgeführt werden. Bei größeren Kontingenten wird allen Soldaten die Möglichkeit der Teilnahme an einer Einsatznachbereitung angeboten.

Durch gezielte Anwendung der im folgenden *aufgeführten Maßnahmen* ist es im Rahmen der Einsatznachbereitung möglich, psychotraumatisierte Soldaten zu erfassen und auf der entsprechenden Ebene einer gezielten Betreuung, ggf. auch Therapie zuzuführen:

---

1) Bundesministerium der Verteidigung, Fü S I, "Rahmenkonzept zur Bewältigung psychischer Belastungen bei Soldaten" vom 7. März 2000.

2) Vergleiche hierzu den Artikel von Willkomm in diesem Buch (Seiten 99 ff).

1. *Einsatznachbesprechung* in der Truppe (Hinweis auf psychosomatische Folgen und Möglichkeit der Teilnahme an einer Einsatznachbereitung);
2. medizinische *Rückkehruntersuchung* durch den Truppenarzt mit
3. unterstützender *freiwilliger Befragung* bei allen Soldaten mit dem PTSS-10-Fragebogen (Posttraumatic Syndrom Scale) in der deutschen Fassung von W. Schüffel und B. Schade (Anhang).
4. Gestützt auf die Ergebnisse des Fragebogens kann der Truppenarzt die Teilnahme an einer *Einsatznachbereitung* empfehlen. Bei stärker psychotraumatisierten Soldaten ist die psychotherapeutische und psychotraumatologische Versorgung der Rückkehrer durch Fachärzte und Psychologische Psychotherapeuten in den Bundeswehrkrankenhäusern sichergestellt.

Die Einsatznachbereitungen werden von hierfür zusammengestellten Einsatznachbereitungsgruppen (ENG) durchgeführt, die seit Sommer 1997 bestehen und räumlich aus Gründen der engeren Kooperation jeweils einem Bundeswehrkrankenhaus zugeordnet sind.

Mitglieder der Einsatznachbereitungsgruppe sind

1. Militärpsychiater, ggf. auch Sanitätsoffiziere mit Zusatzbezeichnung "Psychotherapie",
2. Klinische Psychologen/Psychologische Psychotherapeuten,
3. Militärseelsorger,
4. Diplom-Sozialarbeiter des Sozialdienstes der Bundeswehr.
5. Je nach Aufgabenstellung können entsprechend ausgebildete Soldaten (Peers) nach dem Konzept des Critical Incident Stress Management von Mitchell die Einsatznachbereitungsmaßnahmen unterstützen.

Die Tätigkeit der Einsatznachbereitungsgruppe wird z. Z. noch durch eine beim Sanitätsamt der Bundeswehr eingerichtete"Koordinierungsgruppe Einsatznachbereitung" gesteuert, die aus Ärzten, Psychologen, je einem Vertreter des Evangelischen Kirchenamtes für die Bundeswehr und des Katholischen Militärbischofsamtes, einem Vertreter des Sozialdienstes der Bundeswehr, einem Vertreter der Inspektion des Sanitätsdienstes, des Führungsstabs der Streitkräfte, einem Vertreter des wehrpsychologischen Leitreferates im Verteidigungsministerium sowie einem Vertreter des Zentrums Innere Führung besteht. Zu den regelmäßigen Sitzungen der "Koordinierungsgruppe Einsatznachbereitung" werden bedarfsweise Vertreter des Heeresunterstützungskommandos, des Heeresführungskommandos, des Führungszentrums der Bundeswehr, des Bundeswehrsanitätszentrums Bonn sowie der Teilstreitkräfte hinzugezogen. Auch die Nutzung der Erfahrungen und Konzepte psychotraumatologisch tätiger ziviler Fachleute mit Gaststatus in der Koordinierungsgruppe ist ein Bestandteil der Beratung und Betreuung der Einsatznachbereitungsgruppen an den Bundeswehrkrankenhäusern.

Die Aktivitäten und Erfahrungsberichte der einzelnen Einsatznachbereitungsgruppen werden regelmäßig von der Koordinierungsgruppe erfasst und ausgewertet.

Nach der Inkraftsetzung des derzeitig im Entwurf vorliegenden *Medizinisch-psychologischen Fachkonzept zur psychophysischen Stressbewältigung bei Soldaten und ihren Angehörigen im Zusammenhang mit einsatzbedingten Extrembelastungen in der Bun-*

deswehr wird die Koordinierungsgruppe beim Sanitätsamt der Bundeswehr in eine "Arbeitsgruppe Psychophysische Stressbewältigung" (AGPS) überführt werden.
Die bisherigen Erfahrungen haben gezeigt, dass die Einsatznachbereitungsgruppen fachkompetent auch in anderen Bereichen tätig werden.

Richtlinie für die Einsatznachbereitung im Hinblick auf Psychotraumata bei Soldaten der Bundeswehr nach Auslandseinsätzen

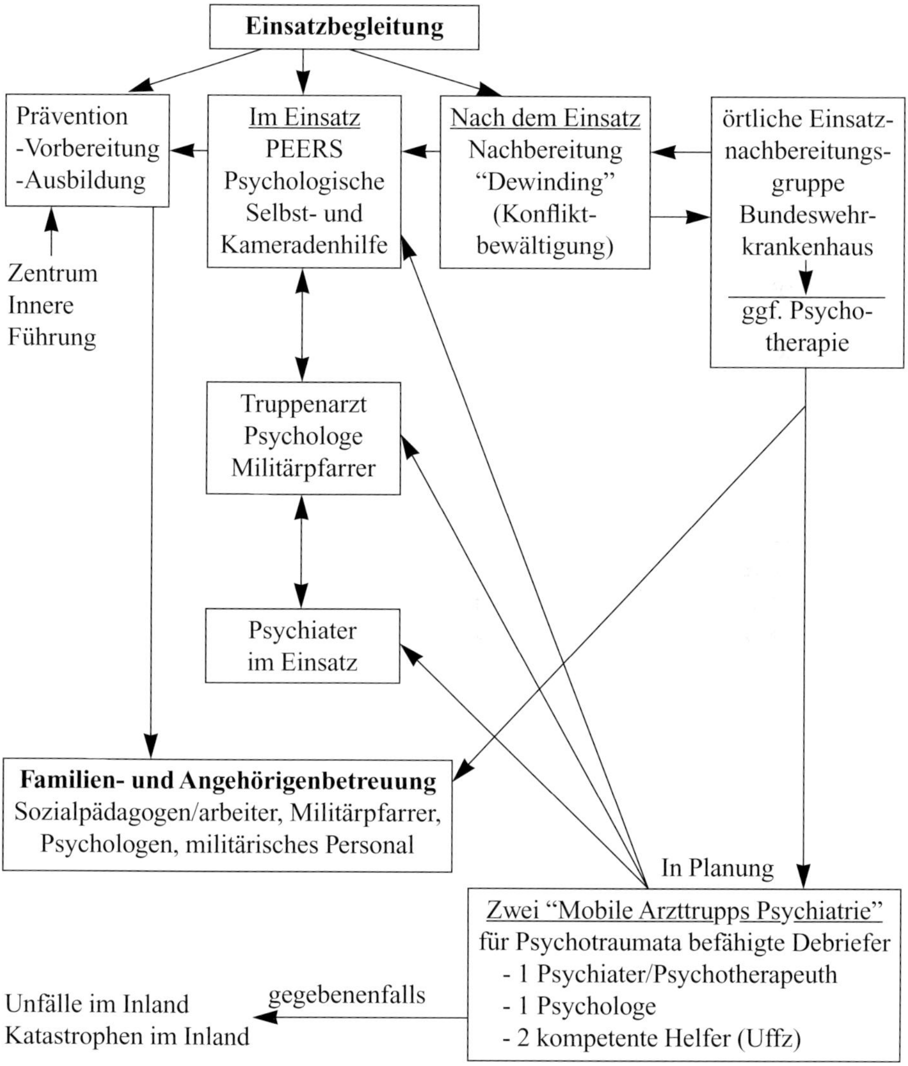

Abbildung 1

In der Planung befindet sich die Organisation von *"Mobilen Arzttrupps Psychiatrie im Einsatz"*, die sich u. a. auch aus den Einsatznachbereitungsgruppen rekrutieren und aus einem Militärpsychiater, einem Psychologischen Psychotherapeuten sowie zwei kompetenten, entsprechend ausgebildeten Soldaten bestehen. Diese können ergänzend zu den Kriseninterventionsteams (KIT) bei entsprechendem Bedarf eingesetzt werden.[3]
Weiterhin unterstützen einzelne Mitglieder der Einsatznachbereitungsgruppen an den Bundeswehrkrankenhäusern die Reintegrationsmaßnahmen sowie in beratender Funktion auch die Familien- und Angehörigenbetreuung.
Im Rahmen der zivil-militärischen Zusammenarbeit unterstützen Mitglieder der Einsatznachbereitungsgruppen vor Ort Einsatznachbereitungsaktivitäten der Rettungsdienste und der Polizei.
Nach den bisherigen Erfahrungen haben sich die Einsatznachbereitungsgruppen als wertvolle interdisziplinär arbeitende Einrichtungen zur Prophylaxe und Früherkennung von psychotraumatisierten Soldaten nach belastenden Ereignissen erwiesen. Gleichzeitig ist es durch die Einbindung der Einsatznachbereitungsgruppen in die Bundeswehrkrankenhäuser möglich, bei psychotraumatisch schwer geschädigten Soldaten eine gezielte Therapie, auch unter Einbeziehung der Angehörigen, einzuleiten. Dies hilft den rückgekehrten Soldaten, belastende Ereignisse adäquat zu verarbeiten und sich im privaten wie im dienstlichen Bereich wieder in die gewohnten Strukturen zu integrieren. Das Risiko des Auftretens akuter psychischer Störungen, vor allem aber von Langzeitfolgen, etwa als posttraumatische Belastungsstörung (PTBS), wird minimiert.

Anhang: PTSS 10

PTSS 10

SKALA ZUR ERFASSUNG POSTTRAUMATISCHER REAKTIONEN

RAPHAEL, R., T. LUNDIN, L: WEISETH: "A research method for the study of psychological and aspects of disaster" In: Acta Psychiatrica Scandinavia; Suppl. No.353, Vol. 88, 1989, deutsche Bearbeitung W. Schüffel, B. Schade, Abteilung Psychosomatik, Zentrum für Innere Medizin, Baldingerstraße , 35033 Marburg/I., Tel. 06421/284012

Die Fragen dieser Skala beziehen sich auf Ihr momentanes Befinden und typische Reaktionen, die nach Belastungen auftreten.
Markieren Sie bitte die Zahl, die das ausdrückt, was für Sie am ehesten zutrifft. Markieren Sie bitte die 1, wenn der Zustand nicht aufgetreten ist, die 2, wenn andeutungsweise, bis hin zur 7, wenn Sie immer mit dem Problem zu tun haben, und dies für Sie sehr belastend ist.

3) Vergleiche hierzu den Artikel von Weber in diesem Buch (Seiten 449 ff)

Ich habe in den letzten Tagen bzw. ich leide an ...

1. Schlafprobleme

Nie						Immer
1	2	3	4	5	6	7

2. Alpträume vom Dienst oder anderen Belastungen
Welche ? :..

Nie						Immer
1	2	3	4	5	6	7

3. Depressionen, fühle mich bedrückt

Nie						Immer
1	2	3	4	5	6	7

4. Schreckhaftigkeit, d.h. ich erschrecke leicht, wenn ich plötzliche Geräusche höre oder plötzliche Bewegungen wahrnehme

Nie						Immer
1	2	3	4	5	6	7

5. das Bedürfnis, mich von anderen zu zurückzuziehen

Nie						Immer
1	2	3	4	5	6	7

6. Gereiztheit, d.h. ich werde schnell gereizt oder ärgere mich

Nie						Immer
1	2	3	4	5	6	7

7. häufige Stimmungsschwankungen

Nie						Immer
1	2	3	4	5	6	7

8. ein schlechtes Gewissen, mache mir Selbstvorwürfe, habe Schuldgefühle

Nie						Immer
1	2	3	4	5	6	7

9. Angst vor Stellen und Situationen, die mich an belastende Ereignisse erinnern könnten

Nie						Immer
1	2	3	4	5	6	7

10. Muskelverspannungen

Nie						Immer
1	2	3	4	5	6	7

Peter Michaelis:

"Veteranentreffen": Haltestellen an der Einsatzstraße

"Ich bin zurück? Nein, ich bin unterwegs". Diese Worte wirft ein Soldat mit von Erfahrung geprägter Bestimmtheit in die Gesprächsrunde eines "Veteranentreffens", der dem herkömmlichen Bild des "Veteranen" nicht entspricht: Nicht von einem "vetus", einem (lat.) "altgedienten", "im Dienst altgewordenen" Soldaten stammt diese Selbsteinschätzung, sondern von einem Mann in jungen Jahren. Sechs Monate als deutscher Militärbeobachter bei der UNO in Georgien im Einsatz, bereitet er sich kurz nach der Rückkehr auf den Dienst im Rahmen von SFOR in Bosnien-Herzegowina vor. Fast erweckt er den Eindruck, als hätte er zu wenig Zeit, das Erste gedanklich zu verarbeiten, weil das Nächste bereits ansteht, dem er sich zuzuwenden hat. An seinem Beispiel wurde mir deutlich: "Veteranentreffen" gewinnen für ehemalige Teilnehmer einer UNO-Mission oder auch eines SFOR- oder KFOR-Kontingents zwar zunächst den Charakter von Stationen des Wiedersehens und des Erfahrungsaustausches. Dies jedoch geschieht im Rahmen des erweiterten Aufgabenspektrums der Bundeswehr. Dadurch werden Veteranentreffen gewissermaßen zu Haltepunkten in einem Prozess, der heute und zukünftig Soldaten und ihre Angehörigen zurückliegende Einsatzerfahrungen als zugleich zukunftsorientiert erleben lässt. Deshalb lautet meine These vorab: "Veteranentreffen" sind, im Gegensatz zu der eher nach rückwärts gewandten Wortbedeutung, kommunikative Stationen des Soldaten unterwegs, gleichsam Haltestellen an der Einsatzstraße, potenziell auf Zukunft ausgerichtet. Im Unterschied zu „Reintegrationsseminaren" finden sie bei freiwilliger Teilnahme in größerem Abstand zum zurückliegenden Einsatz und häufig unter Einbeziehung der Angehörigen statt.

1 Anlass und Konzeption

Im Jahre 1998 trat das Zentrum für Verifikationsaufgaben der Bundeswehr, Geilenkirchen, an das Evangelische Kirchenamt für die Bundeswehr in Bonn, die staatliche Leitungsbehörde der Evangelischen Militärseelsorge, heran mit dem Vorschlag, gemeinsam mit dem Dezernat Einsatzunterstützung eine Familienrüstzeit als "Veteranentreffen" für ehemalige Teilnehmer der UNOMIG (United Nations Observer Mission in Georgia) und ihre Angehörigen durchzuführen. Seit dem findet jährlich ein solches Wochenende im Evangelischen Rüstzeitenheim "Assa-von-Kram" in Homberg/Hülsa statt.
Im Jahre 1999 war ich selbst für die Militärseelsorge bei diesem Projekt federführend, das vom 26.-28.03.1999 veranstaltet wurde. Zunächst kam es zu einem Vorgespräch, bei dem ein Offizier des Zentrums über den Auftrag der zehn deutschen Kontingentangehörigen bei UNOMIG informierte und die Besonderheiten des Dienstes schilderte:

- Der geografische Raum der UN-Misson umfasst im wesentlichen die durch internationale Regelung ausgewiesene waffenfreie Zone diesseits und jenseits der Grenze zwischen Georgien und Abchasien. Hier haben die 100 internationalen Militärbeobachter der UN die Aufgabe, vor allem durch Patrouillentätigkeit die dort stationierten Friedenstruppen der GUS und die Truppen der Konfliktparteien zu beobachten.
- Die Arbeit in multinationalen Teams –zu UNOMIG gehören Soldaten aus 20 Ländern– bringt erhöhte Anforderungen an Selbstdisziplin und Toleranz mit sich.
- Die Arbeitsbelastung ist bei sieben Tagen in der Woche und 12-14 Stunden täglich hoch.
- Die Arbeitssprache ist englisch.
- Der Einsatz erfolgt unbewaffnet.
- Gefährdungspotenzial und persönliches Risiko dürfen nicht unterschätzt werden.
- Die Unterbringung bei der lokalen Bevölkerung bei z.T. eingeschränkter Wasser- und Stromversorgung, sowie die Notwendigkeit, sich selbst zu verpflegen, sind weitere Attribute dieses besonderen Dienstes.
- Der Arbeitsablauf ist über lange Zeit gleichförmig; die Freizeitmöglichkeiten sind gering.
- Die Hilflosigkeit gegenüber Gräueltaten, Gewalt, Armut und Menschenrechtsverletzungen stellt eine hohe psychische Belastung dar.
- Die Kommunikationsmöglichkeiten mit der Heimat sind stark eingeschränkt.

Im Verlauf des Vorgesprächs wurde deutlich, dass die in Georgien für ein halbes Jahr im Sanitätsdienst und als Militärbeobachter eingesetzten deutschen Soldaten zwar freiwillig diesen Dienst übernommen haben, sich aber wie viele Soldaten nach Rückkehr auf reguläre Kontingenteinsätze der Bundeswehr einstellen müssen. Dem wurde versucht, bei der Themenwahl Rechnung zu tragen:
- "Wir sind zurück – wo gehen wir hin?"
- "Einsatzerfahrungen heute bewältigen für morgen."

Es sollte damit auf die Situation der zurückgekehrten Soldaten eingegangen werden, die neben dem rückblickenden Aspekt eines solchen Treffens zugleich der Option zukünftiger Einsätze begegnen. Einsatzerfahrungen der Soldaten und –in abgewandelter Form auch ihrer Angehörigen– helfen, zukünftige Herausforderungen, die Auslandseinsätze im persönlichen und dienstlichen Bereich mit sich bringen können, besser zu bewältigen.
Das "Veteranentreffen", an dem rund 90 Erwachsene und Kinder teilnahmen, wurde von der inhaltlichen Seite mit den Verantwortlichen des Einsatzunterstützungs-Dezernats des ZVBw abgestimmt und kooperativ durchgeführt. Das Zentrum sorgte für die äußere Organisation (Teilnehmeranmeldung, Kassieren der Eigenbeiträge, Zimmerbelegung und Absprachen mit der Heimleitung) und inhaltlich für zwei Informationseinheiten:
- "Fünf Jahre Georgien – wo stehen wir?" Berichte – Informationen – Erfahrungen aus früheren und derzeitigen Beobachtermissionen;
- Die OSZE-Beobachter im Kosovo: aktuelle Informationen und Erfahrungen.

Ziel dieser Beiträge war es, die ehemaligen Missionsteilnehmer und ihre Angehörigen über die derzeitige Entwicklung auf dem Laufenden zu halten. Dabei konnte auf die vorhandenen Kenntnisse über die politische Lage und den Dienstalltag, sowie auf die

innere Präsenz der Situation bei den Teilnehmern Bezug genommen werden. Jeder weiß, wovon die Rede ist. Die Chancen und Belastungen des Dienstes schaffen ein starkes "Wir-Gefühl", das Ehemalige mit den Aktiven verbindet. Etwa zehn Prozent der Teilnehmer des Wochenendes besuchten zum erstenmal ein "Veteranentreffen". Dies macht deutlich, dass das Bedürfnis, sich wiederzusehen, hoch ist und eine wesentliche Motivation zur Teilnahme darstellt.
Von Seiten der Militärseelsorge wurden inhaltliche Elemente im Sinne einer Familienrüstzeit beigetragen: ein Begegnungsabend mit den Familien zur Eröffnung am Freitagabend und einen Familiengottesdienst am Sonntagmorgen, zu dem offen eingeladen wurde.
Auch wenn für die Mehrzahl der Teilnehmer der Georgien-Einsatz mehr als zwei Jahre zurücklag, wurden –auch auf Vorschlag des ZVBw– drei Gesprächsgruppen unter der Leitung von einsatzerfahrenen Militärgeistlichen angeboten. Sie standen unter dem Thema: "Wir sind zurück – sind wir's wirklich?"
Als eher grundsätzlicher Beitrag wurde von mir ein Kurzvortrag über "Ethische Aspekte militärischer Einsätze und die Erfahrung von Militärpfarrern" eingebracht. Das Hauptinteresse galt jedoch neben den aktuellen Informationen dem Gespräch in den Gruppen.

2 Seelsorge per "Veteranentreffen"?

An dieser Stelle ist ein Exkurs notwendig, der die Frage aufgreift, worin die Seelsorge ihre spezifische Aufgabe innerhalb einer solchen Zusammenkunft von Soldaten und ihren Angehörigen sieht, die gemeinsame Einsatzerfahrungen verbindet. Die theologische Begründung für die Seelsorge gibt einem solchen Engagement die Berechtigung, ja sie weist ihr eine wichtige Aufgabe zu. Denn der Mensch ist im Verständnis der Bibel und der von ihr geprägten christlich-abendländischen Tradition nicht in eine geistig-seelische und eine leibliche Existenzform dichotomisch aufzuspalten. Wir sind als Einheit von Gott, dem Schöpfer, gedacht, der dem Menschen –in der archetypischen Beschreibweise der Bibel– den "Lebensodem" (1. Mose 2, Vers 7) einhaucht und ihn dadurch zu einer "lebendigen Seele" werden läßt. "Seele" bezeichnet den Menschen somit –theologisch betrachtet– als lebendiges Wesen, das mit Sprache begabt, zum Bewusstsein seiner selbst, zum verantwortlichen Handeln fähig und auf ein Ich-Du-Verhältnis hin angelegt ist. Der Mensch ist somit Seele. Sie ist keine vom sonstigen Sein ablösbare Substanz. Somit ist Seelsorge –Sorge um die Seele– ganzheitliche, auf den Menschen in allen seinen Bezügen ausgerichtete Zuwendung: Sie nimmt ihn in seiner Grundbeziehung zum Schöpfer ernst und wendet sich ihm in seinen Beziehungen zum Du, zur umgebenden Lebenswelt und zu sich selbst zu. Dieses ganzheitliche Bild vom Menschen, dem die Seelsorge verbunden ist, hat zur Folge, dass die Theologie sich nicht als sektorale Fachwissenschaft begreifen kann, sondern sich für Erkenntnisse der Humanwissenschaften öffnet und sie z.B. in die Seelsorgepraxis einbezieht.
Vor diesem Hintergrund kann die Militärseelsorge sich selbstverständlich, z.B. gemeinsam mit der Truppenpsychologie, an der Sorge um Soldaten im Einsatz und ihre Angehörigen beteiligen. Seelsorge im Rahmen eines "Veteranentreffens" bedeutet

dann, ein Forum zum Gespräch über Einsatzerfahrungen zu eröffnen und Hilfen zur Bewältigung anzubieten. Zugleich klingt in dem Angebot des Familiengottesdienstes die ganzheitliche Sicht des Menschen in biblisch-theologischer Perspektive an: Die Lebensbeziehungen zum Du, zum Mitmenschen, zur Welt und zu sich selbst wollen eingebunden sein in die Beziehung zu Gott als dem Urgrund des Lebens. In diesem Sinne ist Seelsorge Lebenshilfe im umfassenden Sinne, von der auch die Militärseelsorge ihren Auftrag zur Mitarbeit bei Veranstaltungen für Menschen in besonderen Lebenssituationen ableitet. Die Durchführung eines "Veteranentreffens" im Rüstzeitenheim, auf neutralem Boden gleichsam, unterstreicht diesen Ansatz.
Aus Sicht der Seelsorge wurde in den von uns bisher durchgeführten "Veteranentreffen" deutlich:

- Der Soldat im Einsatz und seine Angehörigen in der Heimat leben gleichsam in zwei getrennten Welten. Es ist Aufgabe aller Beteiligten, die Soldaten und ihre Familien auf diese Situation vorzubereiten.
- Die Welt im Einsatz bedeutet für den Soldaten –in diesem Fall als Teilnehmer der UNO-Mission in Georgien– die Begegnung mit Gewalt und mit dem Risiko persönlicher Bedrohung. Insbesondere die Sanitätsoffiziere und Sanitätsfeldwebel sehen sich mit menschlichem Leid konfrontiert.
- Dass die Beteiligung von zehn deutschen Missionsteilnehmern an UNOMIG abseits des öffentlichen Interesses, das den großen Kontingenten in Bosnien und vor allem im Kosovo gilt, geschieht, verstärkt bei den eingesetzten Soldaten den Eindruck der besonderen Welt im Einsatz.
- Von ihr unterscheidet sich die Welt zu Hause. Ehefrauen/Partnerinnen und Kinder stehen vor der Aufgabe, die entstandene Lücke auf Zeit im Familienorganismus zu schließen. Vieles allein entscheiden zu müssen, empfinden die Ehefrauen/Partnerinnen nicht nur als emanzipatorische Befreiung, sondern als Belastung.
- Eine Hilfe zur Gestaltung der Welt zu Hause stellt der Kontakt zu anderen, gleichbetroffenen Familien dar. Auch stellt sich die Erfahrung ein, dass die Familie in der Regel zusammenwächst und ihre Ressourcen zur Bewältigung der getrennten Zeit hilfreich einsetzen kann.
- Die für manche Familie zu erwartende Einsatzhäufigkeit wirkt aber zugleich als zusätzlich belastendes Element. Die Tragfähigkeit der Familie ist, auf längere Sicht gesehen, begrenzt.

Die Aufgabe für den Soldaten im Einsatz und seine Angehörigen zu Hause besteht darin, einander teilhaben zu lassen an der je eigenen Welt. Briefe, Päckchen, Bilder, besprochene Tonbandkassetten und –soweit möglich– Telefonate sind die bewährten Mittel, um die zwei Welten zu überbrücken.
Nach Rückkehr aber gilt es, die vom Soldaten ganzheitlich erlebte und nach Hause mitgebrachte Welt des Einsatzes mit der der Angehörigen neu zu verbinden. Die erstaunte, fast gekränkte Reaktion eines Rückkehrers im Blick auf die zu Hause angetroffene familiäre Situation "Ihr braucht mich ja eigentlich nicht mehr!" ist Signal für die bevorstehende Arbeit, beide Welten wieder zusammen zu bringen.
"Veteranentreffen" tragen dazu bei. Dabei zeigt sich, dass auch im Abstand von Jahren

Gesprächsbedarf besteht. “Veteranentreffen” als Wiedersehenszusammenkünfte schliessen das Wiederbegegnen mit bewältigten oder teil-bewältigten Belastungen ein. Die Seelsorge als Begleitung der Menschen auf ihrem Weg hat dabei ihren Ort und ihre Aufgabe.

3 Schlussfolgerungen

Zusammenfassend lässt sich aus meiner Sicht für die Funktion von “Veteranentreffen” feststellen:

- “Veteranentreffen” sind für die eingeladenen Soldaten und ihre Angehörigen Stationen des Wiedersehens mit Kameraden, Freunden und Bekannten, die eine gemeinsame Erfahrung verbindet. Das Wiedersehen schließt im wörtlichen Sinne die Wiederbegegnung mit zurückliegenden Erfahrungen und Belastungen ein. Organisatorisch werden “Veteranentreffen” aber eher für geschlossene Verbände in Frage kommen als für die aus vielen Teilen zusammengesetzten Einsatzkontingente.
- “Veteranentreffen” stellen ein Gesprächsforum dar, das –auch im Sinne der Seelsorge– hilft, im Austausch von Erfahrungen, das “Wir-Gefühl” zu stärken. Nicht allein zu sein, sondern in der Gruppe von Gleichbetroffenen sich angenommen zu fühlen, ist eine heilsame Erfahrung, die in der Regel von solchen Zusammenkünften ausgeht.
- Die Bezeichnung “Veteranentreffen” suggeriert eine eher nach rückwärts orientierte Motivation des Zusammenkommens. Sie hat im Sinne des Wiedersehens ihr Recht. Im Blick aber auf den bleibenden Auftrag, an Auslandseinsätzen teilzunehmen, bekommen “Veteranentreffen” zugleich einen auf Zukunft hin offenen Charakter: Erfahrungen der Einsatzbewältigung von gestern sind Erfahrungen für heute und morgen. Vor diesem Hintergrund sollte aus meiner Sicht der Titel “Veteranentreffen” ersetzt werden durch eine offenere Formulierung, wie z.B. “Familientreffen UNOMIG 1999/2000” oder “Kameraden- und Familientreffen des ... (Verband)”
- In diesem Sinne erfüllen solche Zusammenkünfte eine präventive Funktion. Der nächste kommende Einsatz kann mit helfenden Impulsen aus dem Erfahrungsaustausch mit Gleichbetroffenen leichter bewältigt werden. Die soziale Kompetenz der Familie wird gestärkt.
- Kameraden- und Familientreffen tragen dazu bei, die für Einsätze vorgesehenen Soldaten über ihre dienstliche Funktion hinaus als Menschen wahrzunehmen, die selbst für ihre unmittelbaren Nächsten, Ehepartner, Kinder und Angehörige Verantwortung tragen. Führung von Einsatzverbänden bedeutet so gesehen, Verantwortung für Verantwortungsträger zu übernehmen.

Literatur:

“Wir sind zurück” – Reintegrationsseminar, Veteranen-/Familientreffen, Hilfe für Kommandeure und Einheitsführer, Zentrum Innere Führung 2/98.

Sachstandsbericht zur truppendienstlichen Führung von Deutschen Anteilen an VN-Beobachter- und OSZE-Missionen sowie einzelner Militärexperten im Auslandseinsatz, Zentrum für Verifikationsaufgaben der Bundeswehr, Einsatzunterstützung, vom 10.03.1999.

Klaus M. Barre und Karl-Heinz Biesold:

Medizinisch-psychologische Behandlung von Posttraumatischen Belastungsstörungen

1 Einleitung

Die besonderen Bedingungen von Einsätzen der Bundeswehr bei internationalen UNO- und NATO-Missionen stellen außergewöhnliche Anforderungen an die Soldaten. Die Soldaten werden mit Leichen und Verstümmelung, mit Chaos und Zerstörung, unklaren Konfliktlagen, evtl. Gefangenschaft, mit fremden Kulturen, langdauernder Trennung von zu Hause, permanenter Überforderung aber auch Langeweile und Unterforderung konfrontiert. Oft und nicht zuletzt besteht die Belastung in dem Gefühl totaler Hilflosigkeit gegenüber Not und Elend.
Gesellschaftlicher Auftrag (humanitärer Einsatz) und persönliche Motivation (helfen wollen) stehen häufig in deutlichem Gegensatz zu Einstellung und Haltung der Bevölkerung in den Hilfsgebieten. Manchmal wird der Helfer als Besatzer gesehen oder die Soldaten geraten zwischen die Fronten rivalisierender Gruppen. Nicht selten schlagen ihnen Ablehnung und Hass entgegen.
Aber auch im Heimatland treffen Soldaten der Bundeswehr oft auf Zweifel, Unverständnis, Gleichgültigkeit, ja Ablehnung ihres Einsatzes. Nicht einmal bei den eigenen Kameraden zu Hause können sie immer auf Verständnis zählen, haben diese doch ihre Arbeit in den Heimatverbänden mit erledigt. Sie waren deshalb oft genug ebenfalls stark belastet, ohne dafür öffentliche Anerkennung in der Presse, Orden oder eine besondere Bezahlung zu erhalten. Und auch die eigene Partnerin oder die Familie können manchmal kaum verstehen und akzeptieren, was der Einzelne erlebt und wie sehr ihn dies verändert hat. In kurzfristigen oder längerdauernden Extremsituationen wird die Fähigkeit zur Belastungsverarbeitung von Menschen oft überfordert, eine intensive, überwältigende und desorganisierende Erfahrung bzw. Erleben zerstört Orientierungen und haltgebende Selbst- und Weltbilder. In der Folge kommt es u.U. zur Entwicklung einer seelischen Störung, die sich schleichend (bei Dauerbelastung) oder akut (bei Extremerlebnissen) entwickeln kann. Sie entfaltet ihre schädigende Wirkung auch dann weiter, wenn der Einsatz oder das schädigende Ereignis längst vorbei sind.
Auf solchen Einsatzerfahrungen von Soldaten anderer Streitkräfte aufbauend, hat die Bundeswehr ein Medizinisch-Psychologisches-Stress-Konzept entwickelt, das die Betreuung der Soldaten vor, während und nach dem Einsatz regelt. Gemäß diesem Konzept sind die Fachärzte und Klinischen Psychologen der Bundeswehrkrankenhäuser mit der psychotherapeutischen Behandlung von Soldaten betraut, die nach extremen Belastungssituationen psychische Störungen entwickelt haben. Im Bundeswehrkrankenhaus Hamburg (BwK HH) ist daher 1994 ein Behandlungsschwerpunkt für psy-

chotraumatologische Störungen mit einem spezifischen Therapieangebot aufgebaut worden.
Die Behandlungserfahrungen machten deutlich, dass Krisenintervention und allgemeine Psychotherapie nicht ausreichen, um schwer traumatisierten Menschen angemessen und wirksam zu helfen. Es war deshalb erforderlich, spezifische traumatherapeutische Kompetenz zu erwerben und im BwK HH zu etablieren.

2 Psychotraumatologie

Bei den traumabedingten Störungen handelt es sich vom Erscheinungsbild und dem Verlauf her um vielgestaltige Krankheitsbilder.

2.1 Akute Belastungsreaktion[1]

Zunächst kommt es nach einem "Psychotrauma" bei fast jedem zu einer vorübergehenden Störung von unterschiedlichem Schweregrad, die aber meist innerhalb von wenigen Tagen wieder abklingt. Es tritt ein gemischtes und gewöhnlich wechselndes Bild auf. Nach dem anfänglichen Zustand von "Betäubung" werden Depression, Angst, Ärger, Verzweiflung, Überaktivität und Rückzug beobachtet.
Untersuchungen zum Spontanverlauf von Traumatisierungen haben gezeigt, dass nach einer Woche 94% der Opfer Symptome zeigen, es dann aber im Verlauf der ersten drei bis sechs Monate bei ca. 60% ohne therapeutische Maßnahmen zu einer Besserung kommt und danach die Zahl der symptomatischen Fälle fast stabil bleibt.
Der weitere Verlauf , d.h. ob es zu einer Stabilisierung im psychischen Befinden des Betroffenen kommt oder ob sich eine posttraumatische Belastungsstörung entwickelt, ist von verschiedenen Faktoren abhängig, die den Heilungsprozess fördern oder behindern können. Sowohl traumaabhängige, wie auch persönliche und soziale Faktoren spielen dabei eine Rolle.

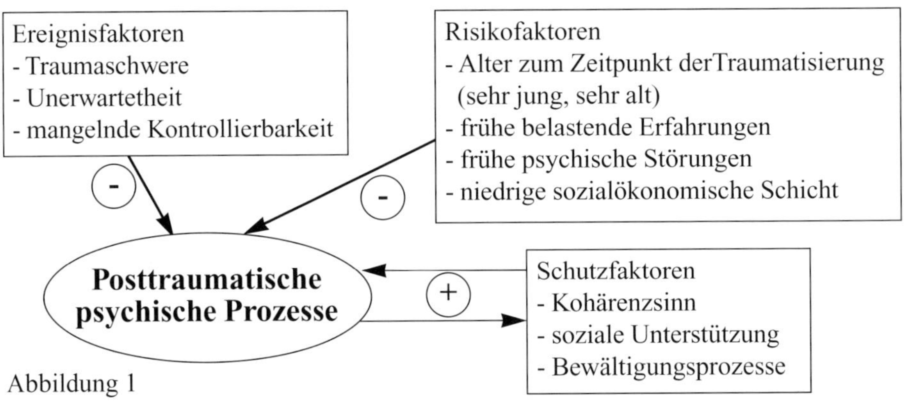

Abbildung 1

1) Vergleiche hierzu den Artikel von Kowalski in diesem Buch (Seiten 215 ff)

2.2 Posttraumatische Belastungsstörung (PTBS)

Selbst bei optimaler Erstversorgung Psychotraumatisierter klingen nicht alle Belastungsreaktionen nach ihrer akuten Phase wieder ab. Es kann sich als verzögerte oder protrahierte Reaktion auf das belastende Ereignis eine PTBS entwickeln.
Um den Begriff des Traumas nicht inflationär für jeden Zwischenfall zu benutzen, definiert die ICD-10[2] es als eine Situation außergewöhnlicher Bedrohung für die Sicherheit oder körperliche Unversehrtheit des Betroffenen oder anderer Personen, die bei fast jedem eine tiefe Verstörung hervorrufen würde (Katastrophen, Kampfhandlungen, schwere Unfälle, Zeuge gewaltsamen Todes, Opfer von Folterung, Terrorismus, Vergewaltigung). Prämorbide Faktoren können den Verlauf beeinflussen, sind aber weder nötig noch ausreichend, um das Auftreten der Störung zu erklären.
Typisch ist die Symptomtrias Wiedererinnerung, erhöhtes Erregungsniveau und Rückzug.

Symptome der Posttraumatischen Belastungsstörungen

Wiedererinnerung (Intrusion)
- Wiederholte aufdrängende Erinnerung oder Wiederinszenierung der Ereignisse in Gedächtnis (Nachhallerinnerungen, flashbacks), Tagträumen oder Träumen

Erhöhtes Erregungsniveau
- Zustand erhöhter vegetativer Übererregbarkeit mit Vigilanzsteigerung, übermäßiger Schreckhaftigkeit und Schlaflosigkeit

Rückzug (Konstriktion)
- Andauerndes Gefühl von Betäubtsein und emotionaler Stumpfheit, Gleichgültigkeit und Teilnahmslosigkeit gegenüber anderen Menschen, Anhedonie
- Vermeidung von Aktivitäten und Situationen, die Erinnerungen an das Trauma wachrufen können
- Angst und Depressionen mit Suizidgedanken, Alkoholmissbrauch und Drogenkonsum
- akute Ausbrüche von Angst, Panik, Aggression, ausgelöst durch Erinnerung / Wiederholung des Traumas, sog. Triggern

Abbildung 2

2) Internationale Klassifikation psychischer Störungen ICD-10

Unbehandelt bleiben bei ungefähr der Hälfte der PTBS-Patienten die Symptome länger als ein Jahr bestehen, bei einem Drittel (das sind 10% aller Traumatisierten) mehr als zehn Jahre. Das klinische Erscheinungsbild traumabedingter Störungen ist aber vielfältiger und geht über die oben beschriebenen Symptomkonstellationen der PTBS hinaus. Auch hinter zahlreichen anderen psychiatrischen Krankheitsbildern können sich traumatisch ausgelöste Störungen verstecken.

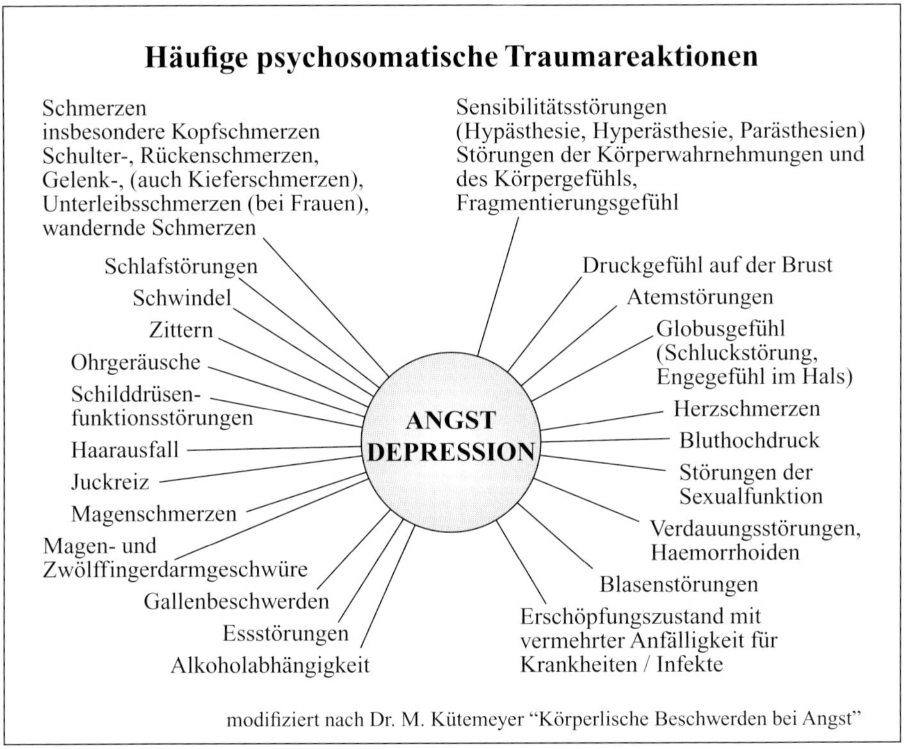

Abbildung 3

2.3 Neurophysiologie des Traumas

Zentrale Gedächtnisinhalte werden in ihrer Struktur und Funktion durch das traumatische Erlebnis nachhaltig verändert. Im Moment der Traumatisierung kommt es zu einer akuten Reizüberflutung des Gehirns mit massiver Aktivierung *noradrenerger und corticotroper* sowie *endogene Opiate produzierender Systeme,* die durch biochemische Messungen nachgewiesen werden können.
Informationsverarbeitungsprozesse werden blockiert. Die sensorische Information, die auch während eines traumatischen Ereignisses in der *Schaltstelle des Thalamus zum Mandelkern* weitergeleitet wird, bleibt im Umfeld dieses Erinnerungssystems prak-

tisch “stecken”. Sie kann deshalb nicht in die weiteren Verarbeitungsmöglichkeiten *des Hippocampus und Frontalhirns* einbezogen, deshalb zu keiner “konstruktiven Erfahrung” verarbeitet werden.

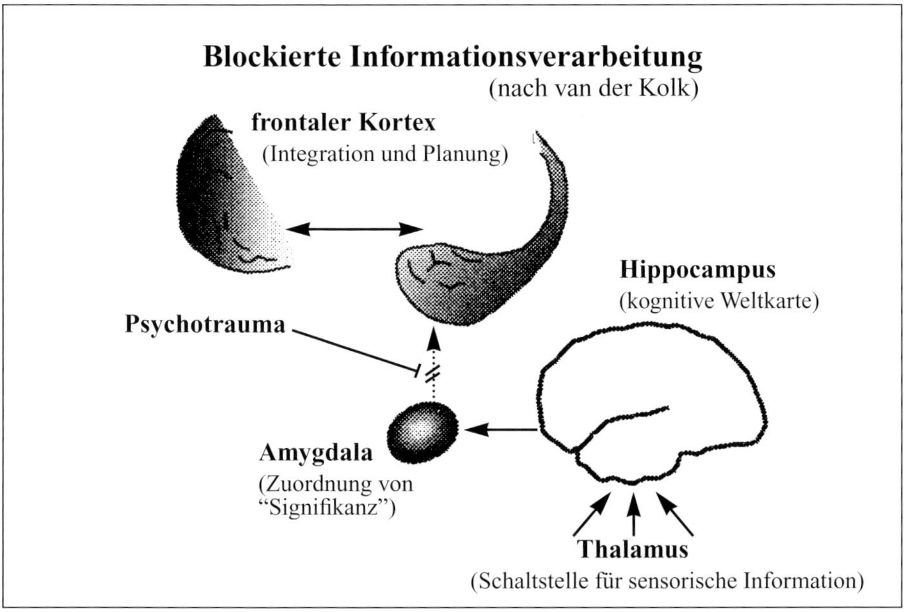

Abbildung 4

Der gespeicherten traumatischen Erinnerung wird insbesondere keine Zeit- und Raumachse beigefügt. Es fällt den Betroffenen deshalb so schwer, das Erlebte “hinter sich zu lassen”, es in einen biografischen Kontext einzufügen, wie man Bilder in ein Fotoalbum ordnen würde, um sie anzuschauen, wenn man will. Weiterhin scheint gesichert, dass das traumatische Gedächtnis nach dem “Alles-oder-Nichts”-Prinzip arbeitet. Traumatische Erinnerung wird niemals gelöscht. Die *Zeit allein* heilt keine Wunden! Der Blick auf das Erlebte kann aber spontan oder durch geeignete therapeutische Maßnahmen in eine heilende, konstruktive Perspektive gerückt werden.
Mittels der Positronen-Emissions-Tomographie konnte nachgewiesen werden, dass bei PTBS-Patienten bei Erinnerung an das Trauma im Sprachzentrum (der Broca-Region) eine Verminderung der Durchblutung vorliegt. Dies bedeutet in der Konsequenz, dass dem Traumatisierten buchstäblich die Sprache fehlt.

3 Traumatherapie

Die moderne Therapie der Psychotraumata bezieht den heutigen Kenntnisstand zur Psychologie und Physiologie von Stress und extremen Stressreaktionen ein. Dadurch ist es möglich geworden, vielen traumatisierten Menschen sehr effektiv zu helfen.

Bei einer *"natürlichen" Traumaverarbeitung* (d.h. auch ohne therapeutische Intervention) wechseln sich Phasen der Intrusion und der Konstriktion für kürzere oder längere Zeit von alleine ab. Dabei wird durch das Pendeln zwischen Gespräch und Ablenkung, Träumen und Alltagserleben das Trauma durchgearbeitet und in die bisherigen Lebenserfahrungen langsam und schrittweise integriert. Dieser Prozess ist aber sehr störanfällig. Das Ziel der Psychotherapie ist es nun, den Erholungsprozess und die Transformation der traumatischen Erfahrungen zu unterstützen und zu beschleunigen, wenn die Verarbeitung stecken geblieben ist.
Die Trauma-Therapie verläuft in *drei Schritten* (Modell n. Janet):

Schritte der Traumatherapie

Stabilisierung
- Herstellen von Sicherheit
- Erklärung der postexpositorischen Symptome als normale Folge der anomalen Situation ("Psychoedukation")
- Erlernen von Entspannungs- und Stabilisierungstechniken, Imaginativen Verfahren

Trauma - Bearbeitung durch
- psychodynamisch eingebettetes EMDR (Eye Movement Desensitization and Reprocessing) nach Francine Shapiro oder
- MPTT (mehrdimensionale psychodynamische Traumatherapie)
- traumaorientierte Verhaltenstherapie

Neuorientierung
- Wiedergewinnung des Vertrauens in zwischenmenschliche Hilfe und Zuverlässigkeit, Aufbau gestörter Beziehungen
- Wiederherstellung der Identität und des Selbstverständnisses
- Transformation des Traumas (Sinnfindung) – z. B. soziales Engagement

Abbildung 5

3.1 Ablauforganisation der Traumatherapie

Da das BwK HH ein Krankenhaus der Akutversorgung mit einem großen Einzugsbereich ist, der zur Zeit im Bereich Psychotraumatherapie noch die gesamte Bundesrepublik umfasst, kommt der Ablauforganisation eine große Bedeutung zu. Die Traumatherapie muss, anders als in einem rein psychotherapeutischen Setting, in die allgemeinpsychiatrische Struktur eingepasst werden.

Traumatisierte Soldaten werden in der Regel durch den Truppenarzt angemeldet. Besteht eine begründete Annahme, dass es sich um eine belastungsbezogene Störung handelt, wird der Betreffende direkt einem Traumatherapeuten vorgestellt, der dann abklärt, ob

- die Aufnahme zu einer stationären Therapie,
- eine ambulante Kurzintervention (2 - 6 Termine) oder
- eine einmalige Diagnostik mit integrierter Beratung

angemessen ist. Wichtige Maßnahmen betreffen auch die Kontaktaufnahme mit der Truppe, wenn es notwendig erscheint, steuernd und regulierend zur Entlastung des Patienten einzugreifen und hierzu gangbare Vorschläge mit der Truppe zu entwickeln. Alle Maßnahmen müssen daraufhin bewertet werden, dass sie dem Betroffenen nicht schaden (z.B. bei Ausbildungs und Karrierewünschen).

Im stationären Setting hat es sich bewährt, die Patienten zu einem einwöchigen diagnostischen Aufenthalt einzubestellen. Dabei wird der therapeutische Aufwand abgeschätzt und der Aufbau einer belastbaren Vertrauensbeziehung eingeleitet, sowie das Krankheitsmodell erklärt. Der Betroffene erhält eine Einweisung in das therapeutische Vorgehen. Für die eigentliche Therapiephase wird ein ca. sechswöchiger Aufenthalt eingeplant, der je nach Therapieverlauf verkürzt, verlängert oder durch eine oder mehrere weitere stationäre Therapiesequenzen ergänzt werden kann. Eine ambulante Nachbetreuung ist gewährleistet.

3.2 Das therapeutische Team

Das therapeutische Team für die stationäre Traumatherapie besteht z.Zt. aus einem Psychologischen Psychotherapeuten, einem behandelnden Arzt sowie einer Sozialarbeiterin. Die Arbeit wird ergänzt durch eine Ergotherapeutin, zwei Physiotherapeutinnen (Bewegungstherapie, Entspannungstrainings, Chi-Gong), einen Masseur sowie einer Bezugsschwester (Aromatherapie).

3.3 Erste Phase: Stabilisierung

Da posttraumatische Störungen pharmakotherapeutisch nur schwer zu behandelnde Erkrankungen sind, liegt der Schwerpunkt der Therapie im psychotherapeutischen Bereich. Ein Spezifikum zur Behandlung der PTBS gibt es nicht. Die medikamentöse Therapie dient im Rahmen der Stabilisierung dazu, die am meisten belastenden Symptome zu lindern.

Die *Stabilisierung* hat immer dann Präferenz, wenn Schwere des Traumas und individuelle Bewältigungsmöglichkeiten in einem Missverhältnis stehen und negative äußsere Einflüsse oder frühere Traumata die Durcharbeitung als zu belastend erscheinen lassen. Dann *muss* sie der Trauma-Bearbeitung unbedingt vorausgehen, da sonst durch die Therapie Verschlechterungen hervorgerufen werden können.
Die psychische Traumatisierung entsteht durch das vitale Diskrepanzerlebnis zwischen bedrohlichen Situationsfaktoren und den individuellen Bewältigungsmöglichkeiten, das mit Gefühlen von Hilflosigkeit und schutzloser Preisgabe einhergeht. Die aktuelle Reizverarbeitungsfähigkeit von Menschen ist durch die Heftigkeit oder Plötzlichkeit des auslösenden Ereignisses massiv überfordert worden. Es stellt sich ein verändertes Erleben ein, das als "disorder of arousal", als ein Zustand fast ständig erhöhter Erregung und Anspannung treffend charakterisiert worden ist.
Betroffene erleben dies mit großer Beunruhigung, besonders, *wenn sie sich ihren Zustand nicht erklären können*. Angehörige von Hoch-Risiko-Berufen empfinden dies gemeinhin als Verlust der Kontrolle über ihre Lebenssituation. Sie verlieren das Vertrauen in die eigenen Fähigkeiten und leben daher oft in der Befürchtung, Kameraden könnten ihren labilen Zustand bemerken und die Achtung vor ihnen verlieren. Die Angst, "nicht mehr normal" zu sein, schleicht sich ein. Große Energie wird darauf verwendet, die Fassade der "Normalität" aufrecht zu erhalten und die aufdrängenden Erinnerungen an das Erlebte zu unterdrücken. In einem Teufelskreis fehlgeschlagener Bewältigungsversuche geraten viele Betroffene immer tiefer in einen Symptomstrudel, aus dem sie sich allein nicht mehr zu befreien vermögen.

3.4 Vertrauens- und Beziehungsaufbau

Dem Aufbau einer tragfähigen, vertrauensvollen Beziehung gleich zu Beginn kommt daher eine zentrale Bedeutung zu. Unsere Beziehungsgestaltung orientiert sich an dem Modell einer "solidarischen Distanz". Der Patient muss das Gefühl von Schutz und Sicherheit entwickeln können. Alles wird vermieden, was zu einer "Retraumatisierung" führen könnte, insbesondere jede Form von Sensationslust und Voyeurismus. Der Traumatisierte erhält einen aktiven Part im therapeutischen Prozess. Die Metapher eines LKW-Fahrers, der beim rückwärts Rangieren einen Einweiser beizieht, nicht weil der besser fahren kann, sondern weil er einen anderen Blickwinkel hat, wird von den Betroffenen schnell verstanden und erleichtert angenommen.
Selbstverständlich darf nicht aus dem Blickfeld geraten, dass die Arbeit im BwK HH für Soldaten innerhalb eines "betriebsärztlichen" Systems erfolgt, dem der Patient deshalb mit Misstrauen begegnet. Aussprache darüber und verlässliche Solidarität sind daher umso wichtiger. Allerdings hat sich in der Zusammenarbeit mit vielen Soldaten erwiesen, dass in der Wahrnehmung der Betroffenen dieser anfängliche Nachteil durch den Vorteil der Vertrautheit der Therapeuten mit den technischen, materiellen, strukturellen und sozio-kulturellen Gegebenheiten in der Bundeswehr mehr als wett gemacht wird. Gerade Soldaten, die sowohl in zivilen wie auch Bundeswehr-Institutionen behandelt worden sind, bestätigen dies nachdrücklich.

3.5 Normalisierung und Psychoedukation

Dem Betroffenen wird vermittelt, dass es sich bei seiner Störung um eine *"normale Reaktion"*, einer *"normalen Person" auf eine unnormale, d.h. pathogene Situation* handelt. Die Zusammenhänge zwischen Extremsituation und Stressreaktion müssen adressatengerecht vermittelt werden. Diese "Psychoedukation" ist ein unverzichtbarer Schritt.

3.6 Adressieren der Besonderheit des Berufes

Es hat sich in unserer Arbeit mit Soldaten, Feuerwehr-Leuten, Polizisten, Justizvollzugs-Angestellten und Angehörigen anderer "Gefahrenberufe" als günstig erwiesen, das Besondere dieser Berufssituation zu adressieren, in dem wir hervorheben, dass der Betroffene seine Traumatisierung gerade deshalb erfahren hat, weil er standhält und handelt, wo viele andere Menschen weglaufen oder gelähmt reagieren. Oft führt dies allein schon zu einer spontanen Entlastung, weil es die quälende Störung in einen positiven, wenn man so will "starken" Kontext einbindet, mit dem sich die Patienten identifizieren, der zu ihrer "corporate identity" gehört.

3.7 Würdigen der Bewältigungsversuche

Sehr früh werden auch die bisherigen Bewältigungsversuche angesprochen und auch dann positiv bewertet, wenn sie von außen gesehen nicht gelungen erschienen. Diese Reaktionen sind Versuche, den verlorenen Zustand "vor dem Trauma" wieder herzustellen. So ist es durchaus funktional, wenn ein Soldat, der während des Einsatzes im Schlaf verletzt worden ist, mit Überwachheit, Unruhe bei Dunkelheit und Schlafstörungen reagiert. Die Reaktion hat die Funktion, ihn vor erneuter Gefahr zu schützen.

3.8 Äußere Belastungsfaktoren

Hilfestellung bei äußeren Belastungsfaktoren, die in der Stabilisierungsphase viel seelische Energie beanspruchen würden (Beerdigung, anstehende Gerichtsverfahren, Straferwartung, finanzielle Not, unversorgte Angehörige etc.) macht gelegentlich die Einschaltung von Sozialdiensten und Militärseelsorge erforderlich.

Dem Aspekt mangelnder Fürsorge kommt eine eminent wichtige Bedeutung zu. Jeder Soldat vertraut darauf, dass er von seinem Dienstherrn unterstützt wird, wenn er bei der Ausübung seines Dienstes Schaden nimmt. Wird diese Erwartung enttäuscht, kommt es nicht selten zu tiefer Verbitterung, die die Chronifizierung der PTBS bewirkt. Der Betroffene empfindet seinen Einsatz und damit seine Person entwertet, reagiert mit Depression, Hass und psychosomatischen Störungen. Zu der Belastung der traumatisierenden Situation addiert sich das bittere Gefühl, verraten worden zu sein (s.a. J. Shay und das "Berserkersyndrom").

3.9 Stabilisierungsverfahren

Imaginative und Entspannungsverfahren sind zentrale Bestandteile unserer Stabilisierungsarbeit. Sie haben das Ziel, die Verarbeitungskapazität des Patienten zu stützen oder zu verbessern. Hierzu gehören Selbstkontrolltechniken und Entspannungsverfahren zur Erregungskontrolle (Autogenes Training, Jacobsen-Entspannung, Lichtstromtechnik, Selbstinstruktionstechniken etc.), aber auch imaginativer Ressourcenaufbau (Innere Helfer, Baumübung etc.). Diese Fertigkeiten können z.T. in Gruppenarbeit geübt werden. Bei leichteren Trauma I-Fällen[3] und sehr stabilen Bedingungen kann die Stabilisierungsphase deutlich abgekürzt werden.

3.10 Zweite Phase: Trauma-Bearbeitung - Konfrontation

Die *Trauma-Bearbeitung* erfolgt in Einzeltherapie und bedient sich dabei unterschiedlicher Verfahren (insbesondere EMDR, VT, Imaginative Distanzierungs- und Dosierungstechniken).
Das Therapieprogramm wird darüber hinaus begleitet von Körpertherapie und Ergotherapie (Ausdruck durch Gestaltung) und Entspannungsverfahren, sowie meditative Übungen wie Chi-Gong (Selbstkontrolle), Massage und Aromatherapie (Vermittlung "guter Erfahrungen").

3.11 EMDR (*Eye Movement Desensitization and Reprocessing* nach Francine Shapiro)

In unserer traumatherapeutischen Arbeit setzen wir seit mehreren Jahren erfolgreich EMDR ein. Die Methode wurde in der Behandlung von Vietnam-Veteranen mit eindrucksvollen Ergebnissen eingesetzt.
EMDR-Sitzungen werden in die psychodynamisch-behaviorale Therapie eingebettet. In der Kernphase des *EMDR* wird der Patient aufgefordert, sich auf das mit dem Trauma am stärksten verknüpfte Erinnerungsbild zu konzentrieren und dies mit einer damit verbundenen negativen (belastenden) Selbstaussage (z.B. "ich muss sterben"), dem vorherrschenden Gefühl (Angst) und dem zugehörigen Körperempfinden zu verbinden und gleichzeitig eine positive, angemessene Selbstaussage zu suchen, die für ihn am Ende des therapeutischen Prozesses uneingeschränkt Gültigkeit haben soll (z.B. "ich habe überlebt").
In Kombination mit diesen Bildern und Vorstellungen folgen dann wiederholte Rechts-Links-Augenbewegungen, die durch Finger-Hand-Bewegungen des Therapeuten geleitet werden (andere bilaterale Stimulationen sind möglich). Durch dieses Desensibi-

3) Typ-I-Traumen sind kurzdauernde traumatische Ereignisse, die meist durch akute Lebensgefahr, Plötzlichkeit und Überraschung gekennzeichnet sind.
Typ-II-Traumen sind längerdauernde, wiederholte Traumen mit Serien verschiedener traumatischer Ereignisse und geringer Vorhersehbarkeit des weiteren traumatischen Geschehens.

lisieren/Prozessieren verändert sich die belastende Bedeutung der Bilder oft sehr schnell. Eventuell treten auch Assoziationsketten mit anderen Erinnerungen auf. Im weiteren Verlauf kommt es zu einer Änderung der Wahrnehmung der Ereignisse, der damit verbundenen belastenden Kognitionen und Emotionen und somit zu einer Lockerung der traumatischen Fixierung (Perspektivenwechsel).
Durch die Therapie wird eine Integration der abgespaltenen Einzelkomponenten des Traumas, d.h. eine Traumaverarbeitung erreicht. Steckengebliebene, gleichsam "eingefrorene" Erlebniserinnerungen werden gelöst und einer konstruktiven Verarbeitung zugänglich gemacht. Die klinischen Ergebnisse sind eindrucksvoll. Patienten mit Typ-I-Traumen, benötigen oft nur wenige EMDR-Sitzungen, um sich von der zuvor über Monate und Jahre sehr quälende Symptomatik zu befreien.

3.12 Dritte Phase: Trauma-Integration

In dieser Phase kommt es darauf an, die Bedeutung des Geschehenen für das eigene Leben zu erarbeiten, daraus neue Perspektiven für die Zukunft zu entwickeln und die Bedeutung des Traumas für das Selbst- und Weltbild zu überdenken. Lebensplanungen, berufliche und familiäre Folgen werden im Gespräch erörtert und Angehörige soweit wie möglich einbezogen.

3.13 Eigene Erfahrungen - Therapieergebnisse

Im BwK HH wurden seit 1994 Soldaten, Feuerwehrleute, Polizisten Justizvollzugs-Angestellte und Zivilpersonen mit Postraumatischen Belastungsstörungen, die Zeuge oder Opfer von Gewalttaten, Entführungen, Geiselnahmen und Vergewaltigung, Flugzeugabstürzen, Bahn- oder Autounfällen geworden sind, nach diesem Therapiemodell behandelt. Wir haben seither Erfahrung mit über 100 Patienten gesammelt, die wir bis jetzt stationär untersucht und behandelt haben. Eine gleiche Anzahl von PTBS-Patienten wurde in dieser Zeit ambulant untersucht, behandelt, zur Therapie weitervermittelt oder begutachtet.

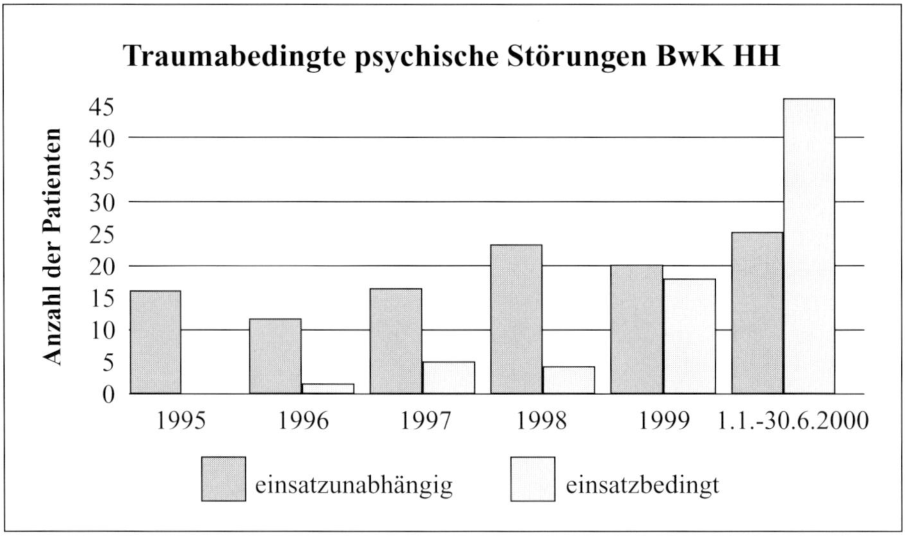

Abbildung 6

Wie aus der Abbildung ersichtlich, steigt die Zahl seit 1996 stetig an. Besonders seit Januar 2000 ist dies fast ausschließlich auf die relativ große Anzahl von KFOR-Soldaten zurückzuführen, die die Erlebnisse und Eindrücke aus ihrem Einsatz nicht mehr verarbeiten konnten.

Dabei handelte es sich in der Mehrzahl um Typ-I-Traumata von Soldaten, bei denen die Konstellation von Ereignis-, Risiko- und Schutzfaktoren (s. Abb.1) günstig war. Entsprechend kurzzeitig waren die notwendige Interventionen (Abb. 7), um zu einer stabilen Distanzierung vom Erlebten zu gelangen. Ganz anders stellt sich das Bild im Fall von schwereren Typ-II-Traumata dar. Ist die Faktorenkonstellation ungünstig, hat sich das Trauma fixiert und wie Ringe im Wasser nach einem Steinwurf im Leben des Betroffenen ausgebreitet, steigt der therapeutische Aufwand erheblich an. Die Therapie kann sich dann nicht auf die Verarbeitung des traumatischen Erlebnisses allein konzentrieren, sondern muss eine Vielzahl von Folgeproblem (z.B. Alkoholmissbrauch, psychosomatische Störungen, soziale Probleme, dienstliche Schwierigkeiten etc.) mitbehandeln.

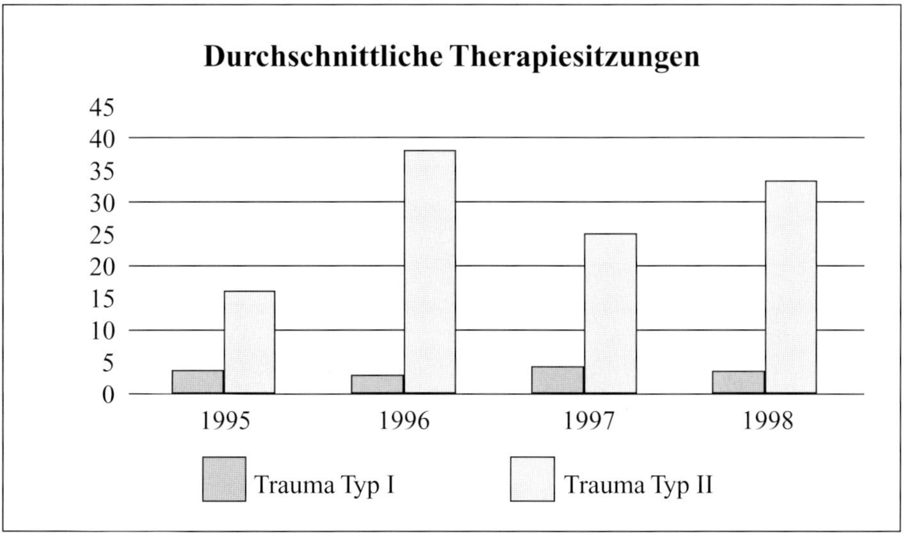

Abbildung 7

Insgesamt sind die Behandlungsergebnisse ermutigend. Die Erfolge, die besonders in der Behandlung von einsatzbedingten Traumen bei Soldaten erzielt wurden, sprechen eindeutig für einen frühen Behandlungsbeginn. Die Aussichten, zu einem Gleichgewicht zurückzufinden, sind groß. Übereinstimmend mit den internationalen Erfahrungen in der Behandlung von PTBS können wir heute feststellen, dass wir sehr viel dazu tun können, zu verhindern, dass Menschen, die wir in belastende Einsätze schicken, auch noch das Risiko einer langfristigen Einschränkung ihrer Lebensqualität durch eine Postraumatische Belastungsstörung tragen.

Literaturliste:

Butollo, W. (1997). Traumatherapie – Die Bewältigung schwerer posttraumatischer Störungen, CIP-Medien, München.

Dilling, H., Mombour, W., Schmidt, M.H. (Hrsg.). (1991). Internationale Klassifikati-

on psychischer Störungen ICD-10 Kapitel V (F) Klinisch-diagnostische Leitlinien. Weltgesundheitsorganisation, Huber, Bern Göttingen Toronto.
Ehlers, A. (1999). Posttraumatische Belastungsstörung, Reihe: Fortschritte der Psychotherapie, Band 8, Hogrefe Göttingen.
Ehlert, U. (1999). Psychobiologische Aspekte der PTBS, Nervenarzt 1999-70: 773-779.
Eßlinger, K. (1998). Traumaexposition zur Traumasynthese, Persönlichkeitsstörungen 1998; 2: 59 – 76.
Fischer, G., Riedesser, P. (1998). Lehrbuch der Psychotraumatologie, UTB (Reinhardt) München *Heuft G., Schneider G.(1997).* Psychotraumatologie - eine lang übersehene fachpsychotherapeutische Aufgabe, psycho 23, 690 - 699.
Hofmann, A. (1999). EMDR in der Therapie psychotraumatischer Belastungssyndrome, Thieme Stuttgart.
Kernberg, O. F. (1999). Persönlichkeitsentwicklung und Trauma, Persönlichkeitsstörungen 1999; 1: 5 - 15.
Kirsch, A. (1999). Trauma und Wirklichkeits(re)konstruktion, Persönlichkeitsstörungen 1999; 1: 45 - 54.
van der Kolk, B.A. , Mc Farlane, A.C., Weisaeth, L. (Hrsg.). (1996). Traumatic stress, Guilford, New York.
Krause, R. (1999). Trauma und Erinnerung, Persönlichkeitsstörungen 1999; 1: 36 – 44.
Kruse, G., Gunkel, S. (1999). Trauma und Konflikt, Reihe:Impulse für die Psychotherapie, Band 4, Hannoversche Ärzte-Verlags-Union, Hannover.
Maercker A. (Hrsg.). (1997). Therapie der posttraumatischen Belastungsstörungen. Springer, Berlin.
Peichl, J. (1997). Psychotherapeutische Techniken bei traumabedingten Störungen – eine Zwischenbilanz, Persönlichkeitsstörungen 1997; 3: 103 – 112.
Reddemann, L., Sachsse, U. (1997). Stabilisierung, Persönlichkeitsstörungen 1997; 3: 113 – 147.
Reddemann, L. (1998). Psychotherapie auf der inneren Bühne, Persönlichkeitsstörungen 1998 ; 2 : 88 - 96.
Sachsse, U., Reddemann, L. (1997). Traumazentrierte Psychotherapie mit Imaginationen, Fundamenta Psychiatrica, 169-178.
Sachsse, U., Reddemann, L. (1998). Traumaexpositionstechniken, Persönlichkeitsstörungen 1998; 2: 77 - 87.
Saigh, Ph. A. (Hrsg.). (1995). Posttraumatische Belastungsstörung. Huber, Bern.
Shapiro, F. (1989). Efficacy of the eye movement desensitization method in the treatment of traumatic memories. Journal of traumatic stress, 2, 2, 199-223.
Shapiro, F. (1989). Eye movement desensitization method: a new treatment for post traumatic stress disorder. Journal of Behaviour Therapy and Experimental Psychiatry. 20, 3, 211-217.
Shay, J. (1998). Achill in Vietnam: Kampftrauma und Persönlichkeitsverlust, Hamburger Edition HIS, Hamburg.

Klaus M. Barre:

Therapie von einsatzbedingten Posttraumatischen Belastungsstörungen: zwei Fallbeispiele

1 Einführung

Die folgenden beiden Fallvignetten sollen den Ablauf von Traumatherapie im Bundeswehrkrankenhaus Hamburg (BwK HH) exemplarisch verdeutlichen.
Im *ersten Fall* handelt es sich um ein "Sekundäres Opfer", d.h., der betroffene Soldat ist Zeuge einer schweren Verwundung (in diesem Fall eines Kindes) geworden. Die seelische Verletzung entsteht hier in dem Spannungsfeld zwischen dem Anblick von Not und Verletzung, einem starken Handlungsimpuls und gleichzeitig erlebter Hilflosigkeit. Obwohl die eigentlich traumatisierende Situation lediglich eine "Sekundenaufnahme" war, entfaltete sie in dem betroffenen Soldaten doch eine erhebliche zerstörerische Kraft, die unbehandelt vermutlich zu einer chronifizierten Störung geführt hätte.
Im *zweiten Fall* wird das Trauma durch eine einsatzbedingte schwere Verwundung mit dauerhaften körperlichen Folgen ausgelöst. In diesem Fall handelt es sich um ein "Primäres Opfer"; zu den schweren körperlichen Schäden treten die seelischen Folgen in Wechselwirkung hinzu. Die Traumatisierung entsteht hier neben dem lebensändernden Verlust der Unversehrtheit durch die Erschütterung des Vertrauens, die Situation (Minensuchen) durch kompetentes Handeln kontrollieren zu können und in der Folge den Verlust des Grundgefühls von Schutz und Sicherheit.

2 Erste Falldarstellung

Der Patient, Stabsunteroffizier, 26 Jahre, wird vorgestellt, weil er nach seiner Rückkehr aus dem SFOR-Einsatz zu Hause mit Weinkrämpfen zusammengebrochen war. Er habe panische Angst geäußert, zur Kaserne zu fahren. Bis dahin war der Patient ein gut motivierter und gut beurteilter Soldat. Außergewöhnliche Vorbelastungen und Erkrankungen ließen sich nicht eruieren. Der Patient befand sich vom April bis August 97 im Einsatz in Bosnien. Dort war er in einer Nachschubeinheit eingesetzt. In seiner Funktion hatte er viel Kontakt zum Feldlazarett.

2.1 Traumatisierendes Ereignis

In der vierten Einsatzwoche habe er den Auftrag gehabt, die Bereitschaftsplanung bei der Notaufnahme abzugeben. Gerade zu diesem Zeitpunkt sei ein Krankenwagen mit hohem Tempo vorgefahren und habe einen kleinen Jungen auf einer Trage liegend gebracht, dem bei einem Minenunfall beide Beine abgerissen worden waren. Dabei kam es zu einer Begegnung, bei der sich der Blick des Kindes mit dem des Soldaten traf. Der Junge habe ihn verzweifelt angeschaut und hilfesuchend beide Hände nach ihm ausgestreckt. Der Junge sei dann durch die "Schleuse" weggetragen worden.

2.2 Erlebnisverarbeitung

Obwohl der Patient in dieser Situation keinerlei helfende Funktion hatte, entwickelte er trotzdem das Gefühl, versagt, den Jungen "im Stich" gelassen zu haben. "Ich hätte irgend etwas tun müssen" war die selbstvorwurfsvolle Haltung, die er daraus entwickelte. Der Patient versuchte in der Folgezeit, sich abzulenken und trank, obwohl er bis dahin kaum Alkohol getrunken hatte, jetzt acht bis zehn Flaschen Bier und eine halbe Flasche Whiskey pro Tag. Um Hilfe vor Ort hatte er sich, aus Angst repatriiert zu werden, nicht bemüht!

2.3 Symptome

Intrusionen: Alpträume und aufdrängende Bilder, besonders in Ruhephasen.
Erhöhte Erregung: Schlafstörungen, Konzentrationsstörungen, Reizbarkeit.
Vermeidung/Rückzug: Schwierigkeiten, in die Kaserne zu fahren (Begegnungen mit militärischen Symbolen), Rückzug und Interessenverlust, Vernachlässigen von Hobbies.
Folgeprobleme: depressive Verstimmungen, Alkoholabusus, Partnerschaftsschwierigkeiten nach der Rückkehr aus dem Einsatz.
Es wurde eine behandlungsbedürftige PTBS diagnostiziert. Dabei bestand große Gefahr, dass die Symptome sich ausweiteten und chronifizierten.

2.4 Therapie

Nach einer vorbereitenden Sitzung –auf Stabilisierungsmaßnahmen konnte in diesem Fall weitgehend verzichtet werden– wurde die Störung in der nächsten Stunde in einer EMDR-Sitzung bearbeitet. Dabei fokussierte der Patient auf die Vorstellung von dem kleinen Jungen und die ausgestreckten Arme. Damit verbunden wurde die negative Vorstellung: "Ich hätte etwas tun müssen. Ich kann es nicht ertragen". Als positive Kognition wurde die Vorstellung gewählt: "Ich kann lernen, es zu ertragen, ich habe getan, was ich konnte".
In der Bearbeitung kam es zu einer deutlichen, gefühlsgeladenen Abreaktion (Weinkrämpfe), der jedoch eine Komplettierung der Erinnerung folgte. Die vor Ort befindliche Hilfe, die dem Kind zuteil wurde, trat in den Vordergrund. Dies war verbunden mit einer Distanzierung seitens des Patienten, die er so ausdrückte: "Das Kind tut mir leid, dass ihm dieses Unglück geschehen ist. Aber ich bin nicht Schuld und ich hätte auch nichts tun können. Es waren viel kompetentere Helfer vor Ort".
Der Patient fühlte sich erleichtert: "Ich fühle mich befreit und kann wieder herzhaft lachen. Wenn ich über das Erlebnis spreche, spüre ich keine belastenden Körpersymptome mehr. Die Bilder sind irgendwie verändert, weiter weg."

In der Impact-of-Event-Scale-R (IES-R, Übersetzung A. Hofmann) ergab sich vor der Behandlung ein Summenwert von 70 Punkten, der nach der Behandlung auf einen Wert von drei Punkten sank.

2.5 Verlauf

In der ambulanten Untersuchung fünf Monate später zeigt sich das Therapieergebnis stabil. Darüberhinaus hat der Patient das Verhältnis zu seiner Verlobten verbessern können und neue Lebensentscheidungen getroffen.
Ein neuer Einsatz war von April bis August 98 geplant. Der Patient fühlte sich weiterhin unbeschwert und symptomfrei. Der Punktwert in der IES-R war inzwischenauf null gesunken Er stand dem neuen Einsatz positiv gegenüber.

3 Zweite Falldarstellung

3.1 Traumatisierendes Ereignis

Hauptmann H., 43 Jahre, Feuerwerker, erlitt 1996 während der IFOR-Mission bei einer Minensuchaktion unter schwierigsten Bedingungen einen Minenunfall, bei dem ein Fuß schwer verletzt und verstümmelt wurde. Die Versorgung der körperlichen Verletzung lief mit Nachoperationen bis Februar 97. 17 Monate nach dem Ereignis öffnet er sich erstmals dem Truppenarzt wegen seiner Schwierigkeiten, das Erlebte zu verarbeiten und mit den Folgen fertig zu werden.
Ein erster Versuch, eine Psychotherapie zu beginnen (Februar 98) schlug fehl, weil der Patient sich bei einer zivilen Kollegin (als) nicht verstanden fühlte. Der ohnehin sehr verschlossene und zur Verdrängung neigende Hauptmann fühlte sich dadurch entmutigt und zog sich noch mehr zurück.
Auf Anregung und Drängen eines Offiziers mit Erfahrungen in Krisenintervention wurde der Patient schließlich im April 99, also ca. *drei Jahre* nach dem Unfall im BwK HH zur Einleitung einer Psychotrauma-Therapie vorgestellt.

3.2 Erlebnisverarbeitung

Der Patient war von der Explosion völlig überrascht worden. Der Gedanke, da nicht lebend rauszukommen, war zunächst dominant. "Warum ich?" war die verzweifelte Frage. Der Gedanke stellte sich ein, versagt zu haben. Scham darüber, "der Erste zu sein, dem so etwas passiert" sei, verstärkt durch die große, als äußerst unangenehm empfundene Aufmerksamkeit ("Kameralinsen, die auf einen gerichtet sind wie Gewehrläufe") kam auf. Der Hauptmann glaubte, seine Kameraden enttäuscht zu haben. Sie hatten einander zugesagt, heil zurück zukommen. Besondere Sorgen machte er sich jedoch darüber, seine Ehefrau belogen zu haben, da er ihr gegenüber die besondere Gefahr seiner Tätigkeit im Einsatz verharmlost hatte. Weiterhin schämte der Patient sich seiner Versehrtheit, fühlte sich deshalb nicht mehr vollwertig. Er machte sich große Sorgen um seine berufliche Zukunft. Mehr und mehr belasteten ihn die psychischen

Symptome, derentwegen er sich auch als Versager fühlte. Er konnte sich nicht vorstellen, dass jemand dafür Verständnis haben könnte.

3.3 Symptome

Wiedererinnern: Ständige aufdrängende Erinnerungen, die insbesondere durch Medienberichte, Filme, Gespräche, ein bestimmtes Lied, ausgelöst werden konnten; Träume stellten sich (bis auf einmal) nicht ein, im Gegenteil berichtete der Patient seine bis dahin lebendigen Träume verloren zu haben (Verdrängung).
Erregungsniveau: Ein- und Durchschlafstörungen, Schweißausbrüche, Zittern, Kältegefühle, Konzentrationsstörungen, Kurzatmigkeit, Unruhe, Reizbarkeit, Schreckhaftigkeit, nicht mehr zuhören können.
Vermeidung/Rückzug: Abwenden, allein sein wollen, Kontaktvermeidung im Dienst und privat, Vermeiden von allem, was an Unfälle, Verletzung etc. erinnern könnte, Meiden von Situationen, wo die Verletzung gesehen werden kann (Gemeinschaftsduschen etc.), allgemeine Lustlosigkeit.
Weitere Folgen: depressive Verstimmungen, Verlust an Gefühlskontrolle, Zukunftsangst.

3.4 Testergebnisse: (ausgewählt)

PTSS 10[1]:	33 Punkte
Beck Depressionsskala:	10 Punkte
Angst-Fragebogebogen:	32 Punkte

3.5 Therapie

Hauptmann H. befand sich im Mai 99 für eine Woche zur stationären Diagnostik und Therapievorbeitung im BwK HH. In dieser Zeit wurden vier Sitzungen durchgeführt. Die eigentliche Therapie erfolgte einen Monat später während eines sechswöchigen stationären Aufenthalts. In dieser Zeit wurden mit dem Patienten 16 Einzelgespräche (z.T. zweistündig) geführt, davon vier EMDR-Sitzungen[2]. Der sehr gefühlsverschlossene, auf Kontrolle bedachte Patient hatte anfangs Mühe, sein Misstrauen in die Beziehung und die Chancen einer Therapie zu überwinden. Er befürchtete, dass alles nur schlimmer werden würde.

2) PTSS 10 – Posttraumatische Stress Skala

3) EMDR - Eye Movement Desensitization and Reprocessing nach Francine Shapiro – siehe den Vorartikel in diesem Buch (Seiten 369 ff)

3.6 Stabilisierung

Der ersten Phase, Vertrauensaufbau und Herstellen von Transparenz über das therapeutische Vorgehen sowie der Psychoedukation, kam größere Bedeutung zu als im ersten Fall. Weiterhin wurden Maßnahmen zur Selbstkontrolle (Entspannung, "Sicherer Ort", "Lichtstrom" und "Distanzierung") eingeführt, um dem Patienten so weit wie möglich ein Gefühl von Kontrolle und Sicherheit zu vermitteln.

3.7 Traumabearbeitung

Es war dann jedoch recht schnell möglich, zur eigentlichen Traumabearbeitung überzugehen. Dabei waren es vier Hauptthemenbereiche, die durchzuarbeiten waren:

- *ereignisbezogen:* "Ich bin in Gefahr"; *Todesangst, Entsetzen.*
- *selbstwertbezogen:* "Ich bin ein Versager" (hätte wissen müssen, wo die Mine liegt, bin der erste Verletzte, habe die Kameraden enttäuscht, verdiene keine Achtung); *Scham, Ärger über sich selbst.*
  "Ich bin nicht mehr vollwertig"; *Scham, Verzweiflung, Zukunftsangst.*
- Verantwortung: „Ich habe meine Frau belogen", "Ich bin meiner Verantwortung gegenüber meiner Familie nicht gerecht geworden"; *Schuld.*
- *auf Andere bezogen:* "Niemand wird mich verstehen"; *Trauer, Wut.*

Während der folgenden EMDR-Sitzungen durchlebte der Patient die traumatische Situation mit hoher Gefühlsbeteiligung in einer "spiralförmigen" Chronologie. Immer wieder kam es zu heftigen und belastenden Affektentladungen. Die Anstrengungen, die eine solche Konfrontation mit sich bringt, ist enorm hoch, da das im Gehirn gespeicherte Erinnerungsmaterial ja alle Qualitäten beinhaltet (Verhalten, Affekt, Körperempfindungen und Kognitionen), die auch in der Durcharbeitung aktualisiert werden.

Wie häufig bei Akuterlebnissen, stieg der Patient über das Ereignis selbst in die Arbeit ein. Zu Beginn der ersten EMDR-Sitzung hört der Patient den *"Knall"* und sieht, wie sein *"Fuß auseinanderfliegt"*. In der nächsten Sequenz sieht er sich selber, wie er *"emporgeschleudert in der Luft hängt"*. Im folgenden erlebt der Patient seinen verzweifelten Versuch, sich schwer verletzt in Sicherheit zu bringen, begleitet von dem panischen Gedanken, auf eine neue Mine zu kriechen. (Zu diesem Zeitpunkt wackelte der Pat. beständig den verletzten Fuß hin und her, was erst aufhört, als er aus der Gefahrenzone ist).

Mit der im Prozess zunehmend fester werdenden Erkenntnis, *"gerettet"* zu sein, wechselt der Patient die Perspektive und beginnt das Gefühl zu bearbeiten, *"ein Versager"* zu sein. Noch in der gleichen Sitzung gelangt er zwar zu einer gewissen Distanzierung von dieser irrationalen Selbsteinstellung: *"Es gibt keine hundertprozentige Quote, wer sowas behauptet, hat keine Ahnung!"*, und er gelangt zu der Selbsteinstellung: *"Ich habe mein Möglichstes getan"*, jedoch zeigt sich später, dass er damit noch nicht zu einer vollständig adaptiven Vorstellung durchgedrungen ist. In der Äußerung *("wer sowas behauptet...")* deutet sich an, dass dieser Standpunkt noch nicht ausreichend die Loslösung des Patienten von der (vermuteten) Meinung anderer beinhaltet, ein Aspekt, der später im Prozess noch Raum einnehmen wird.

In einer weiteren EMDR-Sitzung zur Selbstwertproblematik *("Ich bin ein Versager")* tritt der "Ärger-Affekt" in den Vordergrund. Ausgehend von der Vorstellung, wegen des zerstörten Fußes nicht mehr vollwertig zu sein, meint der Patient wiederum, er *"habe es ja selbst in der Hand gehabt"*. Er beginnt nun, sich über *"seinen Fehler"* zu ärgern. Die erneute Durcharbeitung mit Augenbewegungen nimmt jedoch für den Patienten eine überraschende Wendung: Im langsamen Wiedererinnern dämmert ihm *"sein Fehler"*, der allerdings darin bestand, dass er die besondere Raffinesse, das Täuschungsmanöver des Kontrahenten, des Minenverlegers nicht durchschaut hat. Es kommt zu einer fast bewundernden Erkenntnis, etwa wie ein Schachspieler, dem die besondere Genialität eines Zuges seines Gegners plötzlich klar wird. Diese neue Sichtweise ist charakteristischerweise mit aufkommendem Humor verbunden, der Patient sieht es fast unter sportlichen Gesichtspunkten: (lacht...) *"Eigentlich lernt man nie aus ... Es ist immer nur ein Versuch, sich in die Phantasie des Gegenüber zu versetzen ..."* Die Aussage: *"Ich habe alles getan, was ich konnte"* klingt für ihn jetzt überzeugender, aber eben noch immer mit der Einschränkung, daß andere darüber ganz anders denken könnten.

An diesem Punkt kehrt Hauptmann H. wieder dahin zurück, dass er die Erwartungen der anderen an seine Leistungsfähigkeit als Minensucher nicht erfüllt hat. Er äußert Angst davor zu haben, dass andere ihm einen Fehler vorhalten. Er sieht sich in einer Ecke, wo alle mit Fingern auf ihn zeigen. Er beginnt sich aber jetzt auch verwundert zu fragen, warum ihm die Meinung der anderen so wichtig ist. In diesem Zusammenhang tauchen alte Erinnerungen aus der Schulzeit in der DDR auf, wo er vor der gesamten Schule gemaßregelt worden sei. Der Patient gelangt zu der für ihn neuen Erkenntnis, dass sein Misstrauen auch aus seinen Erfahrungen in der DDR herrührt (er und seine beiden Brüder waren nicht systemkonform, der Patient ist mit 16 Jahren allein durch die Minenfelder(!) aus der DDR geflüchtet), aber auch eng mit seinem Beruf als Feuerwerker verknüpft ist (Berufskrankheit). Er äußert den Wunsch, besser differenzieren zu wollen: *"Ich möchte das trennen, ich habe das Gefühl, ich baue mir mein Misstrauen selbst auf, ich interpretiere da zuviel hinein"*.

In der Folge bearbeitet der Patient übergeneralisierte, perfektionistische Grundhaltungen wie: *"Ich muss fehlerfrei, perfekt sein"*. Er äußert, dass er glaube, mit sich zu streng und zu kritisch zu sein, die Messlatte immer zu hoch zu hängen und dass dies durchaus nicht der Blickwinkel sein müsse, aus dem andere auf ihn schauten.

In einer letzten EMDR-Sitzung, in der er noch einmal den zerstörten Fuß und seine Tendenz, diesen aus Scham zu verstecken, thematisiert *("Ich bin minderwertig", "ich kann nicht dazu stehen!")* wird dem Patienten deutlich, dass er es leid ist, dass seine Verletzung viel Aufmerksamkeit auf ihn lenkt: *"Ich stand noch nie gern im Mittelpunkt"*. Er dringt jedoch auch zu der Erkenntnis vor, dass sein Versuch, seinen Makel zu verstecken, das Interesse der anderen noch mehr weckt. Er beschließt daher, offensiver, allgemein etwas mutiger aufzutreten, mehr von sich zu äußern, sich zu zeigen, dieses aber auch mit einer gewachsenen Bereitschaft zu verbinden, "Nein" zu sagen,

seine Grenzen zu verteidigen. Weit über den engen Erfahrungskreis des Traumas hinaus bewegt der Patient also einengende, dysfunktionale Selbstkonzepte, die sein Denken und Handeln schon lange gesteuert haben.
Der Patient beendete die Traumaexposition mit dem Gefühl, *"aus einem Loch gekommen zu sein"*, er gab an, sich rundum wohl zu fühlen, körperlich und seelisch. Das Ereignis sei in weite Ferne gerückt.

3.8 Traumaintegration

Für die Zeit nach der Entlassung aus dem Krankenhaus nahm der Patient sich vor, seine neu gewonnenen Erkenntnisse im privaten und dienstlichen Umfeld umzusetzen. Eine erste Gelegenheit wollte er auf einem Lehrgang mit Feuerwerkern nutzen. Er wollte seine Verletzung nicht mehr verstecken und mit den Kameraden offen über seine Einsatzerfahrungen sprechen, eventuell einen Vortrag über sein Trauma und die Überwindung halten. Er nahm sich vor, seine Frau mehr an dem zu beteiligen, was ihn (besonders seit dem Trauma) innerlich bewegte. Dienstlich entwickelte er Pläne für seine weitere Verwendung (auch bei Auslandseinsätzen), besonders aber über seine Integration in sein dienstlichen Umfeld. Speziell nahm er sich vor, sich nicht mehr zu verschanzen und am sozialen Leben wieder aktiver teilzunehmen.

3.9 Verlauf

Zwei Monate nach Beendigung der Therapie äußerte der Patient sich weiterhin sehr zufrieden mit seinem Erfolg. So habe er seine Ziele auf dem Lehrgang ausnahmslos umsetzen können. Es gäbe kein "Versteckspiel" mehr. Besonders überraschte ihn, dass durch die neu gewonnene Offenheit im Umgang mit seinem Erlebnis die Neugier der Umgebung sehr rasch abebbte und man ihn viel "normaler" behandelt habe als vorher. Während einer stationären Nachuntersuchung nach einem Jahr zeigten sich die Erfolge weiterhin stabil. Kleinere "Rückfälle", z.B. nach einer abschlägig beschiedenen Bewerbung für einen erneuten Auslandseinsatz, "ohne dass man mit mir Rücksprache gehalten hat", habe er schnell auffangen können. Eine Bekannte habe es treffend ausgedrückt: "Sie haben sich völlig verändert ... offener ... früher waren Sie so verschlossen, jetzt sind Sie viel freier ...".

3.10 Nachtestung

PTSS 10:	5 Punkte
IES-R:	2 Punkte
Beck-Depressionsskala:	1 Punkt
Angst-Fragebogen:	5 Punkte

Wie im Vergleich zur Vortestung gut zu sehen ist, schlägt sich der Therapieerfolg auch sehr deutlich in den Ergebnissen der Nachtestung nach einem Jahr nieder.

3.11 Nachtrag

Der Patient selbst fasste seine Erfahrung in der Rückschau so zusammen:
"Wenn man es nicht schafft, aus dem Teufelskreis des Traumas mit seinen Phasen von Überflutung und Rückzug herauszukommen, verliert man den Kontakt zur Außenwelt und fängt an, die eigene Person, das eigene Schicksal immer negativer zu sehen! Ich bin der Überzeugung, dass ich es geschafft habe, mich daraus befreien konnte!"

Alexander Thomas:

Informationsleitsystem zur Gewinnung und Verwendung kulturspezifischer Informationen

1 Einleitung

Eine 3000 Jahre alte chinesische Spruchweisheit besagt: "Wer den Gegner und sich selbst gut kennt, kann in 1000 Schlachten siegreich sein".

Diese Weisheit stammt zweifelsohne aus dem militärischen Bereich und leuchtet jedem sofort ein. Auf die Vorbereitung und Qualifizierung der Bundeswehr zur Bewältigung der sich ihr mit der Teilnahme an Friedenseinsätzen einerseits und der immer weiter zunehmenden internationalen militärischen Verpflichtung (z.B. neuerdings durch die erforderliche Zusammenarbeit mit Verbänden aus Mittel- und Osteuropa) angewandt ergeben sich daraus zwei unterschiedliche Konsequenzen:

1. Bewusstwerden und Sensibilisieren für die spezifischen eigenen nationalkulturellen und organisationskulturellen Besonderheiten der Bundeswehr im Vergleich zu Verbänden aus anderen Nationen/Kulturen.
2. Sammeln, Analysieren und Bewerten von Kenntnissen über nationalkultur-spezifische und organisationskultur-spezifische Merkmale militärischer Verbände aus anderen Nationen/Kulturen.

Man könnte deshalb diese chinesische Spruchweisheit für die Bundeswehr abwandeln in: "Wer die kulturspezifischen Orientierungssysteme der verbündeten fremdkulturellen Partner sowie der Partner und Gegner im Einsatzland einerseits und sein eigenes nationalkulturelles Orientierungssystem und die Organisationskultur der Bundeswehr andererseits gut kennt, kann in 1000 Friedenseinsätzen erfolgreich sein"[1].

Wie die Fach- und Führungskräfte der Bundeswehr sich für die kulturspezifischen Anforderungen sensibilisieren und für den Umgang mit ihnen qualifizieren können, wurde im Rahmen eines vom Bundesministerium für Verteidigung in Auftrag gegebenen Forschungsprojekts zum Thema "Interkulturelle Kompetenz in der Bundeswehr" erforscht (s. den Artikel von Thomas in diesem Buch Seiten 146 ff). Berücksichtigt wurden bei diesen Untersuchungen neben den langjährigen Erfahrungen von Militärexperten aus befreundeten Nationen sowie Erkenntnissen aus der Fachliteratur die in den letzten Jahren während der UN- und NATO-Einsätze von Fach- und Führungskräften der Bundeswehr gesammelten Erfahrungen (Thomas, Kammhuber und Layes, 1997). Auf diesen Grundlagen wurde ein Trainingsprogramm zur Qualifizierung des Führungspersonals der Bundeswehr entwickelt (Thomas, Layes und Kammhuber,

1) Vergleiche hierzu Bild 23 im Fototeil

1998). Nachdem einige Modelltrainings durchgeführt worden waren, wurde die Lernwirksamkeit dieser Trainings untersucht (Thomas und Lulay, 1999). Die internationale Forschung zur Frage, mit welchen Methoden und Verfahren eine Sensibilisierung für die Handlungswirksamkeit kulturspezifischer Orientierungssysteme aufgebaut werden kann und wie eine effektive interkulturelle Kompetenz, d.h. ein kulturadäquater Umgang mit Personen aus fremden Nationen und Kulturen, entwickelt werden kann, zeigt, dass im wesentlichen zwei aufeinander aufbauende Trainingsverfahren zum Einsatz kommen sollen:

1. Kulturallgemeines Sensibilisierungs- und Orientierungstraining:

In einem solchen Training sollen grundlegende Kenntnisse über die Bedeutung kultureller Unterschiede, die Wirksamkeit kulturspezifischer Orientierungssysteme, die aus dem Zusammentreffen unterschiedlicher kultureller Orientierungssysteme entstehenden Konflikte und Missverständnisse sowie Möglichkeiten der produktiven Verarbeitung solcher Konflikte gelernt und entsprechende Fertigkeiten entwickelt werden.

2. Kulturspezifisches Orientierungstraining:

Bei diesem Training geht es darum, sich das erforderliche geistige Rüstzeug zum Umgang mit Menschen aus einer spezifischen Kultur anzueignen, ein Verständnis für das kulturspezifische Orientierungssystem des zukünftigen Partners im Einsatzland aufzubauen und Qualifikationen zu erwerben, mit diesen Unterschieden so umgehen zu können, dass keine Eskalation möglicher Konfliktlagen entsteht, sondern Formen der Deeskalation verfügbar und kompetent eingesetzt werden können.

Ein kulturallgemeines Sensibilisierungs- und Orientierungstraining lässt sich pädagogisch und didaktisch professionell vorbereitet und durchgeführt durchaus mit Materialien bestreiten, die aus der vorliegenden Literatur zur interkulturellen Forschung gewonnen werden. Demgegenüber bedarf die Konzipierung eines interkulturellen Orientierungstrainings für ein spezifisches Einsatzland einer sehr viel aufwendigeren und spezifischeren Vorarbeit. Für ein solches Training sind in der Regel fünf bis zehn Jahre alte oder noch ältere Forschungsergebnisse über die politische, wirtschaftliche, gesellschaftliche, militärische und internationale Lage des Einsatzlandes und seiner Bewohner ungeeignet. Gerade weil ein friedenserhaltender Einsatz internationaler Verbände notwendig wird, haben sich in der Regel die wirtschaftliche, innen- und außenpolitische und die gesellschaftliche Situation stark verändert, Konflikte haben sich verschärft, neue Konflikte sind entstanden, z.B. durch ethnische und Stammesrivalitäten bedingte kriegerische Auseinandersetzungen, so dass ein Training, das nur auf kulturhistorischem, älterem Informationsmaterial beruht, für den Einsatz der Bundeswehr keine ausreichende Aktualität und keine ausreichende Relevanz besitzt.

Hinzu kommt der erhebliche Zeitdruck, unter dem die Vorbereitung der Bundeswehr auf einen friedenserhaltenden Einsatz normalerweise steht. Von der politischen Entscheidung, sich an einem internationalen Friedenseinsatz zu beteiligen, bis hin zum Abflug der ersten Bundeswehrsoldaten verbleiben normalerweise nicht mehr als acht bis zehn Wochen, in denen neben der Bereitstellung der Logistik und vielen anderen

mit der Reise verbundenen Details allenfalls ein kurzes, aber eben sehr präzises und spezifisches interkulturelles Training eingebaut werden kann. Bei einem solchen Training kann es nicht mehr darum gehen, grundlegend für interkulturelle Fragestellungen zu sensibilisieren und erst einmal ein Bewusstsein für die kulturell bedingten Problemstellungen im Einsatzland zu schaffen. Dieses Hintergrundwissen bzw. diese Sensibilität und grundlegende interkulturelle Handlungskompetenz müssen beim Fach- und Führungspersonal bereits vorhanden sein.
Im Anschluss daran lässt sich dann ein sehr spezifisches, auf die jeweilige Nationalkultur zugeschnittenes und –das ist mindestens genauso bedeutsam– den jeweiligen Einsatzauftrag berücksichtigendes interkulturelles Crash-Training aufbauen. Im folgenden wird ein Informationsleitsystem vorgestellt, mit dem es möglich ist, die für ein solches Training erforderlichen aktuellen, kulturspezifischen und einsatzauftragsspezifischen Informationen in kürzester Zeit zu sammeln, zu verdichten und in das Crash-Training einzubeziehen.

2 Informationsleitsystem zur kulturspezifischen Vorbereitung

2.1 Zielsetzung und allgemeine Vorgehensweise

Ausgangspunkt ist die Tatsache, dass die Bundeswehr sich an einem internationalen Friedenseinsatz in einer Kultur beteiligt, mit der bisher noch keine oder wenige Erfahrungen gemacht wurden und über die daher keine ausreichend genauen und aktuellen kulturspezifischen Informationen vorliegen. Es wird weiterhin davon ausgegangen, dass die Bundeswehr vor allem aus folgenden Gründen ein Interesse daran hat, über diese Zielkultur spezifische Informationen zu gewinnen:

1. Der Auslandseinsatz soll so vorbereitet, begleitet und nachbereitet werden, dass die beteiligten Soldaten angemessene Erwartungen über Kulturstandards in der jeweiligen Zielkultur aufbauen können, mit Angehörigen der Zielkultur im Sinne ihres Auftrages kulturadäquat interagieren können und Kulturschockphänomene weitestgehend gedämpft werden.
2. Diese Informationen sollen als kulturspezifischer Baustein in die kulturallgemeine Trainingskonzeption einfließen, so dass diese im Sinne einer dynamischen Datenbasis permanent erweitert, verbessert und aktualisiert wird.

Der letztgenannte Punkt deutet an, dass zudem vorausgesetzt wird, dass die im Rahmen des Forschungsprojektes "Psychologische Faktoren im Zusammenhang mit der Auswahl und der Ausbildung von Soldaten für internationale Einsätze" an der Universität Regensburg entwickelte interkulturelle Trainingskonzeption, wie sie auf der CD-ROM "Train the Intercultural Trainer" vorliegt, bekannt ist und als Grundlage verwendet wird.
Aus der Zielsetzung folgt, dass die meiste Arbeit in diesem Zusammenhang bereits vor dem eigentlichen Auslandseinsatz erfolgen muss. Es bleibt also in aller Regel nur wenig Zeit für den Abruf bzw. die Erhebung der entsprechenden Informationen. Deshalb wurde bei der Entwicklung des Informationsleitsystems vor allem darauf geachtet, ei-

ne zeitlich möglichst effiziente Methode vorzustellen. Daraus folgen zwei Grundsätze, die für das gesamte Informationsleitsystem gelten:

1. Soviel Abruf bereits vorhandener Information wie möglich, soviel Erhebung neuer Information wie nötig!
2. Soviel Erhebung von Information von Deutschland aus wie möglich, soviel Erhebung von Information in der Zielkultur wie nötig!

Mit dem Abruf bzw. der Erhebung von Informationen vor dem Einsatz enden allerdings noch nicht die Einsatzmöglichkeiten eines solchen Informationsleitsystems. Nimmt man das Konzept der dynamischen Datenbasis (s.o.) ernst, dann müssen auch während und nach dem Einsatz noch Informationen erhoben werden, was allerdings insofern weniger aufwendig ist, als hierbei analog vorgegangen werden kann.

2.2 Vor dem Einsatz

In einer ersten Phase muss geprüft werden, welche relevanten Informationen über die jeweilige Zielkultur bereits vorhanden sind und somit direkt abgerufen werden können. Eine solche Informationssuche kann sich vor allem der folgenden vier Quellen bedienen:

- *Informationsquellen der Bundeswehr:* Für die Bundeswehr ist es naheliegend, zunächst die internen Informationsquellen auszuschöpfen.
- *Bibliotheken:* Staats- und Universitätsbibliotheken stellen ebenfalls eine Vielzahl von Informationen über andere Länder bereit. Beachtenswert sind hierbei vor allem Publikationen in den Bereichen Psychologie, Ethnologie und Wirtschaftswissenschaften sowie Reiseliteratur aus den jeweiligen Regionen.
- *Interkulturelle Psychologie:* Relevante Publikationen in diesem Bereich sind vor allem „Intercultural Sensitizers", die inzwischen von über zehn Kulturen existieren (vgl. Albert, 1983; Thomas, 1996), oder auch Publikationen wie die von Moran und Stripp (1991), in denen in Bezug auf ein bestimmtes Thema (hier: Verhandlungen) verschiedene Kulturen vergleichend dargestellt werden.
- *Ethnologie:* Ethnologische Literatur existiert mittlerweile über praktisch alle Kulturen der Welt. Bei der Sichtung ethnologischer Literatur für den vorliegenden Zusammenhang ist allerdings zu bedenken, dass ethnologische Studien äußerst detailliert sind und sich daher meist auf sehr kleine Regionen oder einzelne Volksgruppen beziehen.
- *Wirtschaftswissenschaften:* Bei der Sichtung von Literatur aus dem Bereich der Wirtschaftswissenschaften sind vor allem zwei Dinge zu beachten: Zum einen sind die Informationen in aller Regel auf das Handlungsfeld eines Wirtschaftsmanagers begrenzt, und zum anderen werden diese Informationen zum Teil recht populärwissenschaftlich und rezeptartig vermittelt.
- *Reiseführer:* Gute Reiseführer bieten neben den klassischen Touristeninformationen oft auch kulturelle Hintergrundinformationen an, die durchaus relevant sein können.

2.3 Organisationen und Institutionen

Zahlreiche wirtschaftliche, politische, kirchliche usw. Organisationen und Institutionen in Deutschland stehen zum Teil schon recht lange mit anderen Kulturen in Kontakt und haben ihre interkulturellen Erfahrungen zum Teil in systematischer Weise dokumentiert. Viele dieser Informationen sind auch für die Bundeswehr von hoher Relevanz und potenziell auch abrufbar. An folgende Organisationen und Institutionen ist hierbei vor allem zu denken:

- *Bundeszentrale für politische Bildung (BpB):* Die BpB gibt vierteljährlich ein Heft "Informationen zur politischen Bildung" heraus, in dem kompetente Autoren Informationen zur Geschichte, Gesellschaftsstruktur, Politik und Wirtschaft eines bestimmten Landes bzw. einer bestimmten Region darstellen.
- *Deutsche Botschaften:* Alle Deutschen Botschaften im Ausland besitzen sowohl Informationen über das jeweilige Land als auch Personal, das in diesem Land lebt und somit potenziell im Rahmen von Interviews (s.u.) befragt werden kann. Vor dem Hintergrund von Auslandseinsätzen der Bundeswehr liegt es dabei nahe, den Militärattaché und das Botschaftspersonal nach ihren interkulturellen Erfahrungen in der Zielkultur zu befragen.
- *Institutionen für Entwicklungszusammenarbeit:* Die zahlreichen deutschen Institutionen für Entwicklungszusammenarbeit verfügen durch ihre langjährige Arbeit über umfangreiche Ländermaterialien, in denen durchaus auch interkulturell relevante Informationen enthalten sind.
- *Wirtschaftsunternehmen:* Besonders deutsche Großunternehmen besitzen Vertretungen in vielen Ländern der Erde. Diese entsenden in der Regel deutsche Auslandsmitarbeiter (sog. „Expatriats") für mehrere Jahre in das jeweilige Land, wo diese dann intensive berufliche und private Erfahrungen mit Personen aus der Zielkultur machen. Für Bundeswehreinsätze sind diese interkulturellen Erfahrungen äußerst relevant. Diese werden allerdings in der Regel nicht systematisch dokumentiert, so dass sie im Rahmen von Interviews mit Schlüsselpersonen (s.u.) erhoben werden müssen.
- *Politische Stiftungen, Kultur- und Ausbildungsinstitutionen:* Ähnlich wie Wirtschaftsunternehmen entsenden auch politische Stiftungen, Kultur- und Ausbildungsinstitutionen Mitarbeiter für mehrere Jahre in ein bestimmtes Land, wodurch auch diese zu Trägern äußerst relevanter interkultureller Informationen werden. Die Erfahrungen dieser Auslandsmitarbeiter sind in diesen Institutionen sogar häufiger als bei Wirtschaftsunternehmen in Form von Mitarbeiterberichten dokumentiert.
- *Internet:* Die meisten der oben erwähnten Organisationen und Institutionen sind im Internet präsent, so dass zahlreiche weiterführende Informationen recht komfortabel über dieses Medium abgerufen werden können.
- *Erhebung neuer Informationen:* Wenn auch teilweise bereits auf dokumentierte Informationen zurückgegriffen werden kann, so zeigt doch die Praxis, dass viele dieser Informationen gerade für die Vorbereitung von Soldaten auf internationale Einsätze wenig relevant sind. Es müssen deshalb weitere, besonders aktuelle und das spe-

zifische Interesse der Bundeswehr treffende Informationen mit Hilfe von Einzel- und Gruppeninterviews neu erhoben werden. Diese Vorgehensweise besitzt vor allem zwei große Vorteile: Zum einen können dabei die interessierenden Informationen ganz gezielt erfragt werden, und zum anderen kann so gewährleistet werden, dass sich die jeweiligen Informationen auf dem aktuellen Stand befinden. Das ist insofern wichtig, als Kulturen dynamische soziale Systeme sind, die sich natürlich auch verändern.
- *Entwicklung eines Interviewleitfadens:* Zur Erhebung authentischer Aussagen über Kognitionen, Emotionen und Aktionen in kulturellen Überschneidungssituationen bietet sich eine problemzentrierte Interviewtechnik an.

2.4 Akquise von Interviewpartnern in Deutschland und der Zielkultur

Zur umfassenden Vorbereitung der Soldaten sind nicht nur Informationen über die Zielkultur aus deutscher Sicht notwendig, sondern auch Informationen darüber, wie Deutsche von Angehörigen der Zielkultur wahrgenommen werden. Daher müssen als Interviewpartner sowohl Deutsche als auch Personen aus der Zielkultur akquiriert werden.

Da für diese Interviews in der Regel sehr wenig Zeit zur Verfügung stehen wird, können insgesamt nur wenige Personen interviewt werden. Deshalb sollten die Interviewpartner in ihrem jeweiligen Handlungsbereich über möglichst viele relevante Informationen verfügen und müssen somit sehr sorgfältig ausgewählt werden. In Anlehnung an ein Konzept von Schofield (1964) kann man sagen, dass die auszuwählenden Interviewpartner folgenden fünf Eigenschaften genügen sollten:
- Sie sollten bereits *lange* Interaktionserfahrungen mit Personen aus der jeweils anderen Kultur besitzen.
- Diese Interaktionserfahrungen sollten *intensiv* sein.
- Sie sollten in der Lage sein, ihre Erfahrungen im Rahmen eines Interviews gut *verbalisieren* zu können.
- Sie sollten in der Lage sein, ihre Erfahrungen gut *reflektieren* zu können.
- Sie sollten über *viele soziale Kontakte* zu Personen aus der jeweils anderen Kultur verfügen.

Aus der Analyse der im o.g. Forschungsprojekt identifizierten Situationsklassen ergeben sich die folgenden Berufs- und Handlungsfelder, aus denen die Interviewpartner akquiriert werden sollten. Es sind dies:
- Diplomatie,
- Management,
- Entwicklungsarbeit,
- Religion/Kirche,
- Medizin,
- Presse,
- Erziehung/Schule.

Von diesen Personen sind relevante Informationen besonders in den in Abbildung 1 aufgeführten Bereichen zu erwarten:

Diplomatie:	- Repräsentation - Nationale Symbole - Gesellschafts-struktur - Selbst-/Fremdbilder	**Religion / Kirche:**	- Bedeutung von Religion - Religiöse Symbole und Rituale - Projektarbeit
Management:	- Umgang mit Angestellten - Verhandlungs-führung - Projektarbeit - Administration	**Medizin:**	- Arzt-Patienten-Verhältnis - Vorstellungen von Körper, Krankheit und Tod
Entwicklungs-arbeit:	- Projektarbeit - Administration - Verhandlungs-führung - Selbst-/Fremdbilder - Verhältnis verschiedener Ethnien	**Presse:**	- Rolle von Presse - Öffentlichkeitsarbeit
		Erziehung / Schule:	- Geschlechterrollen - Konfliktregulation - Lehrer-/Schüler verhältnisse

Abbildung 1: Informationen aus spezifischen Berufs- und Handlungsfeldern

- *Durchführung der Interviews anhand des Leitfadens:* Da einige relevante Interviewpartner in der Zielkultur selbst leben werden, ist es unvermeidlich, dass zur Interviewdurchführung eine Reise in die Zielkultur stattfinden muss. Da dies eine recht aufwendige Maßnahme darstellt, muss dabei der eingangs erwähnte Grundsatz berücksichtigt werden.
- *Aufnahme von Interviews:* Nicht jeder Interviewpartner wird bereit sein, das Gespräch auf Band aufnehmen zu lassen, um damit eine optimale Weiterverwendung zu gewährleisten. In solchen Fällen sollte auf eine Aufnahme auch nicht insistiert werden, sondern von anderen Möglichkeiten der Speicherung (z.B. schriftliche Protokollierung während oder nach dem Interview) Gebrauch gemacht werden.
- *Äußerung kritischer Bemerkungen:* In einigen Kulturen ist es unhöflich, einem Gesprächspartner gegenüber kritische Bemerkungen über dessen oder das eigene Herkunftsland frei zu äußern. Man sollte sich daher darauf einstellen, dass solche Gespräche nach unseren Maßstäben relativ beschönigend und unkonkret verlaufen können.

- *Einzel- vs. Gruppensituation:* In einigen kollektivistischen Kulturen können Einzelinterviews als etwas Bedrohliches empfunden werden. In solchen Fällen sollte daher die Möglichkeit von Gruppeninterviews geprüft werden.
- *Konzeption eines Vorbereitungstrainings:* Mit Hilfe der beschriebenen Vorgehensweise wird man eine ganze Reihe kulturspezifischer Informationen gewinnen. Um sie im Hinblick auf ihre Relevanz und Bedeutsamkeit so strukturieren zu können, dass sie für ein vorbereitendes Training geeignet sind, sollten Experten hinzugezogen werden, die Erfahrungen mit wissenschaftlichen Analysen der jeweiligen Kultur besitzen.
- *Akquise von Experten zur Beurteilung aller Informationen:* Für die zu akquirierenden wissenschaftlichen Experten müssen die oben genannten Voraussetzungen in besonderem Maße zutreffen. Darüber hinaus wäre von Ihnen zu fordern, dass sie sowohl Deutsch als auch die Sprache der Zielkultur beherrschen und intime Kenner dieser beiden Kulturen sind. Besonders effektiv ist es, direkt mit einem Experten aus der Zielkultur zusammenzuarbeiten.

Die erste Anlaufstelle zum Auffinden solcher Personen sind ebenfalls Universitäten, und hierbei vor allem Psychologische Institute mit interkultureller Forschung bzw. Ethnologische Institute mit regionenspezifischer Ausrichtung.

2.5 Validierung der gewonnenen Informationen mit Hilfe von Experten

Diese Phase verfolgt im wesentlichen zwei Ziele:

1. Diejenigen Informationen herauszufiltern, bei denen es sich nach Auffassung der Experten um aktuelle psychologisch relevante Spezifika dieser Kultur handelt, die für das tägliche Handeln eine Rolle spielen.
2. Diese Informationen mit bekannten Konzepten zur Beschreibung einer Kultur in Zusammenhang zu bringen und somit zu strukturieren.

Um das Gespräch mit den Experten vorzubereiten, müssen zunächst die geführten Interviews ausgewertet werden. Dazu werden alle kulturdivergenten Bemerkungen und kritischen Interaktionssituationen aus den Interviewtranskripten herausgefiltert, sprachlich geglättet und mit Hilfe der bekannten Kulturdimensionen[2] einer ersten groben Sortierung unterzogen. Dieses Material kann nun den Experten mit der Bitte vorgelegt werden, es daraufhin zu prüfen, inwieweit die jeweiligen Aussagen kulturrelevante Informationen enthalten. Für das Auswertungsgespräch mit Experten können folgende Hauptfragen leitend sein:

- Inwiefern sind solche Verhaltensformen "typisch" für die jeweilige Zielkultur?
- In welchen Handlungsbereichen ist mit solchen Verhaltensformen zu rechnen?
- Welche Denkkonzepte stehen hinter solchen Verhaltensformen?

2) Vergleiche hierzu die Artikel von Thomas (Seiten 146 ff) und Evers (Seiten 161 ff) in diesem Buch

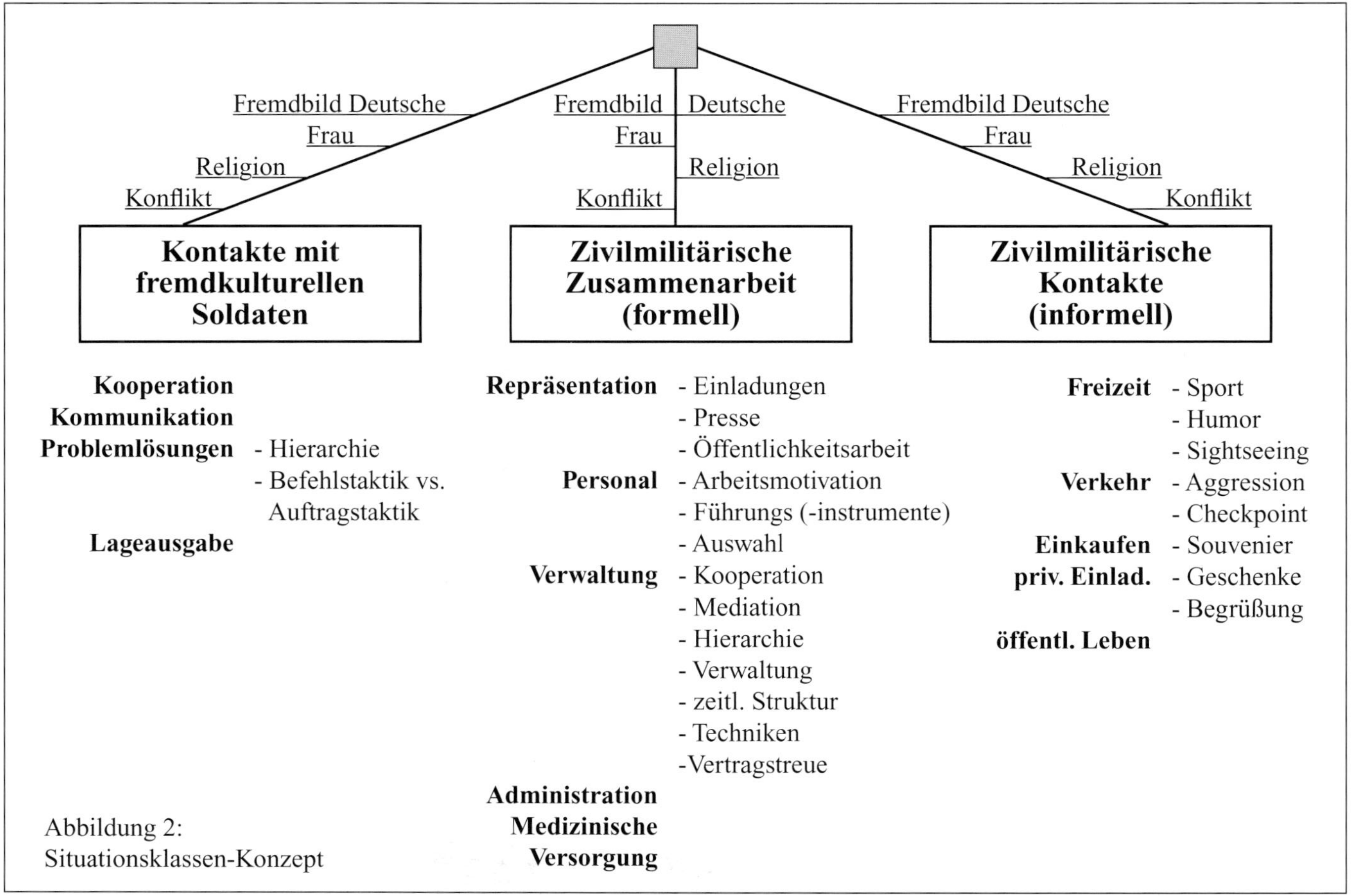

Abbildung 2:
Situationsklassen-Konzept

- Existieren intrakulturelle Unterschiede bezüglicher solcher Verhaltensformen?
- Welche Handlungsmöglichkeiten bestehen gegenüber solchen Verhaltensformen?

Anhand solcher Leitfragen ist es nun Aufgabe des Kulturexperten, im Gespräch mit dem Psychologen die vorhandenen Informationen zu sichten und zu bewerten. Gleichzeitig ist es dabei Aufgabe des Psychologen, die evaluativen Aussagen des Kulturexperten im Zusammenhang mit dem in Abbildung 2 dargestellten Situationsklassen-Konzept so zu vernetzen, dass sich ein kohärentes Bild der jeweiligen Kultur ergibt, das in die Trainingsstruktur integriert werden kann.

Zur *Integration* der validierten *Informationen in die Trainingsstruktur* muss im wesentlichen folgendes geleistet werden:

- *Weiterverarbeitung der erhobenen kritischen Interaktionssituationen:* Zunächst muss entschieden werden, welche der als "typisch" erachteten kritischen Interaktionssituationen eine genügend hohe Lernwirksamkeit haben, um im Sinne eines kulturspezifischen Intercultural Sensitizers weiterverarbeitet werden zu können. Eine Vorlage hierfür bietet der General Intercultural Sensitizer[3]. Dort wird ersichtlich, dass zu jeder Situation Erklärungsalternativen, Erläuterungen zu den Erklärungsalternativen, Handlungsalternativen und Handlungskonsequenzen entwickelt werden müssen, was nur in enger Zusammenarbeit mit Experten der jeweiligen Kultur geschehen kann.
- *Generierung von Kulturstandards:* Als Ergebnis einer Expertenvalidierung der kritischen Interaktionssituationen sollte es auch möglich sein, die jeweilige Zielkultur aus deutscher Perspektive auf verschiedenen Kulturdimensionen zu verorten bzw. einige ihrer Kulturstandards aus deutscher Sicht zu generieren. Diese Kulturstandards müssen dann beschrieben werden. Bei der Beschreibung eines Kulturstandards sollte vor allem deutlich werden,
  - auf welchen Denkkonzepten der jeweilige Kulturstandard beruht,
  - wie bedeutsam er für die Angehörigen der Zielkultur ist,
  - in welchen Lebensbereichen er eine Rolle spielt,
  - welche Vor- und Nachteile er für die Lebensbewältigung besitzt und wie er sich bei Interaktionen mit Deutschen auswirken könnte.
- *Kulturspezifische Adaptation von Übungen:* Das so gewonnene aktualisierte Wissen über die Zielkultur ermöglicht es, vorhandene Übungen so zu modifizieren, dass sie speziell für die Vorbereitung auf die Zielkultur geeignet sind. Anleitungen für diese kulturspezifische Adaption von Übungen finden sich ebenfalls auf CD-ROM im Anschluss an die jeweiligen Übungen.
- *Erstellung von Folien:* Alle Folien, die auf der CD-ROM enthalten sind, eignen sich auch für den Einsatz in einem kulturspezifischen Training; vor allem auch die Folien, mit Hilfe derer sich einige Kulturen zur deutschen Kultur kontrastieren lassen. Darüber hinaus ist es aber auch hilfreich, bestimmte spezifische Informationen über die Zielkultur auf Folie darzustellen. Zum einen können dadurch be-

3) Vergleiche hierzu den Artikel von Evers in diesem Buch (Seiten 161 ff)

stimmte Erkenntnisse, die durch die Bearbeitung der kritischen Interaktionssituationen gewonnen wurden, noch einmal grafisch veranschaulicht und somit vertieft werden, und zum anderen können auch noch weitere Informationen vermittelt werden.

2.6 Während und nach dem Einsatz

Auch in einem umfassenden Vorbereitungstraining kann nicht auf alle Situationen vorbereitet werden, die während eines Auslandseinsatzes potenziell denkbar sind. Daher ist es wichtig, auch während eines solchen Einsatzes begleitende Maßnahmen und nach dem Einsatz die Möglichkeit zur Nachbereitung gemachter Erfahrung anzubieten. Während solcher Maßnahmen sprechen die Soldaten mit einem interkulturell geschulten Truppenpsychologen über ihre Erfahrungen im Einsatzland. Die hier geschilderten Situationen können anonym gesammelt und in der oben beschriebenen Weise analysiert und in das Trainingsmaterial integriert werden.

3 Ausblick

Das hier dargestellte und probeweise getestete kulturspezifische Informationsleitsystem ist keine Checkliste, die im Ernstfall einfach nur abzuarbeiten ist. Die Anwendung dieses Systems bedarf der in den folgenden thesenartigen Anmerkungen dargelegten fachspezifischen Kompetenz und einer sachgerechten organisatorischen Infrastruktur.

1. Datenerhebung, Datenanalyse und trainingsspezifische Aufbereitung können nur durch eine Fachkraft erarbeitet werden, die sich mit internationalen Friedenseinsätzen und deren spezifischen Anforderungen gut auskennt, sich in die interkulturelle Thematik eingearbeitet hat und über interkulturelle Kompetenz verfügt.
2. Datenerhebung, Datenauswertung, Trainingsentwicklung und Trainingsdurchführung sollten nach Möglichkeit in einer Hand liegen, damit Brüche zwischen der Datenerhebung und ihrer Umsetzung in Trainings vermieden werden und gesonderte train-the-trainer-Ausbildungen entbehrlich sind, weil dazu meist die Zeit fehlt.
3. Die Datenerhebung, Datenauswertung und das Crash-Training müssen immer in enger Kooperation mit einem für die interkulturelle Thematik sensiblen und versierten Vertreter der Kultur des Einsatzlandes erfolgen. Die durch das Informationsleitsystem gewonnenen kulturspezifischen Einzelinformationen bedürfen der Gewichtung und Bewertung, wozu der Sachverstand des ausländischen Partners unbedingt erforderlich ist, um "blinde Flecke" im Erkennen der Bedeutung kulturbedingter Charakteristika zu vermeiden.
4. Erhebung und Analyse des Datenmaterials müssen immer mit Blick auf den mit dem Friedenseinsatz der Bundeswehr festgelegten Einsatzauftrag erfolgen. Dabei sind die oft unvermeidliche Unklarheit der Auftragsstellung oder die durch veränderte

Entwicklungen im Einsatzland erzwungene Auftragsneu- und Auftragsumdefinition mit zu berücksichtigen.

5. Das Informationsleitsystem ist im Sinne einer Rückmeldeschleife von Einsatz zu Einsatz zu verfeinern und in Richtung auf Anwendbarkeit, Praxisnähe und Trainingsqualität hin zu verbessern.
6. Die mit der Anwendung des Informationsleitsystems und dem anschließenden Crash-Training gemachten Erfahrungen müssen in einen Informationspool für kulturbedingte kritische Interaktionssituationen und kulturadäquate Handlungs- und Lösungsstrategien eingespeist werden. So kann allmählich ein Expertensystem aufgebaut werden, von dem auch die Weiterentwicklung des Sensibilisierungs- und Orientierungstrainings für die kulturallgemeine Vorbereitung profitieren kann.
7. Diese Aufbau- und Entwicklungsarbeiten sind in der erforderlichen Qualität nur dann zu leisten, wenn eine adäquate langfristige Infrastruktur geschaffen wird. Dabei ist es nicht nötig, für diese Aufgabe eine eigene Abteilung oder Unterabteilung zu schaffen. Sinnvoll wäre vielmehr die Bildung eines Projektteams, das aus Fachkräften mit interkultureller Kompetenz aus verschiedenen militärischen Verbänden zusammengesetzt ist und das unter Anleitung eines für diese Aufgabenstellung speziell ausgebildeten Psychologen arbeitet. Von entscheidender Bedeutung ist, dass eine Person oder eine Abteilung sich kontinuierlich mit dem Aufbau und der Entwicklung des Informationsleitsystems und des damit zusammenhängenden Expertensystems beschäftigt und sich um seine Pflege und Qualifizierung kümmert.
8. Bei der Anwendung des Informationsleitsystems, die Umsetzung der gewonnenen Informationen in ein kultur- und einsatzspezifisches Crash-Training und in den Aufbau eines für interkulturelle Trainings geeigneten Informationspools ist der Einsatz moderner Medien und Informationsverarbeitungssysteme von zentraler Bedeutung. Hinzu kommen muss der Einsatz von Konzepten, die in der letzten Zeit unter dem Begriff "Wissensmanagement", "lernende Organisationen", "organisational memory" u.ä. (Lehner, 2000) diskutiert werden. Diese für die Entwicklung und Flexibilisierung von Wirtschaftsunternehmen fruchtbar gemachten Konzepte sind auch für das, was hier zur Diskussion steht, sinnvoll, wie sich aus folgendem Zitat ergibt: "Das Problem unserer Zeit besteht nicht darin, dass wir zu wenig Information besitzen, sondern, im Gegenteil, mit Informationen regelrecht überflutet werden. In den Unternehmen und in der Wirtschaft geht es daher zunehmend um die Lenkung der Datenflüsse, die Verdichtung von Informationen, um die Selektion gezielter Informationen sowie um den rechtzeitigen Zugriff darauf (Erfolgsfaktor Zeit!)" (Lehner, 2000, S. 15). Am Ende einer ausführlichen Analyse dieser Thematik kommt der Autor zu dem Ergebnis: "Organisational memory-Systeme tragen (...) bereits jetzt konkret dazu bei, Know-how und Wissen in Unternehmen zu sichern, den Aufbau von Expertise und Erfahrungen zu fördern, die Flexibilität und organisatorische Effizienz zu steigern sowie generell die Bewältigung des Wandels zu unterstützen" (Lehner, 2000, S. 448).

Genau dies aber berührt die Anforderungen, die mit dem Einsatz des Informationsleitsystems und der damit zu erfüllenden Aufgaben der Bundeswehr verbunden sind.

Literatur:
Albert, R. D. (1983). The intercultural sensitizer or culture assimilator: A cognitive approach. In D. Landis & R. W. Brislin (Eds.), Handbook of intercultural training: Vol. II. Issues in training methodology (pp.186-217). New York: Pergamon.
Lehner, F. (2000). Organisational Memory-Konzepte und Systeme für das organisatorische Lernen und das Wissensmanagement. München: Hanser.
Moran, R. T. & Stripp, W. G. (1991). Dynamics of successful international business negotiations. Houston: Gulf.
Schofield, W. (1964). Psychotherapy, the purchase of friendship. Englewood Cliffs: Prentice-Hall.
Thomas, A. & Lulay, G. (1999). Evaluation interkultureller Trainings zur Vorbereitung von Bundeswehrsoldaten auf internationale Einsätze. Untersuchungen des Psychologischen Dienstes der Bundeswehr, Bd. 34. München: Verlag der Wehrwissenschaften.
Thomas, A., Layes, G. & Kammhuber, S. (1998). General intercultural sensitizer für Soldaten der Bundeswehr. Untersuchungen des Psychologischen Dienstes der Bundeswehr, Bd. 33 (S. 9-127). München: Verlag der Wehrwissenschaften.
Thomas, A., Kammhuber, S. & Layes G. (1997). Interkulturelle Kompetenz - Ein Handbuch für internationale Einsätze der Bundeswehr. Untersuchungen des Psychologischen Dienstes der Bundeswehr, Bd. 32. München: Verlag der Wehrwissenschaften.
Thomas, A. (1996). Analyse der Handlungswirksamkeit von Kulturstandards. In A. Thomas (Hrsg.). Psychologie interkulturellen Handelns (S.107-135). Göttingen: Hogrefe.

Klaus J. Puzicha und Wolfgang W. Weber:

Persönliches Erfahrungsmanagement

Menschen verändern sich, sie verändern sich körperlich wie psychisch. Diese Feststellung ist banal, denn jeder von uns weiß, wie er selber sich im Lauf der Zeit verändert hat. Jeder hat miterlebt, wie sich die Menschen in seiner Umgebung verändert haben. Zumindest sind sie älter, häufig reifer, *erfahrener* geworden.

Dass "Erfahrungen reicher machen", ist sicherlich die Regel. Es gibt aber auch die Ausnahme: Manche Erfahrungen möchte man lieber nicht machen, manchen Situationen lieber nicht ausgesetzt sein. Solche Erfahrungen machen nicht reifer, sie schädigen, verletzen *("traumatisieren").*

Ob eine Erfahrung einem Menschen nützt oder ob sie ihm schadet, hängt von der Art der Erfahrung, aber noch mehr von dem Menschen ab, der diese Erfahrung gemacht hat und wie er mit dieser Erfahrung umgeht. Letzteres meinen wir mit der Überschrift dieses Artikels: Wichtiger als die Erfahrungen ist häufig das persönliche *Erfahrungsmanagement*, das Reflektieren der Erlebnisse, ihre Bedeutung für den Menschen, die Wirkungen, die diese Erlebnisse auf ihn –seine Einstellungen und sein Verhalten– gehabt haben. Ein solches Reflektieren bietet die Chance, Erlebnisse positiv zu nutzen, reifer zu werden oder –bei belastenden Erlebnissen– das Risiko der Psychotraumatisierung zu verringern.

Die Psychologie hat einige Erkenntnisse anzubieten, unter welchen Rahmenbedingungen, in welchen Situationen Erfahrungen besonders eindringlich wirken (können):

- *Junge* Menschen sind eher sensibel für externe Einflüsse, passen sich eher an, verändern sich schneller als Ältere.
- Je *ungewohnter* eine *Situation* ist,
- je *länger* sie anhält,
- je *emotional bedeutsamer*,
- je *belastender* sie ist, desto eher wird sich ein Mensch in der Reaktion auf eine solche Situation verändern.

Wir können davon ausgehen, dass für die meisten jungen Soldaten der Auslandseinsatz im UN- oder NATO-Auftrag eine sehr ungewohnte, emotional außerordentlich bedeutsame und belastende Situation darstellt, dass sechs Monate subjektiv eine lange Zeit sind. Wir können also davon ausgehen, dass die Erfahrungen eines solchen Auslandseinsatzes für die meisten Soldaten außerordentlich prägend sind, dass die meisten anders nach Hause kommen als sie in den Einsatz hineingegangen sind. Und mindestens genauso wichtig: Auch die dem Soldaten in der Heimat nahestehenden Menschen haben sich verändert.

Über die Risiken, die ein solcher Einsatz für den Einzelnen beinhalten kann, wird in vielen Artikeln dieses Buches geschrieben und wie diese Risiken –auch mit Hilfe der Truppenpsychologie– klein zu halten sind. In diesem Artikel soll ausdrücklich die positive Seite des Einsatzes, der positive Erfahrungsgewinn geschildert werden. Vier

Truppenpsychologen –in ihrer Haupttätigkeit Beamte mit dem Schreibtisch als Arbeitsplatz– reflektieren ihr eigenes Einsatzerleben und was sich für sie durch den Einsatz verändert hat. Vermittelt wird hier nicht psychologisches Lehrbuch-Wissen sondern individuelle menschliche Erfahrung in einem großen –wenn auch sicherlich nicht erschöpfenden– Spektrum.

1 Paul Wilhelm Evers *war vom März bis Juni 1999 in Mazedonien/im Kosovo im Einsatz. Er berichtet:*

1. "Eine wichtige Erfahrung stellte für mich die persönliche und berufliche Herausforderung dar. Ich hatte im Einsatz ein anspruchsvolles Amt zu bekleiden und verspürte auch die entsprechenden Erwartungen, die an mich gerichtet waren, sowohl an meine berufliche Kompetenz als auch an meine Person. In meiner angestammten Tätigkeit seit Jahr und Tag routiniert, wurde ich im Einsatz damit konfrontiert, meine Grenzen kennen zu lernen. Eine völlig neue Erfahrung und eine Herausforderung zugleich! Dies zu erfahren und auch zu erleben, über die Einsatzdauer hinweg mit den Aufgaben fertig werden zu können, machten den Einsatz für mich zu einem wertvollen Erlebnis.
2. In schwierigen Zeiten tun gute persönliche Beziehungen besonders gut. Ich zähle es ebenfalls zu meinen wesentlichen Erfahrungen, das Prinzip "Kameradschaft" so kennengelernt zu haben, dass sich den Einsatz überdauernde freundschaftliche Beziehungen zu Soldaten gebildet haben. Nichtsdestoweniger hatte ich aber auch Gelegenheit, bisher noch nicht benötigte Strategien zum persönlichen Konfliktmanagement auszuprobieren und anzuwenden.
3. Nach der Rückkehr aus dem Einsatz verändert zu sein, zu erleben, dass auch der Psychologe wie die anderen Soldaten den prägenden Einflüssen des Einsatzes unterliegt, unkonzentriert zu sein, sich dabei zu ertappen, in Gedanken im Einsatz zu sein, ein zögerliches Aufgreifen des gewohnten alten Lebensrhythmus– eigentlich konnte ich mir einen solchen psychischen Status bis dato für mich nicht vorstellen. Keine Frage, dass diese Erfahrung bei entsprechenden beruflichen Aufgabenstellungen für mich sehr hilfreich ist, weil ich dann weiß, wovon ich spreche!
4. Ich kann sagen, dass mein Einsatz in mancherlei Situation -beruflich wie privatganz "automatisch" zur Sprache gekommen ist (und noch kommt) und eine recht positive (wohltuende!) Resonanz hervorruft. Ich war halt "dabei", als die NATO die Angriffe auf Ex-Jugoslawien eröffnete, das deutsche Kontingent, insbesondere in Tetovo, angreifbar geworden war, als die Flüchtlingsströme einsetzten und damit Not und Elend handgreiflich wurden, als die Bundeswehr-Soldaten große Zeltunterkünfte erstellten, die Implementierung ins Kosovo erfolgte, dies mit all den psychologischen Implikationen, die gefragt waren und auch heute noch nachgefragt werden. Ich habe den Eindruck gewonnen, dass meine damalige Teilnahme auch einen Statuszuwachs mit sich gebracht hat.
5. Mitsprechen kann ich auch über das Thema "Einsatzdauer", weil ich die Zeitspanne von dreieinhalb Monaten erlebt habe. Auch dies bedeutete eine gewisse Bela-

stung, von der ich im vorhinein nicht wissen konnte, wie ich darauf reagieren würde. Letztlich spielt im Einsatz der Beschäftigungsgrad eine wichtige Rolle dafür, wie die Zeit wahrgenommen wird, so dass der Einsatz für mich –wenn auch mit unterschiedlichen Phasen– recht schnell vergangen ist. Nichtsdestoweniger betrachte ich es als eine wichtige Erfahrung, dieser Zeitspanne ausgesetzt gewesen zu sein.

6. Einen ganz positiven Effekt auf die private Sphäre hatte der Einsatz auch in der Weise, dass ich vorher doch eine ganze Menge an "Hausverwaltung" praktiziert hatte, was dann meine Frau während des Einsatzes übernehmen musste. Dies ging nicht mehr komplett in "mein Ressort" zurück, sondern wird weiterhin kompetent von meiner Frau durchgeführt, was ich aber begrüße, nicht so sehr, weil ich mich noch immer von meinen Einsatzmühen ausruhen müsste, sondern weil sich seit dem Einsatz meine Einstellung/Wertung intensiver mit der Eigenschaft "gelassen" zu verbinden scheint und ich bewusster spüre, wann ich mich zurücknehmen sollte.
7. Natürlich war die Einsatzdauer nicht nur von mir, sondern auch von meiner Familie zu überwinden. Meine beiden Töchter (damals 15 und 20 Jahre alt) waren mit ihren Ausbildungsaufgaben usw. so beschäftigt, dass sie recht schnell an meine Abwesenheit gewöhnt waren. Dagegen hatte meine Frau die meiste Last zu tragen: unsere Trennung, die Sorge während der NATO-Angriffe, die Verantwortung und Organisation des "Zuhause" – ich hatte mich (so muss ich heute sagen) nachhaltig aus diesen Dingen zurückgezogen, zu sehr banden die Einsatzaufgaben meine Energie. Aber das gemeinsame Durchstehen einer Belastung hatte auch ihr Positives, nämlich eine engere und vertrauensvollere Beziehung danach.
8. Das recht einfache Leben in Mazedonien, so wie wir es vor Ort wahrnehmen konnten, hat bereits während meines Einsatzes, aber auch nachhaltig, meine Einstellung zu unserem Land verändert: Was bisher selbstverständlich war, ist wieder bewusster geworden, nämlich unsere Lebensqualität und unseren Lebensstandard besser würdigen zu können und auch: stolz zu sein auf das, was Deutschland in Form der Bundeswehr in Mazedonien, vor allem hinsichtlich der Flüchtlingshilfe, geleistet hat."

2 Lutz Heidenreich *war vom Dezember 1999 bis März 2000 im Kosovo im Einsatz. Er berichtet:*

"Ich habe drei Monate als Truppenpsychologe im 3. Deutschen Heereskontingent KFOR Dienst geleistet, das aus meiner Sicht in eindrucksvoller Weise militärische und soziale Kompetenz nach außen vermitteln konnte und ein gutes Klima der Zusammenarbeit auf der Beraterebene schuf. Ich habe meine Serviceleistung als erfolgreich und sinnvoll erlebt. Der Dienst war in jeder Hinsicht eine Bereicherung für meine berufliche Arbeit in der Personalpsychologie und einer der wichtigsten Höhepunkte in meinem Berufsleben.

Ich habe praktische Erfahrungen sammeln können über die Bedeutung von leistungs- bzw. "gesundheits" -fördernden wie -hemmenden Verhaltensformen, unter der besonderen Betrachtung

- der Auswirkungen einer erfolgreichen "Unternehmenskultur", der zwischenmenschlichen Kommunikation auf Motivation und Leistung der Soldaten (über die Gestaltung eines noch erfolgreicheren Informationsmanagements wurde auf verschiedenen Hierarchieebenen viel diskutiert);
- der Auswirkung wahrgenommener (positiver oder negativer) sozialer Unterstützung und hoher Gruppenkohäsion;
- der Bedeutung der interkulturellen Fähigkeiten der Soldaten im Umgang mit Einheimischen im Kosovo;
- der möglichen Änderung der eigenen Einstellung gegenüber kulturspezifischen Wertvorstellungen aufgrund von Begegnungen in einer fremden Kultur (sich nicht gleich auf eine Seite zu schlagen und das Geschehen nur aus deutscher Sicht bewerten, sondern sich auf der Basis der Fairness, Gerechtigkeit und der Hoffnung auf Entwicklung und Veränderbarkeit zu bewegen);
- der geistigen, charakterlichen und fachlichen Anforderungen in allen Einsatzverwendungen.

So wurde mein Blick für das Erkennen von besonderen Fähigkeiten der Soldaten geschärft: Persönlichkeitsmerkmale wie soziale Kompetenz, Belastbarkeit durch Lebenserfahrung und emotionale Intelligenz sind für den Erfolg im Auslandseinsatz oft wichtiger als die geistigen Eignungsmerkmale. Für die Personalauswahl könnte das bedeuten, mehr auf das soziale Umfeld, die Lebensleistung und Entwicklungsfähigkeit des Soldaten, als auf die Testleistung und formale Intelligenz zu achten.
Der vorletzte Tag vor meiner Abreise aus dem Einsatz war für mich der schwierigste. Meine Stimmung war zwiespältig. Einerseits konnte ich mit positivem Erfolg auf meine Arbeit als Truppenpsychologe zurückblicken, mit einem Gefühl der Unmittelbarkeit und Handhabbarkeit bei der Erfüllung des vorangegangenen Aufgabenspektrums. Andererseits bestand das Gefühl einer noch nicht erledigten Aufgabe. Ich war drei Monate mit den Soldaten eine gemeinsame Wegstrecke gegangen und ging jetzt vorzeitig "aus dem Felde", obwohl der Erfahrungs- und Vertrauensgewinn zu dieser Zeit am größten sein dürfte. Der Abschied bedeutete einen Verlust an Gemeinsamkeit. Die heitere Stimmung der abfliegenden, aber auch der aus dem Urlaub zurückkommenden Soldaten auf dem Flughafen Skopje regulierten mein Gefühlsbarometer auf die Messmarke: Freude. Die Rückkehr in das private und dienstliche Umfeld verlief nach einer ausgiebigen Urlaubsphase ohne Schwierigkeiten. Meine Arbeitshaltung musste jedoch nach ständig hohem Arbeitstempo mit großer Drehzahl im Einsatz im heimatlichen Berufsalltag etwas "nachgesteuert" werden."

3 Christoph Pudelko *war vom Mai bis August 1996 in Bosnien im Einsatz. Er berichtet:*
"Vor vier Jahren befand ich mich gemeinsam mit 2640 Soldaten des deutschen IFOR-Heereskontingentes in einem viermonatigen Einsatz in Kroatien. Meine Aufgabe war es, mit einem weiteren Truppenpsychologen unsere im Unterstützungsauftrag eingesetzten Kameraden zu betreuen. Neben fünf weiteren Standorten befand sich die

Schaltzentrale des IFOR-Verbandes in der adriatischen Hafenstadt Trogir. Der Löwenanteil der Aufgaben dieses Einsatzkontingentes, rund 80 Prozent, war in Bosnien-Herzegowina durchzuführen, dem Gebiet also, wo sich zuvor verfeindete Ethnien erbarmungslos bekriegten und schreckliche Spuren hinterließen.

Viele Erinnerungen an diesen Einsatz sind mittlerweile verblasst. Aber einige Bilder, Erlebnisse und Erfahrungen sind unauslöschlich haften geblieben.

Da ich vor dem Einsatz keine militärische Selbsterfahrung aufwies, hat es mich im Nachhinein doch sehr überrascht, dass ich mich in der Haut eines Uniform tragenden Truppenpsychologen durchaus wohl fühlte. Dies war sicherlich nicht von vornherein zu erwarten. Wichtig war wohl zunächst, dass ich dem Soldatischen gegenüber insgesamt eine gewisse Sympathie empfand und dass ich mit gesteigerter Bereitschaft daranging, das notwendige militärische Verhaltensrepertoire zu erwerben. Die erste Gelegenheit hierzu ergab sich bei der standortgebundenen Vorausbildung und der VN-Ausbildung in Hammelburg, die jeder zu absolvieren hatte, der für den Auslandseinsatz vorgesehen war. Ohne fremde Hilfe war dieses zusätzliche Lernprogramm jedoch nicht zu bewältigen. Ich hatte dabei das Glück, von mir sehr geschätzte und versierte Kollegen an der Seite zu haben, von deren wohlwollender kameradschaftlicher Begleitung ich sehr viel profitierte. Selbstverständlich gab es gleichwohl hin und wieder Situationen, die zu innerer Anspannung führten, wenn sich die Frage stellte, verhalte ich mich jetzt formal richtig? Andererseits aber habe ich den Eindruck gewonnen, dass im truppendienstlichen Umfeld alles in allem menschlich einwandfreies Verhalten und Fachkompetenz immer noch ausschlaggebender sind als schneidiges Auftreten.

Es gibt mehrere Gründe, warum ich Kollegen grundsätzlich dazu raten würde, sich an einem truppenpsychologischen Einsatz zu beteiligen. Bei der truppenpsychologischen Begleitung und der damit verbundenen Dienstleistung erhält man nach meiner Erfahrung häufiger als sonst ein unmittelbares positives Feedback. Hier zählt weniger Buchwissenschaft, sondern mehr die spontane, überzeugende Unterstützung des Vorgesetzten und das hilfreiche Beratungsgespräch mit dem Soldaten. Nie zuvor habe ich ein derart konstruktives und gedeihliches interdisziplinäres Zusammenwirken mit Vertretern anderer Fachbereiche erlebt wie in der Zeit, die ich als Soldat in Kroatien verbrachte. Das Gefühl, dass alle aufeinander angewiesen sind und in einem Boot sitzen, habe ich selten authentischer erfahren. Zudem wächst durch das notwendigerweise enge Zusammenrücken deutscher Soldaten im Ausland, allein infolge der wenig komfortablen Unterbringung in einem mit Wohncontainern vollgestopften Camp, das Bewusstsein dafür, dass man sich in einer Insellage befindet. Hierdurch entsteht eine besondere Form der Identität. Man lernt sich sehr genau kennen. Dabei entstehen enge emotionale Bindungen an Kameraden. Nach der Schul- und Studienzeit hat sich bei mir daher kein Lebensabschnitt wiederholt, in dem die Bereitschaft, sich mit den Mitstreitern zu duzen, so stark ausgeprägt war wie im Rahmen dieser mehrmonatigen Einsatzphase. Unter diesen außergewöhnlichen Lebensbedingungen bleiben die Fähigkeiten und Unzulänglichkeiten des Anderen, auch des Vorgesetzten, nicht verborgen. Angesichts einer solch geschlossenen Form des Zusammenlebens befindet sich sogar der Vorgesetzte stets auf dem Präsentierteller, wobei nahezu jeder Regelverstoß von anderen wahrgenommen wird. Daher kann gerade unter diesen Einsatzvoraussetzungen, die sich augenfällig vom Garnisonsbetrieb in der Heimat unterscheiden, auf eiserne Selbstdisziplin und die strikte Einhaltung von verbindlichen Verhaltensregeln nicht verzichtet werden.

Eine der zahlreichen Besonderheiten des Einsatzes bestand darin, dass man sich nahezu permanent im Dienst befand. Als Truppenpsychologe stand man ohnehin jederzeit zur Verfügung, wenn Hilfe benötigt wurde: an sieben Tagen der Woche und auch nach Feierabend. Die einzelnen Wochentage unterschieden sich kaum voneinander. Damit existierte faktisch auch kein Wochenende. Vor diesem Hintergrund weiß ich noch heute einen Kö-Einkaufsbummel am Samstagvormittag als großes Privileg zu schätzen. Der eine oder andere reagierte seinerzeit schon etwas gereizt, wenn während eines Telefonats am Freitag mit einer heimatlichen Dienststelle der Gesprächspartner abschließend ein schönes Wochenende wünschte. Dies wurde, sicherlich zu Unrecht, als eine sarkastische Bemerkung aufgefasst. Zum einen aber, dies erinnere ich noch, war der Samstag allein dadurch zu identifizieren, dass an diesem Tage abends die Fußballbundesliga-Spielergebnisse von den Kameraden mit starker Anteilnahme kommentiert wurden. Einschneidender jedoch habe ich den Sonntag, zumindest für eine Stunde erlebt, sofern die Möglichkeit bestand, am Feldgottesdienst teilzunehmen. Dieser Sondertermin des Dienstplans unterschied sich deutlich von anderen, zumal man hierbei auch gedanklich auf andere, in der Regel sehr persönliche Bahnen gelenkt wurde. Ich vergesse nicht, wie betroffene Nachdenklichkeit entstand, als bei den Fürbitten u.a. auch derjenigen gedacht wurde, die einem zu Hause am Nächsten stehen. Dabei schlug das eher rituell vorgetragene Anliegen in Gedanken eine Brücke zu den wichtigsten Menschen, die einen im Leben begleiten, aber auf deren Gegenwart man so lange verzichten musste.

Was die Trennung vom Lebenspartner und von den wichtigsten Bezugspersonen anbelangt, so bin ich der Auffassung, dass die Zurückgebliebenen letztlich vor größere Herausforderungen gestellt wurden. Die im Einsatz Befindlichen erhielten umfassende professionelle Unterstützung, ihnen galt die besondere Aufmerksamkeit, sie erhielten schließlich auch noch nach dem Auslandsaufenthalt Orden und Belobigungen für gezeigte Leistungen. Ich habe kaum von Offizieren gehört, die sich mit nachteiligen Einsatzfolgen auseinanderzusetzen hatten. Allerdings weiß ich, dass sich bei mehreren Ehefrauen von Offizieren psychosomatische Symptome zeigten. Möglicherweise wurden die Angebote und Hilfen des FBZ nicht in ausreichendem Maße wahrgenommen. Bezeichnend war die Erfahrung der Verlobten eines Kameraden, die sich darüber beklagte, dass alle Freunde und Bekannten sich stets nach dem Wohlergehen des Mannes erkundigten. Kaum einer interessiere sich jedoch dafür, wie sie sich fühlte. Ohnehin habe ich von Kameraden Eindrücke vermittelt bekommen, die mich sehr berührt haben. Einer meinte z.B. angesichts der Armut der Zivilbevölkerung und der ernsten, mitleiderregenden Kindergesichter, dass es ihm künftig schwer fallen werde, Essenreste wegzuwerfen. Die Wichtigkeit der friedenstiftenden Aufgabe wurde schlagartig deutlich, als man die leeren, ausdruckslosen Blicke der Menschen wahrnahm, die vor ihren zerstörten Häusern saßen.

Eine wichtige Funktion des Truppenpsychologen war es, die rückkehrenden Soldaten auf die Wiedereingliederung in die Heimat vorzubereiten. Hierbei wurden auch Fragen der Reintegration erörtert, die den Lebenspartner und die Familie betrafen.
Wie habe ich selber die Rückkehr erlebt? In der Tat knüpfte man nicht da wieder an, wo man die persönlichen und dienstlichen Beziehungen vor dem Weggang unterbrochen hatte. Die frühere Vertrautheit mußte wieder aufgebaut werden. Trennungen führen vor Augen, wie wichtig die engsten Familienmitglieder und langjährige Kollegen für einen sind. Ich habe Kameraden kennengelernt, die sich angesichts der mehrmonatigen Trennung vom Partner und der Familie über eigene kritikwürdige Verhaltensweisen bewusst geworden sind. Der Blick für das, was für einen wichtig oder befremdlich ist, wird bei größerer Entfernung merkwürdigerweise klarer.
Allgemein jedoch wurde von vielen die Erfahrung geteilt, dass eine Zäsur im Zusammenleben die Chance für eine Intensivierung bzw. eine Neugestaltung der Partnerschaft bietet. Einer meinte zudem, dass er erst durch die Stationierung im Einsatzland erfahren habe, wer in der Heimat zu den wahren Freunden zählt.
Ich bin mir nicht sicher, ob ich mich vor dem Hintergrund der Einsatzerfahrungen im Einzelnen nachhaltig verändert habe. Denn ich bin überzeugt, dass der Stellenwert von Erfahrungen zumeist an die jeweiligen Rahmen- und Lebensbedingungen geknüpft ist. Eins-zu-eins-Übertragungen stoßen dabei oft auf Grenzen. Andererseits kann ich mir aber gut vorstellen, dass ich durch die einschneidenden Veränderungen der Lebensumstände dazugelernt habe und sich mir neue Facetten des Bewusstseins eröffnet haben, die mich möglicherweise im privaten wie im beruflichen Bereich im allgemeinen offener, verständnisvoller, sensibler, geduldiger und ansprechbarer gemacht haben."

4 Horst Schuh *war als Truppenpsychologe im Kosovo vom September bis Dezember 1999 im Einsatz. Er berichtet:*
"Jeder, der einmal im Einsatz war, fragt sich oder wird irgendwann gefragt: "Hast Du Dich verändert ?" Wenn ich die Frage so auslege, inwieweit ich meine Einsatzerfahrungen in mein Leben integriert und transferiert habe, sind mehrere Antworten möglich:
- Ich bin gegenüber den kleinen Ärgernissen, den früher "nervenden" Ereignissen des Alltags gelassener geworden. Bestimmte Dinge berühren mich nicht mehr, was allerdings im privaten wie im dienstlichen Alltag zu dem Eindruck führen kann, man sei bestimmten menschlichen oder Sachproblemen gegenüber desinteressierter oder sogar gleichgültig geworden. Hier muss man seine veränderte Einstellung erklären.
- Ich habe keine Perfektionsansprüche mehr gegenüber Menschen und Problemlösungen. Ich kann mit meinen eigenen und den Schwächen anderer sowie mit Unvollkommenheiten und Improvisationen "besser leben". Ich bin "fehlerfreundlicher" geworden und sehe in ihnen die Chance, kontinuierliche Verbesserungen herbeizuführen. Allerdings wäge ich das Verhältnis zwischen Aufwand und einem "hochprozentigeren" Nutzen kritisch ab.

- Ich bin gegenüber Statusfragen unempfindlicher geworden: "Es ist nicht mehr (so) wichtig, wichtig zu sein!". Anerkennung und Lob für meine Arbeit oder für sonstige Leistungen tun mir nach wie vor gut, haben aber nicht mehr den Stellenwert wie vorher. Bei Selbstdarstellung und Schaukämpfen halte ich mich zurück. Ich weiß, was ich wert bin! Soziale Erwünschtheit ist für mich nachrangig geworden.
- Ich bin im Hinblick auf zivilisatorische Standards genügsamer und gegenüber Konsumzwängen kritischer geworden. Ich nehme Errungenschaften unseres modernen Staats- und Wirtschaftssystems, unserer Infrastruktur, unserer logistischen, sanitären und medizinischen Versorgung nicht mehr als selbstverständlich hin. Ich bin aufmerksamer und dankbarer gegenüber Menschen, die Dienstleistungen für mich verrichten. Gutes Essen und Trinken, schöne Dinge genieße ich intensiver, kann aber auch mit einfacher Kost, Unterbringung etc. gut leben. Mein ohnehin schwach ausgebildetes Interesse an "Qualitätsmarken" und Luxusgütern ist noch mehr verkümmert.
- Ich schätze immer mehr den "kleinen Dialog". Das persönliche Gespräch im kleinen Kreis, der intensive Erfahrungsaustausch sind mir z.B. bei Dienstbesprechungen oder privaten Einladungen wichtiger denn je. Sogenannte Parties oder größere Plenumveranstaltungen sind mir mittlerweile ein Gräuel. Vor Wortmeldungen wäge ich stärker ab: Ist das überhaupt notwendig, ist das der richtige Ort oder Zeitpunkt, will überhaupt jemand meinen Standpunkt hören?
- Ich bin gegenüber der Bürokratie, gegenüber sogenannten Sachzwängen, Vorschriften und sonstigen "Bestimmungen" unduldsamer geworden. Killerphrasen oder Ausreden wie "Das haben wir noch nie (so) gemacht...", "Das geht nicht, weil...", "Ja, aber..." regen mich stärker auf als früher und werden von mir zurückgewiesen. Ich möchte in der Regel sofort eine Lösung, eine Unterstützung. Ich bevorzuge mündliche und fernmündliche Vereinbarungen und versuche, auf Schriftverkehr, Anträge und Formulare weitgehend zu verzichten.
- Spontane Hilfsbereitschaft zählt für mich hoch. Durch den Einsatz bestärkt, bin ich nach wie vor bereit, mich für andere Menschen, vor allem in persönlichen Notlagen, zu engagieren. Allerdings stehe ich meinem "Helfer-Syndrom" (selbst-)kritischer gegenüber: In der Studien- und Führungskräfteberatung (Coaching) halte ich mich mit Mitgefühlsäußerungen und "guten Ratschlägen" zurück, lasse keine Selbstbemitleidung zu und fordere den Gegenüber mehr in seinen Potenzialen. Ich setze mehr auf die Selbsthilfe- bzw. Selbstheilungskräfte von Ratsuchenden.
- In meiner dienstlichen Tätigkeit als Lehrer und Trainer in der Aus- und Fortbildung von Mitarbeitern des öffentlichen Dienstes hat der Einsatz mir einen beträchtlichen Kompetenz- und Autoritätszuwachs gebracht. Besonders auf den Fachgebieten "Führung und Kommunikation" sowie "Stressentstehung und -bewältigung" haben die praktischen Erfahrungen als Truppenpsychologe sich vorteilhaft ausgewirkt: Ich weiß, wovon ich rede! Und das melden mir meine Kursteilnehmer zurück.
- Für interkulturelle Fragen bin ich sensibler geworden. Not, Trauer und Leid der Bevölkerung im Kosovo wirken in mir nach. Ich setze mich auch noch in der Heimat für meine humanitären Projekte im Kosovo ein. In Deutschland bewegt mich das

Schicksal von Asylbewerbern, denen die Abschiebung in ein Land droht, wo es an Existenzgrundlagen und Perspektiven fehlt. Zugleich hinterfrage ich unsere humanitären Leistungen ob ihrer Nebenwirkung, den Stolz eines freiheitsliebenden und traditionsbewussten Volkes in der Rolle eines ständigen "Almosenempfängers" zu verletzen. Deshalb bemühe ich mich in einer deutsch-albanischen Initiative um einen "Kultur-Export" aus dem Kosovo.

- Mein Aufgaben- bzw. Selbstverständnis als Psychologe hat sich unter dem Eindruck meines Einsatzerlebens und -handelns verändert. Zuvor war ich noch sehr einseitig auf die Schwächen meiner Klienten fixiert, denen ich als Psychologe "einfühlend begegnen, raten und helfen musste". Ich habe festgestellt, dass Empathie den Gegenüber auch lähmen kann. Eine Umorientierung auf die erhaltenen bzw. entwicklungsfähigen psychischen Kräfte und Funktionen des Ratsuchenden beinhalten nicht nur für ihn, sondern auch für den Psychologen mehr Erfolgserwartung und Perspektiven.

Die Erfahrungen der Truppenpsychologie können letztlich für Glaubwürdigkeit und Akzeptanz der gesamten Psychologie nützlich sein. Das noch weit verbreitete "Weichei"-Image der Psychologie ist nicht zuletzt durch ihre traditionelle "Opferzentrierung" bedingt. Wir täten gut daran, unsere menschenfreundliche Haltung stärker auf ein Bild vom selbstverantwortlichen und grundsätzlich handlungsfähigen Menschen auszurichten."

Die Familie zu Hause

Hans-Ulrich Bäumlein:

"Wir sind da": Familienbetreuung im Deutschen Heer

Die Stimme der Frau am Telefon klingt leicht unsicher: "Ist dort das Familienbetreuungszentrum? Wissen Sie, mein Sohn, der Obergefreite A., ist schon vierzehn Tage im Kosovo und hat bis heute nichts von sich hören lassen. Ich mache mir Sorgen, ob alles in Ordnung ist."
So oder so ähnlich lauten viele Anfragen von Angehörigen, mit denen die Mitarbeiter in den Familienbetreuungszentren (FBZ) und Familienbetreuungsstellen (FBSt) konfrontiert werden.
Die Mutter kann beruhigt werden. Der Vorgesetzte des Soldaten im Einsatzland wird durch das FBZ informiert, dass A. seine Eltern anrufen soll. Kein Problem und Routinearbeit für die Soldaten im FBZ. Oft aber können die Sorgen von Angehörigen nicht mit einem Anruf ausgeräumt werden.

1 Grundlagen

Das gegenseitige Dienst- und Treueverhältnis ist Grundlage für den Anspruch des Soldaten auf Betreuung und Fürsorge. Die Basis finden wir im § 10 (3) Soldatengesetz (SG), in dem die besondere Dienstpflicht des Vorgesetzten geregelt ist, insbesondere aber im § 31 SG. Neben seiner Grundlagenfunktion für spezielle gesetzliche Regelungen (z.B. Unterhaltssicherungsgesetz) verpflichtet § 31 SG ganz grundsätzlich zur Fürsorge gegenüber den Soldaten und ihren Familien. Betreuung und Fürsorge werden zwar im Sprachgebrauch als begriffliche Einheit verwandt, auch besteht sowohl auf Fürsorge wie auf Betreuung als Teil der Fürsorge ein Rechtsanspruch. Allerdings muss hier unterschieden werden: Während die meisten Gegenstände der Fürsorge in Gesetzen und Vorschriften genau geregelt sind (z.B. Sicherung des Unterhalts, Wohnungs-/Heilfürsorge), stellt sich die Betreuung als Angebot des Dienstherrn dar, der auch Art und Umfang derselben bestimmt.

2 Anfänge

Als Folge des erweiterten Aufgabenspektrums der Bundeswehr und der damit verbundenen längerfristigen Auslandseinsätze werden aktive und wehrübende Soldaten und deren Familien Belastungen ausgesetzt, die in dieser Art bis vor wenigen Jahren gänzlich unbekannt waren. Die hierbei für alle Beteiligten eintretenden Änderungen der Lebensumstände sollen mit gezielten Maßnahmen gemildert werden. Betreuung und Fürsorge stellen neben der finanziellen und sozialen Absicherung der Soldaten und ihrer Familien die wichtigsten Hilfen dar.

Eine (damals) vier Monate dauernde Abwesenheit ohne Urlaub und die jetzige Regelung einer sechsmonatigen Einsatzdauer mit der Möglichkeit eines Urlaubs von zwei Wochen unterscheiden diese Einsätze ganz erheblich von Lehrgängen, Übungen oder anderen Dienstgeschäften im Inland. Daher wurde die Notwendigkeit, im Heer eine Organisation zu schaffen, die den Angehörigen als Ansprech- und Anlaufstelle dient, schon frühzeitig erkannt. Bereits für den Einsatz in Somalia 1993 wurde bei der 4. Panzergrenadierdivision in Regensburg und in wenigen anderen Standorten FBZ eingerichtet.
Nach UNOSOM wurden Aufgaben und Organisation der FB-Organisation konzeptionell erarbeitet und das Leit-FBZ des Heeres installiert.
Zweckmäßigerweise wurde es bei dem Kommando zur Führung von Auslandseinsätzen des Heeres, das auch den Nationalen Befehlshaber im Einsatzland zu stellen hatte, nämlich bei dem neu aufgestellten Kommando Luftbewegliche Kräfte (KLK)/4. Division eingerichtet.

3 Struktur

Die FB-Organisation tritt während der Auslandseinsätze als eigenständige Organisation neben die truppendienstliche Hierarchie. Während bisher alle FBZ/FBSt des Heeres nach Bedarf und zeitlich begrenzt eingerichtet werden, wird das Leit-Familienbetreuungszentrum in Regensburg ständig betrieben und leistet u.a. die Grundlagenarbeit.
Befehls- und Weisungsbefugnisse und Informationswege sind hierarchisch gegliedert:

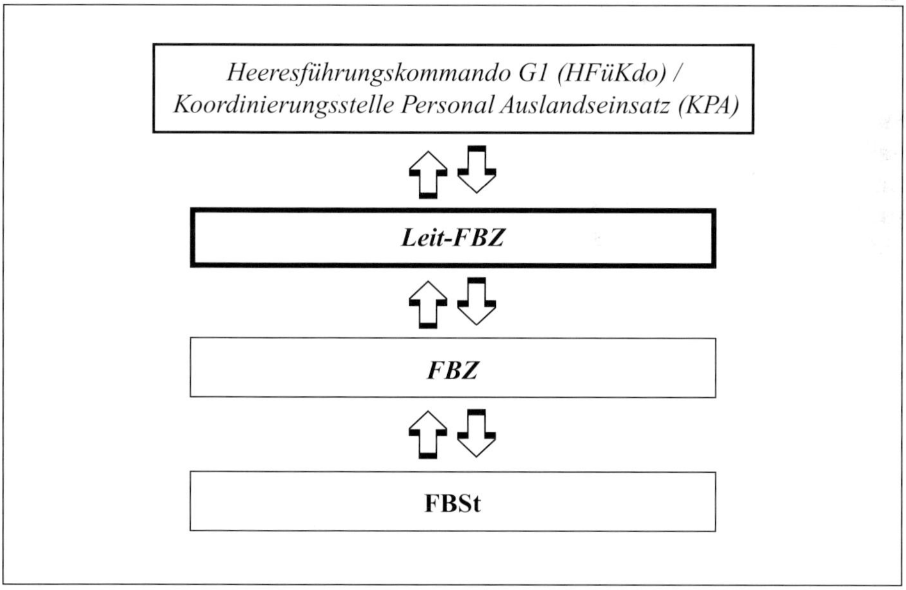

Abbildung 1

FBZ und FBSt werden in der Regel durch Verbände und Einheiten eingerichtet, die Soldaten ins Einsatzland abstellen. In Ausnahmefällen aber auch in Regionen, in denen eine größere Zahl von Angehörigen wohnt, deren Soldaten weit entfernt vom Heimatort Dienst leisten und die somit auch weite Wege zum FBZ / zur FBSt hätten. So wurde z.B. während des 1. Kontingents SFOR in Neubrandenburg eine FBSt eingerichtet, obwohl im Standort nur zwei Soldatenfamilien zu betreuen waren. Entscheidend war jedoch, dass den Angehörigen im nordöstlichen Teil Deutschlands dieses Angebot gemacht wurde, um die Entfernung zu FB-Einrichtungen möglichst gering zu halten.
Diesen Überlegungen folgt das *"Regionalitätsprinzip"*, d.h. der Soldat soll wegen der kurzen Wege dorthin ein FBZ/eine FBSt möglichst nahe am Wohnort der Familie auswählen. Es ist daher wenig zweckmäßig, alle Angehörigen der Soldaten des eigenen Verbandes durch ein FBZ betreuen zu wollen, ohne Rücksicht auf die Wohnorte. Weite Wege verhindern (zu) häufig die persönliche Verbindung zum FBZ/zur FBSt, lassen die Teilnahme an Veranstaltungen nicht zu und erschweren erheblich eine gegebenenfalls notwendig werdende Hilfe vor Ort.
Insgesamt waren vom 1. Kontingent **GER**MAN **CON**TINGENT **I**NDUCTION **FOR**CE (GECONIFOR, 1996) mit 16 FBZ und 28 FBSt bis zum 1. Einsatzkontingent **K**OSOVO **FOR**CE (KFOR) / **S**TABILISATION **FOR**CE (SFOR, 2000) mit 19 FBZ und 52 FBSt diese Einrichtungen nahezu flächendeckend über die Bundesrepublik verteilt.

4 Personal und Material

FBZ und FBSt unterscheiden sich nicht in den Inhalten ihrer Aufgaben, jedoch in der personellen Besetzung sowie in der materiellen Ausstattung, aber auch in der Erreichbarkeit.
Die FBSt sind nur während der Rahmendienstzeit direkt ansprechbar, nach Dienst und an dienstfreien Tagen sind sie über Anrufbeantworter bzw. den Offizier der Führung, den Offizier vom Wachdienst, Offizier vom Dienst etc. erreichbar. In dringenden Fällen wird das zuständige FBZ sofort eingeschaltet.
Der Auftrag der FBZ, die Arbeitsbereitschaft *rund um die Uhr* sicherzustellen, bedingt den Einsatz von zusätzlichem Personal (Offizier vom Betreuungsdienst (OvBD) über die grundsätzlich geforderten Dienstposten –nämlich dem Leiter, seinem Stellvertreter, einem Geschäftszimmer-Feldwebel/-Unteroffizier und einem Stabsdienstsoldaten und Militärkraftfahrer (MKF)– hinaus festzulegen.
Die FBSt müssen sich in aller Regel mit dem Leiter, dem Stellvertreter sowie einem Stabsdienstsoldaten und MKF begnügen, es sei denn, der Kommandeur teilt weiteres nebenamtliches Personal zu.
Die Personalauswahl für die FBZ/FBSt ist nicht immer einfach.
Die Betreuer sollen gereifte Persönlichkeiten sein, die Lebenserfahrung mitbringen und bei der Lösung von Problemen aus eben diesem Erfahrungsschatz schöpfen können. Somit sollte es sich hier um lebensältere Dienstgrade handeln, die jedoch in den

Familienbetreuungsorganisation
1. Einsatzkontingent KFOR / SFOR
April - September 2000

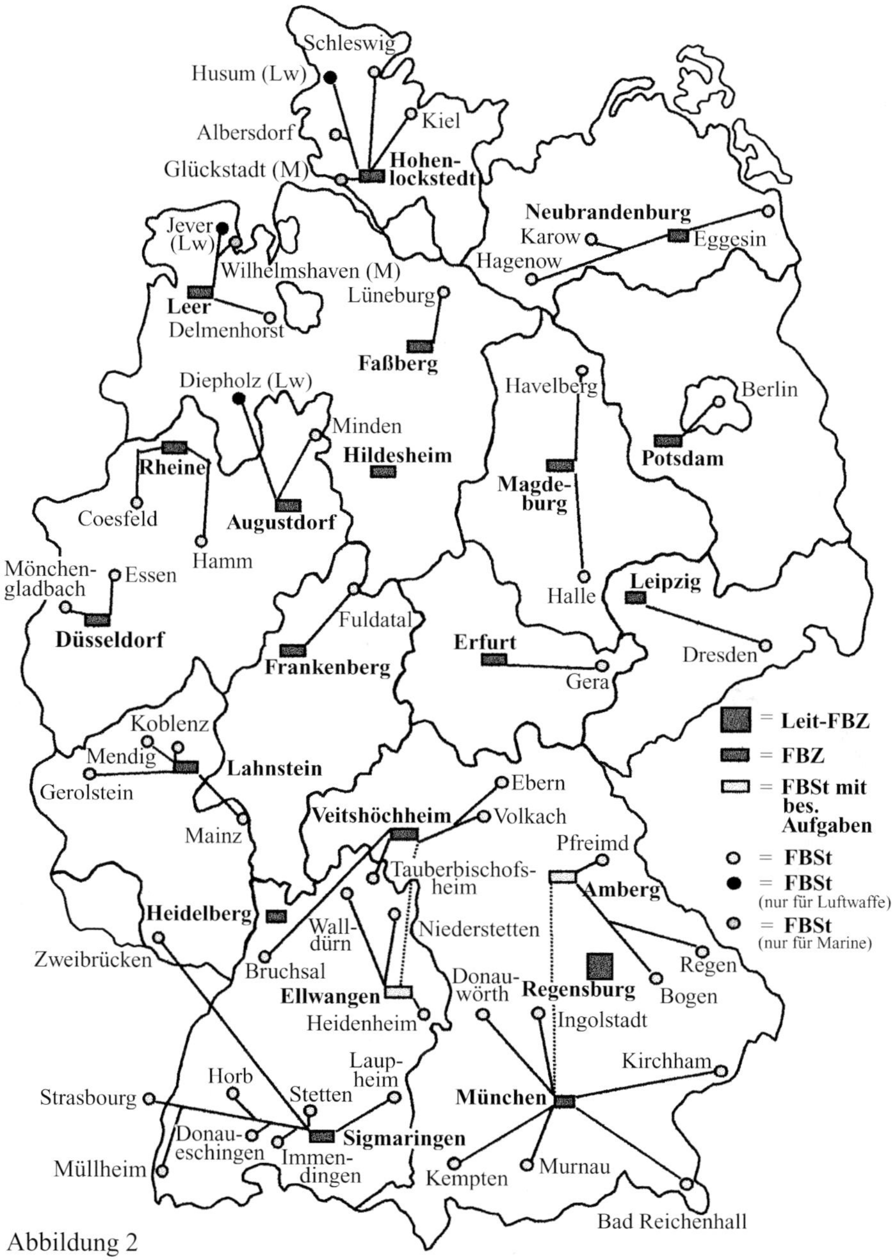

Abbildung 2

Verbänden und Einheiten, die schon die Auslandsabstellungen tragen, nicht mehr so oft zu finden sind. Diese Truppenteile sind hier häufig überfordert.
Dienststellungen und Dienstgrade der Leiter und Stellvertreter sind aus den oben genannten Gründen nicht vorgeschrieben; vom Hauptfeldwebel bis zum Oberstleutnant ist daher alles vertreten.
Im Gegensatz hierzu ist das hauptamtliche Personal des Leit-FBZ in dem Stärke- und Ausrüstungsnachweis (STAN) des KLK/4.Div mit einem Personaloffizier (S 1 Offz), einer Verwaltungsbeamtin, zwei Stabsdienstsoldaten und einem MKF festgelegt. Weitere Dienstgrade mit Dienstposten "zur besonderen Verwendung (zbV)" nehmen zur Zeit Aufgaben im Leit-FBZ wahr, damit die Fülle der Arbeiten in dieser sehr schnell aufgewachsenen Organisation bewältigt werden kann. Infrastrukturell sind die Einrichtungen des Leit-FBZ an das Lagezentrum des KLK/4. Div angelehnt.
Im materiellen Bereich stehen Leit-FBZ, FBZ und FBSt jeweils ein Satz "FB-Ausstattung" zur Verfügung, der neben PC mit Drucker, Modem und Kopierer u.a. auch ein Fernsehgerät mit Videorecorder (um ständig die neuesten Nachrichten verfolgen zu können), Satellitenschüssel, Satellitenempfänger und einen Radiorecorder beinhaltet.
Hinzu kommt die Einrichtung einer für die Angehörigen kostenfreien 0130- bzw. 0800-Rufnummer in den FBZ.

5 Ausbildung

Die Ausbildung für das Personal der FB-Organisation obliegt dem Leit-FBZ.
Als wesentlichen Auftrag bildet es die Leiter und Stellvertreter in den für die Einsatzkontingente eingerichteten FBZ und FBSt aus. Ziel ist die Vermittlung von Kenntnissen, Fähigkeiten und Fertigkeiten, um ein FBZ oder eine FBSt zu leiten. D.h., die Soldaten werden in die Lage versetzt, sowohl ein FBZ oder eine FBSt zweckmäßig einzurichten und auftragsgerecht zu betreiben, als auch ihr nebenamtliches Personal einzuweisen. Das Wissen wird in einem einwöchigen Lehrgang vermittelt, der an der Schule für Feldjäger und Stabsdienst in Sonthofen durchgeführt wird. Die Schule verfügt nicht nur über die besten infrastrukturellen Voraussetzungen wie Fachmedienzentrum, PC-Unterrichtsraum oder Unterkunft, sie unterstützt mit ihrem Fachpersonal das Leit-FBZ in hervorragender Weise.

Den Lehrgangsteilnehmern werden die Themen
- "Stress- und Konfliktsituationen und deren Bewältigung, Kommunikation und Besonderheiten im Umgang mit emotional belasteten Personen" durch den Psychologie-Stabsoffizier der Schule;
- "Unterstützung durch den Sozialdienst der Bundeswehr" durch Sozialberater und -arbeiter;
- "Möglichkeiten der Militärseelsorge" durch den Standortpfarrer

nahegebracht.

Der S1 Offz des Leit-FBZ unterrichtet über die durchzuführende Betreuungsarbeit in den Zentren und Stellen und ist für die Vorbereitung und Durchführung der gesamten Ausbildung verantwortlich. Für die Vermittlung der "versorgungsrechtlichen Bestimmungen" ist die Verwaltungsbeamtin des Leit-FBZ zuständig, und über Hilfen für die Angehörigen im Umgang mit den Medien spricht der Presse-StOffz/-Offz des KLK/4. Div.

6 Aufgaben

FBZ/FBSt sind in erster Linie Ansprechstellen für die Angehörigen, haben aber darüber hinaus eine breite Palette von Aufgaben zu bewältigen. Sie
- helfen, Kontakte zu anderen Angehörigen herzustellen,
- führen Informations- und Betreuungsveranstaltungen durch,
- richten ein "Betreuungstelefon" ein,
- können jederzeit Auskunft über die Lage im Einsatzland geben und informieren rasch, umfassend und wahr,
- stellen in besonders dringenden Fällen unverzüglich eine Verbindung zum Angehörigen/Soldaten her,
- unterstützen in allen Beihilfe- und versorgungsrechtlichen Fragen,
- helfen bei besonderen Ereignissen,
- helfen bei Behördengängen, Versicherungsfragen und anderen Verwaltungsangelegenheiten,
- vermitteln Hilfe durch den Sozialdienst der Bundeswehr, die Militärseelsorge und die Wehrpsychologen und
- koordinieren den Transport von Soldaten bei Kontingentwechseln, bei Urlaub oder Dienstreisen.

Hinter diesen teilweise recht grob definierten Aufgaben verbergen sich Tätigkeiten, die das Personal in den FBZ/FBSt im Rahmen seiner Möglichkeiten mehr oder weniger häufig zum berühmten "Mädchen für Alles" machen. Entscheidend ist, dass Probleme rasch und (möglichst) unbürokratisch aus der Welt geschafft werden. So kommt für den Angehörigen zur tatsächlichen Hilfe auch die Gewissheit hinzu, dass er nicht alleine ist, dass es jemand gibt, der sich um ihn kümmert. Dies stellt dann auch die Basis dar für das Vertrauen gegenüber der militärischen Führung, das es aufzubauen und zu erhalten gilt.
Über diese Aufgaben hinaus hat das Leit-FBZ noch weitere Aufträge, nämlich
- Er- und Bearbeiten von Grundlagen für den Betrieb von FBZ/FBSt nach Vorgaben des HFüKdo,
- Planen der personellen und materiellen Ausstattung,
- Auswerten von Verfahren, Einsätzen und Übungen eigener und fremder Streitkräfte hinsichtlich der Betreuung der Familien für die speziellen Erfordernisse des jeweiligen Einsatzes und auch unabhängig davon (Grundvorsorge),
- Zusammenarbeit mit Behörden, Ämtern und Dienststellen,
- Koordinieren der sozialen, psychologischen und seelsorgerischen Betreuung der Familien durch Fachpersonal,

- Vorbereiten und Durchführen der Ausbildung und Weiterbildung (eine Tagung pro Einsatzkontingent) der Leiter und stv. Leiter FBZ/FBSt und
- Koordinieren der Arbeit der FB-Organisation heeresweit.

7 Betreuung

Wo immer möglich, werden die ersten Informations- und Betreuungsveranstaltungen in den Tagen vor dem Beginn des Einsatzes für Soldaten und Angehörige gemeinsam durchgeführt, um bei beiden Teilen den gleichen Informationsstand herzustellen. Bei dieser Gelegenheit wird über den Auftrag, die Lage vor Ort, Land und Leute sowie Besonderheiten informiert und das Personal des FBZ/der FBSt und die Standortpfarrer, Sozialarbeiter/-berater und Wehrpsychologen mit ihren jeweiligen Unterstützungsmöglichkeiten vorgestellt.
Äußerst wichtig ist es, über versorgungsrechtliche Angelegenheiten wie etwa Auslandsverwendungszuschlag, Abschlag, Lebens- und Unfallversicherung, Vollmachten für alle Lebenslagen usw. aufzuklären. Eine stattliche Anzahl Broschüren und Merkblätter wird an die Soldaten und ihre Angehörigen verteilt, die hervorragende Informationen vermitteln. Neben praktischen Hilfen wie Telefonnummern und Adressen enthalten sie Ratschläge allgemeiner Natur, Checklisten, Hinweise zur Stressbewältigung, zur Reintegration nach dem Einsatz und vieles mehr.
Alle weiteren Veranstaltungen dienen der Unterrichtung und Betreuung der Angehörigen. Den Durchführenden ist dabei weitgehend freigestellt, wie sie die Stunden gestalten. Videofilme über Unterbringung und allgemeine Lebensbedingungen der Soldaten und Telefongespräche über Mithöranlagen z.B. mit dem Kommandeur/Chef im Einsatzland haben sich bewährt, da man auf diese Weise seinem Soldaten "nahe" ist.
Diese Informationstage sollen etwa einmal im Monat stattfinden, aus Gründen der Verfügbarkeit der Angehörigen ist dies meist an den Wochenenden der Fall. Der Dienstherr gewährt pro Veranstaltung und Angehörigen einen Betrag von fünf Mark für die Bereitstellung von Erfrischungen. Ausflüge, wie von vielen Familien wegen des "Tapetenwechsels" gewünscht, sind bedauerlicherweise nicht durchführbar. Der Kinderbetreuung während der Veranstaltungen kommt naturgemäß ein hoher Stellenwert zu. Ausgebildetes Fachpersonal kann eingestellt werden. Wenn Angehörige hier selbst beim Spielen oder Basteln mitmachen oder sich auch in anderen Bereichen einbringen, z.B. Organisation von Gesprächs- und Kaffeerunden, Grillnachmittagen und anderen Vorhaben, wird nicht nur die Betreuung erleichtert, sondern auch das gemeinsame Erleben vertieft.
Immer wieder gern gesehen sind die Männer von "Radio Andernach", denen die Angehörigen für ihre Soldaten auf Band Grüße und Musikwünsche mitgeben können, die dann im Einsatzland ausgestrahlt werden.
Unverzichtbar für eine effektive Betreuung ist die enge Zusammenarbeit mit dem Personenkreis, der gezielt Hilfe in fast allen Lebenslagen anbietet: *den Sozialarbeitern und -beratern, den Wehrpsychologen und den Militärpfarrern*. Diese verfügen über all die Möglichkeiten einer fachbezogenen und wirksamen Unterstützung, die sich den solda-

tischen Betreuern naturgemäß verschließen. Vielen Angehörigen fällt jedoch der Schritt schwer, über die FB-Organisation mit diesen Damen und Herren Kontakt aufzunehmen oder dort selbst telefonisch oder persönlich vorzusprechen. Es scheinen Hemmungen vorhanden zu sein, den Sozialdienst zu bemühen – diese Bezeichnung wird von nicht Wenigen mit "Sozialamt, Sozialhilfe etc." assoziiert ("Wir sind doch nicht asozial") oder mit dem Psychologen in Verbindung zu treten ("Ich bin doch nicht bescheuert").
Deshalb tut Aufklärung not: Was kann der Sozialarbeiter leisten, was vermittelt der Sozialberater, was vermag der Psychologe, wie kann der Pfarrer helfen?
Sie sollten deshalb an jeder Betreuungsveranstaltung teilnehmen, damit die Angehörigen die Möglichkeit eines Gesprächs, auch unter vier Augen, leichter nutzen können. Unsere Erfahrung zeigt, dass bei diesen Treffen die Gelegenheit dazu eher ergriffen, die Kontaktaufnahme erleichtert wird und die Hemmschwellen sinken.

8 Erfahrungen

Zu Beginn eines Einsatzes sind das Interesse an Veranstaltungen und damit die Besucherzahlen in der Regel sehr hoch, sie nehmen aber mit zunehmender Dauer des Einsatzes ab. Dies ist jedoch nicht negativ zu werten, da diese Entwicklung auf die guten Verbindungen in das Einsatzland, das Ausbleiben schlechter Nachrichten und auch auf eine gewisse Routine zurückzuführen ist. Plötzlich auftretende Spannungen in den Einsatzländern, gefährliche Lagen, unklare Situationen und teilweise auch die Art der Berichterstattung der Medien verändern dieses Bild augenblicklich, wie der Beginn der Luftschläge auf Jugoslawien ("Ist mein Sohn in Mazedonien gefährdet?") oder der Einmarsch in das Kosovo ("Ist mein Papa jetzt im Krieg?") deutlich gezeigt haben. Die Zahl der Anrufe besorgter Angehöriger und der Besucher bei Veranstaltungen wuchs schlagartig. Eine mit militärischem Sachverstand vorgetragene lagebezogene Darstellung der Situation vor Ort, ohne Beschönigung und durchaus auch mit Hinweis auf eine real vorhandene Gefährdung in Verbindung mit menschlicher Zuwendung konnte den Angehörigen zumindest einen Teil ihrer Ängste nehmen.
Die Akzeptanz der FB-Organisation insgesamt ist hoch, die Resonanz der Familien auf das Betreuungsangebot unterschiedlich groß. Betreuung wird individuell interpretiert und genutzt. Dem Einen genügt das Wissen, dass er im Notfall auf Hilfe zählen kann, der Andere fühlt sich nur betreut, wenn mindestens wöchentlich eine Veranstaltung oder ein Treffen stattfindet. Insgesamt hält sich die Anzahl der Angehörigen mit großen Problemen, die "echter" Hilfe bedürfen, Gott sei Dank bislang in Grenzen.
In Einzelfällen werden auch überzogenes Anspruchsdenken und eine nicht nachvollziehbare Erwartungshaltung deutlich. Das zu Beginn der Einrichtung der FB-Organisation oft auch in den Medien propagierte "Hammer- und Nagelkommando" des FBZ/der FBSt wurde von einigen Wenigen als "Reparaturteam der Bw" weidlich ausgenutzt. Alle Hilfsmaßnahmen und -leistungen finden jedoch ihre natürlichen Grenzen dort, wo sie in Konkurrenz zu privaten Betrieben und Dienstleistungen stehen oder mit Versicherungs- und Haftungsfragen kollidieren. Arbeiten z.B. an Wasser-, Heizungs- und elektrischen Anlagen können daher keinesfalls Aufgaben der FBZ/FBSt

sein. Ganz generell ist hier der Fachmann gefragt, dessen Vermittlung auf Wunsch selbstverständlich übernommen werden kann.
Über Hilfeleistungen und ihre Art und Weise darf nicht pauschal geurteilt und entschieden werden, vielmehr verlangt jeder (Not-)Fall seine eigene, individuelle Behandlung. Zur Verdeutlichung: Die junge Frau, die mit einem Drink in der Hand im Liegestuhl liegt und einem schwitzenden Soldaten beim Mähen ihres Rasens zusieht, fällt gewiss nicht unter die Kategorie "Hilfe in Notfällen". Dagegen wird der Frau mit zwei kleinen Kindern, die einen gebrochenen Arm in der Schlinge trägt, die Bitte um Rasenmähen nicht abgeschlagen werden.

9 Ausblick

Die Einrichtung des Leit-FBZ mit seiner ständigen Präsenz und von FBZ/FBSt zur Betreuung der Familienangehörigen hat sich insgesamt bewährt und wird auch künftig zum selbstverständlichen Bestandteil der Auslandseinsätze gehören. Innerhalb kurzer Zeit ist diese Organisation gewachsen und hat sich gefestigt, ihre Bedeutung wird anerkannt, ihre Wirkung auf Familie und Soldat ist beträchtlich. Die Betreuungsarbeit, aber auch schon das bloße Vorhandensein der FBZ und FBSt gibt Sicherheit und trägt zur Beruhigung der Soldaten und ihrer Familien bei. Das Wissen, dass sich nicht nur im Notfall jemand um die Lieben daheim kümmert, hält "den Kopf für den Auftrag frei", hilft mit der Trennung besser zurecht zu kommen und wirkt sich somit insgesamt positiv auf die Motivation aus.
Planungen gehen davon aus, außer dem Leit-FBZ noch bis zu 19 FBZ als ständige Ansprechstellen mit *STAN-Personal* zu etablieren. Dies erscheint dringend notwendig, um Kontinuität in der Betreuungsarbeit, Verringerung der Personalfluktuation, Erreichen der erwarteten Professionalität und Planungssicherheit für die Soldaten zu erlangen, die damit frühzeitig wissen, welches FBZ sich in der Nähe des Wohnorts ihrer Angehörigen befindet.
FBSt sollen wie bisher "aufkommensabhängig", d.h. an Standorten, aus denen Soldaten in den Einsatz gehen, zeitlich begrenzt (Kontingentdauer) eingerichtet und den FBZ zugeordnet werden. Eine Entscheidung hierzu steht noch aus.
Die Verlängerung der Einsatzdauer auf sechs Monate bedeutet eine neue Qualität für alle Beteiligten. Sie stellt für Soldaten, aber besonders für ihre Angehörigen eine im Vergleich mit bisherigen Abwesenheiten nicht unerhebliche Mehrbelastung dar.
Ein Trend ist heute schon klar erkennbar: Die Probleme der Angehörigen verschieben sich deutlich weg von der Nachfrage nach handwerklicher Hilfe hin zur offen ausgesprochenen oder unterschwellig vorgetragenen Bitte um psychologische Hilfestellung[1]. Weniger deutlich ist dies bei Elternteilen bemerkbar. Bei vielen Freundinnen, Lebensgefährtinnen und Ehefrauen jedoch sind nicht nur Anzeichen der Unzufriedenheit und des Unmuts über die Länge der Trennung zu erkennen, vielmehr fallen häufig deutliche Worte der Verärgerung und Verständnislosigkeit.

1) Vergleiche hierzu den Artikel von Hautmann in diesem Buch (Seiten 424 ff)

Mehrmalige Einsätze –mittlerweile keine Ausnahmen mehr– verstärken noch den angesprochenen Trend. Die subjektive Wahrnehmung des langen Alleinseins –gegebenenfalls in Verbindung mit realen Schwierigkeiten daheim– kann und wird bei einigen Familien nach unserer bisherigen Erfahrung psychische/psychologische Probleme auslösen.
Natürlich ist dies jeweils in Abhängigkeit von den unterschiedlichen persönlichen Verhältnissen zu bewerten: Sind Verwandte und Freunde am Ort oder nicht? Wie ist die Reaktion der Nachbarn und Bekannten auf den Einsatz des Mannes und damit das Verhalten der Frau gegenüber? usw..
Insbesondere Ehefrauen mit Kindern klagen über die Länge der Zeit, da viele Kinder zunehmend ungewohnte Verhaltensweisen annähmen oder im Kindergarten oder in der Schule Auffälligkeiten verschiedenster Art zeigten. Ebenso wird häufig daran gezweifelt, dass der 14-tägige Urlaub diese lange Abwesenheit kompensieren kann. Im Gegenteil, oft hört man die Meinung, dass der Urlaub eben nicht hilft: Tiefer gehende Probleme können in der kurzen Zeit nicht gelöst werden, die Kinder "fremdeln", der Mann denkt nach wenigen Tagen schon wieder an den Abflug, man muss erneut Abschied nehmen usw.. Auch die Aussagen von Frauen, beim nächsten Einsatz solle der Mann lieber keinen Urlaub nehmen, sind nicht selten.
Es steht daher zu erwarten, dass SozialarbeiterInnen und Wehrpsychologen und möglicherweise auch die Militärpfarrer künftig erheblich mehr als bisher mit psychischen bzw. psychologischen Problemen konfrontiert werden.
Nicht unerwähnt bleiben darf, dass die Pflicht des Disziplinarvorgesetzten und auch der Kameraden, sich ebenfalls weiterhin der Angehörigen anzunehmen, bestehen bleibt und nicht ausschließlich an die FB-Organisation "abgegeben" werden kann.
Trotz aller Anstrengungen der beteiligten Institutionen und Einzelpersonen können den betroffenen Familien nicht alle Sorgen und Belastungen abgenommen werden, dies ist schlechterdings unmöglich. Die Nöte aber so klein wie möglich zu halten, dafür *"sind wir da!"*

Luise Hautmann:

Von Frau zu Frau: Selbsthilfe von Soldatenfrauen

1 Entstehung und Grundidee

Im Sommer 1996 trafen sich vier Soldatenfrauen im Familienbetreuungszentrum (FBZ) Coesfeld. Gemeinsames Ziel war, die gute Arbeit der Soldaten im Einsatzland und die Familienbetreuung mit "zarter Frauenhand" und weiblichen Ideen zu unterstützen.
Da es sich bei den "Daheimgebliebenen" in der Regel um Frauen, also Ehefrauen, Verlobte, Freundinnen, Lebenspartnerinnen, Mütter usw. handelt, war schnell die Idee geboren, ein ergänzendes Projekt zur herkömmlichen Familienbetreuung zu starten, dass wir die Telefonaktion "Frau zu Frau" nannten. Die weiblichen Angehörigen sollten einen weiblichen Gegenpart im FBZ antreffen, denn die Erfahrung hat gezeigt, dass es sich von Frau zu Frau leichter und offener spricht. Ein Telefondienst, der regelmäßig einmal in der Woche angeboten wurde, sollte für die Frauen das offene Ohr für ihre Sorgen und Nöte sein, mit denen sie bisher allein zu Hause fertig werden mussten.
Doch wider Erwarten fand dieses Angebot nicht die erhoffte Resonanz, das Telefon klingelte kaum. Die gewählte Arbeitsweise, auf Anrufe zu warten, stellte sich als wenig effektiv heraus. Nicht die passive Telefonarbeit war gefragt, sondern die aktive, offensive Arbeit mit dem Telefon war gefordert. Angehörige gestehen nicht gerne ein, dass eventuelle Probleme oder Schwierigkeiten während der Trennung auftreten, geschweige denn, dass sie den Mut finden, darüber zu reden und um Hilfe und Unterstützung zu bitten. Also wurde die abwartende Haltung aufgegeben. Die Angehörigen der Soldaten erhielten jetzt Anrufe vom FBZ, wo man sich nach ihrem Befinden erkundigte, sie bei Bedarf in kleinen oder großen Notsituationen aufbaute, oder ihnen einfach Mut zusprach und auch Lob und Dank für die Arbeit zu Hause zollte.
Dies war die Initialzündung für eine neue Form der Betreuung innerhalb der Arbeit eines FBZ. Die Angehörigen sprachen von der Erfahrung, zum ersten Mal in ihrer besonderen Situation wahrgenommen worden zu sein. Sie trafen auf eine verständnisvolle Gesprächspartnerin, der aufgrund der ähnlichen Lebenssituation nichts fremd war, der man nicht zeitraubend den momentanen Alltag mit allen Widrigkeiten erklären musste. Auch in den Augen von Außenstehenden noch so banal erscheinende Fragen erhielten eine Antwort.
Die aktive ernsthafte und individuelle Wahrnehmung half den Angehörigen, Kraft zu finden, die Zeit der Trennung leichter zu bewältigen und zu überstehen. Man war nicht mehr allein. Oft endete ein Telefongespräch mit dem Satz: "Es hat mir gut getan, endlich mit jemandem darüber reden zu können." Aus dieser einfachen Idee hat sich die Aktion "Frau zu Frau" entwickelt, die nun eine feste und unentbehrliche Größe innerhalb der Arbeit der Betreuungseinrichtung in Coesfeld darstellt.

2 Erfahrungen

In den vergangenen dreieinhalb Jahren wurden über 1000 Telefongespräche von "Frau zu Frau" geführt. Die durchschnittliche Gesprächsdauer betrug dabei ca. zehn Minuten. Es gab aber auch eine Vielzahl von Telefonaten, die dreißig oder vereinzelt sogar bis zu sechzig Minuten dauerten. Dabei hat sich gezeigt, dass es unterschiedliche Arten von Gesprächen gibt, je nach dem, um welche Lebenssituation der Angehörigen es sich handelt. Folgende Gruppierungen haben sich herauskristallisiert:

- Mütter,
- berufstätige Ehefrauen ohne Kinder,
- Ehefrauen mit Kindern,
- Lebenspartnerinnen oder Freundinnen,
- Väter, Geschwister und Großeltern.

Für jede Gruppe stehen andere Fragen im Vordergrund. Auch gestaltet sich die Trennung vom Soldaten unterschiedlich.

Die *Mütter* sind in erster Linie um das persönliche Wohl der Soldatin/des Soldaten besorgt. Die Gespräche kreisen um Themen wie Wäsche, Verpflegung oder Unterkunft. Mütter möchten auch möglichst praktisch und direkt ihre Tochter/ihren Sohn im Einsatzland unterstützen. Sie schämen sich wegen der Sorge um ihr "Kind", das doch eigentlich erwachsen ist. Häufig finden sie nicht einmal beim eigenen Ehemann Verständnis dafür. Wir nehmen ihre Sorgen ernst, wir verstehen, warum sie bei den Wetternachrichten zuerst in Richtung Einsatzland schauen und dann erst zum eigenen Wohngebiet. Wir ermutigen die Mütter dazu, ihrem Bedürfnis des Umsorgens ruhig nachzugeben und z.B. Päckchen zu schicken und diese mit Dingen zu füllen, die nach "zu Hause" riechen oder schmecken. Ebenso ist es wichtig, die besondere Bindung, die zwischen Mutter und Kind ein Leben lang bestehen bleibt, hervorzuheben und zu bestätigen. Bei den Info-Veranstaltungen versuchen wir, Kontakt zwischen betroffenen Soldatenmüttern herzustellen, damit sie sich gegenseitig unterstützen und Erfahrungen austauschen können.

Bei den *Ehefrauen* steht die eigene Situation und die eigene Betroffenheit im Vordergrund. Unsere Eingangsfrage: "Wie geht es Ihnen?" soll deutlich machen, dass wir uns in erster Linie für die Belange der Frau interessieren. Inhalte der dann folgenden Gespräche sind das Erleben der Trennung in den unterschiedlichen Phasen und die individuellen Möglichkeiten, damit fertig zu werden. Sehr häufig berichten uns die Frauen, dass sie in ihrem engeren Umfeld auf wenig Verständnis für ihre Situation treffen. Selbst bei Freunden, Nachbarn, Kollegen oder der eigenen Familie ist es schwierig, mit den Sorgen und Nöten ernst genommen zu werden. Die Frauen erzählen, dass sie dann wenig hilfreiche Antworten zu hören bekommen wie "Das wird schon wieder!", "Du wusstest ja, auf was du dich einlässt, als du einen Soldaten geheiratet hast!", "Sei doch froh, dass du deinen Mann für ein paar Monate los bist!" oder "Es gibt doch gutes Geld dafür!". Solche wenig hilfreichen Sätze verstärken das Stimmungstief und verwirren die Gefühle der Ehefrauen zusätzlich. Ihren Männern erzählen diese Frauen in der Regel nichts von diesen Erfahrungen, um sie nicht noch mehr zu belasten. Auch

von den vielen anderen Sorgen und Ängsten reden die Frauen selten. Sie wollen es alleine schaffen und ihren Männern den Rücken frei halten. Das ist eine große Belastung, die in der Regel kaum Anerkennung findet. Wir haben es uns zur Aufgabe gemacht, diese "Arbeit" zu Hause wenigstens mit Aufmerksamkeit und Verständnis zu honorieren.
Bei den Gesprächen mit den Ehefrauen ist uns ein Punkt besonders aufgefallen, der die Situation des Alleinseins und der Einsamkeit deutlich macht. Frauen, die keine Kinder haben, beneiden diejenigen, die Kinder haben, weil diese für jemanden sorgen können und weil sie nicht alleine zu Hause sind. Anders die Ehefrauen mit Kindern, sie beneiden die andere Seite, weil diese nicht rund um die Uhr angebunden sind und Bestätigung bzw. Ablenkung im Beruf finden. Das Leben der Ehefrauen ohne Kinder unterscheidet sich deutlich von dem der Ehefrauen mit Kindern in der Zeit des Getrenntseins.
Ehefrauen mit Kindern sind doppelt belastet. Sie müssen einerseits mit den eigenen Ängsten und Gefühlen fertig werden, aber dazu noch die Entwicklung der Kinder mit im Auge behalten. Bei den Telefonaten wird deutlich, dass sie sich viele Gedanken darum machen, wie die Kinder diese lange Trennung vom Vater verkraften. Die Frauen stehen oft vor Problemen, mit denen sie trotz bester Vorbereitung nicht rechnen konnten. Von den "Alleinerziehenden auf Zeit" fordert bereits der normale Erziehungsalltag die ganze Kraft. Aber wie antwortet man auf die Frage der Tochter, die in der Schule über den Krieg gesprochen hat, ob Papa als Soldat auch so schlimme Dinge tut, wie andere Soldaten? Wie tröstet man, wenn man selbst traurig ist, über einen längeren Zeitraum ein kleines Kind, das den Papa vermisst? Wie entlastet man den ältesten Sohn, der häufig Vaters Rolle und Aufgaben übernimmt und damit überfordert ist? Wie hält man bei Kleinstkindern die Erinnerung an Papa wach?[1] Die Liste der Fragen und Problemsituationen ist lang und vielschichtig. Sie ist abhängig vom Alter der Kinder und den Vorerfahrungen. Wir erleben immer häufiger, wie die Kinder in den Familien deutliche Signale der Verunsicherung zeigen oder sogar verhaltensauffällig werden. In den Telefongesprächen finden dann die betroffenen Mütter zum ersten Mal Gelegenheit, über solche Probleme sprechen zu können. Zunächst ist es wichtig, die Ehefrau von der oft vorhandenen Selbstbeschuldigung, versagt zu haben, zu entlasten. In dieser außergewöhnlichen Belastungssituation sind viele der auftretenden Probleme und die damit verbundenen Reaktionen als "normal" und letztendlich auch als "gesund" zu werten. Denn nur die gelebte Traurigkeit, das weinende Kind oder die offene Wut helfen, die Situation zu bewältigen. Gemeinsam überlegen wir dann, welche möglichen Unterstützungsmaßnahmen es gibt. Wenn notwendig und gewünscht, vermitteln wir über die Betreuungseinrichtung weitere Hilfen. Die Angehörigen sind dann positiv überrascht, dass es solche Hilfsangebote wie psychologische Beratung, Sonderurlaub für den Soldaten oder, bei besonders gravierenden Fällen, auch die Rückführung aus dem Einsatzland gibt.

---

1) Vergleiche hierzu den Artikel von Leifert und Riedel in diesem Buch (Seiten 430 ff)

Bei den *Lebenspartnerinnen und Freundinnen* ist die Aufrechterhaltung der Partnerschaft und die Sorge um ein Entfremden oder sogar ein Scheitern der Beziehung durch die lange Trennung Hauptthema in den Telefongesprächen von "Frau zu Frau". Hohe Handy-Rechnungen sind ein deutliches Zeichen dafür, dass man dem Partner möglichst alles und sofort erzählen möchte. Das führt dann häufig zu Missverständnissen und Enttäuschungen, wenn der Soldat wegen dienstlicher Gegebenheiten nicht immer erreichbar ist. Dann leisten die Telefonfrauen Aufklärungsarbeit. Immer wieder weisen wir darauf hin, wie wichtig das Briefeschreiben ist. Worte über das Handy sind schnell gesagt und können schnell falsch verstanden werden. Bei einem Brief kann man die Worte bewusster wählen und der Soldat kann sich die Zeilen von der Liebsten immer wieder zur Hand nehmen.
Die Gespräche mit der Gruppe der *Väter, Geschwister und Großeltern* bewegen sich eher auf einer sachlichen Ebene. Viele konkrete Fragen, manchmal auch militärischer Art, müssen beantwortet werden. Erstaunlich oft wird nach dem Sinn des Einsatzes gefragt und manches Mal auch heftig dagegen gewettert. Der Satz: "Warum muss mein Sohn seinen Kopf für fremde Probleme hinhalten?", fällt häufiger, ebenso wie die Frage: "Ist dieser Krieg wirklich unsere Angelegenheit?" Es braucht dann viel Einfühlungsvermögen, um sich nicht auf eine Diskussion einzulassen, sondern hinter den Worten die Sorge um den Sohn, den Bruder oder Enkel zu erkennen. Bei den älteren Gesprächsteilnehmern löst der Einsatz alte Erinnerungen und die damit verbundenen Ängste aus. Andererseits erzählen gerade Väter davon, dass sie es gut finden, wenn der Sohn einmal den Ernst des Lebens kennenlernt und ihm einmal ein anderer Wind um die Nase weht. "Endlich weg von Mutters Rockzipfel!", ist ein gängiger Spruch.

3 Aktuelle Situation

Das Team der Frauen am Telefon besteht z. Zt. aus zehn Soldatenfrauen unterschiedlichen Alters. Die Aktion "Frau zu Frau" wird schon in die Veranstaltung zur Erstinformation mit einbezogen. Das Team der Telefonfrauen wird dabei den Soldaten und deren Angehörigen vorgestellt. Abhängig von der Anzahl der zu betreuenden Familien/Angehörigen wird an einem oder zwei Abenden in der Woche, in der Regel Dienstags oder Mittwochs von 19.00 Uhr bis 21.00 Uhr in der Kaserne der Telefondienst betrieben. Jede Telefonfrau betreut einen festen Stamm von Familien/Angehörigen. Diese kontinuierliche Arbeit ist Voraussetzung für den Aufbau und die Pflege der Kontakte. Durchschnittlich erreichen die Telefonfrauen so neben den üblichen Veranstaltungen des FBZ zusätzlich mindestens zwei bis drei weitere Kontakte. Alle Gespräche werden streng vertraulich behandelt. Nur auf Wunsch der Angehörigen werden die Soldaten der Betreuungseinrichtung informiert und eingeschaltet, um Fragen zu beantworten oder in bestimmten Situationen praktische Hilfe zu leisten.
Die Teilnahme an den monatlichen Info-Veranstaltungen ist eine Selbstverständlichkeit. Die Frauen des Teams und die Angehörigen erhalten Gesichter, ein weiterer Baustein für eine vertrauensvolle und persönliche Gesprächsführung am Telefon. Zuneh-

mend wird die Plattform dieser Info-Veranstaltungen auch als Chance genutzt, themenbezogene Gesprächsrunden für die Angehörigen anzubieten.
Auch nach der Rückkehr der Soldaten halten die Frauen auf Wunsch den Kontakt aufrecht. Viele Soldatenfamilien sind im Laufe der Zeit zum zweiten oder dritten Mal in der Betreuung. Für diese Familien ist die Arbeit der Aktion "Frau zu Frau" ein unentbehrlicher Bestandteil innerhalb der Betreuung geworden und ist nicht mehr wegzudenken.
Mit Beginn von KFOR hat die Arbeit der Telefonbetreuung eine nicht ganz unproblematische Entwicklung und eine andere Qualität für die durchführenden Frauen erhalten. Den Soldaten und Angehörigen wurde nachhaltig und teilweise auch drastisch klar, dass ein Einsatz auch mit Verwundung, Verletzung und sogar Tod einher gehen kann. Der Krieg wandelte sich von einem abstrakten Gebilde zum realen Begleiter mit allen Gefahren für den Partner. Die Telefongespräche veränderten sich, wurden spürbar ernster, nachdenklicher und intensiver, der Zeitaufwand vergrößerte sich deutlich. Die Probleme der Familien/der Angehörigen wurden brisanter und somit stiegen entsprechend die Anforderungen an die Frauen am Telefon. Vor KFOR reichten regelmäßige Teamgespräche, gegenseitige Beratung und Fallbesprechungen aus, um persönliche Grenzen in der Beratung zu erkennen und zu überwinden. Jetzt spüren die Frauen, dass eigene Erfahrungen und Erinnerungen die notwendige Distanz nicht immer zulassen, die Frau am Telefon wird gefühlsmäßig zu stark aufgewühlt. Deshalb erhält die Projektgruppe seit Anfang des Jahres eine kontinuierliche fachliche Begleitung in Form einer Supervision im Abstand von vier bis sechs Wochen. Eine Weiterbildung in Gesprächsführung ist ebenfalls erfolgt. Diese Maßnahmen unter der Schirmherrschaft der Evangelischen Arbeitsgemeinschaft für Soldatenbetreuung (EAS) sollen das Projekt "Frau zu Frau" unterstützen und festigen, damit es weiterhin als wichtiges Bindeglied zwischen den Familien/den Angehörigen und der Betreuungseinrichtung fungieren kann.

4 Schlussfolgerungen

Nach dreieinhalb Jahren kontinuierlicher Telefonarbeit hat sich ein nicht unerheblicher Erfahrungsschatz mit vielfältigen Nutzungsmöglichkeiten angesammelt. Die ununterbrochene Arbeit der Familienbetreuung in Coesfeld seit Januar 1996 und das wohlwollende Entgegenkommen der betroffenen und beteiligten Vorgesetzten leisten dazu einen entscheidenden Beitrag. Trotz der hohen persönlichen Belastung versehen die Frauen ihre ehrenamtliche Arbeit mit großem Engagement und bringen sich mit ihrer ganzen Person und die damit verbundene Betroffenheit als Soldatenfrau ein. Die Integration in das Team der Betreuungsorganisation und die Anerkennung der Arbeit als unentbehrlicher Bestandteil der Familienbetreuung hat geholfen, die Basis zu schaffen, die Probleme der Angehörigen erstmals wahrzunehmen, Verständnis zu haben und Hilfe anzubieten.
Durch das aktive Zugehen auf die Angehörigen der Soldaten im Auslandseinsatz, beginnend schon während der Vorbereitung, ist das frühzeitige Erkennen von Problemen oder schwierigen Situationen möglich. Schon oft konnte die präventive Arbeit der Aktion "Frau zu Frau" durch persönliche und vertrauensvolle Kontakte rechtzeitig helfen und wirksame Unterstützung anbieten.

InstBtl 110

Familienbetreuungsstelle Projekt "Frau zu Frau" Coesfeld

Flamschen 60 · 48653 Coesfeld
Tel.: 0 25 41 / 9 23 - 3 93 · Fax: 0 25 41 / 9 23 - 6 94

Projekt "Frau zu Frau" - unser Steckbrief

Wer sind wir?

- eine Gruppe von Soldatenfrauen, die den den Alltag der Soldatenfamilien aus eigener Anschauung kennen.

Was machen wir?

- unterstützen seit 1996 die gute Arbeit der Soldaten im Einsatzland und in der Familienbetreuung durch ehrenamtliche Mitarbeit.
- telefonieren einmal in der Woche in der Regel Dienstags oder Mittwochs von 19.00 Uhr bis 21.00 Uhr mit den Angehörigen.
- behandeln jedes Gespräch streng vertraulich.
- nehmen an den Informations- und Betreuungsveranstaltungen teil.
- bieten themenbezogene Gesprächsrunden an, z.B. "Nach der Rückkehr was hat sich verändert?"

Was wollen wir?

- ein offenes Ohr haben für alle Sorgen und Nöte, mit denen Sie jetzt alleine zu Hause fertig werden müssen.
- helfen, Kraft zu finden, um die Zeit der Trennung leichter bewältigen und überstehen zu können.
- Mut machen und Hilfe vermitteln für die "Arbeit" zu Hause.
- Verbindungen herstellen z.B. zur Betreuungseinrichtung oder anderen Angehörigen.
- Wege aufzeigen, um mit dem Alleinsein fertig zu werden.

Was können Sie tun?

- reden Sie mit uns, trauen Sie sich, sprechen sie uns an !

Wir freuen uns darauf !

Josef Leifert und Dietlinde Riedel:

"Der Vater ist im Krieg"

1 Die Ankündigung des Auslandseinsatzes

Die Ankündigung des bevorstehenden Auslandseinsatzes kann in der Familie Reaktionen von Begeisterung und Stolz bis hin zu Angst und Verzweiflung auslösen. Vor allem aber sind es negative Gefühle wie Beklemmung und Sorge, die sich in der Familie einstellen. Die Reaktion der Kinder hängt ganz entscheidend von zwei Faktoren ab: vom Lebensalter der Kinder (siehe Abschnitt 4) und vom Verhalten der Eltern.
Zunächst schaut alles auf den Vater, der ja die Hauptrolle in dieser besonderen Situation spielt, der ins Ausland muss, der von der Familie getrennt und möglichen Gefahren ausgesetzt ist. Er spielt traditionell die Rolle von Autorität und Vorbild, von dem, der Orientierung gibt und sagt, wo's lang geht.
Ganz wichtig ist: Strahlt er Sicherheit und Zuversicht aus, oder gibt er zu erkennen, wie sehr ihn die bevorstehende Zeit belastet? Seine Einstellung beeinflusst die ganze Familie, zunächst einmal die Mutter, die auch die Hauptlast zu Hause zu tragen hat. Ihre Haltung, ob sie nun von Selbstvertrauen ("Das werde ich schon schaffen") oder von Resignation ("Das steh' ich nicht durch") geprägt ist, wirkt sich auf die emotionale Lage der übrigen Familienmitglieder aus. Weil die Familie ein zusammenhängendes Sozialgefüge ist, beeinflusst jede Einstellung, jede Reaktion, jede Gefühlsäußerung alle anderen Familienmitglieder.

2 Vorbereitungen auf den Einsatz

Es ist denkbar, dass der Mann seine Familie nicht beunruhigen will und ihr möglichst spät oder vielleicht sogar überhaupt nicht von seinem bevorstehenden Auslandseinsatz erzählt. Dann handelt er etwa so, wie die Leitung eines Konzerns, die ihren Mitarbeitern plötzlich erklärt, dass ihr Betrieb geschlossen wird und sie auf der Straße stehen. Es ist kaum denkbar, dass die Familie anders reagieren würde als mit Enttäuschung, Wut, Trauer und dem Gefühl, betrogen und verlassen worden zu sein. Hier ist es wichtig, Mut zu zeigen und auch die unangenehmen Dinge klar und rechtzeitig anzusprechen. Zunächst einmal sollten die Eltern sich besprechen und sich untereinander klar werden, was sie erwartet. Aber sie sollten nicht lange ein Geheimnis daraus machen. Das ist ohnehin kaum möglich, denn die Kinder spüren, je nach ihrem Alter, dass etwas Bedeutsames bevorsteht. Die offene Aussprache schafft die Voraussetzung für das wichtigste Bindemittel der Familie, das Vertrauen.
Neben den praktischen und organisatorischen Ratgebern für die Fürsorge und Betreuung, wie sie der Sozialdienst der Bundeswehr anbietet, von der Beihilfe, über Vollmachten bis zur Heizölbestellung, sollten sich die Familienmitglieder darüber Gedanken machen, wie sie den Trennungsschmerz am besten mildern können, etwa durch Fotos, Tonband oder Videoaufnahmen.

Die beste Hilfe liefert in belastenden Situationen immer die Solidarität der in gleicher Weise Betroffenen. Gemeinsame Aktionen starten, Gesprächsgruppen gründen, Stammtische einrichten, um überhaupt mal zu erörtern: An wen kann ich mich mit welchen Fragen wenden? Sehr hilfreich sind hier die Familienbetreuungszentren.
Bei allem Trennungsschmerz sollte aber auch eine Gefahr nicht übersehen werden: Die Betroffenen können die Rolle von Hilflosen mit dem Anspruch übernehmen, bedauert zu werden. Dazu ist zu sagen: In jeder misslichen Situation steckt eine Chance, sich zu bewähren und an der Herausforderung zu wachsen. Hilfe darf nicht zu Unselbständigkeit und Verwöhnung führen, sondern kann nur da ansetzen, wo sich die von Trennung Betroffenen wirklich nicht mehr allein helfen können.

3 Reaktionen der Umwelt

Unser Leben wird stark durch die Reaktion unserer Mitmenschen beeinflusst. Bei der Nachricht: “Der Mann muß zum Auslandseinsatz in Krisengebiete”, sind alle Reaktionen denkbar, von echtem Mitgefühl bis zum Zynismus: “Oh Gott, wie schrecklich”, “Oh wie schön”, “Das haben Sie doch gewusst, als Sie einen Soldaten geheiratet haben”, “Als Soldat muss man eben damit rechnen, aber das haben schon viele überlebt”, “Dann haben Sie ja keinen mehr, der Sie kontrolliert”.
Bei Bekannten und Freunden trennt sich jetzt die Spreu vom Weizen: Nur wenige möchten sich mit den Problemen anderer belasten, man hat ja genug eigene. Trauer und Schmerz sind unangenehm, dem geht man am liebsten aus dem Weg (“Was soll ich da sagen?”).
Einladungen werden immer seltener. Sie gehen meist von Frauen aus und diese spüren oft unbewusst: Von der alleinstehenden Frau geht eine Bedrohung aus, weil der eigene Ehemann seine Fürsorge zu unbefangen auf diese ausdehnen könnte. Die Umwelt gewöhnt sich nach kurzer Zeit an die neue Situation: “Der Mann ist im Auslandseinsatz, na und...”. Das ist kein böser Wille, sondern einfach Mangel an Einfühlungsvermögen. Das kann jeder leicht nachvollziehen, denn was Trennungsschmerz bedeutet, weiß man/frau erst, wenn er/sie es wirklich erlebt. Dann aber beginnt das Hauptproblem der Trennung, die Einsamkeit, weil sich tatsächlich keiner um die Familie kümmert, oder aber, weil man glaubt, allein gelassen worden zu sein.
Wichtig ist auch die Akzeptanz des Auslandseinsatzes in der Bevölkerung. Solange die Soldaten als Befreier begrüßt werden und auch die Bevölkerung zu Hause die Bundeswehr als Instrument der Friedenssicherung sieht, genießen auch die Soldatenfamilien Anerkennung. Wenn aber Interventionen als ungerechtfertigt angesehen werden oder gar das böse Wort ”Soldaten sind Mörder” kursiert, dann bekommt die Soldatenfamilie zu ihrem Trennungsschmerz noch die Verachtung der Umwelt zu spüren.

4 Reaktionen der Kinder

Wenn der Vater für längere Zeit der Familie entzogen wird, hinterlässt er eine Lücke, die irgendwie geschlossen werden muss. Das bedeutet: In der Familie werden die Rollen neu verteilt und die Beziehungen untereinander neu bestimmt. Dieser Prozess der Neuorientierung verläuft selten störungsfrei. Wie die Kinder darauf reagieren, ist abhängig vom Alter. Darum werden im Folgenden die wichtigsten Merkmale der jeweiligen Altersstufe, die Reaktionen der Kinder auf Trennung und Wiedersehen und das angemessene Verhalten der Eltern darauf kurz dargestellt.

4.1 Säugling – Kleinkind

Im ersten Lebensjahr werden die Grundlagen allen Sozialverhaltens gelegt. Zentrale Figur ist die erste Bezugsperson, im Normalfall die Mutter. Das Spektrum der sozialen Wahrnehmung ist davon abhängig, wie differenziert die Sozialkontakte des Kindes sind.

Wichtig für den Säugling ist jetzt nicht die ruhige Umgebung, sondern die frühe Anregung. Das Kind lernt aus dem Dialog der Eltern. Es versteht natürlich keine gesprochenen Sätze, aber es nimmt die Atmosphäre auf, die Stimmung, die emotionale Situation. Das Fehlen des Vaters bedeutet dann ein Defizit, wenn jetzt völlige Stille einkehrt. Das Kind ist besonders in dieser Lebensphase auf die Reize der Umwelt, die die Sinne und Gehirnzellen aktivieren, angewiesen. Wo diese Reize fehlen, schafft das Kind sie sich selber, es schreit.

Andererseits hat das Kind schon ein feines Gespür für die Qualität der Reize. Angst, Aufregung und Hektik lösen bei dem Kind entsprechende Reaktionen hervor. Der Dialog zwischen den Bezugspersonen bildet die Grundlage für das Gefühl der Geborgenheit und das Urvertrauen, mit dem das Kind in Zukunft seiner Umwelt gegenüber tritt. Mit ca. acht Monaten entwickeln die meisten Kinder eine Angst vor Fremden, die die Grundlage für die soziale Bindungsfähigkeit bildet.

Wie weit das plötzliche Ausbleiben des Vaters als einer wichtigen Bezugsperson für das Kind problematisch ist, hängt davon ab, wie die Mutter mit der Situation fertig wird. Sie muss jetzt nicht nur den Trennungsschmerz bewältigen, sondern hat auch allein die Verantwortung für die Erziehung der Kinder.

Bei der Rückkehr nach sechs Monaten ist der Vater für das Kind dieser Altersgruppe ein Fremder, der stört und die Mutter mit Beschlag belegt. Er darf also zunächst keine Freude erwarten, sondern muss mit Angst und Ablehnung rechnen. Offensichtlich erinnern sich Säuglinge und Kleinkinder über Geruch, Stimme und Herztonus an vertraute Personen. Durch langsame Gewöhnung und vorsichtige Kontaktaufnahme sollte er nach und nach das Vertrauen des Kindes gewinnen. Das kann dadurch geschehen, dass er an der Betreuung wie Füttern, Baden, Wickeln teilnimmt und sich in Gegenwart der Mutter langsam annähert.

4.2 Vorschulkind

Das Alter von zwei bis fünf Jahren ist die Zeit der Orientierung. Die Begriffe: Fragealter, Trotzalter, Spielalter verdeutlichen, wie das Kind beginnt, die Welt zu erobern und darin seine eigene Position zu finden. Dabei ist das Verhältnis zu den engsten Be-

zugspersonen entscheidend für eine stabile Bindung. Die Bindung entsteht vor allem durch die Befriedigung der Bedürfnisse: Hunger, Durst, Kontakt, Zärtlichkeit, Zuwendung, Geborgenheit, Sicherheit. Eine sichere Bindung ermutigt das Kind zu aktivem Lernverhalten, vermittelt soziale Kompetenz und angstfreies Zugehen auf die Umwelt.
Während aber der Säugling sich nach einiger Zeit auf eine neue Bezugsperson einstellen kann, ist die Bindung des Vorschulkindes schon viel individueller. Eine Trennung hat jetzt einen besonderen, vor allem emotionalen Stellenwert. Zwar ist das Gedächtnis noch nicht mit dem der Erwachsenen vergleichbar. Kinder sind in der Merkfähigkeit überlegen (Memory). Das Langzeitgedächtnis verblasst sehr schnell, wenn nicht Ereignisse und Personen mit räumlichen Gegebenheiten und Gegenständen verbunden werden. “Morgen ist, wenn ich geschlafen habe”, “Wenn es schneit, kommt Papa wieder”, “Das ist Papas Mantel”, “Das ist Papas Motorrad”, “Das da auf dem Bild ist Papa”.
Sehr eindrucksvoll berichtete eine Mutter, wie sie ihrer vierjährigen Tochter den Auslandseinsatz des Vaters erklärte, dass dieser jetzt “lange” fort sein würde und dass diese nach 14 Tagen fragte: “Mama, lange ist doch jetzt bald vorbei, oder?” (siehe Literatur).
Die Rolle des Vaters ist in dieser Phase deswegen wichtig, weil das Kind jetzt die ersten Schritte zur Überwindung des kindlichen, magischen Weltbildes tut. Noch sind Vorstellungen, Gefühle, Wünsche bestimmend für das Erleben. Wirklichkeit und Phantasie gehen noch ineinander über. Das langsame Begleiten in die Wirklichkeit der Erwachsenen bleibt jetzt allein an der Mutter hängen.
In diese Zeit fällt auch die erste größere Stresssituation für das Kind, der Eintritt in den Kindergarten. Der Aktionsradius wird erweitert und die Auseinandersetzung mit anderen Kindern und Erwachsenen steht an. Hier braucht das Kind das Gefühl des Schutzes und der Geborgenheit, um diese Situation unbeschadet zu überstehen.
Auch die Sprachentwicklung hat ungünstigere Voraussetzungen, wenn die sozialen Beziehungen reduziert werden. Das Kind lernt aus dem Dialog der Erwachsenen. Wenn dieser fehlt, ist die Entwicklung des Wortschatzes beeinträchtigt. Nachteilig ist es jetzt, wenn die Mutter sich in ihrem Trennungsschmerz zurückzieht und die Kommunikation mit dem Kind auf das Notwendigste beschränkt.
In diese Phase fallen auch die ersten Schritte der Selbststeuerung und der Ich-Entwicklung, in denen das Kind lernt, seine Grenzen auszutesten. Das äußert sich sehr oft in einem massiven Trotzverhalten. Hier die richtige Balance zu finden zwischen den Extremen, den Willen zu brechen oder völlige Nachgiebigkeit, mit den Konsequenzen, dass das Kind im ersten Fall lernt, dass es dem Liebesverlust nur entgehen kann, wenn es seinen Willen aufgibt, und im zweiten Fall, dass es mit Wutausbrüchen und Trotz alles erreichen kann, diese Balance muss jetzt die Mutter allein finden.
Bei der Vorbereitung auf den Auslandseinsatz, der ja die ganze Familie belastet, ist eine klare und ruhige Information des Kindes über bevorstehende Ereignisse notwendig, am besten, indem man an schon mal Erlebtes anknüpft. Die Rückkehr des Vaters ist auch für das Vorschulkind nicht unproblematisch. Denkbar ist durchaus, dass es den

Vater nicht mehr erkennt ("Mama, bleibt der Mann jetzt länger"). Das ist vom Lebensalter, aber auch davon abhängig, wie weit die Mutter es verstanden hat, die Erinnerung an den Vater im Kind wach zu halten. Denkbar ist weiterhin, dass das Kind in dem ihm eigenen Egozentrismus den Vater ganz mit Beschlag belegt, mit einem Redeschwall überfällt und sich anklammert.
Dem Kind ist in dem Alter kaum zu vermitteln, dass es andere als die eigenen Probleme gibt.

4.3 Das Schulkind

Der Eintritt in die Schule verlangt vom Kind Ausdauer, Konzentrationsfähigkeit, Aufmerksamkeit, Leistungsbereitschaft und Disziplin. Es muss also fähig sein, sich zu kontrollieren und zu steuern. Diese Fähigkeit wird dem Kind vor allem durch die Erziehungsarbeit in der Familie und die Identifizierung mit den Eltern vermittelt.
Wie wichtig das Vorbild der Eltern ist, zeigt sich in der geringeren Leistungsmotivation und Leistungsfähigkeit von Heimkindern. Kinder leisten vor allem deswegen etwas, weil sie dadurch Liebe und Anerkennung erfahren.
Etwa mit neun Jahren, "das ist das Alter der Väter", ist die Identifikation mit den Eltern ausgeprägt. Das zeigt sich in einem besonderen Stolz auf die Eltern. Wichtig sind Statussymbole wie Geld, Besitz, soziales Ansehen, Beruf. In dieser Zeit verfestigen sich auch soziale Vorurteile.
Allmählich rücken auch die Geschlechter auseinander. Die Jungen kommen nicht mehr so unbefangen zur Mutter ins Bett und die Mädchen sitzen nicht mehr beim Vater auf dem Schoß. Man spricht von der Entwicklung einer Inzestschranke. Trotz der starken Identifizierung mit den Eltern kommt es zu einer deutlichen Distanzierung, die zu einer zeitweiligen Aggression gegenüber einem Elternteil oder auch beiden führen können.
Merkmal der Geschlechterdifferenzierung ist die Übernahme der Geschlechterrollen: Bei den Buben spielen Mut, Kraft und Durchsetzungsfähigkeit eine große Rolle, Aggressivität wird akzeptiert, während von den Mädchen trotz Emanzipationsbemühungen ("Brave Mädchen kommen in den Himmel, böse Mädchen überall hin") noch immer die traditionelle Rolle mit den Eigenschaften "schön, brav, angepasst" verlangt wird.
Die wichtige Rolle, die der Vater auch für die Kinder in dieser Altersphase spielt, muss nun die Mutter allein übernehmen. Der Vater kann vorsichtig an die Solidarität des Kindes appellieren "Mama und du, ihr zwei müsst euch jetzt gegenseitig helfen". Dabei muss er die Gefahr der Überforderung für das Kind sorgfältig abschätzen.
Die überforderte Mutter kann leicht in den Fehler verfallen, das Kind mit Androhung von Strafe zu disziplinieren ("Warte, wenn Papa erst heimkommt, dem werd' ich erzählen, wie du..."). Damit erreicht sie allenfalls, dass aus dem Idealbild des Vaters, das sich im Kind herausgebildet hat, mit dem langsamen Verblassen des realen Bildes, ein drohendes Schreckgespenst wird.

Die Rückkehr des Vaters erlebt das Kind nach dem Bild, das es sich vom Vater gemacht hat. Dieses stimmt nur selten mit der Wirklichkeit überein. Darum sind Konflikte vorprogrammiert. In der ersten Phase des Wiedersehens sind alle Reaktionen möglich, vom ungebremsten Redeschwall bis zu ängstlicher Distanz, von Anwandlungen der Eifersucht ("Der sieht ja nur die Mama") bis hin zu völliger Vereinnahmung des Vaters.

4.4 Jugendliche

Die Zeit der Pubertät ist eine Phase der körperlichen und seelischen Veränderungen, der Neuorientierung und der Entwicklung eines Selbstwertgefühls. Sie steht unter der Frage "Wer bin ich?". Es ist die Zeit der Labilität, der Unausgeglichenheit, der Anpassungsschwierigkeiten, des Hin- und Hergerissenseins zwischen Autonomiestreben, Durchsetzungswillen, Eigensinn auf der einen Seite und Anlehnungs- und Schutzbedürftigkeit auf der anderen Seite.

Bei den Jungen wird das labile Selbstwertgefühl kompensiert durch ein starkes Bedürfnis, in der Gruppe anerkannt zu werden. Es bilden sich neue Normen, was "cool" ist. Der hormonelle Wechsel führt zu einem Zustand erhöhter Erregung mit positiver Grundstimmung, erhöhtem Bewegungsbedürfnis (Sport), gesteigerter Aggressivität und allgemeiner Freude an Sinneseindrücken. Krach, Risiko, Action, das Überschreiten von Normen und Übertreibungen sind angemessene Ausdrucksformen. Selten ist etwas nur "out" oder "geil", sondern sofort "mega-out" oder "voll geil".

Bei den Mädchen äußert sich die Erregungsphase der Pubertät in allgemeiner Unruhe, in Rededrang und der ständigen Bereitschaft, über alles zu lachen. Das Bedürfnis nach Geselligkeit wechselt mit einem Bedürfnis nach Rückzug und Alleinsein ("Zeit der Tagebücher").

Das Erwachen der Sexualität stellt die Jugendlichen vor neue Probleme, verbunden mit Ängsten, ihre Rolle als Mann oder Frau zu finden.

Die Abwesenheit des Vaters in dieser Entwicklungsphase ist hier besonders gravierend, weil die Heranwachsenden jetzt eine reale Identifizierung bzw. Orientierung brauchen. Hier aber besteht auch die Chance zu einer echten Solidargemeinschaft zwischen Mutter und dem/der Jugendlichen. Das Einbeziehen in die gemeinsame Verantwortung ("Wir müssen das jetzt ohne Papa schaffen") kann mit dazu beitragen, das Selbstwertgefühl zu stabilisieren. Aber auch hier trägt die Mutter wieder die Hauptlast, denn sie muss bei der Labilität der psychischen Verfassung der Jugendlichen der Anker sein, an dem die Kinder bei Sturm festmachen können. Das ist der Normalfall. Denkbar ist natürlich auch die umgekehrte Situation, dass der/die Jugendliche mit den Problemen besser fertig oder gar zur Stütze für die Erwachsenen wird.

Bei der Rückkehr des Vaters ist folgendes zu beachten: Die Rollen in der Familie sind während des Auslandseinsatzes neu verteilt worden, die Jugendlichen haben ihre Position gefunden, meist Verantwortung und Entscheidungsfreiheit gewonnen. Jetzt wäre es fatal, wenn der Vater wieder bei Null anfangen würde, ohne die Leistungen während seiner Abwesenheit anzuerkennen.

5 Die Situation des rückkehrenden Vaters

Die Rollenerwartungen an einen Soldaten sehen meist so aus, dass er solchen Belastungen wie Trennung, Veränderungen, Entbehrungen, Gefahr und Konfrontation mit Verletzung und Tod gewachsen ist und die damit verbundenen Erlebnisse ohne größere Schäden wegsteckt. Dazu kommt, dass der Soldat diesen Erwartungen entsprechen möchte. Zu seinen Belastungen gehören neben der Trennung von der Familie die neue Umgebung, neue soziale Beziehungen, sowie starke dienstliche Beanspruchung manchmal bis zur Erschöpfung, gefahrvolle Aufträge usw..

Bei der Rückkehr ist er erfüllt von Erwartungen, die sehr verschieden von denen der Familienmitglieder sein können. Er kommt aus einer anderen Umgebung, an die er sich mittlerweile gewöhnt hat. In der Vorstellung aber richtet jeder seine Beziehung nach dem aus, was er aktuell erlebt. So kann es sein, dass der zurückkehrende Vater enttäuscht ist, weil keiner die Entbehrungen und Belastungen zur Kenntnis nimmt, die ein halbes Jahr für ihn der Alltag waren.

Wenn die Kinder überhaupt noch ein Bild vom Vater haben und es nicht schon längst verblasst ist, so ist es ein idealisiertes Bild, das ihrer Entwicklungsphase entspricht. Die Kinder "überfallen" den Vater mit ihren Ansprüchen in der Erwartung, jetzt für die lange Zeit der Abwesenheit entschädigt zu werden. Sie vereinnahmen ihn mit ihrem Mitteilungsdrang oder aber sie zeigen Unsicherheit und Distanz, je nach individueller Veranlagung und Lebensalter. Beide Seiten, die Familie und der heimkehrende Vater können Schwierigkeiten haben, ihre Erwartungen auf einen Nenner zu bringen. Die Reaktion kann auf beiden Seiten Misstrauen sein. Der Vater könnte meinen: Meine Familie mag mich nicht mehr, sie ist so anders geworden. Die Kinder empfinden: Papa hat sich verändert, er ist nicht mehr so wie früher. Da Kinder meist überfordert sind, die Situation realistisch einzuschätzen, ist es mal wieder Aufgabe der ohnehin stark belasteten Eltern, sich hier angemessen zu verhalten.

Äußerst problematisch ist es, wenn jetzt der Vater, der ja monatelang unter dem Prinzip von Befehl und Gehorsam gelebt hat, dieses Prinzip auf den Familienbereich übertragen will, in dem sich mittlerweile eine ganz neue Rollenverteilung ergeben hat, etwa nach dem Motto: "Während meiner Abwesenheit sind hier ja Sitten eingerissen, es wird Zeit, dass hier mal wieder einer zeigt, wo's lang geht." Es kann passieren, dass der Vater plötzlich von seinem vierjährigen Sohn zu hören bekommt: "Als du nicht da warst, war es viel schöner." Dann muss sich der Vater mit dem Sprichwort auseinandersetzen: "Kindermund tut Wahrheit kund."

Von den Heranwachsenden hört er vielleicht: "Oh je, jetzt bestimmt der wieder das Fernsehprogramm."

Deutlich wird auf jeden Fall eins: Das Wiedersehen ist nach dem anfänglichen Überschwang der Gefühle von Begeisterung und Freude nicht unproblematisch, sondern kann mit viel Stress verbunden sein.

Wichtig ist, dass sich alle Familienmitglieder, soweit sie das vom Alter her begreifen können, darauf einstellen, um nachhaltige Schädigungen der Beziehungen zu vermeiden.

6 Nach dem Auslandseinsatz

Für jeden in der Familie hat sich durch die Abwesenheit des Ehemannes und Vaters einiges verändert. Die eingespielten Rollen, die Aufgaben und Pflichten sind neu verteilt worden. Mit der Rückkehr müssen sich jetzt alle neu orientieren. Das kann völlig problemlos geschehen nach dem Motto: "Jetzt machen wir alles so wie früher", es kann aber auch Verunsicherungen und Störungen geben. Jede neue Rolle hat ihre eigenen Verpflichtungen, Erwartungen und Rechte.

Beispiele:

- Der zehnjährige Sohn hat mittlerweile die Aufgabe übernommen, fürs Wochenende einzukaufen. Der Vater bemerkt, wie der Junge nicht nur das gekauft hat, was auf dem Einkaufszettel der Mutter stand, sondern auch verschiedene Dinge, die dem Vater höchst überflüssig erscheinen. Er kann nun so reagieren, dass er der Mutter Vorwürfe macht: "Der Junge ist doch noch viel zu klein, den kann man doch noch nicht allein zum Einkaufen schicken." Damit demotiviert er Mutter und Sohn. Er kann aber auch den Sohn mit Lob bedenken: "Was habe ich für einen großen Sohn, der schon für die ganze Familie allein einkaufen kann". Die überflüssigen Einkäufe lassen sich dann leicht korrigieren, indem sich Vater und Sohn solidarisieren.
- Der Vater stellt fest, dass die siebzehnjährige Tochter ihren Freund mit nach Hause bringt und dieser auch die Nacht über bleibt. Mögliche Reaktionen des Vaters: "Solange du deine Füße unter meinen Tisch setzt ... usw.." Er kann aber auch sagen: "Jetzt merke ich auf einmal, dass ich schon eine erwachsene Tochter habe."

Die Erfahrungen des heimkehrenden Familienvaters können also reichen von den Extremen:

- "Ich kann meine Familie nicht allein lassen, das sieht man doch an dem Chaos, das ich hier vorfinde", über
- "Alle in der Familie sind so selbständig, die kommen auch mal ohne mich zurecht", bis hin zu
- "Die brauchen mich gar nicht, die haben mich überhaupt nicht vermisst."

In der Trennung steckt die Chance der Neuorientierung. Die Kinder können sich bewusst werden, wo ihnen der Vater gefehlt hat und was sie mittlerweile allein können, wo sie Selbständigkeit erlangt haben, während sie sich früher auf den Vater verlassen haben.

Die Mutter und Ehefrau hat jetzt die Gelegenheit, das beim Vater möglicherweise aufkeimende Gefühl "Ich werde nicht mehr gebraucht" umzumünzen in einen Stolz "Sieh mal, was du für prächtige Kinder hast, wie selbständig die geworden sind. Du kannst stolz auf sie sein."

Literatur:
Bundesministerium der Verteidigung (1996). Einsatzbedingter Stress, Vor dem Einsatz, Im Einsatz, Nach dem Einsatz, Bonn.
Erikson, E. (1965). Kindheit und Gesellschaft, Stuttgart
Grossmann, K. (1984). Zweijährige Kinder im Zusammenspiel mit ihren Müttern , Vätern, einer fremden Erwachsenen und in einer Überraschungssituation, Dissertation, Regensburg.
Gesell, A. (1954). Das Kind von 5 bis 10 Jahren, Bad Nauheim.
Familien-Information für Soldaten des Heeres im Einsatz und ihre Angehörigen, Ausgabe GECONKFOR (1999), Heeresamt, Bonn.
Keller, H., Werner-Bonus, E. (1978). Vater-Kind-Interaktionen bei drei Monate alten Säuglingen, Zeitschrift für Entwicklungspsychologie und Pädagogische Psychologie, Heft 4.
Klotzky, M. (2000). "Mama, lange ist doch jetzt bald vorbei, oder?" Bundeswehr aktuell, Nr. 10.
Meier-Probst, B., Teichmann, H. (1984). Risiken für die Persönlichkeitsentwicklung im Kindesalter, Leipzig.
Rottmann, M. (1980). Über die Rolle des Vaters in der Entwicklung des Kleinkindes. In: Naske, R. (Hrsg.): Aufbau und Störungen frühkindlicher Beziehungen zu Mutter und Vater, Wien.
Schenk-Danzinger, L. (1993). Entwicklungspsychologie, Wien: Österreichischer Bundesverlag.
Schick, I. (1997/98). "Als unser Papa nach Bosnien ging...", Forum für Soldatenfrauen, Hrsg. Streitkräfteamt, Bonn.
Spitz, R.A. (1957). Die Entstehung der ersten Objektbeziehungen, Stuttgart
Weber, W. Belastungen durch außergewöhnliche Ereignisse, Truppenpraxis 1 und 2/2000.

Notfallpsychologie

Ernst Frise:

Das Helpline-Service im österreichischen Bundesheer[1]

1 Der Beginn

Es ist schon einige Jahre her, dass den Heerespsychologischen Dienst (HPD) die Meldung über einen besonderen Vorfall erreichte, der nicht alltäglich schien. Der Selbstmord eines Grundwehrdieners war der Gegenstand und die festgestellten Beweggründe, "Tod beider Elternteile", machten betroffen.
Im Zuge unserer Recherchen stellten wir fest, dass zuerst die Mutter des Rekruten an Krebs gestorben und 14 Tage später der Vater bei einem Verkehrsunfall tödlich verunglückt war. Eine weitere Woche danach nahm sich der geschwisterlose 18-Jährige selbst das Leben.
Wir mussten weiters feststellen, dass sich schon nach dem Tode der Mutter eigentlich niemand gefunden hatte, der dem jungen Mann in seinem Leid beistehen wollte. In seiner Gruppe war er nach diesem Ereignis zum Außenseiter geworden, seine Kameraden und auch sein Gruppenkommandant waren offensichtlich nicht bereit, sein Leid wirklich wahrzunehmen und ihm in angemessener Weise beizustehen. Seine mehr oder weniger offenen Hilfsappelle wurden nicht ernst genommen – und bestenfalls mit Sprüchen wie "Reiß' Dich zusammen, es wird schon wieder werden" etc. , bagatellisiert. Auch den weiteren Vorgesetzten wurde die Hilfsbedüftigkeit und Einsamkeit des Grundwehrdieners nicht bewusst, zumindest wurden keine angemessenen Maßnahmen zur Betreuung durchgeführt oder veranlasst.
Wir meinten, dass dieser Selbstmord mit hoher Wahrscheinlichkeit zu vermeiden gewesen wäre, hätte der Rekrut nur eine Anlaufstelle für Beistand und Unterstützung gewusst oder gefunden. Aber es gibt eben Fälle, in denen die Sensibilität der Truppe für das Erkennen eines Betreuungsbedarfs nicht hoch genug ist. Auch besteht bei vielen Menschen offensichtlich eine gewisse Scheu, Hilfe anzubieten, weil sie dies nie richtig gelernt haben oder je tun mussten – es entspricht wahrscheinlich auch nicht dem in unserer Gesellschaft vielfach dominierenden Erfolgs- und Karrieredenken, sich mit Leid von Mitmenschen auseinanderzusetzen.
Dieser Vorfall brachte uns im folgenden dazu, weitere, ähnliche Ereignisse mit besonders kritischen Augen zu betrachten. Es wurde uns dabei wiederholt klar, dass Anlaufstellen für Hilfeleistung fehlen können, wenn jemandem etwas Außergewöhnliches zustößt: Nicht immer können Hilfebedüftige sich auf "Kameradenhilfe" verlassen, nicht immer haben Ratsuchende das nötige Vertrauen zu ihren Kommandanten und nicht immer können die Angehörigen bzw. Partner als Helfer vorausgesetzt werden –

1) Vergleiche hierzu Bild 25 im Fototeil

oft genug sind sie selbst das Problem. Auch können professionelle Helfer (z.B. der Militärseelsorger oder der Truppenarzt), wenn man sie überhaupt kennt oder man ihnen Helferkompetenz zubilligt, in der Krise unerreichbar sein.
So beschlossen wir, ein System zu begründen, welches in der Lage sein sollte, diese erkannte Lücke in der Betreuung von Soldaten auszufüllen. Im Zuge der Überlegungen hinsichtlich einer Realisierung wurde uns zum einen recht bald klar, dass ein solches Service "rund um die Uhr" wirksam sein müsste. In der Dienstzeit besteht wenig Gelegenheit, Hilfsappelle nach außen zu richten und es muß angenommen werden, dass manche Probleme in der Zeit nach Dienst, an Wochenenden und während der Feiertage besonders drückend werden können. Dieser Anspruch stellte uns –es war die erste Hälfte der 90er-Jahre– vor große Probleme. Man muss sich heute daran erinnern, dass das Mobiltelefon damals noch eine sehr unausgereifte und unsichere Verbindung darstellte.
Zum anderen war uns bewusst, dass ein solcher Dienst nur mit den und nicht gegen die Interessen der Truppe geführt werden kann. Wir mussten uns also um die Akzeptanz der Kommandanten bemühen. Auch dieser Schritt war gewiss kein einfacher und wir wurden dabei mit vielen ausgesprochenen und unausgesprochenen Argumenten konfrontiert. Sehr häufig hörten wir, dass die Truppe so etwas nicht brauche, das Netz der Betreuung sei ohnehin dicht genug und die Vorgesetzten seien durchwegs auch als Helfer kompetent. Oft wurden wir aber auch mehr oder weniger deutlich mit der Furcht von Kommandanten konfrontiert, wir wollten so etwas wie eine zweite Führungslinie aufbauen und dabei die Kommandantenverantwortlichkeit in Frage stellen. Die Vorstellung, dass auch Beschwerden über dienstliche Unzulänglichkeiten in dieses System einfließen und damit Gegenstand von ungewünschten Auseinandersetzungen werden könnten, war für viele Kaderangehörige schwer erträglich. Im Zusammenhang mit diesen Bedenken war es ganz einfach nötig, durch unmittelbare und auch persönlich geführte Diskussionen um das Vertrauen der Truppe zu werben. Wir bemühten uns dabei, glaubwürdig darzustellen, dass ein solches Service grundsätzlich der Schaffung von guten psychohygienischen Voraussetzungen und daher einem guten Führungsklima und letztlich der Einsatzbereitschaft dient. Trotzdem blieben die Einstellungen des Kaderpersonals bis zur Einführung dieser "Kummernummer" deutlich kontrovers.

2 Zur Organisation des Helpline-Service (HLS)

Trotz aller Schwierigkeiten und Widerstände wurde uns immer deutlicher bewusst, dass wir am Aufbau einer derartigen Betreuung nicht mehr vorbeigehen wollten. Sobald schließlich eine gewisse Akzeptanz im Bundesheer für die Einführung des HLS gegeben und auch der Einsatz von Mobiltelefonen einfacher praktizierbar geworden war, wurde das Helpline-Service in folgender Weise organisiert:

- *Zielsetzung des Dienstes:* Das HLS ist hauptsächlich für jene Einzelfälle vorgesehen, die der Krisenintervention zuzuordnen sind. Es dient aber auch zur Betreuung von allen Soldaten und Zivilbediensteten des österreichischen Bundesheeres, die sich in allgemeiner seelischer Bedrängnis befinden. Das HLS ist als zusätzliche Alternative zu sonstigen Betreuungsvorsorgen gedacht und soll grundsätzlich erst dann wirksam werden, wenn der Hilfebedürftige keine andere Möglichkeit mehr für Hilfe sieht.

- *Personaleinsatz:* Der harte Kern des Betreuungspersonals ist natürlich durch die Psychologen des Heerespsychologischen Dienstes zu stellen. Der Personalstand des HPD ist jedoch nicht allzu groß, und nicht alle Heerespsychologen sind (aus unterschiedlichsten Gründen) bereit, als Betreuer am Service mitzuwirken. Um auch über viele Jahre hinweg einen Betreuungsdienst "rund um die Uhr" erhalten zu können, war von vornherein eine Erweiterung des Betreuerkreises notwendig. Wir fanden im Kaderpersonal Freiwillige, die darüber hinaus für eine solche Tätigkeit entsprechend vorgebildet waren (z.B. als Führungsverhaltenstrainer) und auch die Genehmigung ihres Kommandanten für eine befristete Durchführung dieses Dienstes hatten. So konnten wir den nötigen Personalstand des HLS durch Gewinnung solcher qualifizierter Kaderangehöriger, sowie einzelner interessierter Ärzte und Militärseelsorger erreichen. Natürlich wurde dieses zusätzliche Personal für den HLS-Einsatz eingeschult, insbesondere in die problemorientierte und personenzentrierte Gesprächsführung. Die Kenntnis und der Einsatz der letzteren ist im Falle der Krisenintervention wohl unumgänglich.
- *Telefoneinsatz:* Nachdem die ausgebildeten Betreuer über das ganze Bundesgebiet verstreut sind, war auch der Telefoneinsatz dezentral und flexibel zu gestalten. Die Betreuer wurden in mehreren Zentren zusammengefasst, die jeweils von einem Leiter geführt werden und die über ein Mobiltelefon verfügen. Jede solche Zentrale nimmt die Betreuung für einen bestimmten Zeitraum im Jahr wahr. Für diesen Zeitraum wird die HLS-Rufnummer auf das Telefon dieser Gruppe geschaltet und deren Leiter hat durch entsprechenden Einsatz des ihm zur Verfügung stehenden Personals (und des Telefons) für die lückenlose Aufrechterhaltung des Telefondienstes zu sorgen. Weiters ist sichergestellt, dass die Betreuung über Ortstarif möglich ist.
- *Zur Durchführung der Betreuung:* Die Betreuung erfolgt grundsätzlich "rund um die Uhr". Kein Hilfesuchender muss seine Identität bekanntgeben, es wird auch jeder anonyme Anruf als ernsthaftes Anliegen behandelt. Weiters versteht sich der Dienst nicht als bloße Telefonbetreuung. Im Bedarfsfall soll auch persönliche Betreuung durch einen Helfer erfolgen können. Kann vom Telefonbetreuer aufgrund der räumlichen Distanz oder sonstiger Gründe die allfällig erforderliche persönliche Betreuung nicht selbst durchgeführt werden, so ist hierfür ohne Verzug ein anderer Betreuer durch die Leitung des Heerespsychologischen Dienstes einzuteilen. Allgemein bietet sich für die persönliche Betreuung je nach Dringlichkeit und sonstiger Umstände das Bring- oder Holsystem an (Hilfe wird zum Hilfesuchenden gebracht oder dieser wird vom Helfer zu sich geholt), beides ist organisatorisch stets möglich. Ebenso ist grundsätzlich sichergestellt, dass im Bedarfsfall die Betreuung an andere Stellen, wie z.B. Spitäler des Bundesheeres, Truppenärzte, Seelsorger etc., weitervermittelt werden kann.
- *Zusammenarbeit mit Vorgesetzten des Hilfesuchenden:* In vielen Fällen, insbesondere bei der Auseinandersetzung mit dienstlichen Problemen von Hilfesuchenden, kann die Zusammenarbeit mit dessen Vorgesetzten (auch mit Kameraden oder Ranghöhe-

ren) notwendig sein. Sollen derartige Kontakte aufgenommen werden, dann bedarf dies jedoch der Zustimmung des Betreuten. Organisatorisch ist vorgesorgt, dass solche Kontakte in einer konstruktiven Weise stattfinden können. Im Rahmen von HLS-Betreuungen ist die Einhaltung des Dienstweges nicht erforderlich – jeder Betreuer kann unmittelbar an den zuständigen Kommandanten herantreten. Im Rahmen einer Betreuung bei der Truppe soll die nötige Infrastruktur zur Verfügung gestellt werden, und es ist auch sicherzustellen, dass die Vertraulichkeit erhalten bleibt. Auf keinen Fall darf der zu Betreuende vor seinen Kameraden oder Vorgesetzten lächerlich gemacht oder sonstwie diskriminiert werden, auch nicht in subtiler Weise. Hat die Betreuung unmittelbaren Bezug zum Dienst, dann kann der Betreuer lediglich Vermittlerfunktion zum Vorgesetzten wahrnehmen. Zwar wird von diesem Offenheit für das Problem und Hilfsbereitschaft erwartet, er ist jedoch nicht an die Empfehlungen des Helfers gebunden und kann im Rahmen seiner Verantwortung als Kommandant auch eigenständige Entscheidungen treffen.
- *Information über das Helpline-Service:* Die Funktion und der Erfolg des HLS sind von jener Information abhängig, die potenziell Hilfesuchende zugänglich ist. Als allgemeine Informationsgrundlage steht ein Plakat zur Verfügung, welches am "schwarzen Brett" einer jeden Einheit/Dienststelle ständig angebracht ist. Bei der Erstellung dieser Information wurde besonders darauf geachtet, dass der Hilfesuchende richtig angesprochen wird und sich nicht als Außenseiter zu sehen und diskriminiert zu fühlen braucht. Weiters finden sich die Abbildungen des Plakats (mit der Telefonnummer) auch auf einer handlichen Informationskarte, die an alle Rekruten am Einrückungstag ausgeteilt wird und die diese stets bei sich zu tragen haben. Natürlich darf nicht übersehen werden, dass sich die beste Information über das Service durch gute Betreuungs- und Beratungstätigkeit selbst ergibt. Wer gute Erfahrungen gemacht hat, wird diese auch entsprechend weitervermitteln.

3 Erfahrungen

Das Helpline-Service wurde 1995 durch den Herrn Bundesminister genehmigt und im Oktober dieses Jahres in Betrieb genommen. Seither werden jährlich Anrufe von ca. 500 bis 600 Personen behandelt. Auch wenn der Dienst grundsätzlich für alle Soldaten und Zivilangehörige des österreichischen Bundesheeres verfügbar ist, so sind es vorwiegend Rekruten, die diese Hilfe suchen. Oft genug kommt es auch vor, dass Angehörige von Grundwehrdienern (z.B. Eltern, Freundin, etc.) das Service ansprechen, weil sie sich mehr oder weniger begründete Sorgen hinsichtlich deren Wohlergehen beim Bundesheer machen. Es werden auch diese Anrufe behandelt, ernsthaft allerdings erst, wenn der Betroffene sich selbst gemeldet hat. Rufen Kaderangehörige an, dann liegen deren Anliegen meist sehr große und nicht einfach zu lösende Probleme zugrunde. Immer öfter kommt es vor, dass Kommandanten das Service in Anspruch nehmen, um bei der Behandlung von "Problempersönlichkeiten" richtig zu verfahren.
Gehäuft treten Anrufe nach jedem Einrücken auf, weil natürlich in den ersten Tagen und Wochen ihrer Dienstzeit viele Soldaten mit der Gewöhnung an die neuen Um-

stände Schwierigkeiten haben. Die bevorzugte Anrufzeit ist normalerweise nach Dienstschluss. Auch am Beginn und am Ende von Wochenenden und Feiertagen ist mit mehr Anrufen zu rechnen (diese können zu diesen Zeiten besonders schwerwiegend sein).

Waren in der ersten Zeit nach Einführung des Dienstes noch viele ziemlich belanglose Anfragen zu vermerken (Beratung in trivialen Angelegenheiten, Kontroll- und Scherzanrufe), so kann nun festgestellt werden, dass sich bereits fast alle Hilfebegehren mit tatsächlich wichtigen Anlässen begründen lassen. Es rufen jetzt vorwiegend nur mehr jene an, die mit einem Problem belastet sind und wirklich keine andere Anlaufstelle kennen. Ungefähr die Hälfte aller Anrufer wollen anonym bleiben und geben sich mit "Zuhören" oder einer Beratung zufrieden.

Allgemein soll noch betont werden, dass das Helpline-Service bereits eine grundsätzlich unverzichtbare und akzeptierte Einrichtung geworden ist. Skepsis und Widerstände von Seiten der Kommandanten und auch der oberen Führung sind eher verschwunden. Ist von Seiten der Betreuer mit Kommandanten Verbindung aufzunehmen, um bei dienstlichen Problemen von Hilfesuchenden zu vermitteln, so kann heute meist Verständnis und Kooperationsbereitschaft vorausgesetzt werden. Es ist sogar immer wieder zu erfahren, dass Vorgesetzte sich im Rahmen ihrer Betreuungstätigkeit selbst gerne auf dieses System abstützen.

Wird nach spektakulären Vorfällen im Bundesheer in der Öffentlichkeit und durch Medien die Qualität der dienstlichen Fürsorge hinterfragt, so kann von der oberen militärischen Führung in der Regel das HLS als ein gutes und glaubwürdiges Argument für hohe Betreuungsqualität angeführt werden.

Was sind das nun für Sorgen und Probleme, die Soldaten veranlassen den Hilfsdienst anzusprechen?

Fast die Hälfte aller Anrufe finden ihre Begründung in *dienstlichen Problemen*. Diese können natürlich inhaltlich und nach ihrer Bedeutung höchst unterschiedlich sein. Kommunikationsprobleme, psychische, physische und soziale Überforderungen, vermeintliche Ungerechtigkeiten, nicht stattgegebene Wünsche, vermeintliche und echte Schikanen, Schwächen des Dienstbetriebs, vermeintliche oder echte Unzulänglichkeiten von medizinischer Behandlung und auch Probleme mit dem Sinn des Militärdienstes sind einige Kategorien, mit denen Auseinandersetzungen geführt werden müssen.

Nicht alle Anrufer wollen ihren Namen nennen, sondern bloß Frust abladen und manche, die ihren Namen nennen, wollen nicht, dass ihr Kommandant von ihrem Hilfeappell erfährt. Viele Rekruten wünschen sich lediglich, dass ihr Vorgesetzter von allgemeinen Missständen in dessen Führungsbereich erfährt und/oder eine Rückmeldung über die Ursachen von dienstlichen Problemen seiner Untergebenen erhält.

Wer es wünscht, hat Anspruch auf konkrete Hilfestellung. Allerdings ist es für jeden Betreuer ratsam, vom Ratsuchenden auch eine individuell angemessene Eigeninitiative zu fordern. Beispielsweise besteht nach der "Allgemeinen Dienstvorschrift" für jeden Soldaten der unbedingte Anspruch, mit seinem Vorgesetzten innerhalb kurzer Frist ein Vier-Augen-Gespräch führen zu können. Viele Rekruten kennen diese Regelung

nicht und werden –wenn es für sie zumutbar ist– zunächst vom Betreuer aufgefordert, diese "persönliche Aussprache" zu führen; erst wenn sich diese als wirkungslos herausstellen sollte, kann Vermittlungstätigkeit einsetzen.
Ebenfalls häufig sind die Anrufe aufgrund *persönlicher bzw. privater Probleme*. Liebeskummer, Erkrankungen von Angehörigen und finanzielle Schwierigkeiten (Verschuldung) sind in diesem Bereich die häufigsten Kategorien für Hilfesuche. Häufig wird nur Rat gesucht, manchmal genügt es dem Anrufer, jemanden zu finden, der zuhört. Aber oft wird auch um Vermittlung beim Vorgesetzten, Truppenarzt, etc. ersucht, besonders dann, wenn vermeint wird, im Falle der Gewährung von Vergünstigungen (z.B. mehr Freizeit, weniger Diensteinteilung, Versetzung, auch vorzeitige Entlassung etc.) besser mit den Schwierigkeiten fertig werden zu können. Es ist leicht vorstellbar, dass solche Vermittlungsgespräche des Betreuers nicht immer einfach sind, gilt es doch, zwischen subjektivem Leid und gerechtfertigten Anforderungen des Dienstes einen guten Lösungsweg zu finden.
Vermittlung von *Information und Beratung* ist ebenfalls ein wesentlicher Tätigkeitsbereich des HLS-Betreuers. Man glaubt nicht, was Soldaten alles wissen wollen und was sie sich nicht getrauen, bei ihrem Vorgesetzten zu erfragen.

- "Wie beschwert man sich?"
- "Habe ich das Recht, mit dem Truppenarzt/Vorgesetzten unter vier Augen zu sprechen?"
- "Darf ich nach Dienst unerwartet zu Tätigkeiten herangezogen werden?"
- "Darf das .... so sein?"
- "Welchen Anspruch auf Dienstfreistellung habe ich?" etc.

Das sollen einige plakative Beispiele sein.
Natürlich werden auch Fragen *sozialrechtlicher Art* gestellt. Ist die Antwort für den Betreuer nicht einfach zu geben, dann kann er den Anrufer an den zuständigen "Betreuungsreferenten für sozialrechtliche Angelegenheiten" oder an das "Bürgerservice des Bundesheeres" verweisen.
Im einfachsten Falle müssen auch bloß Auskünfte über die Erreichbarkeit von Personen/Institutionen oder über bestimmte Regelungen gegeben werden.
Ca. vier bis fünf Prozent aller Anrufe pro Jahr betreffen jenen Bereich, der Hauptargument für die Einführung des Helpline-Service war – die ernsthafte *Androhung von Selbstmord* (z.B. "Ich stehe am Bahnhof..... Es macht dem Bundesheer ohnehin nichts aus, wenn ich mich jetzt vor dem nächsten Zug stürze" oder "Ich bin desertiert, ich kann nicht mehr zurück, ich will mich umbringen" oder "Ich denke schon ununterbrochen an Selbstmord").
Natürlich sind dies für die Betreuer jene Appelle, die in Sekundenschnelle nicht nur das Herz stärker schlagen lassen, sondern die auch hohes "Know-how", Einfühlungsvermögen und u.U. tatkräftiges Engagement (im Sinne eines kurzfristigen Aufbaus von Hilfsnetzen) verlangen.
Allen Selbstmordgefährdeten gemeinsam ist, dass sie sich in einer Krise aufgrund einer zumeist vielfältigen Überforderung befinden. In keinem bisherigen Fall war der militärische Dienst allein der Grund, aber oft der Auslöser für Selbstmordabsichten. Wenn

die Zukunftsperspektiven verlorengegangen sind (Arbeitslosigkeit, Verschuldung etc.), die sozialen Beziehungen zerbrochen sind (Trennung von Freundin etc.), u.U. auch das Intelligenzpotenzial für eine Problemlösung nicht ausreicht und zusätzlich die (nach dem Einrücken neuen) Belastungen des militärischen Dienstes bewältigt werden müssen, dann wird für manche Soldaten die Selbstmordgefährdung tatsächlich sehr hoch. Man soll nichts verschreien, aber bisher sind im Rahmen des HLS alle solche Kriseninterventionen erfolgreich abgelaufen und es darf daher hier behauptet werden, dass durch den Dienst mit hoher Wahrscheinlichkeit einige Selbstmorde verhindert werden konnten.

Es ist in diesem Sinne auch einsichtig, dass die wesentlichsten Bemühungen in der Fortbildung und Supervision der HLS-Betreuer der Selbstmordproblematik zugeordnet sind.

Selbst wenn nur ein einziges Menschenleben gerettet worden ist, müsste sich die Frage nach den Kosten des Helpline-Service erübrigen. Sie soll dennoch gestellt werden: Die Kosten können als außerordentlich gering bewertet werden. Die Grundausstattung besteht aus einigen Mobiltelefonen und dem Informationsmaterial (Plakate, Info-Karten). Die Betriebskosten ergeben sich aus den Telefongebühren und den finanziellen Abgeltungen für die Betreuer. Diese sind jedoch so gering (minimale Gebühr für Rufbereitschaft in der dienstfreien Zeit, Überstundengebühr nur im Rahmen der konkreten Betreuungstätigkeit, Dienstreisegebühren bei "Bringbetreuung"), dass man fast schon von einem ehrenamtlichen Einsatz sprechen kann.

Und damit ist auch ein wesentliches Kriterium für die Auswahl der Betreuer dargestellt: Wer diesen Dienst nicht freiwillig und gerne auf sich nimmt, sollte ihn nicht versehen. Es ist, unabhängig von der professionellen Qualifikation, nicht jedermanns Sache, über viele Tage hinweg und rund um die Uhr stets einen Anruf gewärtig zu sein, der über Leben und Tod eines Hilfesuchenden entscheiden kann.

Wer jedoch bereitwillig diesen Dienst versieht, wird bald jene Genugtuung erfahren, um die eigentlich jeder Betreuer seit Einführung des Helpline-Service weiß: Dass er konkrete Hilfe dort leisten kann, wo sonst niemand für diese Hilfeleistung bereitsteht. Und das entspricht auch der Funktion des Helpline-Service im österreichischen Bundesheer.

Bernd Willkomm:

Soldaten als Helfer bei zivilen Katastrophen

Schon seit Bestehen der Bundeswehr wurden und werden immer wieder Soldaten der Bundeswehr als Helfer bei zivilen Katastrophen eingesetzt. Beispielhaft seien hierfür die Flutkatastrophe von Hamburg (1962), die Oderbruch-Katastrophe[1] in den neuen Bundesländern (1997) oder das ICE-Unglück von Eschede (1998), aber auch eine Reihe von Einsätzen nach Erdbeben-Katastrophen im Ausland genannt. Zum einen sind bei solchen Großschadensereignissen die zivilen Rettungs- und Katastrophenschutz-Organisationen angesichts des häufig mehrtägigen bis mehrwöchigen Einsatzes personell überfordert, zum anderen verfügen sie oft nicht über eine ausreichende Anzahl und Ausstattung an schwerem Bergegerät. Auch reicht bei außergewöhnlichen Ereignissen oft die Anzahl regional verfügbarer Rettungsfahrzeuge bzw. -hubschrauber nicht aus, um die rechtzeitige Versorgung und den Transport aller Schwer- und Schwerstverletzten zu gewährleisten. Darüberhinaus wird nicht selten auch für die Suche nach und Bergung von Überlebenden oder gar Toten und Leichenteilen personelle Unterstützung benötigt.
Aufgrund der schnellen und flächendeckenden Verfügbarkeit, ihrer Personalstärke, Ausbildung und Organisationsstruktur und nicht zuletzt wegen der logistischen Möglichkeiten bietet sich in solchen Fällen der Einsatz der Bundeswehr zur Unterstützung ziviler Organisationen und Einrichtungen an. Dem hat auch der Gesetzgeber durch Schaffung der rechtlichen Voraussetzungen für den Einsatz der Bundeswehr bei zivilen Katastrophen Rechnung getragen.
Auch wenn hierbei aufgrund deren Ausbildung und Ausstattung vorzugsweise Sanitäts-, Luftrettungs- und Pioniereinheiten zum Einsatz kommen, werden bei Großschadensereignissen im Inland fast regelmäßig auch Angehörige anderer Waffengattungen und Truppenteile für Rettungs- und Bergungsmaßnahmen eingesetzt. Selbst bei Angehörigen von Rettungsdiensten, Feuerwehr, Polizei und in eingeschränktem Maße auch bei Angehörigen der zuerst genannten militärischen Spezialkräfte, für die die Konfrontation mit zum Teil schrecklichen Szenarien und Anblicken zwar etwas nicht Alltägliches, aber aufgrund ihres Auftrages und ihrer Ausbildung nichts Ungewöhnliches darstellt, werden nach Katastropheneinsätzen mit einer größeren Anzahl von Schwerverletzten, Toten und Leichenteilen auch bei diesen Soldaten zum Teil heftige Reaktionen bis hin zu massiven posttraumatischen Stressreaktionen festgestellt. Daraus läßt sich unschwer ableiten, um wieviel größer die Gefahr einer Traumatisierung oder gar der Entwicklung einer Posttraumatischen Belastungsstörung

1) Vergleiche hierzu Bild 30 im Fototeil

(PTBS gemäß ICD 10) bei Soldaten sein muss, die nicht Angehörige solcher Einheiten sind, daher auch nicht über eine entsprechende Ausbildung und Vorbereitung verfügen, und die darüber hinaus zum Teil unfreiwillig solchen Eindrücken und Belastungen ausgesetzt werden. Nachdem jedoch solche Einsätze bei zivilen Großschadensereignissen aus den oben beschriebenen Gründen durchaus sinnvoll und aufgrund der entsprechenden Gesetzeslage auch unvermeidbar sind, muss im Rahmen der Fürsorgepflicht des Dienstherrn für alle Betroffenen eine fachgerechte Einsatznachbereitung durch entsprechend geschulte Kriseninterventionsteams gefordert und durchgeführt werden, wie dieses beim Eschede-Unglück bereits geschehen ist.

Wolfgang W. Weber:

Kriseninterventionsteams der Bundeswehr

1 Einführung

In den Fallbeispielen im Kapitel "Notfallpsychologie" werden wesentliche Elemente und Aufgaben eines Kriseninterventionsteams bereits deutlich: Besonders ausgebildetes Fachpersonal, begleitet von ebenfalls besonders geschultem Unterstützungspersonal übernimmt es, Personen, die von einem besonders belastenden Ereigniss –das weit außerhalb des normalen bzw. dienstlichen Aufgaben- und Erfahrungsbereiches liegt– betroffen wurden, gezielt bei der Bewältigung des Geschehens zu unterstützen. Schon immer haben sich Menschen um diejenigen gekümmert, die von einem besonders schlimmen Ereignis, dem Tode eines Angehörigen, einem Unfall etc. betroffen waren. Die Hilfe bzw. Unterstützung folgte in der Regel bestimmten Formen, ist häufig (z.B. durch Tragen von Trauerkleidung) ritualisiert. Allgemein akzeptiert ist, dass Menschen nach dem Erleiden eines Extremereignisses zeitlich befristet eine deutlich verringerte Einsatzbereitschaft bzw. Leistungsfähigkeit zeigen.
Zur Gruppe der von einem Extremereignis besonders Betroffenen gehören Opfer und Zeugen eines solchen Geschehens aber auch die Helfer. In militärischem Kontext könnten die "Rollen" konkret so aussehen: Ein Soldat, der in Kampfhandlungen verwickelt ist, wird verwundet. Ein anderer wird Augenzeuge, wie sein Kamerad getötet wird. Ein Dritter wird dadurch extrem belastet, dass er die Leichen seiner Kameraden bergen muss.
Psychologische Krisenintervention bei derartig Betroffenen dient dem Erhalt oder der Wiederherstellung der individuellen Integrität, der Erlebnis- und Handlungsfähigkeit sowie der Vermeidung von Spätschäden.
Nach hiesiger Kenntnis wird eine systematische Krisenintervention in der Militärliteratur erstmalig durch Kardiner und Spiegel (1947) beschrieben. Diese Autoren sprechen von einem '**PIE**' – Modell. Dabei stehen die einzelnen Buchstaben **P** für proximity (Nähe zum Ereignis), **I** für immediacy (Unmittelbarkeit) sowie **E** für expectancy (Art, Form und Ziel der Unterstützung). Als Effekte der Krisenintervention stellen die Autoren heraus, dass das Verfahren die Würde des Individuums stärke, sich positiv auf die Funktionsfähigkeit der betroffenen Gruppe auswirke und zu einer raschen Wiederherstellung der Einsatzfähigkeit der betroffenen Soldaten führe. Psychologische Krisenintervention im zivilen Umfeld (z.B. bei der Polizei, der Feuerwehr, Rettungs- und Notfalldiensten) erfuhr den Durchbruch mit der Veröffentlichung von Mitchell (1983).

2 Kriseninterventionsteams in der Bundeswehr

Die Verfügbarkeit der Krisentinterventionsteams (KIT) der Bundeswehr ist bedarfsorientiert strukturiert: Drei in der Bundesrepublik regional verfügbare und ständig

alarmbereite Teams können sofort eingesetzt und situationsabhängig und in angemessener Zeit (d.h. ein bis zwei Tage nach einem Ereignis) durch eine größere Anzahl weiterer Teams ergänzt werden.
Die Teams können im In- und Ausland überall dort eingesetzt werden, wo Angehörige der Bundeswehr durch Extremereignisse betroffen wurden. KIT's werden auf Anforderung durch die jeweiligen Kommandobehörden tätig. Bei zivilen Katastrophen und Notfällen, zum Beispiel beim Zugunglück in Eschede[1], unterstützen die Teams der Bundeswehr auf Anforderung alle Einsatzkräfte im Rahmen der gesetzlichen Regelungen der zivil-militärischen Zusammenarbeit, nicht nur die eingesetzten oder betroffenen Soldaten sondern auch zivile Betroffene, Opfer wie Helfer.
Ein KIT der Bundeswehr setzt sich aus einem Arzt oder Psychologen als Leiter und zusätzlichem geschulten Personal (Funktions-, Sanitäts- oder psychologisches Assistenzpersonal, Sozialarbeiter, Militärgeistliche, besonders geschulte Kameraden (Peers[1]) zusammen, die in eigenen Lehr- und Ausbildungsgängen in Stressmanagement- und Kriseninterventionstechniken ausgebildeten wurden. Der Teamleiter wird in der Regel durch zwei Peers unterstützt.
Zur fachlichen Führung der Teams, d.h. der Ausbildungssteuerung, der Einsatzauswertung und zur Fortentwicklung ist auf der Ebene des Bundesministeriums der Verteidigung die Arbeitsgruppe 'Psychophysische Stressbewältigung' (AGPS) eingerichtet, in der alle am Stressmanagement beteiligten Dienste zusammenarbeiten.

3 Ausbildung

Ausbildung und Qualitätsstandards folgen dem seitens der World Health Organisation (WHO) anerkannten Verfahren des *Critical Incident Stress Management* (CISM) (vergleiche den Artikel von Willkomm Seiten 99 ff in diesem Buch). Alle Soldaten und zivilen Mitarbeiter und Mitarbeiterinnen, die sich für eine Tätigkeit in einem KIT interessieren, werden in Präventions- und Kriseninterventionstechniken geschult; sie erhalten eine ausführliche Ausbildung in Stressmanagement (vergleiche den Artikel von Drews Seiten 121 ff in diesem Buch).
Erfahrungsgemäß sind solche Menschen für die Arbeit in einem KIT besonders geeignet, die sich durch
- soziale Kompetenz,
- Lebenserfahrung,
- hohe Akzeptanz im Kameradenkreis,
- stabile Persönlichkeit,
- Interesse an einer solchen Tätigkeit und
- Freiwilligkeit

auszeichnen.

1) 'Peer' (a.d. Englischen) bezeichnet eine Person, die mit einer anderen in wesentlichen Eigenschaften oder Merkmalen übereinstimmt. Zu diesen Merkmalen gehören z.B. Alter, Geschlecht, Herkunft, sozialer Status, Erziehung, Beruf, Funktion, Berufserfahrung, augenblickliche Verwendung etc..

Bei der Bundeswehr werden als Leiter von Kriseninterventionsteams in der Regel besonders qualifizierte Ärzte und Psychologen mit Ausbildung in Stressmanagementverfahren (CISM) und psychodiagnostischer Erfahrung herangezogen. Eine Heranziehung weiterer Personengruppen erscheint denkbar, ist jedoch zur Zeit nicht geplant. Aus diesem Grund bauen die *Ausbildungsinhalte für zukünftige KIT-Leiter* auf dem während des Studiums der Medizin bzw. der Psychologie erworbenen Wissen auf. Lerninhalte sind unter anderem: Psychotraumatologie, Psychosomatik, Interventionstechniken, Gesprächsführung bei psychosomatischen Erkrankungen, stressbedingte Verhaltensstörungen, Verbesserung der eigenen diagnostischen Kompetenz, spezifische Behandlungstechniken (insbesondere Kurzverfahren). Als (eigen-)verantwortlicher Leiter eines KIT wird ein Arzt oder Psychologe erst eingesetzt, wenn er an mindestens vier Debriefings als Peer oder Co-Leiter teilgenommen hat, er sich die Aufgabe zutraut und seitens seiner Fachvorgesetzten für ausreichend kompetent gehalten wird.
Die *Ausbildung der Peers* wird ausführlich durch Uwe Drews (Seiten 121 ff) dargestellt.
Alle Militärgeistlichen und eine Reihe von Mitarbeitern des Sozialdienstes der Bundeswehr haben zwischenzeitlich eine Peerausbildung erhalten. Damit ist sichergestellt, dass an jedem Standort im Bedarfsfall qualifizierte Unterstützung zur Belastungsbewältigung vorhanden ist.
Peers wie KIT-Leiter haben die Möglichkeit zu regelmäßiger Supervision. Dazu können sie auf eine Liste von regional verfügbaren Supervisoren zurückgreifen.

4 Einsatz der Kriseninterventionsteams

Die *Arbeitsgruppe Psychophysische Stressbewältigung* (AGPS) plant den Einsatz der medizinischen und psychologischen Kräfte vor, während und nach einem Einsatz. Die AGPS wird grundsätzlich über alle Einsätze informiert.
Es ist vorgesehen, dass Inanspruchnahme und Alarmierung eines Krisentinterventionsteams in den Alarmplänen bzw. der Zentralen Dienstvorschrift 10/13 ("Besondere Vorkommnisse") geregelt werden.
Für die Bundeswehr sind Kriseninterventionsteams nach dem Kriterium einer gleichmäßigen *regionalen Verteilung* aufgestellt. In jedem der Wehrbereiche werden in Kürze jeweils zwei bis drei Teamleiter einsatzfähig sein. Militärische Peers werden im Bedarfsfall durch die Dienststellen/Truppenteile abgestellt. Eine Reihe von Verbänden verfügt mit 'ihrem' Truppenpsychologen über einen eigenen Teamleiter.
Alle Teamleiter unterstützen bei Bedarf die *drei zentralen Alarmteams*.

- Im Norden ist dieses am *Schiffahrtmedizinischen Institut der Marine* (SchiffMed InstM) eingerichtet; Hauptauftrag ist die Unterstützung der Marine.
- In Koblenz steht ein Team beim *Zentrum Innere Führung* (ZInFü) zur Verfügung.
- Ein drittes Team wird beim *Flugmedizinischen Institut der Luftwaffe* (FlMedInstLw) vorgehalten; dessen Hauptauftrag ist die Unterstützung der Luftwaffe sowie der Fliegenden Verbände aller drei Teilstreitkräfte.

Werden Angehörige der Bundeswehr im Dienst von einem kritischen Ereignis betroffen, entscheidet der Einheitsführer oder seine Vorgesetzten, ob ein Kriseninterventionsteam zu alarmieren ist. Zur Entscheidungsfindung nutzt er die *'Checkliste Entscheidungshilfe'* (Anhang 1). Die Alarmierung eines der drei ständig vorgehaltenen Teams erfolgt entweder durch das Führungszentrum der Bundeswehr, die jeweilige Kommandobehörde oder den Leitenden Sanitätsoffizier des betroffenen Verbandes.
Es wird angestrebt, dass alle Teamleiter auf eine aktuelle Liste regional verfügbarer Peers zurückgreifen können. Im Zuge der Alarmierung entscheidet der erst-alarmierte Teamleiter anhand einer *'Checkliste Vorbereitung des Teams/der Teammitglieder'* (Anhang 2), ob das eigene Team und/oder die ortsnah verfügbaren Kräfte ausreichen oder durch regional verfügbare Kräfte verstärkt werden müssen.
Diese Entscheidung ist abhängig vom Ausmaß des kritischen Ereignisses, insbesondere von der Zahl der Betroffenen. Sie wird in aller Regel in Abstimmung mit den zuständigen Fachreferaten im Bundesministerium der Verteidigung getroffen.
Der alarmierte Teamleiter beginnt nach einer ersten telefonischen Absprache mit der betroffenen Einheit mit den Vorbereitungen seines Einsatzes. Dazu informiert er die Einheit grob über die beabsichtigten Maßnahmen und kündigt ein Fax mit seinen Fragen zum Unterstützungsbedarf an *'Checkliste Vorbereitungen in der Einheit'* (Anhang 3).
Nach dem Abschluss der Akutversorgung bearbeitet der Teamleiter die *'Checkliste Erfahrungsbericht'* (Anhang 4). Dieser Bericht wird auf dem Dienstweg sowohl dem zuständigen Fachvorgesetzten als auch der Arbeitsgruppe Psychophysische Stressbewältigung zugeleitet. Dadurch ist sichergestellt, dass Stressmanagementeinsätze nachträglich stets evaluiert werden.
Die Unterstützung bei zivilen Unglücken kann nur im Rahmen der vereinbarten zivil-militärischen Zusammenarbeit (z.B. im Rahmen abgestimmter Katastrophenpläne) und dann auch nur mit ausdrücklicher Genehmigung des Führungszentrums der Bundeswehr erfolgen.

Literatur:
BMVg – Fü S I vom 07. März 2000 – Rahmenkonzept zur Bewältigung psychischer Belastungen bei Soldaten.
BMVg – InSan I 1/PSZ III 4 vom April 2000 – Medizinisch-Psychologisches Stresskonzept der Bundeswehr (Entwurf).
Kardiner, A., Spiegel, H. (1947). War Stress And Neurotic Illness. Paul B. Hörber New York.
Mitchell, J.T.(1983). When disaster strikes... The critical incident stress debriefing process. J. of Emergency Medical Services 8(1), S 36-39.
Mitchell, J.T., Everly, G.S. (1994). Human Elements Training for Emergency Services, Public Safety and Disaster Personnel: An Instructural Guide to Teaching Debriefing, Crisis Intervention and Stress Management Programs. Chevron Publishing Corp., Ellicott City, MD, USA.

Checkliste Entscheidungsfindung

(Bei mehr als vier **JA** - Antworten oder wenn Ziffer 10 mit '**JA**' beantwortet wird, ist die Anforderung eines Kriseninterventionsteams **fachlich** erforderlich)

		JA
1	Der Einsatz unterschied sich von der Routine, weil (**Gründe:**)	☐
2	Unterstellte Soldaten / Beteiligte waren extremen Belastungen ausgesetzt.	☐
3	Bei dem Ereignis hat es Verletzte / Verwundete / Tote gegeben.	☐
4	Die Art des Geschehens / der Verletzungen war besonders traumatisierend.	☐
5	Soldaten / Zivilisten / Kinder sind / waren vom Vorfall betroffen.	☐
6	Rettung, Bergung und Abtransport der Betroffenen / Verwundeten / Toten / Leichenteile war besonders schwierig und belastend.	☐
7	Es waren Angehörige zu benachrichtigen.	☐
8	Die Soldaten haben sich jetzt, ... Stunden nach dem belastendenEreignis, immer noch nicht beruhigt	☐
9	Soldaten / Unterstützungspersonal zeigt(en) sich psychisch und / oder körperlich deutlich beeindruckt.	☐
10	Die Betroffenen wünschen eine Betreuung durch Fachpersonal.	☐

Ich entscheide mich gegen eine Inanspruchnahme eines Kriseninterventionsteams,

weil: ....

Checkliste Vorbereitung KIT-Teamleiter/Teammitglieder

....
Durchführende Dst
Az 66-55-00

....
Ort, Datum
Tel
Fax:
Post:
Handy

1 Gem. Anforderung vom... wird das Kriseninterventionsteam der/des .... am .... ab .... die angeforderte/angewiesene Debriefingmaßnahme durchführen.

2 Das Kriseninterventionsteam

2.1 Leiter des Teams ist: ....

2.2 Co-Leiter: ....

2.3 eingeteilte Peers: ....

3 Die Einheit wurde am............................ um .... per Fax über die zu treffenden Maßnahmen informiert (FormBl: Checkliste Vorbereitung in der Truppe)

3.1 Zahl der unmittelbar betroffenen Soldaten (Einheit, Anzahl, DstGrd, Funktionen) ....

3.2 Zahl der mittelbar betroffenen Soldaten ....

3.3 Verletzte/Tote (Verbleib (z.B. Krankenhaus, krank zu Hause etc.) ....

3.4 Verursacher ....

3.5 Ist die Trennung von Funktionsträgern/Dienstgraden erforderlich ....

3.6 Angehörige ....

3.7 zufällige Zeugen, Beteiligte ....

3.8 Wer/wieviele Personen sind bereits wieder abgereist: ....
(Zuständigkeit) ....

3.9 Einsatznachbereitung/TrArzt, BwKrhs ....

3.10 MilPf und/oder Sozialarbeiter ....

4 Was muss **vor** der Krisenintervention besprochen werden ? ....
....

5 Was muss nach der Krisenintervention besprochen/abgestimmt werden? ....
....

6 Nachbesprechung mit dem Kdr/Einheitsfhr/Arzt erforderlich ....

7 Übernachtung/Verpflegung ....

8 Sonstige Unterstützung erforderlich (Abholung etc.) ....

9 Bericht über die Krisenintervention (Formblatt: Bericht über..........) ....

Unterschrift

Anhang 3

Checkliste Vorbereitung durch die Truppe

....	....
Durchführende Dst	Ort, Datum
Az 66-55-00	Tel
	Fax:
	Post:
	Handy

An ....
Truppenteil

Betr.: **Vorbereitung der Kriseninterventionsmaßnahme(n) durch dieTruppe**

Bezug:

1 Gem. Anforderung vom .... wird das Kriseninterventionsteam der/des .... am .... ab .... die angeforderte/angewiesene Debriefingmaßnahme durchführen. Die Maßnahme wird zwischen 2 und 3 Stunden dauern. Teilnehmer sind alle unter Ziff .... aufgeführten Soldaten/Angehörige.

2 Das Kriseninterventionsteam

2.1 Leiter des Teams ist ....

2.2 eingeteilte Peers sind

....

....

....

3 Bereiten Sie bitte vor (bis zum Eintreffen des oder der Teams):

3.1 Liste der unmittelbar betroffenen Soldaten (Einheit, Name, DstGrd, Funktion).

3.2 Liste der Angehörigen (soweit erforderlich bzw. zutreffend).

3.3 Liste der Verletzten/Toten (Verbleib (z.B. Krankenhaus, krank zu Hause etc.)).

3.4 Zusammenstellung der bereits eingeleiteten Maßnahmen.

Bereiten Sie je einen größeren Raum für jeweils 15 Betroffene mit einer Bestuhlung für jeden Teilnehmer zuzüglich mindestens 4 Stühlen für das Debriefing-Team. Die Stühle sind kreisförmig anzuordnen.

3.5 Stellen Sie je Interventionsteam 1 Besprechungsraum bereit (Büroraum, Telefon), in dem sich die Teammitglieder vorbereiten können.

4 Bereiten Sie bitte einen Termin für eine Nachbesprechung mit dem Kdr/Einheitsfhr vor.

5 Bereiten Sie bitte Unterkunft und Verpflegung für ....Angehörige des Kriseninterventionsteams vor.

Im Auftrag ....
Unterschrift

Checkliste CISD - Erfahrungsbericht

....
Amtsbezg., Name, Vorname Ort, Datum

Bericht über die CISM – Maßnahme(n)...

bei/im ....von/bis...

Kdr ....

ChdS/LSO ....

Leitverband / betr. Einheit(en) ....

Unterstützende / beteiligte Einheiten ....

I Zusammenfassung

II Vorbereitungsphase

II.1 Unterstützung durch die entsendende Dienststelle /Vertretungsregelung

II.2 Vorbereitende Maßnahmen (zentrale/dezentrale Aus- und Fortbildungsmaßnahmen)

II.3 Einsteuerung in die Debriefing - Tätigkeit (Vorteile, Defizite etc.)

III Einsatzerfahrungen

III.1 Herausragende Ereignisse / Debriefings

III.2 Tätigkeitsfelder / Tätigkeitsschwerpunkte
(Fallzahlen, Schätzungen anteiliger Tätigkeiten, Zusammenarbeit/Inanspruchnahme durch andere Stabszellen, TrpVerw, RB, MilPf etc.)

III.3 Akzeptanz, Einbindung, regelmäßige/einmalige Beiträge/Beteiligungen etc.
(Teilnahme an Stabsbesprechungen, Kommunikation etc.)

III.4 Erfahrene Unterstützung

IV Erfahrungen bei der Rückkehr in die Haupttätigkeit (Einsatznachbereitung)

V Verbesserungs- bzw. Änderungsvorschläge

Jens T. Kowalski:

Das Eisenbahnunglück von Eschede: Einsatznachbereitung für Bundeswehrhelfer

1 Einleitung

Das Eisenbahnunglück von Eschede, bei dem am 03. Juni 1998 101 Menschen starben und etliche verletzt wurden, erschütterte die Bevölkerung zutiefst. Nicht allein die Tatsache, dass ein Verkehrsmittel, das als sicher galt und für viele einfach zum Alltag gehörte, plötzlich Reisende ohne Vorwarnung in den Tod geführt hatte, war dafür die Ursache. Auch der Anblick von Helfern aller möglicher staatlicher und nicht-staatlicher Organisationen wie Polizei, Bundesgrenzschutz, Feuerwehr, Bundeswehr, DRK, Arbeiter-Samariter, die durch ihren Einsatz psychisch schwer belastet wurden, trug dazu bei. Die ständige aktuelle Berichterstattung der Fernsehsender, teilweise live von der Unfallstelle, brachte den Einsatzstress direkt ins heimische Wohnzimmer. Weinende Feuerwehrleute, Notfallseelsorger in eigener seelischer Notlage und gestandene Polizisten, denen angesichts der Katastrophe die Stimme versagte, dokumentierten nachdrücklich, wie wichtig eine kompetente Nachversorgung der Helfer sein würde. Schmerzhaft wurde dies später vielen Verantwortlichen vor Augen geführt, nachdem Mitarbeiter, die an der Bewältigung des Erlebten scheiterten, in die dauerhafte Berufsunfähigkeit gingen oder ihre ehrenamtlichen Ämter als Feuerwehrleute oder Rettungsdienstmitarbeiter einfach niederlegen mussten.

2 Der Einsatz der Bundeswehr

Auch die Bundeswehr half, wie im Rahmen der zivil-militärischen Zusammenarbeit bei nationalen Katastrophenfällen vorgesehen, mit Personal und Material. Eine in der Nähe der Unfallstelle befindliche Ausbildungseinheit verlegte mit großen Teilen und schwerem Bergegerät, um zu unterstützen. Mehrere hundert Mitarbeiter der Bundeswehr, Ärzte, Sanitäter, Fahrer von Bergepanzern waren vor Ort und leisteten, wie eigentlich alle, selbstverständlich und kompetent Hilfe im Angesicht des Unverständlichen.

Und auch die Bundeswehrangehörigen litten unter den Eindrücken, die sich durch die Arbeit an der Unfallstelle einprägten.

3 Einsatznachsorge bei der Bundeswehr

Anders als viele zivile Organisationen hat die Bundeswehr, initiiert durch die Erfahrungen in den Auslandseinsätzen, Vorbereitungen zur psychologischen Nachsorge für ihre Mitarbeiter getroffen.
Der koordinierende Arzt der Bundeswehr im Wehrbereichskommando (WBK) forderte unverzüglich nach Beginn der Hilfsmaßnahmen in Eschede beim Bundesministerium der Verteidigung psychologische Kriseninterventionsteams (KIT) für die Bundeswehrhelfer an. Innerhalb kurzer Zeit standen vier Teams mit in Krisenintervention erfahrenen Psychologen und ausgebildetem Unterstützungspersonal (Peers) in Bereitschaft.
In enger Kommunikation zwischen dem Leiter der Teams, dem Ministerium und dem WBK-Arzt wurden die notwendigen Rahmenbedingungen geschaffen. Zunächst wurde in Absprache zwischen den Organisatoren und Fachleuten abgestimmt, wann der Einsatz der KITs sinnvoll sei. Alle Voraussetzungen für die Verlegung der Teams in die Nähe der Einsatzstelle wurden geschaffen, die entsendenden Einheiten über die Maßnahme informiert und um Unterstützung gebeten. Bereits fünf Tage nach dem Einsatz konnten so die Nachbereitungen für einen Großteil der Soldaten durchgeführt werden. Nach einer sorgfältigen Analyse wurden die Soldaten aus den verschiedensten militärischen Dienststellen aller Teilstreitkräfte ermittelt, die im Hilfseinsatz gewesen waren. Es wurde festgelegt, dass das medizinische Bundeswehrpersonal aus den verschiedenen Einheiten zu einer eigenen Einsatznachbereitung durch Mitarbeiter des Bundeswehrkrankenhauses Bad Zwischenahn zusammengefasst werden sollte. Alle anderen Einsatzkräfte der Bundeswehr wurden zentral nach Celle-Scheuen kommandiert.

4 Durchführung des Debriefings

Die KITs trafen sich bereits am Tag vor der Einsatz-Nachbereitung, dem Debriefing, zu einer Vorbesprechung. Hier wurde eine erste Einteilung der Gruppen vorgenommen, Besonderheiten der einzelnen Betroffenengruppen besprochen und der generelle Ablauf festgelegt.
Die drei KITs wurden während der ganztägigen Veranstaltung kontinuierlich durch kompetente Projektoffiziere unterstützt. Bereits bei der Ankunft der Teilnehmer war die Liegenschaft, ein Soldatenheim, durch Feldjäger vor der Presse gesichert worden. Nach der Begrüßung mit Erfrischungsgetränken wurde eine kurze Einführungsrede gehalten. Danach erfolgte die Aufteilung auf drei Gruppen, die in separaten Räumlichkeiten unter Leitung der Teams die Nachbereitung durchführen konnten. Die Debriefings wurden in allen Gruppen nach dem siebenstufigen Schema des *Critical Incident Stress Debriefings* nach Mitchell durchgeführt.
Im Anschluss wurde in vorbereiteten Räumlichkeiten für alle Gruppen ein gemeinsames Mittagessen eingenommen. Dabei standen alle Mitglieder der KITs für weitere Informationen oder Einzelgespräche zur Verfügung. Dieses Angebot wurde auch mehrfach in Anspruch genommen. Darüber hinaus wurden die betroffenen Soldaten über

Möglichkeiten weiterer Hilfestellung informiert und Ansprechpartner benannt. In Einzelfällen zeigte sich in den folgenden Tagen auch, dass diese Angebote angenommen wurden und z.B. über den Truppenarzt fachlich kompetente Hilfe bei der Krisenbewältigung gesucht wurde.

Die "Helfer der Helfer", die Mitglieder der Kriseninterventionsteams, führten nach dem offiziellen Ende der Veranstaltung noch eine Nachbesprechung im internen Kreis für sich durch. Diese *"Debriefings für die Debriefer"* waren unbedingt notwendig, denn die Verarbeitung der Erfahrungen, waren, auch wenn nur "aus zweiter Hand", stark belastend. Im Sinne der eigenen Psychohygiene erfordert ein Debriefing immer eine derartige Nachbereitungsmaßnahme für das Kriseninterventionsteam.

Die professionelle Vorbereitung und die durch das Wehrbereichkommando hervorragende organisatorische Umsetzung ließen das Debriefing in den Augen aller Beteiligten zu einem vollen Erfolg werden. Die Angehörigen der Bundeswehr, die als Helfer bei diesem entsetzlichen Unglück im Einsatz waren, hatten übereinstimmend den Eindruck gewonnen, dass für sie alles Erdenkliche getan wurde, um eine adäquate Verarbeitung der Erfahrungen zu ermöglichen.

Ludwig W. Uhlmann:

Das Eisenbahnunglück von Eschede: Einsatznachbereitung für zivile Helfer

Erst ziemlich spät nach dem Zugunglück in Eschede wurden noch Teile einzelner Hilfsorganisationen im Rahmen der Gesamtmaßnahmen zur Einsatznachsorge aufgerufen. Ein solcher Teil waren Mitglieder der Freiwilligen Feuerwehr Eschede, die bis zu diesem Zeitpunkt noch keine professionelle Betreuung erfahren hatten. Vor Ort agierende Nachsorgeteams verschiedener Organisationen, z.B. der Freiwilligen Feuerwehr Berlin, waren durch mehrere Einsätze derart in Anspruch genommen, dass die Koordinierungsstelle Einsatznachsorge in Celle frische Kräfte anforderte. In diesem Zusammenhang wurde durch den koordinierenden Arzt im Wehrbereichskommando II im Rahmen der zivil-miltärischen Zusammenarbeit beim Führungszentrum der Bundeswehr ein weiteres Debriefingteam angefordert. Andere Bundeswehrteams waren bereits zur Akutversorgung von Soldaten, die bei den Rettungs- und Bergungsmaßnahmen eingesetzt waren, vor Ort. Es wurde das Kriseninterventionsteam (KIT) des Zentrums Innere Führung, Koblenz, zum Einsatz gebracht, das dort ständig bereitgehalten wird. Das Team brach am 15.06.1998 nach Eschede auf. Kopplungspunkt war zunächst die Koordinierungsstelle Einsatznachsorge in Celle.
Dort wurden die Debriefing-Teams für den Abend des 15. Juni 98 personell zusammengestellt. Da sich zum Debriefing schließlich nur 13 Mitglieder der Freiwilligen Feuerwehr Eschede meldeten, wurde eine kurze Besprechung durchgeführt, die zum Ergebnis hatte, dass ein Teil der zusätzlichen Debriefer entlassen werden konnte. In einem weiteren Schritt wurden die Rollen im Team verteilt. Diese Maßnahme war für die kommende Debriefing-Runde aus Sicht der Debriefer äußerst wichtig, da jede Missstimmung oder gar Kompetenzgerangel den Erfolg des Debriefings von Anfang an in Frage gestellt hätte. Das weitere Vorgehen für das Debriefing wurde besprochen; es wurde vereinbart, nach den Vorgaben des "Critical Incident Stress Debriefing - CISD" nach Mitchell und Everly zu verfahren. Vorteilhaft war, dass alle Teammitglieder einheitlich in diesem Verfahren ausgebildet und auch erfahren waren. Dies war keinesfalls selbstverständlich: Es hatten sich eine Vielzahl von zum Teil zweifelhaften selbsternannten "Helfern" eingefunden, so dass eine Überprüfung der Professionalität der zum Teil völlig unbekannten "Mitstreiter" notwendig war. Hier konnte die Koordinierungsstelle sicherlich als Filter wirken. Zum Schluss musste noch der Ort für das Debriefing gefunden werden. Dieser wurde von der Koordinierungsstelle organisiert, vom örtlichen Seelsorger, zur Verfügung gestellt. Der Pfarrer, der sich selbst über die Zeit hin als Helfer betätigt hatte, wollte mit den anderen zusammen am Debriefing teilnehmen. Er stellte vor Eintreffen der Teilnehmer die Räumlichkeiten vor. Ein geeigneter Raum wurde ausgewählt, zweckentsprechend ausgestattet und störungssicher

(kein Telefon, keine Handies, Türschilder) eingerichtet. Die Platzverteilung für die Debriefer und die speziellen Peerfunktionen (doorkeeper!) wurde festgelegt.
Das CISD fand dann von 20:00 bis 23:30 Uhr statt. Noch vor dem Haus trafen die Teilnehmer aufeinander, und so konnte ein erster Kontakt zu den Debriefern über den Pfarrer vermittelt werden, der allen einheimischen Feuerwehrleuten gut bekannt war. Hilfreich für die Initialakzeptanz der fremden Debriefer, noch dazu von der Bundeswehr, war auch, dass ein Feuerwehrkollege aus Berlin als Peer dabei war. Nach etwa einer halben Stunde Bekanntmachungsgespräche waren alle bereit, den Gang in das Innere des Hauses zu wagen und sich auf ein Geschehen einzulassen, das für die meisten weitgehend unbekannt war und im Zusammenhang mit den noch vor kurzem erlebten Schreckensszenen stand. Als unterstützend stellte sich heraus, dass der Seelsorger schon im Vorfeld den Einsatzkräften Grundinformationen über Posttraumatische Belastungsstörungen vermittelt hatte und für das Debriefing "geworben" hatte. Dies schaffte eine gute Voraussetzung für gegenseitiges Vertrauen.
Das CISD selbst wurde –wie schon angesprochen– im wesentlichen nach den Vorgaben von Mitchell und Everly durchgeführt. Die 13 Teilnehmer der Freiwilligen Feuerwehr Eschede standen zwar noch sichtlich unter dem Eindruck des Unglücks, konnten aber alle gut verbalisieren, ihre Eindrücke, Gedanken und Gefühle mitteilen und sich aufeinander und das Verfahren einlassen. Im Fortgang des Debriefings entstand so eine kognitiv wie emotional hohe Kommunikationsdichte, die im Zusammenwirken mit den Informationen aus der "Teaching-Phase" für die Debriefingteilnehmer als sehr hilfreich zu bewerten war. Die Peers leisteten einfühlsam wertvolle Unterstützung und trugen –wie auch der Pastor– entscheidend zur Akzeptanz durch die Debriefingteilnehmer bei.
In allen Phasen des Debriefings war zu beachten, dass die Mitglieder der Freiwilligen Feuerwehr seit mehreren Tagen im Einsatz waren, zwischendurch auch wieder ihrer beruflichen Arbeit nachgehen mussten, um dann wieder in den Einsatz zu gehen. Sie waren also regelrecht einem Wechselbad der Gefühle ausgesetzt, wobei die ansonsten als Normalität gewohnte Berufswelt und das Privatleben mitunter als brüchig und nicht mehr so sicher empfunden wurden. Die Welt war insgesamt aus den Fugen geraten. Es gab also für jeden Teilnehmer an diesem Debriefing mehr als nur ein kritisches Ereignis, so dass es darauf ankam, zunächst möglichst für jeden Teilnehmer eine Priorisierung der kritischen Ereignisse herzustellen: „Was war für Sie alles in allem das schlimmste Ereignis, bitte schildern Sie ..."
Nach gut drei Stunden war der formale Teil beendet; länger darin (in dieser Dynamik) zu bleiben, wäre nicht gut gewesen, Durchhaltefähigkeit und konzentrative Anspannung begannen nachzulassen, auch auf Seiten der Debriefer. So wurde das anschließende informelle Ausklingen bei einigen Kleingruppen- und Einzelgesprächen als sehr angenehm entspannend wahrgenommen.
Hier stellt sich allerdings die Frage, ob ein einziges CISD für all das Durchgemachte ausreicht, ob nicht mehrere Gruppengespräche in Folge, vielleicht in größeren Abständen (Jahrestagen?!) erforderlich sind.
Nach der Verabschiedung von den Teilnehmern an dem Debriefing und vom Seelsorger ging es wieder in die Koordinierungsstelle nach CELLE zurück. Dort fand eine

unmittelbare Rückmeldung über das Debriefing an die Debriefer im Beisein der Leiterin der Koordinierungsstelle statt. Es wurde mit der Koordinierungsstelle vereinbart, die Erfahrungen möglichst vieler Debriefer in einem später durchzuführenden Workshops auszutauschen und auch für ein Debriefing der Debriefer zu sorgen. All dies fand im Laufe des folgenden Jahres statt.
Aus der späteren Rückmeldung der Koordinierungsstelle und vom Seelsorger war zu entnehmen, dass das Debriefing von den Teilnehmern insgesamt als "wichtig und hilfreich" bewertet wurde. Auch die Landesregierung würdigte die Anstrengungen aller Helfer, auch die der Träger der psychosozialen Prävention, deren Wert ganz offiziell anerkannt wurde:

Der Niedersächsischer Innenminister

Wehrbereichskommando II/1. Panzerdivision
HansBöcklerAllee 18
30173 Hannover

Sehr geehrte Damen und Herren!

Für die vom Unglück in Eschede Betroffenen und für viele, die zu der Bewältigung der Katastrophe unmittelbar beigetragen haben, erfüllen Sie im Rahmen der Einsatznachsorge eine sehr wichtige und verantwortungsvolle Aufgabe. Für diese Arbeit, die Sie geleistet haben und noch leisten, möchte ich Ihnen im Namen der Landesregierung und auch persönlich herzlich danken.
Trotz der vielfältigen Medienberichterstattung ist es in der Öffentlichkeit kaum bekannt, welch starken seelischen Belastungen die Menschen bei der Rettung und Bergung, bei Transport und Versorgung ausgesetzt sind, wenn sie unmittelbar mit dem Schmerz der Verletzten, der Angst der Angehörigen oder dem Anblick Getöteter konfrontiert werden. Diese seelischen Belastungen zu verarbeiten, abzubauen und Folgeprobleme zu mindern, ist von ganz erheblicher Bedeutung. Ihr Beitrag dazu im Rahmen der psychosozialen Nachsorge ist daher außerordentlich hoch einzuschätzen.
Mit der persönlichen Aufarbeitung der Erlebnisse nehmen Sie auch einen Teil der Belastungen auf sich, die sicher auch an Ihnen nicht spurlos vorübergehen werden. Ich bin überzeugt, daß Sie aber entscheidend dazu beitragen, Hilfsbereitschaft zu erhalten und zu stärken.
Ich spreche Ihnen dafür nochmals Dank und Anerkennung aus und wünsche Ihnen weiterhin die Kraft, den Menschen diese Hilfe zu gewähren.

Mit freundlichen Grüßen
Gerhard Glogowski

Martin Bludau:

Angst und Trauer: ein Fallbeispiel

1 Stellen Sie sich vor...

Sie sind vor einigen Tagen nach Hause zurückgekehrt. Ihre schwere Operation im Krankenhaus, der sie sich unterziehen mussten, haben Sie erst einmal überstanden. Jetzt sitzen Sie allein im Wohnzimmer und ordnen Ihre Gedanken und Gefühle. Sie sind der Meinung, dass noch eine Menge getan werden muss in Ihrer neuen Wohnung, die Sie sich zusammen mit Ihrem Mann ausgesucht haben, um die schönsten Lebensjahre mit neuen stilvollen Möbeln, einem gemütlichen Balkon und vor allem mit Ihrem geliebten Mann zu verbringen. Morgen ist Ihr Hochzeitstag und Sie haben schon etwas besorgt, um Ihrem Mann eine kleine Freude zu bereiten. Ob er wohl auch an Sie gedacht hat? Sie werden es allerdings erst in ein paar Tagen wissen, wenn Sie sich wiedersehen, denn Ihr Mann befindet sich auf einer Dienstreise. Sie waren zwar nicht damit einverstanden, dass er schon wieder so einen weiten Flug antreten musste, aber man kann sich ja nicht alles aussuchen im Leben. Es wäre trotzdem schön gewesen, den Hochzeitstag gemeinsam verbringen zu können. Sie fragen sich, wann Sie nach Ihrer Operation wohl wieder arbeiten gehen dürfen und freuen sich auf das Wiedersehen mit Ihren Arbeitskollegen in der Sicherheitsabteilung eines Flughafens.
"Deutsche Tupolew 154 vermutlich vor der namibischen Küste verunglückt", hören Sie den Nachrichtensprecher im Fernsehen sagen.
Nachdem Sie das gehört haben, ist nichts mehr, wie es einmal war. Und nichts mehr, wie es einmal werden sollte. Denn Ihr Mann war an Bord der Tupolew 154 und hatte das Flugziel Südafrika ...

2 Der Absturz der Tupolew

Der Tod ist plötzlich und unerwartet mitten in das Leben vieler amerikanischer und deutscher Menschen getreten, als am 14. September 1997 unwiederbringlich feststand, dass alle 33 Personen, die sich an Bord der amerikanischen C141 und der deutschen Tupolew 154 befanden, die Kollision vor der namibischen Küste nicht überlebt hatten. Die Angst aller informierten Angehörigen vor der letzten Bestätigung der Todesnachricht hatte sich als begründet erwiesen.

3 Psychologische Krisenintervention

Psychologische Krisenintervention nach traumatisierenden Ereignissen durchzuführen, ist originäre Teilaufgabe des Psychologischen Dienstes der Bundeswehr (PsychDstBw). Neben der Aufgabe, akute Belastungsreaktionen bei den Angehörigen zu erkennen und posttraumatische Belastungsstörungen zu vermeiden, stand die fürsorgliche Begleitung und Beratung der trauernden Angehörigen im Vordergrund. Von

der “psychologischen ersten Hilfe” (Sekundärprävention) bis zur psychologischen Stabilisierung und Nachsorge (Tertiärprävention) reichten die im Anschluß an die Katastrophe durchgeführten Maßnahmen.
Die folgenden Ausführungen beschäftigen sich exemplarisch mit einigen dieser Maßnahmen aus der ganzen Bandbreite der durchgeführten Interventionen nach dem Absturz der Tupolew. Wie wurden die Todesnachrichten überbracht? Welchen Sinn hatte die Teilnahme der trauernden Angehörigen am Seebegräbnis vor der namibischen Küste? Wie gestaltete sich die Trauerberatung und Trauerbegleitung bei Personen mit erschwerter Trauer und Suizidgefährdung?
Der plötzliche und unerwartete Tod eines Angehörigen durch eine Unfallkatastrophe ist für den Hinterbliebenen häufig schwerer zu verkraften als ein Tod, auf den man sich über einen längeren Zeitraum vorbereiten kann. Eine Einzelintervention in Form einer Trauerbegleitung und Trauerberatung ist insbesondere dann angezeigt, wenn der Hinterbliebene durch seine Familie und sein soziales Umfeld nicht ausreichend unterstützt werden kann. Der enorm wichtige Erstkontakt mit einer Hinterbliebenen ohne leibliche Kinder und Geschwister fand mit sinnvoller Unterstützung aus dem Arbeitsumfeld des Verstorbenen statt. In diesem Erstgespräch wurde der Hinterbliebenen vermittelt, dass jemand nur für sie und ihren Schmerz da ist, dass ihr jemand zuhört, wenn sie in ihrem Schmerz verstanden werden will. Menschliche Nähe, Anteilnahme und Wärme begründeten die Vertrauensbasis für die Trauerbegleitung der nächsten Wochen und Monate.
Zu dem Zeitpunkt, an dem der Psychologe den Auftrag zur Trauerberatung und Trauerbegleitung erhält, tritt die in der Literatur häufig diskutierte Frage, ob es nun drei, vier oder fünf Trauerphasen gibt, vorerst in den Hintergrund (vgl. Jerneizig u.a., 1994; Müller und Schnegg, 1997).
Im Vordergrund steht dagegen die Frage, wie man den Hinterbliebenen Trost bringen kann, wo doch jedes Wort an Ihnen abzuprallen scheint wie ein Tropfen Wasser an einer glatten Wand. Was muß ich als Psychologe jetzt selber können, wenn ich ein guter Begleiter sein will? Die wissenschaftliche Literatur, die Erfahrungen von Kollegen, sowie selbst durchlebte Erfahrungen (als Helfer und als Betroffener) lassen einen zentralen Schluss als Handlungsmaxime deutlich hervortreten: Ein guter Begleiter vertröstet nicht, sondern er tröstet. Er sollte gut zuhören können. Ein guter Begleiter muss auf die Frage, warum ein Hinterbliebener soviel durchmachen musste, keine Antwort wissen.
Nach den Tagen der Erstinterventionen verschiedener Trauerberatungsteams mit dem Schwerpunkt in Köln-Wahn wurde eine militärische und kirchliche Gedenkfeier durchgeführt, an der möglichst alle Hinterbliebenen teilnehmen sollten. Diejenigen Trauernden, welche bisher noch nicht mit dem äußeren Rahmen der Gedenkfeier vertraut waren, wurde bei persönlicher Zustimmung am Vorabend ein Einblick und Einfühlen in die Szenerie und Zeremonie gegeben. Die Konfrontation mit den aufgestellten Bildern der Toten ermöglichte es, einen ersten Abschied nehmen zu können. Das Erlebnis des “nie wieder”, die Unwiederbringlichkeit des Todes (vgl. Müller und Schnegg, 1997) wurde für viele Trauernde das erste Mal bewusst. Das, was der Hin-

terbliebene bisher nicht wahr haben wollte, um es vorläufig aushalten zu können, unterstützt nun die Auslösung von Trauerprozessen in ihm selbst. Die aufgestellten Bilder standen stellvertretend für die sterblichen Überreste der Opfer, deren evtl. Verbleib zu diesem Zeitpunkt, elf Tage nach der Katastrophe, ungeklärt war. Die Konfrontation mit den Verstorbenen wird in der Literatur fast einhellig als unbedingt notwendig eingeschätzt (Jerneizig u.a., 1994; Müller und Schnegg, 1997; Worden, 1987). Jedoch ist nicht nur die Unwirklichkeit des Verlusts ein typisches Zeichen für die Trauer nach plötzlichen Verlusten durch Unfalltod. Ein zentrales Thema in der Trauerbegleitung nach einem Unfalltod sind starke Schuldgefühle der Hinterbliebenen gegenüber sich selbst ("Wenn ich doch bloß....; hätte ich doch nur...."), sowie Schuldzuweisungen gegenüber Anderen (vgl. Worden, 1987). Die Einschaltung von Medien und Behörden, u.a. zur Klärung der Unfallursachen, ist eine weitere Folge des Unfalltodes und führt erfahrungsgemäß bis zur Klärung oder Entscheidung zu noch mehr Unsicherheit und Hilflosigkeit beim Hinterbliebenen, der dann besonders viel Verständnis verlangt.

In der Zeit nach der Gedenkfeier vom 25.09.97 bis zum 24.11.97, dem Tag der Gedenkfeier auf See vor der namibischen Küste (vergleiche hierzu Bild 16 im Fototeil) fand Trauerberatung und Trauerbegleitung in verschiedenen Formen von der Gruppensitzung bis zur Einzelberatung statt. Dieses Angebot einer institutionalisierten Beratung war natürlich für die Hinterbliebenen von völlig unterschiedlicher Bedeutung. Während manche auf diese Hilfe fast völlig verzichteten, war es für andere ein großer Trost, zeitweilig uneingeschränkt Unterstützung finden zu können. Berücksichtigt wurde in diesen Tagen vor allem Determinanten der Trauer zur individuellen Einschätzung, sowie Grundsätze und Verfahren der Beratung.

Als *Determinanten der Trauer* gelten nach Worden (1987):
- Wer war der Verstorbene?
- Charakter der Bindung mit dem Verstorbenen,
- Art und Weise des Todes,
- frühere einschlägige Erfahrungen des Hinterbliebenen,
- Persönlichkeitsvariablen,
- soziale Variablen.

Die *Beratung* sollte sich nach Worden (1987) an folgende Grundsätze anlehnen:
- Hilfe, den Verlust zu aktualisieren,
- Hilfe, Gefühle wie Zorn, Angst, Schuld und Hilflosigkeit zu identifizieren und auszudrücken,
- emotionale Ablösung vom Verstorbenen anbahnen,
- Zeit lassen zum Trauern,
- "normales" Verhalten interpretieren,
- individuelle Unterschiede einkalkulieren,
- kontinuierlich beistehen,
- erschwerte Trauer identifizieren.

In einzelnen Fällen tauchten bei den Hinterbliebenen in den nächsten Wochen Gefühle und Verhaltensweisen auf, die sehr deutlich machten, dass es im individuellen Trau-

erverlauf zu scheinbaren "Rückschritten" in der Trauerarbeit gekommen war. Unter Berücksichtigung aller individuellen Determinanten (s.o.) gelang es jedoch, in subtiler Weise die Normalität eines Trauerverlaufs aufzuzeigen, der nicht geradlinig, Phase für Phase, abläuft. Wo der Schrecken der ersten Stunden und Tage auch noch nach Wochen und Monaten in den Alltag zurückkehrt, wo die seelischen Wunden, die schon fast verheilt schienen, wieder aufbrechen, da ist der Trauerberater gefordert.
In einem Einzelfall war es aufgrund der individuellen und sozialen Rahmenbedingungen ganz besonders wichtig, die Hinterbliebene (gegen den Rat des Hausarztes) davon zu überzeugen, dass eine Teilnahme an der geplanten Abschiedsfeier auf See für ihr weiteres Leben ohne den Verstorbenen existenziell wichtig sei. Religiöser Glaube konnte ihr keinen Trost spenden, da sie ihr gesamtes Leben niemals gläubig gewesen war.
Für einen Hinterbliebenen ist sein religiöser Glaube oftmals ein wichtiger Halt. Alleine der Gedanke daran, dass es ein Wiedersehen mit dem Verstorbenen im Jenseits geben wird, kann als tröstlich empfunden werden, da so der Verlust nur vorübergehend andauert. Dies ist jedoch nur eine von vielen möglichen Reaktionen eines Gläubigen auf den plötzlich eingetretenen Verlust. Die Erschütterung kann auch so tiefgreifend sein, dass der Glaube an die bewusste Gegenwart Gottes nicht trösten kann. Manche bitten um ein Zeichen des Trostes und werden nicht erhört.
Lebenskrisen wie die Trauer nach dem Verlust eines oder mehrerer nahestehender Menschen müssen in unserer individualisierten Gesellschaft sehr häufig ohne gemeinschaftliche Übergangsriten auskommen. Das Entwickeln von Trauerritualen ermöglicht die gemeinsame Strukturierung der Gefühle nicht nur in der christlichen Religion. Im Judentum folgt auf das Begräbnis eine Woche intensiver Trauer. Der nachfolgende Monat dient der allmählichen Rückkehr der Hinterbliebenen ins normale Leben, in dem nicht mehr so intensiv getrauert wird. Nach Ablauf eines Jahres gedenkt man des Verstorbenen erneut am Jahrestag des Ablebens.
Auch im Islam und Hinduismus gilt der Glaube an das Leben nach dem Tod als wichtiger hoffnungsfördernder Aspekt, der die Bewältigung des Todes erleichtern kann. Im Buddhismus hat das 49 Tage währende Trauerritual eine sinnvolle Doppelfunktion. Diese sieben Wochen entsprechen der Zeit, die ein Mensch benötigt, um in einem anderen Leben wiedergeboren zu werden. Darüberhinaus helfen sie den Trauernden, allmählich mit dem Verlust klarzukommen und sich selbst auf den eigenen Abschied aus diesem Leben vorzubereiten.
Die Wochen zwischen den Gedenkfeiern (3. bis 11. Woche nach der Katastrophe) waren geprägt von sehr viel Weinen, Verzweiflung, Angst vor der Zukunft, aber auch immer wieder positiv empfundenen Momente der Hoffnung. Die Frage: "Werde ich nun verrückt?" musste sehr häufig beantwortet werden. Den Hinterbliebenen wurde verdeutlicht, dass nicht sie selbst "verrückt" sind, sondern ihre Bewertung der Erlebnisse und Gefühle aus dem vorher vorhandenen Beziehungsrahmen weggerückt ist (vgl. Mitchell & Everly, 1993).
Bei einigen Hinterbliebenen musste in dieser Zeit mehrfach darauf hingewiesen werden, dass größere Entscheidungen (Wohnung, Arbeit) nicht unbedingt in dieser schwie-

rigen Zeit troffen werden sollten. Ganz wichtig für die Berater und Begleiter war es, nicht zu den allgemein üblichen Trostsprüchen und Ratschlägen (z.B. "Du mußt unter Leute"; "Sei froh, dass Du noch wenigstens X hast"; "Anderen geht es noch schlechter") zu greifen, da jeder Hinterbliebene in seiner besonderen Sensibilität dadurch häufig sehr hart getroffen wird.
Die Gedenkfeier auf See bildete für viele der Hinterbliebenen auch einen formalen Abschluss der Trauerbegleitung. In wenigen Einzelfällen konnte auch danach zunächst nicht auf eine besondere Begleitung verzichtet werden.
Die schwer betroffene Hinterbliebene, in deren Gefühlswelt Sie sich als Leser anfänglich einfühlen konnten, war nach neun Monaten in der Lage, zukunftsbezogen zu denken und zu handeln, was sie durch den Aufbau eines Aktiendepots für ihre persönliche Zukunft bewies.
Sie teilte ihrem Berater zum Abschluss der institutionellen Begleitung mit, dass es nie wieder wie vorher wird, aber sie jetzt sehe, dass alles wieder wird, vielleicht sogar gut.

Literatur:

Beer, U. (1986). Ein lieber Mensch hat uns verlassen. Genf, Ariston Verlag.

Dittrich, H. (1988). Vom Umgang mit der Trauer: Kraft schöpfen und den Schmerz überwinden. Düsseldorf, Econ Verlag.

Dorsch, F. (1987). Psychologisches Wörterbuch. Bern, Verlag Hans Huber.

Feser, H. (1998). Methoden im Truppenalltagzur Prävention von akuten Angst- und Anpassungsstörungen, Posttraumatischen Belastungsstörungen sowie Suizid. Arbeitsberichte Psychologischer Dienst der Bundeswehr 1/98.

Goleman, D. (1995). Emotionale Intelligenz. München - Wien, Carl Hanser Verlag.

Jerneizig, R. und Langenmayr, A. & Schubert, U. (1994) Leitfaden zur Trauertherapie und Trauerberatung. Göttingen, Vandenhoeck und Ruprecht.

Kaden, B., Gaspar, M., Völkel, U. & Barth, J. (2000). Die posttraumatische Belastungsreaktion: Ätiologie, Prophylaxe, Diagnostik und Therapie. Wehrmed. Mschr. 44 (2000), Heft 2 – 3/2000, S. 41 ff.

Mitchell, J.T. & Everly, G.S. (1993.) Critical Incident Stress Debriefing. Ellicott City, Chevron Publishing Corp.

Müller, M. & Schnegg, M. (1997). Unwiederbringlich – Vom Sinn der Trauer. Freiburg, Verlag Herder.

Puzicha, K.J. (2000). Gesamtkonzeption des Psychologischen Dienstes der Bundeswehr. Bonn, BMVg - PSZ III 4.

Wittkowski, J. (1999). Umgang mit dem Tod: Wie lassen sich Ergebnisse der Grundlagenforschung in der Praxis umsetzen? Report Psychologie 2/99, S.114-120.

Worden, J.W. (1987). Beratung und Therapie in Trauerfällen. Bern, Verlag Hans Huber

Zentrum Innere Führung (1996) Umgang mit Verwundung und Tod im Einsatz. Arbeitsbericht ZinFü 2/96.

Bernd Willkomm:

Trauer

Bei der Trauer handelt es sich um eine Reaktion, die immer mit irgendeiner Form von emotionaler Beziehung und Verlust verbunden ist. Ein Kind ist traurig, weil es etwas verloren hat, ein Lieblingsspielzeug kaputt gegangen ist, Freunde weggezogen sind oder weil es durch Auseinandersetzungen zwischen den Eltern die liebevolle Geborgenheit vermisst oder gar den Verlust eines Elternteils befürchtet. Auch der Verlust eines geliebten Haustieres kann bei Kindern wie bei Erwachsenen Trauer auslösen. Finden bei Katastrophen oder kriegerischen Auseinandersetzungen viele Menschen den Tod, wird sogar von Volkstrauer gesprochen.
Im engeren Sinne jedoch wird Trauer vorwiegend in Zusammenhang gebracht mit dem Tod eines geliebten und vertrauten Menschen. Dabei spielen die Umstände, unter denen jemand ums Leben gekommen oder gestorben ist, eine wesentliche Rolle auch im Hinblick auf Art, Intensität und Dauer der Trauerreaktionen. Es ist für jeden verständlich und nachvollziehbar, dass der plötzliche und unerwartete Tod eines nahestehenden Menschen eine andere Form und Intensität der Trauerreaktion auslöst als der erlösende Tod nach langer und schwerer Krankheit.

Verschiedene Todesarten

- Altersbedingtes, sanftes Entschlafen;
- Krankheitsbedingtes, langsames Sterben;
- Plötzlicher, unerwarteter Tod ohne äußere Einwirkung:
    - plötzlicher Kindstod,
    - Sekundentod,
    - Herzinfarkt,
    - Hirnschlag,
- plötzlicher Tod durch äußere Einwirkung:
    - Unfalltod,
    - Gewaltsamer Tod,
    - Selbstmord.

Trotz der in Abhängigkeit von der jeweils mit dem Verlust verbundenen Umstände, der Art, Intensität und Dauer der Reaktionen, gibt es dennoch einen typischen fünfphasigen Verlauf der Trauer:

Phasen des Trauerprozesses

- 1. Phase - *Realisierung des Verlustes:* Schock, Ungläubigkeit, Verwirrung, Ängstlichkeit, Panik, Hadern mit dem Schicksal, Depression;

- 2. Phase - *Schmerzphase:* Wut, Schuldgefühle, vermindertes Selbstvertrauen und Selbstwertgefühl, Zerstreutheit, wiederholtes Erzählen, Einsamkeit, Traurigkeit, Verzweiflung, Hilflosigkeit, Frustration, gefangen in der Gefühlswelt, Groll, Unmut, Verbitterung;

- 3. Phase - *Anpassungsphase:* Auseinandersetzung mit der neuen Rolle und Verantwortung, Neidgefühle, Sehnsucht, Vermissen, Widerstreit der Gefühle, Hoffnung;

- 4. Phase - *Neuorientierung:* Mobilisierung neuer emotionaler Kräfte, innerliches Aufrichten, Beginn des "Heilungsprozesses", Akzeptanz; neue Umgebung, Beziehungen und Aktivitäten;

- 5. Phase - *Neubeginn:* neue Chancen und Gelegenheiten werden erkannt und genutzt.

Die Kenntnis dieser Phasen erleichtert und begünstigt den Umgang mit Hinterbliebenen und deren Betreuung. So ist es zum Beispiel wichtig, einem trauernden Menschen, der sich aufgrund des noch frischen Verlustes im Zustand völliger Hilflosigkeit befindet, Entscheidungen, nötige Aktivitäten und die Verantwortung, obwohl gut gemeint, nicht ganz abzunehmen. Dadurch könnte er sich möglicherweise noch hilfloser fühlen und der Prozess zur Wiedererlangung der Eigenverantwortung würde unnötig verlängert. Viel sinnvoller ist es auch schon in dieser frühen Phase, den Betroffenen in die Entscheidungen mit einzubinden. Dies kann beispielweise durch die Vorgabe von Handlungsalternativen geschehen.
Zahlreiche Schilderungen in der belletristischen wie in der wissenschaftlichen Literatur deuten daraufhin, dass sich dieser typische Verlauf der Trauerreaktionen nicht selten über einen Jahreszyklus verteilt und der Neubeginn mit dem Jahrestag des Verlustes einsetzt. Demnach würde dieser Verlauf auch dem traditionellen Trauerjahr entsprechen. Dauert der Trauerprozess ungewöhnlich lange oder stagniert dieser, ohne zur Neuorientierung und damit zum Neubeginn zu gelangen, spricht man von pathologischer oder krankhafter Trauer.

Bernhard Penz:

Das Lawinenunglück von Galtür (1999): Einsatz von Psychologen im Rahmen der Lawinenkatastrophe[1]

Dienstag, 23. Februar 1999 – später Nachmittag. Das Paznauntal ist seit mehreren Tagen aufgrund starker Schneefälle von der Außenwelt abgeschnitten. Die Straßen sind gesperrt. Im Dorf Galtür werden Unterhaltungsprogramme organisiert, um die Gäste von der tristen Wettersituation abzulenken.

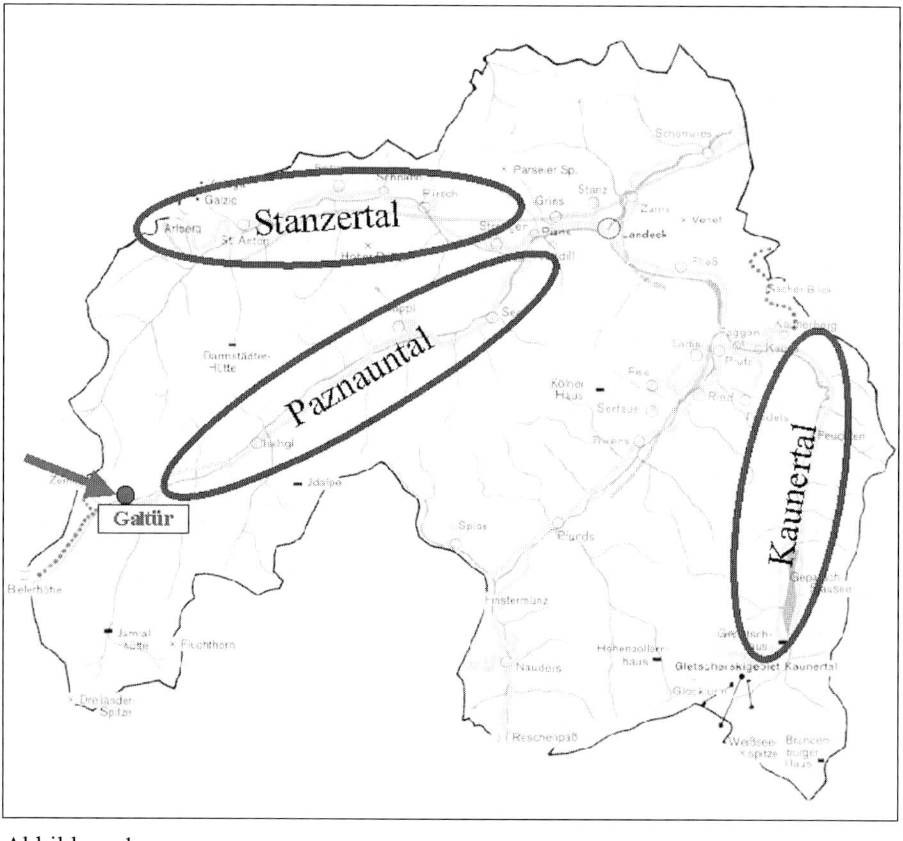

Abbildung 1

1) Vergleiche hierzu die Bilder 26 und 27 im Fototeil

Ein Augenzeuge –ein einheimischer Gastwirt– erzählt: "Wir sitzen gerade in der Gaststube, plötzlich höre ich ein gewaltiges Tosen, sehe beim Fenster hinaus und beobachte, wie eine dunkle, mächtige Welle sich unserem Haus nähert. Innerhalb weniger Sekunden verändert sich die Welt. Es kracht, pfeift und stürmt, plötzlich wieder Totenstille. Ich finde mich in einem Eck des Zimmers wieder und realisiere erst jetzt, dass eine gewaltige Lawine über uns hereingebrochen ist, das Haus zerstört hat. Ich nehme Stimmen wahr, arbeite wie von fremder Hand geführt, suche nach den Gästen in unserem Lokal. Bald stellen wir fest, dass niemand größere Verletzungen davongetragen hat. Der nächste Gedanke – wo sind unsere Kinder?!"

1 Was ist passiert?

Am Dienstag, den 23. Februar 1999, erlebte Galtür die schwärzeste Stunde seiner Geschichte. Kurz nach 16.00 Uhr gingen gleichzeitig zwei mächtige Lawinen, die Sonnenberglawine und die äußere Wasserleitenlawine, von der Sonnenspitze auf das Dorf mit großem Getöse nieder. Vier Häuser wurden weggerissen, von weiteren fünf blieben nur noch Ruinen übrig. Insgesamt waren 31 Todesopfer zu beklagen. Am darauf folgenden Tag, Mittwoch, ging eine gigantische Staublawine von 200 m Breite und 10 m Höhe auf den Weiler Valzur nieder und begrub Menschen unter sich. Dabei kamen sieben Menschen zu Tode.
Seit Tagen waren Tausende Menschen in den Seitentälern des Tiroler Oberlandes, insbesondere im Paznauntal, eingeschlossen, da die Lawinenkommissionen Straßensperren verhängt hatten. Die Straßensperren waren bereits seit einer Woche verhängt, so dass die Touristen, die in den Tälern eingeschlossen waren, den Belastungen, die durch die Katastrophenstimmung ausgelöst wurden, nicht bzw. nicht immer gewachsen waren. Wegen der widrigen Witterungsverhältnisse war eine Hilfeleistung von außen in der Nacht von Dienstag auf Mittwoch vorerst nicht möglich, was wiederum zu einer Verstärkung der Katastrophenstimmung bei den Betroffenen führte. Die ganze Nacht auf Mittwoch haben Wintergäste, Schilehrer und Bergbahnbedienstete, Hotelangestellte und sogar Kinder versucht, Lebende aus den meterhohen Schneemassen zu bergen. Nur mit Schaufeln und bloßen Händen mussten sich die Helfer durch den betonhart zusammengepressten Schnee wühlen.
Das Chaos vor Ort war laut Augenzeugenberichten nur von kurzer Dauer. Schon bei Einbruch der Dunkelheit begannen sich die Retter zu formieren. Ein provisorisches Lazarett wurde in der Tennishalle eingerichtet. Neun Ärzte, die unter den Urlaubern ausfindig gemacht wurden, unterstützten den Sprengelarzt bei der Erstversorgung der Geborgenen. Urlauber, die nicht bei Schaufelarbeiten zum Einsatz kommen konnten, wurden angehalten, in ihren Unterkünften zu bleiben.
Bereits in den Abendstunden des Dienstags wurden Einsatzkräfte in der Pontlatz-Kaserne in Landeck zusammengezogen und abmarschbereit gehalten. Wegen der schlechten Witterung konnten jedoch erst am Mittwoch, 6:45 Uhr, die ersten Hubschrauber starten und die Helfer in das Krisengebiet fliegen. Notärzte, Rotkreuzhelfer, Soldaten der Lawineneinsatzzüge des Bundesheeres, Exekutivbeamte, Hundeführer und ande-

re konnten endlich nach langem Warten im Verfügungsraum Pontlatz-Kaserne in das Krisengebiet gebracht werden. Unverzüglich wurde auch eine Luftbrücke eingerichtet. Die ersten Verletzten wurden mit Bundesheerhubschraubern und Hubschraubern des ÖAMTC ins Krankenhaus Zams gebracht.
Die schreckliche Bilanz der Lawinenkatastrophe im Paznauntal: 31 Tote in Galtür, 7 Tote in Valzur, geschätzter Sachschaden 140 Millionen Schilling an Gebäuden und Fahrzeugen.
Mit Unterstützung von amerikanischen, deutschen, französischen und schweizerischen Hubschraubern wurde die größte Luftbrücke, die es je in Österreich gab, eingerichtet. Insgesamt waren 2000 Menschen als Retter und Helfer im Einsatz.

2 Auswirkungen des Ereignisses auf die Menschen

Für die betroffenen Menschen war die Situation gekennzeichnet durch:
- Gefühle der Ohnmacht und Hilflosigkeit gegenüber der Naturgewalt in den Bergen,
- Tod oder schwere Verwundung von Angehörigen, Bekannten oder Freunden,
- Tod von Kindern,
- eine große Anzahl von Verletzten und Toten,
- Verlust des Eigentums und der wirtschaftlichen Grundlage,
- Gefühlsausbrüche, Angst und Panik, Verzweiflung, Orientierungslosigkeit, Erschöpfung,
- aufdringliches und zum Teil verletzendes Interesse der Medien.

3 Erwartungshaltungen von Seiten der Einsatzleitung an die Psychologen

Nachdem bisher in Österreich, zumindest nach meinem Wissen, nur beim Grubenunglück von Lassing (1998) und in Deutschland beim ICE-Unglück von Eschede (1998) Psychologen und Psychiater als Helfer zum Einsatz gekommen waren, kamen im Rahmen der Lawinenkatastrophe von Galtür in Tirol erstmals eine Vielzahl von Psychologen, Psychiatern, Psychotherapeuten und Sozialhelfern als unmittelbare Helfer zum Einsatz.
Bereits beim ersten Lift konnten Psychologen als Helfer in den Einsatzraum gebracht werden. Da sich immer mehr Psychologen und Psychiater freiwillig meldeten bzw. im Auftrag der Universitätsklinik für Psychiatrie in Innsbruck nach Landeck in Marsch gesetzt wurden, war eine Koordination des Einsatzes von psychologischen Notfallhelfern notwendig geworden. Als auch ein Heerespsychologe von der Einsatzleitung angefordert wurde, wurde dieser in weiterer Folge sowohl von der Einsatzleitung als auch von den anweisenden psychologischen Notfall-Helfern zur Führung und Koordination des Einsatzes in Sachen psychologischer Notfall-Hilfe autorisiert. Nach einer umfassenden Lageeinweisung für den Heerespsychologen durch den zivilen Einsatzleiter und den militärischen Einsatzleiter wurden von der Einsatzleitung an die psychologische Notfall-Hilfe folgende Erwartungshaltungen ausgesprochen:

- Hilfestellung für Betroffene,
- Unterstützung der Evakuierung ("Verhindern Sie eine Massenpanik!"),
- Hilfestellung bei der Zusammenführung von Familien in den Landezonen ("Kümmern Sie sich bitte um die Personen, Kinder, die ihre Angehörigen nicht mehr finden!"),
- Hilfestellungen bei Problemen der Einsatzkräfte.

Nach der Darstellung der Leistungsmöglichkeiten der psychologischen Notfall-Hilfe von Seiten des Psychologen wurde eine enge Koordination und die Einbindung des Heerespsychologen in die Stabsarbeit, insbesondere in die Einsatz- und Lagebesprechungen, vereinbart. Improvisationsgabe war von den Psychologen gefordert. Da die zum Großteil aus eigenem Antrieb angereisten Psychologen über keine Ressourcen hinsichtlich Verbindung verfügten, konnten sie in sehr unbürokratischer Art und Weise Hilfeleistungen von anderen Einsatzorganisationen, Heer, Rotes Kreuz, Gendarmerie, Feuerwehr u.a., in Anspruch nehmen.

4 Phasen im Einsatz der Notfallpsychologen

- Phase 1: Betreuung von Personen, die unmittelbar von der Lawinenkatastrophe betroffen waren (Angehörige von Verschütteten, Verschüttete selbst); Berücksichtigung bzw. Einschätzung besonderer Dringlichkeit bei Hilfestellungen; Sicherstellen einer Betreuungskette für psychisch stark Betroffene vom Katastrophenort bis zum Wohnort.
- Phase 2: Betreuung von Personen, die im Krisengebiet aufgrund der Straßensperren festgehalten wurden und im Laufe der nächsten Tage ausgeflogen werden sollten. Betreuung von Personen bei den Landeplätzen, Koordinationsaufgaben in Zusammenarbeit mit den Einsatzkräften. Betreuung von Menschen mit Flugangst.
- Phase 3: Betreuung von Personen aus den Einsatzstäben und der Helfer, nachdem die Ablöse der Helfer durchgeführt wurde. Beratung vor und nach Pressekonferenzen. Einflussnahme auf organisatorische Maßnahmen. Unterstützung bei der Erstellung von Informationsblättern für die Gäste, um die "Gerüchteküche" einzudämmen und Sicherheit zu schaffen.
- Phase 4: Betreuung und Nachsorge von Betroffenen, insbesondere der Einheimischen, in Galtür, der Einsatzkräfte des Bundesheeres, des Roten Kreuzes, der Bergrettung, der Feuerwehr usw.

Die Einsatzorte der Psychologen waren Galtür, Valzur, Ischgl, Pontlatz-Kaserne, Stadtsaal, Verdross-Kaserne, Hubschrauberlandeplatz Autobahn, Zugbegleitung, KH Zams, Kaserne Absam.

5 Durchführung von Debriefings für militärische Helfer durch den Heerespsychologen

Nach der ersten Ablöse der Mannschaften der Lawineneinsatzzüge der Garnisonen Absam und Landeck wurde vorerst mit den verantwortlichen Kommandanten Verbindung aufgenommen und die Möglichkeit der Nachsorge für Einsatzkräfte dargestellt und angeboten. Weiters war der Psychologe am Hubschrauberlandeplatz beim Eintreffen der

Mannschaft zugegen. Somit konnte zumindest ein erster optischer Eindruck über die Befindlichkeit der Soldaten nach dem Einsatz in Galtür gewonnen werden. Nach ausführlichen Gesprächen im Verfügungsraum konnte festgestellt werden, dass die Soldaten zwar einen anstrengenden Einsatz hinter sich hatten, aber mit den Belastungen während des Einsatzes gut fertig geworden sind. Die Soldaten verlegten aus dem Verfügungsraum in die Stammkasernen nach Absam bzw. verblieben in der Pontlatz-Kaserne in den Organisationseinheiten wie beim Einsatz.
Am darauf folgenden Tag (Samstag) begab sich ein Heerespsychologe in die Kaserne Absam, um dort für Debriefings[1] zur Verfügung zu stehen. Das Angebot wurde von einer Gruppe auf freiwilliger Basis angenommen, für eine zweite Gruppe wurde das Debriefing durch den Kompanie-Kommandanten angeordnet. In der Kaserne Landeck wurden die Debriefings auf freiwilliger Basis durchgeführt.

6 Erfahrungswerte aus den Debriefings

Die auf freiwilliger Basis durchgeführten Debriefings können als sehr konstruktiv und als hilfreich für die Bewältigung des Erlebten bewertet werden. Im Falle des befohlenen Debriefings wurde die Erfahrung gemacht, dass das Instrumentarium des CISD als "Frust-Müllkübel" missbraucht wurde. Im Mittelpunkt des Gespräches stand dabei nicht das Erlebte, sondern die im Rahmen des Einsatzes aufgetretenen organisatorischen Mängel bzw. der Frust darüber, dass sich die Soldaten auch nach dem Katastropheneinsatz noch länger in der Kaserne bereitzuhalten hatten.
Aus der Sicht des Heerespsychologen haben die Soldaten im Einsatz in Galtür offensichtlich deshalb gut bestehen können, weil sehr gut ausgebildetes Kaderpersonal eingesetzt wurde, so dass an den Abenden immer wieder über das Erlebte reflektiert werden konnte. Insgesamt waren im ersten Einsatz zwei Drittel hoch qualifizierter, bergerfahrener Kader eingesetzt und nur ein Drittel Präsenzdiener aus den Lawineneinsatzzügen. Die Zugskommandanten waren durchwegs Offiziere. Sowohl Zugskommandant als auch Gruppenkommandant waren Bergführer oder zumindest alpinqualifiziert. Alpinqualifiziertes Personal wird im Rahmen der Ausbildung im Umgang mit Lawinen und Lawinenopfern besonders geschult.
Die abgelöste Mannschaft war zum Großteil mit Aufräumungsarbeiten beschäftigt und nicht so hohen psychischen Belastungen ausgesetzt wie jene des ersten Turnus. Im laufenden Kontakt mit den Einheitskommandanten und mit dem vor Ort eingesetzten Arzt sowie durch Truppenbesuche des Psychologen selbst konnte festgestellt werden, dass weitere CISD weder angeregt noch für notwendig erachtet wurden.
Am Sonntag wurde auch anderen Einsatzorganisationen wie Rettung, Bergrettung usw., die Möglichkeit des CISD angeboten. Insgesamt wurden drei Debriefings mit Mitarbeitern des Österreichischen Roten Kreuzes durchgeführt. Im Rahmen dieser Debriefings wurde bestätigt, dass Einsatzkräfte, insbesondere Familienväter von kleinen Kindern, durch den Einsatz in Galtür starken Belastungen ausgesetzt waren.

1) Critical Incident Stress Debriefings (CISD)

Die Methode des CISD kann eine rasche und effiziente Hilfe für Einsatzkräfte bei der Verarbeitung des Erlebten darstellen.

7 Zusammenfassung

Im Rahmen der Lawinenkatastrophe von Galtür kamen in Tirol erstmals Psychologen, Psychiater und Sozialhelfer als psychologische Notfall-Helfer in Zusammenarbeit mit Hilfsorganisationen zum Einsatz. Der Einsatz dieser Kräfte diente der Hilfestellung für psychisch stark belastete Menschen. Rückmeldungen von Seiten der Betreuten sowie von der breiten Öffentlichkeit zeigen, dass der Einsatz von psychologischen Notfall-Helfern im Rahmen solcher Katastrophen nicht nur wünschenswert, sondern zwingend notwendig war.
Bereits eine Woche nach dem Unglück von Galtür fand die erste Nachbesprechung aller eingesetzten psychologischen Notfall-Helfer unter dem Vorsitz der Universitätsklinik für Psychiatrie in Innsbruck statt.

8 Erfahrungen/Folgerungen/Forderungen

Die Erfahrung hat gezeigt, dass Psychologen, die sich im Rahmen eines Einsatzes direkt im Feld bewegen, für Betroffene und auch Einsatzkräfte als solche erkennbar sein müssen. Wertvolle Zeit und Kraft muss investiert werden, um die notwendige Akzeptanz zu erreichen, falls ein Psychologe nicht sofort als Psychologe zu erkennen ist. Fallweise ist es erforderlich, Formalautorität zu besitzen, insbesondere dann, wenn sich Einsatzkräfte aus organisatorischen Gründen anders zu verhalten haben, als die zu Betreuenden, z.B. beim Vorgehen an Warteschlangen usw..
Durch eine entsprechende Kennzeichnung kann viel Frust bei psychologischen Notfall-Helfern und viel Unsicherheit bei Betroffenen vermieden werden.
Es konnte festgestellt werden, dass die Akzeptanz des Psychologen in Uniform durchaus gegeben ist. In der Zusammenarbeit mit dem Einsatzstab scheint es geradezu erforderlich zu sein, sich in Uniform im Feld zu bewegen. Allerdings gilt auch hier, dass Soldaten, Einsatzkräfte oder Betroffe einen Psychologen als solchen identifizieren können, ohne lange nachfragen zu müssen. So wie z. B. die Ärzte den Äskulapstab auf der Aufschiebeschlaufe tragen, so tragen aufgrund der Erfahrungen im Rahmen des Einsatzes von Galtür Psychologen das Psy (ψ) als Verwendungsabzeichen im Einsatz. Selbst wenn eine entsprechende Kennzeichnung nicht von vornherein Barrieren abbaut, so kann sie doch eine wesentliche vertrauensbildende Maßnahme darstellen. So wie Ärzte und Priester aufgrund der besonderen Kennzeichnung durch die Kleidung in der Menge ausgemacht werden können, so sollte dies auch für psychologische Notfall-Helfer gelten.
Ein Integrieren des Psychologen in den Stabsdienst in Form einer “Stabsstelle Psychologie” scheint bei einem Einsatz dieses Ausmaßes unbedingt erforderlich. In vielen Fällen ist der Psychologe bei seiner Arbeit direkt von den Informationen der Einsatzleitung abhängig (insbesondere wenn es um Gerüchte und damit erzeugte Panik

geht), andererseits ist auch die Einsatzleitung direkt von den Informationen des Psychologen vor Ort abhängig, um entsprechende Führungsmaßnahmen treffen zu können, wie z. B. Ablöse von Einsatzkräften, Informationssteuerungsmaßnahmen usw..
Psychische Belastungen im Rahmen von Katastrophenereignissen stellen eine Gefahr für Einsatzkräfte dar. Verantwortliche sind aufgerufen, psychische Leiden von Einsatzkräften, die infolge belastender Ereignisse auftreten können, möglichst hintanzuhalten.
Einsatzkräfte müssen damit vertraut gemacht werden, dass psychische Belastungsreaktionen normale Reaktionen auf ein unnormales Ereignis darstellen, dass diese Reaktionen bei anderen Kameraden ebenso auftreten und dass sich diese Reaktionen in der Regel von selbst zurückbilden.
Um Einsatzkräfte nach belastenden Ereignissen vor schädlichen Auswirkungen zu schützen, bedarf es eines Konzeptes zur Stressbearbeitung.

9 Schlussfolgerung

So tragisch das Lawinenunglück von Galtür war, so sehr hat es gezeigt, dass die Einbindung von Psychologen in den Kreis der Hilfsmannschaften erfolgen muss. Auch Kommandanten des Bundesheeres sind mittlerweile davon überzeugt, dass dann, wenn Soldaten von Dienstes wegen großen psychischen Belastungen ausgesetzt werden, die Institution Bundesheer die Verpflichtung hat, nicht nur für das physische, sondern auch für das psychische Wohl der Soldaten zu sorgen.
Die Erfahrungen haben gezeigt, dass das Instrumentarium des CISD eine Methode zur Entlastung von Soldaten nach belastenden Ereignissen darstellt. Der relativ geringe Aufwand und die hohe Zeitökonomie überzeugen auch Kritiker von der Effektivität. Es wird aber auch an den Psychologen selbst liegen, entsprechende Überzeugungsarbeit bei Kommandanten zu leisten. Am besten können Kritiker überzeugt werden, wenn ihnen selbst mit dieser Methode nach belastenden Ereignissen geholfen werden kann.

Besonderheiten bei militärischem Spezialpersonal

Wolfgang Roth:

Stressmanagement für das Fliegende Personal der Bundeswehr

1 Vorbemerkung

Sobald wir die Zeitung aufschlagen oder abends die Nachrichten im Fernsehen sehen, wird deutlich, dass jedermann leicht in eine traumatische Belastungssituation geraten kann. Dies gilt um so mehr für Soldaten, denn der militärische Auftrag bedeutet a priori die Konfrontation mit extremen Stresssituationen (z.B. Unfälle bei Ausbildung und Einsatz, Blauhelmaktionen oder ähnliche Einsätze).
Gerade das veränderte und sich weiter verändernde Einsatzspektrum im fliegerischen Bereich der Bundeswehr (Einsätze im Irak, Hilfsflüge nach Sarajevo, Flüge nach Somalia, Kampfeinsatz im Rahmen der NATO) erfordert, dass jedes Besatzungsmitglied in der Lage ist, mit bedrohlichen und/oder traumatischen Situationen und deren Folgen zurecht zu kommen.
Die Erfahrungen mit fliegerischen Einsätzen in Sarajevo und vor allem mit dem NATO-Einsatz ALLIED FORCE über Ex-Jugoslawien haben gezeigt, dass die Besatzungen erheblichen psycho-physischen Belastungen ausgesetzt sind. Diese Belastungen haben eine völlig andere Qualität als die vom bisherigen Einsatzspektrum her bekannten. Sie beziehen sich nicht mehr ausschließlich auf den fliegerischen Einsatz, sondern in zunehmendem Maße auch auf das fliegerische Umfeld, Versorgung und Betreuung der Familie, Fürsorge durch Vorgesetzte und Bewertung der Einsätze durch die Öffentlichkeit. Die besondere Belastung des Fliegenden Personals machte es erforderlich, geeignete präventive und nachbereitende psychologische Trainingsmaßnahmen einzuleiten, um den Umgang mit belastenden und/oder traumatisierenden Situationen zu erleichtern, sowie möglichen Stressfolgen vorzubeugen.

2 Psychische Belastungen und Stressbewältigung in der Fliegerei

"Innerhalb der psycho-physischen Gesamtbelastung beim Fliegen ergibt sich ein deutlich höherer Anteil der psychischen Belastung gegenüber der physischen. Diese Verschiebung ist nicht mit einer Abnahme der physischen Belastungen verbunden, sondern hängt einzig und allein mit dem Aufwuchs der psychisch-mentalen Anforderungen zusammen". Dies schreibt Karl Gerbert in seinem Vorwort zum "Leitfaden der militärischen Flugpsychologie" (1987). In einem Merkblatt für Fliegerärzte führte er bereits 1973 aus: *"Piloten sind Spezialisten, die eine sehr komplexe, multidimensional belastende und psycho-physisch stark beanspruchende Arbeit verrichten" ... "sie sind erheblichen Belastungen auf physischer, mentaler und emotionaler Ebene ausgesetzt."*

Aus diesen Bemerkungen ist zu entnehmen, dass Piloten hohen körperlichen, insbesondere aber psychischen Anforderungen genügen müssen. Auch Kuba hatte schon 1971 zu der Problematik bemerkt: *"Wie jede Tätigkeit des Menschen bringt auch das Fliegen eine für diesen Beruf spezifische Beanspruchung mit sich. Der Versuch einer Einteilung richtet sich danach, ob das belastende Ereignis aus der Umgebung des Piloten kommt – überwiegend physische Belastung – oder ob es primär bzw. durch weniger schwere äußere Anlässe ausgelöst, in seinem Inneren entsteht – psychische Belastung".*

Physische Belastungen sind hohe lineare und anguläre Beschleunigungen, Vibration und Lärm, eingeschränkte Sitz-, Greif- und Sichtverhältnisse, die durch den Arbeitsplatz vorgegeben sind.

Mentale Belastungen liegen in der Notwendigkeit, komplexe Information rasch aufzunehmen und umzusetzen, dem Zwang zu ständiger Aufmerksamkeit und Konzentration sowie dem Entscheidungsdruck in unvorhergesehenen Situationen.

Emotionale Belastungen sind das Bewusstsein der hohen Unfallgefährdung (Risiko) durch technische, insbesondere aber durch menschliche Fehler ("fear of failure"), und die Verantwortung für Menschenleben und Sachwerte.

In den letzten Jahren kamen veränderte Einsatzbedingungen bei fliegerischen Einsätzen hinzu (UN-Einsätze), die zu einer deutlichen Zunahme der psychischen Belastung führten. Vor diesem Hintergrund war es erforderlich, das Fliegende Personal der Bundeswehr besser in die Lage zu versetzen, bedrohliche und/oder traumatische Situationen und deren Folgen zu bewältigen. Die von den fliegerischen Besatzungen empfundenen Belastungen beziehen sich dabei nicht mehr ausschließlich auf den fliegerischen Einsatz, sondern auch in zunehmendem Maße auf das psychosoziale Umfeld.

3 Was wurde bisher getan?

Am Beispiel von Trainingsprogrammen für Flugschüler lässt sich aufzeigen, dass die Verbesserung der Stressbewältigung ein grundlegendes Anliegen der Flugpsychologie ist. So fällt z.B. bei manchen Flugschülern der Bundeswehr bereits in den ersten Flugstunden auf, dass sie trotz guter praktisch-fliegerischer Anlagen psychisch oder –seltener– physisch dekompensieren, also Adaptationsstörungen im Hinblick auf die von ihnen erwartete Leistung zeigen. Aber auch bei erfahreneren Piloten finden sich gelegentlich Fehlleistungen oder Leistungseinbrüche, vor allem bei Flügen und Flugsituationen mit besonderen mentalen Belastungen.

In der Flugpsychologie wurde daher bei Flugschülern frühzeitig ein spezielles Trainingsprogramm durchgeführt, das aus psychologischen und physischen Trainingsmaßnahmen sowie aus einer Beratung in allgemeiner Lebensführung bestand:

- Entspannungstraining (z.B. progressive Muskelentspannung),
- mentales Training (z.B. regelmäßiges "mentales Fliegen", mentale Vorbereitung auf den Flug); ein regelmäßiges Kreislaufbelastungstraining (z.B. 3 x 30 Minuten Dauerlauf pro Woche nach einem vorher festgelegten Trainingsplan,
- individuelle Beratung in allgemeiner Lebensführung.

Dieses empirisch sehr effektive Programm führte dazu, dass der von einer Leistungsbeeinträchtigung betroffene Flugschüler in der Regel sein fliegerisches Training fortsetzen konnte. So war davon auszugehen, dass ein gezieltes psycho-physisches Training in vielen Fällen zur Verringerung oder zum Verschwinden der Beeinträchtigungen beiträgt.
Alle Maßnahmen dienten dem Ziel einer Verbesserung der *"Psycho-physischen Fitness"* (Roth, 1993, 1995, 1998).

4 Das Anti-Stress-Konzept

Die weiter oben schon beschriebene veränderte Qualität der Einsätze mit ihren spezifischen Belastungen, die Rückmeldungen der Fliegerärzte über aufgetretene Belastungreaktionen und die immer stärkere Forderung nach psychologischer Unterstützung veranlassten die Abteilung Flugpsychologie am Flugmedizinischen Institut der Luftwaffe, sich Anfang der 90er Jahre Informationen über diese Belastungen und die daraus entstehenden Belastungsreaktionen zu beschaffen. Im weiteren Verlauf dieser Erhebungen zeigte sich, dass Probleme in der Hauptsache aufgrund mangelnder Stressverarbeitung bzw. durch den ungewohnten Umgang mit stressbelasteten und/oder potenziell traumatisierenden Situationen entstehen. Neben einer teilweisen Zunahme der "physical workload" traten weitere Anforderungsschwerpunkte im emotionalen Bereich und bei den mental-konzentrativen Anforderungen auf.
Hinsichtlich der emotionalen Belastungen spielten u.a. die objektiv vorhandene Bedrohung (Beleuchtung durch die gegnerische Flugabwehr, teilweise auch Beschuss) und die dabei subjektiv empfundene Machtlosigkeit eine entscheidende Rolle.
Truppenbesuche in den zunächst betroffenen Geschwadern sowie Auswertungen einschlägiger Erfahrungen und Berichte der amerikanischen, kanadischen und israelischen Streitkräfte ergänzten die Lagebeurteilung und führten zu der Erkenntnis, dass ein konzeptueller Ansatz erforderlich war.
Der Generalarzt der Luftwaffe beauftragte daraufhin das Flugmedizinische Institut der Luftwaffe, "ein Konzept zur psychologischen Stressbewältigung im Rahmen akuter und chronischer Stressexposition des Fliegenden Personals der Bundeswehr" zu erarbeiten. Das Konzept enstand in enger Zusammarbeit mit der Truppe und stützte sich auf die dort gemachten Einsatzerfahrungen. Es wurde erfolgreich im Truppenversuch erprobt und vom Generalarzt der Luftwaffe als "Besondere Anweisung zum Stresskonzept für das Fliegende Personal der Bundeswehr" umgesetzt (GenArztLw, 1998). Das Konzept wurde im Laufe der Zeit weiter entwickelt und den veränderten Gegebenheiten angepasst.
Das Konzept besteht aus verschiedenen Modulen, die sowohl im Zusammenhang als auch einzeln angewendet werden können. Dieses Modulsystem hatte den Vorteil, dass die Ausbildung an verschiedenen Standorten sowohl lehrgangsgebunden als auch einsatzspezifisch stattfinden kann.
Im Grunde setzt sich der modulare Aufbau aus einem lehrgangsgebundenen, einem einsatzbezogenen Teil und aus flankierenden Maßnahmen zusammen. Abgerundet wird das Konzept durch das Modul "Krisenintervention nach Flugunfällen".

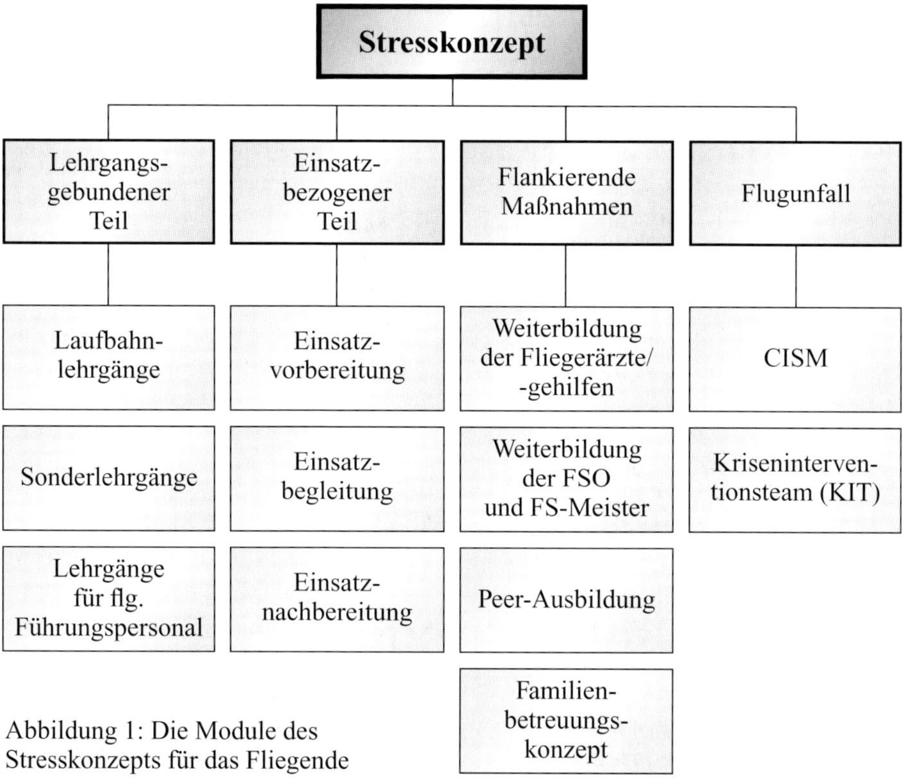

Abbildung 1: Die Module des Stresskonzepts für das Fliegende Personal der Bundeswehr

4.1 Lehrgangsgebundener Teil

In diesem Teil wird die Einbindung der theoretischen und praktischen Inhalte des Stresskonzepts in die Laufbahn- und Sonderlehrgänge für den fliegerischen Dienst geregelt. Hier greifen zum Teil andere Konzepte, da die Vermittlung von Grundlagenwissen über Psychologie für jeden Soldaten im Verlauf seiner Ausbildung stattfindet.
In den Spezial- und Sonderlehrgängen für Fliegendes Personal werden z.B. im Rahmen der flugphysiologischen Lehrgänge, abgestimmt auf die jeweilige Zielgruppe (Prop, Jet, Hub), flugpsychologische Inhalte vermittelt.
Für ständige Besatzungsmitglieder und zum fallweise Mitfliegen verpflichtete Soldaten werden verbandsintern psychologische Seminare durchgeführt. Hierbei unterliegt die inhaltliche und methodisch-didaktische Gestaltung der Fachaufsicht der Abteilung Flugpsychologie am Flugmedizinischen Institut der Luftwaffe.
Über die lehrgangsbezogene Ausbildung von militärischem Führungspersonal hinaus werden in Flugsicherheitsseminaren für fliegerische Führungskräfte spezielle flugpsychologische Kenntnisse vermittelt.

4.2 Einsatzbezogener Teil

Durchführende im Bereich der einsatzbezogenen psychologischen Vorbereitungen sind der dem fliegenden Verband zugeordnete ("assignierte") Fliegerpsychologe und der Fliegerarzt.
Hier werden –als allgemeine psychologische Einsatzvorbereitung– alle vier Jahre flugpsychologische Inhalte im Rahmen eines Grundlagenlehrgangs vermittelt.
Bei der spezifischen psychologischen Einsatzvorbereitung im zeitlichen Zusammenhang mit einem bevorstehenden Einsatz stehen insbesondere einsatzrelevante Aspekte im Vordergrund. Hier wird auch das Führungspersonal des Einsatzverbandes in die Vorbereitung aktiv mit einbezogen.
In der Einsatzbegleitung wird lage- und bedarfsabhängig ein speziell ausgebildeter Fliegerpsychologe eingesetzt. Dies ist in der Regel der dem Verband assignierte Psychologe.
Er hat folgende *Aufgaben*:

- Führungsberatung,
- Einzelfallberatung,
- präventive Beratung über Stress und dessen Auswirkungen,
- mentale Vorbereitung auf wechselnde Einsatzbedingungen,
- Vorbereitung auf die soziale Reintegration,
- Anwendung von Interventionstechniken im Rahmen der Maßnahmen des *Critical Incident Stress Management* (CISM, siehe den Artikel von Willkomm, Seiten 99 ff) bzw. der Krisenintervention,
- Psychotherapeutische Maßnahmen (soweit im Einsatz durchführbar).

Der Fliegerpsychologe arbeitet vor Ort eng mit dem Fliegerarzt und der jeweiligen Führung des Einsatzverbandes zusammen.
Im Rahmen der Einsatznachbereitung wird festgestellt, ob akute Belastungsreaktionen festzustellen sind. Wenn diese nicht allein durch Selbst- und Kameradenhilfe angemessen verarbeitet werden können, sind durch Fliegerarzt und Fliegerpsychologen weitere Maßnahmen im Rahmen des Critical Incident Stress Management (CISM) einzuleiten. Im Bedarfsfall können auch psychotherapeutische Maßnahmen erforderlich sein (z.B. Therapiemaßnahmen im Rahmen der klinischen Psychologie).

4.3 Flankierende Maßnahmen

Zu den flankierenden Maßnahmen zählt die psychologische Fort- und Weiterbildung der Fliegerärzte aber auch der Flugsicherheitsoffiziere. Zusätzlich werden auch die Fliegerarztgehilfen und der Flugsicherheitsmeister sowie psychologisches Unterstützungspersonal (Peers) ausgebildet. Dazu werden am Flugmedizinischen Institut der Luftwaffe Grundlagenlehrgänge in CISM und in Gesprächsführung angeboten. Ein Schwerpunkt ist die Ausbildung des psychologischen Unterstützungspersonals. Dazu werden durch die fliegerischen Vorgesetzten, den Fliegerarzt und den Fliegerpsychologen aus jedem Verband eine angemessene Zahl von Soldaten/-innen ausgewählt.

Dabei kann es sich um Flugzeugführer, Besatzungsmitglieder, wahlweise zum Mitfliegen verpflichtetes Personal, Flugsicherheitspersonal und Sanitätspersonal handeln.
Ein weiterer Baustein der flankierenden Maßnahmen ist die Familienbetreuung. Das Familienbetreuungskonzept, das als Führungsaufgabe jedem Verband obliegt, wird durch den Einsatz von Psychologen und psychologischem Unterstützungspersonal unterstützt.

4.4 Krisenintervention nach Flugunfällen

Eine Sonderrolle nimmt die Krisenintervention nach Flugunfällen ein. Dabei werden zur Prävention traumabezogener Folgeschäden Maßnahmen des Critical Incident Stress Management durchgeführt werden. Hier kommt es auf schnelle und angemessene psychologische Hilfe und Betreuung an. Auf Anforderung des Unfallverbandes wird ein Kriseninterventionsteam[1] eingesetzt, das alle erforderlichen CISM-Maßnahmen koordiniert und durchführt.

5 Erfahrungen mit dem Stresskonzept

Zu Beginn der Konzeptentwicklung wurden häufig folgende Fragen gestellt:
- Muss eine psychologische Einsatzvorbereitung überhaupt sein?
- Wecken wir damit nicht, “schlafende Hunde”?
- Sensibilisieren wir die Leute nicht geradezu?
- Sollten wir Piloten und Besatzungsangehörige nicht erst dann mit der Psychologie konfrontieren, wenn psychologische Probleme entstanden sind?

5.1 Prävention macht Sinn

Die Erfahrungen aus der Flugpsychologie zeigen, dass Prävention auch im psychologischen Bereich sinnvoll ist. Im Bereich der klinischen Flugpsychologie werden jedes Jahr ca. 100 klinisch-psychologische Untersuchungen durchgeführt, wobei es sich meistens um gesunde Piloten und Besatzungsangehörige mit überwiegend normalpsychologischen Problemen, entstanden während der normalen Fliegerei handelt. Dabei wird immer wieder festgestellt, dass durch rechtzeitige Informationen, z. B. über die Bedeutung der psycho-physischen Fitness, das Auftreten stressbedingter Erkrankungen in vielen Fällen hätte verhindert werden können. Erkenntnisse aus der Flugunfallursachenforschung bestätigen diesen Sachverhalt.
Bei einem Vergleich mit der Vorbeugung gegen “Allerwelts-Krankheiten”, wie etwa Grippe oder Schnupfen, wird augenfällig, dass jemand weniger krankheitsanfällig ist, wenn er sich rechtzeitig abhärtet. Im psychisch-mentalen Bereich geht es analog dazu um eine rechtzeitige “psychische Abhärtung”.

1) Vergleiche hierzu den Artikel von Weber in diesem Buch (Seiten 449 ff)

5.2 Umsetzung "Zug um Zug"

1998 beginnend wurde das Stresskonzept auf allen Ebenen umgesetzt. Schwerpunkt war zunächst, den großen Nachholbedarf an psychologischer Wissensvermittlung zu organisieren und an den Mann zu bringen.
Der Flugphysiologische Lehrgang am Flugmedizinischen Instituts der Luftwaffe in seiner Außenstelle Königsbrück ist hierzu bestens geeignet, müssen doch alle Angehörigen des Fliegenden Personals in verschiedenen Abständen diese Ausbildung absolvieren. Auf den dort vermittelten psychologischen Grundkenntnissen bauen weiterführende Ausbildungstakte auf, z.B. während des Kommandantenlehrgangs auf Transall oder während der einsatzvorbereitenden Ausbildung bei einem Jagdbombergeschwader oder bei einem Aufklärungsgeschwader. Im Bereich der Heeresfliegerregimenter wurde das Stresskonzept ebenfalls zügig umgesetzt.

6 Ausblick

Angesichts der hohen Anforderungen an die psycho-physische Leistungsfähigkeit aller Piloten und Besatzungsangehörigen und vor dem Hintergrund der geänderten und sich weiter verändernden Einsatz- und Rahmenbedingungen in der militärischen Fliegerei spielt die Fähigkeit zur Stressbewältigung eine entscheidende Rolle. Gerade in den Einsätzen bei den Hilfsflügen nach Sarajevo, beim NATO-Einsatz ALLIED FORCE und bei den Einsätzen der Heeresflieger in Bosnien und im Kosovo hat sich gezeigt, dass präventive, begleitende und nachbereitende Maßnahmen Hand in Hand gehen müssen, um die psychische Gesundheit des Fliegenden Personals zu erhalten.

Literatur:

Bundesministerium der Verteidigung - P II 4: Das Stresskonzept für das fliegende Personal der Bundeswehr. BMVg - P II 4, Bonn, 1995.

Generalarzt der Luftwaffe: Besondere Anweisung zum Stresskonzept für das Fliegende Personal der Bundeswehr. BesAnGenArztLw 705/5091, Lohmar-Heide, 1998.

Gerathewohl, S. (1987). Leitfaden der militärischen Flugpsychologie. Verlag für Wehrwissenschaften, München.

Gerbert, K. (1973). Merkblatt für Fliegerärzte. Flugmedizinisches Institut der Luftwaffe, Lehrmittelwerkstatt.

Kuba, P. (1971). Zusammenstellung von Beobachtungen über das Verhalten psychophysiologischer Funktionen unter den Belastungen des Fliegens; Überblick über die angewandte Methodik. Klinik und Poliklinik der Universität Marburg (Inaugural-Dissertation), Görich & Weiershäuser, Marburg.

Roth, W. (1993). Psycho-physische Fitness – ein Schlüssel zu besserem Fliegen. Flugsicherheit, 1993, 3: 42 - 43.

Roth, W. (1995). Mens sana in corpore sano. Das Anti-Stresskonzept für das Fliegende Personal der Bundeswehr. Truppenpraxis.

Roth, W. (1998). Clinical Psychology Applications in Military Aviation. In: Goeters, K.-M. (Ed.): Aviation Psychology - a Science and a Profession". Proceedings of the 22nd International Conference of the European Association of Aviation Psychology, Ashgate Publishing, Aldershot, England.

Dierk-Peter Hansen:

Truppenpsychologie bei Auswahl und Ausbildung in der Marine: Stressmanagement bei Seemännischem Personal[1]

1 Stressmanagement in der Marine

Im März 2000 wurde das "Rahmenkonzept zur Bewältigung psychischer Belastungen bei Soldaten" (BMVg-Fü S I, 2000) erlassen, das zusammenfassend Grundsätze der psychischen Betreuung von Soldaten im Zusammenhang mit Belastungssituationen beschreibt. Ergänzende marinespezifische Regelungen werden mit dem "Konzept für ein Stressmanagement in der Marine" (Kurzbezeichnung: Stressmanagementkonzept. BMVg-Fü M I 4, 2000) erlassen. Dieses Konzept, das vom Schiffahrtmedizinischen Institut der Marine erarbeitet worden ist, dient folgenden Zielen:

- *Vermeiden oder Mildern von Leistungseinschränkungen*, die im Zusammenhang mit Reaktionen des negativen Stress (Distress) auftreten
  - im täglichen militärischen Dienst,
  - bei Einsätzen[2] der Flotte, der Marineflieger, des Marinesicherungsdienstes, des Marinesanitätsdienstes und der weiteren landgebundenen Dienste,
  - während extremer Belastungssituationen und im Anschluss an solche Ereignisse (z.B. Wirkungen feindlicher Waffen, außergewöhnlich schwere Unfälle, Bergung von Leichen, Schiffbruch);
- *Vorbeugen* ungünstiger *Stressfolgen*, insbesondere durch Stress verursachter organischer und psychischer Erkrankungen. Spezielle Beachtung findet hierbei die Prävention von posttraumatischen Belastungsstörungen (PTBS).

Effektives Stressmanagement richtet sich auf die Stressoren (Belastungsfaktoren), auf die Stressreaktionen und auf die Stressfolgen. Zwar sind gerade im militärischen Bereich der Veränderung der Stressoren häufig enge Grenzen gesetzt; durch eine Reihe von Maßnahmen (z.B. Vorbereitung auf die Situation, Ausbildung, Fürsorge) können jedoch die individuelle Bewertung der Stressoren und die Fähigkeit, mit ihnen umzugehen, verändert werden. Zur Kontrolle der Stressreaktion und zur Vermeidung nega-

---

1) Vergleiche hierzu Bilder 28 und 29 im Fototeil.

2) Unter Einsatz werden Operationen im Rahmen der Landesverteidigung und von UN-, OSZE-, WEU- oder NATO-Aufträgen verstanden. Hierzu gehören auch Einsätze im nationalen Auftrag wie z.B. Rettungs- und Evakuierungseinsätze. Dem Einsatz vergleichbare Bedingungen können auch während des Übungs- und Ausbildungsbetriebs bei schwimmenden, fliegenden oder landgestützten Verbänden der Marine auftreten.

tiver Stressfolgen bedarf es sowohl kurzfristig als auch langfristig wirksamer persönlicher Stressbewältigungstechniken.
Dieses persönliche Stressmanagement wird ergänzt durch Maßnahmen im System Mensch-Arbeit-Umwelt. Davon betroffen ist praktisch alles, was auf den Soldaten wirkt und ihn belasten oder entlasten kann: Menschenführung, Vorgesetztenverhalten, Arbeitsorganisation, Einsatzdauer, soziale Unterstützung durch Kameraden und Vorgesetzte; Maßnahmen zur Betreuung und Hilfe, auch für die Partnerinnen bzw. die Familien, insbesondere nach Ereignissen mit extremer Belastung. Ebenso sind die Güte der Verwendungsausbildung sowie die Qualität und Bedienbarkeit der Geräte/Anlagen Komponenten des Stressmanagements, wie es in der Marine verstanden wird.
Das Konzept gliedert die vielfältigen erforderlichen *Maßnahmen* nach Modulen:
- stressbezogene Auswahl und Ausbildung,
- Einsatzvorbereitung, -unterstützung, -nachbereitung,
- Materialentwicklung und -beschaffung.

Diese Aufzählung macht deutlich, dass Stressmanagement in der Verantwortung verschiedener Stellen der Marine liegt. Bei der Implementierung des Stressmanagmentkonzepts werden die erforderlichen Aktivitäten mit den entsprechenden Verantwortungsbereichen abgestimmt. Das Schiffahrtmedizinische Institut der Marine wird dabei Koordinierungsfunktion wahrnehmen. Soweit die Maßnahmen im psychologischen Bereich liegen, werden sie größtenteils durch die im Institut vorhandene psychologische Kapazität der Marine durchgeführt oder supervidiert.

2 Stressbezogene Auswahl von Soldaten[3] der Marine für spezielle Tätigkeiten und Einsätze

Stressbezogene Personalauswahl findet an mindestens *drei Punkten der soldatischen Laufbahn* statt:
- vor Einstellung in die bzw. Einberufung zur Marine,
- vor Beginn der Ausbildung für spezielle Aufgaben,
- vor besonderen Auslandseinsätzen.

Bei der Prüfung von Offizieranwärtern und von ungedienten Bewerbern für die Laufbahnen der Mannschaften/Unteroffiziere sowie bei der Eignungsprüfung und Eignungsfeststellung bei Grundwehrdienstleistenden (EUF) finden generelle stressbezogene Auswahlkriterien Anwendung in den Prüfverfahren der Offizierbewerberprüfzentrale (OPZ), des Zentrums für Nachwuchsgewinnung der Marine (ZNwG) bzw. der Kreiswehrersatzämter (KWEA).
Vor dem Beginn der Ausbildung zum Taucher, Ubootfahrer und Kampfschwimmer wird im Schiffahrtmedizinischen Institut der Marine die Verwendungsfähigkeit für diese speziellen Tätigkeiten festgestellt. Der psychologische Teil dieser Feststellung wird

3) Zukünftig werden alle Verwendungen der Marine auch Frauen offenstehen. Die Begriffe "Soldat", "Taucher" usw. stehen in diesem Artikel auch für die jeweilige weibliche Begriffsform.

nach den “Bestimmungen zur Methodik der Speziellen Psychischen Eignungsfeststellung für die Bewerber zum Taucher-, Kampfschwimmer- und Ubootdienst” (Schifffahrtmedizinisches Institut der Marine, 2000) durchgeführt.
Ziel ist die Auswahl von Soldaten, die aufgrund ihrer Fähigkeiten, der in der Ausbildung erworbenen Fertigkeiten und auf der Grundlage ihrer Persönlichkeit die speziellen Belastungen der Aufgaben bewältigen können. Dazu werden die Ausprägungsgrade folgender Fähigkeits- und Persönlichkeitsmerkmale erfasst: räumliche Orientierungsfähigkeit, räumliches Vorstellungsvermögen, Merkfähigkeit, Daueraufmerksamkeit, Konzentrationsfähigkeit, Teamfähigkeit, Leistungsmotivation, psychische Belastbarkeit, Risikobereitschaft, Ängstlichkeit, Frustrationstoleranz, Verantwortungsbewusstsein, soziale Kompetenz, Gemeinschaftsverhalten.
Vor Kontingenteinsätzen im Rahmen von besonderen Auslandseinsätzen der Bundeswehr (z.B. SFOR, KFOR) liegt es in der Verantwortung der Einheitsführer, die Belastbarkeit im Einzelfall auf der Grundlage aktueller Erkenntnisse (z.B. individuelle Belastungsgeschichte, Krisen im persönlichen Lebensbereich) festzustellen. Das Schiffahrtmedizinische Institut der Marine unterstützt hierbei auf Anforderung.

3 Ausbildung der Soldaten der Marine im Rahmen des Stressmanagements

Im Rahmen des Stressmanagements werden die lehrgangsgebundene Ausbildung, die Verwendungsausbildung, die Vorbereitung auf besondere Einsätze (Auslandseinsätze) und die Ausbildung von Unterstützungspersonal im Rahmen des Critical Incident Stress Management unterschieden. Zur Einführung des Stressmangementkonzepts findet z.Z. noch einmal jährlich ein Überblicksseminar Stressbewältigung beim Schifffahrtmedizinischen Institut der Marine statt.

3.1 Lehrgangsgebundene Ausbildung

In der lehrgangsgebundenen Ausbildung steht einerseits das persönliche Stressmanagement, andererseits das Verhalten als Kamerad oder als Vorgesetzter, insbesondere in und nach Situationen mit extremer Belastung im Vordergrund. Diese Ausbildung ist in die Laufbahnlehrgänge im Rahmen der Ausbildung der Offiziere und Unteroffiziere integriert.
Für das persönliche Stressmanagement werden Kenntnisse über den Zusammenhang zwischen Stressoren, Stressreaktionen und Stressfolgen vermittelt. *Lerninhalte* sind:
- Methoden, die Wirkung von Stressoren auf die Person zu verändern,
- Kennenlernen der eigenen Belastungsgrenzen,
- Erkennen von Stressreaktionen bei sich selbst und anderen,
- Techniken, Stressreaktionen zu kontrollieren mit dem Ziel, negative Wirkungen zu reduzieren (Selbstmanagement),
- Verhaltensweisen, um negative Stressfolgen vermeiden,
- Entspannungsverfahren, hier beispielhaft: Progressive Muskelentspannung.

Für die Rolle als Kamerad oder Vorgesetzter in und nach belastenden Situationen werden *zusätzlich* folgende *Lerninhalte* vermittelt
- psychische Selbst- und Kameradenhilfe,
- Gesprächsführung mit belasteten Soldaten,
- Grundlagen des Critical Incident Stress Management (CISM),
- Erkennen von Symptomen der akuten Belastungsreaktion,
- Möglichkeiten der Unterstützung im Rahmen des CISM durch speziell ausgebildete Kameraden (Peers) oder Kriseninterventionsteams (KIT),
- Hilfen zur Entscheidung über die Anforderung der Hilfe einschließlich der organisatorischen Aspekte,
- Erkennen von Symptomen der posttraumatischen Belastungsstörung (PTBS).

Die Ausbildung erfolgt in Seminaren, die in der Marineschule Mürwik (MSM) bereits fester Bestandteil der Ausbildung zum Offizier sind. Sie sind bisher von Psychologen des Instituts durchgeführt worden. Allerdings wird die personelle Kapazität des Instituts nicht ausreichen, um zukünftig auch Forderungen anderer Schulen zu erfüllen. Es ist deshalb vorgesehen, geeignete Truppenfachlehrer beim Schiffahrtmedizinischen Institut der Marine zu Trainern auszubilden. Dabei wird das Institut für die Supervision und die Fortbildung verantwortlich sein.
Die Erfahrungen der Trainer in diesen Seminaren decken sich im wesentlichen mit denen im zivilen Bereich (z.B. Kaluza 1996). Die Zielsetzung der Seminare wird in erster Linie durch Verhaltenstraining (Rollenspiele), unterstützt durch Wissensvermittlung, erreicht. Verhaltenstraining erfolgt im allgemeinen vor dem Hintergrund der Erfahrungen der Seminarteilnehmer. Ideal ist es, wenn die Teilnehmer ausgewählte Techniken im Alltagsleben üben können, bevor sie die nächste Stufe der Ausbildung beginnen. Diese Voraussetzungen werden in den MSM-Seminaren nur zum Teil erreicht. Der Umfang stressbezogener Erfahrungen und damit auch die Einordnung der gelernten Techniken hängt eng mit der z.T. noch relativ kurzen Berufs- und Lebenserfahrung der Seminarteilnehmer zusammen. Zukünftig wird angestrebt, Standard-Stresssituationen aus dem militärischen Alltag in die Seminare einzuführen. Zum zuletzt genannten Bereich bietet sich z.B. die Schiffssicherungsausbildung in der Marinetechnikschule, Lehrgruppe Schiffssicherung, an.

3.2 Verwendungsausbildung

Unter dem Aspekt des Stressmanagements stehen bei der Ausbildung für bestimmte Funktionen an Bord oder an Land die Vermittlung von Handlungsfähigkeit auch in belastenden Situationen und die Entwicklung von Vertrauen im Vordergrund. Zum Erwerb von Handlungsfähigkeit unter starker Belastung gehört u.a. das "drillmäßige" Einüben bestimmter Handlungsabläufe. Vertrauen muss gefördert werden in die eigenen Fähigkeiten, in die "Kampfgemeinschaft" und zum Material. In der Ausbildung der Uboot-Lehrgruppe und der Lehrgruppe Schiffssicherung der Marinetechnikschule sind diese Lehrinhalte zumindest ansatzweise bereits enthalten. Die Ausbildung der

Taucher und Kampfschwimmer wird im Rahmen der truppenspychologischen Betreuung durch unser Institut in dieser Richtung unterstützt.

3.3 Vorbereitung auf besondere Einsätze (Auslandseinsätze)

Vor besonderen Einsätzen an Bord (z.B. Wahrnehmung von Boarding-Aufgaben durch Soldaten des Marinesicherungsdienstes) oder an Land (z.B. Teilnahme an KFOR-Kontingenten) findet durch die Psychologen des Schiffahrtmedizinischen Instituts der Marine eine psychologische Vorbereitung der Soldaten auf die zu erwartenden Belastungen, insbesondere auf Situationen mit extremer Belastung, statt.

3.4 Ausbildung von Personal im Rahmen des Critical Incident Stress Management

Das Institut führt bereits seit 1994 die Ausbildung von Peers für das Critical Incident Stress Debriefing (CISD) durch.[4] Es ist gelungen, für fast alle Typkommandos Peers auszubilden. Während die für die CISD-Mitwirkung erforderlichen Fertigkeiten in einem einwöchigen Seminar vermittelt werden konnten, muss die Ausbildung zukünftig dem erweiterten Aufgabenspektrum im Rahmen des *Critical Incident Stress Management (CISM)* angepasst werden (Vorbereitung, Einsatzunterstützung, Einsatznachbereitung). In Angleichung an die entsprechenden Ausbildungen bei der Luftwaffe (Flugmedizinisches Institut der Luftwaffe) und beim Zentrum Innere Führung werden die Seminare auf 10 Tage verlängert.

3.5 Überblicksseminar Stressbewältigung

Dieses Seminar wird am Schiffahrtmedizinischen Institut der Marine für Offiziere und Portepee-Unteroffiziere durchgeführt. Es orientiert sich am Stressmanagementkonzept und gibt einen Überblick über Stressoren, Stressreaktionen, Stressbewältigung (u.a. Entspannungsverfahren), Aktivitäten in anderen Großorganisationen (z.B. Polizei) und Bereichen (z.B. Crew Resource Management für Luftfahrzeug-Besatzungen). Besondere Schwerpunkte liegen auf Situationen mit extremen Belastungen und den damit verbundenen Aufgaben der Vorgesetzten (z.B. Überbringen von Todesnachrichten). Außerdem werden die Hilfsmöglichkeiten wie Peer-Unterstützung und Kriseninterventions-Teams beschrieben. Hier steht als Methode eher die Wissensvermittlung als das Verhaltenstraining im Vordergrund.

4) Vergleiche hierzu den Artikel von Drews in diesem Buch (Seiten 121 ff)

Literatur:
Bundesministerium der Verteidigung - FüM I 4 (2000). Konzept für ein Stressmanagement in der Marine. Entwurf August 2000.
Bundesministerium der Verteidigung - FüS I (2000). Rahmenkonzept zur Bewältigung psychischer Belastungen bei Soldaten. 07.03.2000.
Schiffahrtmedizinisches Institut der Marine (2000). Bestimmungen zur Methodik der Speziellen Psychischen Eignungsfeststellung für die Bewerber zum Taucher-, Ubootfahrer- und Kampfschwimmerdienst der Bundeswehr. Entwurf 2000.
ZDv 46/8 (1996). Bestimmungen über die Taucher-, Ubootfahrer- und Kampfschwimmerverwendungsfähigkeit. August 1996, geänderte Fassung Mai 1998.
Kaluza, Gert (1996). Gelassen und sicher im Stress. Psychologisches Programm zur Gesundheitsförderung. 2. Auflage. Berlin, Heidelberg, New York: Springer.

Günter R. Kreim:

Stressmanagement beim Kommando Spezialkräfte[1]

"Man belächelt oft den Menschen, und findet es ungereimt, wenn oft von einer kleinen Wunde sein Innerstes erkrankt, und nur sehr schwer genest. Man würde besser tun, wenn man teilnehmend das Übel zu ergründen suchte. Man würde dann finden, dass auch dem schwächsten Feinde der Sieg sehr leicht wird, wenn ihm insgeheim ein Stärkerer vorarbeitete, und unsere stärksten Feinde sind wir selbst."

Hölderlin, Hyperion

"Schränkte das Lernen sich auf bloßes Empfangen ein, so wäre die Wirkung nicht viel besser als wenn wir Sätze auf das Wasser schrieben."

Hegel, Werke Bd. XVI

1 Vorbemerkung

Stressmanagement beim Kommando Spezialkräfte ergänzt das allgemeine Stresskonzept der Bundeswehr. Es ist jedoch an zentralen Punkten intensiver und vom Umfang her dem Auftrag angemessen. Insofern ist es vorläufig und muss nach einer Bewährungsphase neu bewertet werden. Im ersten Teil werden allgemeine theoretische und philosophische Überlegungen angerissen, im zweiten Teil praktische Auswirkungen dargestellt.

Das Eingangszitat von Hölderlin stellt unvermittelt eine Beziehung zu Stresserkrankungen her. Derjenige wird scheitern, der alles in sich hinein frisst. Autobiografhisch könnte man bei Hölderlin vermuten, dass in dieser Stelle des Textes ein Schlüssel liegt, den der Autor für sich selbst nicht nutzen konnte. Klarer jedenfalls kann man den Gedanken notwendiger Selbsterkundung kaum fassen, aufgeschlüsselt nach Ursache, Entstehung und Chancen der erfolgreichen Selbstkontrolle.

2 Stressmanagement - für Gesunde!

Einige Fragen drängen sich auf: Was gibt es bei einer Truppe zu managen, in deren Auswahlverfahren positiver Umgang mit Stress an oberster Stelle der erwünschten Eigenschaften steht? Und wenn es sich schon nicht vermeiden lässt, was ist das Besondere am Stressmanagement für Spezialkräfte? Und überhaupt, was ist denn eigentlich Stress?

1) Vergleiche hierzu Bild 31 im Fototeil

3 Stress –was ist das?

Stress ist die Reaktion des Organismus auf eine als außergewöhnlich bewertete Situation. Diese Reaktion ist angeboren und erworben und soll ermöglichen, "Belastungen, Anstrengungen und Ärgernisse, denen ein Lebewesen täglich durch viele Umwelteinflüsse ausgesetzt ist, zu bewältigen. Es handelt sich um Anspannungen und Anpassungszwänge, die einen aus dem persönlichen Gleichgewicht bringen können und bei denen man seelisch und körperlich unter Druck steht." (Selye, 1950)
Stress beschreibt also einen Zustand, in welchem sich unser Körper befinden kann. Auslösende Ereignisse nennt man Stressoren. Dabei wird der Verhaltensbereich alltäglicher Problembewältigung, der "grüne" Bereich positiver Stressverarbeitung, häufig als *Eustress* bezeichnet. Ungewöhnliche Stressoren treten in außergewöhnlichen Situationen, auch als außergewöhnlich erlebten Situationen auf und erzeugen im Individuum einen zunächst den Organismus überfordernden Stress, auch *Distress* genannt. Der Umgang mit solchem Stress ist jedoch erlernbar. Stress ist nach gesicherter Forschungsmeinung zumindest immer dann erfolgreich zu bewältigen, wenn eine Immunisierung stattfand, worunter eine mindestens einmalige vorausgegangene erfolgreiche Problemlösung in gleicher (ähnlicher) Situation verstanden wird. Unter Stressmanagement verstehen wir die Erweiterung des Bereichs positiver Stressbewältigung sowie –damit verbunden– die Reduzierung des Einflusses von Stressoren und deren negativer Wirkung.

4 Geist oder Körper - wer hat hier das Sagen?

Denken wir und sind so, wie wir denken, oder sind wir primär und denken so, wie wir sind? In scheinbar unentscheidbaren Fragen versucht man häufig eine Näherung durch Grenzwerte zu erhalten. In Bezug auf unser Thema sind dies die stressbedingten Traumata, Verletzungen, die in einem Zustand höchster Erregung erfolgten und nachfolgend, ohne bewussten Zugang, den Lebensvollzug stören. Die Forschung auf dem Gebiet der neuronalen Netze kann heute zelluläre Erregungsmuster aufzeigen, die den Schluss nahe legen, dass unter Stress bestimmte Regionen des Zentralen Nervensystems (ZNS), wo vor allem die emotionale Steuerung stattfindet (Amygdala), ein stärkeres Erregungsmuster aufweisen, andere Regionen hingegen, wo die das Geschehen begleitende, ordnende, in Beziehung setzende Prozesse registriert werden (Hypothalamus), in ihrer Aktivität weit hinter der Normalsituation zurückbleiben.[2]
Sind wir also nichts anderes, "als der Spielball sich entladender Materie, nicht mehr als eine Welle im Ozean ewiger Stoffbewegung?", wie Ernst Bloch die Ansicht der Materialisten auf den Punkt bringt (Bloch, 1982, S. 406). "Das Sein bedingt nach letzter Wendung das Bewusstsein, nicht das Bewusstsein das Sein, Geist ist nicht der Erzeuger, sondern (wenn auch mit Wechselwirkung) der Reflex materieller Verhältnisse", definiert Bloch (ebenda s. 387).

2) Vergleiche hierzu den Artikel von Barre und Biesold in diesem Buch (Seiten 369 ff)

Es käme also entscheidend auf die menschliche Materie, den Körper oder das zentrale Nervensystem an. Der Reflex des Geistes in Bezug zum Körper bestimmt also die Wahrnehmung des Selbst. Als hätten wir es nicht schon immer verstanden: "mens sana in corpore sano". Und vieles spricht auch in unserem Auswahlverfahren für diese Seite der Annahme, da Bewerber mit unklarer psychischer Substanz überzufällig häufig den körperlichen Anforderungen nicht gewachsen sind. Es trifft nicht ganz das Ergebnis und es stimmt eher mit dem vollständigen Zitat überein "Orandum est, ut sit mens sana in corpore sano." (Iuvenalis, Saturae 10,356). "Man muss darum beten, dass in einem gesunden Körper ein gesunder Geist wohne". Auf die Psychologie bezogen hieße dies, man erkläre, warum nicht in jedem gesunden Körper ein gesunder Geist wohnt.
Psyche – Soma ist ohnehin ein Scheingegensatz, behaupten Birbaumer und Schmidt (1996). Für den interdisziplinär tätigen Forscher bildet der Körper die Psyche und diese ihrerseits formt den Körper. Die Befunde im Tierversuch sind eindeutig: Wer nicht mindestens einmal in seiner persönlichen Entwicklung den Ausweg aus vertrackter Situation erfahren hat, scheitert kläglich in völliger Hilflosigkeit und trägt anhaltende Schädigung davon. Wer aber immunisiert, durch Darbietung relevanter Stressdosis gewissermaßen geimpft, in die Auseinandersetzung geht, bleibt Herr der Situation und aktiv handelnd (Im biochemisch-psychologischen Detail bei Birbaumer Schmidt, 1996, nachzulesen.). Die theoretischen Erörterungen führen zu der Frage, wie diese Aussagen für Stressmanagementprogramme nutzbar zu machen sind.

5 Erkenne Dich selbst!

Zeitgemäß modernes Denken vollzieht sich oberflächlich, gewissermaßen auf einer modernen sechsspurigen Fahrbahn von Handlungsanleitungen in großzügig ausgelegten und kaum genutzten Nerven-Landschaften. Kommt man nun von diesen großvolumig überlagernden Hirnschichten hinab in die stammesgeschichtlich älteren Bezirke mit ihrem superschnellen Gedankenwagen, wird es plötzlich eng, wie in den Gassen mittelalterlicher Städte. Zwischen schiefgiebelig und sperrig hervortretenden Häusern macht einem das holprige Pflaster des Gefühlserlebens deutlich, mit welch elementarer Kraft Gefühle durchschlagen können. In dieses Bild lässt sich vielleicht die Wechselwirkung zwischen Gedanken- und Gefühlswelt des Menschen fassen.
Erkenne dich selbst, heißt also erst einmal Einkehr halten und Bestandsaufnahme zu machen, heißt aber auch, zwischen Innen- und Außenwahrnehmung zu unterscheiden. Die Wahrnehmung der Außenwelt, der objektiven physikalischen Reizstärke der Stressoren (z.B. Lautstärke, Richtung, Entfernung des Schusses), ist nur die eine Variable und kann durch realistische Szenarien geprobt und eingeübt werden. Eine "Impfung" findet statt. Die andere Richtung aber geht nach innen. Sie ist vielschichtig und oftmals verschüttet wie ein alter Bergwerksstollen, der lange Zeit nicht benutzt worden ist. Was aber spüren wir, wenn wir nach innen schauen? Da sind die geläufigen Körperphänomene einerseits, Schweißausbrüche, Kloß im Hals, Magengrimmen, Zittern, Verkrampfen, andererseits die Vorstellungsbilder, Augenpaare, Nasen, Haare, Hautfetzen und schließlich Gedanken, "Mein Gott, ich habe getötet", bis hinunter zum un-

tersten Flöz, der “Rumpelkammer” des eigenen Bewusstseins, wo keiner mehr so genau weiß, was da alles im Verborgenen schlummert und im entscheidenden Moment hervorbricht: Eine längst vergessen geglaubte Ohrfeige der Mutter, die Lüge des Bruders, der Diebstahl der Schwester, die Missachtung durch den Vater, das eigene Versagen vor der Klasse, um im engsten Sozialisationsumfeld zu bleiben. Dabei spielt es keine Rolle, ob dieses Verborgensein sich einfach so ergibt oder mit Mühe hergestellt wurde. Stress, besser die Biochemie des Stress, fegt wie ein Orkan alle mühsam aufgebauten Konventionen hinweg und dringt bis zum Kern der Persönlichkeit und den in der Kindheit erworbenen Verhaltensmustern vor und wirbelt alles, was in dieser “Kammer” nicht sorgfältig aufgeräumt ist, durcheinander. Gezieltes Handeln wird für kurze Zeit oder auf Dauer unmöglich.

6 Die Praxis

6.1 Erkennen - Bewerten - Handeln

Dieser Dreischritt zieht sich wie ein roter Faden durch die Literatur für den Umgang mit Stress und bietet sich als Königsweg für das Stressmanagement an. Dabei stellen wir im beruflichen Umfeld fest, dass das Erkennen der alltäglichen Arbeitsbelastung als Stressor oftmals zu spät und die Bewertung zudem noch hin in die falsche Richtung erfolgt –nämlich als Schuldzuweisung an die eigene Person– sowie oftmals begleitet ist von dem ungünstigen Kommunikationsverhalten, erst einmal nichts zu sagen. Kann die Bewertung positiv erfolgen, steht der aktiven Bewältigung nichts mehr im Wege.

6.2 Das Auswahlverfahren als Erkenntnis- und Bewertungsdialog

Wir suchen den vielseitig belastbaren, smarten, gegen jeden Stress resistenten Soldaten, der zu jeder Zeit seinen Auftrag erfüllt. Wer die Eingangshürde des Eignungsfeststellungsverfahrens nimmt, hat bewiesen, dass er auch unter enormer körperlicher Belastung handlungsfähig bleibt und dass er Denken, Fühlen und Handeln auch in Ausnahmesituationen koordinieren kann. Nach Bloch gilt: “Auch aus nichts wird etwas. Aber es muss in ihm zugleich angelegt sein. So lässt sich keinem etwas geben, was er nicht vorher hat. Mindestens als Wunsch hat, sonst wird das Gereichte nicht als Geschenk empfunden”. (ebenda, S. 17).
Wir erfassen die Leistungsfähigkeit des Bewerbers in vielfältigen Tests und Fragebogen. Er wird über sein Leistungsbild informiert, Stärken und Schwächen werden durchgesprochen, Entwicklungsperspektiven und Trainingsmöglichkeiten diskutiert. Anhand des Stressverarbeitungsfragebogens besprechen wir die subjektiven Verarbeitungsstrategien des Einzelnen und zeigen positive Veränderungsmöglichkeiten auf. Der Vergleich von Testleistungen, die nach einer 3½ -tägigen Härte- und Durchschlageübung erhoben werden, geben Auskunft über den Leistungstyp und vor allem darüber, wer sich auch nach extremer Belastung noch steigern kann.

Ein weiterer Baustein ist das Überlebenstraining. Elementare Kenntnisse über Ernährung, Kleidung, soziale Anpassung in fremder Umgebung sind hier ebenso Lernziele, wie das erfolgreiche Verhalten im Versteck, auf der Flucht, oder als Gefangener in einer Befragung. Hier wird durch sensorische Deprivation ein Zustand erreicht, welcher autosuggestiver Trance nicht unähnlich ist und Grenzbereiche der Wahrnehmung erschließt. Diese Eindrücke sind für die allermeisten Teilnehmer neuartig und führen zu kritischer Selbsterkenntnis hinsichtlich eigener Körperlichkeit und entsprechendem Verhalten. Dies führt zu Wahrnehmungserweiterung und öffnet die Soldaten für einen selbstkritischen Dialog.
Zu dieser Ist-Analyse gehört im weiteren Verlauf auch die dynamische Laktatwertbestimmung am Laufband durch Sportlehrer und Arzt. Diese wiederum gibt Aufschluss über den Trainingszustand und ermöglicht es, durch die Bestimmung der aeroben/anaeroben Schwelle, einen sinnvollen, individuellen Trainingsplan aufzubauen.
Seit kurzem steht Biofeedback zur Verfügung, mit der physiologische Kennwerte (Atmung, Hautwiderstand, Muskelspannung, Puls etc.) in Verbindung mit Videodarstellungen belastender (auch selbst erlebter) Situationen und spezieller Stresssituationen aufgezeichnet und trainiert werden können.
Im weiteren Verlauf der Ausbildung werden diese Kenntnisse vertieft und in Seminaren zum Stressmanagement um neue Akzente erweitert. Die Vorerfahrungen gehen dabei als wichtige Grundparameter in die Ausbildung ein und erlauben eine Intensivierung auf hohem Niveau.
Mit handlichen Anleitungen, Tonträgern und Videospots werden die einzelnen Methoden durchgesprochen und in Workshops unter sinnvoller Einbeziehung in den Tagesablauf erprobt, wozu auch die Beteiligung von Sportlehrern und Militärgeistlichen als eine Form möglicher Entlastung und meditativer Einlassung gehört. Die folgenden Themen werden in Theorie und Praxis in dem einwöchigen Seminar behandelt, exemplarisch durchgeführt und eingeübt: Ruheübungen – Körperreisen – Imaginationsverfahren – Selbstbefehle – Positives Denken – Konzentrationsübungen – Autogenes Training – Progressive Muskelentspannung – Yoga – Autosuggestive Techniken – Die fünf Tibeter.

6.3 Was aus der Bewertung folgt

Die Basis für die Ausbildung ist eine strenge Verhaltensanalyse, die in elementarer Art und Weise das Zusammenspiel der eigenen Fertigkeiten mit denen der anderen Teammitglieder analysiert. Daraus werden dann für die jeweilige Tätigkeit Verhaltensmuster abgeleitet, die mental und real trainiert werden und die als sichere Rückfallposition bei jedem Einsatz idealerweise bereits automatisiert zur Verfügung stehen. Diese Techniken sind wie im Sport, beispielsweise der Anlauf im Hoch- oder Weitsprung, auf den Zentimeter hin ausgerichtet und bilden die solide Basis für den "Sprung".

- *Die Belastbarkeit erhöhen:* Systematische Berücksichtung von Lernkurven, von ausreichend Erfolgserlebnissen in der Ausbildung, führen zu einem kontinuierlichen Zuwachs von Fähigkeiten, welche durch stetes Training stabilisiert werden. So bildet sich mit der Zeit ein gesundes Vertrauen in die neu erworbenen Fertigkeiten, die sich durch das Beherrschen von stressreduzierenden Techniken und Verfahren jederzeit gezielt abrufen lassen und so insgesamt zu gewachsenem Selbstvertrauen und erhöhter Belastbarkeit führen.

- *Die Belastung reduzieren:* Die Belastung im Kommando Spezialkräfte ist hoch. Das Auswahlverfahren und Training ergibt einen Kommandosoldaten, der in besonderem Umfang dieser erhöhten Belastung gewachsen ist. Um eine Überlastung zu vermeiden, muss dennoch ständig an der Optimierung von Prozessen gearbeitet und möglichst viele Verfahren als Standardverfahren automatisiert werden. Konzentration auf die wesentlichen Aufgaben, das Überdenken und Ändern traditioneller Abläufe vermeiden unnötigen Bürokratismus. Zusammenarbeit zwischen den Einheiten, internationaler Austausch und Ausbildungsunterstützung helfen Lasten zu verteilen.

Der ausgebildete Kommandosoldat hat also gelernt, seine physischen und psychischen Grenzen wahrzunehmen. Er weiß aus eigener Anschauung, dass es Zustände gibt, die zum Zusammenbruch der körpereigenen Schutzfunktionen führen können. Er hat den eigenen Willen, die Vorstellungskraft und das Team als Ressourcen zu nutzen gelernt. Er kann seine Empfindungen und Gefühle in belastenden Situationen ausdrücken und auf die erfolgreiche Selbstkontrolle und Bewältigung emotionaler Einbrüche vertrauen.

6.4 Lebensführung

Neben einer vernünftigen Lebensführung kommen den Aspekten bewusster Körperlichkeit, Lebenshaltung, Ernährung, Partnerbeziehung, Zuversicht und Vertrauen erhebliche Bedeutung zu:

- *Körperlichkeit:* Die körperliche Vorbereitung ist umfassend und fordernd. Dazu gehört ein für Kommandosoldaten entwickeltes sportliches Trainingskonzept, das über die Jahre hinweg zur Leistungsstabilisierung auf einem hohen sportlichen Niveau führt. Die Leistungen sind im jährlichen Kommandotest unter Beweis zu stellen. Nicht immer versteht der Soldat, weshalb er sich von den eingefahrenen Gleisen gesellschaftlich anerkannten Körperkults verabschieden soll, der normalerweise an den Gegebenheiten moderner Fitnessmaschinen ausgerichtet ist und sich auf ein Programm einstellen soll, welches Kraft, Ausdauer, Beweglichkeit und Geschicklichkeit in gleicher Weise trainiert, ohne die so gern vorgezeigten Muskelpakete zu bewirken. Auch in der Freizeit kommt dem Sport eine zentrale Bedeutung zu. Fallschirmspringen, Klettern, Skifahren, Tauchen, Mountainbikefahren, Marathonlaufen und viele Sportarten, die einzeln und in Gruppen möglich sind, ergänzen und erweitern die dienstlichen Interessen.
- *Lebenshaltung:* Der Dienst schränkt den Kommandosoldaten in seiner Lebensplanung deutlich ein. Dies ist allein schon durch die dreijährige intensive Ausbildung gegeben. Andere Lebensbereiche müssen für diese lange Zeit systematisch zurücktreten. Aber auch nach der Ausbildung verlangt der Auftrag, sich in vielen Bereichen zurückzuhalten, berufliche Sorgen und Nöte nicht mit dem Ehepartner oder Freun-

den teilen zu können, ja oftmals nicht einmal mit seinem Kameraden darüber reden zu dürfen. Um so mehr kommt es darauf an, die verbleibende Zeit sinnvoll, intensiv und entspannend zu gestalten und Verfahren zu beherrschen, die trotzdem einen positiven Lebensbezug ermöglichen. Der Freizeitgestaltung, mit und ohne Partner, kommt dabei große Bedeutung zu. Dazu gehört auch das Wissen, dass positives Verhalten aktiv aufgesucht werden muss, indem man angenehme Tätigkeiten plant und umsetzt. Dazu gehört: sich freuen und feiern, gutes Essen, am Strand liegen, Lesen, Musik hören, Tanzen, Küssen, Schmusen, sich an alte Zeiten erinnern, jemandem genussvoll Widersprechen, Reisen, Tagträumen u.v.a.m. Zeit zum Klönen und Genießen ist eine wesentliche Voraussetzung für das seelische Gleichgewicht.

- *Ernährung:* Diese ist zentral durch eine gut geführte Küche geregelt. Es gibt entsprechend der Belastung Zusatzpakete, die dem erhöhten Bedarf an Kalorien, Mineralien und Vitaminen gerecht werden. Besonders reichhaltig sind Salate und Ballaststoffe.
- *Partnerbeziehung:* Eine harmonische Partnerbeziehung ist unbestreitbar insgesamt ausgleichend und fördernd. Kindererziehung öffnet Horizonte, erfüllt Werte und Normen mit Sinn, bildet Tradition. Gelebte Sexualität trägt zu einem ausgeglichenen stressreduzierten Stoffwechsel bei, wie zahlreiche Untersuchungen belegen.
- *Vertrauen:* Vertrauen und Zuversicht sind Grundpfeiler der aktiven Bewältigung und unabdingbar für den Erfolg. Dies wird im folgenden vertieft ausgeführt.

6.5 Vertrauen in die Versorgung

Medizinisches Fachpersonal ist bei fordernder Ausbildung und Einsätzen präsent. Es gilt für jede Einsatzoption, dass der Soldat genauso schnell in geeignete ärztliche Betreuung kommen muss wie am Heimatstandort! Im Team sind Kommandosoldaten in Zweitfunktion als Rettungssanitäter ausgebildet, die sich in Übung halten müssen.
Es ist eine außerordentlich bedeutsame Bedingung, dass der Kommandosoldat von sich selbst, seinen Fähigkeiten, seinem Verband, seinen Kameraden, seinen Freunden und seiner Betreuung überzeugt ist und wahrnimmt, dass das Optimale für ihn getan wird, auch dann, wenn ein Einsatz einmal schief geht. Er muss wissen, dass er als Invalide optimal versorgt wird bzw. seine Hinterbliebenen keine Not leiden müssen und durch den Verband betreut werden.
Über die Familienbetreuungsstellen und -zentren wird der Kontakt zu den Familien und Partner zuhause hergestellt. Diese Verfahren sind bereits an anderer Stelle erläutert.

6.6 Vertrauen in die eigenen Fähigkeiten

- *Beispiel Nahkampftraining:* Exzellente Körperbeherrschung, vermittelt durch besonders dafür geeignete Methoden –wie beispielsweise die des Win Tsung– kanalisiert den Umgang mit eigenen und fremden Aggressionen durch Kraft, Bewegung und Balance. Gewachsenes Selbstvertrauen stabilisiert den Soldaten in der direkten Konfrontation und führt zu in sich selbst ruhender Stärke und Ausstrahlung, der auch

Emotionen nicht lebensbedrohlich werden, die jede Belastungsnorm überschreiten.

- *Beispiel Scharfschützenausbildung:* Neben der Kenntnis reiner Technik kommt es dabei auch auf die Beherrschung derselben in schwierigen Lagen an. Langes ermüdendes Ausharren, unmittelbar gefolgt von der Notwendigkeit zu millimetergenauer Aktivität, erfordern einen besonderen Umgang mit dem eigenen Körper. Gezielte, auch partielle Entspannungszyklen nach Jakobsen und autogenes Training helfen, diese Lage vom Körper her in den Griff zu bekommen. Dazu kommen Yogaübungen, die gezielt der Ermüdung der Augen vorbeugen und die Konzentration erhöhen. In mentalen Programmbausteinen wird der gedachte Ablauf detailgenau memoriert, bis hin zu Flugbahn und Trefferbild. Diese Trainingselemente werden regelhaft eingeübt und gehen so in Fleisch und Blut der Soldaten über.

6.7 Das soziale Netz

- *Wenn der Partner streikt:* Partnerbindungen werden auch gesamtgesellschaftlich zunehmend häufiger gelöst, Scheidungen nähern sich der 50%-Marke. So kann es kaum verwundern, dass in einem Verband mit deutlich höheren Trennungszeiten partnerschaftsbezogene Probleme mit längerer Stehzeit im Verband zunehmen. Erschwerend kommt hinzu, dass der Auftrag selten mit dem Partner diskutiert werden darf. Gemeinsame Wochenenden, Betreuung der Partner und Familien während der Einsätze und gemeinsame Freizeiten, meist im Kompanie- und Zugrahmen, sollen helfen, dieses Problem zu lindern. Dabei können auch die Sozialdienste und die Militärseelsorge der Bundeswehr unterstützen, der verbandseigene Psychologe steht für Interventionsmaßnahmen zur Verfügung.
- *Wenn Freunde rar werden:* Freunde sind ein wichtiger Bestandteil der Psychohygiene. In mehr oder weniger regelmäßigen Abständen trifft man sich, um sehr private, auch heikle und belastende Themen zu besprechen. Dies ist beim KSK in Bezug auf den Einsatz nur dann möglich, wenn der Freund gleichzeitig ein mit eingesetzter Kamerad ist. Also steht dem Kommandosoldaten und im weiteren auch seiner Familie oder seinen Partnern diese Möglichkeit zum Stressabbau nur sehr bedingt zur Verfügung.
- *Wenn Kameraden fehlen:* Aufträge sind in der Regel sehr speziell und unterliegen einer hohen Sicherheitsstufe. So kommt oft nur das Team als Ansprechpartner in Frage. Der weitere Kameradenkreis bleibt davon ausgeschlossen. Bei Problemen innerhalb des Teams oder mit dem Auftrag ist die Aufarbeitung deshalb außerordentlich schwierig und kann nicht mit normalen Einsatznachbesprechungen verglichen werden. Auch können persönlich belastende Ereignisse während des Einsatzes in dienstrechtlicher Hinsicht eine Bürde sein und automatisch Ermittlungen der Vorgesetzten nach sich ziehen. Ein Dilemma, dass nur ungern ausdiskutiert wird, da einerseits die langfristige Gesundheit und Funktionstüchtigkeit (i.S.v. Posttraumatischer Belastungsstörung) des Individuums auf dem Spiel steht, andererseits aber der Soldat sich selbst beschuldigen müsste. Eine günstige Methode ist hier die Einsatznachbereitung kritischer Ereignisse nach Mitchell. Im Team, ohne Vorgesetzte, wird

das Erlebte psychologisch durch- und aufgearbeitet. So wird auch für besonders belastete Soldaten eine individuelle Nachbetreuung ermöglicht. Das Erscheinen zur Sitzung ist Pflicht, die aktive Teilnahme wird jedem empfohlen, bleibt jedoch freigestellt.

- *Wo professionelle Methodik hilft:* Critical Incident Stress Management (CISM) heißt in der deutschen Entsprechung "Stressbearbeitung nach belastenden Ereignissen" (SbE). Es wurde an anderer Stelle ausführlich beschrieben[3], weshalb hier auf das Verfahren als solches nicht weiter eingegangen werden muss. Aus praktischen Erwägungen ist dieses Verfahren in seiner Gesamtheit ein Grundbaustein der Stressbearbeitung im KSK. Es ist routinemäßiger Bestandteil der Ausbildung aller Soldaten und wird einsatzbezogen angewandt. An der Ausbildung zum Peer mit entsprechendem Qualifikationsnachweis in einer an Mitchell angelehnten Definition nehmen dafür besonders geeignete Soldaten teil. Es ist angestrebt, je Kompanie mindestens vier ausgebildete Soldaten zu haben. Hier gilt für Lebenspartner/Familien entsprechendes, wenn diese im Zuge eines Einsatzes betroffen sind. Meinungsumfragen im Verband geben Auskunft über die Vielschichtigkeit dieser Problematik und erlauben es, im Sinne einer langfristigen Stressprophylaxe gute Näherungswerte als Zustandsbeschreibung des Verbandes zu erhalten. Diese Werte haben den Vorteil, frei von der sonst im militärischen Debriefing gegebenen Reflektion durch die Vorgesetzten zu sein, wo die gelegentlich damit verbundene karrierefördernde Zurückhaltung das Bild beeinträchtigen könnte. Das Wissen um die Zufriedenheit mit dem Auftrag, den Vorgesetzten, der Ausbildung, dem Material, der Ausrüstung, der Bezahlung, der Betreuung, den Aufstiegschancen u. a., sind unverzichtbare Bestandteile mentaler Vorbereitung.
- *Verschwiegenheit:* Wer Gutes tut, soll auch darüber reden, und "Wes das Herz voll ist, des geht der Mund über" (Math.12, 34), sind Sprichworte, die den Konflikt des Kommandosoldaten beschreiben helfen. Man ist erfolgreich, aber kaum einer darf es wissen. Eine ungünstige Konstellation für leistungsbewusste, erfolgsgewohnte Sportlernaturen, die sich in ihrem Erfolg gerne sonnen wollen. Nur die Beteiligten können sich untereinander austauschen, dürfen erfahren, dass die Leistung, auch im internationalen Vergleich Spitze war und man zufrieden ist. Dies ist wenig und auch nicht unbedingt zum Stressabbau geeignet. Was bleibt, ist die interne Anerkennung, das Lob und die Auszeichnung durch die Vorgesetzen, die Teilnahme an besonderer Ausbildung, an nationalen und internationalen Wettbewerben mit der Möglichkeit, das eigene Können unter Beweis zu stellen. Es können also nur kleine Schritte und Erlebnisse sein, die im Gespräch mit dem sachkompetenten Partner Anerkennung verschaffen, das Wir-Gefühl stärken.
- Aber auch die Lebenspartner sind davon betroffen. Sie können in ihrem Umfeld wiederum nicht von der Tätigkeit des Partners reden, sind auf Ausflüchte angewiesen, wenn der Mann plötzlich nicht zur Party mitkommt oder werden unglaubwürdig, wenn sie dem Kind keine befriedigende Erklärung in die Schule mitgeben können.

3) Vergleiche hierzu den Artikel von Willkomm in diesem Buch (Seiten 99 ff)

Auch da wiederum ist es unabdingbar notwendig, Ersatz zu schaffen: beispielsweise durch Veranstaltungen, die vom Dienstherrn für Angehörige des KSK regelmäßig angeboten werden. Hierzu gehören natürlich die Angebote der evangelischen und katholischen Militärseelsorge, der Sozialdienste, des Bundeswehrsozialwerks und regionaler Anbieter, die genutzt werden können. Alles unter der Prämisse, dass das plötzliche Abtauchen eines Lebenspartners ein außergewöhnliches Ereignis ist, und in besonderem Maße Stress auslösen kann, welchem durch geeignete Maßnahmen in geschützter Umgebung begegnet werden muss. Zu denken ist da etwa auch an gemeinsame Sportveranstaltungen wie Volleyball, Selbstverteidigung, Fitnessprogramme, Kletterkurse, Fahrtraining oder Kurse zur Entspannung wie Yoga, Sauna, Meditation, oder einfach Gesprächsführung und Kommunikation.

6.8 Bereit sein ist nicht alles

Aber es ist über lange Zeiten so, als ob man Pferde für einen schwierigen Parcours trainiert, ohne sie dann in dieses Rennen zu schicken. Übersprunghandlungen sind leicht die Folge und müssen kanalisiert werden in sportliche, soziale, auf jeden Fall gesellschaftlich akzeptierte Abfuhrprozeduren. Es gilt also, Konzepte zur Verarbeitung überschüssiger Energie parat zu haben in Form von Wettkämpfen, Sonderausbildungsvorhaben mit Anreizcharakter, Neu- und Weiterentwicklungen von Standardverfahren, um ungünstigen Verhaltensweisen vorzubeugen.

6.9 Für den Einsatz

Der Auftrag muss als sinnvoll und durchführbar erlebt werden, der Soldat muss ihn verstehen. Seine Lebensverhältnisse sind geordnet. Versicherungen sind abgeschlossen, der Partner hat Vollmacht und Zugriff auf gemeinsame Konten und Verträge, er kann im Notfall auch alleine entscheiden. Es wurde über den Fall der Fälle gesprochen, dass der Einsatz auch Invalidität oder tödliche Verletzungen zur Folge haben kann. Das Testament ist gemacht. Die Betreuung der zuhause Gebliebenen ist organisiert und bekannt. Die Personen sind den Beteiligten im Idealfall vertraut und echte Gesprächspartner. Es ist ein Notfalltelefon eingerichtet. Die Vorgesetzten, in der Regel Chef und Spieß, die Militärpfarrer, der Arzt und der Psychologe wissen um die jeweils für ihr Fachgebiet zutreffenden Risiken und unterstützen die Soldaten auch interdisziplinär. Die Familienbetreuung steht. Die angebotenen Hilfen sind einfach und direkt abrufbar. Die einsatzbezogene Information für den Lebenspartner, die Familie muss stimmig sein, darf aber nicht die Grundsätze der Sicherheit verletzen.
Der Kommandosoldat arbeitet mit und am Menschen bzw. Gegner. Er muss also auch in interkultureller Kompetenz spezifisch geschult werden, um landestypische Gepflogenheiten zu kennen und um sich nicht im Netz unbekannter Verhaltensstrukturen zu verfangen. Diese Fähigkeiten sind nicht in einem dreitägigen Kompaktseminar zu vermitteln. Sie werden bei der Auswahl und Ausbildung der Kommandosoldaten bedacht und werden auf den jeweiligen Einsatz hin verfeinert.

6.10 Werte im Einsatz

Einsätze im Ausland konfrontieren uns in der Regel mit einem fremdem Wertegefüge, das sich in Krisenzeiten noch einmal deutlich verändert zeigt. Hass, Gewalt, Unterdrückung und Tod, aber auch Elend, Verwahrlosung und Abhängigkeit treten den Soldaten unvermittelt gegenüber. Kommandosoldaten, die in der Regel nur kurz im Einsatzland sind, kennen diesen Hintergrund und sind vorbereitet. Ihr Auftrag ist konkret und direkt, er schließt auch Gewaltanwendung ein. Für die Führer, die den Befehl dazu vor Ort geben müssen, ein radikaler Wertekonflikt, oftmals existenziell, wenn Fehlverhalten mit betrachtet wird, aber auch für den Befehlsempfänger, der den Auftrag umsetzt, nicht minder belastend, denn die Konfrontation Mann gegen Mann unterliegt erst einmal einer angeborenen Tötungshemmung, wie Grossmann (1995) aufgezeigt hat.

Hinzu tritt die Sorge um die Zufälligkeit des Geschehens, die jeden Einsatz noch im letzten Moment gefährden kann: Der Motorschaden vor Ort, die gestörte Funkverbindung, ein spiegelbildlich eingeprägter Treppenverlauf, das weinende Kind oder die Gedanken daran, Unbeteiligte zu verletzen oder einfach nur einen "Sekundenhänger" zu haben, machen deutlich, wie hier Auftrag und Überleben vom Zusammenspiel zwischen Körper und Geist abhängen.

6.11 Die Nachbereitung

Sie ist als Verfahren in den Methoden des CISM bereits beschrieben und fließt nahtlos in die weitere Ausbildung und Vorbereitung ein. So schließt sich der Kreis: Eine optimale Vorbereitung ist der Garant für einen geringen Bedarf an Nachbereitung.

7 Ausblick

Es ist uns natürlich bewusst, dass dieses Konzept von einem Ideal ausgeht, das nur selten erreicht wird. Aber auch schon eine gute Annährung lässt den Kommandosoldaten mit gutem Gewissen und Vertrauen in sich und das soziale Netz seinen Auftrag erfüllen. "Erkenne Dich selbst!", ist kein einmaliger Akt. Erst in der dialektischen Auseinandersetzung mit dem eigenen Können, der steten Erweiterung der Fähigkeiten, dem Schärfen des Erlernten an verschiedenen Umweltbedingungen und dem Vertrauen in die Wechselwirkung zwischen Können und Lernen, gelingt dieser Prozess.

Das Wissen und Verstehen des Zusammenhangs von physiologischen Messergebnissen mit bewusster Empfindung hat in den letzten Jahren rasant zugenommen. So visualisieren neue Modelle besser den Einfluss der Wahrnehmung auf Denkprozesse. Nervenzellen verkümmern oder entfalten sich, je nach Bedarf und Umgebungschemie. Entscheidungen aber vollzieht willentlich das Individuum. Die Qualität solcher Entscheidung wird durch gutes Stressmanagement deutlich gesteigert. Die Verzahnung dieser Erkenntnisse mit der Ausbildung sowie der Einsatzvor- und -nachbereitung wird für den qualifizierten Umgang der Kommandosoldaten mit Stress deutliche Fortschritte bringen.

Literatur:
Arbeitsberichte des Psychologischen Dienstes der Bundeswehr. (2000) Bonn: BMVg PSZ III 4.
Arbeitspapier (1997). Stressmanagement – oder: Wie bleibe ich stark? Koblenz: Zentrum Innere Führung.
Birbaumer, N., Schmidt, R. F. (1996). Biologische Psychologie. Berlin: Springer.
Bloch, E. (1982). Subjekt-Objekt Erläuterungen zu Hegel. Frankfurt am Main: Suhrkamp.
DIE ZEIT (1998). Angst essen Seele auf ....48, 45-46.
Digitale Bibliothek Band 27. (1999). In medias res. Lexikon lateinischer Zitate und Wendungen. Berlin: Directmedia Publishing GmbH, Nr. 7765.
Ehlers, A. (1999). Posttraumatische Belastungsstörung. Göttingen: Hogrefe.
Fahrenberg, J., Myrtek, M. (Hrsg.). (1996). Ambulatory Assessment: computer-assisted psychological and psychophysiological methods in monitoring and field studies. Göttingen: Hogrefe & Huber Publishers.
Field Manual (1994). Leaders' Manual For Combat Stress Control. Washington, DC: Headquarters Department Of The Army.
FOCUS (1994). Stress. 46, 195-202.
Grossman, D. (1995). On Killing. Boston: Little, Brown & Company.
Hölderlin, F. Sämtliche Werke und Briefe. Bd. 1. Darmstadt: Lizenzausgabe 1998, Wissenschaftliche Buchgesellschaft.
Igl, A. Müller-Lange, J. (1998). Stressbearbeitung nach belastenden Ereignissen. Edewecht: Stumpf und Kossendey mbH.
Linneweh, K., Haeberlin, P. (1993). Dem Stress auf der Spur ... Hamburg: DAK Öffentlichkeitsarbeit.
Mangelsdorff, D. (1993). Psychological Support To Military Personnel: State Of The Art In The United States Of America. Reader, International Stress Workshop. San Antonio, Tx.. S.120 - 136.
Materialien (1990). Stressbewältigung durch Selbststeuerung –Grundlagen-. Koblenz: Zentrum Innere Führung.
Meichenbaum, D. (1993). Application Of Stress Inoculation Training To Military Population: A Cognitve-Behavioral Approach. Reader, International Stress Workshop. San Antonio,Tx.. S. 89-113.
Porta, S. (1993). Untersuchungen über die Veränderungen der Leistungsfähigkeit unter Einsatzbedingungen nach 10-tägiger Magnesiumvorbehandlung. Forschungsbericht. Wien: Ministerium für Landesverteidigung.
Reemtsma, J.P. (1998). Noch einmal: Wiederholungszwang. In Schlösser, A.-M., Höhfeld, K. (Hrsg.). Trauma und Konflikt. Gießen: Psychosozial-Verlag, S. 293-308.
Schüffel, W., Schunk, T., Schade, B. (1999). Untersuchung zu Ressourcen, Belastungen und Stressreaktionen deutscher Soldaten in UN- resp. NATO-Einsätzen – Langzeitverläufe unter gesundheitlichen Aspekten. Forschungsbericht aus der Wehrmedizin. Bonn: BMVg InSan I 1.

SICHERHEITSREPORT (1994). Stress – was ist das. 4, 4-16. Hamburg: Verwaltungs-Berufsgenossenschaft.
Wagner-Link, A. (1996). Der Stress. Hamburg: Techniker Krankenkasse.
WELTBILD (1998). Wege zur Entspannung. 19, 42-43.
Zentralstelle für Psychologische Information und Dokumentation (Hrsg.). (1997). Stress und Stressbewältigung, Teil 1 bis Teil 3 Supplement 1992-1996: eine Spezialbibliografie psychologischer Literatur aus den deutschsprachigen Ländern.

Autoren

Arndt, Klaus, Diplom-Psychologe (geb. 1943);
Wehrdienst 1964/66; Fahnenjunker d. R.;
Psychologie-Studium an der Technischen Universität Braunschweig und an der Universität Marburg 1966 bis 1972;
wissenschaftlicher Mitarbeiter bei Prof. Dr. Wewetzer, Universität Gießen und Gesamthochschule Kassel 1972 bis 1976;
Eintritt in den Psychologischen Dienst der Bundeswehr 1977;
Tätigkeit in verschiedenen Funktionen im Bereich der Personal-/Organisationspsychologie;
seit 1997 Leitender Psychologe der Nachwuchsgewinnung von Zeitsoldaten im Personalamt der Bundeswehr in Köln;
Auslandseinsatz als Truppenpsychologe im 5. GECONSFOR(L) 1999/2000.

Bäumlein, Hans-Ulrich, Oberstleutnant (geb. 1947);
Eintritt in die Bundeswehr 1966;
zahlreiche Verwendungen in der Artillerietruppe, Sachgebietsleiter SDH, Dez II 10;
seit 1,1996 Leiter des Leit-Familienbetreuungszentrums des Heeres bei KLK/4.Div in Regensburg;
Auslandseinsatz 5. Kontingent SFOR;
verheiratet, ein Sohn und eine Tochter.

Barre, Klaus Michael, Diplom-Psychologe, Regierungsdirektor (geb. 1944);
Wehrdienst (SaZ 2) von 1965 bis 1967, Auslandseinsatz als Truppenpsychologe in Somalia 1993, Oberstleutnant d. Res.;
Studium der Psychologie und Politologie in Hamburg;
Psychologischer Psychotherapeut, Traumatherapeut, Supervisor und Facilitator für EMDR;.
Eintritt in den Psychologischen Dienst der Bundeswehr 1976 auf der Abt. VI (Neurologie und Psychiatrie) des Bundeswehr-Krankenhauses Hamburg als Klinischer Psychologe;
verheiratet, ein Sohn, zwei Töchter.

Bartz, Helmut, Diplom-Psychologe, (geb. 1943); Regierungsdirektor, verheiratet, eine Tochter (21), ein Sohn (19);
Wehrdienst von 10,1963 bis 9, 1965, zahlreiche Wehrübungen, SFOR-Einsatz 1998, KFOR Einsatz 2000, Oberstleutnant der Reserve;
Studium der Biologie und Psychologie an der Universität Köln bis 7,1975. Nach Tätigkeit in einer Unternehmensberatung Eintritt in den Psychologischen Dienst der Bundeswehr 1976. Verwendung in der Eignungsdiagnostik Mannschaften/Unteroffiziere der Freiwilligen Annahmestelle Mitte in Düsseldorf.
Seit 1981 tätig in der Führungskräfteauswahl an der Offizierbewerberprüfzentrale des Personalamtes der Bundeswehr in Köln.

Biesold, Karl-Heinz, Dr.med., Oberstarzt (geb. 1950);
Facharzt für Neurologie und Psychiatrie, Psychotherapie;
Abitur 1968 , dreijährige Ausbildung zum Truppenoffizier (Artillerie);
ab 1971 SanOA, Studium der Medizin an der RWTH Aachen;
Approbation 1978, Tätigkeit als Truppenarzt beim HQ AFCENT, Brunssum/NL;
seit 1981 am Bundeswehrkrankenhaus Hamburg, Abt. VI, Neurologie und Psychiatrie;
Auslandseinsatz im 5. Kontingent GECONSFOR 1998, Flaz Rajlovac / Bosnien;
Ausbildung zum Traumatherapeut am DIPT Köln,
seit April 2000 Leitender Arzt der Abt.VI BwK Hamburg;
verheiratet, 3 Kinder.

Bludau, Martin, Diplom-Psychologe, (geb. 1958), verheiratet;
Soldat auf Zeit 1977/79, Leutnant der Reserve;
Studium der Psychologie und Ökonomie an der Universität Bochum 1979 bis 1988, Fortbildung zum Arbeits-, Betriebs- und Organisationspsychologen (BDP) 1991/92;
verschiedene freiberufliche Tätigkeiten als Unternehmensberater in der Branchen Marktforschung, Gesundheit, Industrie, Handwerk und Dienstleistung 1988 bis 1995;
Eintritt in den Psychologischen Dienst der Bw 1995, Hauptfunktion als Fachgebietsleiter im Kreiswehrersatzamt Dresden, Nebenfunktionen in den Bereichen Einsatzvor- und Einsatznachbereitung, Familienbetreuung und Krisenintervention.

Bucher, Eckhard, Diplom-Psychologe (geb. 1943);
Wehrdienst 1963/66, Ausbildung zum Artillerieoffizier, zahlreiche Wehrübungen, Auslandseinsätze in Kroatien (IFOR) und im Kosovo (KFOR), Oberstleutnant d. Res.;
Studium im Hauptfach Psychologie an den Universitäten Mainz, Tübingen, Heidelberg und Bochum;
Eintritt in den Psychologischen Dienst der Bundeswehr 1976, Offizierbewerberprüfzentrale, Truppendienstliche Fachschule der Luftwaffe, Unteroffizierschule der Luftwaffe, Heeresunteroffizierschule I;
seit 1995 Regierungsdirektor und Truppenpsychologe am VN-Ausbildungszentrum der Infanterieschule in Hammelburg;
verheiratet, eine Tochter.

Burghardt, Horst, Diplom-Psychologe (geb. 1940);
Wehrdienst 1960 bis 1961, zahlreiche Wehrübungen, Auslandseinsätze als Truppenpsychologe in Somalia, Kroatien, Georgien, Bosnien, Kosovo; Oberstleutnant der Reserve.
Studium der Psychologie an der Universität Kiel 1961 bis 1966;
Eintritt in den Psychologischen Dienst der Bundeswehr 1967, Verwendungen im Zentrum für Nachwuchsgewinnung Nord Hannover, als Fliegerpsychologe bei der Luftwaffe in Appen, Neubiberg, Fürstenfeldbruck, Verwendung im Wehrersatzwesen beim Kreiswehrersatzamt Kiel;
seit 1989 als Regierungsdirektor Dezernatsleiter Psychologie in der Wehrbereichsverwaltung I in Kiel.

Drews, Uwe, Diplom-Pädagoge (geb. 1954);
1974 bis 1980 Studium der Pädagogik, Psychologie und Theologie in Bonn und Hamburg.
1975 Eintritt in die Bundeswehr; Verwendungen in der Panzeraufklärungstruppe, als hauptamtlicher Jugendoffizier und Lehrstabsoffizier Psychologie an der Fachschule des Heeres für Erziehung; Zusatzausbildung in klientenzentrierter Gesprächspsychotherapie, Transaktionsanalyse und Hypnotherapie; Lehrtrainer für Autogenes Training und Progressive Muskelentspannung; Mitarbeit in einer psychotherapeutischen Gemeinschaftspraxis (Spezialisierung auf Krisenintervention);
Lehrstabsoffizier und Team-Koordinator des Kriseninterventionsteams in der Abteilung Flugpsychologie am Flugmedizinischen Institut der Bundeswehr in Fürstenfeldbruck; seit 2000 beim Personalamt der Bundeswehr, Dezernent Wehrpsychologie;
verheiratet, zwei Kinder.

Erös, Reinhard, Dr. med, Oberstarzt (geb. 1948);
1967 bis 1971 freiwilliger Wehrdienst;
Truppenoffizier in einer Fallschirmjäger-/Fernspäheinheit;
1971 bis 1978 Studium der Medizin und der Politischen Wissenschaften an den Universitäten Freiburg und Tübingen, Promotion an der Universität Düsseldorf;
1978 Wiedereintritt in die Bundeswehr als Sanitätsoffizier;
bis 1987 Verwendungen als Truppenarzt, Brigadearzt, Leiter eines Sanitätszentrums. Klinische Weiterbildung Innere Medizin und Chirurgie in zivilen und Bundeswehrkrankenhäusern;
1987 bis 1990 Beurlaubung ohne Bezüge; Ärztlicher Direktor einer Hilfsorganisation mit Sitz (gleichzeitig Wohnort der Familie) in Peshawar (Pakistan); mehrmonatige Einsätze im Kriegsgebiet Afghanistan;
1990 Wiedereintritt in die Bundeswehr;
1990 bis 1993 Kommandeur des Sanitätslehrbataillons 851, dabei Vorbereitung, Ausbildung und Logistik des ersten UN-Einsatzes UNTAC 1992 bis 1993, Kambodscha;
dabei Medical Advisor im UN-Headquarter, New York;
1993 bis 1995 Kommandeur Lehrgruppe an der Sanitätsakademie;
1995 bis 1997 Beauftragter des Inspekteurs Sanitätsdienst und Dozent an der Führungsakademie der Bundeswehr;
seit September 1997 Kommandoarzt im Kommando Luftbewegliche Kräfte und Medical Advisor der AMF (L).
Seit 1981 regelmäßige freiwillige Einsätze mit medizinischen Hilfsorganisationen u.a. in Bangladesch, Indien, Vietnam, Ruanda, Guinea-Bissao, Bosnien, Kolumbien, Ost-Timor;
verheiratet, sechs Kinder.

Evers, Paul-Wilhelm, Diplom-Psychologe (geb. 1947);
Wehrdienst 1966/67;
Studium an der Universität Bonn 1968 bis 1974;
Eintritt in den Psychologischen Dienst der Bw 1976, Verwendung als Wehrersatzpsychologe,
derzeit tätig im Kreiswehrersatzamt Köln;
Auslandseinsatz als Truppenpsychologe 1999.

Evers, Sebastian, Diplom-Psychologe (geb. 1957);
Wehrdienst Januar 1977 bis Dezember 1978;
Studium der Psychologie an den Universitäten in Erlangen und Oldenburg 1980-1985;
Dozent in der Erwachsenenbildung (u.a. für den Berufsförderungsdienst der Bundeswehr) und selbständiger Gutachter für Familiengerichte 1985-1987;
Eintritt in den Psychologischen Dienst der Bundeswehr 1987, dort tätig in der Freiwilligenannahmezentrale der Marine (heute: Zentrum für Nachwuchsgewinnung der Marine) im Rahmen der Personalergänzung für die Teilstreitkraft Marine;
seit 1998 nebenamtliche truppenpsychologische Tätigkeit als Ausbilder/Dozent für den Bereich "Interkulturelle Ausbildung in der Bundeswehr";
verheiratet, ein Sohn und eine Tochter.

Folkerts Hans-Jürgen, Oberst (geb. 1946);
Werdegang in der Bundeswehr:
1966 Eintritt bei der Ausbildungskompanie 14/11 in Lingen
1969 Zugführer beim Panzerbataillon 14 in Hildesheim
1972 S2 Offizier beim Panzerbataillon 14 in Hildesheim
1973 Kompaniechef beim Panzerbataillon 14 in Hildesheim
1976 S4 Offizier beim Panzerbataillon 23 (Modellerprobung Heeresstruktur 4)
1977 Hörsaalleiter bei der Panzertruppenschule in Munster (Offizierausbildung)
1981 Kompaniechef Panzerjägerkompanie 350 in Hammelburg
1984 S3 Stabsoffizier und stellvertretender Bataillonskommandeur in Landsberg am Lech beim Panzerbataillon 224
1987 Bataillonskommandeur beim Panzerbataillon 104 in Pfreimd
1990 Referent beim Bundesministerium der Verteidigung P III 9 in Bonn
1994 Personalstabsoffizier/Leiter Stabsoffizier beim Zentrum Innere Führung in Koblenz, Bereich Menschenführung
Apr-Jun 99 Sprachausbildung beim Bundessprachenamt
Aug-Sep 99 Einsatz Kosovo
Okt 99 Vorbereitung auf Dienstposten Leiter VN-Ausbildungszentrum
1999 Leiter VN-Ausbildungszentrum bei der Infanterieschule in Hammelburg
Verheiratet, ein 14-jähriger Sohn.

Frise, Ernst, Dr. phil. (geb. 1943);
Wehrdienst beim österreichischen Bundesheer 1961/62, anschl. Offiziersausbildung an der Theresianischen Militärakademie in Wiener Neustadt, 1965 Ausmusterung als Leutnant; bis 1971 Verwendung an der Panzertruppenschule als Lehroffizier (Panzergrenadiere) und Kompanieoffizier/-kommandant der Einjährig-Freiwilligen-Kompanie;
ab 1972 Versetzung ins Bundesministerium für Landesverteidigung zum Heerespsychologischen Dienst (HPD);
Studium der Psychologie an der Universität Wien 1971 - 1977, Post-graduate-Ausbildung in Klientenzentrierter Gesprächspsychotherapie, Praktika in verschiedenen psychologische Institutionen;
ab 1977 Referatsleiter, ab 1984 Leiter des HPD, 1987 wird HPD zur Abteilung im BMLV; Übernahme der Abteilungsleitung und Ernennung zum Brigadier des österreichischen Bundesheeres;
verheiratet, 3 Söhne und eine Tochter.

Fritschle, Christian, Diplom-Psychologe (geb. 1969);
Wehrdienst 1989/90, zahlreiche Wehrübungen einschließlich Auslandseinsätze, Major der Reserve;
Studium der Psychologie an der Universität Giessen 1990-97;
von 1998 bis 1999 Mitarbeiter in einer Frankfurter Unternehmens- und Managementberatung;
Eintritt in den Psychologischen Dienst der Bundeswehr 1999;
derzeitige Verwendung als Truppenpsychologe der Panzerbrigade 21 “Lipperland” in Augustdorf;
ledig.

Guggenbühl, Dietegen, Dr. med., Oberst a.D. (geb. 1930); Medizinstudium in Basel und Paris. Ausbildung zum Spezialarzt für Psychiatrie und Psychotherapie FMH;
1969 bis 1995 Leiter der Eheberatungsstelle der Evangelisch-reformierten Kirche des Kantons Basel-Landschaft;
im Militär als Milizoffizier Truppenarzt und Stabsangehöriger; zuletzt Brigadearzt;. 1977 bis 1988 Chefarzt Psychiatrie der Schweizerischen Armee und Präsident der zivilen beratenden Kommission des Sanitätsdienstchefs der Armee für Psychiatrie und Psychologie;
seit 1995 fachlicher Leiter verschiedenartiger Debriefingausbildungen;
mehrere Publikationen zur Kriegs- und Katastrophenpsychiatrie;
verheiratet seit 1961, Vater von vier Kindern und Großvater von fünf Enkeln.

Hansen, Dierk-Peter, Regierungsdirektor, Diplom-Psychologe (geb. 1942);
1961 nach Abitur (Hamburg) Eintritt in die Bundeswehr als Offzieranwärter (Z 3, Heer, Fernmeldetruppe);
1964 bis 1969 Studium der Psychologie an der Universität Hamburg;
1969 Eintritt in den Psychologischen Dienst der Bundeswehr;
1969 bis 1971 Eignungs- und Verwendungsprüfung am Kreiswehrersatzamt Bremen;
1971 bis 1988 Ergonomie/Arbeitspsychologie bei verschiedenen Dienststellen im Geschäftsbereich des Bundesamtes für Wehrtechnik und Beschaffung, zuletzt bei der Wehrtechnischen Dienststelle für Schiffe und Marinewaffen (WTD 71) in Eckernförde;
seit 1988 Leiter Fachgebiet Ergonomie und Schifffahrtpsychologie beim Schifffahrtmedizinischen Institut der Marine in Kronshagen;
Juli bis Dezember 1997 Auslandseinsatz als Truppenpsychologe bei 3. GECONSFOR;
verheiratet, zwei Kinder.

Hansen, Dieter, Diplom-Psychologe, Dr. phil. (geb. 1944); Wehrdienst 1964/66, zahlreiche Wehrübungen, Auslandseinsätze, Oberstleutnant der Reserve;
Studium der Psychologie an der Universität Würzburg 1967 bis 1971, Promotion an der Universität Wien, Psychologischer Psychotherapeut;
Eintritt in den Psychologischen Dienst der Bundeswehr 1971, zunächst Ausbildung zum Fliegerpsychologen einschließlich Militärflugzeugführerausbildung; verschiedene Verwendungen bei der Truppe, im Flugmedizinischen Institut der Luftwaffe und als Referent im Bundesministerium der Verteidigung; derzeit als Leitender Regierungsdirektor Abteilungsleiter VI (Flugpsychologie) beim Flugmedizinischen Institut der Luftwaffe;
verheiratet, ein Sohn und eine Tochter.

Hautmann, Luise, Diplom-Heilpädagogin (geb.1950);
Nach einer Ausbildung zur Krankenschwester und dreijähriger Berufstätigkeit erfolgte ein Studium an der Katholischen Fachhochschule in Köln (1973 bis 1976) mit dem Abschluss Diplom-Heilpädagoge. Daran schloß sich eine Tätigkeit als Heilpädagogin im Kinderheim, sowie eine Stelle als Leiterin einer Jugendhilfeeinrichtung in Dülmen (1981 bis 1992) an. Während der Familienpause erfolgte eine Weiterbildung in Systemischer Familienberatung an der Fachhochschule in Münster (1995 bis 1998). Zur Zeit wieder berufstätig in der Betreuung psychisch erkrankter Erwachsener. Seit 1996 ehrenamtliche Mitarbeit in der Familienbetreuungseinrichtung Coesfeld;
verheiratet (mit einem Soldaten), eine Pflegetochter (24 Jahre), zwei Söhne (11 und 8 Jahre).

Heidenreich, Lutz, Diplom-Psychologe, Regierungsdirektor (geb. 1941);
Wehrdienst/Soldat auf Zeit 1962/64, Wehrübungen einschließlich Auslandseinsatz, Oberleutnant der Reserve;
Studium der Psychologie an der Universität Frankfurt/M. und Kiel 1964 bis 1969;
Eintritt in den Psychologischen Dienst der Bundeswehr 1969, Verwendung in der Personalpsychologie, zunächst bei der Freiwilligenannahmezentrale der Marine, seit 1971 bei der Freiwilligenannahmestelle Nord, derzeit Dezernatsleiter beim Zentrum für Nachwuchsgewinnung NORD;
verheiratet.

Hoinig, Gottfried, Ing., Adir, Mjr (geb. 1953);
Absolvent der Höheren Technischen Bundeslehranstalt für Gießtechnik sowie eines Lehrganges für "Management für Führungskräfte in Wirtschaft und Verwaltung";
Wehrdienst 1975/76 anschließend Ausbildung zum Infanterieoffizier, 1982 zusätzliche Ausbildung zum Technischen Offizier;
Verschiedene Truppenverwendungen, Auslandseinsätze in Syrien (UNDOF), Zypern (UNFICYP) und Tadschikistan (UNMOT);
1991 Absolvierung der Verwaltungsakademie des Bundes und seit 1994 dienstverwendet an der Theresianischen Militärakademie im Bereich der Offiziersausbildung am Fachhochschulstudiengang "Militärische Führung" als Leiter des selbständigen Referates für Ausbildungsplanung und FH-Administration;
Ausbilder für "Peace Support Operation" – Kurse an der Theresianischen Militärakademie;
verheiratet, eine Tocher.

Jacobs, Herbert, Diplom-Psychologe, Oberregierungsrat (geb. 1958);
Studium der Psychologie an der Universität Bonn 1977 bis 1983;
Grundwehrdienst 1984/85;
Eintritt in den Psychologischen Dienst der Bundeswehr 1986, Einsatz als Klinischer Psychologe im Bundeswehrkrankenhaus Ulm, Abt. Neurologie und Psychiatrie, Approbation als Psychologischer Psychotherapeut;
Auslandseinsatz in Bosnien-Herzegowina bei SFOR, 5. Kontingent. Oberstleutnant der Reserve;
seit 1999 im Flugmedizinischen Institut der Luftwaffe, Abteilung Flugpsychologie, Fachgruppe Auswahl;
verheiratet.

Klein, Paul, Diplom-Psychologe, Dr. rer. soc. (geb. 1941)
Wehrdienst 1962/65, zahlreiche Wehrübungen, Oberstleutnant der Reserve;
Studium der Psychologie und Soziologie an der Universität Tübingen 1966 bis 1971, Promotion an der Universität Tübingen 1975;
1971 bis 1974 Leiter des Psychologischen Dienstes am Kreiswehrersatzamt Wiesbaden, seit Dezember 1974 wissenschaftlicher Mitarbeiter am Sozialwissenschaftlichen Institut der Bundeswehr, z.Z. Leitender Wissenschaftlicher Direktor und Projektdirektor I;
seit 1977 Lehrbeauftragter an der Universität der Bundeswehr in München, mehrere Lehrstuhlvertretungen und Gastprofessuren an der Universität der Bundeswehr in München und der Universität Toulouse;
Autor zahlreicher Bücher, Artikel und Buchbeiträge auf dem Gebiet der Militärsoziologie und -psychologie;
verheiratet, ein Sohn.

Kowalski, Jens T. Diplom-Psychologe, Dr. rer. medic., Oberregierungsrat (geb. 1963);
Wehrdienst 1982 bis 1983, Auslandseinsätze im Rahmen von Wehrübungen bei IFOR,SFOR, KFOR; Oberstleutnant d.R.;
Sportstudium (1985 bis 1987, ohne Abschluss); Studium der Psychologie (1985 bis 1989);
1990 Eintritt in den Psychologischen Dienst der Bundeswehr. Verwendungen bei: Wehrtechnische Dienststelle 71, Bundeswehrkrankenhaus Kiel, Kreiswehrersatzamt Kiel, Bundesministerium der Verteidigung, Naval Personnel and Development Center (USA), Schiffahrtsmedizinisches Institut der Marine;
verheiratet, ein Sohn und eine Tochter.

Kreim, Günter, R., Diplom-Psychologe, (geb. 1950);
Wehrdienst 1970/72, zahlreiche Wehrübungen, Einsatzbegleitung im Rahmen der Aufträge des KSK, Oberstleutnant d. Res.;
Studium der Psychologie, Philosophie und Mathematik 1973 bis 1980, Weiterbildung in Verhaltens- und Hypnosetherapie, Trainer CISM (J.Mitchell);
Eintritt in den Psychologischen Dienst der Bundeswehr 1981, Verwendungen in der Eignungsdiagnostik und auf verschiedenen Feldern der Sport- und Truppenpsychologie;
seit 1996 Truppenpsychologe Kommando Spezialkräfte, Oberregierungsrat; verheiratet, vier Kinder.

Leifert, Josef, Diplom-Psychologe, Dr. phil., Regierungsdirektor (geb. 1938)
Wehrdienst 1960-63, Oberleutnant der Reserve;
Studium der Psychologie an der Universität Freiburg, 1965 Diplom, 1969 Promotion;
1966 Eintritt in Psychologischen Dienst der Bundeswehr beim Kreiswehrersatzamt Freiburg,
seit 1991 Dezernatsleiter Wehrpsychologie an der Wehrbereichsverwaltung V in Stuttgart;
mehrfach nominiert für den alternativen Ernst-August-Doelle-Preis.

Lohwasser, Christian, Dr. phil. (geb. 1943);
Grundwehrdienst 1961/62, Ausbildung zum Reserveoffiziersanwärter, Waffenübungen, zehn Jahre Dienst als Offizier auf Zeit, Oberstleutnant des höheren militärischen Fachdienstes (Milizdienst);
Studium der Psychologie an der Universität Wien, Promotion 1982;
seit 1981 beim Heerespsychologischen Dienst, 1982 bis 1995 Leitender Psychologe an der Stellungskommission Linz, danach Versetzung in die Zentralstelle als Referent für Angewandte Militärpsychologie, seit 1987 Stellvertreter des Leiters der Abteilung Heerespsychologischer Dienst.

Matyschock, Arthur, Oberstleutnant (geb. 1944);
1965 Eintritt in die Bundeswehr, Zugführer, Kompaniechef, Bataillonskommandeur; seit 1991 Lehrstabsoffizier Innere Führung/Pädagogik im Bereich 2 ("Menschenführung, Betreuung und Fürsorge") des Zentrums für Innere Führung der Bundeswehr;
Auslandseinsätze auf Sardinien, Bosnien, Achasien/Georgien;
getrennt lebend, eine Tochter.

Michaelis, Peter, Militärdekan im Evangelischen Kirchenamt für die Bundeswehr, Bonn;
Wehrdienst 1969/70;
Studium der Theologie 1970 bis 1975 in Neuendettelsau, Tübingen und Erlangen;
Vikariat 1975 bis 1977 in Nürnberg,
Gemeindepfarrer in Velden/Vils 1977 – 1982,
Theologischer Studienleiter in der Evangelisch-Lutherischen Volkshochschule Hesselberg/Mittelfranken 1982 bis 1987;
evangelischer Standortpfarrer in München 1987 – 1995;
Auslandseinsatz in Kambodscha 1993;
seit 1995 Referatsleiter im Evangelischen Kirchenamt für die Bundeswehr mit Zuständigkeit für die Seelsorge im Auslandseinsatz;
verheiratet, 1 Sohn und 1 Tochter.

Penz, Bernhard, OR Mag., Psychologe im Militärspital 2 in Innsbruck;
Offiziersausbildung an der Theresianischen Militärakademie in Wiener Neustadt von 1976 bis 1980.
Verwendung als Truppenoffizier; Zugskommandant in Landeck, KpKdt für zehn Jahre in Imst, Stabsoffizier in einem Stabsregiment (S1/S5) für 10 Jahre in Innsbruck; im Rahmen der Miliz-Verwendung als Bataillonskommandant eines Jagdkampfbataillons für sechs Jahre und eines Stabsbataillons für 4 Jahre;
Studium der Psychologie an der Universität Innsbruck, Abschluss 1998, Ausbildung zum Klinischen Psychologen und zum Gesundheitspsychologen. Seit 1998 Psychologe im Militärspital 2 in Innsbruck;
Erfahrungen im Umgang mit Menschen in schwierigen Situationen im Rahmen der Lawinenkatastrophe von Galtür als auch im Rahmen verschiedener Lawinenkatastrophen kleineren Ausmaßes. Betreuung von Einsatzkräften nach dem Unfall Bergisel, Betreuung von Personen nach belastenden Ereignissen in den Einsatzorganisationen des Österreichischen Roten Kreuzes, der Berufsfeuerwehr Innsbruck und Freiwilliger Feuerwehren.

Pudelko, Christoph, Diplompsychologe, Regierungsdirektor, Oberstleutnant der Reserve (geb. 1940);
1961 bis 1966 Studium der Psychologie an den Universitäten Kiel und Heidelberg; Ausbildung u.a. beim früheren Marinepsychologen Prof. Dr. Karl Mierke;
1967 Eintritt in den Psychologischen Dienst der Bundeswehr; Personalpsychologe bei den Kreiswehrersatzämtern Düsseldorf und Krefeld, seit 1978 bei der Wehrbereichsverwaltung III in Düsseldorf;
fachliche Schwerpunkte neben Personalpsychologie: Ausbildungspsychologie und Kommunikationstraining sowie Truppenpsychologie (Einsatzbegleitung IFOR, 1996);
verheiratet, ein Sohn.

Puzicha, Klaus J. , Diplompsychologe, Dr. phil., Ministerialrat (geb. 1940);
Wehrdienst 1960/61; Leutnant der Reserve;
Studium der Psychologie an der Universität Mainz von 1962 bis 1965; 1974 Promotion an der Universität Bonn.
Seit 1965 Mitarbeiter der Wehrverwaltung; Verwendungen: Eignungs- und Verwendungsprüfung, wissenschaftlicher Mitarbeiter für Sozialpsychologie/empirische Sozialforschung, wehrpsychologische Qualitätssicherung, Abteilungsleiter Statistik und mathematische Analysen und Leiter der Wirtschafts- und Sozialabteilung im Bundesamt für Wehrverwaltung;
seit 1994 Leiter des Psychologischen Dienstes der Bundeswehr; Referatsleiter im Bundesministerium der Verteidigung; langjährige Lehraufträge für Sozial- und Verwaltungspsychologie an der Universität/Gesamthochschule Siegen und der Fachhochschule für Öffentliche Verwaltung NRW;
zahlreiche Bücher, Artikel und Beiträge auf den Gebieten Wehr- und Verwaltungspsychologie;
verheiratet, zwei Söhne.

Riedel, Dietlinde, Diplom-Psychologin, Oberregierungsrätin (geb. 1961);
Studium der Psychologie in Bonn 1980 bis 1986;
1987 Eintritt in den Psychologischen Dienst der Bundeswehr, zunächst tätig in der Personalauswahl und Personalentwicklung, derzeit als Truppenpsychologin beim Zentrum für Verifikationsaufgaben der Bundeswehr; seit 1999 im Kriseninterventionsteam der Bundeswehr sowie in der Einsatzvor- und nachbereitung engagiert.

Roth, Thorsten, Diplom-Psychologe (geb. 1970);
Studium der Psychologie an der Johannes-Gutenberg-Universität Mainz 1990 bis 1995;
freier Mitarbeiter der Firma Cronline (1995 bis 1996); Angestellter des Instituts für Personal- und Unternehmensberatung (1996 bis 1998);
Grundwehrdienstleistender in der Offizierbewerberprüfzentrale (OPZ) als Prüfpsychologe (1998);
seit 1998 Fliegerpsychologe in der Abteilung VI des Flugmedizinischen Instituts der Luftwaffe in Fürstenfeldbruck;
Erfahrung als Fliegerpsychologe im Einsatz "Allied Force" in Piacenza;
ledig.

Roth, Wolfgang, Diplompsychologe, Regierungsdirektor (geb. 1950);
Soldat auf Zeit 1970 bis 1982, zahlreiche Wehrübungen, Auslandseinsätze in Falconara, Sarajevo und Piacenza, Oberstleutnant der Reserve;
1982 bis 1986 Studium im Hauptfach Psychologie (Schwerpunkt: klinische Psychologie) an den Universitäten Würzburg und München; zur Zeit Promotion an der Universität Bielefeld, Psychologischer Psychotherapeut;
1987 Eintritt in den Psychologischen Dienst der Bundeswehr, bis 1990 Einsatz in allen Fachgruppen der Abteilung Flugpsychologie am Flugmedizinischen Institut der Luftwaffe, 1990/91 Teilnahme am Scientist Exchange Program beim Naval Aerospace Medical Research Laboratory in Pensacola, Florida;
1991 bis 1998 Fachgruppenleiter Klinische Psychologie am Fugmedizinischen Institut der Luftwaffe;
seit 1998 Dezernatsleiter Flug-, Wehr- und Truppenpsychologie beim Generalarzt der Luftwaffe;
verheiratet, eine Tochter.

Schanze, Stefan, Diplom-Psychologe (geb. 1958);
Wehrdienst 1978 bis 1980, 30 Wehrübungen, Auslandseinsatz (IFOR), Major der Reserve (Pionier);
Kfz-Mechaniker-Geselle;
Studium der Psychologie an der Universität Trier, Diplom 1988;
freie Tätigkeiten als Arbeits-/Betriebs-/Organisations- und Kommunikations-Psychologe;
von 1989 bis 1995 als Leiter eines privaten Bildungs- und Beratungs-Instituts;
von 1996 bis 1999 mit eigenem Büro für Unternehmenscoaching, Personalentwicklung und Management-Schulungen;
1998 und 1999 Einsatz als Lehr-Stabsoffizier am Zentrum Innere Führung im Rahmen von Wehrübungen;
Eintritt in den Psychologischen Dienst der Bundeswehr 1999 als Truppenpsychologe in der Oldenburgischen Luftlandebrigade 31, Regierungsrat zur Anstellung;
verheiratet, zwei Töchter, ein Sohn.

Schuh, Horst, Diplom-Psychologe, Professor (geb. 1941);
Wehrdienst 1961/62, zahlreiche Wehrübungen in Führungs- und Stabsverwendungen einschließlich Auslandseinsatz, Oberst der Reserve;
Studium der Psychologie und Sozialwissenschaften an den Universitäten Saarbrücken, Tübingen und Bonn;
von 1968 bis 1987 Dozent, wissenschaftlicher Mitarbeiter und Projektleiter an der Schule bzw. Akademie der Bundeswehr für Psychologische Verteidigung;
derzeit hauptamtlich Lehrender für Führungs- und Kommunikationslehre und Politische Ideengeschichte an der Fachhochschule für öffentliche Verwaltung, Fachbereich Öffentliche Sicherheit;
zahlreiche Veröffentlichungen;
verheiratet, ein Sohn.

Siepmann, Klaus, Oberfeldarzt, Facharzt für Neurologie und Psychiatrie, (geb. 1944);
Soldat auf Zeit 1963 bis 1965;
Medizinstudium als Stipendiat der Bundeswehr an den Universitäten Münster und Düsseldorf;
pädagogische Zusatzausbildung mit Montessori-Diplom;
1972/73 Truppenarzt mittleres Fernmeldeverbindungsbataillon 820 in Düsseldorf;
Facharztweiterbildung Neurologie/Psychiatrie, Universitätsklinik München und Bezirkskrankenhaus Gabersee bei Wasserburg am Inn;
seit 1978 Leiter der Fachärztlichen Untersuchungsstelle Neurologie/Psychiatrie am Bundeswehrkrankenhaus Hamm;
Mitglied der COMEDS-Working Group on Military Psychiatry;
verheiratet, zwei Söhne, eine Tochter.

Slop, Helmut, Mag. phil. (geb. 1962);
1981/82 Wehrdienst beim österreichischen Bundesheer, anschließend Ausbildung zum Milizoffizier;
Bis 1994 Verwendung als Stabsoffizier S4 eines Jägerbataillons, Hauptmann;
1985 bis 1992 Studium der Psychologie an der Universität Innsbruck;
1992 bis 1994 Psychologe an der fliegerpsychologischen Ambulanz des Heeresspitals in Wien;
1994 bis 1996 Ausbildung zum Klinischen und Gesundheitspsychologen;
1996 bis 1999 Leiter des Referats Psychologie beim Kommando Auslandseinsätze in Wien;
seit 1999 Leitender Psychologe beim Kommando für Internationale Einsätze in Götzendorf;
verheiratet.

Steup, Gerhard, Dipl.-Sportlehrer, Diplom-Psychologe (geb. 1957);
Studium der Sportwissenschaften an der Deutschen Sporthochschule Köln 1978-1983, Studium der Psychologie an der Universität Bonn 1981-1987;
Wissenschaftlicher Mitarbeiter im Psychologischen Institut der Deutschen Sporthochschule Köln 1985 bis 1987;
Eintritt in den Psychologischen Dienst der Bundeswehr 1988, Einsatz als Prüfpsychologe in der Offizierbewerber-Prüfzentrale. Aufgabenbereiche hier: Personalauswahl im Rahmen des AC, Verfahrensweiterentwicklung und Qualitätskontrolle;
Auslandseinsatz als Truppenpsychologe, Oberstleutnant der Reserve;
verheiratet, ein Sohn und eine Tochter.

Thomas, Alexander, Prof. Dr. phil. (geboren 1939 in Köln);
Studium der Psychologie, Soziologie und Politikwissenschaft an den Universitäten Köln, Bonn, Münster. Diplom in Psychologie 1968 und Promotion in Psychologie zum Dr. phil. 1970 an der Universität Münster; Professor für Psychologie an der Freien Universität Berlin 1974 – 1979; seit 1979 Professor für Psychologie an der Universität Regensburg;
Arbeitsgebiete: Sozialpsychologie und Angewandte Psychologie (Organisationspsychologie);
Forschungsschwerpunkte: Handlungspsychologie, Psychologie interkulturellen Handelns, Kulturvergleichende Psychologie und Organisationspsychologie;
Forschungsthemen im Forschungsschwerpunkt "Psychologie interkulturellen Handelns":

- Bedingungen, Formen und Wirkungen interkulturellen Lernens und Handelns im Studentenaustausch, Schüleraustausch, Jugendaustausch;
- Entwicklung sozialer Handlungskompetenz durch interkulturelle Austauscherfahrung;
- Wirkung zentraler Kulturstandards im internationalen Management: Deutsch-Chinesische-, Deutsch-Koreanische-, Deutsch-Französische-, Deutsch-US-Amerikanische- Kooperation;
- Interkulturelle Synergie in gemischt-kulturellen Arbeitsgruppen;
- Langzeitwirkungen im internationalen Schüler-/Jugendaustausch;
- kulturelle und interkulturelle Aspekte von Teamarbeit.

Uhlmann, Wolfgang, W., Diplompsychologe (geb. 1949); Wehrdienst 1968 bis 1970; mehrere Wehrübungen während des Studiums; mehrfach Einsatzbegleitung als Truppenpsychologe in Ex-Jugoslawien; Oberstleutnant d.R.;
Studium der Psychologie in Freiburg und Bonn 1971 bis 1978; Auslandsaufenthalte in Kanada und Freiburg;
1978 Eintritt in den Psychologischen Dienst der Bundeswehr; fachpsychologische Tätigkeiten in der Offizierbewerber-Prüfzentrale, im Personalamt der Bundeswehr;
seit 1993 als Dozent für Sozial- und Truppenpsychologie am Zentrum Innere Führung der Bundeswehr; Wissenschaftlicher Direktor;
Leiter eines ständigen Krisen-Interventions-Teams (KIT) am Zentrum Innere Führung;
mehrjähriges Mitglied der NATO Research and Study Group 22 on Psychological Support for Military Personnel;
verheiratet, drei Töchter.

Völker, Bernd, Diplom-Psychologe (geb. 1958);
Wehrdienst 1977/ 1979;
Studium der Psychologie an der Technischen Universität Dresden 1979-1984; Mitarbeit in verschiedenen Projekten in den Bereichen Sozialwesen und Public Health; Lehraufträge an verschiedenen Hochschulen auf den Gebieten Entwicklungs- und Persönlichkeitspsychologie; freiberuflicher Trainer und Supervisor;
Eintritt in den Psychologischen Dienst der Bundeswehr 1998 im Bereich Personalwesen; seit 2000 Dezernent für Truppenpsychologie beim Streitkräfteamt, Bonn;
verheiratet, zwei Töchter.

Weber, Wolfgang W., Diplompsychologe, Regierungsdirektor (geb. 1942);
Wehrdienst 1961/65, Einsatzbegleitung 1997/98 (GECONIFOR/GECONSFOR), Oberleutnant d.R.;
Studium der Psychologie an der Westfälischen Wilhelmsuniversität Münster von 1965 bis 1970 und anschließend Eintritt in die Bundeswehrverwaltung, Fachgebiet Ergonomie; 1975/76 einjähriger Auslandsaufenthalt und Mitarbeit im Human Engineering Laboratory der US Army in Aberdeen Proving Ground, MD; 1985 bis 1995 tätig im Wehrersatz, seit 1995 Referent im Bundesministerium der Verteidigung;
Chairman der NATO-Research Study Group "Computer Based Assessment of Military Personnel " (1988 bis 1994);
German Military Representative NATO-Panel 8 on Defense Application of Human and Biometrical Sciences (1989 bis 1993);
verheiratet, ein Sohn und eine Tochter.

Willkomm, Bernd, Diplom-Psychologe, Oberregierungsrat (geb. 1948);
Zeitsoldat (OA) 1967 bis 1970, zahlreiche Wehrübungen, Auslandseinsatz beim Einsatzgeschwader 1 in Piacenza, Oberstleutnant d. Res.;
Studium im Hauptfach Psychologie an der Universität Tübingen 1970 bis 1975; Psychologischer Psychotherapeut, Aviation Psychologist (EAAP), Mitglied und zertifizierter Trainer der International Critical Incident Stress Foundation (ICISF);
Eintritt in den Psychologischen Dienst der Bundeswehr 1976, Leiter des Psychologischen Dienstes beim KWEA Heilbronn, Fliegerpsychologe bei der ZFU, Fliegerpsychologe und Fachgruppenleiter beim FlMedInstLw und bei der 3. DtLw-AusbStff USA in Goodyear/Arizona;
1980 bis 1988 National Point of Contact in der NATO Panel VIII – RSG 10 on Psychological Fitness;
1984/85 Austauschwissenschaftler beim USAF Human Resources Laboratory in Brooks AFB, TX;
seit 1998 Leiter der Fachgruppe Ausbildung, Intervention und Klinische Psychologie beim FlMedInstLw, Abt. VI (Flugpsychologie);
geschieden, zwei Kinder.

Wothe, Klaus, Diplom-Psychologe, Psychologischer Psychotherapeut, Oberregierungsrat (geb. 1950);
aufgewachsen in Krefeld, Abitur 1968, vier Jahre Soldat auf Zeit,
1972 bis 1978 Psychologiestudium in Bochum,
seit 1978 im Psychologischen Dienst der Bundeswehr in Verwendungen bei der Freiwilligenannahmestelle Nord, beim KWEA Münster, seit 1994 als klinischer Psychologe beim Bundeswehrkrankenhaus Hamm;
truppenpsychologische Einsatzerfahrung in Somalia, USA, Bosnien, Mazedonien;
verheiratet, ein Sohn, eine Tochter, ein Hund.

Peter Joachim Lapp
Ulbrichts Helfer
Wehrmachtsoffiziere im Dienste der DDR
244 Seiten und 4 Farbtafeln, zahlreiche Dokumente und Tabellen. Geb.
ISBN 3-7637-6209-4
Dieses Werk zeichnet das teilweise tragische Schicksal ehemaliger Wehrmachtsoffiziere nach, die beim Aufbau militärischer Kräfte in der DDR (KVP/NVA) eine wichtige Rolle gespielt haben - auch in einer Reihe von konkreten Fallbeispielen.

Peter Joachim Lapp
Gefechtsdienst im Frieden
Das Grenzregime der DDR 1945-1990
274 Seiten und 8 Bildtafeln, zahlreiche Fotos, Schaubilder und Tabellen. Geb.
ISBN 3-7637-5992-1
Dieses Buch führt alle Grenzsicherungsmaßnahmen der SBZ und DDR auf. Im Mittelpunkt stehen die Praktiken der Grenzsicherung, der Alltag an der innerdeutschen Grenze, der "tägliche Ausnahmezustand". Der Autor beschreibt ebenso den Einsatz an den Grenzübergangsstellen, einschließlich der Verwendung von Röntgengeräten, und geht auf die sogenannten Grenzschützer-Prozesse ein.

Walter Jertz
Krieg der Worte -
Macht der Bilder
Manipulation oder Wahrheit im Kosovo-Konflikt?
104 Seiten und 36 Farbtafeln, zahlreiche Fotos und Graphiken. Geb.
ISBN 3-7637-6210-8
Nie zuvor in der Geschichte einer kriegerischen Auseinandersetzung wurden militärische Informationen, die noch vor wenigen Jahren mit dem Stempel NATO-Secret - (NATO-Geheim) - versehen worden wären, in dieser umfassenden Form in die Öffentlichkeit getragen.
Die Ausführungen in diesem Buch beruhen im wesentlichen auf eigenen Erkenntnissen, einige Aussagen stützen sich jedoch auf nunmehr vorliegende nationale und NATO-Bewertungen.

Walter Jertz
Im Dienste des Friedens
Tornados über dem Balkan
2., aktualisierte Auflage. 155 Seiten und 32 Farbtafeln, 140 Abbildungen Geb.
ISBN 3-7637-6204-3
In der aktualisierten Auflage werden die Bemühungen zur Stabilisierung der Situation in Bosnien-Herzegowina sowie der Einsatz der NATO-Luftstreitkräfte zur Lösung des Kosovo-Konfliktes beschrieben.

Gerd-Helmut Komossa
Deutschland heute -
Eine kritische Bilanz
Gedanken eines Soldaten
209 Seiten und 8 Bildtafeln, 16 Fotos. Geb. ISBN 3-7637-6205-1
Dieses Buch will keinen Anspruch erheben, eine wissenschaftliche oder militärgeschichtliche Arbeit zu sein. Es ist ein Lesebuch, das Bürger einlädt, sich mit Fragen der deutschen Einheit zu beschäftigen und dabei Gedanken des Soldaten aufzunehmen.

Franz W. Seidler
Frauen zu den Waffen?
448 Seiten und 64 Bildtafeln, zahlreiche Fotos, Zeichnungen und Graphiken. Tabellen. Geb. ISBN 3-7637-6209-4
Das lange vergriffene Grundlagenwerk wurde vollständig überarbeitet. Das Buch zeichnet sich aus durch eine umfassende geschichtliche Darstellung, die bis zur aktuellen Diskussion in Deutschland reicht.

Erich von Manstein
Soldat im 20. Jahrhundert
Militärisch-politische Nachlese
Herausgegeben von Rüdiger von Manstein und Theodor Fuchs
4. Auflage. 437 Seiten und 16 Bildtafeln, 55 Abbildungen und Kartenskizzen. Geb. ISBN 3-7637-5214-5
Dokumentation über Leben und Wirken Mansteins unter Verwendung eigener biographischer Notizen sowie des umfangreichen Nachlasses.

Manfred Sadlowski (Hrsg.)
Handbuch der Bundeswehr
und der Verteidigungsindustrie
Ausgabe 2001
800 Seiten, zahlreiche farbige Porträtfotos und Graphiken. Geb.
ISBN 3-7637-6220-5
Nachschlagewerk über Politiker, Militärs, Administratoren, Wissenschaftler und Unternehmer, die im Verteidigungsbereich der Bundesrepublik Deutschland tätig sind.

Axel Ostermann
Vikings for Take-Off
Starfighter der Marine im Kielwasser der Wikinger
2. Auflage. 176 Seiten, 87 großformatige Farbfotos. Zweisprachig Deutsch/Englisch. Geb. ISBN 3-7637-5997-2
Das Werk ist ein Liebhaberbuch - nicht nur für Starfighter-Enthusiasten. Zahlreiche Luft-Luft-Aufnahmen machen den besonderen Reiz dieses Buches aus, das jeden Luftfahrtinteressierten begeistern wird.